2024 하반기 디

체크업

경기도
공공기관
통합채용 NCS

기출문제 + 실전모의고사

취업채널 저

북스케치

합격을 스케치하다

학습문의 및
정오표 안내

저희 북스케치는 오류 없는 책을 만들기 위해 노력하고 있으나, 미처 발견하지 못한 잘못된 내용이 있을 수 있습니다.
학습하시다 문의 사항이 생기실 경우, 북스케치 이메일(booksk@booksk.co.kr)로 교재 이름, 페이지, 문의 내용 등을
보내주시면 확인 후 성실히 답변 드리도록 하겠습니다.
또한, 출간 후 발견되는 정오 사항은 북스케치 홈페이지(www.booksk.co.kr)의 도서정오표 게시판에 신속히 게재하
도록 하겠습니다.
좋은 콘텐츠와 유용한 정보를 전하는 '간직하고 싶은 수험서'를 만들기 위해 늘 노력하겠습니다.

체크업
경기도
공공기관
통합채용 NCS
기출문제 + 실전모의고사

초판발행	2020년 05월 04일
개정판 발행	2020년 08월 10일
개정7판 발행	2024년 03월 15일
개정8판 발행	2024년 08월 30일
펴낸곳	북스케치
출판등록	제2022-000047호
주소	경기도 파주시 광인사길 193, 2층(문발동)
전화	070-4821-5513
팩스	0303-0957-0405
학습문의	booksk@booksk.co.kr
홈페이지	www.booksk.co.kr
ISBN	979-11-94041-09-2

경기도 공공기관 통합채용
소소하지만 확실한 정보

 알아보기 1 기본 응시 자격

▶ 응시연령 : 만 18세 이상(단, 공사 정년인 만60세에 도달한 자는 지원 불가)
▶ 거주지 · 학력 제한 없음(기관에 따라 학력 제한을 두는 경우가 있음)
▶ 남자의 경우, 병역을 마쳤거나 면제된 자
▶ 상세 응시자격(채용분야, 근무경력 등)은 기관별 채용 홈페이지 내 채용공고 참조

 알아보기 2 접수 방법

▶ 경기도 통합 홈페이지(http://gg.saramin.co.kr) 접속 후 기관별 채용 홈페이지 이동 통한 개별 접수
▶ 각 기관별 중복지원 불가(하나의 기관만 지원 가능)

 알아보기 3 전형 절차

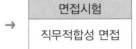

필기시험	→	면접시험	→	최종
공통+전공과목 (인성검사 포함)		직무적합성 면접		신체검사, 신원조사

▶ 공통과목 : NCS 직업기초능력평가 5개 영역(각 영역별 10문항씩 총 50문항, 50분)
　① 의사소통능력, ② 수리능력, ③ 문제해결능력, ④ 자원관리능력, ⑤ 조직이해능력
▶ 인성검사는 필기시험 시 동시 진행되며, 인성검사 미응시자는 불합격 처리함

 알아보기 4 경기도 공공기관 통합채용 인원 파악

채용 연도		시행일	모집 인원
2024년	상반기	3월 30일 시행	총 21개 기관 107명
2023년	하반기	9월 16일 시행	총 24개 기관 127명
	상반기	5월 20일 시행	총 24개 기관 139명
2022년	상반기	4월 16일 시행	총 21개 기관 241명
	하반기	9월 3일 시행	총 22개 기관 108명
2021년	상반기	5월 15일 시행	총 22개 기관 114명
	하반기	10월 2일 시행	총 23개 기관 250명
2020년	상반기	5월 23일 시행	총 15개 기관 133명
	하반기	10월 18일 시행	총 21개 기관 194명
2019년	상반기	6월 22일 시행	총 18개 기관 160명
	하반기	11월 23일 시행	총 18개 기관 139명

북스케치가 알려주는
경기도 꼼꼼 채용 기관 분석

경기도 공공기관 통합채용 기관과 인원은 매년 분기에 따라 차이가 있으므로, 해당 모집 시기의 공고문과 개별 기관 공고문을 꼼꼼하게 살펴봐야 한다. 각 기관은 NCS 직업기초능력평가(5개 영역, 50문항 4지선다)를 공통으로 보며, 응시기관 대부분이 전공과목을 준비해야 하므로, 해당 응시자는 이를 반드시 확인하여 직업기초능력평가와 전공 과목을 함께 준비하도록 한다.
(https://gg.saramin.co.kr 참고)

기관명	채용인원	모집 부문
경기주택도시공사	2024 상반기 23명	행정직, 기술직(건축, 토목)
	2023 하반기 13명	행정직, 기술직(건축, 토목), 공무직(차량운전)
	2023 상반기 19명	행정직, 기술직(건축), 공무직(운전)
	2022 하반기 25명	행정직, 기술직(토목, 건축)
	2022 상반기 60명	행정직(행정, IT), 기술직(토목, 건축, 도시계획, 조경, 전기, 기계, 환경)
	2021 하반기 1명	공무직(주거복지)
	2021 상반기 80명	행정직(기획, 인사, IT 등), 기술직(토목, 건축, 도시계획)
경기평택항만공사	2024 상반기 6명	사무직(행정, 회계), 기술직(전기)
	2023 하반기 7명	사무직(행정), 기술직(전기)
	2023 상반기 5명	사무직(행정, 기록물), 기술직(전산, 건축)
	2022 하반기 4명	사무직(행정, 기록물), 공무직(비서, 안내)
	2022 상반기 5명	사무직(기록물), 기술직(전기, 전산) 등
	2021 하반기 3명	기술직(전산, 전기, 토목)
	2021 상반기 9명	사무직(교육기획, 일반행정, 회계), 기술직(전기, 기계)
경기관광공사	2024 상반기 3명	사무직(일반행정)
	2023 하반기 7명	사무직(일반행정, 정보보호), 공무직(시설관리, 청소년지도)
	2023 상반기 6명	일반행정(관광, 경영, 경영지원)
	2022 하반기 1명	청소년지도
	2022 상반기 5명	사무직(기록물관리, 일반행정), 공무직(청소년지도)
	2021 하반기 2명	사무직(관광 플랫폼 운영), 무기계약직(일반행정)
	2021 상반기 5명	사무직(정보보안, 재난안전, 해외마케팅 등)
경기교통공사	2024 상반기 12명	5급(안전보건, 회계), 6급(행정, 교통, 전산, 항공교통)
	2023 하반기 1명	행정
	2023 상반기 5명	교통, 전산, 행정
	2022 하반기 4명	토목, 회계, 행정
	2022 상반기 21명	행정, 교통, 토목, 노무, 회계
	2021 하반기 15명	행정 · 교통, 회계, 노무, 전산 · 통신 등
	2021 상반기 3명	회계, 철도 · 교통
경기연구원	2024 상반기 3명	일반행정(기록물관리사 우대)
	2023 하반기 14명	관리직(일반행정), 정보직(전산운영), 공무직(도시계획, 경제 등)
	2023 상반기 12명	관리직(일반행정), 무기계약직(연구원 가급)
	2022 하반기 10명	관리직, 정보직, 기능직, 무기계약직
	2022 상반기 6명	관리직(일반행정), 무기계약직 연구원 등
	2021 하반기 9명	관리직, 정보직, 무기계약직 연구원 등
	2021 상반기 12명	관리직(일반행정, 출판편집), 정보직(전산업무) 등

경기신용보증재단	2024 상반기 14명	일반직(사무직, 전산직)
	2023 하반기 10명	일반직(사무직, 전산직)
	2023 상반기 10명	사무직
	2022 상반기 12명	일반직(사무, 전산, 기록물관리)
	2021 하반기 6명	전산직(정보보안), 무기계약직(사무)
	2021 상반기 19명	일반직(사무, 전산), 무기계약직(사무)
경기문화재단	2024 상반기 4명	문화행정, 학예연구
	2023 하반기 13명	문화행정, 학예연구, 운영직(공무직)
	2023 상반기 13명	문화행정, 학예연구, 운영직(공무직)
	2022 하반기 3명	학예연구직, 공무직
	2022 상반기 13명	문화행정(전산, 일반행정, 문화사업 및 기획), 학예연구(학예연구 및 전시·교육), 운영직(시설원, 안내·매표, 운영스텝)
	2021 하반기 24명	일반직(문화행정직, 학예연구직), 운영직(시설원, 안내매표 등)
	2021 상반기 9명	일반직(문화행정직, 학예연구직), 운영직(시설원, 운영스텝)
경기도경제과학진흥원	2024 상반기 0명	–
	2023 하반기 9명	일반행정
	2023 상반기 7명	일반행정
	2022 하반기 8명	일반행정
	2022 상반기 10명	일반직(일반행정, 연구업무)
	2021 하반기 5명	일반직(행정사무), 무기계약직(행정사무)
	2021 상반기 17명	일반직(행정사무), 무기계약직(행정사무)
경기테크노파크	2024 상반기 1명	일반행정
	2023 하반기 2명	일반행정
	2023 상반기 1명	공무직(사무보조)
	2022 하반기 2명	일반직(일반행정)
	2022 상반기 5명	일반직(일반행정)
한국도자재단	2024 상반기 1명	사원(경영지원)
	2023 하반기 2명	사원(시설, 문화사업기획)
	2023 상반기 3명	시설(건축, 전기), 문화사업기획
	2022 하반기 2명	사원(문화사업 및 행사기획)
	2022 상반기 4명	사원(마케팅, 전시기획/학예, 주임(인사/노무)
	2021 하반기 4명	사무직(일반행정, 문화교육, 전산보안, 학예)
	2021 상반기 8명	사원(일반행정, 전산·보안, 홍보·콘텐츠제작, 디지털홍보 등
(재)경기도수원월드컵경기장관리재단	2024 상반기 3명	일반직9급(행정, 조경, 전기)
	2023 하반기 3명	사원(사무, 기계, 산업안전)
경기도청소년수련원	2024 상반기 2명	일반7급(시설전기, 청소년지도)
	2023 하반기 1명	청소년지도
	2023 상반기 2명	일반직(청소년지도사), 무기직(환경지도사)
	2022 하반기 3명	일반직(청소년지도사), 무기직(환경지도사)
	2022 상반기 5명	일반직(건축·토목, 청소년지도, 홍보·마케팅)
	2021 하반기 1명	일반직(건축)
	2021 상반기 1명	일반직(회계)
경기콘텐츠진흥원	2024 상반기 0명	–
	2023 하반기 3명	일반행정
	2023 상반기 2명	일반직(일반행정)
	2022 하반기 4명	일반직(일반행정)
	2022 상반기 8명	일반직(일반행정)
	2021 하반기 2명	일반직(일반행정)
	2021 상반기 1명	일반직(일반행정)

기관명	채용인원	모집 부문
경기아트센터	2024 상반기 6명	관리직(경영관리 회계), 기술직(시설관리 건축), 관리직(공연기획, 영상제작)
	2023 하반기 3명	일반직(공연관리직, 경영관리직)
	2023 상반기 0명	–
	2022 하반기 4명	관리직(공연관리, 경영관리), 기술직(무대기술), 사무
경기도여성가족재단	2024 상반기 0명	–
	2023 하반기 1명	일반행정 및 사업운영
	2023 상반기 2명	위촉연구원(연구지원 및 사업지원), 행정원(사무보조)
경기대진테크노파크	2024 상반기 2명	일반행정 및 사업운영(재무회계, 환경기술)
	2023 하반기 0명	–
	2023 상반기 2명	일반직(전략사업팀, 경기가구인증센터)
	2022 하반기 2명	일반직(시설관리, 시험분석)
	2022 상반기 3명	일반직(시설관리, 일반행정)
	2021 하반기 1명	일반행정(재무회계)
경기도농수산진흥원	2024 상반기 5명	일반직(일반행정)
	2023 하반기 3명	일반직(일반행정), 공무직(사무보조)
	2023 상반기 9명	일반직(일반행정, 전산), 무기계약직(사무보조)
	2022 하반기 2명	무기계약직(사무보조)
	2022 상반기 13명	일반직(일반행정, 전산), 무기계약직(사무보조)
	2021 하반기 6명	일반직(시설, 전산, 사무행정)
	2021 상반기 8명	일반직(일반행정, 시설, 전산, 수산), 무기계약직(사무보조)
경기도의료원	2024 상반기 3명	행정직(일반행정, 원무행정) (의정부병원, 파주병원, 이천병원)
	2023 하반기 3명	행정직(일반행정, 원무행정)
	2023 상반기 7명	행정직(원무, 행정, 전산)
	2022 하반기 6명	행정직(원무, 행정)
	2022 상반기 8명	본부(행정직), 수원병원(행정직), 의정부병원(행정직), 파주병원(행정직), 이천병원(행정직)
	2021 하반기 3명	의정부병원(행정직), 파주병원(행정직), 안성병원(행정직)
	2021 상반기 3명	포천병원(행정직)
경기복지재단	2024 상반기 2명	일반직(일반행정–사회복지 및 행정업무)
	2023 하반기 2명	일반직(일반행정), 공무직(연구지원)
	2023 상반기 1명	사무직(정보보안, 홈페이지 관리, 홍보 및 일반행정)
	2022 하반기 5명	사무직(일반행정)
	2022 상반기 4명	사무직(일반행정)
경기도평생교육진흥원	2024 상반기 2명	관리전문직(사업운영 및 일반행정) (수원지역, 파주지역)
	2023 하반기 4명	관리전문직, 공무직
	2023 상반기 5명	관리전문직(사업운영 및 교육운영)
	2022 하반기 8명	관리전문직(사업운영 및 일반행정), 공무직(사무관리)
	2022 상반기 10명	관리전문직(감사, 평생교육일반, 평생교육 사업운영, 디지털 홍보, 시민교육 사업운영 등), 공무직
	2021 하반기 4명	관리전문직(평생교육일반), 무기계약직(사업운영)
	2021 상반기 11명	관리전문직(법무감사, 정책연구, 디지털홍보, 전산, 평생교육 일반), 무기계약직(사업운영)
경기도일자리재단	2024 상반기 9명	일반직(일반행정, 전산), 공무직(직업상담)
	2023 하반기 10명	일반직(일반행정, 전산), 공무직(직업상담)
	2023 상반기 6명	공무직(직업상담, 비서), 일반직(일반행정)
	2022 하반기 7명	공무직(직업상담), 일반직(일반행정, 회계)
	2022 상반기 14명	연구직(연구원), 공무직(직업상담, 전산), 일반직(일반행정, 회계)
	2021 하반기 8명	연구직(연구원), 일반직(교사), 공무직(직업상담, 전산) 등
	2021 상반기 17명	일반직(일반행정, 전산), 공무직(창업매니저), 연구직(연구원)

차세대융합기술연구원	2024 상반기 0명	–
	2023 하반기 0명	–
	2023 상반기 2명	일반직(일반행정, 연구행정)
	2022 하반기 1명	일반직(일반행정)
경기도시장상권진흥원	2024 상반기 3명	일반직(일반행정)
	2023 하반기 3명	일반직(일반행정)
	2023 상반기 5명	일반직(일반행정)
	2022 하반기 4명	일반직(일반행정)
	2022 상반기 4명	사무직(일반행정)
	2021 하반기 2명	일반직(일반행정)
	2021 상반기 11명	일반직(일반행정)
경기도사회서비스원	2024 상반기 1명	일반행정
	2023 하반기 10명	일반행정, 공무직(요양서비스직, 돌봄직)
	2023 상반기 5명	일반행정, 공무직(요양서비스직, 돌봄직)
	2022 하반기 2명	공무직(돌봄직)
	2022 상반기 25명	일반행정(일반, 회계, 정보화, 감사, 시설관리), 공무직(돌봄직)
	2021 하반기 3명	사무직(일반행정, 복지행정)
	2021 상반기 7명	사무직(일반행정, 복지행정)
경기환경에너지진흥원	2024 상반기 0명	–
	2023 하반기 1명	일반직
	2023 상반기 3명	일반행정
	2022 하반기 1명	일반행정
	2022 상반기 6명	일반직
코리아경기도주식회사	2024 상반기 2명	일반행정
	2023 하반기 2명	사업기획/운영, 일반행정

이 책의 차례

Appendix 특별부록

경기도 공공기관 통합채용 NCS 기출문제

2024. 03. 30. 시행 제1회 기출문제

특별부록 Appendix

2024 1회 기출

경기도 공공기관 통합채용 NCS 기출문제

2024. 03. 30. 시행
※ 본 기출문제는 실제 시험 응시자로부터 수집한 자료를 바탕으로 복원되었습니다.

 출제영역 1 ● 의사소통능력

01 다음 중 맞춤법에 맞게 쓰인 문장은?

① 이국에서 온 편지를 뜯어본 그의 심정은 착찹하기 이를 데 없었다.
② 이렇게 통증이 심해질 줄 알았더라면 진즉 병원에 가 볼 걸 그랬다.
③ 멀쩡해 보였던 그가 그렇게 흉칙스러운 일을 저질렀다는 게 믿어지지 않아.
④ 살다 보니 별 희안한 일을 다 겪는구나.

 문서작성능력 / 맞춤법 이해하기

'진즉'은 '좀 더 일찍이'의 뜻을 지닌 말로, '진작'과 같은 표준어이다.

Plus 해설
• 착잡(錯雜)하다 : 갈피를 잡을 수 없이 뒤섞여 어수선하다.
• 흉측(凶測)스럽다 : 몹시 흉악한 데가 있다.
• 희한(稀罕)하다 : 매우 드물거나 신기하다.한다.

정답 ②

02 다음 중 공문서를 작성할 때의 작성법이 아닌 것은?

① 복잡한 내용은 '-다음-', '-아래-' 등 항목별로 구분하여 작성한다.
② 장기간 보관되는 대외적인 문서이므로 정확하게 기술한다.
③ 회사 외부로 전달되는 문서로 육하원칙이 정확하게 드러나도록 작성한다.
④ 한 장 안에 작성하고, 날짜 다음에 괄호를 사용할 때는 마침표를 찍는다.

문서작성능력 / 공문서 작성하기

공문서는 한 장 안에 작성해야 하고 마지막에 '끝' 자로 마무리한다.
날짜는 연도와 월, 일을 함께 기입하고, 날짜 다음에 괄호를 사용할 경우에는 마침표를 찍지 않는다.

정답 ④

03 다음 중 글의 맥락에 맞게 문단 순서를 바르게 배열한 것은?

> (가) 과거에 한 월간잡지가 여성 모델이 정치인과 사귄다는 기사를 내보냈다가 기자도 손해배상을 하고 잡지는 폐간된 경우가 있었다. 일부는 추측 기사이고 일부는 사실도 있었지만, 사실이든 허위든 관계없이 남의 명예와 인격을 침해하였기에 그 책임을 진 것이다.
>
> (나) 인권이라는 이름으로 남의 사생활을 침해하는 일은 자기 인권을 내세워 남의 불행을 초래하는 것이므로 보호받을 수 없다. 통상 대중스타나 유명인들의 사생활은 일부 노출되어 있고, 이러한 공개성 속에서 상품화되므로 비교적 보호 강도가 약하기는 하지만, 그들도 인간으로서 인권이 보호되는 것은 마찬가지다.
>
> (다) 우리 사회에서 이제 인권이라는 말은 강물처럼 넘쳐흐른다. 과거에는 인권을 말하면 붙잡혀 가고 감옥에도 가곤 했지만, 이제는 누구나 인권을 스스럼없이 주장한다. 그러나 중요한 점은 인권이라 하더라도 무제한 보장되는 것이 아니라 남의 행복과 공동체의 이익을 침해하지 않는 범위 안에서만 보호된다는 것이다.
>
> (라) 그런데 남의 명예를 훼손하여도 손해배상을 해주면 그로써 충분하고, 자기 잘못을 사죄하는 광고를 신문에 강제로 싣게 할 수는 없다. 헌법재판소는 남의 명예를 훼손한 사람이라 하더라도 강제로 사죄 광고를 싣게 하는 것은 양심에 반하는 가혹한 방법이라 하여 위헌으로 선고했다.

① (가)-(나)-(다)-(라) ② (나)-(가)-(다)-(라)
③ (다)-(나)-(가)-(라) ④ (다)-(나)-(라)-(가)

 문서이해능력 / 글의 순서 파악하기

(가)는 인격 침해 기사를 게재한 기자가 책임을 졌다고 하였으므로 (가) 앞에는 인격 침해 기사의 책임에 대한 일반적인 이야기가 나와야 한다. (나)에서는 인권이라는 이름으로 남의 사생활을 침해해서는 안 된다는 것을 밝히고 있다. (가)는 (나)의 구체적 사례가 되기 때문에 (나) 다음에 (가)가 연결되는 것이 자연스럽다. (다)에서는 우리 사회가 인권이 존중되는 사회라는 것을 밝힌 다음, 마지막 문장에서 인권이 보호되기 위한 조건을 제시해 놓고 있다. 이 문장이 (나)의 첫 문장과 연결되므로 (다) 다음에는 (나)가 나와야 한다. 마지막으로 (라)에서는 (가)에서 다룬 책임의 범위를 제시하고 있다. 즉, 손해배상을 하면 되는 것이지 사죄 광고를 강제로 게재하게 할 수는 없다는 것이다. 그러므로 (라)는 (가) 다음에 오는 것이 좋다.
따라서 문맥에 맞게 연결하면 (다)-(나)-(가)-(라)가 된다.

정답 ③

[04~05] 다음 글을 읽고 각 물음에 답하시오.

지식경제부 장관이 연구개발(R&D)의 실패율을 늘리겠다고 언급해 업계의 주목을 받고 있다. 지식경제부 연구개발 성공률이 98%에 이르는 것은 안전하게 성공 가능성이 높은 연구에만 집중하는 자세에 기인한 것인데, 이래서는 상상력을 발휘한 미래형 연구개발이 어려우니 실패율이 높아도 성과가 큰 과제를 찾아 지원하겠다는 것이다. 이러한 자세는 다른 분야에도 적용이 필요한 이야기이겠지만 소프트웨어(SW) 분야에는 매우 중요한 전기를 마련할 수 있다는 점에서 눈여겨볼 만하다.

소프트웨어 분야의 선구자인 프레드릭 브룩스는 이미 1986년에 소프트웨어 개발의 본질적인 문제로 네 가지를 지적하면서 소프트웨어의 개발은 오류와 실패를 통해서만 성공할 수 있음을 강조했다. 첫째는 (   )으로 소프트웨어가 그 사이즈에 비해 복잡한 구성으로 돼 있다는 점이다. 표준화된 부품으로 구성된 다른 산업시대의 산물과는 달리 소프트웨어의 각 부분이 고유한 특성과 모양새를 가지고 있어서 복잡하게 얽힌 구조로 이루어져 있다. 또 다른 특징은 (   )으로 정보기술(IT)은 IT 자체로서의 가치보다는 외부의 다른 개체와의 연계와 융합이 중요한데 이러한 외부와의 연계성을 확보하기가 쉬운 일이 아니다. 치명적인 인명사고를 일으키곤 하는 자동차 급발진의 원인으로 전자제어장치(ECU)에 내장된 소프트웨어가 자동차의 다른 메커니즘과의 연계에 오류가 있지 않나 하는 의심을 받고 있다. 셋째는 (   )인데 자동차나 건물과는 달리 소프트웨어는 납품 후에도 지속적으로 그 기능성을 바꾸어 줄 것을 요구받고 있다. 사용자가 보기에는 단순해 보이는 카카오톡 같은 소프트웨어에서도 지속적으로 그 기능이 추가되고 있다. 문제는 이렇게 기능을 추가하는 것이 복잡성과 합치성으로 인해서 쉬운 일이 아니라는 점이다. 더군다나 이러한 기능의 추가가 지속적으로 일어나야 한다는 점이다. 마지막으로 (   )을 본질적 문제의 하나로 들고 있다. 겉을 뜯어내면 그 부품과 구성이 들여다보이는 다른 제품과는 달리 소프트웨어는 그 내용이 보이지 않고 모형을 만드는 것도 쉽지가 않아 다른 공학 분야와는 달리 도식화의 표준도 정립되지 못하는 실정이다.

소프트웨어가 가지고 있는 본질적인 문제에도 불구하고 앞으로의 세상에서 소프트웨어의 중요성이 점점 더 커질 것은 두말할 필요가 없다. 기기들이 스마트해지고 네트워크로 연결돼 우리 전체의 삶을 좀 더 편하고 효율성을 높이는 방향으로 우리의 미래는 바뀌어 가고 있으며, 여기서 소프트웨어의 역할은 더할 나위 없이 중요하다.

세상을 떠나면서 우리의 미래를 어떻게 준비해야 하는지 다시 한 번 돌아보게 만든 스티브 잡스. 본인이 만들었던 회사에서 몇 번을 쫓겨났었는지? 어떠한 실수와 실패를 겪었는지? 조금 더 살았으면 혹시 다시 실수를 하지 않았을까? 스티브 잡스 한 명이 나타나기까지 비슷하지만 실패한 사례들이 얼마나 많았을까? '진실은 헷갈림보다는 오류로부터 찾아내기가 더 쉽다'고 말한 프랜시스 베이컨의 말이 우리나라 소프트웨어 산업 발전의 단초를 제시하는 것 같다. 자라나는 디지털 세대들이 자유로운 상상력을 발휘해 용기를 내서 실수를 하고, 이를 통해 다시 일어설 수 있는 희망의 안전망을 어떻게 만들어 주어야 할지 마음을 모아 궁리하는 것이 기성세대의 책임이 아닐까 싶다.

출처 : 세계일보, 칼럼 '소프트웨어를 키우는 힘'

04 다음 중 위 글의 내용과 일치하지 않는 것은?

① 소프트웨어가 다른 개체와의 융합이 원활하지 않으면 자동차 급발진의 같은 오류가 생길 수 있다.

② 소프트웨어는 고유한 특성과 복잡한 구조로 되어 있으며 지속적인 기능 추가가 필요하다.

③ 실패율이 높아도 성과가 큰 과제를 지원한 덕에 지식경제부는 98%에 이르는 R&D 성공률을 이끌어냈다.

④ 프레드릭 브룩스는 소프트웨어 개발은 실패 과정을 겪어야 성공할 수 있음을 역설하였다.

문서이해능력 / 글의 내용 파악하기

지식경제부 장관은 지식경제부의 연구개발 성공률이 98%에 이르는 것은 안전하게 성공 가능성이 높은 연구에만 집중한 데서 기인했다고 하면서, 이렇게 해서는 상상력을 발휘한 미래형 연구개발이 나오기 어려우니 앞으로 연구개발(R&D)의 실패율을 늘리겠다고 언급하였다.

정답 ③

05 다음 각 괄호 안에 들어갈 말로 적절하지 않은 것은?

① 복잡성(complexity)

② 합치성(conformity)

③ 변화성(changeability)

④ 가시성(visibility)

문서작성능력 / 내용 유추하기

소프트웨어는 겉을 뜯어내면 그 부품과 구성이 들여다보이는 다른 제품과는 달리 그 내용이 보이지 않아 모형을 만드는 것도 쉽지가 않다고 하였으므로 비가시성(invisibility)이 적합하다.

정답 ④

출제영역 2 • 수리능력

06 P 회사와 J 회사까지의 거리는 180km이다. 박 대리는 P 회사에서 택시를 타고 시속 60km로 출발하여 J 회사로 가다가 도중에 놓고 온 물건이 있어서 시속 90km로 P 회사에 돌아와서 다시 시속 90km로 J 회사까지 곧장 갔더니 총 5시간이 걸렸다. 박 대리는 P 회사로부터 몇 km 떨어진 지점에서 되돌아왔는가?

① 108km

② 110km

③ 112km

④ 114km

 기초연산능력 / 거리, 속력, 시간

P 회사에서 되돌아온 중간지점까지의 거리를 x라고 하면,

P 회사에서 중간 지점까지 걸린 시간 : $\dfrac{x}{60}$

다시 P 회사로 돌아가는 데 걸린 시간 : $\dfrac{x}{90}$

P 회사에서 A 회사까지 가는 데 걸린 시간 : $\dfrac{180}{90} = 2$

$\dfrac{x}{60} + \dfrac{x}{90} + 2 = 5$

$3x + 2x = 540$ $\qquad$ $5x = 540$ $\qquad$ $x = 108$

따라서 박 대리는 P 회사에서 108km 떨어진 지점에서 되돌아왔다.

정답 ①

07 현재 물의 양이 120g이고, 농도가 40%인 소금물이 있다. 여기에 소금 100g을 더 넣으면 소금물의 농도는 몇 %가 되는가?

① 50%

② 55%

③ 60%

④ 65%

 기초연산능력 / 농도 구하기

현재 소금물의 양을 먼저 구한다. 농도 $= \dfrac{\text{소금의 양}}{\text{소금물의 양}} \times 100$ 이므로,

$\dfrac{x}{120 + x} \times 100 = 40$, $x = 80$ 따라서 현재 소금은 80g이고 여기에 소금 100g을 더 넣으면 180g이다.

물 120g, 소금 180g이 들어있는 소금물의 농도를 구하면, $\dfrac{180}{120 + 180} \times 100 = 60\,\%$이다.

정답 ③

08 상자 안에 40개의 공이 있다. 이 중 빨간색 공이 4개일 때, 두 번을 뽑아 적어도 한 번 이상 빨간색 공을 뽑을 확률은? (단, 한 번 뽑은 공은 다시 상자에 넣지 않는다.)

① $\dfrac{1}{26}$ ② $\dfrac{3}{26}$ ③ $\dfrac{5}{26}$ ④ $\dfrac{7}{26}$

 기초연산능력 / 확률 구하기

전체 확률 1에서 두 번 다 빨간색 공을 뽑지 못하는 경우를 빼주면, 적어도 한 번 이상 빨간색 공을 뽑을 확률을 알 수 있다. $1 - \left(\dfrac{36}{40} \times \dfrac{35}{39}\right) = 1 - \dfrac{21}{26} = \dfrac{5}{26}$

정답 ③

09 길이가 15m인 사다리를 높이가 12m인 벽의 천장까지 닿도록 비스듬히 기댔을 때, 사다리와 벽 사이 바닥의 길이는? (벽과 바닥의 각도는 직각이다.)

① 7m ② 8m ③ 9m ④ 10m

 기초연산능력 / 피타고라스의 정리

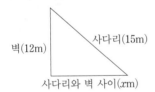

$12^2 + x^2 = 15^2$ $\qquad$ $144 + x^2 = 225$ $\qquad$ $x^2 = 81$ $\qquad$ $x = 9$

따라서 사다리와 벽 사이 바닥의 길이는 9m이다.

Plus 해설

피타고라스 정리 : 임의의 직각삼각형에서 빗변의 길이를 c, 빗변이 아닌 다른 두 변의 길이를 각각 a, b라고 하면 다음이 성립한다.

$a^2 + b^2 = c^2$

정답 ③

10 어떤 일을 하는데 A 혼자 하면 10일, B 혼자 하면 15일이 걸린다. 둘이 함께 일할 때 걸리는 기간은?

① 3일 ② 4일 ③ 5일 ④ 6일

기초연산능력 / 일의 양 구하기

전체 일의 양을 1이라고 하면, A가 혼자 할 때 걸리는 기간은 10일이므로 A가 하루 동안 할 수 있는 일의 양은 $\frac{1}{10}$ 이고, B가 혼자 할 때 걸리는 기간은 15일이므로 B가 하루 동안 할 수 있는 일의 양은 $\frac{1}{15}$ 이다.

같이 일한 기간을 x라 하면,

$$(\frac{1}{10} + \frac{1}{15}) \times x = 1$$

$$\frac{5}{30} \times x = 1$$

$$x = 6$$

따라서 둘이 함께 일할 때 걸리는 기간은 6일이다.

정답 ④

11 다음은 ○○회사의 2020~2023년까지의 신입사원 지원자 수와 합격자 수를 나타낸 표이다. 탈락자 비율이 가장 높았던 때는 언제인가? (단, 소수점 둘째자리까지 구한다.)

연도별 신입사원 지원 및 합격 현황

(단위 : 명)

구분	2020	2021	2022	2023
지원자 수	358	456	461	552
합격자 수	21	23	27	35
탈락자 비율(%)				

① 2020년 ② 2021년
③ 2022년 ④ 2023년

도표분석능력 / 비율 계산하기

탈락자 비율 $= \dfrac{\text{지원자 수} - \text{합격자 수}}{\text{지원자 수}} \times 100$

• 2020년 탈락자 비율 $= \dfrac{358 - 21}{358} \times 100 = 94.13\%$

• 2021년 탈락자 비율 $= \dfrac{456 - 23}{456} \times 100 = 94.95\%$

• 2022년 탈락자 비율 $= \dfrac{461 - 27}{461} \times 100 = 94.14\%$

• 2023년 탈락자 비율 $= \dfrac{552 - 35}{552} \times 100 = 93.65\%$

따라서 탈락자 비율이 가장 높았던 때는 2021년이다.

정답 ②

12 다음은 문화산업 현황에 대한 자료이다. 자료에 대한 설명이 옳은 것을 모두 고르면?

[(단위 : 매출액(조 원), 수출액(천 달러)]

구분	2019년		2020년		2021년	
	매출액	수출액	매출액	수출액	매출액	수출액
계	126.70	10,189,026	128.29	11,924,284	137.51	12,452,897
출판	21.30	214,732	21.65	345,960	24.70	428,379
만화	1.30	46,010	1.53	62,715	2.13	81,980
음악	6.80	756,198	6.06	679,633	9.37	775,274
게임	15.60	6,657,777	18.89	8,193,562	20.99	8,672,865
영화	6.40	37,877	2.99	54,157	3.25	43,033
애니메이션	0.60	194,148	0.55	134,532	0.76	156,835
방송(영상)	20.80	474,359	21.96	692,790	23.97	717,997
광고	18.10	139,083	17.42	119,935	18.92	258,167
캐릭터	12.60	791,338	12.22	715,816	5.00	412,990
지식정보	17.70	649,623	19.37	691,987	19.95	660,850
콘텐츠솔루션	5.40	227,881	5.64	233,196	8.47	244,527

㉠ 출판의 매출액은 매년 가장 높다.
㉡ 2021년 수출액이 가장 낮은 항목은 매출액도 가장 낮다.
㉢ 조사 기간 동안 수출액이 꾸준히 증가하는 항목은 총 5개이다.
㉣ 문화산업 전체 수출액이 가장 많았던 해의 수출액은 가장 적었던 해보다 2,263,871천 달러 더 많다.
㉤ 2021년 광고 매출액은 전년 대비 약 8.6% 증가하였다.
㉥ 2020년 지식정보 매출액은 전년 대비 약 4.9% 증가하였다.

① ㉠, ㉡, ㉥
② ㉠, ㉣, ㉤
③ ㉢, ㉣, ㉤
④ ㉢, ㉣, ㉥

도표분석능력 / 도표 자료 이해하기

㉢ 조사 기간 동안 수출액이 꾸준히 증가하는 항목은 출판, 만화, 게임, 방송(영상), 콘텐츠솔루션으로, 총 5개이다.

㉣ 문화산업 전체 수출액이 가장 많았던 해(2021년)의 수출액은 가장 적었던 해(2019년)보다 12,452,897−10,189,026=2,263,871천 달러 더 많다.

㉤ 2021년 광고 매출액은 전년 대비 $\frac{18.92-17.42}{17.42} \times 100 ≒ 8.6\%$ 증가하였다.

Plus 해설

㉠ 2020년은 방송(영상)의 매출액이 가장 높다.

㉡ 2021년 수출액이 가장 낮은 항목은 영화이고, 매출액이 가장 낮은 항목은 애니메이션이다.

㉥ 2020년 지식정보 매출액은 전년 대비 $\frac{19.37-17.70}{17.70} \times 100 ≒ 9.4\%$ 증가하였다.

정답 ③

 출제영역 3 • 문제해결능력

13 다음은 어느 유형의 문제에 해당하는가?

> 문제란 업무를 수행함에 있어 답을 요구하는 질문이나 의논하여 해결해야 하는 사항을 의미한다. 이러한 문제 중 이 유형은 눈에 보이지 않는 문제로, 현재 상황을 개선하거나 효율을 높이기 위한 문제를 의미한다.

① 발생형 문제   ② 탐색형 문제
③ 설정형 문제   ④ 창의적 문제

 문제해결능력 / 문제의 유형 이해하기

탐색형 문제(찾는 문제)는 눈에 보이지 않는 문제로 이는 잠재문제, 예측문제, 발견문제로 구분된다.

Plus 해설
• 잠재문제 : 문제가 잠재되어 있어 인식하지 못하다가 결국은 문제가 확대되어 해결이 어려운 문제
• 예측문제 : 현재로서는 문제가 없으나 앞으로 일어날 가능성이 있는 문제
• 발견문제 : 현재로서는 문제가 없으나 유사 타 기업 혹은 선진 기업의 업무 방법 등의 정보를 얻음으로써 환경을 보다 개선, 향상시킬 수 있는 문제

정답 ②

14 다음 명제가 모두 참일 때, 언제나 참인 것은?

> • 한국소설을 좋아하는 사람은 미국소설도 좋아한다.
> • 일본소설을 좋아하는 사람은 수필도 좋아한다.
> • 미국소설을 좋아하지 않는 사람은 수필도 좋아하지 않는다.

① 수필을 좋아하는 사람은 한국소설도 좋아한다.
② 미국소설을 좋아하지 않는 사람은 일본소설을 좋아한다.
③ 일본소설을 좋아하는 사람은 미국소설도 좋아한다.
④ 일본소설을 좋아하지 않는 사람은 미국소설도 좋아하지 않는다.

사고력 / 명제 추론하기

주어진 명제와 그 대우를 정리하면 다음과 같다.
- 한국소설 → 미국소설, ~미국소설 → ~한국소설
- 일본소설 → 수필, ~수필 → ~일본소설
- ~미국소설 → ~수필, 수필 → 미국소설
∴ ~미국소설 → ~수필 → ~일본소설
일본소설 → 수필 → 미국소설
따라서 항상 참인 것은 ③이다.

정답 ③

15 다음에 해당하는 논리적 오류는 무엇인가?

> 김 대리는 3일 전에도 지각했고, 오늘도 지각했어. 김 대리는 매일 지각하는 것이나 마찬가지야.

① 무지에의 오류   ② 허수아비 공격의 오류
③ 대중에 호소하는 오류   ④ 성급한 일반화의 오류

사고력 / 오류의 종류 구분하기

성급한 일반화의 오류 : 몇 가지 사례나 경험만을 가지고 그 전체 또는 전체의 속성을 섣불리 단정 짓거나 판단하는 데서 생기는 오류

🍱 **Plus 해설**
① 무지에의 오류 : 참이라고 밝혀진 것이 없으므로 거짓이라고 주장하거나 그 반대로 주장하는 오류
  예 "신이 없다는 것을 증명한 사람은 아무도 없다. 따라서 신은 존재한다."
② 허수아비 공격의 오류 : 상대방의 주장과는 전혀 관련 없는 별개의 논리를 만들어 공격하는 오류
  예 "피의자는 평소 사생활이 문란했고 마약을 복용한 전력도 있다. 따라서 살인 혐의로 기소해야 한다."
③ 대중에 호소하는 오류 : 많은 사람이 지지한다는 것을 근거로 주장이나 결론을 내세우는 논증 방법
  예 "이 책은 훌륭한 책이다. 왜냐하면 올해 베스트셀러 1위 도서이기 때문이다."

정답 ④

16 다음 중 분석적 문제에 대한 설명으로 옳지 않은 것은?

① 현재의 문제점이나 미래의 문제로 예견될 것에 대한 문제이다.
② 문제 자체가 명확하고 해답의 수가 적으며 한정되어 있다.
③ 창의력에 의한 많은 아이디어 작성을 통해 해결할 수 있다.
④ 주로 논리적 방법을 통하여 해결하며 공통성의 특징이 있다.

 문제해결능력 / 문제의 분류 파악하기

창의력에 의한 많은 아이디어 작성을 통해 해결할 수 있는 것은 창의적 문제이다.

문제의 분류

구분	창의적 문제	분석적 문제
문제 제시 방법	현재 문제가 없지만 보다 나은 방법을 찾기 위한 문제 탐구로, 문제 자체가 명확하지 않음	현재의 문제점이나 미래의 문제로 예견될 것에 대한 문제 탐구로, 문제 자체가 명확함
해결 방법	창의력에 의한 많은 아이디어 작성을 통해 해결	분석, 논리, 귀납과 같은 논리적 방법을 통해 해결
해답 수	해답의 수가 많으며, 많은 답 중에서 보다 나은 것을 선택	해답의 수가 적으며, 한정되어 있음
주요 특징	주관적, 직관적, 감각적, 정성적, 개별적, 특수성	객관적, 논리적, 정량적, 이성적, 일반적, 공통성

정답 ③

17 다음 중 창의적 사고의 의미와 특징으로 거리가 먼 것은?

① 창의적인 사고는 새로운 아이디어가 많고 다양하고 독특한 것을 의미한다.
② 창의적인 사고는 내적 정보와 외부 정보를 조합하여 최종 해답으로 통합하는 것이다.
③ 창의적인 사고는 통상적이며 가치가 있으면서도 유용성이 있어야 한다.
④ 창의적인 사고는 사회나 개인에게 새로운 가치를 창출한다.

 사고력 / 창의적 사고 이해하기

창의적인 사고는 통상적인 것이 아니라 기발하거나 신기하며 독창적인 것이다.

🎤 Plus 해설

• 창의적 사고의 의미
– 창의적인 사고는 발산적(확산적) 사고로서, 아이디어가 많고 다양하고 독특한 것을 의미한다.
– 창의적인 사고는 새롭고 유용한 아이디어를 생산해 내는 정신적인 과정이다.
– 창의적인 사고는 통상적인 것이 아니라 기발하거나 신기하며 독창적인 것이다.
– 창의적인 사고는 유용하고 적절하며 가치가 있어야 한다.
– 창의적인 사고는 기존의 정보(지식, 상상, 개념 등)들을 특정한 요구조건에 맞거나 유용하도록 새롭게 조합시킨 것이다.

• 창의적 사고의 특징
– 창의적 사고란 정보와 정보의 조합이다. 정보는 주변에서 발견할 수 있는 지식(내적 정보)과 책이나 밖에서 본 현상(외부 정보)의 두 가지 형태를 의미한다.
– 창의적 사고는 사회나 개인에게 새로운 가치를 창출한다.
– 창의적 사고는 교육훈련을 통해 개발될 수 있는 능력이다.

정답 ②

18 ○○기업 영업부 직원 7명은 기차를 타고 출장을 가려 한다. 기차의 좌석은 그림과 같이 마주보고 앉을 수 있도록 배열돼 있고, 다음의 조건에 따라 좌석을 배정한다고 할 때, 아무도 앉지 않는 자리를 고르면?

- 부장은 1B에 앉는다.
- 인턴과 사원은 같은 열에 앉는다.
- 대리와 팀장은 나란히 붙어 앉는다.
- 주임과 과장은 서로 마주보고 앉는다.
- 과장은 부장과 멀리 떨어진 곳에 앉는다.

창문	1A	1B		1C	1D	창문
	2A	2B		2C	2D	

① 1A ② 1C ③ 2A ④ 2C

 문제처리능력 / 조건으로 자리 유추하기

부장의 자리는 1B로 정해져 있으므로 부장과 멀리 떨어진 곳인 1D 또는 2D는 과장의 자리이다. 주임과 과장은 서로 마주보고 앉으므로 주임의 자리는 2D 또는 1D이다. 대리와 팀장은 나란히 붙어 앉으므로 2A와 2B에 앉아야 하고, 인턴과 사원은 같은 열에 앉으므로 1A와 1C에 앉게 된다.

창문	1A (인턴/사원)	1B (부장)		1C (사원/인턴)	1D (과장/주임)	창문
	2A (대리/팀장)	2B (팀장/대리)		2C	2D (주임/과장)	

따라서 아무도 앉지 않는 자리는 2C이다.

정답 ④

19 ○○ 회사의 직원들이 업무평가점수에 대해서 다음과 같은 대화를 나누었다. 이 중에서 세 명은 참을 말하고 한 사람만이 거짓을 말한다고 할 때, 다음 중 거짓말을 하는 사람은 누구인가?

김 대리 : 저는 점수가 제일 낮습니다.
안 대리 : 저는 이 팀장님보다 점수가 낮습니다.
이 팀장 : 저는 김 대리와 안 대리보다 점수가 낮습니다.
유 과장 : 제가 여러분들보다 점수가 높습니다.

① 김 대리 ② 안 대리 ③ 이 팀장 ④ 유 과장

문제처리능력 / 조건으로 진위 판단하기

한 명만 거짓말을 하고 있으므로 네 개의 진술 가운데 대립되는 진술을 하는 사람을 찾아낸다. 김 대리의 말이 참이면 이 팀장의 말은 거짓이므로 둘 중 한 명이 거짓말을 한다는 것을 알 수 있다.
1) 김 대리의 말이 참이고, 이 팀장의 말이 거짓일 경우
  → 유 과장 〉 이 팀장 〉 안 대리 〉 김 대리가 되므로 모순되는 점이 없다.
2) 김 대리의 말이 거짓이고, 이 팀장의 말이 참일 경우
  → 김 대리, 안 대리의 진술이 거짓이 되므로 한 명이 거짓말을 한다는 조건에 위배된다.
따라서 거짓말을 하는 사람은 이 팀장이다.

정답 ③

20 새로 완공된 5층짜리 원룸 건물에 A~F 6명이 입주를 앞두고 있다. 다음 제시된 조건을 보고 건물의 4층에 입주할 수 있는 사람을 고르면? (단, 홀수 층에는 한 사람만 입주할 수 있고, 짝수 층에는 최대 두 사람이 입주할 수 있다.)

> • A는 홀수 층에 입주해야 한다.
> • B는 C보다 아래층에 입주해야 한다.
> • D는 B보다 위층에 입주해야 한다.
> • E는 3층에 입주한다.
> • A는 B보다 아래층에 입주해야 한다.
> • A와 D는 서로 최대한 멀리 떨어져 있는 층에 입주해야 한다.

① A, C   ② B, F   ③ C, F   ④ B, D C

 문제처리능력 / 조건으로 자리 유추하기

5층	D	
4층	C	(F)
3층	E	
2층	B	(F)
1층	A	

정해지지 않은 사람은 F뿐이며, F는 두 사람이 입주할 수 있는 짝수 층에 입주할 것이다. 따라서 4층에 입주할 수 있는 사람은 C와 F이다.

정답 ③

출제영역 4 • 자원관리능력

21 다음 중 시간자원과 시간관리능력에 대한 설명으로 적절하지 않은 것은?

① 시계와 달력으로 잴 수 있는 양적인 시간은 크로노스이다.
② 가치와 의미를 부여하는 주관적이며 질적인 시간은 카이로스이다.
③ 기업은 시간관리 및 시간단축을 통해 시장 점유율 증가, 위험 감소 등을 거둘 수 있다.
④ 기업은 시간을 통제함으로써 생산성을 높일 수 있고 조직의 문제를 개선할 수 있다.

💡 시간관리능력 / 시간자원 이해하기

기업은 시간을 통제하는 것이 아닌 효율적으로 관리함으로써 생산성을 높이고 문제를 개선할 수 있다.
크로노스와 카이로스는 시간을 구분하는 개념으로, 시간관리를 잘 하려면 카이로스의 시간을 크로노스의 시간으로 관리해야 한다.
• 크로노스(Chronos) : 물리적 시간으로 객관적 · 정량적 시간이다.
• 카이로스(Kairos) : 질적인 시간으로 주관적 · 정성적 시간이다.

정답 ④

22 다음 중 인사평가에서 성과평가와 역량평가에 대한 설명으로 적절하지 않은 것은?

① 성과평가는 조직 내 개인의 성과를 평가하며 주로 업적과 성과에 초점을 둔다.
② 역량평가는 개인의 능력을 평가하며 주로 개인의 직무 및 리더십 역량 등을 평가한다.
③ 성과평가는 목표수준의 적절성, 평가등급 산정의 공정성 등에 유의해야 한다.
④ 역량평가는 모든 기업이 공통으로 추구하는 공통 역량과 개인별 직무 역량을 평가한다.

 인적자원관리능력 / 평가제도 이해하기

역량평가에서는 공통 역량, 직무 역량, 리더십 역량 등을 평가하는데, 여기서 공통 역량은 주로 기업의 핵심 가치와 관련된 기본 자질과 태도를 평가하며, 어떤 것을 공통 역량으로 평가하는지는 기업마다 차이가 있다.
• 성과평가 시 점검 사항 : 목표 수준의 적절성, 목표 난이도의 균형, 평가 급간 차이의 적절성, 중간 모니터링 및 목표 수정의 합리성, 평가자의 오류 방지, 평가 등급 산정의 공정성 등
• 역량평가 시 점검 사항 : 공통역량(기본 자질과 태도, 기업마다 세부 내용은 다름), 리더십 역량(조직 및 인력 관리 역량, 성과관리 역량), 직무역량(직무 전문지식, 직무 경험)

정답 ④

23 다음 중 승진제도의 유형에 대한 설명으로 적절하지 않은 것은?

① 나이, 근속연수, 경력 등의 요소에 따라 자동 승진시키는 것은 연공승진이다.
② 직무와 임금의 변화 없이 직위만 승진하는 형식적인 승진은 대용승진이다.
③ 경영조직을 변화시켜 승진기회를 마련하는 동태적 승진제도는 역직승진이다.
④ 자격승진은 직원의 승진에 일정한 자격을 정하여 그 자격을 취득하면 승진시키는 것이다.

 인적자원관리능력 / 승진제도 구분하기

경영조직을 변화시켜, 승진기회를 마련하는 동태적 승진제도는 OC승진(조직변화승진)이다. 즉 새로운 직위나 직무를 만들어 승진시키는 제도이다.
역직승진은 가장 일반적인 승진형태로서, 조직구조의 편성과 조직운영의 원리에 따라 결정한다. 조직에서는 부장, 과장, 계장과 같은 역직이 발생하게 되며 이에 따른 승진이 역직승진이다.

정답 ③

24 신제품을 개발하여 출시를 앞두고 있는 P부서는 신제품의 적정한 가격 책정을 의논 중이다. 이와 관련한 다음 설명 중 옳지 않은 것은?

① 홍보비를 너무 높게 산정하면 제품의 가격 경쟁력이 떨어질 수 있다.
② 마케팅비를 너무 낮게 산정하여 단가에 반영하면 적자가 생길 수 있다.
③ 홍보비 등의 책정 비용이 실제 들어간 비용과 같아질 수록 이상적이다.
④ 실제 비용보다 책정 비용이 높으면 제품의 경쟁력을 높일 수 있다.

 예산관리능력 / 예산측정 판단하기

실제 집행된 비용보다 예상한 책정 비용이 높으면 제품의 경쟁력이 손실될 수 있다.
① 홍보비를 높게 산정한 것은 책정비용이 높은 경우이므로 경쟁력 손실이 생길 수 있다.
② 마케팅비를 너무 낮게 산정한 것은 책정비용이 적은 경우이므로 적자가 생길 수 있다.
③ 책정 비용과 실제 비용이 같을수록 이상적이다.

Plus 해설

대부분 한 개인이나 기업이 활용할 수 있는 예산은 한정되어 있기 때문에, 정해진 예산을 얼마나 효율적으로 사용하느냐는 중요한 문제이다.

정답 ④

25 ○○기업 대표는 최근 미세먼지가 심해진 것을 고려해 E 대리에게 사무실에서 사용할 공기청정기 구입을 지시했다. 대표가 다음과 같이 지시했을 때 E 대리가 선택할 공기청정기 모델로 가장 적절한 것은?

> 대표 : 성능을 신뢰할 수 있어야 하니 한국공기청정협회 CA 인증 여부를 확인하도록 해요. 소비 전력은 40W 이하로 알아보고 가격은 50만 원 이하면 좋겠어요. 우리 사무실이 20평 정도인 건 알죠? 사용 면적이 20평보다 큰 건 괜찮지만 작은 건 선택하지 말고요. 그중에서 미세먼지 제거율이 제일 높은 걸로 알아봐 주세요.

	A 모델	B 모델	C 모델	D 모델
사용 면적	23평형	25평형	22평형	40평형
CA 인증	O	O	O	O
가격	47만 원	52만 원	45만 원	58만 원
소비 전력	34W	40W	40W	58W
미세먼지 제거율	95.9%	99.98%	97.5%	99.5%

① A   ② B   ③ C   ④ D

 물적자원관리능력 / 제품 선택하기

대표가 말한 조건들을 충족하는 모델을 찾아야 한다.
- CA 인증을 받은 것 : A, B, C, D
- 소비 전력이 40W 이하인 것 : A, B, C
- 가격이 50만 원 이하인 것 : A, C
- 사용 면적이 20평 정도이면서 20평보다 큰 것 : A, B, C
네 가지 조건을 모두 만족하는 모델은 A와 C이다.
이중에서 미세먼지 제거율이 더 높은 C를 선택하면 된다.

정답 ③

출제영역 5 ● 조직이해능력

26 헨리 민츠버그는 경영자의 업무와 역할을 10가지로 구분했는데 다음 중 '대인관계 역할'에 해당하는 것을 모두 고르면?

㉠ 탐색자	㉡ 보급자	㉢ 연락자	㉣ 문제해결자
㉤ 대표자	㉥ 대변인	㉦ 리더	㉧ 기업가
㉨ 협상가	㉩ 자원배분자		

① ㉢, ㉤, ㉦　　　　　　　　　　② ㉤, ㉥, ㉦

③ ㉣, ㉧, ㉨, ㉢　　　　　　　　④ ㉠, ㉡, ㉩

 경영이해능력 / 경영자의 역할 알기

민츠버그는 경영자의 업무와 역할을 대인적 역할, 정보적 역할, 의사결정 역할로 나누어 10가지로 구분하였다. 이중에서 대인관계 역할에 해당하는 것은 대표자, 리더, 연락자이다.

Plus 해설

경영자의 역할(민츠버그)

• 대인관계 역할

1. 대표자 : 사회적으로 요구되는 대표적이고 일상적 의무 수행(행사 주관, 내방 접견, 서류서명 등)
2. 지도자(리더) : 직원 동기 훈련 및 채용, 훈련 등
3. 연락자 : 정보 제공자와 상호작용 유지

• 정보수집 역할

1. 탐색자 : 정보탐색과 획득
2. 보급자 : 조직에게 정보 전파(정보 관련 회의 주관)
3. 대변인 : 외부에 조직의 정보를 알림

• 의사결정 역할

1. 기업가 : 기회를 찾고 사업 추진
2. 문제해결자 : 예상치 못한 어려움에 당면했을 때 올바른 행동 수행
3. 자원배분자 : 조직의 자원 할당
4. 협상가 : 교환, 노사협정 등에서 조직을 대표

정답 ①

27 다음 중 경영참가제도에서 자본에 참가하는 것과 관련이 있는 제도는?

① 공동의사결정제도　　　　　② 이윤분배제도
③ 노사협의회제도　　　　　　④ 종업원지주제도

경영이해능력 / 경영참가제도 이해하기

근로자 또는 노동조합을 경영의 파트너로 인정하는 협력적 노사관계가 중시됨에 따라 이들을 조직의 경영의사 결정 과정에 참여시키는 경영참가의 중요성이 커지고 있다. 근로자 또는 노동조합이 경영과정에 참여하여 자신의 의사를 반영함으로써 공동으로 문제를 해결하고, 노사 간의 세력 균형을 이룰 수 있다.
경영참가제도는 조직의 경영에 참가하는 공동의사결정제도와 노사협의회제도, 이윤에 참가하는 이윤분배제도, 자본에 참가하는 종업원지주제도 및 노동주제도 등이 있다.

Plus 해설

경영참가제도의 종류
- **경영에 참가** : 경영자의 권한인 의사결정과정에 근로자 또는 노동조합이 참여하는 것(공동의사결정제도, 노사협의회제도)
- **이윤에 참가** : 조직의 경영성과에 대하여 근로자에게 배분하는 것(이윤분배제도)
- **자본에 참가** : 근로자가 조직 재산의 소유에 참여하는 것(종업원지주제도, 노동주제도)

정답 ④

28 다음 중 기계적 조직에 대한 설명으로 적절하지 않은 것은?

① 구성원들의 업무가 분명하게 규정된다.
② 비공식적인 상호의사소통이 이루어진다.
③ 다수의 규칙과 규정이 존재한다.
④ 엄격한 상하 간 위계질서가 존재한다.

체제이해능력 / 조직의 구조 이해하기

조직구조는 의사결정 권한의 집중정도, 명령계통, 최고경영자의 통제, 규칙과 규제의 정도 등에 따라 기계적인 조직과 유기적인 조직으로 구분할 수 있다.
- **기계적 조직** : 구성원들의 업무가 분명하게 규정되며, 많은 규칙과 규제가 있고, 상하 간 의사소통이 공식적인 경로를 통해 이루어지며, 엄격한 위계질서가 존재한다. 대표적인 기계적 조직으로는 군대와 정부, 공공기관 등이 있다.
- **유기적 조직** : 비공식적인 상호 의사소통이 원활히 이루어지며, 규제나 통제의 정도가 낮아 변화에 맞춰 쉽게 변할 수 있는 특징을 가진다. 대표적인 유기적 조직으로는 권한위임을 받아서 독자적으로 활동하는 사내 벤처팀, 특정한 과제 수행을 위해 조직된 프로젝트팀 등이 있다.

정답 ②

29 다음 중 경영전략의 추진과정으로 옳은 것은?

① 전략목표설정 → 환경분석 → 경영전략 도출 → 경영전략 실행 → 평가 및 피드백
② 전략목표설정 → 환경분석 → 경영전략 실행 → 경영전략 도출 → 평가 및 피드백
③ 전략목표설정 → 경영전략 도출 → 경영전략 실행 → 환경분석 → 평가 및 피드백
④ 전략목표설정 → 경영전략 도출 → 환경분석 → 경영전략 실행 → 평가 및 피드백

경영이해능력 / 경영전략 추진과정 이해하기

전략목표 설정	환경 분석	경영전략 도출	경영전략 실행	평가 및 피드백
• 비전 설정 • 미션 설정	• 내부환경 분석 • 외부환경 분석 (SWOT 분석)	• 조직전략 • 사업전략 • 부문전략	• 경영목적 달성	• 경영전략 결과 평가 • 전략목표, 경영전략 재조정

정답 ①

30 다음 사례는 STP 전략 중 어느 것에 해당되는가?

> 스타벅스는 프리미엄 커피 브랜드로 인식되기 위해 상대적으로 높은 가격과 특색 있는 분위기를 조성하는 등의 전략을 구사하여 소비자에게 독특한 경험을 제공하는 데 주력하였다.

① 시장 세분화   ② 표적 시장 선정
③ 포지셔닝 전략   ④ 프로모션 전략

 경영이해능력 / STP 전략 이해하기

포지셔닝(Positioning) 전략은 고객에게 인식되고자 하는 이상향으로 기업의 제품과 이미지가 인식되도록 설계하는 마케팅 전략이다. 따라서 제시된 사례와 연결되는 것은 포지셔닝 전략이다.

Plus 해설

STP 전략 : 시장 세분화(Segmentation), 표적 시장 선정(Targeting), 위상 정립(Positioning)을 뜻하는 마케팅 전략이다.
• 시장 세분화(Segmentation) : 공통 수요와 구매행동을 가진 그룹을 분석하여 그 필요에 맞추어 마케팅을 전개하는 것이다. 이러한 세분화의 기준에는 지역적, 사회적 요소가 반영된다.
• 표적 시장 선정(Targeting) : 시장 세분화를 통해 정한 시장 중 어떤 곳에 집중할 것인지를 선택하여 경쟁우위를 개발하는 전략이다.
• 위상 정립(Positioning) : 기업이 소비자의 인식에 경쟁사보다 유리한 위치에 자리하게 하거나 차별적인 가치를 갖도록 하는 과정이다.된다.

정답 ③

Appendix 권두부록

경기도 공공기관 통합채용 NCS 기출문제

권두부록 Appendix

2023 1회 기출

경기도 공공기관 통합채용 NCS 기출문제

2023. 05. 20. 시행

※ 본 기출문제는 실제 시험 응시자로부터 수집한 자료를 바탕으로 복원되었습니다.

출제영역 1 ● 의사소통능력

[01~02] 다음 글을 읽고 물음에 답하시오.

> (가) 또 면역력이 낮아지면 피로 회복이 더디고 몸에 생기는 염증이 잘 낫지 않거나 각종 질환에 노출된다. 주로 실내에서 생활하는 환절기에는 건조한 환경과 오염된 공기 탓에 비염, 인후염, 감기 등에 취약해질 수도 있다. 환절기 질환 예방을 위해서는 실내 습도를 **50%정도**로 조절하고 적정 온도는 19~23도를 유지해 주는 게 좋다. 자기 전에는 카페인과 알코올 섭취를 자제하고 소음과 빛을 최대한 통제해 숙면을 취할 수 있는 환경을 **조성 해야** 하며 하루 **7~8시간정도** 충분한 수면 시간을 가져야 한다.
>
> (나) **요즘 처럼** 낮과 밤의 온도 차가 커지는 환절기에는 쉽게 피로를 느끼고 무기력해지는 등 다양한 증세가 나타나곤 한다. 특히 춘곤증은 몸에서 면역력 저하를 알리는 신호탄으로 알려져 있다. **겨울동안** 항상 낮은 기온에 적응됐던 몸이 바뀌는 날씨에 적응하면서 피부, 근육, 혈관, 교감신경 등 여러 기관에서 에너지를 **평소 보다** 많이 쓰기 때문이다.
>
> (다) 면역력 저하가 심각할 때는 줄기세포 **주사같은** 의학적 방법을 활용하는 것도 해결책이 **될수 있다.** ○○병원 원장은 "일교차가 큰 환절기에는 줄기세포를 통해 원활한 산소와 영양소를 공급하면 항노화 작용과 피로 개선 등의 효과와 함께 빠른 면역력 회복이 가능하다."고 조언했다.
>
> (라) 환경 변화에 몸이 적응하는 과정에서 과도하게 활성화된 교감신경은 식욕을 **떨어뜨리고** 영양 섭취에도 문제를 일으켜 면역세포가 잘 만들어지지 않는다. 특히 비타민은 대사 과정에서 많이 소진돼 부족해지기 **쉬운 만큼** 비타민B와 C가 풍부한 사과, 귤, 고추, 양파 등 채소 및 과일과 냉이, 쑥, 달래 등 **봄나물**을 통해 비타민을 섭취해 주는 게 좋다.
>
> 출처 : 아시아경제, 2023.04.23. 기사

01 위의 글을 맥락에 맞게 순서대로 배열한 것은?

① (나)-(다)-(라)-(가) ② (나)-(라)-(가)-(다)
③ (라)-(가)-(다)-(라) ④ (라)-(나)-(가)-(다)

 문서작성능력 / 문단 배열하기

제시된 글은 환절기의 면역력 저하에 대해 말하고 있다. 따라서 (나)로 글을 시작하는 것이 가장 적절하다. (나)는 '교감신경 등에서 에너지를 평소보다 많이 쓴다'는 내용으로 끝나고 있으므로, 다음에 이어져야 할 문단은 '과도하게 활성화된 교감신경'이라는 문장으로 시작하는 (라)이다. (라)에는 면역세포가 잘 만들어지지 않는다는 내용이 있으므로, 뒤이어 면역력 저하에 관한 내용이 나와야 함을 알 수 있다. (가)는 면역력이 낮아졌을 때의 증상이 주된 내용이고, (다)는 면역력 저하가 심각할 경우의 해결책이 주된 내용이므로, (가)가 글의 맥락상 먼저 나와야 함을 알 수 있다. 따라서 적절한 배열은 (나)-(라)-(가)-(다)이다.

정답 ②

02 밑줄 친 부분의 띄어쓰기가 모두 옳은 문단을 고르면?

① (가) ② (나)
③ (다) ④ (라)

 문서작성능력 / 띄어쓰기 이해하기

밑줄 친 부분의 띄어쓰기가 모두 옳은 문단은 (라)이다.
(가) • 50%정도로 → 50% 정도로 (수량을 나타내는 말 뒤에 쓰이는 '정도'는 명사이므로 앞말과 띄어 쓴다.)
　　 • 조성 해야 → 조성해야 ('~하다'는 앞의 명사와 붙여야 한다.)
　　 • 7~8시간정도 → 7~8시간 정도(수량을 나타내는 말 뒤에 쓰이는 '정도'는 명사이므로 앞말과 띄어 쓴다.)
(나) • 요즘 처럼 → 요즘처럼 ('처럼'은 조사이므로 앞말과 붙여야 한다.)
　　 • 겨울동안 → 겨울 동안 ('동안'은 의존 명사로 쓰였으므로 앞의 말과 띄어 쓴다.)
　　 • 평소 보다 → 평소보다 (비교의 뜻으로 쓰이는 조사 '보다'는 앞의 말과 붙여야 한다.)
(다) • 주사같은 → 주사 같은 (비교나 비유로 쓰이거나 어떤 기준을 나타내는 형용사 '같은'은 앞의 말과 띄어 쓴다.)
　　 • 될수 있다 → 될 수 있다 (어떤 일을 할 만한 능력이나 어떤 일이 일어날 가능성을 나타내는 '수'는 의존 명사이기 때문에 앞말과 붙여 쓸 수 없다.)
(라) • '떨어뜨리다'와 '떨어트리다'는 복수표준어로 둘 다 맞는 표현이다.
　　 • 앞의 내용에 상당한 수량이나 정도를 나타내는 '~만큼'은 의존명사로 띄어 쓴다.
　　 • '봄나물'은 합성어로 붙여 쓰는 것이 맞다.
따라서 띄어쓰기가 모두 옳은 문단은 (라)이다.

정답 ④

[03~04] 다음은 국어의 로마자 표기법 규정의 일부이다. 다음을 보고 이어지는 물음에 답하시오.

제1항 음운 변화가 일어날 때에는 변화의 결과에 따라 다음 각호와 같이 적는다.

1. 자음 사이에서 동화 작용이 일어나는 경우

| 백마[뱅마] | Baengma | 신문로[신문노] | Sinmunno | 종로[종노] | Jongno |
| 왕십리[왕심니] | Wangsimni | 별내[별래] | Byeollae | 신라[실라] | Silla |

2. 'ㄴ, ㄹ'이 덧나는 경우

| 학여울[항녀울] | Hangnyeoul | 알약[알략] | allyak |

3. 구개음화가 되는 경우

| 해돋이[해도지] | haedoji | 같이[가치] | gachi |

4. 'ㄱ, ㄷ, ㅂ, ㅈ'이 'ㅎ'과 합하여 거센소리로 소리 나는 경우

| 좋고[조코] | joko | 놓다[노타] | nota |
| 잡혀[자펴] | japyeo | 낳지[나치] | nachi |

제2항 발음상 혼동의 우려가 있을 때에는 음절 사이에 붙임표(-)를 쓸 수 있다.

| 중앙 | Jung-ang | 세운 | Se-un |

제3항 고유 명사는 첫 글자를 대문자로 적는다.

| 부산 | Busan | 세종 | Sejong |

제4항 인명은 성과 이름의 순서로 띄어 쓴다. 이름은 붙여 쓰는 것을 원칙으로 하되 음절 사이에 붙임표(-)를 쓰는 것을 허용한다.

| 민용하 | Min Yongha (Min Yong-ha) | 송나리 | Song Nari (Song Na-ri) |

제5항 '도, 시, 군, 구, 읍, 면, 리, 동'의 행정 구역 단위와 '가'는 각각 'do, si, gun, gu, eup, myeon, ri, dong, ga'로 적고, 그 앞에는 붙임표(-)를 넣는다. 붙임표(-) 앞뒤에서 일어나는 음운 변화는 표기에 반영하지 않는다.

충청북도	Chungcheongbuk-do	의정부시	Uijeongbu-si
양주군	Yangju-gun	도봉구	Dobong-gu
신창읍	Sinchang-eup	삼죽면	Samjuk-myeon
인왕리	Inwang-ri	당산동	Dangsan-dong
봉천 1동	Bongcheon 1(il)-dong	종로 2가	Jongno 2(i)-ga

제6항 자연 지물명, 문화재명, 인공 축조물명은 붙임표(-) 없이 붙여 쓴다.

남산	Namsan	속리산	Songnisan
금강	Geumgang	독도	Dokdo
경복궁	Gyeongbokgung	무량수전	Muryangsujeon
연화교	Yeonhwagyo	극락전	Geungnakjeon
안압지	Anapji	남한산성	Namhansanseong
화랑대	Hwarangdae	불국사	Bulguksa
오죽헌	Ojukheon	촉석루	Chokseongnu
종묘	Jongmyo	다보탑	Dabotap

03 다음 중 제2항의 규정이 적용된 것을 고르면?

① 반구대 : Ban-gudae
② 독립문 : Dong-nim-mun
③ 제주도 : Jeju-do
④ 홍길동 : Hong Gil-dong

 문서이해능력 / 로마자 표기법 이해하기

제2항은 발음상 혼동의 우려가 있을 때에는 음절 사이에 붙임표(-)를 쓸 수 있다는 규정이다. 반구대는 'Ban-gudae'또는 'Bang-udae'로 발음이 혼동될 수 있기 때문에 음절 사이에 붙임표(-)를 쓸 수 있다.

Plus 해설

② 'Dong-nim-mun'은 잘못된 표기이다. 제6항에 의해 'Dongnimmun'으로 쓰여야 한다.
③ 제5항에 해당한다.
④ 제4항에 해당한다.

정답 ①

04 다음 제시된 단어는 제1항의 어느 항목의 예시에 들어갈 수 있는가?

> 굳히다[구치다] : guchida

① 제1항의1
② 제1항의2
③ 제1항의3
④ 제1항의4

 문서이해능력 / 로마자 표기법 이해하기

국어에서 'ㄷ, ㅌ'이 모음 'ㅣ'를 만나서 'ㅈ, ㅊ'으로 동화되는 것을 구개음화라 한다. '굳히다'가 '구치다'로 되는 것은 구개음화이므로 정답은 ③이다.

정답 ③

[05~06] 다음 글을 읽고 각 물음에 답하시오.

온라인 광고를 시작하게 되면 CPM·CPC·CPA 등 다소 생소한 영문 용어들을 종종 접하게 된다. CPM(Cost Per Mille)은 1,000번의 노출에 대해 광고비를 지급하는 정액제 방식이며, CPC(Cost Per Click)는 이용자가 광고를 한번 클릭할 때마다 요금이 부과되는 종량제 방식이다. CPA(Cost Per Action)는 주로 제휴마케팅에서 사용되는데, 광고를 클릭한 이용자가 웹사이트의 회원으로 가입하거나 설문을 작성하는 등 광고주와 매체가 상호 협의한 특정한 반응을 보일 경우에 요금이 부과되는 또 다른 방식의 종량제 광고다.

이와 같이 다양한 광고 방식들은 각각 장점과 단점들을 가지고 있다. 따라서 광고주나 사이트 운영자는 광고의 목적 및 타겟 고객의 특성에 따라 이들을 적절히 배합해 최대의 효과를 끌어내는 '광고 믹스'전략을 수립해야 한다.

CPM은 광고의 총비용을 전체 노출 수로 나눈 결과에 1,000을 곱해 계산한다. 대부분의 배너 광고들이 채택하고 있는 정액제 방식인 CPM은 온라인 광고의 등장과 함께 나타난 가장 오래된 광고비 산정방식으로, 무엇보다 관리가 간편하다는 장점이 있다. 일정 금액을 지불하면 계약기간 동안의 광고를 보장받을 수 있으며, 이 동안 게재되는 광고는 다른 광고주에 의해 침해를 받지 않는다. 단 광고효과가 나쁠 경우 계약 해지에 페널티가 발생하며 좋은 위치에 광고를 게재하기 위해서는 치열한 경쟁을 뚫어야 한다는 단점이 있다.

CPC는 광고의 총비용을 클릭 수로 나누어 계산하게 된다. 클릭 수에 따라 요금을 부과하는 종량제 방식인 CPC는 좀 더 합리적으로 광고를 집행할 수 있다는 장점이 있다. 원하는 자리를 따내지 못하면 타사의 광고 계약기간이 끝날 때까지 노출이 불가능한 CPM과는 달리 CPC는 실시간 입찰제와 효과에 따라 언제라도 광고를 중단하거나 재개할 수 있는 기능을 갖추고 있어 보다 전략적인 광고의 운영이 가능하다. CPC의 특성들을 잘 이해하고 활용한다면 상대적으로 적은 예산을 활용해 효과적인 광고를 집행하는 것이 가능하지만, 끊임없이 변동하는 실시간 경쟁에서의 노출 순위 및 광고비 지출 현황 등에 대한 지속적인 관리가 필요하다.

CPA는 클릭에 의해 들어온 유저가 광고주가 원하는 반응을 보일 때만 광고비를 지불하는 방식이기 때문에 광고주의 입장에서 유리하여 가장 선호되고 있다. 하지만 매체사가 큰 위험부담을 떠안게 되기 때문에 주로 제휴마케팅을 통해 집행된다. CPA 광고를 집행하기 위해서는 충분한 사전 커뮤니케이션을 통해 이용자의 반응에 대한 명확한 정의를 내리고 광고주와 매체사 모두에게 윈윈(win-win) 결과를 이끌어낼 수 있는 단가 산정방식으로 사후 분쟁의 소지가 없도록 견고한 이해관계를 구축하는 것이 필요하다.

출처 : 전자신문, 2006. 01. 09. 기사

05 광고비가 500,000원이고, 클릭이 100번 일어났을 때의 CPC를 구하면?

① 500   ② 5,000

③ 10,000   ④ 50,000

 문서이해능력 / 글의 내용 이해하기

4문단을 보면, CPC는 광고의 총비용을 클릭 수로 나누어 계산한다고 나와 있다. 따라서 CPC는 500,000÷100 =5,000이다.

정답 ②

06 CPM에 대한 내용이 아닌 것은 모두 몇 개인가?

> (가) 1,000번의 노출에 대해 광고비를 지급하는 정액제 방식이다.
> (나) 가장 오래된 광고비 산정방식으로 관리가 간편하다.
> (다) 실시간 입찰제로 언제라도 광고를 중단하거나 재개할 수 있다.
> (라) 계약기간 동안 게재되는 광고는 다른 광고주에 의해 침해받지 않는다.
> (마) 광고주가 원하는 반응을 보일 때만 광고비를 지불하게 된다.

① 0개

② 1개

③ 2개

④ 3개

 문서이해능력 / 글의 내용 파악하기

(다)는 CPC에 대한 내용이고, (마)는 CPA에 대한 내용이다. 따라서 정답은 ③이다.

정답 ③

07 다음 중 가장 자연스러운 문장을 고르면?

① 내가 가장 원하는 것은 자전거를 가지고 싶다.

② 사람들은 즐겁게 춤과 노래를 부르고 있다.

③ 나는 꽃에게 물을 주었다.

④ 나는 학급 회장으로서 해야 할 일을 했을 뿐이다.

 문서작성능력 / 어법 이해하기

④ '로서'는 자격, '로써'는 수단을 나타내므로 옳게 쓰였다. 또한, '～다만 어떠하거나 어찌할 따름이라는 뜻'을 나타내는 '뿐'은 의존명사이므로 띄어 쓰는 것이 맞다.

Plus 해설

① 주어와 서술어의 호응이 제대로 되지 않았으므로, '내가 가장 원하는 것은 자전거를 가지는 것이다.'로 고쳐 주어야 한다.

② 목적어와 서술어의 호응이 제대로 되지 않았으므로, '사람들은 즐겁게 춤을 추고, 노래를 부르고 있다.'로 고 쳐주어야 한다.

③ 부사격조사 '-에게'는 유정명사에, '-에'는 무정명사에 쓰인다. '꽃'은 무정명사이므로 '나는 꽃에 물을 주었 다.'로 고쳐주어야 한다.

정답 ④

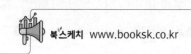

 출제영역 2 • 수리능력

08 일정한 규칙으로 수를 나열할 때 빈칸에 들어갈 알맞은 숫자를 고르면?

| 2   6   19   57   172   516   (   ) |

① 948   ② 1,148

③ 1,329   ④ 1,549

 기초연산능력 / 수의 규칙 찾기

주어진 수는 $(\times 3) \rightarrow (\times 3+1) \rightarrow (\times 3) \rightarrow (\times 3+1) \rightarrow \cdots$이 반복되는 규칙을 갖고 있다. 따라서 빈칸에 들어갈 숫자는 $516 \times 3 = 1,549$이다.

정답 ④

09 남자 4명과 여자 4명이 일렬로 나란히 설 때, 여자끼리 이웃하여 서는 경우의 수를 구하면?

① 1,840가지   ② 2,460가지

③ 2,880가지   ④ 3,220가지

 기초연산능력 / 경우의 수 계산하기

여자 4명을 하나로 묶어 한 명으로 생각하면, 남자 4명과 합하여 총 5명을 일렬로 세우는 것과 같으므로 $5 \times 4 \times 3 \times 2 \times 1 = 120$가지이다. 여자 4명이 서로 자리를 바꾸는 경우를 생각한다면 $4 \times 3 \times 2 \times 1 = 24$가지이므로, 모든 경우의 수는 $120 \times 24 = 2,880$가지이다.

정답 ③

10 흰색과 파란색의 페인트가 Ⓐ통에는 2 : 7의 비율로, Ⓑ통에는 5 : 4의 비율로 섞여 있다. Ⓐ, Ⓑ의 통을 모두 섞어 Ⓒ통에 흰색과 파란색이 1 : 2의 비율로 섞인 페인트 240g을 만들었을 때, Ⓐ통에 들어 있던 페인트의 양을 구하면?

① 140g

② 160g

③ 180g

④ 200g

 기초연산능력 / 페인트 양 구하기

Ⓒ통에는 흰색과 파란색이 1 : 2의 비율로 240g 들어 있으므로 흰색 80g, 파란색 160g이 들어 있음을 알 수 있다.

Ⓐ통에 있는 페인트 양을 x, Ⓑ통에 있는 페인트 양을 y라고 하면,

$\frac{2}{9}x + \frac{5}{9}y = 80$, $\frac{7}{9}x + \frac{4}{9}y = 160$

위 식의 각 변에 9를 곱하면,

$2x + 5y = 720$

$7y + 4y = 1,440$

이를 계산하면, $x = 160$, $y = 80$

따라서 Ⓐ통에 들어 있던 페인트의 양은 160g이다.

정답 ②

11 어느 학교의 입학 시험에서 입학 지원자의 남녀 비는 3 : 2이고, 합격자의 남녀 비는 5 : 2, 불합격자의 남녀 비는 1 : 1이다. 총 합격자 수가 140명일 때, 입학 지원자 중 여자는 모두 몇 명인가?

① 100명

② 110명

③ 120명

④ 130명

 기초연산능력 / 지원자 수 구하기

합격자 수는 140명이고, 합격자의 남녀 비가 5:2이므로

합격한 남자 : $140 \times \frac{5}{7} = 100$명

합격한 여자 : $140 \times \frac{2}{7} = 40$명

불합격한 남자 수를 x라 하면, 불합격한 남녀 비가 1:1이므로 불합격한 여자 수도 x이다.

입학 지원자 남자 수 : $(100 + x)$명

입학 지원자 여자 수 : $(40 + x)$명

입학 지원자의 남녀 비가 3:2이므로

$(100 + x):(40 + x) = 3:2$

$3(40 + x) = 2(100 + x)$

$x = 80$

따라서 여자 입학 지원자 수는 $40 + 80 = 120$명이다.

정답 ③

12 반지름이 각각 6cm, 4cm인 두 개의 원이 다음 그림과 같이 겹쳐져 있다. 겹쳐진 부분을 제외한 나머지 부분의 넓이를 구하면?

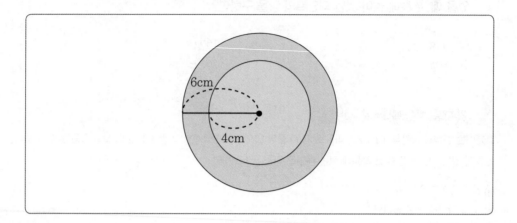

① 20π ② 22π

③ 24π ④ 26π

 기초연산능력 / 원의 넓이 구하기

원의 넓이 $= \pi r^2$

큰 원의 넓이는 36π이고, 작은 원의 넓이는 16π이다.

겹쳐진 부분을 제외한 부분의 넓이를 구하려면, 큰 원의 넓이에서 작은 원의 넓이를 빼면 된다.

따라서 $36\pi - 16\pi = 20\pi$이다.

정답 ①

13 다음 그림과 같이 A4 용지를 반으로 접을 때마다 생기는 사각형의 크기를 차례로 A5, A6, A7, A8, …이라고 한다. 이때 A4 용지와 A8 용지의 닮음비를 구하면?

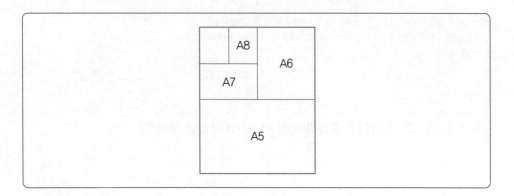

① 4 : 1　　　　　　　　　　　② 8 : 1

③ 16 : 1　　　　　　　　　　　④ 32 : 1

 기초연산능력 / 닮음비 이해하기

닮음비는 서로 닮은 두 도형에서 대응하는 변의 길이의 비를 의미한다.

A8 용지는 A4 용지의 길이의 $\frac{1}{4}$ 이므로, A4와 A8의 닮음비는 4 : 1이다.

Plus 해설

닮음비를 구할 때는 넓이 비와 헷갈리면 안 된다.

닮음비가 m : n인 두 평면도형에서 넓이의 비는 $m^2 : n^2$이다.

따라서 A4와 A8의 닮음비는 4 : 1이고, 넓이 비는 16 : 1이 된다.

정답 ①

14 다음은 A 사원의 연간 근무 평가 점수이다. 평균이 85점이 되려면 12월에 몇 점을 받아야 하는가?

1월	2월	3월	4월	5월	6월	7월	8월	9월	10월	11월	12월
80점	95점	95점	85점	90점	75점	85점	65점	80점	90점	85점	( )점

① 80점　　　　　　　　　　　② 85점

③ 90점　　　　　　　　　　　④ 95점

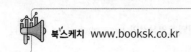
 기초통계능력 / 평균 계산하기

$$\frac{80 + 95 + 95 + 85 + 90 + 75 + 85 + 65 + 80 + 90 + 85 + x}{12} = 85$$

$80+95+95+85+90+75+85+65+80+90+85+x=85 \times 12$

$x=1,020-(80+95+95+85+90+75+85+65+80+90+85)$

$x=95$

정답 ④

15 a, b, 8, 10의 평균이 6, 분산이 10일 때, a^2+b^2의 값을 구하면?

① 16   ② 20

③ 24   ④ 28

 기초통계능력 / 평균과 분산 계산하기

평균 공식을 이용하면, $\dfrac{a + b + 8 + 10}{4} = 6$

$a+b+8+10=24$

$a+b=6$

분산 공식을 이용하면, $\dfrac{(a-6)^2 + (b-6)^2 + (8-6)^2 + (10-6)^2}{4} = 10$

$(a-6)^2+(b-6)^2+4+16=40$

$(a-6)^2+(b-6)^2=20$

$a^2-12a+36+b^2-12b+36=20$

$a^2+b^2-12(a+b)=-52$

$a+b=6$이므로,

$a^2+b^2-72=-52$

$a^2+b^2=20$

Plus 해설

- 평균 $= \dfrac{(변량의\ 총합)}{(변량의\ 개수)}$

- 편차 $=$ (변량) $-$ (평균)

- 분산 $= \dfrac{(편차)^2의\ 총합}{(변량의\ 개수)}$

- 표준편차 $= \sqrt{분산}$

정답 ②

출제영역 3 • 문제해결능력

16 다음 대화의 밑줄 친 부분에서 나타나는 논리적 오류로 가장 적절한 것은?

> A : 영업팀 박 차장이 윤 부장을 부당 업무 지시로 인사팀에 신고했대요.
> B : 박 차장은 평소에 남을 잘 비난하는 성격이잖아요. 그러니까 그 신고는 잘못된 거예요.

① 인신공격의 오류   ② 피장파장의 오류
③ 권위에 호소하는 오류   ④ 흑백사고의 오류

💡 **사고력 / 논리적 오류 파악하기**

박 차장의 인격을 손상하며 그의 주장이 잘못된 것이라고 하고 있으므로 인신공격의 오류에 해당한다.

🗒 **Plus 해설**

② 피장파장의 오류 : 다른 사람의 잘못을 들어 자기의 잘못을 정당화하려는 오류 (엄마도 공부 안 했었잖아, 왜 나한테만 공부하라고 해?)
③ 권위에 호소하는 오류 : 관련이 없는 권위자나 권위 있는 기관을 인용함으로써 발생하는 오류 (그 박사님은 로봇 연구로 상을 받은 훌륭한 분이야. 그러니까 그 박사님이 알려준 대로 운동하면 우리도 건강해질 거야.)
④ 흑백사고의 오류 : 흑 아니면 백이라고 주장하는 오류 (네가 나를 좋아하지 않는다고? 그럼 나를 싫어한다는 거야?)

정답 ①

17 갑, 을, 병, 정, 무의 키는 서로 다르다. 다음을 보고, 바르게 추론한 것을 고르면?

> • 갑은 을보다 키가 크다.
> • 병은 정보다 키가 작다.
> • 을은 정보다는 키가 크지만, 무보다는 키가 작다.

① 을의 키가 가장 작다.   ② 정의 키가 가장 크다.
③ 무는 갑보다 키가 작다.   ④ 병은 을보다 키가 작다.

 사고력 / 조건을 통해 추론하기

갑과 무의 키는 비교할 수 없으므로, 키를 순서대로 나열하면 '병<정<을<갑<무' 또는 '병<정<을<무<갑' 이 된다. 따라서 정답은 ④이다.

정답 ④

18 소은, 희연, 유현, 미희 중 한 명이 결석을 했다. 이 중 한 명만 진실을 말하고 있다고 할 때, 결석을 한 사람은 누구인가?

> 소은 : 결석을 한 사람은 유현이야.
> 희연 : 나는 결석을 하지 않았어.
> 유현 : 소은이는 거짓말을 하고 있어.
> 미희 : 소은이가 결석을 한 것이 확실해.

① 소은   ② 희연
③ 유현   ④ 미희

 사고력 / 참·거짓 파악하기

소은이와 유현이의 진술이 모순되므로, 둘 중 한 명이 진실을 말하고 있음을 알 수 있다.
ⅰ) 소은이가 진실을 말하고 있을 경우

소은	희연	유현	미희
진실	거짓	거짓	거짓
	결석	결석	

→ 희연이의 말이 거짓이면 희연이가 결석을 했다는 뜻이므로, 결석을 한 사람이 유현이라는 소은이의 진술과 모순된다.

ⅱ) 유현이가 진실을 말하고 있을 경우

소은	희연	유현	미희
거짓	거짓	진실	거짓
	결석		

→ 모순되는 진술이 없다.

따라서 결석을 한 사람은 희연이다.

정답 ②

19 다음은 유아용품 회사의 SWOT 자료이다. 기회(O)에 들어갈 수 있는 내용으로 적절하지 않은 것은?

강점(S)	• 주력 제품의 높은 시장 점유율 • 중국 생산 공장 건설 • 자체 유통망 확보
약점(W)	• 영업 전략 미보유 • 타사 대비 고가의 상품 • 신제품 홍보 부족
기회(O)	
위협(T)	• 국내 유아용품 시장 포화 • 소비자들의 품질인증 불신 • 급격하게 변화하는 소비자 요구

① 중국 고객의 유아용품 수요 증가
② 방송 프로그램 마케팅의 기회
③ 다수의 경쟁업체 등장
④ 해외에서 한국 기업에 대한 긍정적 이미지 확산

 문제처리능력 / SWOT 분석 이해하기

'다수의 경쟁업체 등장'은 위협(T)요인에 해당한다.

Plus 해설

• SWOT 분석

기업의 내부환경과 외부환경을 분석하여 강점, 약점, 기회, 위협 요인을 규정하고 이를 토대로 경영전략을 수립하는 기법이다.
 – **강점(Strength)** : 내부환경(자사 경영자원)의 강점
 – **약점(Weakness)** : 내부환경(자사 경영자원)의 약점
 – **기회(Opportunity)** : 외부환경(경쟁, 고객, 거시적 환경)에서 비롯된 기회
 – **위협(Threat)** : 외부환경(경쟁, 고객, 거시적 환경)에서 비롯된 위협

SWOT 분석에 의한 경영전략으로는 SO 전략, ST 전략, WO전략, WT전략이 있다.
 – **SO 전략(강점-기회 전략)** : 강점을 살려 기회를 포착
 – **ST 전략(강점-위협 전략)** : 강점을 살려 위협을 회피
 – **WO 전략(약점-기회 전략)** : 약점을 보완하여 기회를 포착
 – **WT 전략(약점-위협 전략)** : 약점을 보완하여 위협을 회피

정답 ③

 출제영역 4 ● 자원관리능력

20 다음은 폐기물 처리현황에 대한 자료이다. 처리량이 가장 많은 연도는 언제인가?

(단위 : 원)

구분		2018년	2019년	2020년	2021년
처리량	매립	3,115	2,835	2,692	2,416
	소각	2,272	2,261	2,077	2,206
	재활용	9,231	9,719	9,766	10,695
	기타	771	742	789	1,065

① 2018년   ② 2019년
③ 2020년   ④ 2021년

 자원관리능력 / 폐기물 처리량 구하기

· 2018년 : 3,115 + 2,272 + 9,231 + 771 = 15,389
· 2019년 : 2,835 + 2,261 + 9,719 + 742 = 15,557
· 2020년 : 2,692 + 2,077 + 9,766 + 789 = 15,324
· 2021년 : 2,416 + 2,206 + 10,695 + 1,065 = 16,382
따라서 처리량이 가장 많은 연도는 2021년이다.

정답 ④

21 윤 대리는 파리에서 진행되는 세미나에 참석할 예정이다. 세미나 참석을 위해 파리 현지 시간으로 7월 9일 오전 9시 전에는 공항에 도착해야 한다. 서울과 파리의 시차는 한국이 7시간 빠르고, 여러 항공사 중 가장 저렴한 곳을 선택하려고 할 때, 윤 대리가 선택할 항공사를 고르면?

항공사	비행 노선	출발 시간(현지 시간)	비행시간	가격
○○항공	서울 → 파리	7월 9일 오전 4시 20분	11시간 50분	1,800,000원
☆☆항공	서울 → 파리	7월 9일 오전 4시 50분	10시간 50분	2,100,000원
△△항공	서울 → 파리	7월 9일 오전 4시 30분	11시간 25분	1,900,000원
▢▢항공	서울 → 파리	7월 9일 오전 4시 40분	10시간 40분	2,400,000원

① ○○항공
② ☆☆항공
③ △△항공
④ ▢▢항공

시간관리능력 / 시차 계산하기

서울과 파리의 시차가 다르므로, 시차를 통일해서 계산하는 것이 편하다. 현지 시간으로 7월 9일 오전 9시 전에 도착하려면, 한국 시간으로는 7월 9일 16시 전에 도착하면 된다.

• ○○항공 : 오전 4시 20분에 출발하여 11시간 50분 동안 비행하면, 한국 시간으로 16시 10분에 도착하게 되므로 선택할 수 없다.
• ☆☆항공 : 오전 4시 50분에 출발하여 10시간 50분 동안 비행하면, 한국 시간으로 15시 40분에 도착하게 되므로 선택 가능하다.
• △△항공 : 오전 4시 30분에 출발하여 11시간 25분 동안 비행하면, 한국 시간으로 15시 55분에 도착하게 되므로 선택 가능하다.
• ▢▢항공 : 오전 4시 40분에 출발하여 10시간 40분 동안 비행하면, 한국 시간으로 15시 20분에 도착하게 되므로 선택 가능하다.

제시간에 도착 가능한 ☆☆항공, △△항공, ▢▢항공 중 가장 저렴한 항공사를 선택한다고 했으므로, △△항공이 가장 적당하다.

정답 ③

22 업무를 제시간에 끝내지 못해 야근을 자주 하는 최 대리는 시간관리의 필요성을 느껴 근무 시간 중 하는 일들을 나열해 보았다. 최 대리가 업무에 꼭 필요하지 않은 일을 한 시간을 구하면?

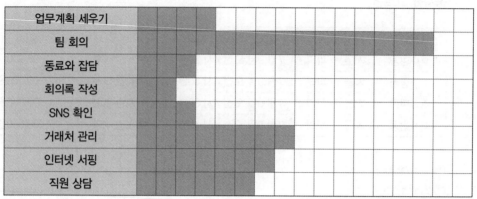

※ 표 한 칸당 10분을 의미한다.

① 1시간 50분   ② 2시간 10분
③ 2시간 40분   ④ 2시간 50분

시간관리능력 / 시간 계산하기

최 대리가 근무 시간에 한 일의 시간 중에서 업무에 꼭 필요하지 않은 일은 동료와 잡담(30분), SNS 확인(30분), 인터넷 서핑(70분)이다.
따라서 업무에 꼭 필요하지 않은 일을 한 시간은 30+30+70=130분(2시간 10분)이다.

정답 ②

23 예산관리에 대한 설명으로 옳지 않은 것은?

① 예산을 수립하고 집행하는 모든 일이 예산관리이다.

② 예산관리능력은 최소의 비용으로 최대의 효과를 얻기 위해 필요하다.

③ 예산은 한정되어 있기 때문에 정해진 예산을 얼마나 효율적으로 사용하는지가 중요하다.

④ 예산관리에서 중요한 것은 무조건 적은 비용을 들여야 한다는 것이다.

 예산관리능력 / 예산관리 이해하기

예산관리에서 중요한 것은 무조건 적은 비용을 들이는 것이 좋은 게 아니라는 점이다. 책정 비용과 실제 비용의 차이를 줄여 비슷한 상태가 되도록 하는 것이 가장 이상적이다.

정답 ④

24 다음은 C 기업의 지출 내역이다. 간접비의 총액을 구하면?

- 보험료 : 350,000원
- 컴퓨터 구입비 : 900,000원
- 건물관리비 : 230,000원
- 광고비 : 1,200,000원
- 빔 프로젝터 대여료 : 30,000원
- 인건비 : 1,500,000원
- 출장 교통비 : 50,000원
- 통신비 : 150,000원

① 1,680,000원　　　　② 1,930,000원
③ 2,130,000원　　　　④ 2,480,000원

 예산관리능력 / 직접비·간접비 구분하기

직접비용 : 컴퓨터 구입비, 빔 프로젝터 대여료, 인건비, 출장 교통비
간접비용 : 보험료, 건물관리비, 광고비, 통신비
따라서 간접비용의 총액은 350,000 + 230,000 + 1,200,000 + 150,000 = 1,930,000원이다.

정답 ②

 출제영역 5 • 조직이해능력

25 다음 중 설명이 올바르지 않은 것을 고르면?

> ㉮ 화이트칼라 : 관리직 · 전문직 · 사무직 등 책상에 앉아서 작업을 하는 계층
> ㉯ 블루칼라 : 작업 현장에서 일하는 노동자
> ㉰ 퍼플칼라 : 두뇌와 정보로 새로운 가치를 창조하여 정보화시대를 이끌어가는 능력 위주의 전문직 종사자
> ㉱ 골드칼라 : 근로 시간과 장소를 탄력적으로 조정해 일하는 노동자
> ㉲ 레인보우칼라 : 아이디어와 변신에 능한 광고디자인 등 기획 관련 업종을 지칭하는 말
> ㉳ 그레이칼라 : 사무직에 종사하는 화이트칼라와 생산직에서 일하는 블루칼라의 중간 성격을 지닌 노동자
> ㉴ 논칼라 : 노동을 하지 않는 집단

① ㉮, ㉰, ㉱   ② ㉯, ㉲, ㉳

③ ㉰, ㉱, ㉴   ④ ㉲, ㉳, ㉴

 조직이해능력 / 직업군 명칭 알기

㉰ 퍼플칼라 : 근로 시간과 장소를 탄력적으로 조정해 일하는 노동자
㉱ 골드칼라 : 두뇌와 정보로 새로운 가치를 창조하여 정보화시대를 이끌어가는 능력 위주의 전문직 종사자
㉴ 논칼라 : 블루칼라도 화이트칼라도 아닌 무색 세대로, 손에 기름을 묻히는 것도 아니고 서류에 매달려 있지도 않은 컴퓨터 세대

Plus 해설

㉮ 화이트칼라 : 일반적으로 신사복이나 와이셔츠 차림으로 작업을 할 수 있는 직업 계층을 가리키는 말. 관리직 · 전문직 · 사무직 등 책상에 앉아서 작업을 하는 계층
㉯ 블루칼라 : 작업복으로 갈아입고 작업을 하는 계층. 작업 현장에서 일하는 노동자 전문직 종사자
㉲ 레인보우칼라 : 아이디어와 변신에 능한 광고디자인 등 기획 관련 업종을 지칭하는 말
㉳ 그레이칼라 : 사무직에 종사하는 화이트칼라와 생산직에서 일하는 블루칼라의 중간 성격을 지닌 노동자

정답 ③

26 다음은 조직의 의사결정 과정 중 '선택 단계'에 대한 설명이다. ㉠에 들어갈 수 없는 내용을 고르면?

> 선택 단계는 해결방안 중에서 실행 가능한 해결안을 선택하는 단계이다. 실행 가능한 해결안을 선택하기 위한 방법으로는 (㉠)이 있다.

① 의사결정권자의 판단 　　　　　② 분석적 방법 활용

③ 토의와 교섭 　　　　　　　　　④ 공식적인 문서 확인

경영이해능력 / 조직의 의사결정 과정 이해하기

실행 가능한 해결안을 선택하기 위한 방법으로는 의사결정권자 한 사람의 판단에 의한 선택, 경영과학 기법과 같은 분석에 의한 선택, 이해관계집단의 토의와 교섭에 의한 선택 등이 있다.

Plus 해설

의사결정과정 단계 : 조직의 의사결정과정은 다음과 같이 크게 3단계로 구성된다.

확인 단계	• 의사결정이 필요한 문제를 인식하고 진단하는 단계 • 문제의 중요도나 긴급도에 따라 체계적, 비공식적으로 이루어짐 • 문제의 증상을 리스트한 후 근본적인 원인을 탐색하고 진단함
개발 단계	• 확인된 주요 문제나 근본 원인에 대해서 해결방안을 모색함 • 탐색 과정 : 기존 해결방법 중에서 당면한 문제의 해결방법을 찾는 과정 　조직 내 관련자나 공식적인 문서를 참고 • 설계 과정 : 새로운 문제의 경우 해결안을 설계하는 과정 　의사를 결정하는 사람들이 불확실한 해결방법을 갖고 있기 때문에 다양한 기법을 통하여 시행착오 과정을 거치게 됨
선택 단계	• 실행 가능한 해결안을 선택하는 단계로, 실행 가능한 해결안을 선택하는 방법은 다음과 같음 　– 의사결정권자 한 사람의 판단에 의한 선택 　– 경영과학 기법과 같은 분석에 의한 선택 　– 이해관계집단의 토의와 교섭에 의한 선택

정답 ④

27 마이클 포터의 본원적 경쟁전략 중 원가우위 전략에 대한 내용을 고르면?

> ㉠ 원가절감을 통해 해당 산업에서 우위를 점하는 전략
> ㉡ 조직이 생산품이나 서비스를 차별화하여 고객에게 가치가 있고 독특하게 인식되도록 하는 전략
> ㉢ 특정 시장이나 고객에게 한정하여 특정 산업을 대상으로 하는 전략
> ㉣ 대량생산을 통해 단위 원가를 낮추거나 새로운 생산기술을 개발할 필요가 있음
> ㉤ 연구개발이나 광고를 통하여 기술, 품질, 서비스, 브랜드 이미지를 개선할 필요가 있음

① ㉠, ㉣   ② ㉠, ㉤

③ ㉡, ㉤   ④ ㉢, ㉣

경영이해능력 / 원가우위 전략 이해하기

㉠, ㉣ 원가우위 전략
㉡, ㉤ 차별화 전략
㉢ 집중화 전략

Plus 해설

마이클 포터의 본원적 경쟁전략은 해당 사업에서 경쟁우위를 확보하기 위한 전략으로 원가우위 전략, 차별화 전략, 집중화 전략으로 구분된다.

- **원가우위 전략** : 원가절감을 통해 해당 산업에서 우위를 점하는 전략으로, 이를 위해서는 대량생산을 통해 단위 원가를 낮추거나 새로운 생산기술을 개발할 필요가 있다.
- **차별화 전략** : 조직이 생산품이나 서비스를 차별화하여 고객에게 가치가 있고 독특하게 인식되도록 하는 전략이다. 차별화 전략을 활용하기 위해서는 연구개발이나 광고를 통하여 기술, 품질, 서비스, 브랜드 이미지를 개선할 필요가 있다.
- **집중화 전략** : 특정 시장이나 고객에게 한정된 전략으로, 원가우위나 차별화 전략이 산업 전체를 대상으로 하는 것과 달리 특정 산업을 대상으로 한다. 즉 경쟁조직들이 소홀히 하고 있는 한정된 시장을 원가우위나 차별화 전략을 써서 집중 공략하는 방법이다.

정답 ①

28 다음 설명에 해당하는 것을 고르면?

> 기업 내 생산, 물류, 재무, 회계, 영업과 구매, 재고 등 경영 활동 프로세스들을 통합적으로 연계해 관리해 주며, 기업에서 발생하는 정보들을 서로 공유하고 새로운 정보의 생성과 빠른 의사결정을 도와준다.

① ERP   ② MES
③ CRM   ④ TPS

경영이해능력 / 전사적 자원관리 이해하기

ERP(Enterprise Resource Planning, 전사적 자원관리)란 기업 내 생산, 물류, 재무, 회계, 영업과 구매, 재고 등 경영 활동 프로세스들을 통합적으로 연계해 관리해 주며, 기업에서 발생하는 정보들을 서로 공유하고 새로운 정보의 생성과 빠른 의사결정을 도와주는 전사적 자원관리시스템 또는 전사적 통합시스템을 말한다.

Plus 해설

② MES(Manufacturing Execution System, 제조실행시스템) : 환경의 실시간 모니터링, 제어, 물류 및 작업내역 추적 관리, 상태파악, 불량관리 등에 초점을 맞춘 현장 시스템
③ CRM(Customer Relationship Management, 고객관계관리) : 기업이 고객과 관련된 내외부 자료를 분석·통합해 고객 중심 자원을 극대화하고 이를 토대로 고객 특성에 맞게 마케팅 활동을 계획·지원·평가하는 과정
④ TPS(Transaction Processing Systems, 거래처리시스템) : 반복적이고 일상적인 거래를 처리하고 그 거래로 발생하는 여러 가지 데이터를 저장하고 관리하는 정보시스템

정답 ①

29 사업부 조직의 특징으로 가장 적절하지 않은 것은?

① 환경변화에 쉽게 적응할 수 있다.

② 자원 활용의 효율성이 높다.

③ 제품 수가 많은 기업에 적절하다.

④ 같은 사업부 내에서는 기능영역 사이에 원활한 협조가 이루어진다.

 체제이해능력 / 사업부 조직 이해하기

• 사업부 조직의 특징
  - 불안정한 환경에서 신속한 변화에 적합하다.
  - 기능부서 간 원활한 조정이 가능하다.
  - 제품 수가 많은 기업에 적합하다.
  - 책임소재가 명확하다.
  - 자원 활용의 효율성이 낮아질 수 있다.

정답 ②

30 맥킨지 7S모델 중 '전략(strategy)'에 해당하는 내용을 고르면?

① 모든 조직구성원들이 공유하는 기업의 핵심 이념이나 가치관, 목적이다.

② 전략을 실행하는 데 필요한 구체적 요소이다.

③ 조직을 이끌어나가는 관리자의 경영방식이다.

④ 조직의 장기적 계획 및 목표를 달성하기 위한 수단이나 방법이다.

 체제이해능력 / 맥킨지의 7-S모델 이해하기

① '공유가치(shared value)'에 대한 설명이다.
② '관리기술(skill)'에 대한 설명이다.
③ '리더십 스타일(style)'에 대한 설명이다.
④ '전략(strategy)'에 대한 설명이다.

Plus 해설

맥킨지 7S모델은 '공유가치(shared value), 전략(strategy), 조직구조(structure), 제도 절차(system), 구성원(staff), 관리기술(skill), 리더십 스타일(style)'이라는 영문자 S로 시작하는 7개 요소로 구성된다.

정답 ④

권두부록 Appendix

2023 2회 기출

경기도 공공기관 통합채용 NCS 기출문제

2023. 09. 16. 시행

※ 본 기출문제는 실제 시험 응시자로부터 수집한 자료를 바탕으로 복원되었습니다.

출제영역 l ● 의사소통능력

01 문장부호를 적절히 사용하지 않은 것은 모두 몇 개인가?

> ㉠ 이번 시험의 범위는 3 ~ 78쪽이다.
> ㉡ 그녀는 6.25 때 남편을 여의고 홀몸으로 남매를 키우느라 고생을 많이 했다고 한다.
> ㉢ 후반전도 30분이 넘어가고 있는 상황에서 한국과 미국은 0:0으로 팽팽히 맞서고 있다.
> ㉣ 이 책은 4, 5세 정도의 유아에게 읽히면 좋다.
> ㉤ 우리나라 최초의 민간 신문은 1896년에 창간된 "독립신문"이다.

① 1개　　　　　　　　　　② 2개
③ 3개　　　　　　　　　　④ 4개

 문서작성능력 / 문장부호 이해하기

㉠ 물결표(~)는 앞말과 뒷말에 붙여 쓴다. 따라서 '3~78쪽'으로 써야 한다.

Plus 해설

㉡ 특정한 의미가 있는 날을 표시할 때 월과 일을 나타내는 아라비아 숫자 사이에는 마침표(.)를 쓰는 것이 원칙이고 가운뎃점(·)을 쓰는 것도 허용된다.
  예 3.1 운동(3 · 1운동), 8.15 광복(8 · 15 광복)

㉢ 의존 명사 '대'가 쓰일 자리에 '대' 대신 쌍점(:)을 쓸 수 있다.
  예 65:60(65 대 60), 청군:백군(청군 대 백군)

㉣ 아라비아 숫자를 이용하여 이웃하는 수를 개략적으로 나타낼 때 각각의 숫자 사이에 쉼표(,)를 쓴다.
  예 5, 6세기, 6, 7, 8개

㉤ 문장 안에서 책의 제목이나 신문 이름 등을 나타낼 때는 그 앞뒤에 겹낫표(『 』)나 겹화살괄호(《 》)를 쓰는 것이 원칙이고 큰따옴표(" ")를 쓰는 것도 허용된다.
  예 박경리의 『토지』는 전 5부 16권에 이르는 대하소설이다.
  《한성순보》는 우리나라 최초의 근대 신문이다.
  윤동주의 유고 시집인 "하늘과 바람과 별과 시"에는 31편의 시가 실려 있다.

정답 ①

02 다음 중 맞춤법이 옳게 짝지어진 것을 고르면?

> • 그는 매일 반복되는 생활에 [실증/싫증]을 느끼고 있다.
> • 나는 직장에 나가 일을 하면서도 [틈틈이/틈틈히] 외국어 공부를 했다.
> • 앞집 아저씨께서 어젯밤 갑자기 [뇌졸증/뇌졸중]으로 쓰러지셨다고 한다.

① 실증, 틈틈이, 뇌졸증   ② 실증, 틈틈히, 뇌졸중

③ 싫증, 틈틈이, 뇌졸중   ④ 싫증, 틈틈히, 뇌졸중

문서작성능력 / 맞춤법 이해하기

• 싫증 : 싫은 생각이나 느낌.
　'실증'은 '싫증'의 비표준어이다.
• 틈틈이 : 겨를이 있을 때마다.
　'틈틈히'는 틀린 표기이다.
• 뇌졸중 : 뇌에 혈액 공급이 제대로 되지 않아 손발의 마비, 언어 장애, 호흡 곤란 따위를 일으키는 증상.
　'뇌졸증'은 틀린 표기이다.
따라서 옳게 짝지어진 것은 '싫증, 틈틈이, 뇌졸중'이다.

정답 ③

03 보고서 작성법에 대한 설명으로 옳은 것은 모두 몇 개인가?

> ㉠ 내용의 중복을 피하고 핵심 사항만을 간결하게 작성한다.
> ㉡ 도표나 그림은 활용하지 않고, 평서형으로 작성한다.
> ㉢ 참고자료는 정확하게 제시한다.
> ㉣ 제출하기 전에 반드시 최종 검토를 한다.
> ㉤ 궁금한 점에 대해 질문 받을 것에 대비한다.
> ㉥ 업무상 진행 과정에서 작성하므로, 핵심내용을 구체적으로 제시한다.

① 2개   ② 3개

③ 4개   ④ 5개

문서작성능력 / 보고서 작성법 이해하기

㉡ 보고서를 작성할 때, 복잡한 내용일 때에는 도표나 그림을 활용하는 것이 좋다.
따라서 옳은 것은 모두 5개이다.

정답 ④

04 다음 중 경청을 방해하는 요인에 해당하지 않는 것을 고르면?

① 상대방의 말을 짐작하면서 듣기　　② 상대방의 마음상태를 이해하면서 듣기
③ 상대방의 말을 판단하면서 듣기　　④ 대답할 말을 미리 준비하면서 듣기

 경청능력 / 올바른 경청방법 이해하기

상대방의 마음상태를 이해하며 듣는 것은 올바른 경청방법으로, 방해요인에 해당하지 않는다.

정답 ②

05 다음 글의 순서를 바르게 배열한 것은?

> (가) 국채보상운동은 곧 전국으로 번졌다. 2월 22일 서울에서 국채보상기성회를 설립, 그 뒤 전국에서 국채보상운동 단체 20여 개가 세워졌다. 대구 중구에 자리한 국채보상운동기념 관은 국채보상운동에 관한 자료를 모아놓은 곳으로 국채보상운동의 태동에서 확산, 일제 탄압과 좌절까지의 과정을 살펴볼 수 있다. 남자들은 담배를 줄이고 부인들은 비녀와 은 가락지, 은장도를 내놓은 사연, 기생과 거지, 도적까지 국채보상운동에 동참한 일화, 통 감부가 국채보상기성회 간사 양기탁을 보상금 횡령이라는 누명을 씌워 구속하는 등 국채 보상운동에 대한 자료를 볼 수 있다. 다양한 미니어처와 모형, 역사적 사료를 통해 흥미롭 게 전달해 아이들과 함께 돌아보기에도 좋다.
>
> (나) 대구 사람들의 독립운동에 대한 자부심은 대단하다. 대한민국 독립운동의 중심에는 대구 사람들이 있다고 생각한다. 이는 국채보상운동 때문이기도 하다. 1904년 이래 일제는 대 한제국 경제를 파탄에 빠뜨리기 위해 일본에서 막대한 차관 도입을 강요했다. 1905년 대 한제국의 문란한 화폐를 정리한다는 명목으로 300만 원을 차입하게 했다. 이후 1907년까 지 들어온 차관 총액이 1,300만 원에 달했다. 이는 대한제국의 1년 예산과 맞먹는 금액이 었다.
>
> (다) 이와 같은 일제의 경제적 예속 정책에 저항해 국채보상운동이 일어났다. 쉽게 말하면 국 민의 힘으로 국채를 갚아 국권을 지키자는 운동으로, 1907년 1월 29일 대구에서 서상돈 이 발의했다. 2월 21일자 〈대한매일신보〉에 "국채 1,300만 원은 바로 우리 대한제국의 존 망에 직결되는 것으로 갚지 못하면 나라가 망할 것인데, 국고로는 해결할 도리가 없으므 로 2,000만 인민들이 3개월 동안 흡연을 폐지하고 그 대금으로 국고를 갚아 국가의 위기 를 구하자."는 건의서를 발표하면서 본격적으로 시작됐다.
>
> 출처 : 이데일리

① (나) - (가) - (다)　　② (나) - (다) - (가)
③ (다) - (가) - (나)　　④ (다) - (나) - (가)

 문서작성능력 / 글의 순서 파악하기

이 글은 대구에서 시작된 국채보상운동에 관한 글이다. 국채보상운동이 일어나게 된 배경을 설명하는 (나), 국 채보상운동의 시작을 알리는 (다), 국채보상운동이 전국적으로 일어나는 (가) 순서로 글이 전개되는 것이 가장 적절하다. 따라서 정답은 (나) - (다) - (가)이다.

정답 ②

06 다음 글의 내용과 일치하는 것을 고르면?

어떤 음을 기준으로 일정한 형식에 따라 음의 높이를 차례로 연결한 것을 음계(Scale)라고 하는데, 이러한 형식을 가장 처음 발견한 사람은 바로 피타고라스(Pythagoras C582~C500 B.C.)이다. 그는 그리스의 철학자, 수학자 등으로 알려져 있지만, 음향학자이기도 했다.

만물의 근원을 숫자라고 생각했으며 그것을 기초로 음악에도 적용했는데, 현악기의 줄받침을 이동하면서 현의 길이가 1 : 2일 때 그들 중에 발생하는 음은 한 옥타브 음으로 완전하게 어울리는 소리를 이루고 2 : 3일 땐 완전 5도의 관계, 즉 음계의 '도-솔'의 관계가 됨을 발견한다. 그리고 이것을 계속해서 겹쳐 쌓을 때 음계의 모든 음이 나오는데 이것을 한 옥타브 안으로 모은 것이 바로 피타고라스 음계(Pythagorian Scale)이다. 수학적으로 완벽하지만, 서양음악이 선율 위주에서 화음을 이루는 방향으로 발전함에 따라 3개의 음이 동시에 울리는 3화음에서는 불협 화성이 나타나는 결정적 약점이 드러나게 된다.

그래서 이탈리아의 작곡가 겸 음악 이론가인 짜르리노(Gioseffo Zarlino 1517~1590)는 피타고라스 음계를 보완해 장 3도, 즉 '도-미'의 관계의 음을 쌓아서 화음에 적합한 순정율(純正律)을 만들게 된다. 이렇게 보완된 순정율은 화음을 낼 때 울림이 대단히 순수하고 아름다웠지만, 이후 자유로운 조바꿈이 필요한 피아노나 오르간 같은 건반악기가 나타남에 따라 음계 내의 음정 간 간격이 서로 달랐던 순정율은 건반악기의 조율에 큰 문제가 생기게 된다. 만약에 건반악기를 순정율로 조율한다면 어떤 조로 연주할지를 미리 결정해야 했기 때문이다.

그래서 이런 문제점을 해결하기 위해 12개의 반음으로 구성된 한 옥타브를 모두 일정한 비율로 나누는 평균율이 나타나게 된다. 이것은 모든 반음과 온음의 간격이 일정하기 때문에 어떤 조로 연주가 돼도 비슷한 효과를 거둘 수가 있다. 평균율을 음향학적으로 본다면 이상적인 울림이라고 할 수 없지만, 실용적이기 때문에 18세기 이후 서양음악에서는 평균율에 의해 작곡 및 연주가 이루어졌으며 대표적인 곡은 바흐(J.S.Bach 1685~1750)의 〈평균율 클라비어곡집〉을 들 수가 있다.

이렇게 고대 그리스에서 피타고라스 같은 사람들에 의해 연구된 음악 이론은 음악의 발전에 중요한 기초를 제공하고 있다.

출처 : 울산매일신문, 김종규의 음악이야기 〈피타고라스 음계〉

① 피타고라스의 음계는 수학적으로 완벽하지만 건반악기의 조율에 문제가 있다는 약점이 드러났다.

② 12개의 반음을 이용한 평균율은 음향학과 실용적인 면 모두 이상적이라는 평가를 받고 있다.

③ 피타고라스 음계는 음계의 '도-솔' 관계를 겹쳐 쌓아 한 옥타브 안으로 모은 것이다.

④ 평균율은 온음과 반음의 일정한 간격을 이용한 음계이지만 3화음에서는 불협화성이 드러난다.

 문서이해능력 / 글의 세부내용 파악하기

① 건반악기의 조율에 문제가 있는 것은 짜르리노가 만든 순정율에 대한 설명이다.

② 평균율은 음향학적으로는 이상적인 울림이라 할 수 없지만 실용적이어서 서양음악에서 18세기 이후 사용되었다고 나와 있다.

④ 3화음에서 불협화성이 드러나는 것은 피타고라스 음계에 대한 내용이다.

정답 ③

출제영역 2 ● 수리능력

07 일정한 규칙으로 수를 나열할 때, 빈칸에 들어갈 수로 가장 적절한 것은?

> 2   6   12   20   ( )   42

① 28 　　　　　　　　　　② 30
③ 32 　　　　　　　　　　④ 34

 기초연산능력 / 수의 규칙 찾기

나열된 수는 +4, +6, +8, +10, +12의 규칙을 가지고 있다. 따라서 빈칸에 들어갈 수는 20+10=30이다.

정답 ②

08 집에서 도서관까지 갈 때는 분속 60m의 속력으로 걸어서 가고, 돌아올 때는 분속 70m의 속력으로 걸어서 왔더니 총 26분이 걸렸다. 이때 도서관에서 집으로 돌아올 때 걸린 시간은 얼마인가?

① 8분 　　　　　　　　　　② 10분
③ 12분 　　　　　　　　　　④ 14분

 기초연산능력 / 속력·시간 계산하기

돌아올 때 걸린 시간을 x라고 하면, 갈 때 걸린 시간은 $(26-x)$이다.
$60 \times (26-x) = 70 \times x$
$1,560 - 60x = 70x$
$130x = 1,560$
$x = 12$
따라서 돌아올 때 걸린 시간은 12분이다.

정답 ③

09 소금물 600g에서 물 220g을 증발시킨 후 소금 20g을 더 넣었더니, 농도가 처음 농도의 2배가 되었다. 처음 소금물의 농도를 구하면?

① 12.5%   ② 14.5%   ③ 16.5%   ④ 18.5%

 기초연산능력 / 소금물의 농도 계산하기

처음 소금의 양을 x라고 하면,

$$\frac{x+20}{600-220} = 2 \times \frac{x}{600}$$

$$\frac{x+20}{380} = \frac{x}{300}$$

$$300(x+20) = 380x$$

$$300x+6,000 = 380x$$

$$80x = 6,000$$

$$x = 75$$

따라서 처음 소금물의 농도는 $\frac{75}{600} \times 100 = 12.5\%$ 이다.

정답 ①

10 원가가 6,000원인 물건을 정가의 10%를 할인하여 팔아서 원가의 20% 이상의 이익을 얻으려 할 때, 정가는 얼마 이상으로 정하면 되는가?

① 7,000원   ② 8,000원   ③ 9,000원   ④ 10,000원

 기초연산능력 / 정가·원가 계산하기

정가를 x라고 하면,

$$x \times \left(1 - \frac{10}{100}\right) - 6,000 \geq \frac{20}{100} \times 6,000$$

$$x - \frac{10x}{100} - 6,000 \geq 1,200$$

$$\frac{90x}{100} - 6,000 \geq 1,200$$

$$0.9x \geq 7,200$$

$$x \geq 8,000$$

따라서 정답은 8,000원이다.

Plus 해설

원가 + 이익 = 정가
정가 − 원가 = 이익
정가 $\times \left(1 - \frac{\text{할인율}}{100}\right) =$ 할인가

정답 ②

11 다음 도형의 겉넓이를 각각 구하면?

> (가) 반지름이 9cm인 구
> (나) 밑면의 반지름의 길이가 5cm이고 높이가 8cm인 원기둥

① (가) 264π, (나) 100π   ② (가) 284π, (나) 110π

③ (가) 304π, (나) 120π   ④ (가) 324π, (나) 130π

기초연산능력 / 도형의 겉넓이 구하기

(가) $4 \times 9^2 \times \pi = 324\pi$
(나) $(2 \times 5 \times 8 \times \pi) + (2 \times 5^2 \times \pi) = 80\pi + 50\pi = 130\pi$

 Plus 해설

 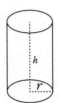

구의 겉넓이 : $4\pi r^2$ 원기둥의 겉넓이 : $2\pi rh + 2\pi r^2$

정답 ④

12 A, B, C, D, E 다섯 사람이 줄을 서려고 한다. 이때 A와 B가 서로 붙어서 줄을 서는 경우의 수는?

① 24가지   ② 36가지

③ 48가지   ④ 60가지

기초연산능력 / 경우의 수 구하기

A와 B가 서로 붙어서 줄을 서는 경우의 수를 구하려면, A와 B를 한 사람으로 보아야 한다. 따라서 4명이 줄을 설수 있는 경우($4 \times 3 \times 2 \times 1$)와 A, B가 서로 자리를 바꾸는 경우($2 \times 1$)를 곱해주면 된다.
$(4 \times 3 \times 2 \times 1) \times (2 \times 1) = 48$가지

정답 ③

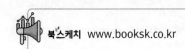

13 1〜6까지의 눈이 있는 주사위 2개를 동시에 던져서 나온 눈의 수의 합이 3일 확률을 구하면?

① $\dfrac{1}{18}$ ② $\dfrac{1}{24}$

③ $\dfrac{1}{36}$ ④ $\dfrac{1}{40}$

 기초연산능력 / 확률 구하기

주사위를 던졌을 때 나오는 전체 경우의 수는 $6 \times 6 = 36$이고, 주사위의 합이 3일 경우는 (1, 2), (2, 1)로 2가지이다. 따라서 정답은 $\dfrac{2}{36} = \dfrac{1}{18}$ 이다.

정답 ①

14 지면에서 초속 100m로 쏘아 올린 공의 t초 후 높이를 h라고 하였을 때, $h = 100t - 5t^2$으로 나타낼 수 있다고 한다. 쏘아 올린 지 몇 초 후에 공의 높이가 480m가 되는가?

① 12초 ② 24초

③ 30초 ④ 36초

 기초연산능력 / 공의 높이에 따른 시간 계산하기

$100t - 5t^2 = 480$
$20t - t^2 = 96$
$t^2 - 20t + 96 = 0$
$(t - 24)(t + 4) = 0$
$t = 24 \text{ or } -4$
따라서 정답은 24초이다.

정답 ②

15 다음은 어느 학급의 스마트폰 사용 시간을 조사하여 만든 도수분포표이다. 도수분포표를 보고, 스마트폰 사용 시간의 평균값을 구하면?

시간(분)	학생 수(명)
40 이상 ~ 60 미만	2
60 이상 ~ 80 미만	3
80 이상 ~ 100 미만	4
100 이상 ~ 120 미만	1
120 이상 ~ 140 미만	8
140 이상 ~ 160 미만	6

① 95분   ② 100분

③ 105분   ④ 110분

 기초통계능력 / 평균값 구하기

계급값 : 계급을 대표하는 값으로 그 계급의 가운데 값
도수 : 각 계급에 속하는 자료의 개수

도수분포표에서의 평균 : $\dfrac{(계급값) \times (도수)의\ 합}{(도수)의\ 합}$

시간(분)	학생 수(명)	계급값	(계급값)×(도수)
40 이상 ~ 60 미만	2	50	2×50=100
60 이상 ~ 80 미만	3	70	3×70=210
80 이상 ~ 100 미만	4	90	4×90=360
100 이상 ~ 120 미만	1	110	1×110=110
120 이상 ~ 140 미만	4	130	4×130=520
140 이상 ~ 160 미만	6	150	6×150=900
합계	20		2,200

따라서 평균값은 $\dfrac{2,200}{20} = 110$ 분이다.

정답 ④

16 다음은 프로스포츠 경기 수에 대한 자료이다. 자료에 대한 설명으로 틀린 것은 모두 몇 개 인가?

(단위 : 번)

구분	2018년	2019년	2020년	2021년	2022년
야구	737	733	733	731	738
축구	412	412	299	414	454
농구(남)	293	292	213	290	275
농구(여)	112	112	83	100	98
배구	230	229	192	230	267

㉠ 여자 농구는 매년 경기 수가 가장 적다.
㉡ 2022년 야구 경기 수는 전년 대비 1% 미만으로 증가하였다.
㉢ 2021년 축구 경기 수는 전년 대비 약 32.5% 증가하였다.
㉣ 2020년 여자 농구 경기 수는 전년 대비 약 25.9% 감소하였다.
㉤ 2021년 남자 농구 경기 수는 전년 대비 약 42.2% 증가하였다.
㉥ 2022년 배구 경기 수는 2020년 대비 약 28% 증가하였다.

① 1개 ② 2개
③ 3개 ④ 4개

도표분석능력 / 자료 해석하기

(○) ㉠ 여자 농구는 매년 경기 수가 가장 적다.

(○) ㉡ 2022년 야구 경기 수는 전년 대비 $\dfrac{738-731}{731} \times 100 ≒ 0.96\%$ 증가하였다.

(×) ㉢ 2021년 축구 경기 수는 전년 대비 $\dfrac{414-299}{299} \times 100 ≒ 38.5\%$ 증가하였다.

(○) ㉣ 2020년 여자 농구 경기 수는 전년 대비 $\dfrac{83-112}{112} \times 100 ≒ -25.9\%$ 감소하였다.

(×) ㉤ 2021년 남자 농구 경기 수는 전년 대비 $\dfrac{209-213}{213} \times 100 ≒ 36.2\%$ 증가하였다.

(×) ㉥ 2022년 배구 경기 수는 2020년 대비 $\dfrac{267-192}{192} \times 100 ≒ 39\%$ 증가하였다.

정답 ③

출제영역 3 • 문제해결능력

17 다음에서 설명하는 것은 문제해결을 위한 어떤 사고에 해당하는가?

> 전체를 각각의 요소로 나누어 그 요소의 의미를 도출한 다음 우선순위를 부여하고 구체적인 문제해결 방법을 실행하는 사고

① 전략적 사고　　　　　　　② 분석적 사고
③ 발상의 전환　　　　　　　④ 자원의 활용

 문제해결능력 / 문제해결을 위한 사고 이해하기

분석적 사고 : 전체를 각각의 요소로 나누어 그 요소의 의미를 도출한 다음 우선순위를 부여하고 구체적인 문제해결방법을 실행하는 사고

Plus 해설

① 전략적 사고 : 현재의 문제와 해결에 그치지 않고, 그 문제와 해결방안이 상위 시스템과 어떻게 연결되어 있는지를 생각하는 사고
③ 발상의 전환 : 기존 인식의 틀을 전환하여 새로운 관점에서 바라보는 사고
④ 자원의 활용 : 문제해결 시 필요한 기술, 재료, 방법, 사람 등 자원 확보 계획을 수립하고 내 · 외부자원을 활용하는 사고

정답 ②

18 비판적 사고에 대한 설명으로 옳지 않은 것을 고르면?

① 비판적 사고의 주요 목적은 어떤 주장의 단점을 파악하려는 데 있다.
② 비판적 사고를 하려면 감정을 철저히 배제해야 한다.
③ 맹목적이고 무원칙적으로 사고하는 것은 비판적 사고가 아니다.
④ 비판적 사고는 어떤 주제나 주장에 대해서 적극적으로 분석하는 것이다.

 사고력 / 비판적 사고 이해하기

비판적 사고의 목적은 단순히 그 주장의 단점을 찾아내는 것이 아니라, 종합적인 분석과 검토를 통해서 그 주장이 타당한지 그렇지 않은지를 밝혀내는 것이다.

Plus 해설

② 비판적 사고를 하려면 감정을 철저히 배제해야 한다. 중립적인 입장에서 어떤 주장이나 의견을 파악해야 한다.
③ 맹목적이고 무원칙적으로 사고하는 것은 비판적 사고가 아니다. 비판적 사고는 부정적으로 생각하는 것이 아니라, 지식과 정보에 바탕을 둔 합당한 근거를 기초로 생각하는 것이다.
④ 비판적 사고를 하기 위해서는 적극적인 분석과 종합이 필요하다.

정답 ①

19 논리적 오류 중 다른 하나를 고르면?

① 그는 그 사건이 진실이라고 말한 적이 없으니, 그 사건은 거짓이야.

② 나를 좋아하지 않는다고 한 것으로 보아 싫어하는 것이 틀림없어.

③ 네가 내게 한 약속을 지키지 않은 것은 곧 나를 좋아하지 않는다는 증거야.

④ 자장면을 싫어하니 짬뽕을 좋아하겠구나?

사고력 / 논리적 오류 이해하기

① · ② · ④ 흑백사고의 오류로, 어떤 주장에 대해 선택 가능성이 두 가지밖에 없다고 생각함으로써 발생하는 오류이다.

③ 의도 확대의 오류는 의도하지 않은 행위의 결과를 의도가 있었다고 판단할 때 생기는 오류이다. '약속을 지키지 않은 것'을 '좋아하지 않는다'로 결론 내리는 것은 의도 확대의 오류이다. 약속을 지키지 않은 데에는 여러 가지 의도가 있을 텐데, '사랑하지 않는 것'이라고 확대해석을 했기 때문이다.

따라서 정답은 ③이다.

정답 ③

20 다음을 보고 박과장이 월차를 사용하기 가장 적절한 날을 고르면?

> ㉮ 모든 직원은 월요일부터 금요일까지 월차를 사용할 수 있다.
> ㉯ 박 과장은 이번 주에 반드시 월차를 사용하려고 한다.
> ㉰ 박 과장은 팀장님 또는 부장님과 같은 날, 또는 전체 휴일에 월차를 사용할 수 없다.
> ㉱ 부장님이 수요일에 월차를 사용한다고 하였다.
> ㉲ 팀장님이 박 과장을 배려하여 우선적으로 월차를 사용할 수 있는 요일을 지정하였고 월차를 사용할 수 있는 요일은 월요일, 목요일, 금요일이다.
> ㉳ 이번 주 10일은 평일이나 회사 창립일이므로 전체 휴일이다. 박 과장은 회사 창립일에 월차를 붙여서 사용하려고 한다.

① 월요일　　　　② 화요일　　　　③ 수요일　　　　④ 목요일

사고력 / 순서 배치 파악하기

㉱에서 부장님이 수요일에 월차를 사용한다고 하였기 때문에 수요일에는 박 과장이 월차를 사용할 수 없다.

㉲에서 팀장님의 배려로 박 과장은 월차를 우선적으로 사용할 수 있고, 월차를 사용할 수 있는 요일이 월, 목, 금인 것에서 화요일이 회사 창립일인 전체 휴일임을 알 수 있다.

㉳에서 전체 휴일인 회사 창립일에 월차를 붙여서 사용하려고 한다고 했으므로 상황 ㉳에서 전체 휴일이 화요일이므로 월차를 사용하기에 가장 적절한 요일은 월요일이다.

정답 ①

21 ○○ 기업에 근무하는 A, B, C, D, E 다섯 명은 각각 다른 업무를 담당하고 있다. 회사에서 이들 다섯 명이 담당하는 업무와 관련하여 새로운 프로젝트를 제시하였다. 이에 대하여 다섯 명은 찬성과 반대 둘 중 한 가지 의견을 내놓았다. 다음 내용이 모두 참일 때, 옳은 것을 고르면?

> • A 또는 D 둘 중 적어도 한 명이 반대하면, C는 찬성하고 E는 반대한다.
> • B가 반대하면, A는 찬성하고 D는 반대한다.
> • D가 반대하면 C도 반대한다.
> • E가 반대하면 B도 반대한다.
> • 적어도 한 사람은 반대한다.

① A는 찬성하고 B는 반대한다.
② A는 찬성하고 E는 반대한다.
③ B와 D는 반대한다.
④ C는 반대하고 D는 찬성한다.

사고력 / 명제 내용 파악하기

1. A가 반대했다고 가정하면 C는 찬성, E는 반대, B도 반대가 되고 이는 다시 A가 찬성이 되어 모순이다. 따라서 A는 찬성이다.
2. B가 반대한다고 가정하면 A는 찬성, D는 반대, C도 반대이고 첫 번째 조건에서 A 또는 D 둘 중 적어도 한 명이 반대하면, C는 찬성이라는 조건에 모순이다. 따라서 B도 찬성이다. B가 찬성이면 E도 찬성이다.(네 번째 조건의 대우) 첫 번째 조건을 대우를 써서 나타내면 "C가 반대하거나 E가 찬성하면 A와 D 모두 찬성한다"이다. 적어도 한 사람은 반대한다는 다섯 번째 조건에 의하여 C가 반대한다.

A	B	C	D	E
찬성	찬성	반대	찬성	찬성

정답 ④

 출제영역 4 • 자원관리능력

22 효과적으로 시간 계획을 세우기 위한 순서를 바르게 배열한 것은?

> (가) 예상 소요시간 결정하기
> (나) 명확한 목표 설정하기
> (다) 시간계획서 작성하기
> (라) 일의 우선순위 정하기

① (가) → (나) → (라) → (다)　　　② (가) → (라) → (나) → (다)
③ (나) → (라) → (가) → (다)　　　④ (라) → (나) → (가) → (다)

 시간관리능력 / 효과적으로 시간 계획 세우기

시간 계획의 순서는 다음과 같다.
명확한 목표 설정하기 → 일의 우선순위 정하기 → 예상 소요시간 결정하기 → 시간계획서 작성하기
따라서 정답은 ③이다.

정답 ③

23 물적자원관리 절차를 순서대로 나열한 것은?

> (가) 사용물품과 보관물품의 구분
> (나) 물품 특성에 맞는 보관 장소 선정
> (다) 동일 및 유사 물품으로의 분류

① (가) → (나) → (다)　　　② (가) → (다) → (나)
③ (다) → (가) → (나)　　　④ (다) → (나) → (가)

 물적자원관리능력 / 물적자원관리 절차 알기

물적자원관리 절차는 다음과 같다.
사용물품과 보관물품의 구분 → 동일 및 유사 물품으로의 분류 → 물품 특성에 맞는 보관 장소 선정
따라서 정답은 ②이다.

정답 ②

24 다음에서 설명하는 물품보관의 원칙은 무엇인가?

> • 입·출하의 빈도가 높은 품목은 출입구 가까운 곳에 보관한다.
> • 물품의 활용 빈도가 상대적으로 높은 것은 가져다 쓰기 쉬운 위치에 먼저 보관한다.

① 통로대면 보관의 원칙　　　　　② 선입선출의 원칙
③ 높이 쌓기의 원칙　　　　　　　④ 회전대응 보관의 원칙

물적자원관리능력 / 물품 보관 원칙 알기

회전대응 보관의 원칙은 입·출하의 빈도가 높은 품목은 출입구 가까운 곳에 보관하는 것을 말한다. 즉, 물품의 활용 빈도가 상대적으로 높은 것은 가져다 쓰기 쉬운 위치에 먼저 보관하는 것이다.

Plus 해설

① 통로대면 보관의 원칙 : 제품의 용이한 입고·출고와 효율적 보관을 위해 통로 면에 보관하는 것이다.
② 선입선출의 원칙 : 먼저 입고된 제품을 먼저 출고하는 것이다. 이 원칙은 일반적으로 제품의 재고회전율이 낮은 경우에 많이 적용된다.
③ 높이 쌓기의 원칙 : 평평하게 적재하는 것보다 높이 쌓게 되면 창고의 용적 효율을 높일 수 있다.

정답 ④

25 효율적인 인적자원관리에 대한 설명으로 틀린 것은 모두 몇 개인가?

> ㉠ 해당 직무 수행에 가장 적합한 인재를 배치하는 것은 '적재적소 배치의 원리'이다.
> ㉡ 근로자의 인권을 존중하고 노동의 대가를 공정하게 지급하는 것은 '공정 인사의 원칙'이다.
> ㉢ 근무 평가, 임금, 직무 배당, 승진 등을 공정하게 처리하는 것은 '공정 보상의 원칙'이다.
> ㉣ 근로자가 현 직장에서 계속 일할 수 있다는 믿음을 주는 것은 '종업원 안정의 원칙'이다.
> ㉤ 창의력을 발휘할 수 있는 기회와 성과에 따른 보상을 주는 것은 '창의력 계발의 원칙'이다.
> ㉥ 직장에서 소외감을 갖지 않도록 배려하고 협동하는 체제를 이루는 것은 '단결의 원칙'이다.

① 1개　　　　　　　　　　　② 2개
③ 3개　　　　　　　　　　　④ 4개

인적자원관리능력 / 효율적인 인적자원관리 원칙 알기

㉡ 근로자의 인권을 존중하고 노동의 대가를 공정하게 지급하는 것은 '공정 보상의 원칙'이다.
㉢ 근무 평가, 임금, 직무 배당, 승진 등을 공정하게 처리하는 것은 '공정 인사의 원칙'이다.
따라서 정답은 ②이다.

정답 ②

26 다음이 설명하는 인력배치 유형을 바르게 짝지은 것은?

(가) 능력이나 성격 등과 가장 적합한 위치에 배치하는 것
(나) 작업량과 조업도, 여유 또는 부족 인원을 감안하여 소요 인원을 결정하는 것
(다) 팀원의 적성 및 흥미에 따라 배치하는 것

① (가) 질적 배치, (나) 양적 배치, (다) 적성 배치
② (가) 질적 배치, (나) 적성 배치, (다) 양적 배치
③ (가) 양적 배치, (나) 질적 배치, (다) 적성 배치
④ (가) 양적 배치, (나) 적성 배치, (다) 질적 배치

인적자원관리능력 / 인력배치 이해하기

인력배치의 유형으로는 질적, 양적, 적성 배치가 있다.
(가) 질적 배치 : 능력이나 성격 등과 가장 적합한 위치에 배치하는 것
(나) 양적 배치 : 작업량과 조업도, 여유 또는 부족 인원을 감안하여 소요 인원을 결정하는 것
(다) 적성 배치 : 팀원의 적성 및 흥미에 따라 배치하는 것
따라서 정답은 ①이다.

정답 ①

27 명함에 대한 설명 중 옳지 않은 것은 모두 몇 개인가?

㉠ 자신의 신분을 증명한다.
㉡ 자신을 PR하는 도구로 사용할 수 있다.
㉢ 개인의 정보를 전달한다.
㉣ 개인의 정보를 얻을 수 있다.
㉤ 대화의 실마리를 제공할 수 있다.
㉥ 후속 교류를 위한 도구로 사용할 수 있다.
㉦ 명함에는 메모를 하지 않고 깨끗한 상태로 보관하는 것이 예의이다.

① 1개　　② 2개
③ 3개　　④ 4개

인적자원관리능력 / 명함의 가치 알기

㉦ 명함은 단지 받아서 보관하는 목적이 아니라, 자신의 인맥을 만들기 위한 도구로 활용되어야 한다. 그러기 위해서는 중요한 사항을 명함에 메모하는 것이 필요하다. 상대의 개인 신상이나 특징 등 자신이 참고할 수 있는 정보들을 명함에 메모해 두는 것은 매우 좋다.
따라서 정답은 ①이다.

정답 ①

28 ○○ 기업 해외영업부에 근무하는 박 대리는 김 과장과 함께 LA 해외법인에 출장을 가게 되었다. LA의 시간은 한국보다 16시간 느리고, LA까지의 비행시간은 총 10시간 25분이 걸린다. LA 현지시간으로 7월 17일 오전 10시 35분에 도착하는 비행기를 타려고 할 때, **인천공항에는 몇 시까지 도착하여야 하는가?** (단, 비행기 출발 한 시간 전에 공항에 도착하여 티케팅을 해야 한다.)

출발 → 도착	출발 날짜	출발 시간	비행 시간	도착 날짜	도착 시간
인천 → LA	7월 17일		10시간 25분	7월 17일	10 : 35
LA → 인천	7월 21일	17 : 30	12시간 55분	7월 22일	22 : 25

① 12시 10분   ② 13시 10분

③ 14시 10분   ④ 15시 10분

 시간자원관리능력 / 시차 계산하기

인천에서 LA까지는 비행시간이 10시간 25분이므로, LA 도착 시간에서 거슬러 올라가면 LA시간으로는 17일 00시 10분에 출발한 것이 된다. 한국과 LA의 시차는 16시간이며, 한국이 빠르기 때문에 한국 시간으로 17일 16시 10분에 출발한 것이 된다. 하지만 비행기 티케팅을 위해 출발한 시간 전까지 인천공항에 도착하여야 하므로 17일 15시 10분까지 인천공항에 도착해야 한다.

정답 ④

 출제영역 5 ● 조직이해능력

29 네트워크 조직에 대한 장점으로 틀린 것은 몇 개인가?

㉠ 구성원들은 수평적 커뮤니케이션을 통해 자신의 잠재 능력을 최대한으로 발휘하기가 쉽다.
㉡ 새로운 지식창조나 가치 창출이 용이하다.
㉢ 관리자들이 많은 업무활동들을 직접적으로 통제하기 쉽다.
㉣ 개인이나 각 부서의 정보와 지식이 서로 잘 전달된다.
㉤ 직원들에 대한 직접적인 관리가 수월하다.

---

① 1개 ② 2개
③ 3개 ④ 4개

 체제이해능력 / 네트워크 조직 이해하기

㉢ 관리자들이 많은 업무활동들을 직접적으로 통제하기가 어렵다.
㉤ 직원들에 대한 직접적인 관리가 수월하지 않다.
따라서 정답은 ②이다.

Plus 해설

네트워크 조직은 경영자가 조직적 장벽을 제거하거나 최소화시키기 위해 선택하는 조직 구조 중 하나이다. 전통적인 조직 구조에서는 계층별로 단절된 상태에서 정보의 흐름이 주로 수직적이었지만 네트워크 조직에서는 계층이 거의 없어 수평적 연결과 왕래가 빈번히 일어난다. 구성원들은 수평적 커뮤니케이션을 통해 자신의 잠재 능력을 최대한으로 발휘하기가 쉽다. 또한 개인이나 각 부서의 정보와 지식이 서로 잘 전달되고 공유가 이루어져 조직 내 자산으로 계속 축적할 수 있다. 이로 인해 네트워크 조직에서는 새로운 지식창조나 가치 창출이 용이하며 시장 상황에 맞는 유연한 대응이 가능해진다.
반면, 관리자들이 많은 업무활동들을 직접적으로 통제하기가 어려우며 직원들에 대한 직접적인 관리도 수월하지 않다. 타 부서 및 타 조직과의 갈등 해결에 많은 시간이 투입되는 경우가 있고 이들에 문제가 생길 경우 조직 전체가 위험에 빠질 가능성도 존재한다.

정답 ②

30 다음 설명은 마이클 포터의 경쟁전략 중 어느 것에 해당하는가?

> 원가절감을 통해 해당 산업에서 우위를 점하는 전략으로, 이를 위해서는 대량생산을 통해 단위원가를 낮추거나 새로운 생산기술을 개발할 필요가 있다. 온라인 소매업체가 오프라인에 비해서 저렴한 가격과 구매의 편의성을 내세워서 시장 점유율을 넓히는 사례가 대표적이다.

① 차별화 전략　　　　　　　　　　② 집중화 전략
③ 원가우위 전략　　　　　　　　　　④ 조직 전략

 경영이해능력 / 경쟁전략 유형 이해하기

위의 설명은 마이클 포터의 경쟁전략 중 '원가우위 전략'에 대한 설명이다.

Plus 해설

마이클 포터의 본원적 경쟁전략은 해당 사업에서 경쟁우위를 확보하기 위한 전략으로, 원가우위 전략, 차별화 전략, 집중화 전략이 있다.
- 원가우위 전략 : 원가절감을 통해 해당 산업에서 우위를 점하는 전략으로, 이를 위해서는 대량생산을 통해 단위 원가를 낮추거나 새로운 생산기술을 개발할 필요가 있다.
- 차별화 전략 : 조직이 생산품이나 서비스를 차별화하여 고객에게 가치가 있고 독특하게 인식되도록 하는 전략이다. 차별화 전략을 활용하기 위해서는 연구개발이나 광고를 통하여 기술, 품질, 서비스, 브랜드 이미지를 개선할 필요가 있다.
- 집중화 전략 : 특정 시장이나 고객에게 한정된 전략으로, 원가우위나 차별화 전략이 산업 전체를 대상으로 하는 것과 달리 특정 산업을 대상으로 한다. 즉 경쟁조직들이 소홀히 하고 있는 한정된 시장을 원가우위나 차별화 전략을 써서 집중 공략하는 방법이다.

정답 ③

31 수직적 통합에 대한 설명으로 틀린 것은 모두 몇 개인가?

> ㉠ 한 기업이 수직적으로 연관된 사업부문을 동시에 소유하는 것이다.
> ㉡ 수직적 통합을 통해 원가를 낮출 수 있다.
> ㉢ 수직적 통합을 통해 시장 지배력을 강화할 수 있다.
> ㉣ 부품업체, 유통업체 등을 통제하기가 쉬워 외부환경에 조직적으로 대응할 수 있다.
> ㉤ 환경변화에 대응이 빠르다.
> ㉥ 조직의 유연성이 떨어질 수 있다.

① 1개　　　　　　　　　　② 2개
③ 3개　　　　　　　　　　④ 4개

 경영이해능력 / 수직적 통합 이해하기

㉤ 환경변화에 대응이 느릴 수 있다.

 Plus 해설

수직적 통합(Vertical Combination)이란 원자재나 부품 공급원, 유통망 등 제품의 전체 공급과정을 수직적으로 통합함으로써 사업을 다각화하고 확대하는 것이다. 기업은 수직적 통합을 통해 원가를 낮출 수 있고, 원자재나 부품 공급원, 유통망을 통합함으로써 시장 지배력을 강화할 수 있으며, 부품업체 · 유통업체 등을 통제하기가 쉬워 외부환경에 조직적으로 대응할 수 있다. 반면, 수직적 통합을 할 경우 환경변화에 대응이 느릴 수 있고 조직의 유연성이 떨어질 수 있다. 그리고 서로 다른 형태의 사업들을 수직적 통합으로 묶었으므로 효율적으로 관리하기가 어려운 것도 단점이다.

정답 ①

32 맥킨지 7S모델에 대한 설명으로 틀린 것은 모두 고르면?

> ㉠ '전략(strategy)'이란 모든 조직구성원들이 공유하는 기업의 핵심 이념이나 가치관, 목적이다.
> ㉡ '관리기술(skill)'이란 전략을 실행하는 데 필요한 구체적 요소이다.
> ㉢ '리더십 스타일(style)'이란 조직을 이끌어나가는 관리자의 경영방식이다.
> ㉣ '공유가치(shared value)'란 조직의 장기적 계획 및 목표를 달성하기 위한 수단이나 방법이다.
> ㉤ '구조(structure)'란 조직의 전략을 수행하는 데 필요한 틀로써 구성원의 역할과 그들 간의 상호관계를 지배하는 공식요소이다.
> ㉥ '구성원(staff)'이란 조직 내 직원 수와 인사형태로 성과를 창출하는 인적 자원이다.
> ㉦ '제도절차(system)'란 조직 운영의 의사결정과 일상 운영의 틀이 되는 각종 시스템이다.

① ㉠, ㉡   ② ㉠, ㉣

③ ㉡, ㉤, ㉦   ④ ㉢, ㉣, ㉥

 체제이해능력 / 맥킨지 7S 이해하기

㉠ '공유가치(shared value)'란 모든 조직구성원들이 공유하는 기업의 핵심 이념이나 가치관, 목적이다.
㉣ '전략(strategy)'이란 조직의 장기적 계획 및 목표를 달성하기 위한 수단이나 방법이다.

정답 ②

33 다음에 해당하는 리더십 유형을 고르면?

> • 정책 의사결정과 대부분의 핵심 정보를 혼자 소유하려는 경향
> • 집단이 통제가 없이 방만한 상태에 있을 때 효과가 좋음

① 변혁적 유형   ② 민주주의적 유형

③ 파트너십 유형   ④ 독재자 유형

조직이해능력 / 리더십 유형 이해하기

독재자 유형 : 정책 의사결정과 대부분의 핵심 정보를 스스로에게만 국한하여 소유하고 고수하려는 경향이 있음. 집단이 통제가 없이 방만한 상태에 있을 때, 가시적인 성과물이 보이지 않을 때 효과가 있음

Plus 해설

① 변혁적 유형 : 개개인과 팀이 유지해 온 이제까지의 업무수행 상태를 뛰어넘고자 함
② 민주주의적 유형 : 그룹에 정보를 잘 전달하고, 전체 그룹 구성원 모두를 목표방향 설정에 참여하게 하여 구성원에게 확신을 심어주고자 노력함
③ 파트너십 유형 : 리더와 집단 구성원 구분이 희미하며, 리더가 조직에서 한 구성원이 되기도 함

정답 ④

권두부록 Appendix

2022 1회 기출
경기도 공공기관 통합채용 NCS 기출문제

2022. 04. 16. 시행
※ 본 기출문제는 실제 시험 응시자로부터 수집한 자료를 바탕으로 복원되었습니다.

 출제영역 1 ● 의사소통능력

01 다음 중 봄절기와 관련된 속담이 아닌 것은?

① 곡우에 비가 오면 풍년 든다.
② 우수 경칩에 대동강 풀린다.
③ 한로가 지나면 제비도 강남으로 간다.
④ 이월 바람에 검은 쇠뿔이 오그라진다.

의사소통능력 / 절기 관련 속담 이해하기

① 봄절기 '곡우'와 관련된 것이다. 곡우에 비가 오면 못자리 물로 쓰기 좋기 때문에 풍년이 들게 된다는 속담으로, 곡우는 봄비가 내려 백곡을 기름지게 한다는 뜻이다.
② 봄절기 '우수', '경칩'과 관련된 것이다. 우수와 경칩이 지나면 아무리 춥던 날씨도 누그러진다는 뜻의 속담이다.
③ 가을절기 '한로'와 관련된 것이다. 제비가 날씨가 더 추워지기 전에 따뜻한 곳으로 이동한다는 뜻으로 한로가 추워지는 기점임을 강조한 속담이다.
④ 봄절기 '춘분'과 관련된 것이다. 이월에 부는 바람이 검은 암소의 뿔을 오그라뜨릴 정도로 몹시 세고 차다는 뜻으로, 꽃샘추위의 위력을 부각시킬 때 쓰는 말이다.
따라서 봄절기와 관련 없는 속담은 ③이다.

🎺 Plus 해설

우리나라의 24절기

봄		여름		가을		겨울	
입춘	• 2월 3~5일경 • 봄의 시작	입하	• 5월 5~6일경 • 여름의 시작	입추	• 8월 7~8일경 • 가을의 시작	입동	• 11월 7~8일경 • 겨울의 시작
우수	• 2월 18~19일경 • 봄비 오고 싹이 남	소만	• 5월 20~21일경 • 본격적인 농사 시작	처서	• 8월 23~24일경 • 더위가 식고 일교차가 큼	소설	• 11월 22~23일경 • 얼음이 얼기 시작
경칩	• 3월 5~6일경 • 개구리가 겨울잠에서 깨어남	망종	• 6월 5~6일경 • 씨 뿌리기 시작	백로	• 9월 7~8일경 • 이슬이 내리기 시작	대설	• 12월 7~8일경 • 겨울의 큰 눈이 옴
춘분	• 3월 20~21일경 • 낮이 길어지기 시작	하지	• 6월 21~22일경 • 낮이 가장 긴 시기	추분	• 9월 22~24일경 • 밤이 길어지는 시기	동지	• 12월 21~22일경 • 밤이 가장 긴 시기
청명	• 4월 5~6일경 • 봄 농사 준비	소서	• 7월 7~8일경 • 더위의 시작	한로	• 10월 8~9일경 • 찬 이슬 내리기 시작	소한	• 1월 5~6일경 • 가장 추운 시기
곡우	• 4월 20~21일경 • 농사비가 내림	대서	• 7월 22~23일경 • 더위가 가장 심함	상강	• 10월 23~24일경 • 서리가 내리기 시작	대한	• 1월 20~21일경 • 겨울 큰 추위

정답 ③

02 다음 중 의사소통을 저해하는 요소가 아닌 것은?

① 언어의 단순화 　　　　　　　② 분명하지 않은 메시지
③ 무책임한 마음 　　　　　　　④ 고정관념 및 선입견

 의사소통능력 / 의사소통 저해 요소 알기

의사소통을 저해하는 요소로는 '무책임한 마음', '고정관념 및 선입견', '착각', '지위 및 과업지향성', '분명하지 않은 메시지' 등이 있다. '언어의 단순화'는 의사소통능력 개발 방법에 해당한다.

🐝 Plus 해설

• 의사소통능력 개발방법 : 사후검토와 피드백 주고받기, 언어의 단순화, 적극적인 경청, 감정의 억제

정답 ①

03 다음 중 올바른 공문서 작성법이 아닌 것은?

① 연도와 월일을 반드시 함께 기입한다.
② 날짜 다음에 괄호를 사용할 때는 반드시 마침표를 찍는다.
③ 내용이 복잡할 경우 '-다음-' 또는 '-아래-'와 같은 항목을 만들어 구분한다.
④ 공문서는 한 장에 담아내는 것이 원칙이다.

 문서작성능력 / 공문서 작성법 이해하기

날짜 다음에 괄호를 사용할 경우에는 마침표를 찍지 않는다.

정답 ②

04 다음 중 옳게 짝지어진 것을 고르면?

> • 윤 사원은 오늘 아침 [**결재/결제**] 서류를 올렸다.
> • 그녀는 나이가 [**지긋이/지그시**] 들어 보인다.
> • 그는 일찍이 부모를 [**여위고/여의고**] 고아로 자랐다.

① 결재, 지긋이, 여의고 　　　　② 결재, 지그시, 여위고
③ 결제, 지그시, 여의고 　　　　④ 결제, 지긋이, 여위고

💡 문서작성능력 / 어휘 이해하기

- 결재 : 결정할 권한이 있는 상관이 부하가 제출한 안건을 검토하여 허가하거나 승인함
- 지긋이 : 나이가 비교적 많아 듬직하게
- 여의다 : 부모나 사랑하는 사람이 죽어서 이별하다.

📋 Plus 해설

- 결제 : 증권 또는 대금을 주고받아 매매 당사자 사이의 거래 관계를 끝맺는 일
- 지그시 : 슬며시 힘을 주는 모양
- 여위다 : 몸의 살이 빠져 파리하게 되다.

정답 ①

05 다음 중 문맥의 흐름에 맞지 않는 문장은?

이탈리아 명품 브랜드 구찌는 2019년 매출 96억 3,000만 유로를 달성했다. ㉠ **2014년 매출 35억 유로에서 3배 가까이 증가한 수준이다.** 라이벌 프라다는 같은 기간 매출이 10% 이상 줄어들었다. 파트리치오 베르텔리(Patrizio Bertelli) 프라다 CEO는 부진 이유를 디지털 채널과 인플루언서 부상 등 신세대 소비자 라이프스타일을 제대로 이해하지 못한 데서 찾았다. 구찌는 매출 절반가량을 35세 이하 소비자가 차지하니 젊은 브랜드로 인정받기에 손색이 없다. 100년 전통을 지닌 고령 기업이 젊은 층 마음을 사로잡으며 회춘에 성공한 것이다. ㉡ **구찌가 젊어진 데는 신세대 직원으로 구성된 '그림자위원회(shadow board)'의 덕이 크다.**

금융위기 이후 글로벌 명품업계는 중장년층 시장의 한계 속에서 성장이 정체되는 위기를 겪게 됐다. 구찌는 젊은 소비자에게 눈을 돌려 그들의 취향을 제대로 파악하기 위해 밀레니얼 세대 직원으로 구성된 그림자위원회를 만들었다. ㉢ **위원회 멤버들은 CEO를 비롯한 시니어 경영진과 주기적으로 만나 신선한 이야기를 전달했다.** 선후배 사이에서 멘토(mentor)와 멘티(mentee)가 바뀐 '리버스 멘토링(reverse mentoring)'이 이뤄진 것이다.

2015년 리버스 멘토링이 시작된 후 신세대 직원의 참신한 아이디어는 다양한 전략에 적극적으로 적용됐다. 생명윤리와 동물복지를 중시하는 젊은 세대 가치관을 반영해 2018년 컬렉션부터는 모피 의류를 인조가죽을 사용한 에코 퍼(eco fur) 제품으로 대체했다. 관련 외부 활동에도 적극적으로 참여해 호응을 얻었다. ㉣ **세대 간 생각과 행동의 격차가 더욱 커진 오늘날, 서로에 대한 이해와 학습은 기업과 브랜드가 젊음을 유지하고 발전하기 위한 필수조건이다.** 그 밖에 온라인 전용 상품을 개발하거나 인스타그램 · 페이스북을 활용한 소통을 활발하게 전개하는 등 젊은 층 니즈에 부합하기 위한 시도가 이어졌다.

① ㉠   ② ㉡

③ ㉢   ④ ㉣

💡 문서이해능력 / 글의 흐름 파악하기

3문단은 젊은 층의 니즈에 부합하기 위한 시도들에 관한 내용인데, ㉣은 내용상 젊은 층 니즈와 관련이 없다. 따라서 흐름에 맞지 않는 문장은 ㉣이다.

정답 ④

06 다음 글의 순서를 바르게 배열한 것은?

> (가) 새벽배송의 주요 상품은 신선식품이다. 배송업체는 신선도를 유지하기 위해 보냉팩 및 스티로폼을 이용한다. 최근 일부 업체들이 물을 냉매로 쓰는 친환경 보냉팩으로 전환했지만 여전히 대다수 업체들은 일반쓰레기인 기존 보냉팩을 사용한다. 아울러 배송 편의를 위해 주문량과 무관하게 스티로폼 포장박스 등을 일정 크기로 이상으로 사용해 낭비 요소가 크다는 지적도 있다. 스티로폼의 경우 분해되는 데는 무려 500년이 걸린다.
>
> (나) 또 비닐로 된 완충재 등을 과도하게 사용하는 경우도 있다. 신선식품 훼손을 막기 위한 것인데 주문한 야채를 종류마다 별도 포장하거나 훼손 우려가 거의 없는 경우에도 과도하게 포장한다. 더구나 배송이 빠르게 이루어지다 보니 적은 양의 물건을 그때그때 주문하는 경우가 많다. 개별 포장·개별 배송은 더 많은 포장 쓰레기를 낳는다.
>
> (다) 새벽배송 이용자가 급증하면서 관련 시장이 급성장하고 있다. 하지만 배송과정에서 스티로폼이나 비닐 등 일회용 포장재 이용 등으로 환경오염에 대한 우려도 제기되고 있다. 다양한 식료품을 고객에게 최대한 빨리 전달한다는 명목으로 스티로폼·은박보냉팩·에어팩 등 재활용이 불가능하거나 어려운 일회용품을 포장재로 과도하게 활용하고 있기 때문이다. 올해 들어 정부는 마트 등 유통업체에 대해 일회용 비닐 사용을 전면 금지했지만 이 같은 배송상품은 해당되지 않는다.

① (가)-(나)-(다)　　　　② (가)-(다)-(나)
③ (다)-(가)-(나)　　　　④ (다)-(나)-(가)

 문서작성능력 / 문단 배열하기

제시된 글은 새벽배송과 환경오염에 대한 내용이다. 따라서 새벽배송 시장이 성장하고 있지만 배송 과정에서 사용되는 일회용품으로 환경오염의 우려를 제기하는 (다)가 첫 문단으로 가장 적절하다. 다음으로는 새벽배송의 신선도와 배송 편의를 위해 사용하는 일회용품을 언급하는 (가)가 와야 하고, 뒤이어 비슷한 내용인 (나)가 와야 한다. 따라서 (다)-(가)-(나)가 옳은 순서이다.

정답 ③

07 다음 중 경청을 방해하는 요인이 아닌 것을 고르면?

① 대화 도중에 다른 생각하기　　　② 대답할 말을 준비하며 듣기
③ 상대방의 말을 짐작하며 듣기　　④ 상대방이 말하는 의미를 이해하며 듣기

 경청능력 / 경청 방해요인 파악하기

상대방이 말하는 의미를 이해하며 듣는 것을 올바른 경청방법이다.

정답 ④

출제영역 2 • 수리능력

08 다음 주어진 식을 보고, 성립되지 않는 조건을 고르면?

$$ax = y$$

① a=0이면, y=0이다. ② a=0, x=0이면, y=0이다.
③ x=0이면, y≠0이다. ④ a≠0, x≠0이면, y≠0이다.

 기초연산능력 / 방정식 이해하기

x=0이면, y=0이다.

정답 ③

09 볼펜 1개의 원가는 800원이다. 원가에 20%의 이익이 남도록 정가를 정하였는데, 잘 팔리지 않아 정가에서 30% 할인하여 팔기로 결정하였다. 볼펜 1개의 판매가격을 구하면?

① 564원 ② 672원
③ 786원 ④ 854원

 기초연산능력 / 판매가 계산하기

볼펜 1개의 정가는 $800 \times (1+0.2) = 960$원이다. 정가에서 30%를 할인하여 판매한다고 했으므로 볼펜 1개의 판매가격은 $960 \times (1-0.3) = 672$원이다.

정답 ②

10 어느 시험에서 A가 합격할 확률이 $\frac{3}{5}$, B가 합격할 확률이 $\frac{1}{4}$, C가 합격할 확률이 $\frac{2}{3}$이다. 세 사람이 동시에 시험을 볼 때, 적어도 한 사람이 합격할 확률은?

① $\frac{1}{10}$ ② $\frac{3}{10}$
③ $\frac{7}{10}$ ④ $\frac{9}{10}$

기초연산능력 / 확률 계산하기

전체 확률 1에서 세 사람이 불합격하는 경우를 빼주면, 적어도 한 명이 합격할 확률이 나온다. 따라서 정답은 $1-\left(\dfrac{2}{5}\times\dfrac{3}{4}\times\dfrac{1}{3}\right)=1-\dfrac{1}{10}=\dfrac{9}{10}$이다.

정답 ④

11 A, B는 좌표 (0, 0)을 시작점으로 하여 가위바위보를 한다. A가 이기면 오른쪽으로 두 칸, 지면 왼쪽으로 한 칸 움직이고, B가 이기면 위로 두 칸, 지면 아래로 한 칸 움직인다. 가위바위보 결과 마지막 좌표가 (4, 16)이 되려면 B가 몇 번 이겨야 하는가?

① 8   ② 10

③ 12   ④ 14

기초연산능력 / 연립방정식 풀기

A는 가로축으로, B는 세로축으로 움직인다. A가 이긴 경우(=B가 진 경우)를 x, B가 이긴 경우(=A가 진 경우)를 y라고 하면, 다음과 같은 식이 성립한다.
$(2x-y,\ 2y-x)=(4,\ 16)$
$2x-y=4\ \cdots\ ㉠$
$2y-x=16\ \cdots\ ㉡$
㉠, ㉡을 연립하여 풀면, $x=8$, $y=12$이다.
따라서 B는 12번 이겨야 한다.

정답 ③

12 다음은 2016~2019년도의 무용 공연 횟수이다. 2019년의 무용 공연 횟수는 2016년 대비 몇 퍼센트 증가하였는가?

(단위 : 건)

구분	2016년	2017년	2018년	2019년
무용 공연 횟수	1,398	1,340	1,270	1,540

① 10.2   ② 12.4

③ 13.3   ④ 15.8

기초연산능력 / 증가율 계산하기

2019년의 무용 공연 횟수는 2016년 대비 $\dfrac{1,540-1,398}{1,398}\times100≒10.2\%$ 증가하였다.

정답 ①

 출제영역 3 • 문제해결능력

13 다음 명제가 모두 참일 때, 항상 참인 것은?

> • 애플망고를 먹은 사람은 바나나도 먹었다.
> • 딸기를 먹은 사람은 바나나를 먹지 않았다.
> • 포도를 먹지 않은 사람은 애플망고를 먹었다.

① 딸기를 먹은 사람은 애플망고를 먹지 않았다.
② 포도를 먹은 사람은 바나나를 먹지 않았다.
③ 바나나를 먹은 사람은 포도도 먹었다.
④ 애플망고를 먹은 사람은 딸기도 먹었다.

💡 **사고력 / 참인 명제 찾기**

주어진 명제와 대우를 정리하면 다음과 같다.
• 애플망고 → 바나나
　~바나나 → ~애플망고
• 딸기 → ~바나나
　바나나 → ~딸기
• ~포도 → 애플망고
　~애플망고 → 포도
∴ 딸기 → ~바나나 → ~애플망고 → 포도
　~포도 → 애플망고 → 바나나 → ~딸기
따라서 항상 참인 것은 ①이다.

정답 ①

14 A, B, C, D, E 5명은 건물의 6~10층에 거주하고 있다. 한 층에 한 명만 거주한다고 할 때, 7층에 거주하는 사람을 고르면?

> • A는 10층에 거주한다.
> • B는 D보다 위층에 거주한다.
> • D는 C 바로 아래층에 거주한다.
> • E는 6층에 거주하지 않는다.

① B
② C
③ D
④ E

사고력 / 조건 파악하기

주어진 조건을 정리하면 다음과 같다.

10층	A
9층	E/B
8층	B/E
7층	C
6층	D

따라서 7층에 거주하는 사람은 C이다.

정답 ②

출제영역 4 • 자원관리능력

15 P 씨는 한국에서 미국 캘리포니아로 가는 비행기를 예매했다. 비행시간과 도착시간이 다음과 같을 때, P 씨가 예매한 비행기는 인천 현지 시간으로 언제 인천에서 출발하는가?
(단, 인천은 캘리포니아보다 16시간이 빠르다.)

비행 노선	출발 시간(현지 시간)	비행시간	도착 시간(현지 시간)
인천 → 캘리포니아		10시간 50분	5월 2일 22:00 PM

① 5월 2일 01:10 AM
② 5월 2일 03:10 AM
③ 5월 3일 01:10 AM
④ 5월 3일 03:10 AM

 시간관리능력 / 시차 계산하기

P 씨가 예매한 비행기는 캘리포니아 현지 시간으로 5월 2일 오후 10시에 도착하고, 비행시간이 10시간 50분이므로 캘리포니아 현지 시간으로 5월 2일 오전 11시 10분에 출발한 것이다. 인천은 캘리포니아보다 16시간이 빠르므로, 시차를 적용하면 인천 시간으로 5월 3일 오전 3시 10분이 된다.

정답 ④

16 다음 중 효과적인 예산수립 절차로 가장 적절한 것은?

① 예산 배정 → 우선순위 결정 → 필요한 과업 및 활동 규명
② 예산 배정 → 필요한 과업 및 활동 규명 → 우선순위 결정
③ 우선순위 결정 → 필요한 과업 및 활동 규명 → 예산 배정
④ 필요한 과업 및 활동 규명 → 우선순위 결정 → 예산 배정

 예산관리능력 / 예산수립 절차 알기

과제를 추진하는 데 있어서 다양한 활동이 뒤따르게 되는데 이를 정확하게 예측한 다음 우선순위를 결정하고 비용을 적절히 배정하는 절차를 거쳐야 한다. 따라서 효과적인 예산수립 절차로 가장 적절한 것은 '필요한 과 업 및 활동 규명 → 우선순위 결정 → 예산 배정'이다.

정답 ④

17 다음 중 인사관리 원칙과 설명이 바르게 짝지어지지 않은 것은?

① 적재적소 배치의 원리 : 해당 직무 수행에 가장 적합한 인재를 배치한다.

② 공정 보상의 원칙 : 근로자의 인권을 존중하고 노동의 대가를 공정하게 지급한다.

③ 공정 인사의 원칙 : 근로자가 현 직장에서 계속 일할 수 있다는 믿음을 주어야 한다.

④ 단결의 원칙 : 직장에서 소외감을 갖지 않도록 배려하고 협동하는 체제를 이루도록 한다.

 인적자원관리능력 / 인사관리 원칙 알기

• 공정 인사의 원칙 : 근무 평가, 임금, 직무 배당, 승진 등을 공정하게 처리해야 한다.
• 종업원 안정의 원칙 : 근로자가 현 직장에서 계속 일할 수 있다는 믿음을 주어야 한다.

정답 ③

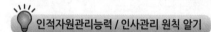 출제영역 5 • 조직이해능력

18 다음 중 네트워크 조직에 대한 설명으로 옳지 않은 것은?

① 관리자들이 많은 업무활동들을 직접적으로 통제하기가 쉽다.

② 수평적 커뮤니케이션을 통해 자신의 잠재 능력을 최대한으로 발휘하기가 쉽다.

③ 새로운 지식창조나 가치 창출이 용이하다.

④ 개인이나 각 부서의 정보와 지식이 서로 잘 전달되고 공유가 이루어진다.

 조직이해능력 / 네트워크 조직 이해하기

네트워크 조직은 관리자들이 많은 업무활동들을 직접적으로 통제하기가 어려우며 직원들에 대한 직접적인 관리도 수월하지 않다.

🎙 Plus 해설

• 네트워크 조직

독립된 각 사업 부서들이 자신의 고유 기능을 수행하면서 제품 생산이나 프로젝트의 수행을 위해서는 상호 협력적인 네트워크를 지닌 조직 구조이다. 전통적인 조직 구조에서는 계층별로 단절된 상태에서 정보의 흐름이 주로 수직적이었지만 네트워크 조직에서는 계층이 거의 없어 수평적 연결과 왕래가 빈번히 일어난다. 구성원들은 수평적 커뮤니케이션을 통해 자신의 잠재 능력을 최대한으로 발휘하기가 쉽다. 또한 개인이나 각 부서의 정보와 지식이 서로 잘 전달되고 공유가 이루어져 조직 내 자산으로 계속 축적할 수 있다. 이로 인해 네트워크 조직에서는 새로운 지식창조나 가치 창출이 용이하며 시장 상황에 맞는 유연한 대응이 가능해진다.

정답 ①

[19~20] 다음 글을 읽고 물음에 답하시오.

장기영 : 미주 씨 저번에 거래처와 식사하고 나서 결재서류 제출했어요?
윤미주 : 네. 했습니다. 금액이 10만 원 미만으로 나와서 팀장님 전결로 제출했습니다.
장기영 : 이런 결재는 처음이라 헷갈리네요. 결재 규정대로 하면 되는 거죠?
윤미주 : 네 맞아요. 어떤 결재서류인지 확인하고 전결 사항에 따라 결재 받으면 됩니다.

결재 규정

- 결재를 받으려는 업무에 대해서는 대표이사를 포함하여 이하 직책자의 결재를 받아야 한다.
- 전결이란 업무를 수행함에 있어 최고결재권자의 결재를 생략하고, 최고결재권자로부터 권한을 위임 받은 자가 자신의 책임하에 최종적으로 의사 결정을 하는 행위를 말한다.
- 전결 사항에 대해서도 위임받은 자를 포함하여 이하 직책자의 결재를 받아야 한다.
- 결재를 올리는 자는 최고결재권자로부터 결재 권한을 위임받은 자가 있는 경우 결재란에 전결이라고 표시하고 최종 결재란에 위임받은 자를 표시한다.
- 결재가 불필요한 직책자의 결재란은 상향 대각선으로 표시한다.
- 최고결재권자의 결재사항 및 최고결재권자로부터 위임된 전결 사항은 아래의 표에 따른다.

구분	내용	금액기준	결재서류	팀장	본부장	대표이사
접대비	거래처 식대	20만 원 이하	접대비지출결의서	●		
		30만 원 이하			●	
		30만 원 초과				●
교통비	국내 출장비	30만 원 이하	출장비 신청서	●		
		50만 원 이하			●	
		50만 원 초과				●
	해외 출장비					●
소모품비	사무용품		지출결의서	●		
	전산 소모품					●
	기타 소모품	20만 원 이하		●		
		30만 원 이하			●	
		30만 원 초과				●
교육훈련비	사내외 교육		기안서	●		
법인카드	법인카드 사용	50만 원 이하	법인카드 신청서	●		
		100만 원 이하			●	
		100만 원 초과				●

※ ● : 기안서, 지출결의서, 접대비지출결의서, 각종 신청서

19 장기영 씨가 법인카드로 80만 원을 사용했을 때, 올바른 결재 양식은?

①

법인카드 신청서			
결재	담당	팀장	본부장	최종결재
	장기영	전결		팀장

②

법인카드 신청서			
결재	담당	팀장	본부장	최종결재
	장기영		전결	본부장

③

법인카드 신청서			
결재	담당	팀장	본부장	최종결재
	장기영	전결		대표이사

④

법인카드 신청서			
결재	담당	팀장	본부장	최종결재
	장기영		전결	대표이사

💡 체제이해능력 / 결재 양식 이해하기

법인카드로 80만 원을 사용했다면 최고결재권자는 본부장이다.

정답 ②

20 윤미주 씨는 바이어와의 미팅을 위해 중국행 비행기 티켓 450,000원과 제주행 비행기 티켓 350,000원을 지불했다. 윤미주 씨가 작성한 결재 양식으로 옳은 것은?

①

출장비 신청서(국내)			
결재	담당	팀장	본부장	최종결재
	윤미주	전결		팀장

②

출장비 신청서(국내)			
결재	담당	팀장	본부장	최종결재
	윤미주		전결	대표이사

③

출장비 신청서(해외)			
결재	담당	팀장	본부장	최종결재
	윤미주	전결		팀장

④

출장비 신청서(해외)			
결재	담당	팀장	본부장	최종결재
	윤미주			대표이사

💡 체제이해능력 / 결재 양식 이해하기

출장비는 국내와 해외 2가지로 구분이 된다. 국내 출장비는 50만 원 이하를 사용했으므로 최고결재권자는 본부장이다. 해외 출장비는 금액에 상관없이 대표이사가 최고결재권자가 된다.

정답 ④

권두부록 Appendix

2022 2회 기출
경기도 공공기관 통합채용 NCS 기출문제

2022. 09. 03. 시행
※ 본 기출문제는 실제 시험 응시자로부터 수집한 자료를 바탕으로 복원되었습니다.

 출제영역 l ● 의사소통능력

---

01 다음 중 밑줄 친 단어의 쓰임이 적절한 것은?

① 퇴근하는 길에 마트에 **들렸다가** 친구를 만났다.
② 새로 부임한 군수에게 음식을 만들어 **받쳤다.**
③ 이 자리를 **빌어** 감사의 말씀을 드립니다.
④ 수수께끼에 대한 답을 정확하게 **맞히면** 상품을 드립니다.

💡 문서작성능력 / 어휘 이해하기

① 퇴근하는 길에 마트에 **들렸다가**(→들렀다가) 친구를 만났다.
② 새로 부임한 군수에게 음식을 만들어 **받쳤다**(→바쳤다).
③ 이 자리를 **빌어**(→빌려) 감사의 말씀을 드립니다.

정답 ④

---

02 다음 중 문서작성 시 주의사항으로 옳지 않은 것은?

① 문서는 그 작성 시기를 정확하게 기입해야 한다.
② 문서를 작성한 후 다시 한 번 내용을 검토해야 한다.
③ 문서의 첨부자료는 해당 문서와 관련된 자료를 모두 첨부해야 한다.
④ 문서 내용 중 금액, 수량, 일자 등의 기재에 정확성을 기해야 한다.

💡 문서작성능력 / 문서작성 시 주의사항 알기

문서의 첨부자료는 반드시 필요한 자료 외에는 첨부하지 않도록 한다.

정답 ③

[03~04] 다음 글을 읽고 각 물음에 답하시오.

전자제품을 사용하면 열이 발생한다. 이런 발열은 전자제품 수명과 밀접한 관련이 있다. 실제로 미국 공군 항공전자 진실성 프로그램 연구결과에 따르면 발열은 전자제품 고장 원인의 54%에 달할 정도로 전자제품의 수명과 관련이 깊다. 이런 가운데 국내연구팀이 기존보다 2배 이상 냉각성능이 뛰어난 새로운 냉각기술을 개발했다. 한국기계연구원은 에너지기계연구본부 책임연구원 연구팀이 전자제품 및 전자장비의 열관리를 위한 '무방향성 상변화 냉각판(TGP)'을 개발했다고 10일 밝혔다.

냉각판은 발열부에서 열이 발생하면 끓어올라 기포가 발생하며 그 압력에 의해 액체덩어리가 밀려나가며 냉각이 이루어진다. 연구팀은 매끄러운 표면보다 요철이 있는 구조에서 물이 더 빨리 끓는다는 점에서 착안해 냉각 성능을 높였다. 냉각판의 고온부 금속 표면을 다공성 구조로 가공해 상대적으로 낮은 온도에서도 쉽게 물이 끓도록 해 냉각 성능을 2배 이상 끌어올린 것이다. 또 냉각판 작동원리를 기존 냉각장치로 주로 쓰이던 증발 방식에서 '비등' 방식으로 바꾸어 방향과 관계없이 작동하도록 했다. 기존 증발 방식은 금속으로 만든 심지를 따라 이동하며 냉각하기 때문에 금속 심지를 따라 정해진 방향으로만 작동한다.

(㉠) 물이 1기압 100℃에서 끓어서 증발하는 것을 뜻하는 비등 방식은 발열부와 맞닿은 부분에서 기포가 발생하며 기포가 압력에 의해 액체를 사방으로 밀어내면서 냉각이 이루어진다. 연구팀은 "압력에 의한 이동이기 때문에 작동 방향의 변화와 관계없이 냉각성능을 지속적으로 유지할 수 있다"고 설명했다.

이 연구원은 "전자제품 및 전자 장비 뿐 아니라 방열 및 냉각을 해야 하는 많은 산업 분야에 확대 적용할 수 있을 것"이라며 "(㉡) 고발열 냉각이 필요한 고출력 전자 장비를 비롯해 최근 크게 배터리 화재로 이슈가 된 ESS 배터리, 전기자동차 배터리의 냉각, 고출력 LED 등의 열관리 분야에 직접 활용될 수 있을 것"이라고 밝혔다.

출처 : 동아사이언스

03 다음 중 위 글을 통해 추론할 수 없거나 일치하지 않는 것을 고르면?

① 전자제품의 수명은 발열 문제에 큰 영향을 받으며 이를 줄일 수 있는 냉각기술이 중요하다.

② 물의 증발을 이용한 비등방식은 냉각판의 흡열부에서 발생한 압력을 통해 액체를 방출한다.

③ 국내연구팀은 튀어나온 부분이 있는 구조에서 비등이 잘 이루어진다는 점을 이용해 냉각 성능을 높였다.

④ 국내연구팀이 개발한 냉각판은 기존 증발 방식을 비등 방식으로 바꾸어 냉각 성능을 2배 이상 높였다.

 문서이해능력 / 전자제품 냉각 방식 이해하기

물이 1기압 100℃에서 끓어서 증발하는 것을 뜻하는 비등 방식은 '발열부'와 맞닿은 부분에서 기포가 발생하며, 기포가 압력에 의해 액체를 사방으로 밀어내면서 냉각이 이루어진다. 따라서 냉각판의 흡열부에서 액체가 방출된다는 설명은 글의 내용과 일치하지 않는다.

정답 ②

04 위 글의 빈칸 ㉠, ㉡에 들어갈 말이 순서대로 바르게 연결된 것은?

① 그러나, 더구나 　　　　　　② 반면, 특히

③ 그러나, 특히 　　　　　　　④ 반면, 더구나

 문서작성능력 / 글의 맥락에 맞는 말 찾기

㉠은 기존의 증발 방식과 국내연구팀이 개발한 비등을 이용한 방식의 차이점을 설명하고 있으므로, 앞의 내용과 상반됨을 나타내는 말인 '반면'이 적절하며, ㉡은 새로 개발된 냉각판이 많은 산업 분야에 적용될 것이라고 전망하면서, 그중에서도 고출력 전자 장비를 비롯한 배터리 분야에서 직접 활용될 수 있을 것이라고 하였으므로 '보통과 다르게'를 나타내는 부사 '특히'를 쓰는 것이 가장 적절하다.

정답 ②

[05~06] 다음 글을 읽고 물음에 답하시오.

최근 우리 사회의 가장 큰 당면 과제 중 하나로 고령화 문제를 꼽는 데 주저하는 사람은 없을 것이다. 그것은 고령화가 우리 사회의 경제사회·보건 등 전 분야가 직면할 당면과제의 가장 근본적인 원인이기 때문이다. 먼저 경제적 측면에서 고령화는 우리 경제의 실질성장률을 저해하는 가장 큰 주범이다. 우리나라의 생산가능인구(15~64세)는 2016년 정점을 찍고 이후부터 급격히 줄어들고 있다. 2060년이 되면 생산가능인구가 전체 인구의 49.7% 수준으로 떨어질 전망이다. 이러한 생산가능인구의 감소는 실질성장률을 급격히 떨어뜨려, 현재 3.6% 수준인 실질성장률이 2060년에는 0.8%까지 떨어질 것으로 전망되고 있다.

고령화는 국가재정 부분에서도 커다란 문제이다. 국회예산정책처에 따르면 급속한 고령화로 인해 노년부양비는 현재 26.5%에서 2040년에는 57.2%로 늘어나며, 고령화로 인한 연금과 복지분야의 지출 증가는 국가재정에 큰 부담 요인으로 작용한다. 국가채무는 국내총생산(GDP) 대비 2030년 58.0%, 2060년 168.9%로 증가할 전망이다.

국제기구를 비롯한 많은 국가들은 인구를 나이에 따라 크게 세 그룹으로 구분하고 있다. 먼저 0~14세까지 인구는 유소년인구로 분류한다. 이들 유소년인구는 경제적인 측면에서는 노동력을 제공하기 어려운 대상들로 평가하고 있다. 다음으로 15~64세 인구는 생산가능인구라고 부른다. 이들을 생산가능인구라 부른다는 사실에서도 알 수 있듯이, 생산가능인구는 실질적으로 해당 국가의 경제활동에 가장 중추적인 역할을 담당한다. 다음으로 65세 이상의 인구를 고령인구라고 부른다.

이러한 인구 구분 기준을 바탕으로 UN은 고령화사회·고령사회·초고령사회를 구분하는 기준을 제시하였다. UN에 따르면, 65세 이상 인구가 전체 인구에서 차지하는 비율이 7% 이상이면 해당 국가를 고령화사회로 분류한다. 또한 65세 이상 인구가 전체에서 차지하는 비율이 14% 이상이면 고령사회, 다시 20% 이상까지 올라가면 해당 국가를 후기고령사회 또는 초고령사회로 구분하고 있다. 현재 많은 국가들이 UN에서 제시하는 이러한 기준을 준용하여 자국의 상황을 진단하고 있다. 이러한 UN의 분류체계는 국가마다 놓인 특수성으로 인해 모든 국가에 적합한 분류기준이라고 말할 수는 없을 것이다. (㉠) 많은 국가에서 UN의 분류기준을 표준으로 삼아 쓰는 이유는 자신들이 처한 상황과 주변국가와의 비교가 용이하기 때문이다. 우리나라 역시 노동법 등에서 UN의 분류 기준을 준용하고 있다.

(㉡) UN이 이처럼 고령화를 진단하는 세부 분류기준까지 제시하며, 이에 대해 관심을 보이는 이유는 무엇일까? 그것은 고령화 문제가 비단 우리나라만 직면한 문제가 아니라 전 지구적인 문제이기 때문이다. 이러한 전 지구적 고령화추세는 의료기술 발달로 인해 기대수명이 연장된 반면 출산율은 둔화된 데서 원인을 찾을 수 있다. 전 세계 평균 기대수명의 경우 1960년 54.1세였지만 2007년에는 79.6세로 크게 증가했다. 반면, 출산율은 급격히 떨어져, 1950년과 1965년 베이비붐 시기의 출산율은 5.7명이었지만, 2008년 이후 연평균 약 1.2명으로 크게 줄었다.

최근 국제 신용평가회사인 무디스가 고령화에 대해 분석한 보고서는 고령화가 전 지구적 문제임을 극명하게 보여주었다. 무디스에 따르면, 2030년에는 전 세계적으로 초고령사회에 돌입한 국가가 무려 34개국에 달할 것으로 전망하였다. 무디스의 보고서는 이러한 전 지구적인 초고령화 추세가 결국 생산가능인구의 감소로 이어져 세계경제를 둔화시키는 주요 요인으로 작용할 수 있다고 설명하였다.

출처 : KDI 경제정보센터

05 위 글의 내용과 일치하는 것을 고르면?

① UN이 제시한 인구 구분 분류 체계는 거의 모든 국가에서 적합한 분류기준으로 평가받고 있다.

② 우리나라의 2060년 생산가능인구는 전체 인구의 절반 수준으로 감소할 것이며, 실질성장률은 3%까지 떨어질 것으로 예측된다.

③ UN은 전체 인구에서 65세 이상 인구가 20% 이상인 국가를 초고령사회로 구분하고 있으며, 2030년에는 이러한 국가가 30개 이상일 것으로 내다보고 있다.

④ 우리 경제의 실질성장률을 저해하는 가장 큰 요인인 고령화로 인한 노년부양비는 2040년 50% 이상 증가할 전망이다.

 문서이해능력 / 고령화사회 파악하기

우리나라는 급속한 노령화로 인해 노년부양비는 2014년 26.5%에서 2040년에는 57.2%로 늘어날 것이라고 하였으므로 맞는 내용이다.

① UN의 분류체계는 국가마다 놓인 특수성으로 인해 모든 국가에 적합한 분류기준이라고 말할 수는 없을 것이지만 많은 국가에서 UN의 분류기준을 표준으로 삼는다고 하였으므로, 거의 모든 국가가 적합한 분류기준으로 평가하고 있다는 내용은 옳지 않다.

② 우리나라의 실질성장률은 2060년 0.8%까지 떨어질 것으로 전망되고 있다.

③ 2030년에는 초고령사회인 국가가 34개에 달할 것이라고 전망한 것은 UN이 아닌 무디스이다.

정답 ④

06 빈칸 ㉠, ㉡에 들어갈 말이 순서대로 바르게 연결된 것은?

① 요컨대, 그러므로 　　　　　② 요컨대, 그렇다면

③ 하지만, 그러므로 　　　　　④ 하지만, 그렇다면

 문서작성능력 / 문맥에 맞는 연결어 찾기

㉠은 각 국가의 특수성 때문에 UN의 인구분류체계가 모든 국가에 적합한 분류 기준이라고 할 수 없을 것이라고 한 데 반해, 많은 국가에서 이를 표준으로 삼는 이유는 주변국가와의 비교가 용이하기 때문이라고 하였으므로 상반되는 사실의 문장을 이어줄 때 쓰는 접속 부사인 '그러나'를 쓰는 것이 적절하다. ㉡은 UN이 고령화를 이처럼 세부적으로 분류하는 이유에 대한 의문을 앞서 설명한 내용들을 바탕으로 이어주고 있으므로, '상태, 모양, 성질 등이 그와 같다면'을 의미하는 '그렇다면'을 쓰는 것이 적절하다.

정답 ④

07 다음은 경청을 방해하는 요인에 대한 설명이다. ㉠~㉢에 들어갈 내용으로 올바른 것은?

> • (㉠) : 자신이 다음에 할 말을 생각하기 바빠 상대의 말을 잘 듣지 않는 것
> • (㉡) : 상대의 말을 듣기는 하지만 전하는 메시지를 온전하게 듣지 않는 것
> • (㉢) : 상대방의 문제를 본인이 직접 해결해주고자 하는 것

① ㉠ 준비하기, ㉡ 걸러내기, ㉢ 조언하기
② ㉠ 걸러내기, ㉡ 준비하기, ㉢ 조언하기
③ ㉠ 넘어가기, ㉡ 짐작하기, ㉢ 판단하기
④ ㉠ 짐작하기, ㉡ 넘어가기, ㉢ 판단하기

 경청능력 / 경청을 방해하는 요인 알기

㉠ 준비하기 : 상대방의 말을 듣고 자신이 다음에 할 말을 생각하는 데 집중해 상대방이 말하는 것을 잘 듣지 않는 것을 말한다.
㉡ 걸러내기 : 상대의 말을 듣기는 하지만 상대방의 메시지를 온전하게 받아들이는 것이 아니라 듣고 싶지 않은 상대방의 메시지는 회피하는 것이다.
㉢ 조언하기 : 상대방의 문제를 본인이 직접 해결해 주려고 하는 것이다.

Plus 해설
• 넘어가기 : 대화가 너무 사적이거나 위협적이면 주제를 바꾸거나 농담으로 넘기려 하는 것이다.
• 짐작하기 : 상대방의 말을 자신의 생각대로 넘겨짚어 생각하는 것이다.
• 판단하기 : 상대를 부정적으로 판단하고 비판하기 위해 상대방의 말을 온전히 듣지 않는 것이다.

정답 ①

출제영역 2 • 수리능력

08 다음 식에서 a×b×c×d의 값을 구하면?

$$\frac{275}{123} = a + \cfrac{1}{b + \cfrac{1}{c + \cfrac{1}{d}}}$$

① 164 ② 186

③ 224 ④ 248

 기초연산능력 / 번분수 이해하기

$$\frac{275}{123} = 2 + \frac{29}{123} = 2 + \cfrac{1}{\frac{123}{29}} = 2 + \cfrac{1}{4 + \frac{7}{29}} = 2 + \cfrac{1}{4 + \cfrac{1}{\frac{29}{7}}} = 2 + \cfrac{1}{4 + \cfrac{1}{4 + \frac{1}{7}}}$$

따라서 a = 2, b = 4, c = 4, d = 7이므로 a×b×c×d = 2×4×4×7 = 224이다.

정답 ③

09 어느 회사 제품의 불량률이 90%라고 한다. 이 회사에서 만든 제품 중 임의로 2개를 선택할 경우, 적어도 하나가 불량품일 확률은?

① $\frac{91}{100}$ ② $\frac{93}{100}$

③ $\frac{97}{100}$ ④ $\frac{99}{100}$

기초연산능력 / 불량품일 확률 구하기

(적어도 하나가 불량품일 확률) = (1 − 모두 불량품이 아닐 확률)

임의로 2개를 선택했을 때, 모두 불량품이 아닐 확률은 $\frac{10}{100} \times \frac{10}{100} = \frac{1}{100}$ 이므로, 적어도 하나가 불량품일 확률은 $1 - \frac{1}{100} = \frac{99}{100}$ 이다.

정답 ④

[10~11] 다음은 인구 10만 명당 의료인 수에 관한 자료이다. 다음을 보고 이어지는 물음에 답하시오.

(단위 : 명)

구분	2017년	2018년	2019년	2020년	2021년
의료인	1,081	1,124	1,174	1,220	1,274
– 의사	235	(B)	245	250	256
– 한의사	47	48	49	50	52
– 치과의사	59	60	61	(C)	64
– 조산사	(A)	16	16	16	16
– 간호사	724	761	803	842	887

10 다음 중 위의 자료에 대한 설명으로 옳은 것을 고르면? (단, 소수 둘째 자리에서 반올림한다.)

① 2018년 인구 10만 명당 한의사 수는 전년 대비 3.1% 증가하였다.
② 2019년 인구 10만 명당 간호사 수는 2017년 대비 8.9% 증가하였다.
③ 2020년 인구 10만 명당 의료인 수는 전년 대비 2.9% 증가하였다.
④ 2021년 인구 10만 명당 치과의사 수는 2019년 대비 4.9% 증가하였다.

💡 **도표분석능력 / 자료 분석하기**

④ $\dfrac{64-61}{61} \times 100 ≒ 4.91\%$

 Plus 해설

① $\dfrac{48-47}{47} \times 100 ≒ 2.21\%$ ② $\dfrac{803-724}{724} \times 100 ≒ 10.91\%$ ③ $\dfrac{1,220-1,174}{1,174} \times 100 ≒ 3.91\%$

정답 ④

11 주어진 자료의 빈칸 A, B, C에 들어갈 숫자를 모두 더한 값은?

① 317 ② 363
③ 415 ④ 469

💡 **기초연산능력 / 자료 빈칸 채우기**

A : 1,081 − 235 − 47 − 59 − 724 = 16
B : 1,124 − 48 − 60 − 16 − 761 = 239
C : 1,220 − 250 − 50 − 16 − 842 = 62
따라서 A + B + C = 16 + 239 + 62 = 317이다.

정답 ①

12 이차함수 $y = -\dfrac{1}{3}x^2 + 3$ 의 그래프가 다음과 같을 때 삼각형 ABC의 넓이를 구하면?

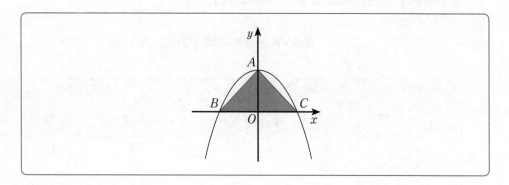

① 9cm² ② 12cm²

③ 15cm² ④ 20cm²

 기초연산능력 / 이차함수 그래프 이해하기

$x = 0$일 때 $y = -\dfrac{1}{3}x^2 + 3$ 식에 대입하면 $y = 3$이므로 A = 3이다.

또한 $y = 0$일 때 $y = -\dfrac{1}{3}x^2 + 3$ 식에 대입하면 $x^2 = 9$이므로 $x = 3$ 또는 $x = -3$이다.

∴ B = −3, C = 3이므로 삼각형 ABC는 밑변이 6cm, 높이가 3cm인 삼각형이 된다.

따라서 삼각형 ABC의 넓이는 $6 \times 3 \times \dfrac{1}{2} = 9\,\text{cm}^2$ 이다.

정답 ①

13 다음은 2016년과 2017년 A~F 항공사의 공급석 및 탑승객 수를 나타낸 자료이다. 자료를 이용하여 작성한 그래프로 옳지 않은 것은?

항공사별 공급석 및 탑승객 수

(단위 : 만 개, 만 명)

구분 연도 항공사	공급석 수		탑승객 수	
	2016	2017	2016	2017
A	260	360	220	300
B	20	110	10	70
C	240	300	210	250
D	490	660	410	580
E	450	570	380	480
F	250	390	200	320
전체	1,710	2,390	1,430	2,000

① 연도별 A~F 항공사 전체의 공급석 및 탑승객 수

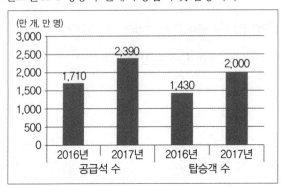

② 항공사별 탑승객 수

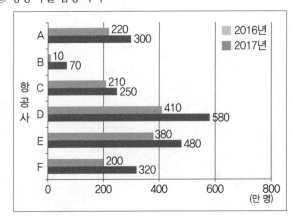

③ 2017년 탑승객 수의 항공사별 구성비

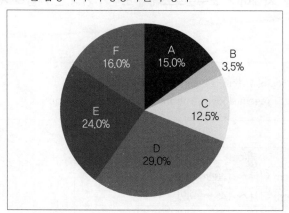

④ 2017년 항공사별 잔여석 수

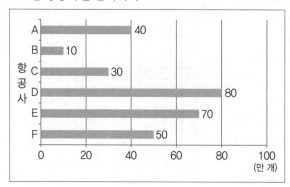

※ 잔여석 수 = 공급석 수 − 탑승객 수

 도표작성능력 / 자료 변환하기

2017년 항공사별 잔여석 수는 A가 360−300 = 60만 개, B가 110−70 = 40만 개, C가 300−250 = 50만 개, D가 660−580 = 80만 개, E가 570−480 = 90만 개, F가 390−320 = 70만 개이므로 ⑤는 옳지 않은 그래프이다. ④는 '2017년 항공사별 잔여석 수'가 아닌 '2016년 항공사별 잔여석 수'에 관한 그래프이다.

정답 ④

14 다음은 학생들의 키를 조사한 자료이다. 도수분포표에서 도수가 가장 큰 계급의 계급값을 구하면?

> 147cm, 156cm, 161cm, 149cm, 155cm, 162cm, 151cm,
> 138cm, 164cm, 144cm, 155cm, 166cm, 168cm, 157cm, 152cm

키(cm)	학생 수(명)
135cm 이상 ~ 140cm 미만	
140cm 이상 ~ 145cm 미만	
145cm 이상 ~ 150cm 미만	
150cm 이상 ~ 155cm 미만	
155cm 이상 ~ 160cm 미만	
160cm 이상 ~ 165cm 미만	
165cm 이상 ~ 170cm 미만	
합계	

① 156.5cm ② 157.5cm
③ 158.5cm ④ 159.5cm

 기초통계능력 / 도수분포표 이해하기

도수분포표를 완성하면 다음과 같다.

키(cm)	학생 수(명)
135cm 이상 ~ 140cm 미만	1
140cm 이상 ~ 145cm 미만	1
145cm 이상 ~ 150cm 미만	2
150cm 이상 ~ 155cm 미만	2
155cm 이상 ~ 160cm 미만	4
160cm 이상 ~ 165cm 미만	3
165cm 이상 ~ 170cm 미만	2
합계	

도수가 가장 큰 계급은 '155cm 이상 ~ 160cm 미만'이므로, 계급값은 $\dfrac{155 + 160}{2} = 157.5$ 이다.

Plus 해설

· 도수 : 각 계급에 속하는 자료의 수
· 계급값 : 계급의 중앙의 값(= $\dfrac{계급의\ 양끝값의\ 합}{2}$)

정답 ②

출제영역 3 ● 문제해결능력

15 다음 중 브레인스토밍의 4대 원칙에 대한 설명이 아닌 것은?

① 고정된 사고를 타파하고 자유로운 의사 표출을 통해 아이디어를 모으는 데 집중한다.

② 타인에 대한 의견에 비판하기보다는 다양한 아이디어를 추가하는 데 집중한다.

③ 도출된 아이디어는 각자의 개성을 존중하여 개별적인 독창성을 키우는 데 집중한다.

④ 우선적으로는 다양하고 많은 아이디어를 모으는 데 집중한다.

 사고력 / 브레인스토밍 이해하기

브레인스토밍(brainstorming)은 '두뇌(Brain)'와 '폭풍(Storm)'을 합성한 말로 머리에서 폭풍이 몰아치듯이 거침없는 발상과 자유로운 아이디어를 도출하는 기법으로, 미국의 유명 광고 회사 출신인 알렉스 오스본이 쓴 저서를 통해 널리 알려졌다. 브레인스토밍은 자유분방(Welcome wild ideas), 비판엄금(Withhold criticism), 질보다 양(Go for quantity), 결합과 개선(Combine and improve ideas)의 4대 원칙을 따른다.
①은 자유분방, ②는 비판엄금, ④는 질보다 양과 연결되는 내용이나 ③은 아이디어의 결합과 개선의 내용과는 거리가 있다. 결합과 개선은 도출된 아이디어를 조합하고 이를 통해 더 나은 아이디어로 발전시키는 데 집중하는 것이다.

정답 ③

16 다음 제시된 내용에서 나타나는 논리적 오류로 가장 적절한 것은?

> "담배가 암을 일으킨다는 확실한 증거는 없어. 따라서 정부의 금연 정책은 잘못이야."

① 인신공격의 오류 　　　　　② 무지의 오류

③ 허수아비 공격의 오류 　　　④ 권위에 의존한 오류

 사고력 / 논리적 오류 파악하기

제시된 내용에서 나타나는 것은 '무지의 오류'이다.

🔧 Plus 해설

① 인신공격의 오류 : 말을 하는 사람의 인격을 손상하며 그의 주장을 꺾으려는 오류
② 무지의 오류 : 참이라고 밝혀진 것이 없으므로 거짓이라고 주장하거나 그 반대로 주장하는 오류
③ 허수아비 공격의 오류 : 상대방의 주장을 곡해하여 상대방을 공격하는 오류
④ 권위에 의존한 오류 : 관련이 없는 권위자나 권위 있는 기관을 인용함으로써 발생하는 오류

정답 ②

[17~18] 다음은 ○○공사의 급여 및 제수당 지급기준표이다. 다음 내용을 읽고 물음에 답하시오.

직무급	금액	근속급(호봉)	금액
3급	1,933,400	1	625,000
4급	1,695,900	2	646,800
5급	1,477,500	3	674,400
6급	1,306,700	4	713,800
특정직	1,105,800	5	771,900

수당별	지급률 및 지급액	
시간외수당	시간급×1.5×근무시간 (기준근로시간을 초과하여 근무한 직원에게 지급)	
야간수당	시간급×0.5×근무시간 (저녁 10시부터 오전 6시까지 근무한 직원에 대해 지급)	
휴일수당	시간급×1.5×근무시간 (휴일에 근무한 직원에 대하여 지급)	
연차수당	시간급×8시간×해당일수 (25일 이내 취업규칙에 정한 연차 미사용일 수)	
특별업무수당	월 20만 원	수당 상호 간 병급 불가
업무지원수당	2급~4급(초급 간부 이상) : 월 18만 원	
위험수당	갑종 : 월 5만 원 을종 : 월 2만 원	
기술수당	기 술 사 : 월 8만 원 기 능 장 : 월 6만 원 기 사 : 월 4만 원 산업기사 : 월 3만 원 기 능 사 : 월 2만 원	
장기근속	월 15만 원(5년 이상 근속근무자에게 지급)	
가족수당	배우자 : 월 3만 원 기타 : 월 2만 원	

* 통상임금 : 기본급(연봉월액), 위험수당, 기술수당 및 장기근속수당을 합산한 금액

* 기본급 : 직무급과 근속급(호봉)을 합산한 금액

* 시간급 : 통상임금÷209

* 특별업무수당과 업무지원수당은 해당 급여 중 유리한 쪽을 택일

* ○○공사는 현재 주 5일제로 운영 중임

* 각각의 금액 계산 시 10원 단위 미만은 절사

17 3급 2호봉인 직원 A 씨는 이번 3월 근무일정이 다음과 같다. ○○공사 인사부서에서 산출한 A 씨의 세전 급여지급액은 얼마인가? (단, 이번 달은 인센티브가 적용되지 않는 달이다.)

> 이번 달 A 씨는 갑작스런 업무지시로 인해 첫째 주에는 3일간 3시간씩 시간외 근무를 했으며, 셋째 주에는 당직으로 평일 5일 내내 야간에 8시간씩 근무했다. 마지막 주에는 다음 달 예정된 워크숍 준비로 인해 휴일 하루 동안 8시간을 근무했다. 해당 기간 동안 연차를 사용했던 A 씨는 초급 간부이자 특별업무수당 대상자이며, 위험수당은 갑종 대상자이고, 기사 자격증을 보유하였다. 또한 약 7년간 장기근속 상태로 현재는 배우자와 단둘이 살고 있다.

① 3,863,990원 ② 3,663,990원
③ 3,613,990원 ④ 3,433,990원

문제처리능력 / 조건에 따른 금액 산출하기

우선, 수당 계산을 위해서는 통상임금과 기본급을 확인해야 한다. 현재 A 씨의 경우 직무급 3급 대상자(1,933,400원)에 근속급은 2호봉(646,800원)에 해당한다. 또한 갑종 위험수당(5만 원), 기사자격보유자(4만 원), 5년 이상 장기근속대상(15만 원)이므로

A 씨의 통상임금=(1,933,400+646,800)+50,000+40,000+150,000=2,820,200원이다.

이후 추가근무수당을 계산하기 위해 시간급을 산출하면 다음과 같다.

A 씨의 시간급=통상임금(2,820,200)÷209 = 13,490원 (10원 단위 미만 절사)

이에 따라 시간외수당(3일 × 3H=9H), 야간수당(5일 × 8H=40H), 휴일수당(1일 × 8H=8H), 연차수당(연차사용으로 미지급)을 각각 계산해보면 다음과 같다.

• 시간외수당=13,490 × 1.5 × 9=182,110원 (10원 단위 미만 절사)
• 야간수당=13,490 × 0.5 × 40=269,800원
• 휴일수당=13,490 × 1.5 × 8=161,880원

그 외 추가수당에는 특별업무수당과 업무지원수당 중 좀 더 유리한 특별업무수당(20만 원)과 배우자에 대한 가족수당(3만 원)까지 모두 합산하면 A 씨의 3월 급여가 산출된다.

A 씨 3월 급여=2,820,200+(182,110+269,800+161,880)+200,000+30,000=3,663,990원이다.

정답 ②

18 17을 통해 확인된 급여액을 기준으로 인사팀에서는 원천징수되는 공제세액을 제한 세후 급여액을 산출하고자 한다. 그렇다면 A 씨가 받게 되는 실수령액은 얼마인가?

---

1. 공제항목
   - 국민연금, 건강보험, 장기요양보험, 고용보험, 소득세, 주민세
2. 공제항목별 계산방식
   - 국민연금 : 월 소득액의 4.5%
   - 건강보험료 : 월 소득액의 3.06%
   - 장기요양보험료 : 건강보험료의 6.55%
   - 고용보험료 : 월 소득액의 0.65%
   - 근로소득세 : 소득구간별/본인포함 부양가족수별 구간 금액 적용(A 씨의 경우 136,780원)
   - 주민세 : 근로소득세의 10%
   * 단, 월 소득액은 급여지급액을 기준으로 한다. (비과세액 항목은 없는 것으로 가정한다.)
   * 근로소득세를 제외하고 모든 항목에서 10원 단위 미만은 절사한다.

---

① 3,405,410원   ② 3,305,410원

③ 3,205,410원   ④ 3,105,410원

 문제처리능력 / 조건에 따른 금액 산출하기

월 급여액인 3,663,990원을 기준으로 각각의 산출식에 대입한 뒤 10원 단위까지 계산하면 다음과 같은 금액이 산출된다.
- 국민연금=월 소득액×(4.5/100)=3,663,990 × 45/1,000 ≒ 164,870원
- 건강보험료=월 소득액×(3.06/100)=3,663,990 × 306/10,000 ≒ 112,110원
- 장기요양보험료=건강보험료×(6.55/100)=112,110 × 655/10,000 ≒ 7,340원
- 고용보험료=월 소득액×(0.65/100)=3,663,990 × 65/10,000 ≒ 23,810원
- 근로소득세=136,780원
- 주민세=근로소득세 × (10/100) ≒ 13,670원
공제세액 합계=164,870+112,110+7,340+23,810+ 136,780+13,670=458,580원
따라서 총 급여액은 3,663,990원 − 458,580원=3,205,410원이다.

정답 ③

19 다음 명제가 모두 참일 때, 항상 옳은 것은?

> • 고양이 인형을 갖고 있는 사람은 호랑이 인형을 갖고 있지 않다.
> • 다람쥐 인형을 갖고 있는 사람은 고양이 인형도 갖고 있다.
> • 토끼 인형을 갖고 있는 사람은 호랑이 인형을 갖고 있지 않다.

① 호랑이 인형을 갖고 있는 사람은 다람쥐 인형을 갖고 있지 않다.
② 다람쥐 인형을 갖고 있지 않는 사람은 고양이 인형도 갖고 있지 않다.
③ 고양이 인형을 갖고 있는 사람은 다람쥐 인형도 갖고 있다.
④ 호랑이 인형을 갖고 있는 사람은 토끼 인형도 갖고 있다.

 사고력 / 참인 명제 찾기

주어진 명제와 그 대우를 간략히 정리하면 다음과 같다.
• 고양이 → ~호랑이, 호랑이 → ~고양이
• 다람쥐 → 고양이, ~고양이 → ~다람쥐
• 토끼 → ~호랑이, 호랑이 → ~토끼
∴ 다람쥐 → 고양이 → ~호랑이
   호랑이 → ~고양이 → ~다람쥐
따라서 항상 참인 명제는 ①이다.

정답 ①

20 다음 중 퍼실리테이션의 기본 역량에 해당하는 것이 아닌 것은?

① 문제의 탐색과 발견
② 현상에 대한 분석력
③ 문제해결을 위한 구성원 간의 커뮤니케이션 조정
④ 합의를 도출하기 위한 구성원들 사이의 갈등 관리

 문제해결능력 / 퍼실리테이션 이해하기

퍼실리테이션은 문제해결 방법 중 하나로 집단이 의사결정을 잘하도록 도와주는 것을 의미한다. 깊이 있는 커뮤니케이션을 통해 서로의 문제점을 이해하고 공감함으로써 창조적인 문제해결을 도모한다.
퍼실리테이션의 기본역량은 '문제의 탐색과 발견', '문제해결을 위한 구성원 간의 커뮤니케이션 조정', '합의를 도출하기 위한 구성원들 사이의 갈등 관리'이다.

정답 ②

출제영역 4 • 자원관리능력

21 다음 중 SMART 법칙에 대한 설명으로 틀린 것은?

① S(Specific) - 목표를 구체적으로 작성한다.
② M(Measurable) - 수치화, 객관화시켜서 측정이 가능한 척도를 세운다.
③ A(Action-oriented) - 행동을 중심으로 목표를 세운다.
④ T(Truthful) - 과장되지 않고 진실성 있게 목표를 세운다.

💡 **시간관리능력 / SMART 법칙 이해하기**

SMART 법칙은 전문 컨설턴트 조지 도란(George T. Doran)이 1981년에 처음 제시하고 이후에 로버트 루벤(Robert S. Ruben) 교수가 확장한 목표설정 기법으로 SMART는 다음을 나타내는 약어이다.
• S(Specific) — 목표를 구체적으로 작성한다.
• M(Measurable) — 수치화, 객관화시켜서 측정이 가능한 척도를 세운다.
• A(Action—oriented) — 사고 및 생각에 그치는 것이 아닌 행동을 중심으로 목표를 세운다.
• R(Realistic) — 실현 가능한 목표를 세운다.
• T(Time limited) — 목표를 설정함에 있어 제한 시간을 둔다.

정답 ④

22 다음 중 직접비용으로만 묶인 것을 고르면?

① 재료비, 시설비, 인건비, 출장비
② 시설비, 보험료, 통신비, 인건비
③ 광고비, 통신비, 사무비품비, 재료비
④ 사무비품비, 건물관리비, 보험료, 광고비

 💡 **예산관리능력 / 직접비용 이해하기**

• 직접비용 : 재료비, 원료와 장비, 시설비, 인건비, 여행(출장) 및 잡비 등
• 간접비용 : 보험료, 건물관리비, 광고비, 통신비, 사무비품비, 각종 공과금 등

정답 ①

23 다음의 물적자원관리 과정 중 ㉠의 특성으로 가장 옳은 것을 고르면?

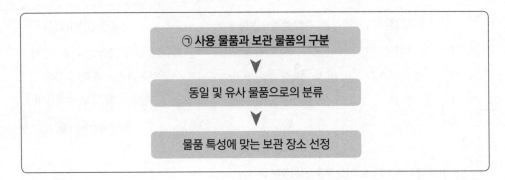

① 물품의 소재 　　　　　　　　　② 물품의 형상
③ 반복 작업 방지 　　　　　　　　④ 유사성의 원칙

 물적자원관리능력 / 물적자원관리 과정 알기

㉠ 사용 물품과 보관 물품의 구분	• 반복 작업 방지 • 물품활용의 편리성
동일 및 유사 물품으로의 분류	• 동일성의 원칙 • 유사성의 원칙
물품 특성에 맞는 보관 장소 선정	• 물품의 형상 • 물품의 소재

정답 ③

24 다음 중 명함에 메모를 해두면 좋은 정보가 아닌 것은?

① 만난 날짜와 장소 　　　　　　② 만나서 먹었던 음식
③ 상대의 업무 내용 　　　　　　④ 전근, 전직 등의 변동 사항

 인적자원관리능력 / 명함의 기능 이해하기

만나서 먹었던 음식과 같이 중요하지 않은 정보는 명함에 기입할 필요가 없다. 명함에는 상대의 개인 신상이나 특징 등 참고할 수 있는 정보들을 메모해 두는 것이 좋다.
• 명함에 메모하면 좋은 정보
　– 언제, 어디서, 무슨 일로 만났는지에 관한 내용
　– 전근, 전직 등의 변동 사항
　– 대화를 나누고 나서의 느낀 점이나 성향
　– 소개한 사람의 이름
　– 학력이나 경력
　– 거주지와 기타 연락처
　– 상대의 업무내용이나 취미, 기타 독특한 점

정답 ②

25 사람중심 HRM과 직무중심 HRM을 비교한 항목 중 옳지 않은 것은?

구분	사람중심 HRM	직무중심 HRM
① 인재상	성실, 근면, 충성도	직무에 적합한 기술, 능력
② 인사평가	성과 · 결과 중심의 평가	인성 · 특성 · 행위 중심의 평가
③ 승진	근속연수, 근무태도	직무성과, 직무수행능력
④ 보상	연공급	직무급, 성과급

 인적자원관리능력 / 사람중심 · 직무중심 HRM 알기

인사평가를 할 때, 사람중심 HRM(Human Resources Management, 인적자원관리)은 인성 · 특성 · 행위 중심의 평가를 하고, 직무중심 HRM은 성과 · 결과 중심의 평가를 한다.

정답 ②

[26~27] 다음은 ○○공사 국내 출장비 지급표이다. 다음을 읽고 이어지는 물음에 답하시오.

국내 출장비 지급표

(단위 : 원)

구분	교통비			일비(일)	숙박비(박)	식비(일)
	철도	항공	자동차			
사장	실비(특실)	실비	60,000	45,000	90,000	30,000
임원	실비(특실)	실비	57,000	35,000	70,000	30,000
1급 이하	실비(일반)	실비	50,000	25,000	50,000	24,000

* 자동차 교통비는 왕복 기준이다.

26 다음 제시된 조건으로 출장비를 계산했을 때 7명이 지급받는 출장비의 액수는 총 얼마인가?

> – 2박 3일로 강릉으로 출장을 간다.
> – 사장 1명, 임원 2명, 1급 1명, 2급 3명 총 7명이 출장을 간다.
> – 사장과 임원들은 각자의 자동차로 이동하고, 1급 이하 사원들은 철도로 이동한다.
> – '서울 ↔ 강릉'은 KTX 노선만 있으며, 편도 기준으로 우등실은 33,100원 일반실은 27,600원이다.

① 2,447,800원   ② 2,457,800원

③ 2,467,800원   ④ 2,477,800원

물적자원관리능력 / 조건에 맞는 출장비 계산하기

— 사장 1명 : 60,000 + (45,000 × 3일) + (90,000 × 2박) + (30,000 × 3일) = 465,000
— 임원 2명 : [57,000 + (35,000 × 3일) + (70,000 × 2박) + (30,000 × 3일)] × 2명 = 784,000
— 1급 이하 사원 4명 : [(27,600 × 2) + (25,000 × 3일) + (50,000 × 2박) + (24,000 × 3일)] × 4명
    = 1,208,800
따라서 7명이 지급받는 출장비의 총 액수는 465,000 + 784,000 + 1,208,800 = 2,457,800이다.

정답 ②

27 다음은 A 대리가 **26**에 제시된 조건을 바탕으로 작성한 출장비 지급 영수증이다. 액수가
  잘못 적힌 것은 모두 몇 개인가?

(단위 : 원)

구분	사장	임원	1급 이하 사원
교통비	60,000	57,000	55,200
일비	135,000	115,000	70,000
숙박비	180,000	140,000	100,000
식비	90,000	90,000	74,000

① 2개   ② 3개
③ 4개   ④ 5개

 물적자원관리능력 / 출장비 현황 파악하기

임원의 일비는 105,000원이고 1급 이하 사원의 일비는 75,000원, 식비는 72,000원이다. 따라서 액수가 잘못 적
힌 것은 모두 3개이다.

구분	사장	임원	1급 이하 사원
교통비	60,000	57,000	55,200
일비	135,000	105,000	75,000
숙박비	180,000	140,000	100,000
식비	90,000	90,000	72,000

정답 ②

 출제영역 5 ● 조직이해능력

28 다음은 ○○식품회사의 SWOT 분석 결과이다. 주어진 자료를 보고 세운 전략으로 가장 적절하지 않은 것은?

강점(S)	• 다양한 유기농 제품 보유 • 맑고 깨끗한 브랜드 이미지 구축 • 타사 대비 낮은 가격
약점(W)	• 해외에서의 낮은 인지도 • 신제품 마케팅 부족
기회(O)	• 세계적으로 유기농 식품 시장 성장 • 국내에서 유기농 식품을 즐기는 소비자 증가 • SNS상의 긍정적인 반응
위협(T)	• 국내 시장의 경쟁 격화 • 불경기에 따른 소비 심리 위축

① SO 전략 : 유기농 식품에 관심이 있는 소비자를 대상으로 다양한 유기농 제품을 홍보하여 매출을 높인다.

② ST 전략 : 저렴한 가격을 유지하고, 맑고 깨끗한 브랜드 이미지를 강조하여 국내 경쟁업체와 차별을 둔다.

③ WO 전략 : SNS를 활용한 해외 마케팅 전략을 세워 해외에서의 인지도를 높인다.

④ WT 전략 : 낮은 가격을 계속 유지하여 불경기에도 소비자들이 소비를 할 수 있게 유도한다.

 경영이해능력 / SWOT 분석 이해하기

④는 강점을 사용하여 위협을 회피하는 전력으로 ST 전략에 해당한다.

정답 ④

29 다음은 앤소프 매트릭스의 어떤 전략에 해당하는가?

> 수익성이 높은 기존 시장의 경쟁사 고객을 공략하여 시장 점유율을 확대하고, 기존 고객의 제품 사용률을 증가시켜 기업을 성장시키는 방법이다. 기존 제품과 시장을 다루기 때문에 가장 안정적인 방법으로 간주하고 있으며, 브랜드 리뉴얼 전략이라고도 한다.

① 시장 침투   ② 제품 개발
③ 시장 개발   ④ 다각화

경영이해능력 / 앤소프 매트릭스 이해하기

제시된 내용은 앤소프 매트릭스의 '시장 침투'에 해당한다.

Plus 해설

앤소프 매트릭스

기업들이 지속적으로 성장하기 위해 제품과 시장에 대해 어떤 전략을 선택할 것인지 의사결정하기 위한 도구로, 4가지 성장전략 유형이 있다.
① 시장 침투 : 수익성이 높은 기존 시장의 경쟁사 고객을 공략하여 시장 점유율을 확대하고, 기존 고객의 제품 사용률을 증가시켜 기업을 성장시키는 방법이다. 기존 제품과 시장을 다루기 때문에 가장 안정적인 방법으로 간주하고 있으며, 브랜드 리뉴얼 전략이라고도 한다.
② 제품 개발 : 기존 시장에 신제품을 개발 및 출시하여 시장 점유율을 확대하는 전략으로, 기존 고객에게 신제품을 추가로 판매해 제품 라인 확장 전략이라고도 부른다.
③ 시장 개발 : 기업이 기존 제품을 새로운 시장에 판매하여 이익을 창출하는 전략으로, 판매 지역을 확대하거나 고객층을 다양화하는 방법이다.
④ 다각화 : 새로운 제품이나 서비스를 개발하여 새로운 고객층에게 판매하고 신시장을 개척하는 전략으로, 네 가지 성장전략 유형 중 가장 적극적이고 혁신성도 높지만 그만큼 리스크도 가장 크다.

정답 ①

30 전략경영 중에서 같은 산업 내에서 기업을 통합하는 것을 무엇이라 하는가?

① 수직적 통합   ② 수평적 통합
③ 다각화   ④ 전략적 제휴

경영이해능력 / 전략경영 이해하기

같은 산업 내에서 기업을 통합하는 것은 '수평적 통합'이다.

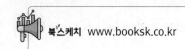
Plus 해설

전략경영

1) 전사적 수준의 전략 : 여러 시장에서 다양한 사업을 동시에 추구해 경쟁우위를 점하는 전략
   ① 수직적 통합 : 제품의 생산과정상이나 유통경로상에서 공급자나 수요자를 통합하는 전략
   ② 수평적 통합 : 경쟁력을 강화하려는 목적이 아니라 경쟁의 정도를 줄이기 위해 같은 산업 내에서 기업을 통합
   ③ 다각화 : 새로운 사업영역에 진출하는 전략
   ④ 전략적 제휴 : 경쟁관계에 있는 기업이 일부 사업 또는 기능별 활동부분에서 경쟁사와 일시적인 협조관계를 갖는 것
2) 사업부 수준의 전략 : 기업이 한 시장이나 산업에서 경쟁우위를 점하는 전략

정답 ②

---

31 조직문화의 7S 모형 중 '공유가치(Shared value)'에 대한 설명으로 가장 옳은 것은?

① 전략을 실행하는 데 필요한 구체적인 요소이다.
② 조직구성원들의 행동이나 사고를 특정 방향으로 이끌어 가는 원칙이나 기준이다.
③ 구성원들을 이끌어 나가는 전반적인 조직관리 스타일이다.
④ 조직의 장기적인 목적과 계획 그리고 이를 달성하기 위한 장기적인 행동지침이다.

 체제이해능력 / 7S 모형 이해하기

① 7S 모형 중 '관리기술(Skill)'에 대한 설명이다.
② 7S 모형 중 '공유가치(Shared value)'에 대한 설명이다.
③ 7S 모형 중 '리더십 스타일(Style)'에 대한 설명이다.
④ 7S 모형 중 '전략(Strategy)'에 대한 설명이다.

Plus 해설

- 공유가치(Shared value) : 조직구성원들의 행동이나 사고를 특정 방향으로 이끌어 가는 원칙이나 기준
- 리더십 스타일(Style) : 구성원들을 이끌어 나가는 전반적인 조직관리 스타일
- 구성원(Staff) : 구성원들의 단순한 인력 구성 현황을 의미하기보다는 구성원들이 보유하고 있는 능력, 스킬, 욕구, 태도 등을 포함함
- 구조(Structure) : 조직의 전략을 수행하는 데 필요한 틀로써 구성원의 역할과 그들 간의 상호관계를 지배하는 공식요소
- 제도절차(System) : 조직의 관리체계나 운영절차, 제도 등을 말함. 성과관리, 보상제도, 경영정보시스템 등 경영 각 분야의 관리제도나 절차 등을 수반하며 구성원들의 행동을 조직이 원하는 방향으로 유도하는 역할을 함
- 전략(Strategy) : 조직의 장기적인 목적과 계획 그리고 이를 달성하기 위한 장기적인 행동지침
- 관리기술(Skill) : 전략을 실행하는 데 필요한 구체적 요소

정답 ②

2021 1회 기출

경기도 공공기관 통합채용 NCS 기출문제

2021. 05. 15. 시행
※ 본 기출문제는 실제 시험 응시자로부터 수집한 자료를 바탕으로 복원되었습니다.

 출제영역 1 ● 의사소통능력

01 다음 글의 내용과 일치하는 것은?

○○공원 이용 안내

※ 안전한 공원 이용과 즐거운 관람을 위해 이것만은 꼭 지켜주시기 바랍니다.

1. 동물원 및 이용 안내
   • 쉬는 날 없이 운영(365일 연중무휴)하며, 동물원(테마가든 포함) 이용 마감시간 1시간 전까지 입장 가능합니다.
   • 동물 관람은 동물의 컨디션이나 기타 날씨 사정으로 인해 예고 없이 내실로 옮겨지거나 관람이 금지될 수도 있습니다.
   • 어린이 동반 시 유아 보호와 안전에 유의해주세요.
     - 손님의 부주의로 인한 사고에 대해서는 공원이 책임을 지지 않습니다.
   • 테마가든에서 사진촬영 시 화단에 들어가는 행위는 삼가 꽃을 보호해주세요.
2. 동물원 및 테마가든 반입금지 물품 안내
   • 애완동물, 킥보드, 자전거, 전동휠, 전동자동차(완구), 인라인, 공류, 텐트 등은 동물원 및 테마가든 반입금지 물품으로, 소지하셨을 경우 입장이 불가능합니다.
     - 유모차, 휠체어는 입장 가능
     - 맹인안내견 제외
     - 애완동물 및 전동자동차 등 고가의 반입금지 물품은 동물원 및 테마가든에서 보관하지 않습니다.
3. 공원 내 금지행위 안내
   • ○○공원은 전 구역이 금연 구역으로 지정되어 위반 시 과태료(10만 원)가 부과됩니다.
   • 공원 내에서 자전거, 오토바이, 인라인스케이트, 킥보드 등 이용을 금지합니다.
   • 공원 내에서 다른 관람객들에게 피해가 되는 행동은 삼가 주십시오. (고성방가, 취침, 과격한 행동, 잔디나 꽃밭 훼손, 바퀴가 부착된 신발 착용 등)
   • 공원 내 취사 행위 및 텐트, 그늘막 설치를 금지합니다.
   • 깨끗한 공원 관리를 위해 쓰레기를 함부로 버리지 말아 주세요.
   • 공원 내 애완동물 동반 시 반드시 줄을 착용시키고 배설물은 수거해주세요.

---

① ○○공원은 매달 정기휴무가 있으므로 가기 전에 휴무일인지 반드시 확인해보아야 한다.

② 테마가든에는 유모차를 가지고 입장할 수 없으므로, 물품보관소에 맡긴 후 입장해야 한다.

③ 동물원 관람을 하기 위해서는 늦어도 이용 마감시간 1시간 전에는 입장해야 한다.

④ ○○공원 내에는 흡연 장소가 따로 마련되어 있으므로 흡연 시 흡연 구역을 이용해야 한다.

 문서이해능력 / 글의 내용 파악하기

동물원(테마가든 포함)은 이용 마감시간 1시간 전까지 입장이 가능하므로 ③은 옳은 설명이다.

Plus 해설

① ○○공원은 쉬는 날 없이 운영(365일 연중무휴)한다.

② 유모차, 휠체어는 입장 가능하다.

④ ○○공원은 전 구역이 금연 구역으로 지정되어 있다.

정답 ③

02 다음 중 공문서 작성법으로 가장 옳지 않은 것은?

① 상대방이 이해하기 쉽게 작성하며 작성이 완료된 후에는 검토과정을 거친다.

② 내용이 복잡할 경우에는 '다음' 또는 '아래'와 같은 항목을 만들어 구분한다.

③ '누가, 언제, 어디서, 무엇을, 어떻게, 왜'가 드러나도록 작성한다.

④ 대외문서이므로 자세한 내용을 여러 장에 담아내는 것이 원칙이다.

 문서작성능력 / 공문서 작성법 이해하기

공문서를 작성할 때는 한 장에 담는 것을 원칙으로 한다.

정답 ④

03 다음 밑줄 친 부분의 맞춤법이 옳은 것은?

① 우리나라는 외국에 비해 **범죄률**이 낮은 편이다.

② 처음 본 **희한한** 물건을 선물로 받았다.

③ 이건 **왠만한** 사람은 다 아는 일이다.

④ 피곤한지 침대에 눕자마자 **금새** 잠들었다.

 문서작성능력 / 맞춤법 이해하기

① 범죄률 → 범죄율

③ 왠만한 → 웬만한

④ 금새 → 금세

따라서 정답은 ②이다. '희한하다'는 '매우 드물거나 신기하다'라는 뜻이다.

정답 ②

04 다음 중 경어법의 사용이 적절하지 않은 것은?

① 아버지, 형이 오늘 귀국하신다고 합니다.
② 영희야, 선생님이 너 교무실로 오라셔.
③ 철수야, 할아버지께서 주시는 걸 받아 오너라.
④ 손님, 여기에 커피가 있습니다.

 문서작성능력 / 경어법 이해하기

아버지가 형보다 높으므로 형을 높이면 안 된다. 따라서 '아버지, 형이 오늘 귀국한다고 합니다.'가 적절하다.

정답 ①

05 다음 중 이중피동 표현이 들어가지 않은 문장을 고르면?

① 잊혀진 역사를 복원하는 일은 후세를 위해 필요하다.
② 이 책은 보통 이렇게 읽혀진다.
③ 내가 합격한 것이 사실인지 믿겨지지 않았다.
④ 앞으로 경제가 좋아질 것으로 보인다.

 문서작성능력 / 어법 이해하기

④에는 이중피동 표현이 들어있지 않다.

Plus 해설
① '잊혀진'은 이중피동 표현이므로 '잊힌'으로 수정해야 한다.
② '읽혀진다'는 이중피동 표현이므로 '읽힌다'로 수정해야 한다.
③ '믿겨지지'는 이중피동 표현이므로 '믿기지'로 수정해야 한다.

정답 ④

 HELPFUL TIPS⁺

• **피동 표현** : 주어가 다른 주체에 의해서 어떠한 동작을 당하게 되는 것
  – 피동 표현을 만드는 방법은 두 가지가 있다.
    1) 동사의 어간에 '이, 히, 리, 기'를 붙인다.
    2) 동사의 어간에 '~아지다', '~어지다', '~되다', '~게 되다' 등을 붙인다.
• **이중피동 표현** : 피동 표현 두 개가 같이 쓰인 것
  예 잘 **닦여진** 도로 (→ 닦인)
    종이에 **쓰여진** 글씨 (→ 쓰인)
    끈으로 **묶여진** 상자 (→ 묶인)
    음식이 **담겨진** 접시 (→ 담긴)

06 A 사원은 상대방이 이야기할 때 머리카락을 만지거나 팔을 꼬고 있으며, 다른 짓을 하기도 한다. 이런 모습을 본 S 과장이 A 사원에게 조언할 수 있는 말로 가장 적절하지 않은 것은?

① 다른 사람이 이야기를 할 때는 귀로만 듣지 말고, 오감을 이용해서 적극적으로 경청하는 자세를 가져야 해.

② 상대방을 정면으로 쳐다보면 상대방이 민망할 수도 있으니 눈을 마주치지 않고 경청하는 것이 좋아.

③ 경청 시 상대에게 마음을 열어 놓고 있다는 표시를 하기 위해서는 손이나 다리를 꼬지 않는 자세를 취해야 해.

④ 열심히 듣고 있다는 사실을 강조하기 위해서는 상대방을 향해 상체를 기울여 다가앉는 자세를 하는 것이 좋아.

 경청능력 / 올바른 경청 방법 알기

경청 시 시선을 맞추어야 한다. 우호적인 눈 맞춤은 화자의 이야기에 청자가 관심이 있음을 알리는 표현이다.

정답 ②

 출제영역 2 • 수리능력

07 □에 들어갈 연산기호로 알맞은 것을 고르면?

$$5+(7\square3)-2=24$$

① ＋　　　　　　　　　　② －
③ ×　　　　　　　　　　④ ÷

 기초연산능력 / 알맞은 연산기호 찾기

$5+(7\square3)-2=24$
$7\square3=24-5+2$
$7\square3=21$
$\therefore \square=\times$

정답 ③

08 일정한 규칙으로 수를 나열할 때, 빈칸에 들어갈 수로 가장 적절한 것은?

	4	11	31	90	( )

① 252　　　　　　　　　　　② 266
③ 278　　　　　　　　　　　④ 284

 기초연산능력 / 수의 규칙 찾기

나열된 수는 $\times 3-1$, $\times 3-2$, $\times 3-3$, …의 규칙을 가지고 있다. 따라서 빈칸에 들어갈 수는 $90 \times 3 - 4 = 266$이다.

정답 ②

09 16%의 소금물과 23%의 소금물을 섞어서 19%의 소금물 350g을 만들었다. 16%의 소금물의 양은 얼마인가?

① 100g　　　　　　　　　　② 150g
③ 200g　　　　　　　　　　④ 250g

 기초연산능력 / 소금물의 농도 계산하기

16%의 소금물의 양을 x, 23%의 소금물의 양을 y라고 하면,
$x + y = 350 \cdots$ ㉠
$\dfrac{16}{100} \times x + \dfrac{23}{100} \times y = \dfrac{19}{100} \times 350 \cdots$ ㉡
㉠, ㉡을 연립하여 풀면, $x = 200$, $y = 150$이므로
16%의 소금물의 양은 200g이다.

정답 ③

10 K는 학교에서 20문제짜리 수학 시험을 보았다. 채점 방식은 정답을 쓴 경우에는 +2점, 오답을 쓴 경우에는 −1점, 아무런 답을 쓰지 않은 경우에는 0점을 부여하는 방식이고, 채점 결과 K는 19점을 받았다. 다음 중 틀린 설명은?

① K가 정답을 쓴 문제 수는 9개 이상이다.
② K가 정답을 쓴 문제 수는 13개 이하이다.
③ K가 오답을 쓴 문제 수는 7개 이하이다.
④ K가 답을 쓰지 않은 문제 수는 최대 10개이다.

기초연산능력 / 점수 계산하기

정답 개수를 a개, 오답 개수를 b개, 무응답 개수를 c개라고 하면,
$2a-b=19$의 식이 나오고, $2a$가 짝수이므로 b는 반드시 홀수여야 한다.
a, b, c가 가능한 경우는 다음과 같다.

	2 × a − b = 19			c
경우 1	10	1	→	9
경우 2	11	3	→	6
경우 3	12	5	→	3
경우 4	13	7	→	0

따라서 K가 답을 쓰지 않은 문제 수는 최대 9개이므로 정답은 ④이다.

Plus 해설

① K가 정답을 쓴 문제 수는 '10개, 11개, 12개, 13개' 중 하나이므로 항상 9개 이상이다.
② K가 정답을 쓴 문제 수는 '10개, 11개, 12개, 13개' 중 하나이므로 항상 13개 이하이다.
③ K가 오답을 쓴 문제 수는 '1개, 3개, 5개, 7개' 중 하나이므로 항상 7개 이하이다.

정답 ④

11 ○○기업 채용에 지원한 사무직과 기술직의 비는 5:3이다. 채용 결과 합격자 중 사무직과 기술직의 비는 3:2이고, 불합격자 중 사무직과 기술직의 비는 7:4이다. 전체 합격자가 100명이라고 할 때, 전체 지원자 중 기술직 합격자의 비율은 얼마인가? (단, ○○기업은 사무직과 기술직 외에 다른 직렬은 채용하지 않는다고 가정한다.)

① $\dfrac{1}{4}$　　　　　　　　② $\dfrac{1}{8}$

④ $\dfrac{1}{12}$　　　　　　　⑤ $\dfrac{1}{16}$

기초연산능력 / 확률 구하기

전체 지원자 수, 합격자 수, 불합격자 수를 정리하면 다음과 같다.

구분	사무직(명)	기술직(명)
전체 지원자의 수(5:3)	5a	3a
합격자 수(3:2)=100명	60	40
불합격자 수(7:4)	7b	4b

사무직 지원자 수 : $5a=60+7b$
$5a-7b=60$ ⋯ ㉠
기술직 지원자 수 : $3a=40+4b$
$3a-4b=40$ ⋯ ㉡
㉠, ㉡을 연립하여 풀면, $a=40$, $b=20$이다.
따라서 전체 지원자 수는 $5a+3a=200+120=320$명이고, 전체 지원자 중 기술직 합격자의 비율은 $\dfrac{40}{320}=\dfrac{1}{8}$이다.

정답 ②

12 A, B에 대한 설명으로 옳지 않은 것은?

> • A : 20, 14, 17, 19, 13, 14, 15
> • B : 17, 16, 15, 13, 21, 13, 10

① A의 최빈값은 B의 최빈값보다 크다.

② A와 B의 중앙값은 같다.

③ A의 평균은 B의 평균보다 1이 더 크다.

④ A의 평균은 15이다.

 기초연산능력 / 대푯값 이해하기

① A의 최빈값은 14이고, B의 최빈값은 13이다.
② A와 B를 크기순으로 배열하면 다음과 같다.
 • A : 13, 14, 14, 15, 17, 19, 20
 • B : 10, 13, 13, 15, 16, 17, 21
 따라서 A와 B의 중앙값은 15로 같다.
③ · ④ A의 평균은 $\dfrac{20 + 14 + 17 + 19 + 13 + 14 + 15}{7} = 16$ 이고,

 B의 평균은 $\dfrac{17 + 16 + 15 + 13 + 21 + 13 + 10}{7} = 15$ 이다.
따라서 정답은 ④이다.

Plus 해설

• 평균 : 전체 관찰값을 합한 후 관찰값의 개수로 나눈 값
• 중앙값 : 전체 관찰값을 최솟값부터 최댓값까지 크기순으로 배열했을 때 정중앙에 위치하는 값
• 최빈값 : 관찰값 중에서 가장 자주 나오는 값

정답 ④

 출제영역 3 • 문제해결능력

13 다음 제시된 문제의 유형과 그 내용이 바르게 연결된 것을 고르면?

㉠	발생형 문제
㉡	탐색형 문제
㉢	설정형 문제

ⓐ	앞으로 어떻게 할 것인가 하는 문제
ⓑ	현재 직면하여 해결하기 위해 고민하는 문제
ⓒ	현재의 상황을 개선하거나 효율을 높이기 위한 문제

① ㉠-ⓑ, ㉡-ⓐ, ㉢-ⓒ   ② ㉠-ⓑ, ㉡-ⓒ, ㉢-ⓐ

③ ㉠-ⓒ, ㉡-ⓐ, ㉢-ⓑ   ④ ㉠-ⓒ, ㉡-ⓑ, ㉢-ⓐ

 문제해결능력 / 문제의 유형 이해하기

• 발생형 문제 : 현재 직면하여 해결하기 위해 고민하는 문제
• 탐색형 문제 : 현재의 상황을 개선하거나 효율을 높이기 위한 문제
• 설정형 문제 : 미래 상황에 대응하는 경영전략 문제로, '앞으로 어떻게 할 것인가'에 대한 문제

정답 ②

14 다음 명제가 모두 참일 때, 항상 옳은 것은?

• 중식을 좋아하는 사람은 양식도 좋아한다.
• 일식을 좋아하는 사람은 양식을 좋아하지 않는다.
• 한식을 좋아하지 않는 사람은 중식을 좋아한다.

① 일식을 좋아하는 사람은 한식도 좋아한다.
② 양식을 좋아하는 사람은 중식도 좋아한다.
③ 중식을 좋아하는 사람은 한식을 좋아하지 않는다.
④ 한식을 좋아하지 않는 사람은 양식도 좋아하지 않는다.

 사고력 / 참인 명제 찾기

명제가 참이면 그 명제의 대우도 참이므로, 주어진 명제와 명제의 대우를 정리하면 다음과 같다.
• 중식 → 양식, ~양식 → ~중식
• 일식 → ~양식, 양식 → ~일식
• ~한식 → 중식, ~중식 → 한식
삼단논법에 따라 '일식 → ~양식 → ~중식 → 한식'이 성립하므로 항상 옳은 것은 ①이다.

정답 ①

15 다음 제시된 논리적 오류와 같은 오류를 범한 것을 고르면?

> 이 사원은 박 대리의 "퇴근길 조심하세요."라는 말을 '퇴근길 말고는 조심하지 말라'는 의미로 받아들였다.

① 대한민국의 최고 권위자인 ○○○ 박사가 이런 말을 했으니, 이건 무조건 옳아.
② 제정신을 가진 사람이라면 그런 주장을 하지 않겠지.
③ 이 그림이 진품이 아니라는 증거가 없으니까 이건 진품이야.
④ 성경의 '이웃을 사랑하라'는 문구에 따라, 범죄를 저지른 이웃이 있다면 보호해 주어야 해.

 사고력 / 논리적 오류 파악하기

제시된 내용은 '과대 해석의 오류'이다. 과대 해석의 오류는 문맥을 무시하고 문구에만 과도하게 집착할 때 빠지게 되는 오류이다. ④는 성경의 문구를 문구대로 해석하였으므로 과대 해석의 오류에 해당한다.

🐚 **Plus 해설**

① 권위에 의존한 논증 : 위대한 성인이나 유명한 사람의 말을 활용해 자신의 주장을 합리화함
② 인신공격에 의존한 논증 : 상대방의 주장이 아니라 상대방의 인격을 공격함
③ 무지의 오류 : 증명할 수 없거나 반대되는 증거가 없음을 증거로 제시하여 자신의 주장이 옳다고 정당화함

정답 ④

 출제영역 4 • 자원관리능력

16 주어진 지문은 자원의 어떤 속성과 관련이 있는가?

> 아메리카 대륙을 처음으로 찾은 유럽인인 크리스토퍼 콜럼버스의 탐험대는 서인도제도에서 마주친 원주민들을 대상으로 자신들이 가지고 있던 하찮은 물건을 건네고 대신 금으로 만든 장신구들을 받았다. 원주민들도 그러한 거래에 기꺼이 응했다. 콜럼버스는 일기에 당시의 상황을 묘사하면서 자신의 선원들이 유럽에서라면 버릴 만한 물건을 가지고 아메리카 원주민이 가진 보석과 교환하는 모습에 양심의 가책을 느꼈다고 적었다. 또 그는 선원들에게 그러한 방식의 거래를 하지 못하게 하기도 했다.
>
> 하지만 선원들이 자신이 가진 하찮은 물건과 원주민의 보석 등을 교환한 것은 인디언들에게도 썩 나쁜 거래는 아니었을 것이다. 원주민들에게 금과 보석 등은 유럽인들이 보여준 여러 물건에 비해 흔한 물건이었을 것이다. 금과 보석은 어디에 가면 구할 수 있는 물건인지를 명확히 알고 있었지만, 유럽 선원들이 보여준 여러 물건들은 그들에게서 구하지 못하면 얻을 수 없는 귀한 물건이었을 것이기 때문이다. 따라서 원주민들에게 금과 보석이 유럽인들이 교환하자고 한 물건들에 비해서 부존량이 많은 재화들이었을 것이다. 따라서 부존량이 많아 교환 가치가 낮은 재화인 금과 보석을 내주고, 구하기 어려운 선원들의 물건과 교환한 원주민들의 거래 방식은 결코 손해 보는 장사라 할 수 없을 것이다.

① 자원의 가변성   ② 자원의 유한성
③ 자원의 편재성   ④ 자원의 희소성

 자원관리능력 / 자원의 속성 파악하기

자원의 희소성이란 인간의 욕구는 무한한 데 비해, 이를 충족시켜 줄 수 있는 자원의 양은 상대적으로 부족한 현상을 말한다. 희소성은 자원의 절대적인 양의 많고 적음이 아니라 인간의 필요와 욕구에 따라 달라진다. 희소성은 자원의 부존량에 따라 상대적으로 가치가 달라질 수 있기 때문에 원주민들에게 당시 금과 보석은 희소성이 낮고 유럽인과 거래한 물건의 희소성은 높다.

🐝 Plus 해설
• 자원의 가변성 : 자원의 가치는 고정된 것이 아니라 시대와 장소, 과학 기술 발달, 산업화, 사회적 · 경제적 수준, 문화적 배경 등에 따라 달라진다.
• 자원의 유한성 : 대부분의 자원은 매장량이 한정되어 있어 사용할 수 있는 양에 한계가 있고, 재생이 불가능하다. 어떤 자원의 확인된 매장량을 현재와 같은 수준으로 사용할 경우 앞으로 몇 년이나 더 사용할 수 있는가는 가채 연수를 통해 확인할 수 있다.
• 자원의 편재성 : 자원은 지구상에 고르게 분포하지 않고 일부 지역에 편재되어 분포한다. 이에 자원이 많은 곳과 부족한 곳이 발생하고 자원의 생산지와 소비지가 일치하지 않는 경우가 많다.
• 자원의 희소성 : 인간의 욕구와 필요에 비해, 자원의 총량은 일정하기 때문에 그 양이 한정되어 있다.

정답 ④

17 다음은 일의 우선순위 판단을 위한 매트릭스이다. ㉠~㉣에 해당하는 내용이 잘못된 것을 고르면?

	긴급함	긴급하지 않음
중요함	㉠	㉡
중요하지 않음	㉢	㉣

① ㉠ : 새로운 기회 발굴   ② ㉡ : 중장기 계획
③ ㉢ : 눈앞의 급박한 상황   ④ ㉣ : 하찮은 일

 시간관리능력 / 일의 우선순위 판단 매트릭스 이해하기

㉠은 긴급하면서 중요한 일로, 위기상황, 급박한 문제, 기간이 정해진 프로젝트 등이 해당한다. '새로운 기회 발굴'은 긴급하지 않지만 중요한 일로, ㉡에 해당한다.

Plus 해설
- ㉠(긴급하면서 중요한 일) : 위기상황, 급박한 문제, 기간이 정해진 프로젝트
- ㉡(긴급하지 않지만 중요한 일) : 예방 생산 능력 활동, 인간관계 구축, 새로운 기회 발굴, 중장기 계획, 오락
- ㉢(긴급하지만 중요하지 않은 일) : 잠깐의 급한 질문, 일부 보고서 및 회의, 눈앞의 급박한 상황, 인기 있는 활동
- ㉣(긴급하지 않고 중요하지 않은 일) : 하찮은 일, 우편물, 전화, 시간낭비 거리, 즐거운 활동

정답 ①

18 다음 중 직접비를 모두 합한 값은 얼마인가?

항목	금액(원)
급여	2,500,000
교통비	500,000
통신비	100,000
출장비	1,000,000
보험료	300,000
사무용품비	800,000
건물관리비	3,200,000

① 3,500,000원   ② 4,000,000원
③ 4,500,000원   ④ 5,000,000원

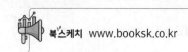

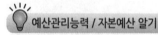 예산관리능력 / 직접비·간접비 구분하기

제시된 표에서 직접비에 해당하는 것은 급여, 교통비, 출장비이며, 나머지는 간접비에 해당한다. 따라서 직접비를 모두 합한 값은 2,500,000+500,000+1,000,000=4,000,000원이다.

정답 ②

19 다음은 무엇에 관한 설명인가?

> 이것은 투자로 인한 수익이 앞으로 1년 이상 걸쳐 장기적으로 실현될 투자 결정에 관련된 계획과정의 수립을 뜻한다. 토지, 건물 또는 생산시설에 대한 투자가 포함되며, 신제품개발 및 사업 확장은 물론 투자의 영향이 1년 이상에 걸쳐 나타나는 광고비, 시장조사비 및 연구개발 등에 대한 투자도 포함된다.

① 자본예산　　　　　　　　　② 현금예산
③ 종합예산　　　　　　　　　④ 재무예산

예산관리능력 / 자본예산 알기

자본예산은 투자효과가 장기적으로 나타나는 투자의 총괄적인 계획과 평가의 과정을 뜻한다. 자본예산에는 토지, 건물 또는 생산시설에 대한 투자가 포함되며, 신제품개발 및 사업확장은 물론 투자의 영향이 1년 이상에 걸쳐 나타나는 광고비, 시장조사비 및 연구개발 등에 대한 투자도 포함된다.

🗣 Plus 해설
- 현금예산 : 단기적으로 구체적인 현금의 유입과 유출을 예측하여 미래의 일정기간의 현금상태를 파악하고 그 대책을 수립하기 위한 것이다.
- 종합예산 : 보통 예산위원회에 의하여 작성되고 부문예산을 통합하여 사업의 전체를 포괄하는 하나의 예산을 작성하는 것을 말한다.
- 재무예산 : 기업예산을 구성하는 것의 하나로, 경영활동과 관련한 자금예산이다.

정답 ①

20 직원의 사기 저하를 방지하기 위해 직무 내용에 실질적인 변화는 없으나 직급이나 직책을 격상해주는 승진제도는 무엇인가?

① 자격승진　　　　　　　　　② 직급승진
③ 대용승진　　　　　　　　　④ 역직승진

인적자원관리능력 / 승진의 종류 이해하기

대용승진은 직무 내용에 실질적인 변화는 없지만 직급이나 직책의 명칭이 격상되는 형식적인 승진을 말한다. 조직 내 승진 정체 현상으로 인해 승진대상자에게 적합한 직급을 부여하거나 직무상 변화를 주기 어려운 경우에 직원들의 사기 저하를 방지하기 위해 주로 대용승진이 이루어진다.

- 자격승진 : 직원이 갖추고 있는 자격을 기초로 승진이 이루어지는 제도이다.
- 직급승진 : 한 직급에 있는 직원이 상위 직급으로 이동하는 것을 의미한다.
- 역직승진 : 조직구조의 관리체계를 위해 라인상의 직위를 상승시키는 제도이다.

정답 ③

 출제영역 5 ● 조직이해능력

21 ㉠~㉣에 관한 설명 중 옳지 않은 것을 고르면?

> ㉠ ○○**회사**에 재직 중인 F 씨는 평일 저녁에는 ㉡ **가족**과 시간을 보내고, 주말에는 ㉢ **대학교** 졸업 이후부터 참여하고 있는 ㉣ **야구동호회**에서 활동하고 있다.

① ㉡은 1차 집단이다.
② ㉠, ㉢은 2차 집단이다.
③ ㉠, ㉡, ㉣은 이익사회이다.
④ ㉠~㉣ 중 공동사회는 1개이다.

 조직이해능력 / 사회적 집단 이해하기

㉠, ㉢, ㉣는 이익 사회이고, ㉡은 공동 사회이다. 따라서 정답은 ③이다.

🎸 **Plus 해설**

접촉 방식을 기준으로 1차 집단, 2차 집단으로 분류됨
- 1차 집단 : 구성원 간의 대면적 접촉과 친밀감을 바탕으로 결합되어 구성원들이 전인격적인 관계를 이루는 집단 (예) 가족, 또래집단)
- 2차 집단 : 집단 구성원 간의 간접적 접촉과 특정한 목적 달성을 위한 수단적인 만남을 바탕으로 하여 인위적으로 결합된 집단 (예) 학교, 회사, 정당, 각종 단체)

결합 의지에 따라 공동 사회, 이익 사회로 분류됨
- 공동 사회 : 내가 속해 있는 집단이 내 의지나 선택에 의한 것이 아니라 선천적이고, 자연 발생적으로 결성된 집단 (예) 가족, 촌락, 마을공동체)
- 이익 사회 : 내 스스로의 의지나 선택에 의해서 후천적, 의도적으로 결성된 집단 (예) 회사, 정당, 학교)

정답 ③

22 다음 중 유기적 조직에 대한 설명으로 옳지 않은 것은?

① 의사결정 권한이 조직의 하부구성원들에게 많이 위임되어 있다.

② 정보가 한 곳에 집중되지 않고 상하로 자유롭게 이동한다.

③ 수평적 상호작용이 일어나고, 규제나 통제의 정도가 낮다.

④ 구성원들의 업무가 분명하게 정의되어 있고, 많은 규칙이 있다.

 체제이해능력 / 유기적 조직 이해하기

유기적 조직은 의사결정 권한이 조직의 하부구성원들에게 많이 위임되어 있고, 업무도 고정되지 않고 공유 가능한 조직이다.

정답 ④

23 다음은 맥킨지 7-S 모형 중 어느 요소에 해당하는가?

이것은 조직을 이끌어나가는 관리자의 경영방식이나 리더십 스타일을 말한다. 관리자에 따라 민주적, 독선적, 방임적 등 다양하게 나타날 수 있으며 조직구성원들의 동기부여나 조직문화에 직접적인 영향을 미치게 된다.

① Shared value   ② Style

③ Skill   ④ Staff

 체제이해능력 / 맥킨지 7-S 모형 이해하기

맥킨지 7-S 모형은 공유가치(Shared value), 전략(Strategy), 구조(Structure), 제도 절차(System), 구성원(Staff), 관리기술(Skill), 스타일(Style)이라는 영문자 'S'로 시작하는 7개 요소로 구성된다. 주어진 지문은 '스타일(Style)'에 관한 내용이다.

정답 ②

24 다음을 보고, P 대리가 느끼는 문화충격 단계로 가장 적절한 것을 고르면?

> 스페인에 있는 지사로 파견 근무를 가게 된 P 대리는 스페인에서 '시에스타'라는 낯선 문화를 접하게 되었다. 시에스타는 지중해 연안 국가와 라틴 문화권의 나라에서 시행되고 있는 낮잠 풍습인데, 이런 문화를 처음 접해본 P 대리는 낯선 문화에 긴장감과 불안감도 있지만, 새로운 문화를 접해본다는 기대감이 더 큰 상태이다.

① 문화 도취 단계   ② 문화 대면 단계

③ 문화 적응 단계   ④ 문화 순응 단계

 국제감각 / 문화충격 단계 파악하기

문화충격은 한 문화권에 속한 사람이 다른 문화를 접하게 되었을 때 체험하는 충격이다. 보통 '문화 도취 → 문화 대면 → 문화 적응 → 문화 순응' 4단계로 나뉘게 되는데, 주어진 지문에서 P 대리는 새로운 환경에 대한 기대감이 큰 상태로, 이는 '문화 도취 단계'에 해당한다.

Plus 해설

· 문화 도취 단계 : 새로운 환경에 대한 기대감이 큰 단계로, 새로운 환경을 직접 체험해보고자 노력하기도 한다.
· 문화 대면 단계 : 외국에서의 문화적인 차이들이 개인의 삶에 직접 개입되면서 혼란과 불만의 순간들이 지속되는 단계이다.
· 문화 적응 단계 : 문화 대면 단계에서의 힘들었던 순간들을 통해 문화 간의 차이를 배우고, 인정하면서 새로운 문화에 적응하는 단계이다.
· 문화 순응 단계 : 언어를 자신 있게 구사하고, 다양한 사람들과 교류하며 문화가 인간의 삶에 미치는 영향을 좀 더 깊게 이해하는 단계이다.

정답 ①

권두부록 Appendix

2021 2회 기출

경기도 공공기관 통합채용 NCS 기출문제

2021. 10. 02. 시행
※ 본 기출문제는 실제 시험 응시자로부터 수집한 자료를 바탕으로 복원되었습니다.

출제영역 1 ● 의사소통능력

01 직장에서 문서를 작성할 때의 문서 작성법으로 옳지 않은 것은?

① 결론이나 중요한 내용은 맨 마지막에 쓴다.
② 부정문이나 의문문의 형식은 피하고, 긍정문으로 작성한다.
③ 문장은 짧고 간결하게 작성한다.
④ 불필요한 한자어를 사용하지 않는다.

💡 **문서작성능력 / 문서 작성법 이해하기**

업무와 관련된 문서를 작성할 때는 핵심이 되는 결론이나 문서의 중요한 내용을 먼저 써야 한다.

정답 ①

02 다음 중 적극적 경청을 위한 태도로 올바르지 않은 것은?

① 비판적인 태도를 버린다.
② 단어 이외의 보여지는 표현에 신경을 쓴다.
③ 상대의 말에 대답할 준비를 하면서 듣는다.
④ 상대의 이야기에 주의를 집중하고 있음을 표현한다.

💡 **경청능력 / 적극적 경청 태도 알기**

'상대의 말에 대답할 준비를 하면서 듣는 것'은 경청을 방해하는 요인이다.
적극적인 경청을 위해서는 비판적 · 충고적인 태도를 버리고, 상대가 말하는 의미를 이해하며, 단어 이외의 보여지는 표현에도 신경을 써야 한다. 또한 상대가 말하는 동안 경청하고 있다는 것을 표현하며, 대화 시 흥분하지 않아야 한다.

정답 ③

03 다음 중 겹말이 사용되지 않은 문장을 고르면?

① 같이 상생할 수 있는 방안을 생각해보자.
② 그들은 학교 폭력 근절을 위한 방안을 논의하였다.
③ 미리 예고도 없이 일어난 사태에 모두가 놀랐다.
④ 그는 지난날을 돌이켜 회고해보았다.

 문서작성능력 / 겹말 표현 이해하기

②에는 겹말 표현이 사용되지 않았다.

Plus 해설

① '상생하다'는 '서로 북돋우며 다 같이 잘 살아가다'라는 뜻이므로, '같이 상생'은 겹말이다.
③ '예고하다'는 '미리 알리다'라는 뜻이므로, '미리 예고'는 겹말이다.
④ '회고하다'는 '지나간 일을 돌이켜 생각하다'라는 뜻이므로, '돌이켜 회고'는 겹말이다.

정답 ②

04 다음 중 밑줄 친 어휘의 쓰임이 올바른 것은?

① 그는 신용카드로 병원비를 **결재**하였다.
② 회의가 끝난 후에는 **반듯이** 회의록을 작성해야 한다.
③ 그녀는 마라톤 세계 기록을 **갱신**했다.
④ 남을 탓하는 자세는 **지양**되어야 한다.

 문서작성능력 / 어휘 이해하기

'지양'은 '높은 단계로 오르기 위하여 어떠한 것을 하지 아니함'이라는 뜻으로, 주어진 문장에서 적절하게 쓰였다.

Plus 해설

① 결재 : 결정할 권한이 있는 상관이 부하가 제출한 안건을 검토하여 허가하거나 승인함
   결제 : 돈이나 증권 따위를 주고받아 당사자 사이의 거래 관계를 끝맺음
② 반듯이 : 기울거나 굽지 아니하고 바르게
   반드시 : 틀림없이 꼭
③ 갱신 : 계약이나 서류의 유효 기간이 만료되었을 때 그 기간을 연장함
   경신 : 기록경기에서 종전의 기록을 깨뜨리고 더 좋은 기록을 냄

정답 ④

[05~06] 다음 글을 읽고 물음에 답하시오.

경기도가 추진하는 농촌기본소득은 특정한 정책을 전 국민에게 실시하기 전에 효과를 미리 검증해보는 정책실험의 의미가 있다. 지금껏 기본소득을 한 국가 단위에서 전면적으로 시행한 정부는 없었다. 1982년부터 '영구기금 배당'이란 이름으로 1년 이상의 거주민에게 현금을 지급하고 있는 미국 알래스카주는 천연자원 판매 수익으로 안정적인 재원을 가지고 있는 특수한 경우다. 그 밖의 사례들은 기본소득의 효과를 미리 검증하기 위한 정책실험들이었다. 핀란드는 2015년에 집권한 중도 우파 연립정부가 2017년부터 2년간 장기 실업자를 대상으로 기본소득 실험을 진행했고, 캐나다 온타리오주와 스페인 바르셀로나시, 인도와 나미비아 등에서도 빈곤층을 대상으로 수급 조건을 최소화한 현금 지급 실험을 진행한 바 있다. 전 세계 기본소득 지지자들의 연대기구인 기본소득지구네트워크에 따르면, 기본소득이란 '모든 사람에게 아무 조건 없이 개별적·정기적으로 지급되는 현금'이고, 이들 정책실험은 기본소득의 가장 중요한 요건인 무조건성과 보편성에 미달한 한계가 있었다. 따라서 실험의 결과 역시 기본소득 전반의 효과라기보다는 특수한 상황이나 특정 집단에 어떤 영향이 있는지 등을 확인하는 한정된 해석밖에 할 수 없었다.

경기도 농촌기본소득은 실업자나 빈곤층 등 특정 집단이 아닌 한 지역의 모든 주민을 대상으로 실시된다는 점에서 기존에 시도된 기본소득 정책실험과는 다르다. 이번 농촌기본소득에선 농민뿐 아니라, 다른 직업의 종사자도 기본소득을 받게 된다. 나이, 소득, 취업 여부 등도 가리지 않는다. 특정 지역에 거주하고 있느냐는 단일 기준만이 있을 뿐이다. 기본소득이 소득 안정, 삶의 만족도, 노동 의욕과 노동시간 등에 미치는 영향 등을 종합적으로 살펴볼 수 있는 정책이 시행되는 셈이다.

농촌기본소득이 의미 있는 정책실험이 되려면 과학적인 실험 설계 방식인 '무작위 통제 실험(RCT·Randomized Controlled Trial)'이 제대로 적용되어야 한다. 무작위 통제 실험이란 기본소득을 지급하는 대상과 비교 대상이 되는 사람들이 무작위로 선정되어야 한다는 의미다. 그래야 기본소득의 효과인지, 애초에 다른 집단이기 때문에 발생한 효과인지를 구분할 수 있다. 핀란드 기본소득 실험이 이 방식을 채택했다는 점에서 세계적인 주목을 받았지만, 실험 중에 적극적 구직 노력을 하지 않으면 실업급여를 삭감하는 정책을 실시해 피실험집단과 비교집단의 노동 의욕을 바꾸면서 기본소득의 정책 효과를 엄밀히 살펴보는 게 어려워졌다. 이처럼 다른 정책들과 어떻게 연계되고, 효과를 주고받는지도 농촌기본소득을 시행할 때 눈여겨봐야 할 부분이다.

경기도의 농촌기본소득은 기본소득을 사전에 검증한다는 목적 외에 소멸 위기에 처하고 갈수록 도시와의 격차가 심해지는 농촌 지역을 위한 전향적인 정책이란 점에서도 의미가 있다. 통계청 자료를 보면 2019년 기준 2인 이상 가구의 평균 소득은 도시가 6,616만 원, 농가가 4,118만 원이다. 전체 인구에서 만 65살 인구의 비중인 고령화율은 같은 해 농촌이 30.4%, 도시가 13.8%로 차이가 크다. 정부는 농산물 시장을 점차 개방하면서 반대급부로 농업 분야에 다양한 지원 사업을 실시해왔다.

하지만 어떤 정책도 도농 간 소득 격차를 줄이거나, 청년 인구의 농촌 이탈을 막을 수 없었다. 농촌 지역에서도 재배 면적에 따라 직불금 수급액의 격차가 커졌고, 농가 가구주에게만 지원이 집중되는 한계도 있었다.

이런 문제에 대한 대응으로 전남 해남군이 2019년 처음 도입한 농민수당이 불과 1년여 만에 전국의 여러 지방자치단체들이 채택하면서 확대됐고, 농민뿐 아니라 농촌 지역을 지원해야 한다는 주장이 모이고 있다. 경기도의 농촌기본소득은 농촌 주민을 대상으로 직접 현금을 지원하는 정책이 다른 정책 대비 어떤 효과를 보여주는지를 확인할 수 있는 기회를 제공한다.

출처 : 한겨레 2021. 03. 10. 기사

05 위 글을 통해 추론할 수 있는 사실이 아닌 것은?

① 경기도의 농촌기본소득은 이전에 실시되었던 기본소득 정책실험과는 다른 방식이며, 특정 지역에 거주하고 있다면 다른 직업의 종사자도 기본소득을 받을 수 있다.

② 핀란드, 캐나다 온타리오주, 미국 알래스카주, 스페인 바르셀로나 등에서 실시했던 기본소득 정책실험은 특수 상황이나 특정 집단에 국한되는 한정적 결과를 확인한다는 한계가 있었다.

③ 경기도의 농촌기본소득은 전국민에게 실시하기 전 정책을 사전 검증한다는 목적 외에도, 도농 격차가 큰 농촌 지역을 위한 정책이라는 의미도 있다.

④ 올바른 농촌기본소득은 무작위 통제 실험이 제대로 적용되어야 하며, 경기도의 농촌기본소득은 해당 주민에게 직접 현금을 지급하는 것이 어떤 효과를 나타내는지 알 수 있는 기회가 될 것이다.

 문서이해능력 / 글의 세부 내용 파악하기

핀란드는 장기 실업자를 대상으로, 캐나다 온타리오주·스페인 바르셀로나·인도와 나미비아 등은 빈곤층을 대상으로 적용 대상을 한정한 반면 미국 알래스카주는 1년 이상 거주민에게 현금을 지급하는 사례이므로 특정 집단에 적용하는 예로 포함시키기 어렵다.

정답 ②

06 위 글의 빈칸에 들어갈 내용 중 반대급부의 예로 가장 적절하지 않은 것은?

① 영농 기술 보급
② 농업의 산업화 지원
③ 농촌 직불금 지급
④ 농산물 관세 인하

 문서이해능력 / 글의 내용 추론하기

빈칸에는 앞 문장인 "정부는 농산물 시장을 점차 개방하면서 반대급부로 농업 분야에 다양한 지원 사업을 실시해왔다."와 연결되는 내용이 들어가야 하므로, 농산물 시장을 개방하는 대신 그에 상응하는 반대급부로서 농촌을 보호하기 위한 지원책이 예로 들어가는 것이 적절하다. 따라서 농업 분야 지원책의 예로 적절하지 않은 것은 '농산물 관세 인하'이다. 관세를 인하하면 우리나라로 유입되는 외국 농산물의 양이 증가하기 때문이다.

정답 ④

 출제영역 2 ● 수리능력

07 수조에 두 개의 수도꼭지를 이용하여 4시간 동안 1,000L의 물을 채웠다. A 수도꼭지
로 20분 동안 40L의 물을 채웠다면, B 수도꼭지로 1시간 동안 채운 물의 양을 구하면?
(단, 두 수도꼭지에서 나오는 각 물의 양은 모두 일정하다.)

① 100L   ② 110L

③ 120L   ④ 130L

 기초연산능력 / 물의 양 구하기

A 수도꼭지로 1시간 동안 채울 수 있는 물의 양은 $40 \times 3 = 120$L이다.
B 수도꼭지로 1시간 동안 채울 수 있는 물의 양을 x(L)라고 하면,
$(120 + x) \times 4 = 1,000$
$x = 130$이므로 B 수도꼭지로 1시간 동안 채울 수 있는 물의 양은 130L이다.

정답 ④

08 2016년 아버지의 나이는 아들 나이보다 4배 많았고, 2021년 아버지의 나이는 아들 나이
의 3배보다 2살 적다. 아버지와 아들의 나이 차를 구하면?

① 24   ② 28

③ 32   ④ 36

 기초연산능력 / 나이 계산하기

2016년 아버지 나이를 x, 아들의 나이를 y라고 하면,
2021년 아버지의 나이는 $x + 5$, 아들의 나이는 $y + 5$가 된다.
문제에서 주어진 조건에 따라 식을 세우면 다음과 같다.
$x = 4y$
$(x + 5) = 3(y + 5) - 2$
위의 연립방정식을 계산하면 $y = 8$, $x = 32$이다.
따라서 아버지와 아들의 나이 차는 24이다.

정답 ①

09 일정한 규칙으로 수를 나열할 때, 빈칸에 들어갈 알맞은 숫자를 고르면?

	7	10	19	46	127	( )	

① 246   ② 268

③ 370   ④ 384

 기초연산능력 / 수의 규칙 찾기

나열된 수는 $+3^1$, $+3^2$, $+3^3$, $+3^4$, …의 규칙을 가지고 있다. 따라서 빈칸에 들어갈 숫자는 $127 + 3^5 = 370$이다.

정답 ③

10 A는 3일에 한 번, B는 5일에 한 번 출근한다. 두 사람이 9월 1일 수요일에 함께 출근한 후, 다시 수요일에 함께 출근하게 되는 것은 며칠 후인가?

① 60일 후   ② 75일 후

③ 90일 후   ④ 105일 후

 **기초연산능력 / 날짜 계산하기**

A는 3일에 한 번, B는 5일에 한 번 출근하고, '수요일'에 만난다는 조건이 있으므로 3, 5, 7의 최소공배수를 구하면 된다. 3, 5, 7의 최소공배수는 105이므로 두 사람이 다시 만나게 되는 수요일은 105일 후이다.

정답 ④

11 핸드크림 1개의 원가는 8,000원이다. 원가에 20%의 이윤이 남도록 정가를 정하였는데, 잘 팔리지 않아 정가에서 40% 할인하여 판매하기로 결정하였다. 핸드크림 1개의 판매가격을 구하면?

① 5,380원   ② 5,760원

③ 6,240원   ④ 6,820원

기초연산능력 / 판매가격 구하기

핸드크림 1개의 정가는 $8,000 \times (1 + 0.2) = 9,600$원이다. 정가에서 40%를 할인하여 판매한다고 했으므로 핸드크림 1개의 판매가격은 $9,600 \times (1 - 0.4) = 5,760$원이다.

정답 ②

 출제영역 3 • 문제해결능력

12 다음 중 탐색형 문제에 관한 내용이 아닌 것은?

① 눈에 보이지 않는 문제이다.
② 방치하면 뒤에 큰 손실이 따르거나 결국 해결할 수 없는 문제로 확대될 수 있다.
③ 문제의 원인이 내재되어 있기 때문에 원인 지향적 문제라고도 한다.
④ 현재의 상황을 개선하거나 효율을 높이기 위한 문제이다.

 문제해결능력 / 문제의 유형 이해하기

③은 발생형 문제에 관한 내용이다.
탐색형 문제는 현재의 상황을 개선하거나 효율을 높이기 위한 문제를 의미한다. 눈에 보이지 않는 문제로, 이를 방치하면 뒤에 큰 손실이 따르거나 결국 해결할 수 없는 문제로 확대되기도 한다. 이러한 탐색형 문제는 잠재 문제, 예측 문제, 발견 문제의 세 가지 형태로 구분된다.

📖 Plus 해설

• 발생형 문제(보이는 문제) : 눈에 보이는 문제, 문제의 원인이 내재된 원인 지향적 문제
• 탐색형 문제(찾는 문제) : 눈에 보이지 않는 문제, 현재를 개선하거나 효율을 높이기 위한 문제
• 설정형 문제(미래 문제) : 앞으로 어떻게 할 것인가 하는 문제를 의미, 목표 지향적 또는 창조적 문제

정답 ③

13 다음이 설명하는 것을 고르면?

> 당면한 문제를 해결하기 위해 이미 알고 있는 경험과 지식을 해체하여 다시 새로운 정보로 결합함으로써 가치 있고 참신한 아이디어를 산출하는 사고

① 창의적 사고   ② 논리적 사고
③ 비판적 사고   ④ 분석적 사고

 사고력 / 창의적 사고 개념 알기

창의적 사고란 당면한 문제를 해결하기 위해 이미 알고 있는 경험과 지식을 해체하여 다시 새로운 정보로 결합함으로써 가치 있고 참신한 아이디어를 산출하는 사고이다.

📖 Plus 해설

② 논리적 사고 : 사고의 전개에 있어서 전후 관계가 일치하고 있는가를 평가하는 사고능력
③ 비판적 사고 : 어떤 논증, 추론, 증거 등을 표현한 사례의 수용 여부를 판단할 때 요구되는 사고능력
④ 분석적 사고 : 전체를 각 요소로 나누어 그 요소의 의미를 도출한 후 우선순위에 따라 문제해결방법을 구체적으로 실행하는 사고능력

정답 ①

14 논리적 오류의 종류 중에서 '상대방의 주장을 곡해하여 상대방을 공격하는 오류'는 무엇인가?

① 원천봉쇄의 오류 ② 허수아비 때리기 오류

③ 애매성의 오류 ④ 성급한 일반화의 오류

 사고력 / 논리적 오류 파악하기

상대방의 주장을 곡해하여 상대방을 공격하는 오류는 '허수아비 때리기 오류'이다.

Plus 해설

① 원천봉쇄의 오류 : 반론의 가능성이 있는 요소를 원천적으로 봉쇄하면서 자신의 주장을 옹호하는 오류

③ 애매성의 오류 : 두 가지 이상의 의미로 해석될 수 있는 말을 사용하여 추론하는 오류

④ 성급한 일반화의 오류 : 몇 개의 특수한 사례를 들어 전체를 판단하는 오류

정답 ②

15 A~E 5명이 달리기 시합을 하였다. A~E의 진술이 모두 참이라고 할 때, 1등과 3등을 고르면?

> • A : C는 세 번째로 도착하지 않았어.
> • B : 나와 E 사이에 도착한 사람은 두 명이야.
> • C : 나와 E는 연이어 도착했어.
> • D : 나는 A와 E 사이에 도착했어.
> • E : 나는 두 번째로 도착했어.

① A, D ② B, F

③ C, D ④ D, F

 사고력 / 조건을 통해 추론하기

E가 두 번째로 도착했고, C와 E가 연이어 도착했으므로 C는 첫 번째 또는 세 번째가 되어야 한다. 조건에서 C는 세 번째로 도착하지 않았다고 했으므로 C는 첫 번째가 된다. B와 E 사이에 도착한 사람은 두 명이므로 B는 다섯 번째가 되고, D는 A와 E 사이에 도착했으므로 세 번째는 D, 네 번째는 A가 된다. 따라서 C-E-D-A-B의 순서이므로 1등과 3등은 C, D이다.

정답 ③

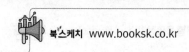

 출제영역 4 • 자원관리능력

16 시간의 어원인 크로노스와 카이로스에 대한 설명 중 옳지 않은 것을 모두 고르면?

> ㉠ 크로노스는 그냥 흘러가는 양으로 규정되는 계량적 시간이다.
> ㉡ 카이로스는 내용으로 규정되는 질적 시간이다.
> ㉢ 시간관리를 잘하려면 카이로스의 시간을 크로노스의 시간으로 관리해야 한다.

① ㉠   ② ㉡

③ ㉢   ④ ㉠, ㉡

💡 **시간관리능력 / 시간의 어원 알기**

시간의 어원으로는 '크로노스'와 '카이로스'가 있다. 크로노스가 자연스럽게 흘러가는 양으로 규정되는 계량적 시간이라면, 카이로스는 특별한 의미가 부여되고 내용으로 규정되는 질적 시간이다. 시간관리를 잘하려면 크로노스의 시간을 카이로스의 시간으로 관리해야 한다.

정답 ③

17 다음 중 직접비가 아닌 것을 고르면?

① 시설비   ② 인건비

③ 재료비   ④ 건물관리비

 💡 **예산관리능력 / 직접비·간접비 구분하기**

건물관리비는 간접비에 해당한다.
• 직접비 : 재료비, 원료와 장비, 시설비, 인건비, 여행(출장) 및 잡비 등
• 간접비 : 보험료, 건물관리비, 광고비, 통신비, 사무비품비, 각종 공과금 등

정답 ④

18 다음은 미국의 심리학자 칙센트미하이 교수가 제시한 플로우 이론의 채널 모형이다. 업무 수행 시 직무자가 업무에 흥미를 가지고 최상의 몰입경험을 할 수 있는 부분과 해당 명칭을 고르면?

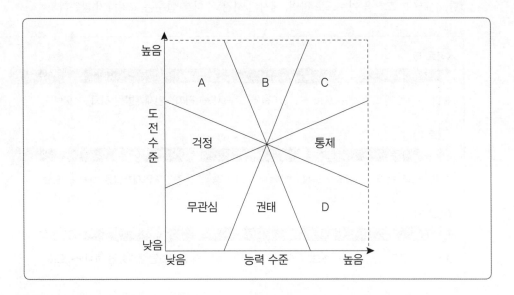

① A − anxiety
② B − arousal
③ C − flow
④ D − relaxation

 인적자원관리능력 / 플로우 이론 이해하기

칙센트미하이(Csikszentmihaly)의 플로우(flow) 이론은 자신이 하고 있는 일에 빠져드는 몰입 상태에서의 심리 상태를 가리킨다. 자신의 능력과 주어진 과제가 적합하게 작용할 때 몰입(flow) 상태에 도달할 수 있으며, 능력은 높지만 목표가 없으면 무기력(boredom), 능력은 낮은데 목표만 높으면 불안감(anxiety)이 나타난다고 설명한다. 제시된 그래프는 플로우 이론의 채널 모형으로서, 과제의 도전 수준과 학습자의 능력 수준에 따라 8개 구간으로 나누어 각 상태를 구분하였다.
최상의 몰입(flow) 상태는 C 부분이며, A는 불안(anxiety), B는 각성(arousal), D는 이완(relaxation) 상태를 나타낸다.

정답 ③

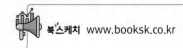
19 경기관광공사에 입사한 P 씨는 수원 본사에서 근무하게 되었다. 대중교통으로 출근할 경로를 알아보고 있는데 다음과 같이 경로는 세 가지이고, 8시 50분까지 회사 건물에 도착하려고 한다. 가장 빨리 도착하는 경로로 출근한다면 가장 적절한 출발 시간은 언제인가?
(단, 8시 50분 도착을 기준으로 하며, 제시된 시간 외 다른 변수는 고려하지 않는다.)

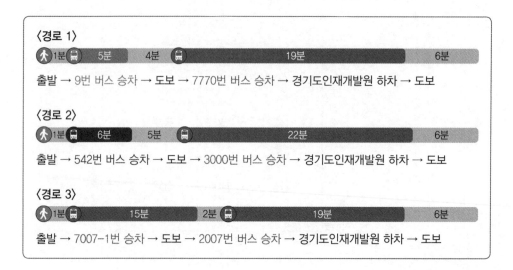

〈경로 1〉
1분 5분 4분 19분 6분
출발 → 9번 버스 승차 → 도보 → 7770번 버스 승차 → 경기도인재개발원 하차 → 도보

〈경로 2〉
1분 6분 5분 22분 6분
출발 → 542번 버스 승차 → 도보 → 3000번 버스 승차 → 경기도인재개발원 하차 → 도보

〈경로 3〉
1분 15분 2분 19분 6분
출발 → 7007-1번 승차 → 도보 → 2007번 버스 승차 → 경기도인재개발원 하차 → 도보

① 7시 55분 ② 8시 15분
③ 8시 18분 ④ 8시 20분

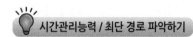
시간관리능력 / 최단 경로 파악하기

〈경로 1〉은 총 35분, 〈경로 2〉는 총 40분, 〈경로 3〉은 총 43분이 걸리므로 〈경로 1〉을 선택해야 하고, 8시 50분까지 도착하려면 8시 15분에 출발하는 것이 가장 적절하다.

정답 ②

출제영역 5 • 조직이해능력

20 조직의 유형에 관한 설명 중 옳지 않은 것은?

① 공익을 추구하는 병원, 대학, 시민단체와 같은 조직은 비공식조직이다.
② 공식조직은 조직의 구조, 기능, 규정 등이 조직화되어 있는 집단이다.
③ 비공식조직은 개인들의 협동과 상호작용에 따라 형성된 자발적인 집단이다.
④ 비공식조직으로부터 공식화가 진행되어 공식조직으로 발전하기도 한다.

 조직이해능력 / 조직의 유형 이해하기

정부조직을 비롯하여 공익을 추구하는 병원, 대학, 시민단체, 종교단체 등은 비영리조직이다.

정답 ①

21 민츠버그의 경영자 역할 중 의사결정 역할에 해당하지 않는 것은?

① 협상가　　　　　　　　　② 자원배분자
③ 대변인　　　　　　　　　④ 문제해결자

 조직이해능력 / 민츠버그의 경영자 역할 이해하기

대변인은 정보수집 역할에 해당한다.
• 대인관계 역할 : 대표자, 리더, 연락자
• 정보수집 역할 : 탐색자, 전파자, 대변인
• 의사결정 역할 : 기업가, 문제해결자, 자원배분자, 협상가

정답 ③

22 마이클 포터의 본원적 경쟁전략에 대한 설명으로 옳지 않은 것은?

① 본원적 경쟁전략은 해당 사업에서 경쟁우위를 확보하기 위한 전략이다.
② 원가우위 전략은 원가 절감을 통해 해당 산업에서 우위를 점하는 전략이다.
③ 차별화 전략은 생산품이나 서비스를 차별화하여 고객에게 가치 있고 독특하게 인식되도록 하는 전략이다.
④ 원가우위나 차별화 전략이 특정 산업을 대상으로 하는 것에 비해, 집중화 전략은 산업 전체를 대상으로 한다.

 경영이해능력 / 마이클 포터의 본원적 경쟁전략 이해하기

집중화 전략은 특정 시장이나 고객에게 한정된 전략이다. 원가우위나 차별화 전략이 산업 전체를 대상으로 하는 것에 비해, 집중화 전략은 특정 산업을 대상으로 한다.

정답 ④

23 다음 중 조직문화의 기능이 아닌 것은?

① 조직의 안정성을 유지한다.
② 조직몰입을 높여준다.
③ 조직구성원들에게 일체감과 정체성을 부여한다.
④ 조직이 존재하는 정당성과 합법성을 제공한다.

 체제이해능력 / 조직문화의 기능 이해하기

④는 조직목표의 기능이다.
• 조직문화의 기능
  - 조직구성원들에게 일체감, 정체성 부여
  - 조직몰입 향상
  - 조직구성원들의 행동지침(사회화 및 일탈행동 통제)
  - 조직의 안정성 유지

정답 ④

24 다음 중 국제 매너에 대한 설명으로 가장 적절하지 않은 것은?

① 영미권에서는 일어서서 상대의 눈이나 얼굴을 보며 악수한다.
② 아프리카에서는 상대와 시선을 맞추며 대화하는 것이 예의이다.
③ 러시아와 라틴아메리카에서는 주로 포옹으로 인사한다.
④ 미국에서는 이름이나 호칭을 어떻게 부를지 먼저 물어보는 것이 예의이다.

 국제감각 / 국제 매너 이해하기

아프리카에서는 상대와 시선을 맞추며 대화하는 것을 실례로 여긴다. 눈을 직접 보지 않고 코끝 정도를 보며 대화해야 한다.

정답 ②

25 다음은 경기문화재단의 조직도와 소속 직원들의 담당 업무 설명이다. 각 직원의 말을 통해 판단할 때, 경영본부에서 일하는 사람은 누구인가?

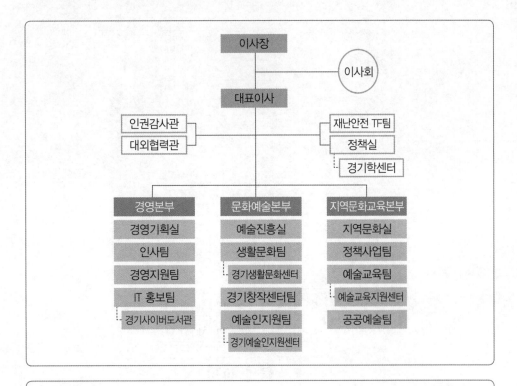

- 강 차장 : 저는 국민권익위와 감사원 등 감사 협의 처리, 청렴도 향상 및 평가 관련 업무추진, 청탁금지법 및 임직원 행동강령 교육과 이행실태 등을 점검하고 있습니다.
- 박 주임 : 저는 경기예술특성화 지원 사업 업무를 맡고 있습니다. 공연예술 창작 지원과 쇼케이스 기획 및 운영을 담당하며, 온라인미디어 예술활동지원 결과도 정리하여 보고하고 있어요.
- 이 대리 : 저는 재단 본부와 소속기관 정책과제 개발 업무를 맡고 있습니다. 정책토론회 개최 및 운영에 대한 업무와 함께 정책방향 종합계획을 수립하는 것도 같이 하고 있어요.
- 김 과장 : 저는 주로 회계 업무를 관리합니다. 등기 임원에 대한 공직자 재산 등록과 변동신고, 각 본부와 기관별 월 일반운영자금 지원 배부, 분기별 예금운영현황 보고 등 재정과 관련한 업무를 주로 맡고 있지요.

① 강 차장　　　　　　　　　② 박 주임
③ 이 대리　　　　　　　　　④ 김 과장

 체제이해능력 / 조직도와 업무 파악하기

회계 및 재정과 관련한 업무를 주로 맡고 있는 김 과장이 경영본부의 경영지원팀 소속임을 알 수 있다. 강 차장은 인권감사관, 박 주임은 문화예술본부, 이 대리는 정책실 소속인 것을 유추할 수 있다.

정답 ④

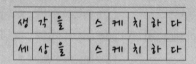

북스케치
www.booksk.co.kr

Part 1 직업기초능력평가

Chapter 01 의사소통능력

의사소통능력은 상호 간 전달하고자 하는 의미를 말하기, 쓰기, 듣기를 통하여 정확하게 전달하는 능력이다.

직장생활에서 필요한 문서이해능력과 문서작성능력이 주를 이루고, 원활한 의사소통을 위해 필요한 경청능력, 자신의 의사를 효과적으로 전달하는 의사표현능력, 업무 수행 시 외국어로 의사소통할 수 있는 기초외국어능력 등으로 구분된다.

01 Chapter START NCS 모듈 학습

개념정리 • 의사소통능력

① 의사소통의 개념

의사소통이란 두 사람 또는 그 이상의 사람들 사이에서 의사의 전달과 상호교류가 이루어진다는 뜻이며, 어떤 개인 또는 집단이 개인 또는 집단에 대해서 정보, 감정, 사상, 의견 등을 전달하고 그것들을 받아들이는 과정이다.

② 의사소통의 중요성

직업생활에 있어서의 의사소통은 공식적인 조직 안에서의 의사소통을 의미하고, 이때의 목적은 정보를 전달하고 설득하려는 데 있다.

● 서로에 대한 지각의 차이를 좁혀준다.
● 선입견을 줄이거나 제거할 수 있다.
● 팀워크를 높이고 조직의 사기를 진작시켜 생산성을 높일 수 있다.

③ 의사소통의 종류

언어적인 의사소통능력	경청능력	상대방의 이야기를 듣고 의미를 파악	유동성↑ 정확성↓
	의사표현능력	자신의 의사를 설득력 있게 표현	
문서적인 의사소통능력	문서이해능력	업무에 관련된 문서를 통해 정보를 획득·수집·종합	권위감↑ 정확성↑ 전달성↑ 보존성↑
	문서작성능력	상황과 목적에 적합한 문서 작성	
기초외국어능력	외국어로 된 자료이해, 외국인과의 전화응대 및 간단한 대화 등 외국인의 의사표현을 이해하고, 자신의 의사를 기초외국어로 표현할 수 있는 능력		

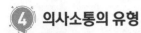
④ 의사소통의 유형

지배형	자신감 있고 지도력이 있으나, 논쟁적이고 독단적인 면이 강함
실리형	이해관계에 예민하고 성취 지향적이며 경쟁적이고 자기중심적임
냉담형	이성적이며 의지력이 강한 반면, 타인의 감정에 무관심함
고립형	혼자 있는 것을 선호하고 사회적 상황을 회피하며 지나치게 자신의 감정을 억제함
복종형	수동적이고 의존적이며 자신감이 없음
순박형	단순하고 솔직하지만 자기주관이 부족함
진화형	따뜻하고 인정이 많고 자기희생적이나, 타인의 요구를 거절하지 못함
사교형	외향적이며 타인에 대한 높은 관심으로 간섭하려는 경향이 있고, 남에게 인정받고자 하는 욕구가 강함

⑤ 의사소통을 저해하는 요소

무책임한 마음	'일방적'으로 말하고 듣는 것으로 의사소통 기법의 미숙, 표현 능력의 부족, 이해 능력의 부족으로 인해 발생
고정관념 및 선입견	'말하지 않아도 아는' 문화에 안주하는 마음으로 과거의 경험이나 선입견, 고정관념으로 인해 발생
착각	'전달했는데', '아는 줄 알았는데'라고 착각하는 마음으로 평가적이며 판단적인 태도나 잠재적인 의도로 인해 발생
지위 및 과업지향성	전문용어 사용으로 인한 소통 단절 및 지위를 활용한 폐쇄적인 의사소통 분위기 등과 같은 구조상의 권한으로 인해 발생
분명하지 않은 메시지	과도하거나 부족한 정보, 또는 메시지의 복잡성 및 메시지의 경쟁으로 발생

⑥ 의사소통능력 개발 방법

사후검토와 피드백 주고받기	의사소통의 왜곡에서 오는 오해와 부정확성을 줄이기 위하여, 전달한 내용이 실제로 어떻게 해석되었는지 직접 말로 물어보거나 얼굴 표정 등으로 정확한 반응을 관찰해야 한다. 이때 상대방이 원하는 경우에는 그 행동을 개선할 수 있는 기회를 제공해 줄 수도 있다.
언어의 단순화	전문용어는 그 언어를 사용하는 집단 구성원들 사이에서 이해를 촉진시키지만, 조직 밖의 사람들, 즉 고객에게 사용했을 때에는 의외의 문제를 야기할 수 있으므로 명확하고 쉽게 이해 가능한 단어를 선택해야 한다.
적극적인 경청	상대방의 이야기를 듣는 것은 수동적인 데 반해 경청은 능동적인 의미의 탐색이다. 상대방의 입장에서 생각하려고 노력하며 감정을 이입하여 능동적으로 집중하여 경청해야 한다.
감정의 억제	자신이 처한 상황에 따라 문서의 의미를 다르게 해석하기 쉽고, 반대로 자신이 전달하고자 하는 의사표현을 명확하게 하지 못할 경우가 많다. 따라서 감정적으로 메시지를 다르게 해석하지 않도록 침착하게 의사소통해야 한다.

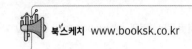

 하위능력 1 ● 문서이해능력

① 문서이해능력이란?

- 다양한 종류의 문서에서 전달하고자 하는 핵심 내용을 요약, 정리하여 이해하는 능력
- 문서에서 전달하는 정보의 출처를 파악하고, 옳고 그름까지 판단하는 능력

② 일 경험 중 현장에서 요구되는 문서이해능력 NEW

- 업무 관련 인쇄물부터 기호화된 정보로 된 메모 등 업무와 관련된 문서의 내용을 이해하고, 요점을 파악하며 통합할 수 있는 능력이 필요하다.
- 문서의 내용 파악뿐 아니라 문서의 정보를 바탕으로 업무와 관련된 행동을 추론하는 능력, 효율성을 높이기 위해 자신이 이해한 업무 지시의 적절성을 판단하는 능력까지 포함한다.
- 문서의 기능 : 의사전달의 기능, 필요한 업무를 지시, 업무 진행 상황을 기록으로 보존 → 문서이해능력이 부족하면 직업생활에서 본인의 업무를 이해하고 수행하는 데 막대한 지장을 끼치게 된다.

③ 문서이해의 구체적인 절차

1단계	문서의 목적을 이해
2단계	문서 작성되게 된 배경 및 내용, 주제 파악
3단계	문서에 쓰인 정보 파악과 문서가 제시한 문제 파악
4단계	문서를 통한 상대의 의도와 욕구를 분석하고 나에게 요구되는 행동과 내용을 분석
5단계	문서를 이해한 목적을 달성하기 위한 행동 및 생각 결정
6단계	상대의 의도를 도표, 그림 등으로 메모하여 요약 및 정리

④ 문서이해에 요구되는 능력

- 각 문서에서 필요한 내용을 이해하고 정보를 획득하여, 수집한 내용을 종합하는 능력 필요
- 문서를 읽고 자신만의 방식으로 소화하여 작성할 수 있는 능력 필요

⑤ 문서의 종류와 용도

공문서	정부 행정기관에서 대내적 혹은 대외적 공무를 집행하기 위해 작성하는 문서 – 엄격한 규격과 양식에 따라 작성해야 하며, 최종 결정권자의 결재가 있어야 문서로서의 기능이 성립	
기획서	적극적으로 아이디어를 내고 기획해 하나의 프로젝트를 문서 형태로 만들어 상대방에게 기획의 내용을 전달하여 시행하도록 설득하는 문서	
보고서	특정한 일에 관한 현황이나 그 진행 상황 또는 연구·검토 결과 등을 보고하고자 할 때 작성하는 문서	
	영업보고서	재무제표와 달리 영업상황을 문장 형식으로 기재해 보고하는 문서
	결산보고서	진행됐던 사안의 수입과 지출 결과를 보고하는 문서
	일일업무보고서	매일의 업무를 보고하는 문서
	주간업무보고서	한 주간에 진행된 업무를 보고하는 문서
	출장보고서	회사 업무로 출장을 다녀와 외부 업무나 그 결과를 보고하는 문서
	회의보고서	회의 결과를 정리해 보고하는 문서
기안서	흔히 사내 공문서를 말하는 것으로 회사의 업무에 대한 협조를 구하거나 의견을 전달할 때 작성하는 문서	
설명서	상품의 특성이나 사물의 성질과 가치, 작동 방법, 과정 등을 소비자에게 설명하는 것을 목적으로 작성한 문서	
	상품소개서	소비자들이 내용을 쉽게 이해하도록 하는 문서 – 소비자에게 상품의 특징을 잘 전달해 상품을 구입하도록 유도
	제품설명서	제품의 특징과 활용도에 대해 세부적으로 언급하는 문서 – 구입의 유도보다 제품 사용법을 더 자세히 알려주는 것이 주목적
보도자료	정부기관이나 기업체, 각종 단체 등이 언론을 상대로 자신들의 정보가 기사로 보도되도록 하기 위해 보내는 자료	
자기소개서	개인의 가정환경과 성장과정, 입사 동기와 근무자세 등을 구체적으로 기술하여 자신을 소개하는 문서	
비즈니스 레터 (E-mail)	사업상의 이유로 고객이나 단체에 편지 형태로 작성하는 문서	
	공식적 문서	제안서나 보고서 등
	비공식적 문서	직장업무나 개인 간의 연락, 직접 방문하기 어려운 고객관리 등
비즈니스 메모	사업상의 이유로 고객이나 단체에 편지 형태로 작성하는 문서	
	전화 메모	전화의 전달사항 등을 간단히 작성하여 당사자에게 전달하는 메모
	회의 메모	회의 미참석자에게 회의 내용을 간략하게 적어 전달하거나 회의 내용 자체를 참고자료로 남기기 위해 적은 메모
	업무 메모	개인이 추진하는 업무나 상대의 업무 추진 상황을 적은 메모

1 ● 문서이해능력 >> 바로확인문제

01 다음 중 일 경험에서 의사소통에 대한 내용으로 적절하지 않은 것은?

① 일 경험에서 의사소통이란 공식적인 조직 안에서의 의사소통을 의미한다.
② 일 경험에서의 원활한 의사소통은 조직의 생산성을 높이고, 조직 내 구성원들의 사기를 진 작시킨다.
③ 일 경험에서 발생하는 의사소통은 조직과 팀의 생산성 증진을 목적으로 구성원 간 정보와 지식을 전달하는 과정이다.
④ 직장에서의 원활한 의사소통과 조직 내 팀워크 향상은 다른 개념으로 이해해야 한다.
⑤ 메시지는 주고받는 화자와 청자 간의 상호작용에 따라 다양하게 변형될 수 있다.

 의사소통능력 / 일 경험에서 의사소통 이해하기

직장에서 상사나 동료 혹은 부하와의 의사소통이 원활하게 이루어지면 구성원 간 공감이 증가하고, 조직 내 팀 워크가 향상된다. 향상된 팀워크는 직원들의 사기 진작과 능률 향상으로 이어지므로 둘을 다른 개념으로 이해 해야 한다는 것은 적절하지 않다.

정답 ④

02 다음은 일 경험에서 접할 수 있는 의사소통의 사례이다. 제시된 사례 중 의사소통의 종류 가 다른 것을 고르면?

① 고객사에서 보내온 수취확인서   ② 수취확인 문의전화
③ 영문 운송장 작성   ④ 업무 지시 메모
⑤ 주간업무보고서 작성

 의사소통능력 / 의사소통의 종류 구분하기

업무 중 하게 되는 문의전화는 언어적인 의사소통인 반면, 나머지는 문서적인 의사소통이다.

정답 ②

03 다음 중 의사소통의 유형의 특징으로 가장 옳지 않은 것은?

① 지배형 - 지도력이 없고 논쟁적이고 독단적인 면이 강함
② 복종형 - 수동적이고 의존적이며 자신감이 없음
③ 실리형 - 이해관계에 예민하고 성취지향적이며 경쟁적이고 자기중심적임
④ 냉담형 - 이성적이며 의지력이 강한 반면 타인의 감정에 무관심함
⑤ 고립형 - 혼자 있는 것을 선호하고 사회적 상황을 회피하며 지나치게 자신의 감정을 억제함

 의사소통능력 / 의사소통의 유형 이해하기

의사소통 유형의 지배형은 자신감과 지도력은 있으나 논쟁적이고 독단적인 면이 강한 것이 특징이다. 따라서 대인 갈등을 겪을 수 있으므로 타인의 의견을 경청하고 수용하는 자세가 필요하다.
• 순박형 : 단순하고 솔직하지만 자기주관이 부족함
• 친화형 : 따뜻하고 인정이 많고 자기희생적이나, 타인의 요구를 거절하지 못함
• 사교형 : 외향적으로 타인에 대한 높은 관심으로 간섭하려는 경향이 있고, 남에게 인정받고자 하는 욕구가 강함

정답 ①

04 보고서는 특정한 일에 관한 현황이나 그 진행 상황 또는 연구 및 검토 결과 등을 보고하고자 할 때 작성하는 문서이다. 이러한 보고서의 종류 중 진행됐던 사안의 수입과 지출결과를 보고하는 문서는 무엇인가?

① 영업보고서 ② 결산보고서 ③ 출장보고서
④ 회의보고서 ⑤ 업무보고서

 문서이해능력 / 문서의 종류 이해하기

진행됐던 사안의 수입과 지출 결과를 보고하는 문서는 결산보고서이다.

오답풀이

① 영업보고서 : 재무제표와 달리 영업상황을 문장 형식으로 기재해 보고하는 문서
③ 출장보고서 : 회사 업무로 출장을 다녀와 외부 업무나 그 결과를 보고하는 문서
④ 회의보고서 : 회의 결과를 정리해 보고하는 문서
⑤ 업무보고서 : 진행된 업무를 보고하는 문서

정답 ②

05 다음 중 일 경험에서 접하게 되는 문서이해의 구체적인 절차 6단계의 다섯 번째에 해당하는 것은?

① 문서가 작성된 배경과 문서의 주제 파악하기
② 상대방의 의도를 도표·그림 등으로 메모하여 요약 및 정리하기
③ 문서의 정보를 밝혀내고, 문서가 제시하는 현안 파악하기
④ 이해한 목적 달성을 위해 취해야 할 행동 생각하고 결정하기
⑤ 상대의 의도와 자신에게 요구되는 행동에 대한 내용 분석하기

 문서이해능력 / 문서이해의 절차 파악하기

문서이해의 구체적인 절차는 다음과 같다.

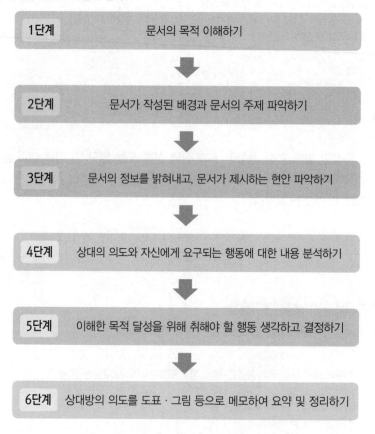

1단계	문서의 목적 이해하기
2단계	문서가 작성된 배경과 문서의 주제 파악하기
3단계	문서의 정보를 밝혀내고, 문서가 제시하는 현안 파악하기
4단계	상대의 의도와 자신에게 요구되는 행동에 대한 내용 분석하기
5단계	이해한 목적 달성을 위해 취해야 할 행동 생각하고 결정하기
6단계	상대방의 의도를 도표·그림 등으로 메모하여 요약 및 정리하기

정답 ④

하위능력 2 ● 문서작성능력

① 문서작성능력이란?

일 경험에서 요구되는 업무의 목적과 상황에 적합한 아이디어나 정보를 전달할 수 있도록 문서로 작성할 수 있는 능력을 의미한다. 직장인은 자신에게 주어진 업무에 관하여 필요한 문서를 작성할 때 읽는 대상과 상황, 목적에 따라 적절하게 작성할 수 있어야 한다.

② 문서작성의 중요성

일 경험에서의 문서작성은 업무와 관련된 일로 조직의 비전을 실현시키는 생존을 위한 것이라 할 수 있다. 그렇기 때문에 개인의 의사표현이나 의사소통을 위한 과정으로서의 업무일 수도 있지만 이를 넘어 조직의 사활이 걸린 중요한 업무이기도 하다.

③ 문서작성 시 고려사항

문서작성은 작성하는 개인의 사고력과 표현력이 총동원된 결정체이다. 그러므로 문서작성시에 고려해야 할 사항은 대상, 목적, 시기가 포함되어야 하며, 기획서나 제안서 등 형식에 따라 기대효과 등이 포함되어야 한다.

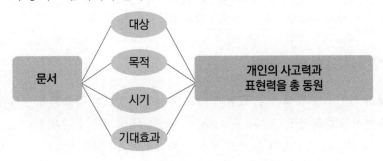

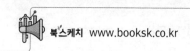

④ 종류에 따른 문서 작성법

보통 각 회사나 기관별로 고유의 문서양식이 있어서 상황에 따라 적합한 문서를 선정하여 작성하게 된다. 별도의 양식이 없다면 일반적으로 많이 쓰이는 양식을 선정하여 작성한다.

공문서	회사 외부로 전달되는 문서로 '누가, 언제, 어디서, 무엇을, 어떻게, 왜'가 정확하게 드러나도록 작성해야 한다.
	− 한 장 안에 작성해야 하고, 마지막에 '끝'자로 마무리한다. − 날짜는 연도와 월, 일을 함께 기입하고, 날짜 다음에 괄호를 사용할 경우에는 마침표를 찍지 않는다. − 복잡한 내용은 항목별로 구분한다. ('−다음−', '−아래−') − 대외 문서이고, 장기간 보관되는 문서성격에 따라 정확하게 기술한다.
기획서	상대가 채택하게끔 설득력을 갖춰야 하므로, 상대가 요구하는 것이 무엇인지 고려하여 작성해야 한고, 목적을 달성할 수 있는 핵심 사항이 정확하게 기입되었는지 확인한다.
	− 한눈에 파악할 수 있는 목차를 구성한다. − 핵심 내용의 표현에 신경을 써야 한다. − 효과적인 내용 전달을 위해 표나 그래프를 활용한다. − 충분한 검토를 한 후에 제출하도록 한다. − 인용한 자료의 출처가 정확한지 확인한다.
보고서	업무 진행과정에서 쓰는 보고서는 진행과정에 대한 핵심내용을 구체적으로 작성하여야 한다.
	− 내용의 중복을 피하고 핵심 사항만을 산뜻하고 간결하게 작성하여야 한다. − 참고자료는 정확하게 제시한다. − 복잡한 내용일 때에는 도표나 그림을 활용한다. − 충분한 검토를 한 후에 제출하도록 한다. − 내용에 대한 예상 질문을 추출해 보고, 답을 미리 준비한다.

⑤ 원활한 의사표현 향상 방법

● 문장은 짧고 간결하게 작성한다. 표현에 기교를 삼가고 명확한 내용을 담도록 한다.
● 우회적 표현이나 현혹적 문구 사용을 피하고, 상대방이 이해하기 쉽게 쓴다.
● 문서 의미의 전달에 불필요한 한자의 사용을 자제하며, 사용이 필요한 경우 상용한자의 범위에서 벗어나지 않도록 한다.
● 간단한 표제를 붙이고, 간결체로 작성한다.
● 부정문이나 의문문의 형식은 되도록 피하고 긍정문으로 작성한다.
● 핵심이 되는 결론이나 문서의 중요한 내용을 먼저 쓰도록 한다.

⑥ 상황에 따른 문서 작성법

요청 · 확인	▶	업무 요청사항이나 확인절차 요구 시 일반적으로 공문서를 사용
정보제공	▶	• 기업정보 홍보물, 보도자료, 제품관련 설명서, 안내서 등 • 시각적인 자료 활용이 효과적이며, 정보제공은 신속하고 정확해야 함
명령 · 지시	▶	• 관련부서, 외부기관, 단체 등에 지시를 내릴 때 업무지시서를 작성 • 상황에 적합하고 명확한 내용을 작성하며, 즉각적인 업무 추진이 실행되도록 해야 함
제안 · 기획	▶	• 업무를 어떻게 개선할지, 어떤 방향으로 추진할지 의견을 제시하려는 목적 • 관련된 내용을 깊이 전달할 수 있는 종합적인 판단과 예견력이 요구됨
약속 · 추천	▶	• 고객 · 소비자에게 제품의 이용 정보를 제공할 때 • 추천서 개인이 다른 회사에 지원할 때 일반적으로 상사가 작성해주는 문서

⑦ 문서작성 시 주의사항

- 문서는 그 작성시기를 정확하게 기입해야 한다.
- 문서작성 후 반드시 다시 한 번 내용을 검토해야 한다.
- 문서의 첨부자료는 반드시 필요한 자료 외에는 첨부하지 않도록 한다.
- 문서내용 중 금액, 수량, 일자 등의 기재에 정확성을 기해야 한다.

⑧ 문서표현의 시각화

차트	주로 통계적 수치 등을 그래프나 차트를 통해 명확하고 효과적으로 전달
다이어그램	개념 · 주제 등 중요한 정보를 도형, 선, 화살표 등 여러 상징으로 표현
이미지	전달하고자 하는 내용을 그림이나 사진 등으로 나타내는 것

2 • 문서작성능력 ≫ 바로확인문제

01 문서작성의 의미와 고려사항에 대한 설명으로 옳은 것은?

① 문서란 제안서, 보고서, 기획서, 편지, 메모, 공지사항 등이 문자로 구성된 것을 말한다.

② 문서를 작성할 때는 문장을 길게 쓰는 것이 좋다.

③ 모든 문서에는 반드시 대상, 목적, 시기 및 기대효과가 포함되어야 한다.

④ 문서작성은 개인의 표현력보다는 객관적 정보의 전달을 우선으로 해야 한다.

⑤ 직장인에게는 문서작성 능력보다 상대방의 말을 잘 귀담아듣고 이야기하는 능력이 더 중요하다.

 문서작성능력 / 문서의 의미와 중요성 알기

문서의 의미는 제안서, 보고서, 기획서, 편지, 메모, 공지사항 등이 문자로 구성된 것이다.

② 문서를 작성할 때는 문장을 짧고, 간결하게 작성해야 한다.

③ 문서 내용에는 대상, 목적, 시기가 포함되어야 하며, 기획서나 제안서는 경우에 따라 기대효과가 포함되어야 한다.

④ 문서작성은 개인의 사고력과 표현력을 총동원해야 하는 능력의 결정체이다.

⑤ 직장인에게 문서 작성은 개인의 의사표현이나 의사소통을 위한 과정의 업무일 수도 있지만, 이를 넘어 조직의 사활이 걸린 중요한 업무이기도 하다.

정답 ①

02 공문서의 특성에 대한 설명으로 옳은 것은?

① 공문서는 여러 장에 담아내는 것이 원칙이다.

② 날짜 다음에 괄호를 사용할 경우 반드시 마침표를 찍어야 한다.

③ 마지막엔 반드시 '끝' 자로 마무리해야 한다.

④ 내용이 복잡할 경우, 내용을 정확하게 전달하기 어려우므로 간결하게 작성한다.

⑤ 회사 내부로 전달되는 글이므로 '누가, 언제, 어디서, 무엇을, 어떻게, 왜'가 드러나지 않아도 된다.

 문서작성능력 / 공문서의 특성 이해하기

공문서를 작성할 때는 마지막에 '끝' 자로 마무리해야 한다.

① 공문서는 한 장에 담아내는 것이 원칙이다.

② 날짜는 연도와 월, 일을 반드시 함께 기입하고, 날짜 다음에 괄호를 사용할 때는 마침표를 찍지 않는다.

④ 내용이 복잡할 경우 '-다음-', 또는 '-아래-'와 같은 항목을 만들어 구분한다. 공문서는 대외문서이고, 장기간 보관되는 문서이기 때문에 정확하게 기술한다.

⑤ 회사 외부로 전달되는 글인 만큼 '누가, 언제, 어디서, 무엇을, 어떻게, 왜'가 드러나도록 작성해야 한다.

정답 ③

03 다음은 신입사원 이나래 씨가 문서작성법에 대한 교육을 듣고 정리한 내용이다. 이나래 씨가 정리한 내용은 어떤 문서의 작성법인가?

> **효과적인 문서작성법**
>
> 1. 보통 업무 진행 과정에서 쓰는 경우가 대부분!
> 2. 무엇을 도출하고자 했는지 핵심내용을 구체적으로 제시할 것
> 3. 간결하고 핵심적인 내용의 도출이 중요함, 내용의 중복을 피할 것
> 4. 상사에게 제출하는 문서이므로 질문받을 것을 대비해놓을 것

① 공문서   ② 설명서   ③ 보고서
④ 기획서   ⑤ 제안서

 문서작성능력 / 문서작성법 파악하기

제시된 정리 내용은 보고서의 문서작성법에 대한 설명이다.

정답 ③

04 다음 중 문서작성의 원칙으로 옳은 것은 모두 몇 개인가?

> • 문장을 짧고, 간결하게 작성하도록 한다.
> • 상대방이 이해하기 쉽게 작성한다.
> • 한자를 가급적 많이 사용하여 단어의 혼동을 최소화시킨다.
> • 긍정문으로 작성한다.
> • 문서의 주요한 내용은 마지막에 작성한다.
> • 간단한 표제를 붙인다.

① 6개   ② 5개   ③ 4개
④ 3개   ⑤ 2개

 문서작성능력 / 문서작성의 원칙 이해하기

• 문장을 짧고, 간결하게 작성하도록 한다.
• 상대방이 이해하기 쉽게 작성한다.
• 한자의 사용을 자제한다.
• 긍정문으로 작성한다.
• 문서의 주요한 내용은 먼저 쓰도록 한다.
• 간단한 표제를 붙인다.

정답 ③

하위능력 3 ● 경청능력

① 경청능력이란?

다른 사람의 말을 주의 깊게 듣고 공감하는 능력으로, 직장에서의 원활한 의사소통을 위해서는 경청 능력을 필수적으로 갖추어야 한다.

② 바람직한 경청의 방법

- 혼자서 대화를 독점하지 않고, 상대방의 말을 가로채지 않는다.
- 의견이 다르더라도 일단 수용하고, 논쟁에서는 상대의 주장을 들어준다.
- 말하는 순서를 지키고, 이야기를 가로막지 않는다.
- 시선(Eye – Contact)을 맞추고, 오감을 동원해 적극적으로 경청한다.

③ 경청을 방해하는 요인

짐작하기	➤	상대방의 말을 자신의 생각대로 넘겨짚어 생각하는 것
준비하기	➤	자신이 다음에 할 말을 생각하기 바빠 상대의 말을 잘 듣지 않는 것
걸러내기	➤	상대의 말을 듣기는 하지만 전하는 메시지를 온전하게 듣지 않는 것
판단하기	➤	상대를 부정적으로 판단하고 비판하기 위해 온전히 듣지 않는 것
다른 생각	➤	상황을 회피하고 있다는 위험한 신호로 상대가 말할 때 자꾸 다른 생각을 하게 되거나 관심을 기울이기 힘들어지는 것
조언하기	➤	상대방의 문제를 본인이 직접 해결해주고자 하는 것
언쟁하기	➤	단지 논쟁하고 반대하기 위해 상대의 말을 듣는 것
자존심	➤	자존심 때문에 자신의 부족한 점에 대한 상대의 말을 듣지 않는 것
넘어가기	➤	대화가 너무 사적이거나 위협적이면 주제를 바꾸거나 농담으로 슬쩍넘기려 하는 것
비위맞추기	➤	상대를 위로하거나 비위를 맞추기 위해 너무 빨리 동의하는 것

4 적극적 경청과 소극적 경청 NEW

적극적 경청	• 자신이 상대방의 이야기에 주의를 집중하고 있음을 행동을 통해 외적으로 표현하며 듣는 것 • 상대의 말 중 이해가 안 되는 부분을 질문하거나, 자신이 이해한 내용을 확인하기도 하고, 상대의 발언 내용과 감정에 대해 공감하기도 함
소극적 경청	• 상대의 이야기에 특별한 반응을 표현하지 않고 수동적으로 듣는 것 • 상대방이 하는 말을 중간에 자르거나 다른 화제로 돌리지 않고 상대의 이야기를 수동적으로 따라가는 것을 의미

5 적극적 경청을 위한 태도

- ① 비판적 · 충고적인 태도를 버리고, ② 상대방이 말하는 의미를 이해하고, ③ 단어 이외의 보여지는 표현에도 신경을 쓰며, ④ 상대방이 말하는 동안 경청하고 있다는 것을 표현하며, ⑤ 대화 시 흥분하지 않는다.
- 적극적 경청은 의사소통에 있어 기본이 되는 태도이므로 관리 · 감독자를 대상으로 하는 대인 능력 향상 프로그램으로 채택되는 일이 많다.

6 경청의 올바른 자세

- 상대를 정면으로 마주하는 자세 : 의논할 준비가 되었음을 알리는 표시
- 손이나 다리를 꼬지 않는 자세 : 상대에게 마음을 열어 놓고 있다는 표시
- 상대방을 향하여 상체를 기울여 다가앉은 자세 : 자신이 열심히 듣고 있다는 사실을 강조
- 우호적인 눈의 접촉 : 자신이 관심을 가지고 있음을 알리는 표시
- 비교적 편안한 자세를 취하는 것 : 전문가다운 자신만만함과 아울러 편안한 마음을 상대에게 전하는 것

7 대화법을 통한 경청 훈련

- 대화 시 주의를 기울이고 정확성을 위해 요약한다.
- 상대방의 경험을 인정하고 더 많은 정보를 요청한다.
- 화자가 주도적으로 말할 수 있도록 개방적으로 질문하되, '왜?'라는 질문은 삼간다.

 3 • 경청능력 ≫ 바로확인문제

01 다음 중 경청을 방해하는 요인이 아닌 것은?

① 상대방의 말을 짐작하면서 듣기
② 대답할 말을 준비하며 듣기
③ 상대의 마음상태를 이해하며 듣기
④ 상대의 말을 판단하며 듣기
⑤ 내 판단에 따라 상대의 말을 걸러내기

 경청능력 / 경청 방해요인 파악하기

상대의 마음상태를 이해하며 듣는 것은 올바른 경청방법이므로 방해요인에 해당하지 않는다.

정답 ③

02 올바른 경청방법에 대한 내용으로 옳지 않은 것은?

① 우호적인 눈의 접촉(Eye – Contact)은 자신이 상대방에게 관심을 가지고 있음을 알려준다.
② 상대방을 향하여 상체를 기울여 다가앉은 자세는 자신이 열심히 듣고 있다는 사실을 강조하는 것이다.
③ 손이나 다리를 꼬지 않는 개방적인 자세는 상대에게 마음을 열어놓고 있음을 알려주는 신호이다.
④ 비교적 편안한 자세를 취하는 것은 전문가다운 자신만만함과 아울러 편안한 마음을 상대방에게 전하는 것이다.
⑤ 상대를 정면으로 마주하는 자세는 상대방이 자칫 위축되거나 부담스러워할 수 있으므로 지양한다.

 경청능력 / 올바른 경청 방법 이해하기

상대를 정면으로 마주하는 자세는 그와 함께 의논할 준비가 되었음을 알리는 자세이다.
올바른 경청방법
• 상대를 정면으로 마주하는 자세는 그와 함께 의논할 준비가 되었음을 알림
• 손이나 다리를 꼬지 않는 개방적인 자세는 상대에게 마음을 열어놓고 있음을 알림
• 상대방을 향하여 상체를 기울여 다가앉은 자세는 자신이 열심히 듣고 있다는 사실을 강조
• 우호적인 눈의 접촉은 자신이 관심을 가지고 있음을 알림
• 비교적 편안한 자세는 전문가다운 자신만만함과 아울러 편안한 마음을 상대방에게 전함

정답 ⑤

03 다음 중 경청의 방해 요인에 해당하는 것은 모두 몇 개인가?

• 짐작하기	• 언쟁하기
• 걸러내기	• 조언하기
• 주의 집중하기	• 질문하기
• 판단하기	• 슬쩍 넘어가기
• 다른 생각하기	• 비위맞추기
• 예측하기	• 요약하기
• 준비하기	• 반응하기
• 자존심 세우기	• 대답할 말 준비하기

① 8개   ② 9개   ③ 10개   ④ 11개   ⑤ 12개

경청능력 / 경청의 방해요인과 효과적인 경청방법 이해하기

경청의 방해요인		
• 짐작하기	• 대답할 말 준비하기	• 걸러내기
• 판단하기	• 다른 생각하기	• 조언하기
• 언쟁하기	• 자존심 세우기	• 슬쩍 넘어가기
• 비위 맞추기		

정답 ③

04 다음 중 대화를 통한 경청훈련에 대한 설명으로 옳지 않은 것은?

① 상대방의 이야기에 주의를 기울이고 자신의 관심을 상대방에게 충분히 보여주도록 한다.

② 상대방의 경험을 인정하되 더 많은 정보는 요청하지 않도록 주의한다.

③ 정확성을 위해 요약한다. 요약하는 기술은 자신과 상대방을 서로 알게 하며 자신과 상대방의 메시지를 공유할 수 있도록 한다.

④ 개방적인 질문을 한다. 개방적인 질문은 보통 "누가, 무엇을, 어디에서, 언제 또는 어떻게"라는 어휘로 시작된다.

⑤ '왜'라는 질문을 피한다. '왜'라는 질문은 부정적·추궁적인 표현이므로 사용하지 않는 것이 좋다.

경청능력 / 대화를 통한 경청훈련 파악하기

상대방의 경험을 인정하고 더 많은 정보를 요청한다. 다른 사람의 메시지를 인정하는 것은 상대가 인도하는 쪽으로 따라가고 있다는 것을 언어적·비언어적인 표현을 통하여 상대방에게 알려주는 반응이다.

정답 ②

하위능력 4 • 의사표현능력

1 의사표현능력이란?

말하는 사람이 자신의 생각과 감정을 듣는 사람에게 음성 언어나 신체 언어로 표현하는 능력이다. 조직의 관계를 유지하고 업무 성과를 높이기 위해 필수적으로 요구되는 능력이다.

2 의사표현의 종류

공식적 말하기 (대중을 상대로 사전에 준비된 내용을 말하는 것)	연설	말하는 사람 혼자 여러 사람을 대상으로 자신의 사상이나 감정에 관하여 일방적으로 말하는 방식
	토의	여러 사람이 모여서 공통의 문제에 대하여 가장 좋은 해답을 얻기 위해 협의하는 말하기 방식
	토론	어떤 논제에 관하여 찬성자와 반대자가 각기 논리적인 근거를 발표하고, 상대의 논거가 부당하다는 것을 명백하게 하는 말하기 방식
의례적 말하기		정치적 · 문화적 행사 등의 의례 절차에 따라 하는 말하기 예 식사, 주례, 회의 등
친교적 말하기		매우 친근한 사람들 사이에 가장 자연스러운 상태에 떠오르는 대로 주고받는 말하기

3 의사표현에 영향을 미치는 비언어적 요소

연단공포증	▶	남 앞에 섰을 때의 떨림, 홍조 등 생리적 현상
말	▶	말의 장단, 발음, 속도, 쉼, 등
몸짓	▶	청자에게 인식되는 겉모습, 동작, 자세, 방향 등의 비언어적 요소
유머	▶	웃음을 주는 것으로 흥미 있는 이야기, 풍자 또는 비교, 방향전환, 아이러니 등의 방법을 활용함

4 효과적인 의사표현 방법

- 말하는 이는 자신이 전달하고자 하는 내용을 분명하게 인식해야 한다.
- 전달하고자 하는 내용을 명료하고 적절한 메시지로 바꾸어야 한다.
- 메시지를 전달하는 매체와 경로를 신중하게 선택해야 한다.
- 듣는 이가 어떻게 자신의 메시지를 받아들였는지 피드백을 받아야 한다.

- 표정, 몸짓 등 비언어적 요소를 활용하여 의사표현의 메시지를 강조한다.
- 반복적으로 전달해야 확실하게 의사표현이 된다.

⑤ 대상과 상황에 따른 적절한 의사표현

지적할 때	➤	장점이나 잘한 행동을 먼저 칭찬한 다음, 잘못한 점이나 지적할 사항을 상대가 이해할 수 있도록 전달하기 → 샌드위치 화법(칭찬 → 질책 → 격려)
칭찬할 때	➤	정말 칭찬하고 싶은 중요한 내용을 칭찬하거나, 대화 서두에 분위기 전환 용도로 간단하게 칭찬하기
요구할 때	➤	도와줄 수 있는지 확인한 후 응하기 쉽게 구체적으로 부탁하기
거절할 때	➤	정중히 사과하되 이유는 명확하고 분명하게 설명하기
설득할 때	➤	일방적인 강요보다는 서로 양보했을 때의 효과를 강조하기

⑥ 설득력 있는 의사표현 지침 NEW

- 상대의 도움이 필요한 경우, 협상과 절충을 통해 내가 원하는 도움을 효과적으로 얻을 수 있다.
- 문 안에 한 발 들여놓기 기법(Foot-in-the-Door Technique) : 말하는 이가 요청하고 싶은 도움이 100이라면 처음에는 상대방이 'Yes'라고 할 수 있도록 50, 60 정도로 부탁을 하고 점차 도움의 내용을 늘려서 상대방의 허락을 유도하는 방법이다.
- 얼굴 부딪히기 기법(Door-in-the-Face Technique) : 말하는 이가 원하는 도움의 크기가 50이라면 처음에 100을 상대방에게 요청하고 거절을 유도하는 것이다.

 **4 ● 의사표현능력 ≫ 바로확인문제**

01 다음 중 의사표현에 대한 설명으로 잘못된 것은?

① 의사표현에는 음성으로 표현하는 것과 신체로 표현하는 것이 있다.

② 의사표현을 통해 말하는 이는 듣는 이의 생각이나 태도에 영향을 미칠 수 있다.

③ 의사표현은 현대사회에서 자신을 표현하는 중요한 수단이다.

④ 의사표현의 종류에는 공식적인 말하기와 의례적인 말하기가 있고, 친구들끼리의 친교적 대화는 포함되지 않는다.

⑤ 의사표현을 통해 전달하는 이미지들은 우리에 대한 다른 사람들의 순응을 얻는 데 도움이 될 수 있다.

 의사표현능력 / 의사표현의 의미 이해하기

의사표현의 종류는 상황에 따라 공식적 말하기, 의례적 말하기, 친교적 말하기로 구분하며 매우 친근한 사람들 사이에 가장 자연스런 상태에서 자연스럽게 주고받는 말하기가 친교적 말하기이다.

정답 ④

02 다음은 의사표현에 영향을 미치는 비언어적 요소에 대한 내용이다. 적절하지 않은 설명은?

① 청중 앞에서 발표를 할 때 가슴이 두근거리고 얼굴이 달아오르는 등의 생리적 현상인 연단공포증을 잘 통제하면서 의사표현을 한다면 청자는 그것을 더 인간적으로 생각할 수 있다.

② 정확한 발음을 위해서는 천천히 복식호흡을 하여 깊은 소리를 내며 침착하게 이야기하는 습관을 가져야 한다.

③ 빨리 말하면 바쁘고 성의 없는 느낌을 줄 수 있고, 느리게 말하면 분위기가 처지게 되어 청중이 내용에 집중을 하지 못할 수 있으므로 말의 속도도 신경을 써야 한다.

④ 몸의 방향은 의사표현의 비언어적인 요소 중 가장 덜 모호한 유형이다.

⑤ 의도적인 쉼을 잘 활용하면 의사표현 시 논리성, 감정제고, 동질감 등을 확보할 수 있다.

 의사표현능력 / 의사표현의 비언어적 요소 파악하기

의사표현의 비언어적인 요소 중 가장 덜 모호한 유형은 '자세'이다. 상대의 자세를 통해 그 사람의 감정을 파악할 수 있으므로, 언어적 요소와는 다른 중요한 정보를 얻을 수 있다.

'몸의 방향'은 주로 말하는 이의 머리, 몸, 발 등이 듣는 이를 향하는가 혹은 피하는가를 판단하는 준거로 작용한다.

정답 ④

03 다음은 상황과 대상에 따른 의사표현에 대한 설명이다. 옳은 것을 모두 고르면?

ⓐ 상대방에게 칭찬하는 경우에는 예를 들거나 비유법을 사용하면 효과적이다.
ⓑ 상대방에게 명령해야 할 때는 강압적 표현보다 청유형으로 부드럽게 하는 것이 효과적이다.
ⓒ 상대방의 잘못을 질책하는 경우에는 샌드위치 화법을 사용하면 듣는 사람이 반발하지 않고 부드럽게 받아들일 수 있다.
ⓓ 상대방의 요구를 거절해야 할 때는 먼저 응할 수 없는 이유를 분명하게 설명한 뒤 정중하게 사과하는 것이 좋다.
ⓔ 상대방에게 부탁할 때는 상대방의 사정을 듣고, 상대방이 가능한 상황인지 확인한 후, 응하기 쉽게 구체적으로 부탁한다.

---

① ㉠, ㉡, ㉢   ② ㉡, ㉢, ㉣   ③ ㉡, ㉢, ㉤
④ ㉠, ㉣, ㉤   ⑤ ㉡, ㉢, ㉣, ㉤

 의사표현능력 / 적절한 의사표현법 파악하기

㉠ 상대방에게 '충고'하는 경우에는 예를 들거나 비유법을 사용하면 효과적이다. '칭찬'은 상대방을 기분 좋게 만드는 전략으로, 상대에게 중요한 내용을 칭찬하거나 대화 서두에 분위기 전환을 위해 간단한 칭찬을 한다.
㉣ 상대방의 요구를 거절해야 할 때는 먼저 거절에 대한 사과를 한 후, 응할 수 없는 이유를 분명하게 설명하는 것이 좋다.
따라서 옳은 것을 모두 고르면 ㉡, ㉢, ㉤이다.

정답 ③

하위능력 5 ● 기초외국어능력

① 기초외국어능력이란?

일 경험에 필요한 문서이해, 문서작성, 의사표현, 경청 등 기초적인 의사소통을 기초적인 외국어로 할 수 있는 능력을 의미한다. 기초외국어능력은 크게 외국어로 된 간단한 자료 이해, 외국인과의 전화통화 및 간단한 대화, 외국인의 의사표현을 이해하고 자신의 의사를 외국어로 표현할 수 있는 능력으로 나눌 수 있다.

② 기초외국어능력이 필요한 경우

비서 업무를 하는 경우	➤	전화 또는 업무 안내 시 기초외국어로 응대하는 경우
기계 업무를 하는 경우	➤	외국어 매뉴얼을 통해 기계의 기능을 습득하는 경우
일반 회사원	➤	외국으로 보낼 서류를 작성하거나 메일을 보내는 경우

③ 외국인과 의사소통할 때 반드시 피해야 할 행동

- 상대방의 시선을 피하거나 아예 보지 않는 행동
- 무표정하게 대화하거나 팔이나 다리를 꼬는 행동
- 다리를 흔들거나 펜을 돌리는 행동
- 맞장구를 치지 않거나 고개를 끄덕이지 않는 행동
- 생각 없이 부산하게 메모하는 행동과 바른 자세로 앉지 않는 행동
- 한숨·하품을 하는 행동, 다른 일을 하며 듣는 행동
- 상대의 이름 및 호칭을 물어보지 않고 마음대로 부르는 행동

④ 기초외국어로 의사소통할 때 필요한 능력

- 자신이 전달하고자 하는 내용을 먼저 생각하는 사고력
- 생각한 내용을 어떤 형태로 전달할 것인지 결정하는 표현력

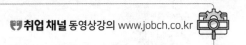
 5 ● 기초외국어능력 》 바로확인문제

01 다음 중 기초외국어 능력이 필요한 상황과 관련된 설명으로 잘못된 것은?

① 누구에게나 똑같은 상황에서 기초외국어능력이 필요하다.
② 외국어라고 해서 영어만 필요한 것이 아니고, 자신이 주로 상대하는 외국인이 구사하는 언어가 필요한 것이다.
③ 자신에게 기초외국어능력이 언제 필요한지 잘 아는 것이 중요하다.
④ 자신의 업무에서 필요한 기초외국어를 적절하게 구사하는 것이 중요하다.

 기초외국어능력 / 기초외국어능력의 필요성 인식하기

외국인과 함께 일하는 국제 비즈니스에서는 의사소통이 매우 중요하다. 직업인은 자신이 속한 조직의 목적을 달성하기 위해 외국인을 설득하거나 이해시켜야 한다. 하지만 이런 설득이나 이해의 과정이 외국인의 전화 응대, 기계 매뉴얼 보기 등 모든 업무에서 똑같이 이뤄지는 것은 아니다.

정답 ①

02 다음은 외국인과의 의사소통에서 비언어적인 의사소통에 대한 설명이다. 잘못된 설명은?

① 눈을 마주치고 쳐다보는 것은 흥미와 관심이 있음을 나타낸다.
② 어조가 높으면 만족과 안심을 나타낸다.
③ 말씨가 매우 빠르거나 짧게 얘기하면 공포나 노여움을 나타내는 것이다.
④ 자주 말을 중지하면 결정적인 의견이 없음을 의미하거나 긴장 또는 저항을 의미한다.

 기초외국어능력 / 비언어적 의사소통 이해하기

비언어적인 의사소통은 조금만 주의를 기울이면 상대방의 의도나 감정상태를 쉽게 파악할 수 있다. 보통 의사소통에서 어조가 높다는 것은 만족과 안심의 상태를 나타내기보다는 흥분과 적대감을 나타내는 것이므로 주의해야 한다.
외국인과 대화 시 음성으로 판단할 수 있는 사항

어조	• 높은 어조 – 적대감이나 대립감 • 낮은 어조 – 만족이나 안심
목소리 크기	• 큰 목소리 – 내용 강조, 흥분, 불만족 • 작은 목소리 – 자신감 결여
말의 속도	• 빠른 속도 – 공포나 노여움 • 느린 속도 – 긴장 또는 저항

정답 ②

간추린 HIDDEN NOTE 의사소통능력

 테마 1 • 의미 관계 용어 이해하기

1. 유의어와 반의어

1) 유의어 : 소리는 서로 다르지만 의미가 비슷한 말

> 예 격려(激勵) – 고무(鼓舞), 부족(不足) – 결핍(缺乏), 실제(實際) – 현실(現實), 의도(意圖) – 취지(趣旨), 지시(指示) – 명령(命令), 판단(判斷) – 변별(辨別), 혼잡(混雜) – 번잡(煩雜)

2) 반의어 : 의미가 서로 반대되는 말

> 예 간섭(干涉) – 방임(放任), 남자(男子) – 여자(女子), 막연(漠然) – 명확(明確), 실제(實際) – 가공(架空), 유보(留保) – 결정(決定), 후대(厚待) – 냉대(冷待)

2. 다의어와 동음이의어

1) 다의어 : 두 가지 이상의 뜻을 가진 단어

그리다	1. 연필, 붓 따위로 어떤 사물의 모양을 그와 닮게 선이나 색으로 나타내다. 예 방학 숙제로 그림을 **그렸다**. 2. 생각, 현상 따위를 말이나 글, 음악 등으로 나타내다. 예 이 영화는 직장인의 애환을 **그리고** 있다. 3. 어떤 모양을 일정하게 나타내거나 어떤 표정을 짓다. 예 별똥별이 포물선을 **그리며** 떨어졌다. 4. 상상하거나 회상하다. 예 그녀는 할아버지와의 추억을 **그리며** 잠이 들었다.
띠다	1. 물건을 몸에 지니다. 예 추천서를 **띠고** 회사를 찾아가도록 해라. 2. 용무나 직책, 사명 따위를 지니다. 예 중요한 임무를 **띠고** 있는 그의 행보에 눈길이 간다. 3. 빛깔이나 색채 따위를 가지다. 예 사과가 홍조를 **띠면서** 굵어질 채비를 하고 있다. 4. 감정이나 기운 따위를 나타내다. 예 그의 얼굴은 미소를 **띠고** 있었다. 5. 어떤 성질을 가지다. 예 그 모임은 정치적 성격을 **띠고** 있다.

맵다	1. 고추나 겨자와 같이 맛이 얼얼하다. 　　예 라면이 **맵다**. 2. 성미가 사납고 독하다. 　　예 어머니는 **매운** 시집살이를 하셨다. 3. 날씨가 매우 춥다. 　　예 겨울바람이 **맵고** 싸늘하게 불어왔다. 4. 연기 따위가 눈이나 코를 아리게 하다. 　　예 연기 때문에 눈이 **매웠다**. 5. 결기가 있고 야무지다. 　　예 그녀는 하는 일마다 **맵게** 잘 처리한다.
쌓다	1. 물건을 차곡차곡 포개어 얹어서 구조물을 이루다. 　　예 장작을 **쌓아** 불을 붙였다. 2. 밑바탕을 닦아서 든든하게 마련하다. 　　예 책을 쓰기 위해서는 학문의 기초부터 **쌓아야** 한다. 3. 경험, 기술, 업적, 지식 따위를 거듭 익혀 많이 이루다. 　　예 그는 경험을 **쌓기** 위해 떠났다. 4. 재산, 명예 또는 불명예, 신뢰 또는 불신 따위를 많이 얻거나 가지다. 　　예 약속을 어기지 않아야 신뢰를 **쌓을** 수 있다.
울다	1. 기쁨, 슬픔 따위의 감정을 억누르지 못하거나 아픔을 참지 못하여 눈물을 흘리다. 또는 그렇게 눈물을 흘리면서 소리를 내다. 　　예 그는 서러운 마음이 들어 슬피 **울었다**. 2. 짐승, 벌레, 바람 따위가 소리를 내다. 　　예 첫닭이 **울었다**. 3. 물체가 바람 따위에 흔들리거나 움직여 소리가 나다. 　　예 전깃줄이 바람에 **운다**. 4. 종이나 천둥, 벨 따위가 소리를 내다. 　　예 천둥이 **우는** 소리에 잠에서 깼다.

2) 동음이의어 : 소리는 같지만 의미가 다른 단어

배	배[1]	사람이나 동물의 몸에서 위장, 창자, 콩팥 따위의 내장이 들어 있는 곳으로 가슴과 엉덩이 사이의 부위
	배[2]	사람이나 짐 따위를 싣고 물 위로 떠다니도록 나무나 쇠 따위로 만든 물건
	배[3]	배나무의 열매

테마 2 • 단어 간의 의미 관계 파악하기

1. 유의 관계

의미가 거의 같거나 비슷한 단어 간의 관계

예 어머니 – 엄마 – 모친, 이름 – 성명 – 존함 – 함자, 노랗다 – 노르스름하다 – 노리끼리하다

2. 반의 관계

의미가 서로 반대되거나 대립하는 단어 간의 관계

1) 모순관계 : 두 개념 사이에 중간 개념이 존재하지 않는 배타적 대립관계

　　예 남자 – 여자, 살다 – 죽다, 있다 – 없다

2) 반대관계 : 두 개념 사이에 중간 개념이 존재하는 대립관계

　　예 검다 – 희다, 길다 – 짧다, 크다 – 작다

3. 상하 관계

한 단어의 의미가 다른 단어의 의미를 포함하는 관계

예 동물 – 포유류 – 돼지, 아시아 – 대한민국 – 서울, 악기 – 건반악기 – 피아노

4. 부분 – 전체 관계

한 단어가 다른 단어의 부분이 되는 관계

예 나무 – 가지 – 나뭇잎, 몸 – 팔 – 손 – 손톱, 자동차 – 바퀴 – 휠

5. 원료 – 제품 관계

어느 제품 · 완성품의 재료 및 원료가 되는 관계

예 우유 – 치즈, 가죽 – 구두, 누룩 – 막걸리, 메주 – 된장, 고무 – 타이어

6. 주체 – 행위 관계

한 단어의 의미가 다른 대상의 역할이 되는 관계

예 변호사 – 변론, 의사 – 진료, 학자 – 연구, 선수 – 경기

테마 3 ● 자주 혼동하는 어휘 정리하기

가늠/가름/갈음	가늠	사물을 어림잡아 헤아림 예 **가늠**이 안 되는 높이
	가름	쪼개거나 나누어 따로따로 되게 함. 또는 승부나 등수 따위를 정함 예 승패의 **가름**은 가위바위보로 하자.
	갈음	다른 것으로 바꾸어 대신함 예 제 소개는 춤으로 **갈음**하겠습니다.
걷잡다/겉잡다	걷잡다	한 방향으로 치우쳐 흘러가는 형세 따위를 붙들어 잡음. 또는 마음을 진정하거나 억제함 예 **걷잡**을 수 없이 흐르는 눈물
	겉잡다	겉으로 보고 대강 짐작하여 헤아림 예 **겉잡아서** 한 달은 걸릴 일
결재/결제	결재(決裁)	결정할 권한이 있는 상관이 부하가 제출한 안건을 검토하여 허가하거나 승인함 예 **결재** 서류
	결제(決濟)	증권 또는 대금을 주고받아 매매 당사자 사이의 거래 관계를 끝맺는 일 예 **결제** 자금
고안/착안	고안(考案)	연구하여 새로운 안을 생각해 냄 예 신제품 **고안**
	착안(着眼)	어떤 일을 주의하여 봄. 또는 어떤 문제를 해결하기 위한 실마리를 잡음 예 **착안** 사항
곤욕/곤혹	곤욕(困辱)	심한 모욕. 또는 참기 힘든 일 예 구설수로 **곤욕**을 치르다.
	곤혹(困惑)	곤란한 일을 당하여 어찌할 바를 모름 예 갑작스런 질문에 **곤혹**을 느끼다.
독선/독단	독선(獨善)	자기 혼자만이 옳다고 믿고 행동하는 일 예 **독선**에 빠지다.
	독단(獨斷)	남과 상의하지 않고 혼자서 판단하거나 결정함 예 **독단**으로 일을 처리하다.
동의/동조	동의(同意)	다른 사람의 행위를 승인하거나 시인함 예 **동의**를 구하다.
	동조(同調)	남의 주장에 자기의 의견을 일치시키거나 보조를 맞춤 예 그녀는 그의 말에 **동조**하는 듯했다.
들르다/들리다	들르다	지나는 길에 잠깐 들어가 머무름 예 친구 집에 **들르다**.
	들리다	'사람이나 동물이 소리를 감각 기관을 통해 알아차리다.'의 피동사 예 노래 소리가 **들린다**.
막역/막연	막역(莫逆)	'허물 없이 아주 친하다'의 어근 예 **막역**한 친구
	막연(漠然)	'갈피를 잡을 수 없게 아득하다. 뚜렷하지 못하고 어렴풋하다.'의 어근 예 **막연**한 기대
명분/명색	명분(名分)	일을 꾀할 때 내세우는 구실이나 이유 따위 예 그럴듯한 **명분**
	명색(名色)	실속 없이 그럴듯하게 불리는 허울만 좋은 이름 예 **명색**만 반장
반증/방증	반증(反證)	어떤 사실이나 주장이 옳지 아니함을 그에 반대되는 근거를 들어 증명함. 또는 그런 증거 예 그의 주장에 **반증**을 대기가 어렵다.
	방증(傍證)	사실을 직접 증명할 수 있는 증거가 되지는 않지만, 주변의 상황을 밝힘으로써 간접적으로 증명에 도움을 줌. 또는 그 증거 예 **방증** 자료

벌리다/ 벌이다	벌리다	둘 사이를 넓히거나 멀게 함 예 줄 간격을 **벌리다.**
	벌이다	일을 계획하여 시작하거나 펼쳐 놓음 예 잔치를 **벌이다.**
실용성/ 실효성	실용성 (實用性)	실제적인 쓸모가 있는 성질이나 특성 예 예쁘지만 **실용성**이 떨어진다.
	실효성 (實效性)	실제로 효과를 나타내는 성질 예 **실효성** 있는 대책
일절/ 일체	일절(一切)	아주, 전혀, 절대로의 뜻으로, 흔히 행위를 그치게 하거나 어떤 일을 하지 않을 때에 쓰는 말 예 출입을 **일절** 금지하다.
	일체(一切)	'전부' 또는 '완전히'의 뜻을 나타내는 말 예 재산 **일체**를 기부하다.
임대/ 임차	임대(賃貸)	돈을 받고 자기의 물건을 남에게 빌려줌 예 **임대** 아파트
	임차(賃借)	돈을 내고 남의 물건을 빌려 씀 예 사무실을 **임차**하였다.
좇다/ 쫓다	좇다	목표, 이상, 행복 따위를 추구함 예 이상을 **좇는** 젊은이
	쫓다	어떤 대상을 잡거나 만나기 위하여 뒤를 급히 따름 예 그의 뒤를 **쫓아** 건물로 들어갔다.
지그시/ 지긋이	지그시	슬며시 힘을 주는 모양 예 **지그시** 밟다.
	지긋이	나이가 비교적 많아 듬직하게 예 그는 나이가 **지긋이** 들어 보인다.
지양/ 지향	지양(止揚)	더 높은 단계로 오르기 위하여 어떠한 것을 하지 아니함 예 갈등을 **지양**하다.
	지향(志向)	어떤 목표로 뜻이 쏠리어 향함. 또는 그 방향이나 그쪽으로 쏠리는 의지 예 평화를 **지향**하다.
째/ 채/ 체	–째	'그대로' 또는 '전부'의 뜻을 더하는 접미사 예 껍질**째** 먹어라.
	채	이미 있는 상태 그대로 있다는 뜻을 나타내는 말 예 앉은 **채**로 잠들다.
	체	그럴듯하게 꾸미는 거짓 태도나 모양 예 그는 모르는 **체**를 했다.
찬성/ 찬조	찬성(贊成)	어떤 행동이나 견해, 제안 따위가 옳거나 좋다고 판단하여 수긍함 예 과반수의 **찬성**
	찬조(贊助)	어떤 일에 찬동하여 도와줌 예 저명인사들의 **찬조**
출연/ 출현	출연(出演)	연기, 공연, 연설 따위를 하기 위하여 무대나 연단에 나감 예 신인 배우를 **출연**시키다.
	출현(出現)	나타나거나 또는 나타나서 보임 예 문명의 **출현**
한참/ 한창	한참	시간이 상당히 지나는 동안 예 **한참** 동안 기다리다.
	한창	어떤 일이 가장 활기 있고 왕성하게 일어나는 때. 또는 어떤 상태가 가장 무르익은 때 예 축제가 **한창**인 대학가
햇볕/ 햇빛	햇볕	해가 내리쬐는 기운 예 **햇볕**이 따사롭다.
	햇빛	해의 빛 예 **햇빛**이 비치다.
홀몸/ 홑몸	홀몸	배우자나 형제가 없는 사람 예 그는 **홀몸**이 되었다.
	홑몸	아이를 배지 아니한 몸 예 **홑몸**이 아니다.

테마 4 • 자주 틀리는 외래어 표기 정리하기

X	O	X	O
나레이션	내레이션	넌센스	난센스
다이나믹	다이내믹	도너츠	도넛
런닝셔츠	러닝셔츠	레포트	리포트
로보트	로봇	로케트	로켓
리더쉽	리더십	리모콘	리모컨
매니아	마니아	메세지	메시지
미스테리	미스터리	밀크쉐이크	밀크셰이크
바디랭기지	보디랭귀지	바베큐	바비큐
발렌타인데이	밸런타인데이	밧데리	배터리
부저	버저	불독	불도그
비지니스	비즈니스	상들리에	샹들리에
샌달	샌들	샵	숍
소세지	소시지	쇼파	소파
수퍼마켓	슈퍼마켓	쉬림프	슈림프
스케쥴	스케줄	스탭	스태프
싱가폴	싱가포르	아울렛	아웃렛
악세사리	액세서리	알콜	알코올
엑센트	악센트	엔돌핀	엔도르핀
쥬라기	쥐라기	쥬스	주스
째즈	재즈	초콜렛	초콜릿
카운셀러	카운슬러	카톨릭	가톨릭
카페트	카펫	캬라멜	캐러멜
커텐	커튼	컨닝	커닝
컨텐츠	콘텐츠	컴플렉스	콤플렉스
케익	케이크	케찹	케첩
쿠테타	쿠데타	클라이막스	클라이맥스
타겟	타깃	타올	타월
텔레비젼	텔레비전	팜플렛	팸플릿
페스티발	페스티벌	프로포즈	프러포즈
플래쉬	플래시	플룻	플루트

 테마 5 ● 복수 표준어 및 추가 표준어 바로 알기

1. 복수표준어(표준어 규정)

1) 제2장 제5절 제18항 : 다음 단어는 ㄱ을 원칙으로 하고, ㄴ도 허용한다.

ㄱ	ㄴ	ㄱ	ㄴ
네	예	쇠-	소-
괴다	고이다	꾀다	꼬이다
쐬다	쏘이다	죄다	조이다

2) 제2장 제5절 제19항 : 어감의 차이를 나타내는 단어 또는 발음이 비슷한 단어들이 다 같이 널리 쓰이는 경우에는, 그 모두를 표준어로 삼는다.(ㄱ, ㄴ을 모두 표준어로 삼음)

ㄱ	ㄴ	ㄱ	ㄴ
거슴츠레-하다	게슴츠레-하다	고까	꼬까
고린-내	코린-내	구린-내	쿠린-내
꺼림-하다	께름-하다	나부랭이	너부렁이

3) 제3장 제5절 제26항 : 한 가지 의미를 나타내는 형태 몇 가지가 널리 쓰이며 표준어 규정에 맞으면, 그 모두를 표준어로 삼는다.

가뭄/가물	가엾다/가엽다
감감-무소식/감감-소식	-거리다/-대다
게을러-빠지다/게을러-터지다	관계-없다/상관-없다
깃-저고리/배내-옷/배냇-저고리	꼬까/때때/고까
넝쿨/덩굴	녘/쪽
다달-이/매-달	뒷-갈망/뒷-감당
뒷-말/뒷-소리	들락-날락/들랑-날랑
딴-전/딴-청	-뜨리다/-트리다
모-내다/모-심다	보-조개/볼-우물
보통-내기/여간-내기/예사-내기	뽀두라지/뽀루지
서럽다/섧다	-(으)세요/-(으)셔요
-스레하다/-스름하다	아무튼/어떻든/어쨌든/하여튼/여하튼
알은-척/알은-체	어이-없다/어처구니-없다
여태/입때	옥수수/강냉이
우레/천둥	좀-처럼/좀-체

2. 새롭게 인정된 주요 표준어

기존 표준어	추가된 표준어	기존 표준어	추가된 표준어
간질이다	간지럽히다	거치적거리다	걸리적거리다
−고 싶다	−고프다	괴발개발	개발새발
굽실	굽신	~기에	~길래
까다롭다	까탈스럽다	꺼림칙하다	꺼림직하다
께름칙하다	께름직하다	꾀다	꼬시다
끼적거리다	끄적거리다	날개	나래
남우세스럽다	남사스럽다	냄새	내음
두루뭉술하다	두리뭉실하다	딴죽	딴지
뜰	뜨락	마을	마실
만날	맨날	묏자리	못자리
복사뼈	복숭아뼈	삐치다	삐지다
새치름하다	새초롬하다	섬뜩	섬찟
손자	손주	실몽당이	실뭉치
쌉싸래하다	쌉싸름하다	아옹다옹	아웅다웅
어수룩하다	어리숙하다	예쁘다	이쁘다
오순도순	오손도손	잎사귀	잎새
자장면	짜장면	주책없다	주책이다
찌뿌듯하다	찌뿌둥하다	차지다	찰지다
추어올리다	추켜올리다	추어올리다/추켜올리다	치켜올리다
치켜세우다	추켜세우다	태껸	택견
푸르다	푸르르다	품세	품새
허섭스레기	허접쓰레기	허접스럽다	허접하다

01 Chapter

FOCUS
하위능력 공략

경기도 공공기관과 출제 유형이 유사한 기관의 기출 복원 문제를 수록하였으니, 학습 시 참고하시기 바랍니다.

 하위능력1 ● 문서이해능력

⊕ 출제 포인트

글의 주제 및 중심내용 찾기 · 글의 내용과 일치하는 것과 일치하지 않는 것 찾기 문제가 주를 이루며, 적절한 어휘 찾기 · 어휘의 의미 파악하기 등의 문제도 출제된다. 해당 기업과 관련된 내용이 출제되는 경우가 많지만 최근에는 시사 일반으로 범위가 확대되는 추세이다. 즉, 문서이해능력은 제시된 글을 얼마나 정확하게 이해했는지를 평가한다.

☆ 대표 기출문제

다음을 보고, 신종 다중이용업소에서 발생할 수 있는 안전사고를 사전에 예방하기 위한 개선과제를 잘못 이해한 것을 고르면?

2020 국민건강보험공단

> 행정안전부는 신종 다중이용업소에서 발생할 수 있는 안전사고를 사전에 예방하기 위해 관계기관과 민간 전문가가 참여하는 재난원인조사반을 구성하여 사고 사례에 대한 원인조사를 실시, 7개의 개선과제를 발굴하여 관계기관에 이행을 권고한다고 밝혔다.
>
> 신종 다중이용업소는 기존 다중이용업소의 특성을 가지면서도 「다중이용업소법」이 적용되지 않는 새로운 형태의 업소들로 가상체험 체육시설(야구, 양궁 등), 신종카페(방탈출카페, 키즈카페) 등이다. 신종업소는 「다중이용업소법」의 적용에서 벗어나, 내부구조와 영업 형태 측면에서 화재 · 붕괴 등 사고 발생 시 인명피해의 위험성이 높은 것으로 나타났다.
>
> 특히 이번 조사에서는 안전사고가 우려되는 신종업종에 대해서 직접 업소를 방문하여 사고 사례를 분석하였으며, 실제 이용객으로 체험하면서 영업장 운영 및 안전관리 실태를 점검했다. 이번 조사는 국토부, 문체부, 식약처, 소방청 등 관계기관이 참여하고 민간전문가들이 제시한 의견을 심층적으로 논의한 후에 개선과제를 마련하였고, 그 주요 내용은 다음과 같다.
>
> 첫째, 신종업소를 현행법 적용의 테두리 안으로 넣기 위해 다중이용업소법 적용범위에 위험성이 높은 '가상체험 체육시설업', '방탈출카페업', '키즈카페업' 등을 추가하기로 하였다. 다중이용업소법 적용 업소는 안전시설 설치, 간이스프링클러 설치, 비상구 · 내부피난통로, 화재배상책임보험 가입, 소방안전교육 등이 의무사항이다.
>
> 둘째, 소관부처가 지정되지 않는 신종업소는 소방관서장에게 사전 허가를 받아야만 영업을 할 수 있도록 제도개선을 추진하고, 다중이용업소 사업자 현황 정보를 국세청에 요청할 수 있는 근거를 다중이용업소법에 마련할 예정이다.

셋째, 가상체험 체육시설(스크린골프장, 스크린야구장 등)의 프로그램 시작 전에 영상을 통해 피난안내도, 이용자 안전수칙 등을 홍보할 예정이다.

넷째, 신종업소 등을 관리하는 관계기관 간 건축물 안전정보도 공유된다. 우선 국토부가 구축·운영하는 '건축물 생애이력 관리시스템'에 소방·전기·가스 등 건축물 단위 안전정보를 기관 간 연계 공유하고, 단계적으로 '국가안전정보 통합공개시스템(행안부)'을 구축해 승강기, 체육시설 등 각 분야를 확대하여 점검결과를 공유하기로 했다.

마지막으로, 지자체 차원의 건축물 안전관리 역량강화를 위해 '지역건축안전센터'설치를 확대하는 방안을 마련하기로 했다.

행안부는 이번 도출된 기관별 개선대책이 실제 현장에서 적용될 수 있도록 이행 상황을 주기적(상·하반기)으로 점검·관리하고, '국가재난조사 정보관리시스템'을 통해 제도 개선과제의 실행력을 강화한다는 방침이다.

① 신종업소 등을 관리하는 관계기관 간 건축물 안전정보가 공유될 예정이다.
② 신종카페 입장 전에 영상을 통해 피난안내도, 이용자 안전수칙 등을 홍보할 예정이다.
③ 다중이용업소 사업자 현황 정보를 국세청에 요청할 수 있는 근거를 다중이용업소법에 마련할 예정이다.
④ 소관부처가 지정되지 않는 신종업소는 소방관서장에게 사전 허가를 받아야만 영업을 할 수 있도록 제도를 개선할 예정이다.

 문서이해능력 / 세부 내용 파악하기

개선과제 세 번째 내용을 보면, 가상체험 체육시설(스크린골프장, 스크린야구장 등)의 프로그램 시작 전에 영상을 통해 피난안내도, 이용자 안전수칙 등을 홍보할 예정이라고 되어 있다.

정답 ②

 HELPFUL TIPS⁺

✔ **문서이해능력을 키우기 위한 방법**
• 전달하는 정보를 나만의 방식으로 소화하여 작성할 수 있어야 한다.
• 많은 정보를 이해하고 기억하기 위한 방식은 각자 다르다. 누군가에게는 도표가, 누군가에게는 3~4개의 핵심 단어 요약이 더 적합한 방식일 수 있다.
• 평소에 다양한 종류의 문서를 읽고, 구체적인 절차에 따라 이해하고, 정리하는 습관을 들이되 본인에게 적합한 정리 방식을 찾는 노력이 필요하다.

하위능력 2 • 문서작성능력

⊕ 출제 포인트

업무 관련 메일, 업무 보고서, 업무 결과 발표문 등 여러 문서를 글로 작성할 때 주의해야 할 사항을 묻거나, 제시된 공문서에서 어법이나 맞춤법이 잘못된 부분을 파악하여 바르게 수정하는 문제 등이 출제된다. 빈칸에 들어갈 알맞은 어휘나 문장을 고르는 문제도 출제되므로 문서작성능력은 글의 이해가 뒷받침되어야 원활하게 해결할 수 있는 능력이라고도 볼 수 있다.

☆ 대표 기출문제

01 다음 중 단어의 쓰임이 옳게 짝지어진 것을 고르면?   [2020 코레일]

> ㉠ 이번 사건은 [유래/유례]가 없는 참사로 기록될 것이다.
> ㉡ 우리는 건강할 때부터 각종 질병에 대한 [대비/대처]를 해 둘 필요가 있다.
> ㉢ 그녀는 가상의 인물이 아니라 [실재/실제]의 인물이다.

	㉠	㉡	㉢
①	유래	대처	실재
②	유래	대처	실제
③	유래	대비	실재
④	유례	대비	실제
⑤	유례	대비	실재

 문서작성능력 / 어휘 이해하기

• 유례 : 같거나 비슷한 사례
• 대비 : 앞으로 일어날지도 모르는 어떠한 일에 대응하기 위하여 미리 준비함
• 실재 : 실제로 존재함

🔧 오답풀이

• 유래 : 사물이나 일이 생겨남 또는 그 사물이나 일이 생겨난 바
• 대처 : 어떤 정세나 사건에 대하여 알맞은 조치를 취함
• 실제 : 사실의 경우나 형편

정답 ⑤

02 다음 중 밑줄 친 단어의 쓰임이 적절하지 않은 것은?　　　2020 코레일

   ① 그 건물의 높이는 **가늠**이 안 된다.

   ② 두 상품은 이름이 너무 비슷하여 소비자들에게 **혼돈**을 일으킨다.

   ③ 협상이 계속 진행되었지만 결론 **도출**은 어렵다는 전망이 지배적이다.

   ④ 장기적인 관점에서 보면 이 문제는 **재고**의 여지가 있다.

   ⑤ **참조**할 수 있는 문헌은 다음과 같다.

문서작성능력 / 어휘 이해하기

- 혼돈 : 마구 뒤섞여 있어 갈피를 잡을 수 없음
- 혼동 : 서로 다른 사물을 구별하지 못하고 뒤섞어서 보거나 생각함

오답풀이

- 가늠 : 사물을 어림잡아 헤아림
- 도출 : 판단이나 결론 따위를 이끌어 냄
- 재고 : 어떤 일이나 문제 따위에 대하여 다시 생각함
- 참조 : 참고로 비교하고 대조하여 봄

정답 ②

03 다음 중 밑줄 친 단어의 맞춤법이 올바르지 않은 것은?　　　2020 지역농협

   ① 학생들은 모의고사를 치른 후 답안지를 정답과 **맞추어** 보았다.

   ② 일주일에 한 번씩 자가용에 주유하기 위해 주유소에 **들른다.**

   ③ 4차 산업 혁명에 **걸맞는** 기술 혁신과 인재 채용에 앞장서다.

   ④ 그는 수화기 **너머**에 있는 그녀에게 애원하다시피 말하고 있다.

문서작성능력 / 맞춤법 이해하기

형용사 '걸맞다'는 '두 편을 견주어 볼 때 서로 어울릴 만큼 비슷하다'는 의미이며, 활용형은 '걸맞은'이다.

오답풀이

① '맞추다'는 '대상끼리 서로 비교하거나 살피는 것'을 의미한다. 따라서 '적중하다'라는 의미를 가진 '맞히다'
　가 아닌 '맞추다'의 활용형 '맞추어'를 사용하는 것이 적절하다.

② '들르다'는 '지나는 길에 잠깐 들어가 머무르는 것'을 의미한다. 따라서 '감각기관을 통해 소리를 알아차리다'
　라는 의미를 가진 '들리다'가 아닌 '들르다'의 활용형 '들른다'를 사용하는 것이 적절하다.

④ '너머'는 '높이나 경계로 가로막은 사물의 저쪽 또는 공간'을 의미한다. 따라서 '일정한 기준이나 한계 따위
　를 벗어나 지나다'라는 의미를 가진 '넘다'의 활용형 '넘어'가 아닌 '너머'를 사용하는 것이 적절하다.

정답 ③

9791194041092

 북스케치 www.booksk.co.kr

 하위능력 3 • 경청능력

출제 포인트

상사나 거래처 고객 등과 업무상 의사소통을 할 때 바르게 경청하는 자세를 묻거나 제시된 대화문을 통해 대화의 내용을 바르게 파악하는 문제 등이 출제된다.

대표 유형 문제

다음은 박 대리가 라디오로 들은 토론의 일부 내용을 정리한 것이다. 박 대리가 |보기의 내용을 이 토론에 활용하고자 할 때, 그 활용 방안으로 가장 적절한 것은?

사회자 : 찬성 측 입론해 주시기 바랍니다.

찬성 1 : 천문학적인 자금이 소요되는 도로의 건설에 민간 자본을 적극적으로 유치해야 한다고 생각합니다. 정부나 지방 자치 단체가 도로 건설에 소요되는 자본을 모두 감당하기에는 재정적인 부담이 너무 큽니다. 민간 자본을 유치하여 도로 건설 사업을 추진하고, 민간 자본은 이 사업을 운영할 수 있는 권리를 통해 수익을 거둬들일 수 있다면 서로에게 도움이 되는 전략이 될 수 있습니다.

반대 2 : 반대 측 확인 질문하겠습니다. 민간에서 도로 건설에 막대한 자본을 투자하는 것은 공익적인 목적 때문일까요? 이익을 추구하기 때문일까요?

찬성 1 : 이익의 추구가 더 중요한 목적이겠죠.

반대 2 : 그렇다면 민간 자본에 의해 건설된 도로를 민간 자본에서 운영할 때 수익성을 높이려고 통행료를 올리는 경우가 있을 수 있겠죠? 그럴 경우 인상된 통행료는 고스란히 시민들의 부담이 되지 않을까요?

찬성 1 : 통행료가 조금 비싸질 수는 있지만 이로 인해 얻는 이익이 더 많다고 생각합니다.

반대 1 : 이상 확인 질문 마치고 반대 측 입론하겠습니다. 현재 추진되는 방식의 민간 자본 유치는 득보다 실이 많다고 생각합니다. 우선 현재 민간 자본으로 건설된 도로 중에는 운영권이 민간 자본에 있는 경우가 많기 때문에 투자금의 회수와 수익의 창출을 위해 과도한 통행료를 책정한 경우가 많습니다. 따라서 시민들에게 경제적 부담을 안기는 민간 자본 유치사업을 무분별하게 추진하는 것은 바람직하지 않습니다. 이상 입론 마치겠습니다.

찬성 2 : 찬성 측 확인 질문하겠습니다. 오늘 아침 제가 민간 자본에 의해 건설된 도로를 이용하여 이곳까지 왔는데, 기존 도로를 이용할 때보다 30분 이상 단축됐습니다. 통행료는 조금 비쌌지만 시간 단축으로 인한 유류비 절감을 생각하면 높은 통행료가 아깝지 않더군요. 저와 같은 생각을 가진 사람들은 민간 자본에 의해 건설된 도로를 환영하지 않겠습니까?

반대 1 : 그럴 수 있다고 생각합니다.

찬성 2 : 민간 자본에 의해 건설된 도로를 이용하면 기존 도로의 수요도 분산되어 교통 정체가 줄어들지 않을까요? 또한 민간 자본으로 건설된 도로로 인해 도시와 도시 간의 접근성이 좋아진다면 공장의 대도시 집중 현상을 완화하여 중소 도시의 경제 발전에도 도움이 되지 않을까요?

반대 1 : 두 가지 다 경우에 따라서는 그럴 수 있다고 생각합니다.

찬성 2 : 이상 확인 질문 마치겠습니다.

반대 2 : 반대 측 마무리 발언하겠습니다. 민간 자본으로 건설된 도로로 인해 도시 간 이동 시간이 줄어들게 되면 중소 도시에서 이루어졌던 소비 활동이 서비스 기반이 잘 갖추어진 대도시로 옮아갈 가능성도 높아집니다. 따라서 중소 도시의 쇼핑이나 의료 등의 서비스 산업이 치명타를 입을 가능성도 역시 높아질 것입니다. 민간 자본 유치 사업이 전적으로 긍정적인 측면만 있는 것이 아니라는 점을 분명하게 말씀드립니다.

찬성 1 : 찬성 측 마무리 발언하겠습니다. 반대 측에서 우려하는 점은 충분히 이해합니다만 이동 시간이 짧아진 만큼 도시 간의 접근성이 좋아져서 지역 경제의 활성화에 이바지하는 측면이 더 클 것이라고 생각합니다. 정부나 지방 자치 단체의 경제적 부담도 줄이고, 도로 사업에 참여한 민간 자본에도 득이 되며, 무엇보다도 도로를 이용하는 시민들에게 이익이 될 수 있는 이 제도는 실보다 득이 많다고 생각합니다.

| 보기 |

　최근 운영되고 있는 민간 자본 유치 도로의 경우 민간 업자의 수요 예측에 따라 정부나 지방 자치 단체가 운영 수입을 보장해 주는 방식, 즉 이용자의 수가 예상에 미치지 못할 경우 그 손실을 보전해 주는 방식으로 계약을 맺은 것이 많이 있습니다. 그런데 계약 과정에서 수요 예측이 부풀려져 있는 경우가 많습니다.

① 민간 자본 유치 도로를 통해 정부나 지방 자치 단체는 도로 건설에 소요되는 자금의 부담을 일시적으로 줄일 수 있다는 점을 들어 찬성 주장의 근거로 활용한다.

② 민간 자본 유치 도로의 수요 예측이 잘못되었을 경우 장기적으로는 정부나 지방 자치 단체에 경제적 부담이 가중될 수 있다는 점을 들어 반대 주장의 근거로 활용한다.

③ 민간 자본 유치 도로를 통해 경기를 활성화시킬 수 있다는 점을 들어 찬성 주장의 근거로 활용한다.

④ 민간 자본 유치 도로를 이용하는 사람들의 수가 증가함에 따라 기존 도로에 비해 통행료가 낮아질 수 있다는 점을 들어 찬성 주장의 근거로 활용한다.

⑤ 민간 자본 유치 도로의 운영권을 두고 민간 자본과 정부 및 지방 자치 단체 사이에 갈등이 심화될 수 있다는 점을 들어 반대 주장의 근거로 활용한다.

 경청능력 / 자료 활용하기

|보기|에 따르면 정부나 지방 자치 단체가 민간 업자에게 일정한 운영 수입을 보장해 주는 방식으로 계약을 맺은 경우가 많다는 것을 알 수 있다. 이로 인해 발생할 수 있는 부정적 결과로는 수요 예측이 과하게 되어 있거나 예기치 못한 일로 수요가 많이 줄어들 경우 그 부족분을 정부나 지방 자치 단체가 메워 주어야 한다는 점을 들 수 있다. 이는 곧 장기적으로 볼 때 정부와 지방 자치 단체에 재정적 부담을 안겨 줄 것이므로 |보기|의 내용은 반대 측의 논거로 활용 가능하다.

정답 ②

하위능력 4 • 의사표현능력

🌐 출제 포인트

업무 수행 시 자신이 뜻한 바를 말로 나타내는 능력으로, 직무상 접하게 되는 여러 상황에서 해당 직무상황에 어울리는 의사소통 방식을 찾는 문제가 출제된다. 공문서, 공고문, 매뉴얼 등을 참고하여 고객이나 업무 관계자와의 질문에 적절하게 응답할 수 있는지를 측정하는 문제도 출제되고 있다.

☆ 대표 기출문제

다음은 한국도로공사의 고객 응대 서비스에 관한 내용이다. |보기|의 ㉠에 들어갈 말로 가장 적절한 것을 고르면?

2019 한국도로공사

고객 응대 서비스

1. 방문하시는 경우
   - 항상 친절하고 밝은 표정으로 고객을 먼저 맞이하겠습니다.
   - 고객의 소리를 충분히 경청하겠습니다.
   - 고객 요구사항을 현장에서 정확하게 처리하겠습니다.
   - 고객상담실은 항상 청결하고 정돈된 상태로 유지하여 고객이 이용하시는 데 불편사항이 없도록 하겠습니다.

2. 전화하시는 경우
   - 전화는 벨이 3회 이상 울리기 전에 신속히 받겠습니다.
   - 명랑하고 밝은 목소리로 소속과 이름을 정확히 밝히겠습니다.
   - 다른 직원에게 연결하여야 하는 경우 고객에게 양해를 구한 후 담당 직원을 정확히 알려드리고 연결해 드리겠습니다.
   - 담당자가 없을 경우 반드시 메모를 전달하여 당일 업무종료 전에 고객에게 전화를 드리겠습니다.
   - 고객 만족 확인 후 인사말과 함께 통화를 마치도록 하겠습니다.
   - 청각 및 언어장애인의 콜센터 접근성 향상을 위한 수화 상담 중계서비스를 제공하겠습니다.
   - 콜센터로 전화해 주시는 경우, 응대율을 90% 수준으로 유지하겠습니다.

3. 온라인으로 상담하시는 경우
   - 인터넷 홈페이지, 인터넷 카페 및 블로그 등을 통해 불편사항과 문의사항을 상시 접수하겠습니다.
   - 고속도로와 관련된 다양한 정보를 최대한 정확하고, 신속하게 제공하겠습니다.
   - 온라인으로 제시하신 의견은 성실히 검토하여 반드시 그 결과를 알려드리겠습니다.
   - 장애인의 홈페이지 접근성을 향상하고, 각 기관 고객상담실 컴퓨터에 시각장애인을 위한 화면 낭독 서비스를 제공하겠습니다.

4. 서면(FAX, 우편)으로 의견을 제기하시는 경우
   - 서면으로 제출된 의견에 대해서는 공식적으로 접수하겠습니다.

- 서면으로 내용 확인이 어려울 경우에는 당사자 문의 또는 관련 기관 확인을 통해 사실관계를 명확히 검토하겠습니다.
- 서면으로 제기된 의견은 성실히 검토하여 당사자 또는 관련 기관에 반드시 그 결과를 알려드리겠습니다.

5. 고객정보 보호와 알 권리 보장
 - 고객의 정보보호를 위해 공공기관의「개인정보 보호에 관한 법률」을 준수하겠습니다.
 - 개인의 정보는 외부에 유출되지 않도록 지정된 장소에 보관하겠습니다.
 - 정보공개제도를 충실히 이행하여 고객의 알 권리를 충족하고 행정업무의 투명성을 확보하겠습니다.
 - 우리 공사의 주요 업무 현황을 홈페이지에 공개하여 항상 열람할 수 있도록 하겠습니다.

| 보기 |

직원 : 안녕하십니까? 고객지원팀 ○○○입니다.
고객 : 안녕하세요. 고속도로 휴게소 관련해서 문의드릴 게 있어서 전화했어요.
직원 : 죄송하지만, 지금은 담당자가 잠시 자리를 비운 상태입니다.
        (㉠   )

① 1시간 후에 담당자와 통화가 가능하니, 그때 다시 연락해 주시면 감사하겠습니다.
② 메모 가능하시면, 지금 담당자 휴대전화 번호를 안내해 드리겠습니다.
③ 연락처를 남겨주시면 담당자가 직접 연락드릴 수 있도록 메모 남겨드리겠습니다.
④ 오늘은 담당자와 통화가 어려우니, 내일 다시 전화해 주시면 감사하겠습니다.

 의사표현능력 / 매뉴얼에 맞게 응답하기

담당자가 자리에 없을 경우, 담당자에게 메모를 전달하여 당일 업무종료 전에 고객에게 전화할 수 있도록 해야 한다.

정답 ③

 HELPFUL TIPS⁺

✓ **의사표현에 사용되는 적절한 언어**
 • 이해하기 쉬운 언어, 상세하고 구체적인 언어, 대화체의 언어
 • 간결한 언어, 필요하고 정확한 말, 감각적 언어, 문법적 언어

✓ **잘못된 언어 습관**
 중얼거림, 소리 지름, 단조로움, 간조어 사용, 헤맴 등

 하위능력 5 • 기초외국어능력

출제 포인트

기초외국어능력은 직업기초능력평가 의사소통능력에서 출제비중이 가장 낮은 하위능력이다. 그러나 외국인과의 업무상 계약이나 소통이 많은 공사·공단 및 특정 직군에서는 외국인 담당자와 소통할 경우 기초적으로 알고 있어야 할 지식이나 이메일 작성 예절, 전화 응대 예절 등이 출제되기도 한다. NCS 모듈 학습의 내용을 기반으로 간단한 업무 관련 회화나 용례 등을 알아두도록 한다.

대표 유형 문제

01 다음은 인천공항에서 근무하는 K 사원(W)과 남자 외국인 승객(M)과의 대화이다. K 사원이 남자 외국인 승객에게 제공해야 할 서비스는 무엇인가?

> W : Sorry, sir. Your flight has been cancelled because of heavy fog.
> M : Oh, no! What should I do?
> W : We can give you a free night at our airport hotel, or an upgrade on the next available flight.
> M : I'll take the more comfortable seat. Thanks.

① 무료 식사권 제공   ② 좌석 등급 승격
③ 무료 호텔 숙박   ④ 항공권 취소

 기초외국어능력 / 외국인 고객 응대하기

> W : 죄송합니다, 고객님. 안개가 짙어 비행기가 취소되었습니다.
> M : 아, 이런! 그럼 제가 어떻게 해야 하나요?
> W : 저희가 공항 호텔에서 무료로 숙박하실 수 있게 하겠습니다. 아니면 다음 비행기를 타실 때 좌석 등급을 올려드릴게요.
> M : 저는 편한 좌석으로 해주시는 게 더 좋겠네요. 감사합니다.

안개가 짙은 기상 악화로 비행기가 결항된 상황에서 승객에게 보상 내용을 안내하는 상황이다. K 사원은 호텔 무료 숙박과 좌석 등급 승격을 안내하였고, 외국인 승객은 좌석 등급 승격을 선택하였으므로 정답은 ②이다.

정답 ②

02 다음은 국제협력단에서 근무하는 A 부장과 B 사원의 대화이다. 밑줄 친 부분에 들어갈 말로 가장 적절한 것은?

A : Hey, is everything ready for the business trip?
B : Yes, I prepared my ticket and passport.
A : Ok. And don't forget about the meeting with buyers.
B : Sure. I wrote the draft proposal.
A : Good. When is the meeting?
B : _____

---

① I will show you the paper.
② The third day of the business trip.
③ We need a meeting room.
④ It will be held at the hotel meeting room.

 기초외국어능력 / 비즈니스 회화 이해하기

A : 출장 준비 잘 되어 가나요?
B : 네, 티켓과 여권 준비했습니다.
A : 네, 그리고 바이어들과 미팅 있는 거 잊지 마세요.
B : 그럼요. 제안서 초안도 작성해 놓았어요.
A : 좋아요. 미팅이 언제죠?
B : 출장 세 번째 날입니다.

① 문서를 보여 드릴게요.
③ 우리는 회의실이 필요합니다.
④ 호텔 회의실에서 열릴 예정입니다.

정답 ②

03 다음 중 기초외국어능력이 필요한 상황으로 적절하지 않은 것은?

① 외국인과의 의사소통 상황에서 전화응대를 하는 경우
② 외국에서 일하는 우리나라 상사에게 업무 상황을 보고하는 경우
③ 업무 요청을 하기 위해 외국인 담당자에게 메일을 작성하는 경우
④ 외국에서 들여 온 기계가 어떻게 작동되는지 매뉴얼을 이해해야 하는 경우

 기초외국어능력 / 기초외국어가 필요한 상황 판단하기

외국에서 일하는 우리나라 상사는 우리와 같은 언어를 사용하므로 외국어로 보고하지 않아도 된다.

정답 ②

01 Chapter

FINISH

기출·예상문제 마무리

정답과 해설 075p

01 표준어규정의 표준발음법 제5항에 따른 발음으로 적절하지 않은 것은? 〔2020 코레일〕

제5항 'ㅑ ㅒ ㅕ ㅖ ㅘ ㅙ ㅛ ㅝ ㅞ ㅠ ㅢ'는 이중 모음으로 발음한다.
다만 1. 용언의 활용형에 나타나는 '져, 쪄, 쳐'는 [저, 쩌, 처]로 발음한다.

| 가지어→가져[가저] | 찌어→쪄[쩌] | 다치어→다쳐[다처] |

다만 2. '예, 례' 이외의 'ㅖ'는 [ㅔ]로도 발음한다.

계집[계:집/게:집]	계시다[계:시다/게:시다]	시계[시계/시게](時計)
연계[연계/연게](連繫)	메별[메별/메벨](袂別)	개폐[개폐/개페](開閉)
혜택[혜:택/혜:택](惠澤)	지혜[지혜/지혜](智慧)	

다만 3. 자음을 첫소리로 가지고 있는 음절의 'ㅢ'는 [ㅣ]로 발음한다.

| 늴리리 | 닁큼 | 무늬 | 띄어쓰기 | 씌어 |
| 틔어 | 희어 | 희떱다 | 희망 | 유희 |

다만 4. 단어의 첫음절 이외의 '의'는 [ㅣ]로, 조사 '의'는 [ㅔ]로 발음함도 허용한다.

| 주의[주의/주이] | 협의[혀븨/혀비] |
| 우리의[우리의/우리에] | 강의의[강:의의/강:이에] |

① 예약[예약]
② 계산[계산]
③ 가정의[가정이]
④ 동의[동이]
⑤ 희미하다[히미하다]

02 다음 밑줄 친 부분과 의미가 유사한 어휘는? 〔2020 지역농협〕

대개 북방 사람들은 남방 사람들보다 성격이 <u>급하다</u>.

① 가즈럽다
② 성마르다
③ 무사하다
④ 저어하다

03 다음 글의 순서를 바르게 배열한 것은?　　2020 한국가스공사

(가) 그린본드는 2007년 유럽투자은행에서 최초 발행 후, 2011년 12억 달러에서 2017년 1,300억 달러, 2018년 약 1,700억 달러로 발행이 기하급수적으로 증가하고 있는 자금조달 수단이다. 국내도 예외는 아니다. 미세먼지 저감과 온실가스 규제 등 정부의 친환경 정책 강화로 그린본드 발행 시장이 꾸준히 커져, 2016년 9억 달러였던 것이 2019년 7월 기준 36억 900만 달러로 급증했다. 앞으로도 그린본드는 단기간 고수익보다는 안전자산 확보와 사회적 책임 투자에 집중하는 투자수요와 세계적인 흐름에 발맞춰 꾸준히 증가할 것으로 기대를 모으고 있다.

(나) 영국 가디언, BBC방송 등의 보도에 따르면, 최근 153개국 1만 1,000명의 과학자들이 국제학술지 〈바이오사이언스〉에 기후 변화 대응을 촉구하는 성명을 냈다. 국내에서도 지난 9월 국내 원로 지식인과 연구자 등 664명이 모여 '기후 위기 선포를 촉구하는 지식인·연구자 선언문'을 발표하고 정부에 기후 위기를 적극적으로 대응할 것을 촉구하기도 했다. 선박용 연료의 황 함유량 기준을 기존 3.5%에서 0.5% 이하로 강화하는 국제해사기구의 황산화물 배출규제(IMO 2020)도 올해부터 시행된다. 이렇듯 국제 환경 규제 강화와 더불어 환경에 대한 사회적 관심이 고조되고 있는 상황에서 환경을 생각하는 녹색 채권인 그린본드(Green Bond)의 발행도 증가 추세를 보이고 있다.

(다) 그린본드는 신재생에너지, 에너지효율, 지속가능한 폐기물 관리 및 토지 이용, 생물 다양성 보전, 청정운송, 정수 등과 같은 친환경 프로젝트에 투자할 자금 마련을 위해 발행되는 특수목적채권이다. 자금 용도가 친환경에 한정된다는 점이 우선 기존 채권과 다르지만, 국제공인기관으로부터 녹색인증을 받아야 하는 등 발행 절차가 까다로운 점도 차이점 중 하나다. 과정이 이렇다 보니 초기에는 국제기구만 발행했는데 최근에는 정부나 지자체, 금융기관, 민간기업으로 그 주체가 확대되고 있다. 그린본드 발행 자체가 친환경 비즈니스를 인정받은 것으로 여겨져 기업 이미지 제고로 이어질 수 있다는 점도 매력적이지만, 비용 절감과 더불어 신용평가등급 상승을 기대할 수 있고 투자유치 등에도 유리하게 작용한다는 장점이 기업들이 앞다퉈 그린본드 발행에 합류하는 또 다른 이유로 해석된다.

출처 : KOGAS 사보 2020.01

---

① (가) – (다) – (나)　　② (나) – (가) – (다)　　③ (나) – (다) – (가)

④ (다) – (가) – (나)　　⑤ (다) – (나) – (가)

[04~05] 다음을 보고 이어지는 물음에 답하시오.   2020 국민건강보험공단

2020년도 상반기 ○○공단 신입 및 경력직 채용 공고

1. 채용인원

구분	행정				전산	회계	계
	일반	보훈	고졸	소계			
신입	9명	3명	2명	14명	2명	–	16명
경력	–	–	–	–	–	5명	5명
계							21명

2. 지원자격

구분	직무		지원자격
신입	행정	일반	성별, 학력, 전공 제한 없음
		보훈	「국가유공자 등 예우 및 지원에 관한 법률」 등에 따른 취업지원 대상자 성별, 학력, 전공 제한 없음
		고졸	• ①, ② 조건 중 하나를 충족하는 자 ① 최종학력이 고교졸업자로 고등학교의 추천을 받은 자 ② 고졸 검정고시는 전 과목 평균성적이 90점 이상인 자 (학교장 추천 불요) ※ (전문)대학 이상의 졸업(예정)/재학/휴학자 지원 불가
	전산		• 관련 자격증 소지자 ※ 관련 자격증은 다음과 같으며, 1개 이상 소지 시 지원 가능함 SQL 개발자, SQL 전문가, 정보처리기사, 전자계산기기사, 정보통신기사, 정보관리기술사, 정보통신기술사, 정보시스템감리사 • 성별, 학력, 전공 제한 없음
경력	회계		• ①, ② 조건 중 하나를 충족하는 자 ① 한국공인회계사 자격증 소지자로서 실무경력 2년 이상인 자 ② 세무사 자격증 소지자로서 실무경력 2년 이상인 자

3. 공통 지원자격
① 임용일(2020. 8. 1.) 현재 만 18세 이상 만 60세 이하인 자
② 합격 후 즉시 근무가 가능한 자(입사유예 불가)
   ※ 근무시작일 : 2020. 8. 1.
③ 타 기관에서 징계처분에 의하여 파면 또는 해임되지 않은 자
④ 그 밖에 법률 등에 따라 취업·채용에 제한되지 않는 자

4. 원서 접수기간 및 접수방법
① 접수기간 : 2020. 4. 29.(수) 10:00 ~ 5. 12.(화) 18:00까지
② 접수방법 : 인터넷 원서접수처에 온라인 접수

③ 문의방법 : 채용(입사지원) 사이트 게시판

※ 공단 방문, 이메일, 우편접수는 불가함

5. 기타사항

① 입사지원 시 작성요령을 반드시 숙지하고, 각종 기재사항을 정확히 확인하여 제출하며, 입사지원서의 기재 착오, 누락 등으로 인한 불이익은 지원자 본인에게 있습니다.

② 블라인드 채용상 공정성 문제를 제기할 수 있는 사항(학교명, 출신지역, 가족관계 등 인적사항)이 표시된 경우 평가에 불이익을 받을 수 있습니다.

③ 입사지원서, 각종 증명서의 기재내용이 지원자에게 유리하게 작성되어 사실과 다르거나 증빙서류의 기한 내 미제출, 부정행위자, 전형에 관한 규정을 위반한 자는 전형을 정지 또는 무효로 하며, 사후 적발 시 합격 또는 임용을 취소합니다.

④ 적격자가 없다고 판단되는 경우, 채용하지 않을 수 있습니다.

⑤ 불합격자는 채용 여부가 확정되는 날로부터 14일 이내에 이의신청이 가능합니다.

⑥ ○○공단의 사정에 따라 전형방법 및 일정은 변경될 수 있습니다(변경 시 공단 홈페이지 및 채용 사이트 공지사항에 공고).

04 다음 중 윗글의 내용을 잘못 이해한 것을 고르면?

① 이번 채용은 신입과 경력을 포함하여 총 21명을 선발하며, 원서 접수는 온라인을 통한 이메일로만 가능하다.

② ○○공단은 입사지원에 학교, 출신지역, 가족관계 등을 기재하지 않는 블라인드 채용으로 진행되며, 적격자가 없을 경우에는 채용하지 않을 수 있다.

③ 경력직 모집은 한국공인회계사 또는 세무사 자격증을 취득한 사람 중 실무경력이 2년 이상인 자가 지원할 수 있다.

④ 신입과 경력 모두 합격 후 즉시 근무가 가능해야 하며, 불합격자는 채용 여부가 확정된 날로부터 2주 이내에 이의신청을 할 수 있다.

05 윗글을 참고하였을 때, 지원 자격에 맞지 않는 사람은?

지원자	지원부문	최종학력	자격사항	경력사항	기타사항
김유리	신입/행정/일반	대졸	없음	없음	없음
박선주	신입/행정/고졸	고졸	없음	없음	고등학교장 추천
이현민	신입/전산	대졸	없음	없음	없음
최유진	경력/회계	대졸	세무사 자격증	실무경력 3년	없음

① 김유리

② 박선주

③ 이현민

④ 최유진

06 다음 기사에 대한 내용으로 적절하지 않은 것은?　　　2019 한국토지주택공사

> 서울 세운상가를 중심으로 진행돼 온 도시재생을 주변으로 확산하는 작업이 주민공모사업을 통해 추진된다. 주민공모는 일반과 기획, 시설개선 3개 분야로 나눠 진행되며, 총 10억여 원이 지원금으로 투입된다. 서울시는 종로구 세운상가 일대 도시재생활성화지역 내 공동체 발굴 및 도시재생사업 활성화를 위해 '2019년 다시·세운 프로젝트 주민공모사업'을 추진한다고 밝혔다. 세운상가 일대 도시재생활성화지역은 총면적 43만 9,356.4㎡의 세운재정비촉진지구 모든 구역을 포함하는 범위로, 지난 2015년 '2025 서울시 도시재생 전략계획'에 따라 지정됐다.
>
> 이번 '다시·세운 프로젝트 주민공모'에서는 세운상가 일대 주민 공동체 활성화를 위한 '일반공모', 도심산업 및 문화·예술, 보행 활성화를 위한 '기획공모', 상가 등 건물의 시설 성능 및 경관 개선을 위한 '시설개선공모' 3개 분야로 나눠 사업을 선정하고, 이를 통해 세운상가군을 중심으로 추진해 온 도시재생사업을 세운재정비촉진지구 등 주변 지역으로 확산하는 방안을 찾을 계획이다.
>
> 일반공모는 세운상가군 도시재생활성화지역 내 주민 또는 사업자, 직장인, 비영리 민간단체 등이 참여할 수 있으며, 자부담 10% 포함 최대 500만 원을 지원한다. 기획공모는 도심산업의 특성을 고려해 사업내용을 '역량 강화 교육형' 및 '지역자원 활용형', '지역문화 부흥형'으로 세분하고, 최대 1,500만 원(자부담 10%)을 지원한다. 단, '지역의 특성을 반영한 상품 개발'의 경우 심사를 통해 최대 2,500만 원(자부담 10%)까지 지원한다.
>
> 시설개선공모는 상가 및 아파트에 대한 성능·경관개선 외에도 주변 지역 공용이용시설 성능개선을 위한 사업도 참여할 수 있으며, 최대 1억 5,000만 원(자부담 10~30%)을 지원한다. 여기에는 세운 2단계 공간 조성공사 구간 주변 상가 시설개선 및 입면 개선을 위한 '가꿈가게' 사업(최대 2,000만 원 지원·자부담 10~30%)도 포함한다.
>
> 공모 참여 희망자는 사업신청서와 사업계획서 등 관련 서류를 다시·세운 프로젝트 소통방(거버넌스팀)에 방문 접수하거나 이메일로 접수하면 된다. 심사는 1차 서면 심사에 이어 2차 면접 심사, 3차 보조금심의위원회 총 3단계로 진행한다. 사업의 필요성 및 실현 가능성, 사업 준비도, 자부담 사업비 확보율, 공공성 등을 종합적으로 고려할 계획이다. 최종 선정자는 서울시와 협약을 체결하고 사업비를 받아 올해 말까지 사업을 진행하게 된다.
>
> 서울시 도시재생실장은 "올해 진행되는 주민공모사업은 그간 세운상가군에 집중되던 도시재생사업을 주변 지역까지 확장하기 위한 다양한 내용을 마련한 만큼 세운상가 일대의 도시재생이 한 단계 더 성장할 수 있는 계기가 될 것으로 기대한다."고 말했다.

① 기획공모는 사업내용을 '역량 강화 교육형', '지역자원 활용형', '지역문화 부흥형'으로 세분하고, '지역의 특성을 반영한 상품 개발'의 경우 최대 1,500만 원(자부담 10%)을 지원한다.

② 공모 참여 희망자는 사업신청서와 사업계획서 등 관련 서류를 지참하여 방문 접수하거나, 이메일로 접수할 수 있다.

③ 심사는 서면심사, 면접 심사, 보조금심의위원회 총 3단계로 진행하며, 사업의 필요성 및 실현 가능성, 사업 준비도, 자부담 사업비 확보율, 공공성 등을 종합적으로 고려한다.

④ 주민공모는 일반공모, 기획공모, 시설개선공모 3개 분야로 나눠 진행되며, 총 10억여 원이 지원금으로 투입된다.

⑤ 시설개선공모는 상가 및 아파트에 대한 성능·경관개선 외에도 주변 지역 공용이용시설 성능개선을 위한 사업도 참여할 수 있으며, '가꿈가게'사업도 포함한다.

07 다음 글의 내용과 일치하는 것은? `2020 코레일`

> 겨울철 교통사고를 유발하며 '시한폭탄'으로 불리는 블랙아이스(도로 살얼음)를 예측하기 위한 기술 개발이 시작된다. 국립기상과학원은 한국건설생활환경시험연구원과 함께 블랙아이스 관련 공동연구를 위한 업무협약(MOU)을 체결했다고 밝혔다. 국립기상과학원은 2021년까지 겨울철 도로결빙 취약지역을 중심으로 블랙아이스 예측기술 개발을 추진할 방침이다. 현재 행정안전부·국토교통부·한국건설기술연구원·한국도로공사 등과 협력해 블랙아이스 취약구간에 대한 자료를 수집, 데이터베이스를 구축하고 있다. 그 밖에도 관측장비 및 시설 공동 활용, 결빙 관측 장비의 성능 평가 공동실험, 기상·기후환경 실험시설 운영 기술교류, 블랙아이스 예측기술 공동연구, 블랙아이스 발생 환경 공동조사 등 한국건설생활환경시험연구원과의 상호 협력체계를 구축한다.
>
> 블랙아이스는 겨울철 교통사고의 주요 원인 중 하나다. 블랙아이스는 기온이 갑자기 떨어지면서 녹았던 눈이나 비가 얇은 빙판으로 변하는 현상이다. 비나 눈이 내리지 않아도 도로 위 물이나 습기가 밤과 새벽 사이 결빙되는 경우도 해당된다. 도로 위 살얼음은 아스팔트 노면 색깔을 그대로 투영하기 때문에 운전자가 운전 중 눈으로 식별하기 어려워 교통사고 위험이 높아진다. 자동차 매연 등으로 인해 살얼음 색깔이 검게 변할 경우 식별은 사실상 불가능하다.
>
> 블랙아이스가 생긴 도로는 일반도로보다 제동 거리가 7배 안팎으로 길어져 사고가 날 경우 대형 참사로 연결될 가능성이 높은 것으로 알려져 있다. 지난해 12월 14일 경상북도 상주 – 영천고속도로에서 블랙아이스로 인해 47대 다중 추돌사고가 발생해 40여 명의 사상자가 발생하기도 했다. 경찰청에 따르면 지난해 기준 최근 5년간 블랙아이스 사고 사망자는 706명으로, 같은 기간 눈길 사고 사망자(186명)보다 4배가량 많았다.
>
> 국립기상과학원장은 "블랙아이스는 겨울철 교통사고의 주범 중 하나로 예측정보 제공의 필요성이 해마다 제기되어 왔다."며 "이번 협약을 통해 정확도 높은 블랙아이스 예측기술을 개발해 국민 생명과 안전을 지키기 위해 최선을 다할 것"이라고 전했다.
>
> 출처 : 뉴스핌, 2020.06.18. 기사

① 국립기상과학원은 블랙아이스 예측기술 개발을 완료하였다.

② 블랙아이스는 비나 눈이 내리는 날에만 나타나는 현상이다.

③ 블랙아이스가 생긴 도로는 일반도로보다 제동거리가 더 짧아져 위험하다.

④ 아스팔트 위의 살얼음은 운전자가 운전 중 눈으로 쉽게 식별할 수 있다.

⑤ 블랙아이스는 기온이 갑자기 떨어지면서 녹았던 눈이나 비가 얇은 빙판으로 변하는 현상이다.

[08~11] 다음 글을 읽고 질문에 답하시오.　　　[2020] 서울교통공사

　스마트 스테이션은 안전, 보안 및 운영 효율 향상을 위해 지능형 통합 관리 시스템을 도입한 미래형 도시철도 정거장이다. 기존 지하철 역사와 차량에 IoT 센서, 센서 네트워킹, 첨단 CCTV 등을 적용해서 역뿐만 아니라 역사 내 여러 장비를 통합하여 관리할 수 있는 시스템을 구축해 안전 위협이나 지진 등 재난에 대비하고 안전의 사각지대를 없애는 것을 목적으로 한다.

　이에 앞장서 서울교통공사는 4차 산업혁명 시대에 걸맞은 첨단 안전 기술을 적용해 서울 지하철 전역을 스마트 스테이션으로 탈바꿈하고 있다. 2018년부터 서울 지하철 5호선 군자역에서 시범적으로 운영된 스마트 스테이션은 2호선을 시작으로 서울 전역에 도입될 예정이다. 군자역에 스마트 스테이션을 시범 구축한 결과 역사 순회시간이 평균 28분에서 10분으로 줄고 돌발 상황 시 대응 시간이 평균 11분에서 3분으로 단축되는 등 효율성이 높은 것으로 나타나 확대를 결정했다. (가) 공사는 정보통신기술(ICT)을 기반으로 현재 분산되어 있는 분야별 역사 관리 정보를 통합·관리할 수 있는 스마트 스테이션을 2호선 50개 전 역사에 우선 구축한다고 밝혔다.

　2호선 도입은 기존의 통합 모니터링 시스템을 개량하는 방식으로 추진되고 있다. 군자역에 적용된 스마트 스테이션 기능을 보완하여 역 직원이 역무실 밖에서도 역사를 모니터링 할 수 있도록 모바일 버전을 구축할 뿐만 아니라 휠체어를 자동으로 감지하여 역 직원에게 통보해 주는 기능을 추가하는 등 교통약자 서비스를 강화하는 것이 주요 개선 사항이다. 또한 시설물 장애 등에 빠르게 대응할 수 있도록 각 부서에서 운용 중인 IoT 단말 수집 정보를 표준화하고 LTE-R 기반의 IoT 플랫폼을 구축하는 내용도 포함된다.

　(나) 스마트 스테이션이 도입되면 3D 맵, IoT 센서, 지능형 CCTV 등이 하나의 시스템을 통해 유기적으로 기능하면서 보안, 재난, 시설물, 고객 서비스 분야 등에서 일괄적인 역사 관리가 가능해진다. 3D 맵은 직원이 역사 내부를 3D 지도로 한 눈에 볼 수 있어 화재 등 긴급 상황이 발생했을 때 위치와 상황을 기존 평면형 지도보다 정확하고 입체적으로 파악하여 신속하게 대응할 수 있도록 해 준다. 또한 위치별 실시간 화면을 통한 가상 순찰도 가능해진다. 지능형 CCTV는 200만 화소 이상으로 화질이 높고 객체 인식 기능이 탑재되어 있어 제한 구역 내 무단 침입이나 역사 화재 등이 발생했을 때 실시간으로 알려준다. 고화질의 CCTV 시스템이 구축되면 터널 내부의 선로 상황 또한 파악이 가능해 위기 상황에 빠르게 대처할 수 있다. (다) 기존 CCTV는 2008년 설치된 것으로, 화질이 40만 화소에 불과하기 때문에 대상물 식별에 한계가 있어 구체적으로 사람을 인식하거나 장비를 확인하는 데는 어려움이 있었다.

　시설물의 유지·보수도 혁신 기술을 만나 진화할 것이다. 선로 시설물을 점검하기 위해 열차운행이 종료될 때까지 기다리지 않아도 된다. 운행 중인 전동차의 선로 및 선로 시설의 안전 방해 요소를 자동으로 사전에 인지할 수 있는 시스템을 구축 중이기 때문이다. (라) 2021년까지 1~8호선 전동차 12편성에 선로 시설 검측 시스템을 설치할 예정이다. 지하철 역사 승강기, 송풍기, 공조기 등 기계 시설물은 IoT 센서를 통해 자동 감시 및 제어된다. 전동차와 관련된 다양한 빅데이터를 수집해 전동차의 고장 징후를 사전에 인지 할 수 있는 전동차 데이터 분석 시스템도 올해까지 2호선 모든 전동차에 도입될 예정이다. (마) 공사는 수집된 빅데이터를 분석해 고장 징후를 사전에 알려주는 단계까지 이르렀다.

　서울교통공사는 점진적으로 전 호선에 스마트 스테이션 도입을 확대해 나갈 예정이며 승객 안전을 최우선으로 하는 스마트 스테이션을 미래형 도시철도 역사 관리 시스템의 표준으로 정립하고, 머지않아 해외에도 수출할 수 있도록 기회를 모색해 나갈 것이라고 했다. 또한 스마트 스테이션에 이어 스마트 트레인도 상당 부분 완성되어 가고 있으며 향후 차량 분야에 디지털 트윈 기술, 인공지능(AI) 기술 등을 적용하는 2단계 혁신도 차질 없이 추진해 도시철도 분야의 4차 산업혁명을 선도할 것이라고 밝혔다.

출처 : 서울교통공사, 2019.07.03. 보도자료

08 윗글의 제목으로 가장 적절한 것은?

① 서울교통공사의 도시철도 혁신 전략
② 도시철도 내 4차 산업혁명 기술 적용
③ 스마트 스테이션의 기능 및 활용 방안
④ 스마트 스테이션의 사례 비교 및 분석
⑤ 서울 지하철 내 스마트 스테이션 도입

09 윗글을 읽고 추론할 수 있는 내용으로 적절하지 않은 것은?

① 5호선 군자역에는 이미 첨단 CCTV 등 혁신 기술이 적용되어 제한 구역 내 무단 침입, 역사 화재 등이 발생했을 때 실시간으로 알 수 있다.
② IoT 센서를 통해 부서별 정보를 표준화한다면 긴급 상황에 신속하게 대처할 수 있을 뿐 아니라 타 부서 업무까지 효율적으로 관리할 수 있다.
③ 스마트 스테이션 구축 전 선로 주변 시설물의 유지·보수는 점검 시간의 제약과 작업자 감각에 의존한 점검 등의 한계가 있었다.
④ 스마트 스테이션 구축 전 기계 시설물은 사후 조치 및 정기 점검 방식에 의존하는 등 관리의 효율성이 떨어지는 문제가 있었다.
⑤ 운행 중인 전동차의 실시간 성능 정보 및 유지·보수 이력 등 모든 정보가 유기적으로 연결되어 정비 과정이 디지털화되는 것이다.

10 윗글의 (가)∼(마) 중에서 전체 흐름과 맞지 않은 것은?

① (가) ② (나)
③ (다) ④ (라)
⑤ (마)

11 밑줄 친 (가)와 (마)에 쓰인 단어 '공사'의 한자 표기로 알맞은 것은?

	(가)	(마)
①	工思	公社
②	工事	公司
③	公事	公思
④	公社	工事
⑤	公思	工司

[12~13] 다음을 읽고 이어지는 물음에 답하시오.　　　2020 공무원연금공단

⊙ 한편, 유럽연합(EU) 집행위원회는 기업의 사회적 책임에 대해 다음과 같이 정의하고 있다. 기업의 사회적 책임은 기업들이 자발적으로 그들의 사업 영역에서 이해관계자들의 사회적 그리고 환경적 관심사들을 수용해 적용함으로써 이해 당사자들과 지속적인 상호작용을 이루는 것이다. (European Commission, 2010) 즉, 유럽연합 집행위원회는 기업의 사회적 책임은 기업의 사업 관련 활동과 기업 이해 당사자들이 가지고 있는 관심사가 결합된 형태라고 정의하고 있는 것이다.

ⓒ 기업의 사회적 책임(CSR, Corporate Social Responsibility)이란 무엇인가? 이 질문에 학자들은 다음과 같이 정의하고 있다. 윌리엄 워서(William Werther)와 데이비드 챈들러(David Chandler)는 기업의 사회적 책임을 '과정'인 동시에 '목표'라고 정의했다. 그들의 정의에 따르면, 기업의 사회적 책임은 '기업 전략의 통합적인 요소'로 기업이 시장에 제품 또는 서비스를 전달하는 방식인 동시에 '과정'이라는 것이다. 나아가 기업의 사회적 책임은 기업이 기업과 관련된 이해 당사자들의 관심사를 중요하게 고려하고 다룸으로써 사회에서 기업 활동의 정당성을 유지하는 하나의 방식이며 기업 운영의 '목표'라고 정의하고 있다.

ⓒ 이 두 정의에서 알 수 있듯이, 기업의 사회적 책임은 기업 경영 활동에 매우 유익한 전략 중 하나로, 기업의 비전과 목표 설정 과정에 포함시켜 적극적으로 활용할 필요가 있다. 그런데 기업의 사회적 책임에 대한 계획과 활동은 해당 기업이 가지고 있는 비전과 목적에 부합되게 운영해야 하기 때문에 기업의 비전과 목적을 세우는 과정에서부터 기업의 사회적 책임에 대한 계획을 반드시 함께 고려하고 포함시켜야 한다. 즉, 기업의 사회적 책임은 기업의 목적이나 비전과 경쟁 관계에 있는 것이 아니라, 기업의 임무 수행을 위한 상호 보완적 관계라는 것이다.

ⓒ 워서와 챈들러가 기업의 사회적 책임을 기업이 제품이나 서비스를 소비자들에게 전달하는 '과정'인 동시에 사회에서 기업 활동의 정당성을 유지하기 위한 방안이며 '목표'라고 정의한 것은, 기업 활동 과정에서 수행하는 모든 활동에 사회적인 책임을 중요한 기준으로 삼는 것이 기업의 성패에 중요한 영향을 미치기 때문이다. 기업이 경영 활동에 사회적인 책임을 반영하는 것은 순수하게 기업의 재정적인 이익뿐만 아니라 관련 이해 당사자들과 이들이 생활하는 사회조직에 긍정적인 영향을 미치게 된다. 따라서 기업의 사회적 책임을 수행하기 위해 사회와 기업 이해 당사자들의 광범위한 고려 사항들을 인식하고, 경영 활동이 그것들과 연관될 때 기업은 사회적 선(善)과 공공의 이익에 가장 잘 공헌할 수 있게 되는 것이다.

12 다음 글을 읽고 문단을 순서대로 바르게 배열한 것은?

① ㉡-㉠-㉢-㉣   ② ㉡-㉠-㉣-㉢   ③ ㉡-㉢-㉠-㉣
④ ㉡-㉣-㉠-㉢   ⑤ ㉡-㉣-㉢-㉠

13 다음 글의 내용으로 옳지 않은 것은?

① 기업이 경영 활동에 사회적인 책임을 반영하는 것은 순수하게 기업의 재정적인 이익에 영향을 미치게 된다.

② 기업의 사회적 책임에 대한 계획은 기업의 비전과 목적을 세우는 과정에서부터 반드시 함께 고려하고 포함시켜야 한다.

③ 워서와 챈들러에 따르면 기업의 사회적 책임은 기업이 시장에 제품 또는 서비스를 전달하는 방식인 동시에 '과정'이다.

④ 기업의 사회적 책임은 기업 경영 활동에 매우 유익한 전략이며, 기업의 목적이나 비전과 경쟁 관계에 있다.

⑤ EU 집행위원회는 기업의 사회적 책임은 기업 경영 활동에 매우 유익한 전략이며 기업의 사업 관련 활동과 기업 이해 당사자들이 가지고 있는 관심사가 결합된 형태라고 정의하고 있다.

북스케치 www.booksk.co.kr

[14~15] 다음 자료를 보고 질문에 답하시오.　　　　　　　　　　2019 코레일

134년 전인 1884년 10월 13일, 국제 자오선 회의에서 영국의 그리니치 자오선을 본초 자오선으로 채택하면서 지구상의 모든 지역은 하나의 시간을 공유하게 됐다. 본초 자오선을 정하기 전, 인류 대부분은 태양의 위치로 시간을 파악했다. 그림자가 생기지 않는 정오를 시간의 기준점으로 삼았는데, 관측 지점마다 시간이 다를 수밖에 없었다. 지역 간 이동이 활발하지 않던 그 시절에는 지구상에 수많은 시간이 공존했던 것이다. 그러나 세계가 확장하고 지역과 지역을 넘나들면서 문제가 발생했다.

기차의 발명이 변화의 시초였다. 기차는 공간을 빠르고 편리하게 이동할 수 있어 산업혁명의 바탕이 됐지만, 지역마다 다른 시간의 충돌을 야기했다. 역마다 시계를 다시 맞춰야 했고, 시간이 엉킬 경우 충돌 등 대형 사고가 일어날 가능성도 높았다. 이런 문제점을 공식 제기하고 세계 표준시 도입을 주장한 인물이 '세계 표준시의 아버지' 샌퍼드 플레밍이다. 그는 1876년 아일랜드의 시골 역에서 그 지역의 시각과 자기 손목시계의 시각이 달라 기차를 놓치고 다음 날 런던에서 출발하는 배까지 타지 못했다. 당시의 경험을 바탕으로 기준시의 필요성을 주창하고 경도를 기준으로 시간을 정하는 구체적 방안까지 제안했다. 그의 주장이 받아들여진 결과가 1884년 미국 워싱턴에서 열린 국제 자오선 회의다.

시간을 하나로 통일하는 회의 과정에서는 영국이 주장하는 그리니치 표준시와 프랑스가 밀어붙인 파리 표준시가 충돌했다. 자존심을 건 전쟁이었다. 결과는 그리니치 표준시의 일방적인 승리로 끝났다. 이미 30년 이상 영국의 그리니치 표준시를 기준 삼아 기차 시간표를 사용해 왔고, 미국의 철도 회사도 이를 따르고 있다는 게 이유였다. 당시 결정한 그리니치 표준시(GMT)는 1972년 원자시계를 도입하면서 협정세계시(UTC)로 대체했지만, 여전히 GMT 표기를 사용하는 경우도 많다. 둘의 차이는 1초보다 작다.

㉠ **표준시**를 도입했다는 건 완전히 새로운 세상이 열렸음을 의미한다. 세계의 모든 인구가 하나의 표준시에 맞춰 일상을 살고, 국가마다 다른 철도와 선박, 항공 시간을 체계적으로 정리할 수 있게 됐다. 지구 곳곳에 파편처럼 흩어져 살아가던 인류가 하나의 세계로 통합된 것이다.

협정세계시에 따르면 한국의 표준시는 UTC+ 09:00이다. 그리니치보다 9시간 빠르다는 의미다. 우리나라가 표준시를 처음으로 도입한 것은 고종의 대한제국 시절이며 동경 127.5도를 기준으로 UTC+ 08:30, 그러니까 지금보다 30분 빠른 표준시를 썼다. 현재 한국은 동경 135도를 기준으로 한 표준시를 쓰고 있다.

14 윗글의 ㉠을 설명하기 위해 적용된 방식으로 가장 적절한 것은?

① ㉠을 일정한 기준에 따라 나누고, 각각의 장점과 단점을 열거하고 있다.
② ㉠에 적용된 과학적 원리를 검토하고, 역사적 변천 과정을 되짚어보고 있다.
③ ㉠의 본격적인 도입에 따라 야기된 문제점을 지적하고, 대안을 모색하고 있다.
④ ㉠이 한국에 적용되게 된 시기를 살펴보고, 다른 나라의 사례와 비교하고 있다.
⑤ ㉠의 필요성이 대두하게 된 배경과 도입과정을 밝히고, 그에 따른 의의를 설명하고 있다.

15 윗글의 내용에 대한 이해로 적절하지 않은 것은?

① 표준시는 그림자가 생기지 않는 시간을 기준으로 삼아 제정된 개념이다.
② 기차와 같은 교통수단의 발달은 표준시 제정의 필요성을 촉진한 계기가 되었다.
③ 표준시 도입을 위한 회의 과정에서 영국과 프랑스는 자국의 입장을 관철하고자 했다.
④ 현재 사용하는 협정세계시는 1884년에 제정된 그리니치 표준시와 1초 미만의 차이를 보인다.
⑤ 대한제국 시기에 도입된 표준시는 동경 127.5도를 기준으로 하여 오늘날 한국의 표준시보다 30분가량 빠르다.

16 밑줄 친 단어의 의미와 동일하게 쓰인 것은? ⌜2019 코레일⌟

> 흔히들 경제는 심리라고 합니다. 1997년 외환 위기에 의해 IMF 구제 금융을 받기 전까지 한국 경제는 활기찼습니다. 누가, 어느 그룹이 신사업 분야, 신시장에 먼저 진출하여 선점하느냐, 어느 기업이 매출과 점유율 면에서 앞서고 있느냐 등 양적 경쟁이 치열했습니다. 따라서 투자 면에서도 과열된 분위기를 **띠고** 있었고, 자연히 투자 실패로 인한 경영 부실도 많았습니다.

① 이야기를 잘해 두었으니 정성스럽게 작성한 추천서를 **띠고** 회사를 찾아가도록 해라.
② 일을 하다 보니까 더 배우고 싶은 것들이 생기고 이 분야에 대해서 전문성을 **띠고** 싶다.
③ 어떤 정부 수행원보다 중요한 임무를 **띠고** 있는 송 장관의 이번 방북 행보에 눈길이 간다.
④ 고향 들판 여기저기 보이는 과수원에는 사과가 슬쩍 홍조를 **띠면서** 굵어질 채비를 하고 있다.
⑤ 서류 가방을 직접 챙겨 든 총수들은 시종일관 미소를 **띤** 채 북한 경제인들과 인사를 나누었다.

17 다음 글을 논리적 순서에 맞게 배열한 것은?

(가) 그러나 이런 이질적 개인의 삶과 그 하위 세계들은 서로 긴밀한 관계를 가지고 서로 영향을 주고받으면서 변화해 나간다. 때로는 서로 협동하기도 하고, 때로는 갈등하거나 투쟁하면서 자신의 존재 양식을 결정하기도 하고, 수많은 세계가 복합적으로 얽혀서 간단히 예상할 수 없는 결과를 초래하기도 한다. 세계의 모든 순간이 서로 연관되어 움직이며 인간과 인간, 인간과 외부 세계 사이에는 연속적인 변증법적 변화가 진행된다. 유기체로서 세계는 어느 한 쪽이 독립적으로 존재하거나 이해될 수 없으며, 반드시 얽혀진 나머지 요소를 필연적으로 함의하고 있다.

(나) 따라서 개인이 어느 사회에, 어느 부류에 속하는가에 따라 하나의 사건, 사물, 인간 활동을 이해하는 것이 현저하게 달라질 수 있다. 어느 사람에게는 피상적으로 보이는 것이 다른 사람에게는 본질적인 것으로 보일 수도 있고, 한 지역에서는 대단히 중요한 가치를 가지는 것이 다른 지역에서는 전혀 무가치한 것으로 간주되기도 한다. 그런 점에서 자신의 삶을 개선하고 외부 세계를 이해하기 위해서 각자가 노력하는 것도 중요하지만, 각 개인이 어느 세계의 울타리 안에 속해 있느냐가 대단히 중요한 의미를 지닌다.

(다) 그런데 우리 인간이 이렇게 다양하고도 복잡하게 변하는 외부 세계를 인식할 때는 외부 세계를 있는 그대로 받아들이는 것이 아니라 자신의 지각과 주관적 인식을 바탕으로 받아들이게 된다. 우리가 접하는 어떤 외부 세계도 절대적으로 순수한 상태로 우리의 의식 세계에 나타날 수 없다. 생활 속에서 나타나는 사건, 사물, 인간 활동 등은 그것에 대한 수용자, 해석자의 관점이 무엇인가에 따라 전혀 다른 위상을 가지는 실체로 드러나게 된다.

(라) 또 인간이 살아가면서 외부 세계를 인식하는 것은, 자신만의 지각으로 이루어지는 것이 아니라, 서로 교류하고 영향을 주고받는 가운데 상대방의 인식에 어느 정도 영향을 받으면서, 서로 다른 점을 확인하면서도 동질적인 부분이 많아지도록 강제되면서 이루어진다. 앞에서 언급한 것처럼 세계는 받아들이는 사람만의 독특한 인식 체계를 구축하지만 그 구축은 홀로 이루어지는 것이 아니라, 삶을 공유하고 교류하는 사람들 사이에서 상호 공통적인 요소를 확인하면서 이루어지고 그것은 하나의 세계관을 형성하게 된다.

(마) 우리의 생활 세계는 무수하고도 다양한 하위 세계들로 구성되어 있다. 다시 말해 우리의 생활은 서로 환원될 수 없는 전혀 다른 이질적 세계들이 교차하는 복합적 영역이다. 눈에 보이지는 않지만 인간들은 서로 다른 목표, 구조, 관계, 적응방식, 하는 일들을 가지고 있다. 각 사람의 세계는 확실히 객관적 실체를 가지고 있으며 독립적인 것으로 인정된다. 사람들이 살아가는 모습은 한 사람 한 사람 모두 개성을 가지고 있고, 한 사람의 삶을 자세히 분석해 보면 한정할 수 없는 다양한 요소들로 구성되고 통제되고 있는 것을 알 수 있다.

① (마) – (가) – (다) – (라) – (나)　　② (마) – (나) – (다) – (라) – (가)

③ (마) – (가) – (라) – (나) – (다)　　④ (가) – (나) – (다) – (라) – (마)

⑤ (나) – (라) – (다) – (가) – (마)

18 다음은 '선거 여론조사'와 관련하여 한 신문사에 기고된 칼럼이다. 글쓴이의 의견으로 볼 수 없는 것은?

> 마음속 깊이 혼자만 간직하고 있는 생각은 신념이다. 이런 신념들이 다른 사람들과 서로 공유되고 확인되면서 형성되는 것이 바로 여론이다. 그리고 여론조사란 이런 여론의 구도와 추세를 파악하는 과정이라 하겠다.
>
> 선거 때마다 여론조사는 늘 뜨거운 관심의 대상이었다. 언론은 매일 여론조사 결과를 보도하며 선거 향방을 점치기에 바빴고, 정치권도 여론조사 결과에 촉각을 곤두세우며 일희일비를 거듭하였다. 유권자들 역시 스스로가 만들어낸 여론조사 지지율 그래프의 등락을 보며 급변하는 민심의 흐름을 절감하였다.
>
> 선거에서 여론조사의 영향력이 커지자 이를 경계하는 목소리도 나왔다. 일단 여론조사의 정확성 문제로 여론조사마다 결과의 차이가 너무 크다는 지적이다. 실제로 1위와 2위 후보 간 격차가 크게는 6% 이상 차이를 보이기도 했고, 후보 간 지지율 순위가 뒤바뀐 조사 결과가 같은 날 발표되어 유권자들을 어리둥절하게 만든 적도 있었다. 하지만 이는 여론조사 자체보다 결과를 보도하는 언론에 더 책임이 크다. 어떤 여론조사든 정확한 결과를 콕 집어낼 수는 없기에 반드시 오차범위라는 것을 명시한다. 오차범위 이내의 격차는 사실상 통계적으로 의미가 없는 결과다. 그럼에도 불구하고 언론은 소수점 수치까지 따지며 굳이 우열과 순위를 갈라 보도한다. 정작 문제는 언론의 이런 경마식 보도에 있는 것이지 여론조사 그 자체에 있다고 볼 수 없다.
>
> 또 다른 지적은 여론조사가 미칠 영향력에 대한 우려이다. 여론조사 결과가 유권자들의 표심을 한쪽으로 몰리게 만들어 여론의 왜곡 현상을 초래한다는 비판이 그것이다. 그런데 여론조사 결과가 이후의 여론 동향에 영향을 미치는 것은 문제점이라고 보기 어렵다. 앞서 이야기했듯 여론이란 나의 신념과 다른 사람들의 생각이 서로 공유되고 확인되면서 만들어지는 것이다. 다수의 여론 지형 속에서 자신의 신념을 더욱 공고히 하거나 혹은 신념을 바꾸는 과정은 지극히 정상적인 여론 형성의 과정일 뿐이다.
>
> 선거 기간 중에는 다른 어느 때보다 국민의 알 권리가 한층 더 보장되어야 한다. 후보자 정보나 정책에 대한 알 권리 못지않게 중요한 것이 바로 여론 동향에 대한 알 권리다. 지금 여론조사 말고 이를 온전히 충족시켜주는 다른 유용한 수단이 과연 또 있을까?

① 여론조사는 국민의 알 권리를 충족시켜 준다.

② 결과가 정확한 여론조사는 존재할 수 없다.

③ 자신의 신념을 바꾸는 것은 이상한 것이 아니다.

④ 여론조사 결과로 유권자들의 표심이 변할 수 있다.

⑤ 여론조사의 부정확성 문제보다 언론사의 보도태도가 더 문제이다.

[19~20] 다음 글을 읽고 이어지는 문제에 답하시오.

현대문학을 전공하시는 교수님의 말씀을 듣자면 소설을 직접 쓰는 사람과 그 작품을 평론하는 사람들 사이에는 묘한 긴장감이 있을 수밖에 없다고 한다. 소설가는 평론가의 평가에 신경을 안 쓰기 어려운 한편, 부정적 평가에는 '그렇게 잘 알면 네가 한번 써봐라!'라고 말하고 싶은 순간도 있을 것이다. 평론가 입장에서는 소설 창작 자체와 그 결과물에 대한 해명 작업이 갖는 서로 다른 전문성의 차이를 제대로 이해하지 못하는 소설가들의 태도가 답답할 것이다.

과학자와 과학철학자 간의 관계도 이와 유사하다. 과학자는 과학철학자가 실제 과학 연구를 하는 것도 아니면서 과학의 본성이나 과학 연구의 의미에 대해 이런저런 이야기를 하는 것에 의심스러운 눈길을 보내기 쉽다. 그렇다면 과학자들이 가장 좋아하는 과학철학자는 누구일까? 아마도 반증주의 철학자 칼 포퍼일 것이다. 포퍼는 오스트리아 출신의 철학자로 오랫동안 런던정경대학에서 과학과 과학이 아닌 것을 가르는 기준으로 반증주의를 역설했다. 포퍼는 진정한 과학 연구의 특징으로 '지적 정직함'을 꼽았다. 자연현상을 설명하기 위해 일단 가설을 제시하고 이를 관찰이나 실험과 대조해서 만약 어긋나면 깨끗하게 '패배'를 시인하면서 자신의 가설을 포기하고, 대안 가설을 찾아 나서는 모습이 과학 정신의 핵심이라는 것이다. 포퍼는 끊임없이 대안을 모색하고 경험적으로 틀린 가설은 미련 없이 포기하는 이런 자세가 과학을 과학이 아닌 것과 가르는 가장 중요한 기준이라 생각했다. 포퍼는 지적 정직함의 전형을 아인슈타인으로부터 찾는다. 젊은 시절 포퍼는 아인슈타인이 자신의 일반상대성이론을 제시하는 강연에 참석한 경험이 있다. 그곳에서 포퍼는 아인슈타인이 자신의 이론이 예측하는 별빛이 휘어지는 정도를 명확히 제시하고 동료 물리학자들에게 이를 검증해 볼 것을 제안하는 모습에 깊은 감명을 받았다. 포퍼에 따르면 아인슈타인은 자신의 예측이 경험과 일치하지 않으면 이는 곧 자신의 이론이 틀렸다는 것을 의미한다고 선언했다고 한다. 포퍼는 아인슈타인의 이런 정직한 모습에서 과학 연구가 추구해야 할 이상을 보았던 것이다.

포퍼는 이런 생각을 바람직한 사회변화를 설명하는 과정에도 그대로 적용했다. 포퍼가 보기에 사회를 운용하는 방식이나 제도적 장치 역시 과학 연구와 동일한 방식으로 작동할 때 가장 바람직하다. 즉, 자유로운 토론을 통해 다양한 사회제도와 정치체제에 대한 검토가 이루어지고 이를 통해 특정 정치체제를 선택한 다음에도 경험을 통해 그것이 적당하지 않다고 판단되면 미련 없이 새로운 제도로 이행해야 하는 것이다. 이런 이행이 보장된 사회를 포퍼는 '열린사회'라고 칭하고 그렇지 못한 '닫힌사회'와 대비했다.

패러다임 개념으로 유명한 토머스 쿤은 과학 연구가 진행되는 방식에 대해 포퍼와는 다른 견해를 제시했다. 쿤은 과학 연구가 성공적이고 축적적으로 지식을 산출하기 위해서는 근본 전제에 대한 끊임없는 반성을 잠시 보류한 채 잘 확립된 문제풀이 방법에 기초하여 세상을 최대한 잘 설명하려고 노력해야 한다고 보았다. 물론 기존 패러다임으로 풀 수 없는 문제가 많아지면 과학자들은 대안적 패러다임을 찾기 마련이다. 만약 대안적 패러다임이 미해결 문제들을 인상적으로 풀어내면서 자신의 성장잠재력을 보여주면, 다수의 과학자가 새로운 패러다임을 채택하면서 비로소 '과학혁명'이 일어나게 된다.

기존 패러다임과 새로운 패러다임 사이의 선택은 절대 간단하지 않다. 오랜 세월 수많은 과학자에 의해 발전되어 온 오래된 패러다임에 비해 지금 막 등장한 새로운 패러다임은 문제풀이 능력에 있어 초반에는 뒤처질 수밖에 없다. 하지만 과학자들은 단순히 현재 성적만으로 패러다임을 평가하지 않고 미래 잠재력까지 함께 보고 패러다임을 선택한다. 그래서인지 과학의 역사를 보면 기존 패러다임에 익숙한 나이든 과학자보다 젊은 세대 과학자들이 새로운 패러다임에 더 긍정적인 경우가 많다.

쿤은 포퍼와 달리 자신의 철학적 입장을 철저하게 과학 연구를 설명하는 데 한정하였다. 하지만 중요한 사회적 결정을 앞둔 우리에게는 쿤의 과학관이 사회변혁에 어떻게 확장될 수 있을지를 묻는 것도 흥미로운 질문이 될 것이다.

19 다음 글의 주제로 가장 적절한 것은?

① 쿤과 포퍼의 과학에 대한 시각 차이와 방법론의 차이에 대한 설명
② 패러다임에 대한 쿤과 포퍼의 가치관에 대한 차이가 생긴 이유
③ 쿤과 포퍼의 과학 연구가 진행되는 방식에 대한 차이와 사회 변혁에 대한 이용
④ 역사적 관점에서 살펴본 패러다임이라는 명칭의 유래
⑤ 쿤의 과학관이 가지는 한계와 포퍼의 과학 연구에 대한 이상

20 다음 글의 내용과 일치하지 않는 것은?

① 과학의 역사를 살펴보면, 나이든 과학자보다 젊은 과학자들이 새로운 패러다임을 받아들이는 데 더 긍정적 태도를 보인다.
② 토머스 쿤은 대안적 패러다임이 미해결 문제들을 잘 풀어나가면 '과학혁명'이 일어난다고 생각한다.
③ 포퍼는 토론을 통해 사회제도와 정치체제를 계속 검토해야 하고, 문제점이 있으면 새로운 제도로 이행해야 한다고 주장한다.
④ 아인슈타인도 자신의 예측이 경험과 일치하지 않으면 이는 곧 자신의 이론이 틀렸다는 점을 선언하는 '지적 정직함'을 갖고 있었다고 볼 수 있다.
⑤ 포퍼는 자신의 철학적 입장을 철저하게 과학 연구를 설명하는 데 한정했고, 이를 어떻게 사회변혁에 확장시킬지를 고민하였다.

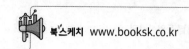

21 밑줄 친 ㉠~㉤을 수정한 것으로 바르지 않은 것은?

> 벤담은 국민들이 행복하게 사는 것에 관심이 많았다. 그래서 인생의 목적이 쾌락에 있다고 생각했다. 그에게 행복은 쾌락이고 불행은 고통이었기 때문이다.
>
> **㉠ 그리고 그는 행복이 한 사람 차원에서 그치면 안 된다고 생각했다.** 여러 사람이 행복을 누리는 '공중적 쾌락주의'로 발전해야 한다고 주장한 것이다. 그는 많은 사람이 행복을 느끼면 그게 바로 옳은 것이라고 생각하였다. 이런 이유로 벤담은 가장 많은 사람에게 최대의 행복을 주는 '최대 다수의 최대 행복'을 외쳤다. 이런 그의 철학을 '공리주의'라고 한다.
>
> 그 시대에는 많은 철학자가 무엇이 옳고 그른지, 또 무엇이 선이고 악인지를 명쾌하게 풀기 위해 ㉡ **오랜동안 골머리를 앓았다.** 하지만 벤담은 대담하게 그런 논의는 불필요하다고 생각했다. "진리와 도덕을 멀리서 찾지 말라!"라고 하면서 말이다. 그는 도덕에 무슨 원인이 있어야 하냐고 반박하며, 그냥 결과가 좋고 많은 사람이 행복하면 도덕적인 것이라고 했다. '최대 다수의 최대 행복!'이란 그의 생각이 ㉢ **오롯이 담겨 있는 말이 아닐 수 없다.**
>
> 벤담은 올바른 행동이란 쾌락의 양을 늘리고 고통의 양을 줄이는 것이라고 하며, 쾌락의 양을 객관적으로 계산할 수 있는 쾌락 계산법을 내놓았다. 그는 쾌락을 평가하는 기준으로 '강도, 확실성, 근접성, 다산성, 지속성, 순수성, 범위'라는 7가지를 꼽았다.
>
> 강도는 어떤 행동으로 인한 쾌락의 정도가 ㉣ **얼마나 큰 지를**, 확실성은 그 행동이 얼마나 확실하게 쾌락을 주는지를 평가하는 것이다. 근접성은 쾌락을 얼마나 빨리 얻을 수 있는지를, 다산성은 쾌락이 단지 ㉤ **일회적인것인지,** 다른 쾌락들을 동반하는지를 측정하는 것이다. 지속성은 쾌락이 얼마나 지속될 수 있는지를, 순수성은 쾌락 속에 혹시 고통의 요소가 섞여 있지는 않은지를, 범위는 쾌락이 얼마나 많은 사람에게 미치는지를 묻는 것이다. 벤담은 이 7가지 기준마다 쾌락을 '+'로, 고통을 '-'로 정해 쾌락을 계산하였다.

① ㉠ : 문맥상 앞의 내용과 전환되는 부분이므로 '그리고'를 '그런데'로 수정한다.

② ㉡ : 맞춤법에 맞도록 '오랜동안'을 '오랫동안'으로 수정한다.

③ ㉢ : 문맥에 따라 '오롯이'를 '온전히'로 수정한다.

④ ㉣ : '-지'가 연결어미이기 때문에 붙여 쓴다.

⑤ ㉤ : '것'은 의존명사이므로 앞 어절과 띄어 쓴다.

22 다음 글에서 설명하고 있는 내용을 바탕으로 만든 예문 중 밑줄 친 부분의 의미가 나머지와 다른 것은?

'모호(模糊)하다'와 동일한 의미로 쓰이는 '애매(曖昧)하다'는 일본에서 만들어진 이른바 일본어식 한자어이다. 결과적으로 '애매모호하다'라는 단어는 중첩어(重疊語)로서 동일한 의미를 지니는 '애매'와 '모호'가 중복해서 쓰인 것이니 국어 순화 차원에서 보자면 '애매'는 제외하고 '모호하다'로만 쓰는 것이 바람직한 우리말이라고 할 수 있다.

주지하는 바와 같이, 우리말 '모호하다'는 '희미하여 분명하지 아니하다.'라는 의미를 지니고 있다. 이러한 '모호성' 때문이었을까. '모호하다'만으로는 뭔가 분명하지 않은 구석이 있어 국어 화자들은 일본어인 '애매하다'를 빌려 '애매모호하다'라는 단어를 만들어 쓴 게 아닐까 하는 생각이 들기도 한다.

'애매하다'에 대해서는 한 가지를 더 언급해야 한다. 일본어식 한자어가 아닌 고유어로서의 '애매하다'가 있어 '모호하다'는 것과는 다른 의미로 쓰인다는 것이다. 그렇다면 고유어 '애매하다'의 의미는 무엇일까? 고유어로서의 '애매하다'는 '아무 잘못 없이 꾸중을 듣거나 벌을 받아 억울하다.'라는 의미를 가지고 있다.

① 그는 **모호하게** 대답을 얼버무렸다.

② 그의 태도에는 **애매모호한** 것이 많았다.

③ 괜히 엉뚱한 사람 **애매하게** 만들지 마라.

④ 내 질문에 **애매하게** 대답하지 않기를 바라.

⑤ 그는 시종일관 긍정도 부정도 않는 **모호한** 태도를 보였다.

23 다음 글의 논리적 순서로 적절한 것을 고르면?

(가) 다만 그전에 소득을 파악하는 방법에도 개선이 있어야 할 것이다. 그리고 전체적으로 3단계에 걸쳐 소득 보험료 비중을 현재의 50%에서 75%로 높이고, 고령층 등 특정 계층의 부담이 한꺼번에 늘어나지 않도록 소득과 재산이 많은 피부양자부터 단계적으로 축소할 방침이다.

(나) 이처럼 소득에 부과하는 보험료 비중이 높아지게 되면, 퇴직 후 지역 가입자로 전환된 사람 대다수는 보험료가 약 45% 정도로 하락하는 효과가 있다. 또한 한 직장에서 1년 이상을 근무하다 퇴사하면, 퇴사 후 2년 동안은 직장에서 근로자 몫으로 부담하던 보험료를 그대로 내도록 하는 임의계속가입 제도 이용도 가능하다.

(다) 그리고 저소득 지역 가입자의 부담을 줄이고, 고소득 피부양자의 무임승차를 막을 수 있다. 기본적으로는 서민들의 부담을 덜어주고 형평성을 강화하겠다는 것이 이번 건강보험 부과 체계 개편의 핵심인 것이다. 이번 부과 체계 개편이 서민들의 적정 급여를 가능하게 하고 국민들 간의 형평성을 줄이는 데 기여하기를 바란다.

(라) 우리나라 건강보험 제도의 시초는 1972년 200인 이상 사업장 근로자를 대상으로 시작한 것이었다. 이후 약 40여 년 동안 건강보험 제도는 수많은 변화와 개선의 역사를 이루어 왔다. 최근 국민건강보험제도는 다시 전환점을 맞이하였다. 기존과 달리 건강보험료 부과 체계가 소득 중심으로 달라질 예정이다. 즉, 수익이 높고 재산이 많은 이들에게 더 많은 보험료를 부과하겠다는 의미이다. 그 방법과 효과는 다음과 같다.

(마) 지금까지는 높은 소득과 재산이 있어도 피부양자로 등재되어 있으면 보험료를 내지 않았다. 앞으로 이러한 사람들을 지역 가입자로 전환해 보험료를 납부하게 할 방침이다. 소득의 경우 연간 최대 1억 원 기준에서 4천만 원 초과, 재산은 과표 6억 원에서 3억 5천만 원 및 연소득 3천만 원 이상부터 적용이 된다. 직장 가입자 역시 마찬가지이다. 월급 외 고소득 직장인도 단계적으로 부과를 확대한다.

① (라) – (나) – (다) – (가) – (마)
② (라) – (마) – (가) – (나) – (다)
③ (라) – (가) – (나) – (다) – (마)
④ (나) – (다) – (라) – (마) – (가)
⑤ (마) – (라) – (다) – (가) – (나)

24 다음 글을 읽고 본문의 내용과 일치하지 않는 것을 고르면?

> 4차 산업혁명은 인공지능으로 자동화와 연결성이 극대화되는 산업 환경의 변화를 말한다. 2005년부터 여러 도서를 통해 알려지기 시작한 후, 2009년 스위스 다보스에서 열린 세계 경제포럼에서 언급되기 시작했다. 인공지능과 네트워크로 모든 것이 연결되는 '4차 산업혁명'이 전 세계의 화두로 떠오른 가운데 자동차 업계도 4차 산업혁명에 대비하고 시장을 선점하기 위한 경쟁이 치열하다. 자동차는 각종 반도체와 센서, 인공지능 등의 정보통신기술(ICT)과 결합하면서 점차 '전자 제품화'되어 가는 추세이다. 자동차에 들어가는 전자부품을 만드는 '전장사업'이 유망 사업으로 주목받는 이유이다. 미국 시장조사 기관인 스타틱애널로지(SA)는 2010년 26%에 불과하던 자동차의 전장화 원가 비율이 2025년에는 65%가 넘을 것으로 전망하고 있다.
>
> 자동차 업계의 4차 산업혁명을 주도할 유력한 전장기술로 '자율 주행'이 가장 먼저 꼽힌다. 자율 주행은 기술화 수준에 따라 4단계로 구분된다. 가장 낮은 단계인 '레벨 0'은 자동차의 충돌, 차선이탈 등에 대해 각종 위험경고를 해주는 수준이다. 다음 단계인 '레벨 2'는 운전자의 판단 아래 주행 기능이 일부 자동화되는 수준을 의미한다. 이어 운전자 개입 없이도 자동차가 부분적으로 자율 주행할 수 있는 수준이 '레벨 4'이다.
>
> 한국 ○○는 경기도 용인의 국내 기술연구소를 중심으로 북미, 유럽, 중국, 인도 등에 글로벌 연구, 개발 거점을 두고 자율 주행 기술 개발에 박차를 가하고 있다. '레벨 2' 단계의 자율 주행 기술은 상용화에 근접했다. 고속도로상에서 차선 변경이나 분기로 진입이 가능한 '레벨 2' 단계의 고속도로주행지원기술(HDA2)을 확보하고 2020년부터 양산을 준비 중이다.
>
> HDA2는 현재 일부 국내 상용 자동차에 적용된 기존 '고속도로주행지원시스템'의 성능을 개선한 기술이다. 현행 HDA1 시스템은 고속도로에서 차선을 유지한 채 앞차의 궤적을 그대로 따라가는 방식을 취하고 있다. 차선변경이나 인터체인지 등의 분기로 진입하기 위해서는 운전자가 수동으로 조작해야 하고, 센서 인지 범위의 한계로 자율 주행 중 갑자기 끼어드는 차량에 대한 대응이 늦은 편이다.
>
> HDA2 시스템은 고속도로 자율 주행 시 운전자가 방향 지시등만 켜주면 차 스스로 차선 변경이나 분기로 진입, 본선 합류가 가능하다. 전방과 측방에 레이더를 추가로 장착해 갑자기 끼어드는 차량이 있을 경우 속도 제어를 통한 빠른 대응도 가능하다.

① 한국 ○○는 자율 주행 기술에 박차를 가하여 레벨 2 단계에 근접해 있다.

② 자율 주행은 기술화 수준에 따라 4단계로 구분된다.

③ 스타틱애널로지(SA)는 2010년 26%에 불과하던 자동차의 전장화 원가 비율이 2025년에는 60%가 넘을 것으로 전망하고 있다.

④ HDA1 시스템은 자율 주행 중 갑자기 끼어드는 차량에 대한 대응이 빠른 편이다.

⑤ HDA2 시스템은 전방과 측방에 레이더를 추가로 장착하였다.

25 다음은 귀농한 H 씨가 사용한 스마트 팜 관련 자료와 기사 내용이다. 다음 자료의 내용과 일치하지 않는 것은? 2019 농협은행 6급

H 씨의 성공요인 스마트 팜

- **스마트 팜 도입 장비**

구분	통합제어		양액 제어	에너지 절감시설	기타
	판넬	디지털제어기			
종류	보온커튼, 유통, 환기팬 국산 / 2016	통합제어기 국산 / 2016	국산 2016	국산 2016	CCTV / 액화탄산 공급장치 국산 / 2016

- **ICT(Information and Communications Technologies) 도입 목적**

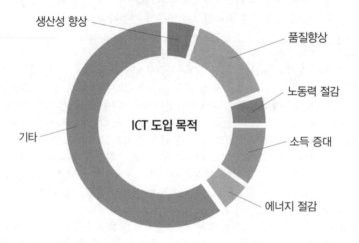

- **기사 내용**

　귀농한 지 3년 차인 H 씨 농가의 현재 점수는 완벽에 가깝다. 설비를 갖추는 단계에서부터 스마트 팜을 공부하고 실제 매출로 증가시키기까지 안정적으로 큰 무리 없이 계단을 밟아왔다. 농업과는 직접적인 관련이 없는 것처럼 보이는 전자 공학과 생명 과학 공부를 하다가 시작한 딸기 농장 운영. H 씨는 정말 딸기 천재인 것일까? "스마트 팜 없이는 이렇게 못했어요. 혼자서 시작하겠다고는 엄두도 못 냈을 거예요." 그는 농장 운영의 성공 요인 첫 번째로 스마트 팜을 꼽는다. 다른 누구도 아닌 정보통신기술이 딸기 농장의 성공 파트너인 셈이다.

　현재 H 씨의 농가에 상시 근무하는 인원은 2명으로 기존 농가 시스템에 비교하면 매우 적다. 가장 바쁜 딸기 육묘를 심는 시기에도 단기적인 일꾼이 최대 6명 정도면 충분하다. 농장의 주 업무라고 볼 수 있는 스마트 팜 프로그램은 H 씨 혼자 숙지하여 운영시킬 수 있기 때문에 최소한의 노동력으로도 무리 없이 농장이 운영된다. 그뿐만 아니라 인터넷이 가능한 모든 곳에서 작물을 볼 수 있다는 점이 큰 매력이다. 아직 미혼인 H 씨는 농사일한다고 결혼하기 어려운 것도 옛말 아니겠냐고 웃어 보인다. "예전에는 농사짓는 일이 너무 힘든 일이었고, 일 년 내내 바빴잖아요. 그런데 지금은 많이 바뀐 거 같아요. 저만 해도 시간적인 여유를 가질 수 있고, 활동에 제약도 없거든요." 기존 농업 방식이 가족 구성원 전체는 물론이고 마을 주민들의 노동력까지 가져올 수밖에 없었다면, 스마트 팜 농업은 다르다. 농사가 개인이 갖는 하나의 직업이 될 수 있도록 노동 환경의 부담을 축소해준다. H 씨는 이러한 자유로움을 스마트 팜의 가장 큰 장점이라고 말했다.

  구구단을 외우려면 2단보다 3단 외우기가 그리고 5단보다 7단 외우기가 더 까다로운 것이 당연하다. 이처럼 다음 관문의 난이도가 점점 더 어려워지는 여타의 기술과 달리 스마트 팜 농업은 처음 적응 기간이 가장 어렵다. 시작하는 공부를 잘 배워두면 그다음 심화 부분은 쉽다는 말이다. H 씨 농가의 경우 비교적 다른 농가 분들보다 시스템 활용이나 정보 습득에 어려움이 없었다. 중요한 것은 초기 교육 과정 이후에도 지속적인 관심을 통해 정보를 업데이트해나가는 것이다. "저는 운 좋게도 처음 귀농을 결정했을 때 견학 차원에서 방문했던 농가들이 모두 스마트 팜을 활용하고 있는 농가들이었어요. 조사 대상 단계에서부터 자연스럽게 스마트 팜에 노출된 점이 시스템에 대한 부담으로 연결되지 않았죠. 스마트 팜으로 하는 게 당연하다고 생각했어요. 왜냐하면 귀농의 경우 지금 처음 농사를 시작하는 거잖아요. 이전의 농업 정보가 전무하다시피한데 그 부분을 스마트 팜이 상당 부분 메워주었어요. 귀농할 때 스마트 팜은 선물 같아요." 스마트 팜의 활용은 귀농한다면 으레 당연한 순서로 겪어야 했던 시행착오와 실패 기간을 대폭 줄여주었다. 그 시간이 대신 더 빠른 성공으로 채워졌다. 아직 성공이라고 말할 수 없다고 말하는 이 묵묵한 청년의 발걸음이 귀농의 길을 또 한 갈래 새로 만들고 있었다.

① 스마트 팜은 농사가 개인이 갖는 하나의 직업이 될 수 있도록 노동 환경의 부담을 축소해주며 다른 기술과 달리 처음 적응 기간이 어렵지만 잘 배워두면 심화 부분은 쉽게 익힐 수 있다.
② H 씨는 보온커튼, 통합제어기, 공조기, 양액제어기, CCTV 등의 장비를 도입하여 사용하고 있다.
③ H 씨는 인터넷이 가능한 모든 곳에서 작물을 볼 수 있으며, 혼자 스마트 팜 프로그램을 숙지하여 운영할 수 있기 때문에 최소한의 노동력으로도 무리 없이 농장을 운영할 수 있다.
④ H 씨가 ICT를 도입한 이유는 소득 증대의 목적보다 품질 향상의 목적이 더 크다.
⑤ 스마트 팜을 활용하면 귀농 후 겪는 시행착오와 실패 기간을 줄일 수 있으며 더 빨리 성공할 수 있다.

26 다음은 공직자윤리법의 법령 일부이다. 이에 대한 설명으로 적절하지 않은 것은?

2019 한국산업인력공단

공직자윤리법

제2장 재산등록 및 공개

제4조(등록대상재산)

① 등록의무자가 등록할 재산은 다음 각 호의 어느 하나에 해당하는 사람의 재산(소유 명의와 관계없이 사실상 소유하는 재산, 비영리법인에 출연한 재산과 외국에 있는 재산을 포함한다)으로 한다.

  1. 본인

  2. 배우자

  3. 본인의 직계존속·직계비속. 다만, 혼인한 직계비속인 여성과 외증조부모, 외조부모, 외손자녀 및 외증손자녀는 제외한다.

② 등록의무자가 등록할 재산은 다음 각 호와 같다.

  1. 부동산에 관한 소유권·지상권 및 전세권

  2. 광업권·어업권, 그 밖에 부동산에 관한 규정이 준용되는 권리

  3. 다음 각 목의 동산·증권·채권·채무 및 지식재산권

    가. 소유자별 합계액 1천만 원 이상의 현금(수표를 포함한다)

    나. 소유자별 합계액 1천만 원 이상의 예금

    다. 소유자별 합계액 1천만 원 이상의 주식·국채·공채·회사채 등 증권

    라. 소유자별 합계액 1천만 원 이상의 채권

    마. 소유자별 합계액 1천만 원 이상의 채무

    바. 소유자별 합계액 500만 원 이상의 금 및 백금(금 제품 및 백금 제품을 포함한다)

    사. 품목당 500만 원 이상의 보석류

    아. 품목당 500만 원 이상의 골동품 및 예술품

    자. 권당 500만 원 이상의 회원권

    차. 소유자별 연간 1천만 원 이상의 소득이 있는 지식재산권

    카. 자동차·건설기계·선박 및 항공기

  4. 합명회사·합자회사 및 유한회사의 출자 지분

  5. 주식매수선택권

제5조(재산의 등록기관과 등록시기 등) 공직자는 등록의무자가 된 날부터 2개월이 되는 날이 속하는 달의 말일까지 등록의무자가 된 날 현재의 재산을 다음 각 호의 구분에 따른 기관에 등록하여야 한다. 다만, 등록의무자가 된 날부터 2개월이 되는 날이 속하는 달의 말일까지 등록의무를 면제받은 경우에는 그러하지 아니하며, 전보·강임·강등 또는 퇴직 등으로 인하여 등록의무를 면제받은 사람이 3년(퇴직한 경우에는 1년) 이내에 다시 등록의무자가 된 경우에는 전보·강임·강등 또는 퇴직 등을 한 날 이후 또는 제11조 제1항에 따른 재산변동사항 신고 이후의 변동사항을 신고함으로써 등록을 갈음할 수 있다.

  1. 국회의원과 그 밖의 국회 소속 공무원 : 국회사무처

  2. 법관과 그 밖의 법원 소속 공무원 : 법원행정처

  3. 헌법재판소장, 헌법재판소재판관 및 헌법재판소 소속 공무원 : 헌법재판소사무처

  4. 중앙선거관리위원회 및 각급 선거관리위원회 소속 공무원 : 중앙선거관리위원회사무처

  5. 정부의 부·처·청 소속 공무원 : 그 부·처·청

6. 감사원 소속 공무원 : 감사원사무처
7. 국가정보원 소속 공무원 : 국가정보원
8. 지방자치단체 소속 공무원 : 그 지방자치단체
9. 지방의회의원과 지방의회 소속 공무원 : 그 지방의회
10. 특별시 · 광역시 · 특별자치시 · 도 · 특별자치도교육청 소속 공무원 : 그 특별시 · 광역시 · 특별자치시 · 도 · 특별자치도교육청
12. 공직유관단체의 임직원 : 그 공직유관단체를 감독하는 부 · 처 · 청. 다만, 특별시 · 광역시 · 특별자치시 · 도 · 특별자치도 및 시 · 군 · 구의 감독을 받는 공직유관단체의 임직원은 특별시 · 광역시 · 특별자치시 · 도 · 특별자치도 및 시 · 군 · 구에 등록한다.
13. 그 밖의 등록의무자, 제5호부터 제7호까지 및 제12호 본문에도 불구하고 정부의 부 · 처 · 청 소속 공무원과 감사원 · 국가정보원 소속 공무원 및 공직유관단체의 임원으로서 제10조 제1항에 따라 재산등록사항을 공개하는 공직자 : 인사혁신처

① 공직자는 등록의무자가 된 날부터 2개월이 되는 날이 속하는 달의 말일까지 등록의무를 면제받은 경우가 아니면, 등록의무자가 된 날부터 2개월이 되는 날이 속하는 달의 말일까지 등록의무자가 된 날 현재의 재산을 정해진 기관에 등록해야 한다.

② 감사원 소속 공무원은 감사원사무처에, 국가정보원 소속 공무원은 국가정보원에, 지방자치단체 소속 공무원은 그 지방자치단체에 재산을 등록해야 한다.

③ 등록의무자는 본인과 배우자, 혼인한 직계비속인 여성과 외증조부모, 외조부모, 외손자녀 및 외증손자녀를 제외한 본인의 직계존속과 직계비속의 재산을 등록해야 한다.

④ 소유자별 합계액 700만 원의 채무와 소유자별 합계액 700만 원의 금 제품은 등록 대상에 포함되지 않는다.

⑤ 품목당 500만 원 이상의 골동품 및 예술품, 권당 500만 원 이상의 회원권, 소유자별 연간 1천만 원 이상의 소득이 있는 지식재산권은 재산 등록 대상에 해당된다.

[27~28] 다음 글을 읽고 이어지는 문제에 답하시오.

손해보험협회에 따르면, 2017년 음주 운전 사고는 4만 8천 건에 이르고 관련 사망자는 1,800여 명에 육박한다. 경찰은 음주 운전에 따른 사고를 막기 위해 밤늦은 거리에서 음주 운전 여부를 (㉠)하기 위한 검문을 하는데, 이때 사용하는 것이 음주 측정기이다. 음주 측정기로 측정 가능한 혈중 알코올 농도가 0.05% 이상이 되면 면허 정지부터 구속까지 다양한 벌이 가해진다. 그런데 어떤 사람들은 호흡만으로 음주 여부를 측정할 수 있느냐며 음주 측정 자체를 거부하기도 한다. 하지만 이들도 음주 측정기에 담긴 여러 과학적 원리를 알게 된다면 기계가 보여주는 수치를 신뢰할 수 있을 것이다.

음주 측정기는 분광학적인 방법, 전기 화학 방법 등으로 호흡에 포함된 알코올양을 측정하여 혈액에 들어있는 알코올의 농도를 (㉡)하는 기계이다. 이 중 대표적인 것이 분광학적 방법을 이용한 것으로 이 기계 안에는 황산·질산은·다이크로뮴산칼륨 용액이 들어 있다. 술의 주원료는 알코올의 일종인 에탄올로, 에탄올은 황산이 포함된 산성 용액에 녹으면 진산은을 촉매로 하여 적황색의 다이크로뮴산 이온에 의해 산화된다. 그리고 다이크로뮴산 이온이 환원되면서 초록색의 크로뮴 이온이 생성된다. 결국 음주 후 음주 측정기를 불면 호흡에 있던 에탄올은 산화되고, 크로뮴 이온은 환원 과정을 거치면서 용액의 색깔이 변화하는 것을 기계로 읽는 것이다. 에탄올의 양이 많으면 환원되는 크로뮴 이온이 많아 짙은 초록색이 된다.

우리가 눈으로 보는 색에 해당하는 빛의 파장과 그 물질이 흡수하는 빛의 파장은 보색 관계에 있다. 분광학적 방법을 이용한 음주 측정기에 사용되는 광전지 검출기는 이런 원리를 활용하여 특정한 빛의 파장에만 감응하도록 맞추어 놓는다. 검출기가 크로뮴 이온의 흡수 파장에 감응하도록 고정을 하고, 술을 마시기 전의 호흡을 불어넣으면 검출기에 도달하는 빛의 양은 많을 것이다. 왜냐하면 호흡에 포함된 알코올이 없을 경우 크로뮴 이온이 생성되지 않기 때문에 용액에서 빛의 흡수가 일어나지 않고, 용액에서 빛의 흡수가 일어나지 않아 검출기에 도달하는 빛의 양이 줄어들지 않는 것이다. 하지만 음주를 한 후에는 호흡에 포함된 에탄올이 측정 용액에 녹아 크로뮴 이온을 생성하는 화학 반응이 진행된다. 용액에 크로뮴 이온이 증가하면 용액을 통과하는 빛이 용액에 포함된 크로뮴 이온에 의해 흡수되기 때문에 검출기에 도달하는 빛의 양은 크로뮴 이온 농도에 비례하여 감소한다. 결국 검출기에 도달하는 빛의 변화를 전류, 전압의 변화로 표시할 수 있도록 고안된 장치로부터 숫자를 읽으면 호흡에 포함된 알코올의 농도를 알 수 있는 것이다.

일부 운전자 사이에 음주 측정기를 무력하게 만들려면 초콜릿을 비롯한 다양한 종류의 음식을 먹으면 된다는 소문이 돌고 있지만 사실 별 효과가 없다고 밝혀졌다. 또 음주 테스트에 철저히 대처한다고 구강 청정 용액으로 입가심을 하기도 하는데, 시중에서 팔리는 일부 구강 청정 용액 제품에는 소주에 포함된 에탄올보다 더 많은 양의 에탄올을 포함하고 있는 것도 있어 오히려 본인의 혈중 알코올 농도보다 더 높은 수치가 나올 수도 있다. 따라서 음주 운전을 피하기 위해 꼼수를 부리기보다는 자신과 타인의 안전을 위해 술을 조금이라도 마신 후에는 절대로 운전대를 잡지 말아야 한다.

27 본문의 빈칸 ㉠, ㉡에 들어갈 단어로 바르게 짝지어진 것은?

	㉠	㉡
①	판단(判斷)	결단(決斷)
②	판별(判別)	추정(推定)
③	판정(判定)	예측(豫測)
④	판결(判決)	추리(推理)
⑤	판독(判讀)	유추(類推)

28 윗글의 내용과 일치하지 않는 것을 |보기|에서 모두 고르면?

> | 보기 |
>
> 김 사원 : "분광학적 방법은 검출기가 크로뮴 이온의 흡수 파장에만 반응하도록 만들어진 기계로군요."
> 윤 팀장 : "그리고 음주 측정기는 에탄올이 산성 용액에 녹을 때 적황색의 다이크로뮴산 이온에 의해 흡수되는 원리를 이용한 기계라네요."
> 강 사원 : "사실은 제가 어제 정말로 맥주 한 잔만 마시고 음주 운전을 했어요. 집에 가다가 음주 검문을 하길래 당황해서 차에 있던 구강 청정제로 입가심을 하고 불었는데, 면허 취소가 됐어요. 이런 경우도 있나요?"
> 조 부장 : "분광학적 방법은 여러 과정을 거쳐 검출기에 도달하는 빛의 양이 크로뮴 이온 농도에 반비례하여 증가하는 수치를 이용하는 방법이에요. 매우 복잡한 원리가 숨어 있군요."
> 이 과장 : "술을 많이 마신 후 음주 측정기를 불면 환원되는 크로뮴 이온이 많아져 짙은 초록색이 되고 이것을 기계 수치로 읽는 것이군요."

① 김 사원, 강 사원   ② 조 부장, 이 과장
③ 윤 팀장, 조 부장   ④ 김 사원, 이 과장
⑤ 강 사원, 조 부장

29 다음은 산업인력공단 인사규정의 일부이다. 이에 대한 설명으로 적절하지 않은 것은?

2019 한국산업인력공단

인사규정

제5절 징계

제51조(징계) 직원이 다음 각 호의 어느 하나에 해당하는 때에는 인사위원회의 심의를 거쳐 징계 처분할 수 있다.

1. 법령 및 공단의 제 내규에 위반하였을 때
2. 직무상의 의무를 위반하거나 직무를 태만히 하였을 때
3. 금품비위, 성범죄, 채용비리, 갑질문화 등 직무의 내외를 불문하고 공단의 명예와 위신을 손상하는 행위를 하였을 때
4. 고의 또는 중과실로 공단에 손해를 끼쳤을 때

제51조의2(징계부가금) 제51조 제1항에 따라 징계처분을 하는 경우 그 징계사유가 금품 및 향응 수수, 공금의 횡령·유용인 경우에는 해당 징계 외에 금품 및 향응 수수액, 공금의 횡령액·유용액의 5배 내의 징계부가금을 부과하여야 한다.

제52조(징계의 종류 및 효력) 징계는 견책, 감봉, 정직, 강등, 면직 및 파면으로 구분하고 그 효력은 다음과 같다.

1. 견책 : 전과에 대하여 훈계하고 회개하게 한다.
2. 감봉 : 보수규정에서 정하는 바에 따라 보수를 감하여 지급한다.
3. 정직 : 1월 이상 3월 이하의 기간으로 하며 그 기간 중 신분은 보유하나 직무에 종사할 수 없으며 정직기간 동안 보수규정에서 정하는 바에 따라 보수를 감하여 지급한다.
4. 강등 : 현 직급에서 한 직급 아래로 내리고 직원의 신분은 보유하나 3개월간 직무에 종사할 수 없으며, 그 기간 동안 보수규정에서 정하는 바에 따라 보수를 감하여 지급한다.
5. 면직 : 그 직을 면하게 한다.
6. 파면 : 그 직에서 해임한다.

제53조(징계권자)

① 직원의 징계는 인사위원회의 의결을 거쳐 이사장이 행하되 소속기관 보통 인사위원회의 의결에 의한 징계는 소속기관의 장이 행한다. 다만, 신규채용 임용권이 위임되어 있지 아니한 직원의 파면, 면직은 이사장이 행한다.

제54조(재심) 피징계자가 징계 처분된 내용에 대하여 불복하는 때에는 재심을 청구할 수 있다.

제55조(징계사유의 시효)

① 징계의결요구는 징계사유가 발생한 날로부터 3년(금품·향응 수수 및 공금횡령·유용, 채용비리의 경우에는 5년)이 지나면 하지 못한다.

② 제56조 제2항부터 제3항까지에 따라 징계절차를 진행하지 못하여 제1항의 기간이 지나거나 그 남은 기간이 1개월 미만인 경우에는 제1항의 징계시효는 감사원의 조사나 검찰·경찰, 그 밖의 수사기관의 수사의 종료 통보를 받은 날부터 1개월이 지난 날에 끝나는 것으로 본다.

③ 인사위원회 등의 구성·징계 의결 등, 그 밖에 절차상의 흠이나 징계양정의 과다를 이유로 법원에서 징계처분의 무효 또는 취소 판결을 한 경우에는 제1항의 기간이 지나거나 그 남은 기간이 3개월 미만인 경우에도 그 판결이 확정된 날부터 3개월 이내에는 다시 징계의결을 요구할 수 있다.

제56조(형사사건과의 관계 등)

① 징계대상자가 동일한 사유로 형사사건으로 구속 기소된 경우에는 확정판결이 있을 때까지 징계처분을 보류하고 직위해제를 명할 수 있다.

② 감사원에서 조사 중인 사건에 대하여는 조사개시 통보를 받은 날부터 징계 의결의 요구나 그 밖의 징계 절차를 진행하지 못한다.

③ 검찰·경찰, 그 밖의 수사기관에서 수사 중인 사건에 대하여는 수사 개시 통보를 받은 날부터 징계 의결의 요구나 그 밖의 징계 절차를 진행하지 아니할 수 있다.

제58조(징계 등 처분기록의 말소) 징계 또는 직위해제 처분을 받은 직원 중 일정기간 성실히 근무한 직원에 대하여는 징계 또는 직위해제 처분기록을 말소할 수 있다.

① 금품비위, 성범죄, 채용비리 등 직무의 내외를 불문하고 공단의 명예와 위신을 손상하는 행위를 하였을 때 징계 처분을 할 수 있다.

② 채용비리를 저질렀을 경우 징계사유가 발생한 날로부터 3년이 지나면 징계의결요구를 하지 못한다.

③ 강등 처분을 받으면 현 직급에서 한 직급 아래로 직급이 내려가고 직원의 신분은 보유하나 3개월간 직무에 종사할 수 없으며, 그 기간 동안 보수규정에서 정하는 바에 따라 보수를 감하여 지급한다.

④ 징계사유가 금품 및 향응 수수, 공금의 횡령·유용인 경우에는 해당 징계 외에 금품 및 향응 수수액, 공금의 횡령액·유용액의 5배 내의 징계부가금을 부과하여야 한다.

⑤ 감사원에서 조사 중인 사건에 대하여는 조사개시 통보를 받은 날부터 징계 의결의 요구나 그 밖의 징계 절차를 진행하지 못한다.

30 다음은 공공기관의 정보공개에 관한 법률이다. 이에 대한 설명으로 옳지 않은 것은?

2019 한국산업인력공단

공공기관의 정보공개에 관한 법률

제2장 정보공개 청구권자와 공공기관의 의무

제7조(행정정보의 공표 등) 공공기관은 다음 각 호의 어느 하나에 해당하는 정보에 대해서는 공개의 구체적 범위와 공개의 주기·시기 및 방법 등을 미리 정하여 공표하고, 이에 따라 정기적으로 공개하여야 한다. 다만, 제9조의 어느 하나에 해당하는 정보에 대해서는 그러하지 아니하다.

1. 국민 생활에 매우 큰 영향을 미치는 정책에 관한 정보
2. 국가의 시책으로 시행하는 공사(工事) 등 대규모 예산이 투입되는 사업에 관한 정보
3. 예산집행의 내용과 사업평가 결과 등 행정 감시를 위하여 필요한 정보
4. 그 밖에 공공기관의 장이 정하는 정보

제3장 정보공개의 절차

제9조(비공개 대상 정보) 공공기관이 보유·관리하는 정보는 공개 대상이 된다. 다만, 다음 각 호의 어느 하나에 해당하는 정보는 공개하지 아니할 수 있다.

1. 다른 법률 또는 법률에서 위임한 명령(국회규칙·대법원규칙·헌법재판소규칙·중앙선거관리위원회규칙·대통령령 및 조례로 한정한다)에 따라 비밀이나 비공개 사항으로 규정된 정보
2. 국가안전보장·국방·통일·외교관계 등에 관한 사항으로서 공개될 경우 국가의 중대한 이익을 현저히 해칠 우려가 있다고 인정되는 정보
3. 공개될 경우 국민의 생명·신체 및 재산의 보호에 현저한 지장을 초래할 우려가 있다고 인정되는 정보
4. 진행 중인 재판에 관련된 정보와 범죄의 예방, 수사, 공소의 제기 및 유지, 형의 집행, 교정, 보안처분에 관한 사항으로서 공개될 경우 그 직무수행을 현저히 곤란하게 하거나 형사피고인의 공정한 재판을 받을 권리를 침해한다고 인정할 만한 상당한 이유가 있는 정보
6. 해당 정보에 포함되어 있는 성명·주민등록번호 등 개인에 관한 사항으로서 공개될 경우 사생활의 비밀 또는 자유를 침해할 우려가 있다고 인정되는 정보. 다만, 다음 각 목에 열거한 개인에 관한 정보는 제외한다.
   가. 법령에서 정하는 바에 따라 열람할 수 있는 정보
   나. 공공기관이 공표를 목적으로 작성하거나 취득한 정보로서 사생활의 비밀 또는 자유를 부당하게 침해하지 아니하는 정보
   다. 공공기관이 작성하거나 취득한 정보로서 공개하는 것이 공익이나 개인의 권리 구제를 위하여 필요하다고 인정되는 정보
   라. 직무를 수행한 공무원의 성명·직위
   마. 공개하는 것이 공익을 위하여 필요한 경우로서 법령에 따라 국가 또는 지방자치단체가 업무의 일부를 위탁 또는 위촉한 개인의 성명·직업
7. 법인·단체 또는 개인의 경영상·영업상 비밀에 관한 사항으로서 공개될 경우 법인 등의 정당한 이익을 현저히 해칠 우려가 있다고 인정되는 정보. 다만, 다음 각 목에 열거한 정보는 제외한다.

가. 사업활동에 의하여 발생하는 위해로부터 사람의 생명·신체 또는 건강을 보호하기 위하여 공개할 필요가 있는 정보

나. 위법·부당한 사업활동으로부터 국민의 재산 또는 생활을 보호하기 위하여 공개할 필요가 있는 정보

8. 공개될 경우 부동산 투기, 매점매석 등으로 특정인에게 이익 또는 불이익을 줄 우려가 있다고 인정되는 정보

① 범죄의 예방, 수사, 공소의 제기 및 유지, 형의 집행, 교정, 보안처분에 관한 사항으로서 공개될 경우 그 직무수행을 현저히 곤란하게 하거나 형사피고인의 공정한 재판을 받을 권리를 침해한다고 인정할 만한 상당한 이유가 있는 정보는 공개하지 않을 수 있다.

② 직무를 수행한 공무원의 성명·직위는 공개될 경우 사생활의 비밀 또는 자유를 침해할 우려가 있다고 인정되므로 공개하지 않을 수 있다.

③ 공개될 경우 국민의 생명·신체 및 재산의 보호에 현저한 지장을 초래할 우려가 있다고 인정되는 정보는 공개하지 않을 수 있다.

④ 예산집행의 내용과 사업평가 결과 등 행정 감시를 위하여 필요한 정보는 공개의 구체적 범위와 공개의 주기·시기 및 방법 등을 미리 정하여 공표하고, 이에 따라 정기적으로 공개해야 한다.

⑤ 국가안전보장·국방·통일·외교관계 등에 관한 사항으로서 공개될 경우 국가의 중대한 이익을 현저히 해칠 우려가 있다고 인정되는 정보는 공개하지 않을 수 있다.

[31~32] 다음 글을 읽고 질문에 답하시오. 〔2019 코레일〕

　　우리가 경험하고 이해하는 공간은 다양하다. 하늘, 바다, 경관의 공간, 또는 높은 빌딩에서 내려다볼 때 발아래에 펼쳐진 도시라는 공간, 또 외부에서 바라보거나 내부에서 경험하게 되는 가로나 건물들로 구성된 공간, 지도나 계획도, 천체도, 기하학, 별과 별 사이의 공간 같은 추론의 공간, 또 사물들이 점유한 공간, 국가가 영토로 규정한 공간, 신에게 바쳐진 공간, 이처럼 공간의 범위는 다양하다. 공간은 형태가 없고, 손으로 만져볼 수도 없고 또 직접 묘사하거나 분석할 수 있는 실체가 아니다. 그러나 우리가 어떻게 공간을 느끼고, 알고 또 설명하더라도, 거기에는 항상 장소감이나 장소 개념이 관련되어 있다. 일반적으로 공간이 장소에 맥락을 주는 것처럼 보이지만, 공간은 그 의미를 특정한 장소들로부터 얻는다.

　　공간의 본질은 철학자나 과학자들이 많이 논의해온 주제이다. 그러나 이러한 논의는 아직까지 해결되지 않았으며, 다양한 형태의 공간들을 모두 포괄하면서 상당히 일관된 틀을 정식화하는 것은 쉬운 일이 아니다. 그러므로 이런 논쟁에 휘말리는 것은 적절치 못할 것이다. 하지만 공간과 장소 간의 관계를 명확히 하고, 그에 따라 장소를 개념적, 경험적 맥락에서 분리시키지 않는 일이 중요하다. 이 딜레마는 직접 경험과 추상적 사고라는 양극단을 가진 연속체 속에 다양한 형태의 공간이 자리 잡고 있음을 인식함으로써 어느 정도 해결될 수 있다. 이 연속체를 다시 몇 가지 형태의 공간으로 구분해 볼 수 있다. 예를 들어 무의식적이고 실용적인 경험 공간, 개별적인 인간들이 의식적으로 경험하는 지각 공간, 건축물 같은 '인공 공간(built space)'이 더 적절하지 않을까? 그리고 추상적인 기하학적 공간 등이 있다. 이 중에서 '실존' 또는 '생활' 공간이 특히 중요하다. 이 공간은 장소에 대한 현상학적 이해와 관련되기 때문이다. 물론 개념이나 경험, 창조된 공간이 항상 이러한 범주 가운데 하나에 딱 들어맞는 것은 아니다. 하지만 이러한 분류는 공간-장소 관계를 밝히는 데 사용할 수 있는 사실상 유일한 발견적 방안이다. 이러한 분류는 공간과 관련된 관념, 경험, 활동 등 매우 넓은 범위를 포괄하며, 장소의 다양한 의미를 전달해 주기 때문에 유용하다.

　　일상생활에서 장소는 위치나 외관으로 간단하게 기술될 수 있는, 독립적이고 명확하게 규정되는 실체로 경험되는 것이 아니다. 오히려 장소는 환경·경관·의식·일상적인 일·다른 사람들·개인적인 체험·가정에 대한 배려와 같은 것들이 뒤섞인 데서, 그리고 다른 장소들과의 맥락 속에서 느껴진다. 장소는 나의 장소, 너의 장소, 거리, 동네, 시내, 시·군, 지역, 국가와 대륙 등 공간적 정체화가 가능한 모든 수준에서 나타난다. 하지만 장소가 반드시 이렇게 깔끔하게 위계적으로 분류되는 것은 아니다. 모든 장소는 서로 겹치고, 서로 섞이며, 다양하게 해석될 수 있다. 그러나 우리의 장소 경험 측면에서 보면, 장소 규모의 복잡성과 다양성이 당연히 바람직한 특성이지만, 장소를 하나의 현상으로 이해하려고 하게 되면, 이 특성이 매우 골치 아픈 문제가 된다. 그러나 장소를 명확하게 인식할 수 있는 한 가지 방법이 있다. 장소를 다차원적인 경험 현상으로 보고, 위치나 경관 같은 장소의 다양한 속성 및 개인적 장소 경험 등을 탐구하는 것이다. 바로 이런 것들이 우리의 장소 경험과 장소감에 필수 요소로 평가될 수 있다. 이런 방식으로 장소 의미의 원천이나 본질을 밝힐 수 있다.

　　장소는 인간의 질서와 자연의 질서가 융합된 것이고, 우리가 세계를 직접적으로 경험하는 의미 깊은 중심이다. 장소는 고유한 입지, 경관, 공동체에 의하여 정의되기보다는 특정 환경에 대한 경험과 의도에 초점을 두는 방식으로 정의된다. ㉠ **장소는 추상이나 개념이 아니다.** 장소는 생활 세계가 직접 경험되는 현상이다. 그래서 장소는 의미, 실재 사물, 계속적인 활동으로 가득 차 있다. 이것은 개인과 공동체 정체성의 중요한 원천이며, 때로는 사람들이 정서적·심리적으로 깊은 유대를 느끼는 인간 실존의 심오한 중심이 된다. 사실 장소와 인간의 관계는 사람들과의 관계와 마찬가지로 필수적이고, 다양하며, 때로는 불쾌한 것이다.

　장소로서 경험되는 공간 규모는 방의 한구석에서부터 대륙 전체에 이를 수 있다. 그러나 규모에 상관없이 모든 장소는 자연물과 인공물, 활동과 기능, 그리고 의도적으로 부여된 의미가 종합된 총체적인 실체이다. 이런 구성 요소들로 특정 장소의 정체성이 만들어지지만, 구성 요소가 이 정체성을 규정하는 것은 아니다. 장소의 정체성이란 특별한 성격을 가진 내부성이자 내부에 있다는 경험으로서, 장소들을 공간상에 분리시키는 역할을 한다. 내부성은 중세 도시의 성곽같이 물리적 형태와 관련이 있고, 또 물리적 형태에 반영되기도 한다. 또는 장소의 고유한 특질을 유지하려는 의식(儀式)과 주기적인 활동으로 내부성이 표출될 수도 있다. 하지만, 무엇보다도 내부성은 장소 경험의 강렬함과 관련이 있다.

31 윗글에서 설명하고 있는 '장소'의 특성과 가장 거리가 먼 것은?

① 맥락성　　　　　　　　　　② 내부성
③ 연속성　　　　　　　　　　④ 총체성
⑤ 관념성

32 ㉠을 통해 필자가 말하고자 하는 바로 적절하지 않은 것은?

① 장소는 개인의 경험과 밀접하게 관련되어 있다.
② 장소는 복잡하고 다양한 연속체 안에서 설명된다.
③ 장소는 공간과는 독립적으로 이해해야 한다.
④ 장소를 현상이 아닌 실체로서 파악하는 것이 중요하다.
⑤ 공간과 달리 장소에 대한 개념은 정서적이다.

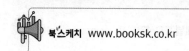

33 다음 보도자료와 일치하지 않는 내용을 말한 직원을 고르면?

> ○○공사와 K 사는 역 공기 질 개선, 안전사고와 범죄 예방, 에너지 효율화를 위한 정보통신기술(ICT) 시스템을 우선 지하철 5호선 주요 역사와 차량기지에만 시범 설치했다고 밝혔다.
>
> ○○공사와 K 사는 2017년 12월 안전하고 깨끗한 지하철을 만들고 미래 교통기술을 연구하기 위해 업무협약을 맺었다. 이 협약에 따라 양 사는 K 사가 개발한 그린 서브웨이(Green Subway) 시스템 효과 검증 사업을 진행하고 있다.
>
> 역 공기 질 개선을 위해 지하철 5호선 광화문역, 왕십리역, 장한평역에 실시간으로 역 공기 질 상태를 분석할 수 있는 장치가 부착되었다. K 사의 공기 질 관리 솔루션이 적용된 이 장치는 역사 내 초미세먼지는 물론 미세먼지, 이산화탄소, 온도, 습도, 소음까지 측정한다. 관제센터에서는 공기 질 데이터를 실시간으로 확인해 역 환기시스템 운영 시점과 횟수를 조절할 수 있다.
>
> 또한 지하철 성범죄의 주요 발생 장소이지만 개인 프라이버시 보호를 위해 CCTV가 설치될 수 없었던 여자 화장실에는 비명을 감지해 실시간으로 긴급 상황을 알려주는 시스템이 설치되었다. 이 세이프 메이트(Safe Mate) 장치는 비명이 감지되면 화장실 입구의 경광등이 울리고 역 직원의 휴대전화로 모든 상황을 전달하는 기능을 한다. 범죄예방센터와 협력하여 경찰서로도 사고 상황이 전송될 수 있는 시스템을 앞으로 구축할 예정이다.
>
> 세이프 메이트 장치를 설치한 역은 지하철 5호선 방화역, 을지로4가역, 군자역, 영등포구청역, 광화문역, 왕십리역, 장한평역, 상일동역, 우장산역, 마천역 10개 역이고, 광화문역, 천호역, 고덕차량기지에는 지능형 CCTV와 사물인터넷 기반 관제 시스템이 설치되었다. 관제센터에서는 이 시스템을 통해 승객이 쓰러지거나 역 대합실이 매우 혼잡한 상황, 출입금지 구역의 문이 열리는 상황 등을 발생 즉시 알 수 있다. 이에 따라 차량기지에 무단으로 침입해 그라피티를 그리는 등 범죄 사건의 발생을 예방할 수 있을 것으로 보인다.

① A 사원 : "세이프 메이트 장치는 여자 화장실에서 비상 상황이 발생할 경우 경광등이 울리고 경찰서로도 사고 상황이 전송되는 아주 좋은 장치네요."
② B 과장 : "광화문역에는 사물인터넷 기반 관제 시스템이 있다고 하니, 굉장히 유용할 것 같아요."
③ C 주임 : "저는 집에 가려면 지하철 5호선 영등포구청역에서 하차하는데요. 여자인 저로서는 역 화장실을 이용할 때 불안감이 있었는데 이젠 안심이 되네요."
④ D 부장 : "지하철역 공기의 질을 역 관제센터가 항상 점검할 수 있게 되었으니 안심이 되네요."
⑤ E 사원 : "5호선에만 설치하지 말고 다른 노선으로도 확대되었으면 좋겠어요."

Chapter 01
의사소통능력

FINISH

기출 · 예상문제 마무리

본문 042p

01	02	03	04	05	06	07	08	09	10
③	②	③	①	③	①	⑤	⑤	②	③
11	12	13	14	15	16	17	18	19	20
④	④	④	⑤	①	⑤	①	①	④	⑤
21	22	23	24	25	26	27	28	29	30
③	③	④	④	②	④	②	②	②	②
31	32	33
----	----	----
⑤	③	①

01 [문서이해능력] 표준발음법 이해하기

정답 ③

해설

다만 4에서 조사 '의'는 [ㅔ]로 발음함도 허용한다고
했으므로, '가정의'의 발음은 [가정의/가정에]가 옳다.

Plus 해설

① '예, 례'는 [예, 례]로 발음한다.
② '예, 례' 이외의 'ㅖ'는 [ㅔ]로도 발음한다.
④ 단어의 첫음절 이외의 '의'는 [ㅣ]로 발음할 수 있다.
⑤ 자음을 첫소리로 가지고 있는 음절의 'ㅢ'는 [ㅣ]로
발음한다.

02 [문서이해능력] 어휘 의미 파악하기

정답 ②

해설

형용사 '성마르다'는 '참을성이 없고 성질이 조급하다'
는 의미이다.

Plus 해설

① 가즈럽다 : 가진 것도 없으면서 가진 체하며 뻐기
는 티가 있다는 뜻이다.
③ 무사(無邪)하다 : 사심(邪心)이나 악의가 없다는
뜻이다.
  무사(無私)하다 : 사사로움이 없이 공정하다는 뜻
이다.
④ 저어하다 : 익숙하지 않아 서름서름하거나 의견이
맞지 않아 조금 서먹하다는 뜻이다.

03 [문서작성능력] 문단 배열하기

정답 ③

해설

글의 맨 처음에는 환경에 대한 사회적 관심이 고조되
고 있는 상황임을 언급하고 있는 (나)가 오는 것이 가
장 적절하다. (나)의 마지막 부분에서 그린본드가 언
급되었으므로, (나)의 뒤에는 그린본드에 관한 설명이
제시된 (다)가 나와야 한다. 마지막으로 그린본드의
전망을 언급하고 있는 (가)가 와야 한다. 따라서 정답
은 (나)−(다)−(가)이다.

04 [문서이해능력] 세부 내용 파악하기

정답 ①

해설

원서 접수는 인터넷 원서접수처에서 온라인으로 접수
할 수 있다. 공단 방문, 이메일, 우편접수는 불가능하다.

05 [문서이해능력] 세부 내용 파악하기

정답 ③

해설

신입/전산 부문은 성별, 학력, 전공에는 제한이 없으
나, 관련 자격증을 소지해야 한다. 신입/전산 부문에
지원한 이현민 지원자는 전산 관련 자격증이 없으므
로 지원 자격에 맞지 않는다.

06 [문서이해능력] 기사 내용 파악하기

정답 ①

해설

3문단 두 번째 문장을 보면, 기획공모는 최대 1,500
만 원(자부담 10%)를 지원하지만, '지역의 특성을
반영한 상품 개발'의 경우 최대 2,500만 원(자부담
10%)까지 지원한다고 나와 있으므로 틀린 설명이다.

Plus 해설

②, ③ 5문단에서 확인할 수 있는 내용이다.
④ 1문단 두 번째 줄에서 알 수 있는 내용이다.
⑤ 4문단에서 알 수 있다.

07 [문서이해능력] 글의 내용 이해하기

정답 ⑤

해설

2문단 두 번째 문장에서 알 수 있다.

Plus 해설

① 국립기상과학원은 2021년까지 겨울철 도로결빙 취약지역을 중심으로 블랙아이스 예측기술 개발을 추진할 방침이다.

② 비나 눈이 내리지 않아도 도로 위 물이나 습기가 밤과 새벽 사이 결빙되어 나타날 수 있다.

③ 블랙아이스가 생긴 도로는 일반도로보다 제동 거리가 7배 안팎으로 길어진다.

④ 도로 위 살얼음은 아스팔트 노면 색깔을 그대로 투영하기 때문에 운전자가 운전 중 눈으로 식별하기 어렵다.

---

08 [문서이해능력] 글의 적절한 제목 찾기

정답 ⑤

해설

윗글은 첫 문단의 스마트 스테이션의 개념 및 기능을 도입부로 하여 서울교통공사가 서울 지하철 전역을 스마트 스테이션으로 탈바꿈한다는 내용을 알리는 글을 전개하고 있다.

Plus 해설

4차 산업혁명 기술을 적용한 도시철도 혁신 전략 중 스마트 스테이션을 중심으로 글을 전개하고 있다. 따라서 '① 서울교통공사의 도시철도 혁신 전략'이나 '② 도시철도 내 4차 산업혁명 기술 적용'은 지나치게 포괄적이다.

스마트 스테이션 도입에 따른 안전과 보안, 운영 효율 향상에 대한 내용은 서울교통공사의 스마트 스테이션 도입 타당성과 실효성을 뒷받침하기 위한 부연 설명에 불과하다. 따라서 '③ 스마트 스테이션의 기능 및 활용 방안'은 글의 중심이 되는 논제가 되기에 역부족이다.

④ 5호선 군자역에 스마트 스테이션을 시범 운영한 사례가 나오긴 했지만, 다른 사례와 비교 및 분석되며 글이 전개되고 있지 않다.

---

09 [문서이해능력] 글의 내용 추론하기

정답 ②

해설

3문단 내 마지막 문장인 '또한 시설물 장애 등에 빠르게 대응할 수 있도록 각 부서에서 운용 중인 IoT 단말 수집 정보를 표준화하고 …'를 통해서 보기 ② 내 'IoT 센서를 통해 부서별 정보를 표준화한다면 긴급 상황에 신속하게 대처할 수 있을' 것이라는 추론은 가능하지만, '타 부서 업무까지 효율적으로 관리할 수 있다.'는 지문 내 근거를 찾을 수 없는 지나치게 확대된 추

론이므로 적절하지 않다.

---

10 [문서이해능력] 글의 흐름 파악하기

정답 ③

해설

현재 서울 지하철 역사 내 설치되어 있는 기존 CCTV의 기능 및 한계에 대한 설명은 앞으로 도입될 스마스 스테이션의 효용성에 초점을 맞춰 설명하고 있는 4문단의 전반적인 흐름과 어울리지 않는다.

---

11 [문서이해능력] 동음이의어 의미 구분하기

정답 ④

해설

밑줄 친 (가)의 '공사'는 서울교통공사를 의미하는 반면 (마)의 '공사'는 전동차 데이터 분석 시스템 설치를 의미한다.

(가) 공사(公社) : 국가적 사업을 수행하기 위하여 설립된 공공 기업체

(마) 공사(工事) : 토목이나 건축 등에 관한 일

---

12 [문서작성능력] 문단 배열하기

정답 ④

해설

㉠의 '한편~', ㉢의 '이 두 정의에서 알 수 있듯이~'라는 표현으로 보아 ㉡과 ㉣문단이 맨 처음에 올 수 있다. 워서와 챈들러가 기업의 사회적 책임을 기업이 제품이나 서비스를 소비자들에게 전달하는 '과정'인 동시에 사회에서 기업 활동의 정당성을 유지하기 위한 방안이며 '목표'라고 정의한 이유에 대해 설명하는 ㉣은 워서와 챈들러의 기업의 사회적 책임의 정의를 설명하는 ㉡의 뒤에 와야 하고, ㉢의 '이 두 정의에서 알 수 있듯이~'라는 표현으로 보아 ㉠의 유럽연합(EU) 집행위원회는 기업의 사회적 책임에 대한 정의의 설명 뒤에 올 수 있다. 따라서 ㉡-㉣-㉠-㉢이 옳은 순서이다.

---

13 [문서이해능력] 글의 내용 파악하기

정답 ④

해설

㉢문단의 마지막 문장을 통해 '기업의 사회적 책임은 기업의 목적이나 비전과 경쟁 관계에 있는 것이 아니다.'라는 것을 알 수 있다.

Plus 해설

① ②문단을 통해서 확인할 수 있다.
② ⓒ문단을 통해서 확인할 수 있다.
③ ⓛ문단을 통해서 확인할 수 있다.
⑤ ㄱ문단을 통해서 확인할 수 있다.

---

14 [문서이해능력] 글의 전개방식 파악하기

정답 ⑤

해설

2문단에 표준시의 필요성이 대두되게 된 배경이 나타나 있으며, 3문단에 표준시의 도입 과정이 나와 있다. 4문단에서 그에 따른 의의를 설명하고 있다.

Plus 해설

① 표준시를 일정한 기준에 따라 나누지 않았고, 단점 또한 열거되어 있지 않다.
② 표준시에 적용된 과학적 원리와 역사적 변천 둘 다 나와 있지 않다.
③ 표준시의 도입에 따른 문제점에 대해 이야기하고 있지 않고, 대안 또한 나와 있지 않다.
④ 표준시가 한국에 처음 도입된 것은 고종의 대한제국 시기라고 나와 있다. 하지만 다른 나라의 사례들과 비교하고 있지는 않다.

---

15 [문서이해능력] 세부 내용 파악하기

정답 ①

해설

표준시가 생기기 전, 사람들은 그림자가 생기지 않는 정오를 시간의 기준점으로 삼았다. 이 기준점은 관측 지점마다 시간이 달라 문제점이 생겼고, 이러한 문제를 해결하기 위해 표준시가 생겼다.

Plus 해설

② 2문단 첫 번째 줄에서 알 수 있다.
③ 3문단 첫 번째 문장에서 알 수 있다.
④ 3문단 마지막 문장에서 알 수 있다.
⑤ 5문단 마지막 문장에서 알 수 있다.

---

16 [문서이해능력] 적절한 어휘 찾기

정답 ⑤

해설

'분위기를 띠고 있었고'에서 '띠다'는 '감정이나 기운 따위를 나타내다'라는 의미이다. 선택지에서 동일한 의미로 쓰인 것은 ⑤ '미소를 띤 채'의 '띠다'이다.

Plus 해설

① '추천서를 띠고'의 '띠다'는 '물건을 몸에 지니다'라는 의미이다.
② '전문성을 띠고'의 '띠다'는 '어떤 성질을 가지다'라는 의미이다.
③ '임무를 띠고'의 '띠다'는 '용무나 직책, 사명 따위를 지니다'라는 의미이다.
④ '홍조를 띠면서'의 '띠다'는 '빛깔이나 색채 따위를 가지다'라는 의미이다.

---

17 [문서이해능력] 문단 배열하기

정답 ①

해설

이런 유형의 문제는 우선 선택지를 확인한 후, 글의 맨 처음에 올 수 있는 경우와 처음에 올 수 없는 경우를 구별한다. 처음에 올 수 있는 경우는 일반적인 상황이나 개념 정의 등이 오게 되며, 지시어나 접속어로 시작하는 내용은 앞의 내용이 있어야 하므로 처음에 올 수 없다. 따라서 (마)가 가장 맨 앞에 위치한다. 그리고 (가)의 '이런 이질적인 개인의 삶과 ~ '라는 부분으로 미루어 '한 사람 한 사람 개성에 따라 살아가는 사람들의 삶', 즉 '이질적인 개인의 삶'을 말하는 (마)가 그 앞에 올 것이라는 짐작이 가능하다. 또한 외부 세계의 인식 방법을 말하는 (다)와 (라)가 앞과 뒤의 동등한 위상을 가진 것임을 보여주는 '또'라는 접속어를 중심으로 묶일 수 있다. (나)의 '따라서 ~'로 미루어 보아 (나)의 원인과 근거가 되는 (다)와 (라)가 그 앞에 올 것이라 생각할 수 있다.

따라서 적절한 배열은 (마)-(가)-(다)-(라)-(나)이다.

---

18 [문서이해능력] 글쓴이의 의견 파악하기

정답 ④

해설

4문단의 두 번째 문장 '여론조사 결과가 유권자들의 표심을 한쪽으로 몰리게 만들어 여론의 왜곡 현상을 초래한다는 비판 ~'을 통해 ④는 여론조사를 부정적으로 생각하는 측의 주장일 뿐, 글쓴이의 의견은 아니라는 사실을 알 수 있다. 또한 4문단의 세 번째 문장인 '여론조사 결과가 이후의 여론 동향에 영향을 미치는 것은 문제점이라고 보기 어렵다'는 내용을 통해서도 글쓴이는 ④를 크게 중요하게 여기지 않고 있음을 알 수 있다.

Plus 해설

① 제시된 글의 5문단에서 글쓴이는 여론조사가 국민의 알 권리를 충족시켜 주는 수단임을 근거로 여론조사의 필요성을 제기하고 있다.

② 3문단의 다섯 번째 문장 '어떤 여론조사든 정확한 결과를 콕 집어낼 수는 없기에 ~'라는 내용을 통해, 글쓴이는 '결과가 정확한 여론조사는 존재할 수 없다'는 생각을 하고 있음을 알 수 있다.

③ 4문단의 마지막 문장 '다수의 여론 지형 속에서 자신의 신념을 더욱 공고히 하거나 혹은 신념을 바꾸는 과정은 지극히 정상적인 여론 형성의 과정 ~'이라는 내용을 통해, 글쓴이는 '자신의 신념을 바꾸는 것은 이상한 것이 아니다.'는 생각을 하고 있음을 알 수 있다.

⑤ 3문단의 네 번째 문장 '여론조사 자체보다 결과를 보도하는 언론에 더 책임이 크다.'라는 내용과 마지막 문장을 통해, 글쓴이는 여론조사의 부정확성 문제보다 우열과 순위를 갈라 보도하는 언론사의 경마식 보도태도를 더 문제 삼고 있음을 알 수 있다.

---

19 [문서이해능력] 글의 주제 파악하기

정답 ③

해설

이 글은 2문단에서 포퍼의 '지적 정직함'에 대한 설명을 하고, 3문단에서 이런 생각을 사회 변혁을 설명하는 과정에 적용했다는 점을 말하고 있다. 4문단에서는 패러다임 개념으로 유명한 토머스 쿤이 과학 연구가 진행되는 방식에 대해 포퍼와는 다른 입장이었음을 설명하고, 마지막 문단에서 토머스 쿤의 과학관이 사회변혁에 확장될 수 있을지에 대한 고찰이 필요하다고 말하고 있다. 주제는 전체 내용을 포괄해야 하므로 쿤과 포퍼의 생각 차이와 사회 변혁에 어떻게 적용시킬지를 말하는 내용이 필요하므로 ③이 가장 적절하다.

PLUS TIP 글의 주제 · 중심내용 찾기

1. 단락별로 나뉘어 있을 때는 각 단락과 선택지를 하나씩 비교하면서 확인한다.
2. 글의 앞이나 마지막, 전환이 되는 접속어 등을 살펴보면서, 포인트가 되는 핵심어는 표시하면서 읽는다.

---

20 [문서이해능력] 세부 내용 파악하기

정답 ⑤

해설

마지막 문단을 보면 '쿤은 포퍼와 달리 자신의 철학적 입장을 철저하게 과학 연구를 설명하는 데 한정하였다.'라고 되어있으므로 ⑤는 쿤의 입장에 대한 설명이다.

Plus 해설

① 5문단의 마지막 문장 '그래서인지 과학의 역사를 보면 기존 패러다임에 익숙한 나이든 과학자보다 젊은 세대 과학자들이 ~'에서 확인할 수 있는 내용이다.

② 4문단을 종합해 보면, 쿤은 대안적 패러다임이 미해결 문제들을 잘 풀어내면 다수의 과학자들이 새로운 패러다임을 채택하면서 '과학혁명'이 일어난다고 주장한다.

③ 3문단의 세 번째 문장에서 '즉, 자유로운 토론을 통해 다양한 사회제도와 정치체제에 ~ 새로운 제도로 이행해야 하는 것이다.'라고 했으므로 맞는 내용이다.

④ 2문단의 마지막 부분을 종합해 보면, 포퍼는 아인슈타인의 강연에 참석한 일화를 소개하면서 아인슈타인의 정직한 모습을 보았다고 했다. 그러므로 아인슈타인도 '지적 정직함'을 갖고 있었다고 유추할 수 있다.

---

21 [문서이해능력] 어휘 · 어법 고쳐 쓰기

정답 ③

해설

ⓒ에 사용된 '오롯이'는 '모자람이 없이 온전하게'라는 뜻으로 문맥에 맞는 적절한 단어이다. 따라서 유의어인 '온전히'로 수정할 필요가 없다.

---

22 [문서이해능력] 유의어 이해하기

정답 ③

해설

제시된 지문을 보면 '모호하다'와 '애매하다'는 같은 의미로 사용되고, 국어 화자들이 두 단어를 합쳐서 '애매모호하다'라는 단어로도 사용하고 있으나, 국어 순화 차원에서 일본식 한자어인 '애매하다'는 되도록 사용하지 않기를 바란다고 이야기하고 있다. 아울러 고유어 '애매하다'는 일본식 한자어인 '애매하다'와는 의미가 다르다고 언급하고 있다. 선택지 중 ③은 고유어의 의미(아무 잘못 없이 꾸중을 듣거나 벌을 받아 억울하다)이고, 나머지는 모두 '희미하여 분명하지 아니하다.'라는 의미이다.

---

23 [문서이해능력] 문장 · 문단 배열하기

정답 ②

해설

제시된 글은 건강보험 부과 체계의 개편에 대해 말하고 있다. 따라서 전체적인 개편의 방향을 소개하고 있는 (라)가 첫 문단으로 가장 적절하다. (라)에서 개편의 방법과 효과를 알아보고자 하였으므로 (라)의 다음으로는 개편의 방법에 해당하는 (마)–(가)가 오는 것이 적절하다. 그리고 개편으로 인한 효과를 설명하는 (나), (다)가 오는 것이 적절한데, (다)가 부과 체계 개편의 의의를 다시 한 번 정리하고 있으므로 마지막 문단으로 적절하다. 따라서 논리적 순서에 맞게 배열한 것은 '② (라)–(마)–(가)–(나)–(다)'이다.

---

24 [문서이해능력] 세부 내용 파악하기

정답 ④

해설

4문단의 마지막 문장을 보면, HDA1 시스템은 '센서 인지 범위의 한계로 끼어드는 차량에 대한 대응이 늦은 편'이라고 되어 있으므로 ④의 내용은 옳지 않다.

🐾 Plus 해설

① 3문단의 두 번째 문장인 '레벨 2 단계의 자율 주행 기술은 상용화에 근접했다.'에서 확인 가능하다.
② 2문단의 두 번째 문장인 '자율 주행은 기술화 수준에 따라 4단계로 구분된다.'에서 확인 가능하다.
③ 1문단의 마지막 문장인 '미국 시장조사 기관인 스타틱애널로지(SA)는 ~'에서 알 수 있는 내용이다.
⑤ 5문단의 마지막 문장인 '전방과 측방에 레이더를 추가로 장착해 갑자기 끼어드는 차량이 있을 경우 속도 제어를 통한 빠른 대응도 가능하다.'를 통해 확인 가능하다.

---

25 [문서이해능력] 자료 해석하기

정답 ②

해설

'스마트 팜 도입 장비' 표에 '공조기'는 나와 있지 않다. 따라서 H 씨가 공조기를 도입하여 사용하고 있다는 설명은 잘못되었다.

🐾 Plus 해설

① '기사 내용'의 2문단과, 3문단에 나와 있는 내용이다.
③ '기사 내용'의 2문단에 나와 있는 내용이다.
④ 'ICT 도입 목적' 그래프를 보면 알 수 있는 내용이다.
⑤ '기사 내용'의 3문단을 보면 알 수 있는 내용이다.

---

26 [문서이해능력] 법조문 파악하기

정답 ④

해설

제4조(등록대상재산) ②의 3의 바에서 금 제품은 소유자별 합계액이 500만 원 이상일 때 등록 대상에 해당됨을 확인할 수 있다. 따라서 700만 원의 금 제품

은 등록 대상에 포함된다. 반면에 채무의 경우는 소유자별 합계액이 1천만 원 이상일 때 등록 대상에 해당하므로 소유자별 합계액 700만 원의 채무는 등록 대상에 포함되지 않는다.

🐾 Plus 해설

① 제5조(재산의 등록기관과 등록시기 등)의 내용을 보면 알 수 있는 내용이다.
② 제5조(재산의 등록기관과 등록시기 등)의 6, 7, 8에서 확인할 수 있는 내용이다.
③ 제4조(등록대상재산) 항목에 명시되어 있다.
⑤ 제4조(등록대상재산) ②의 3의 아, 자, 차 항목에서 확인할 수 있다.

---

27 [문서이해능력] 어휘의 뜻 이해하기

정답 ②

해설

빈칸 ㉠에는 '음주 운전을 했느냐, 하지 않았느냐'를 구분하는 의미의 단어가 들어가야 하므로, '판단하여 구별한다.'라는 뜻의 '판별(判別)'이 들어가야 한다. '판별' 말고도 '판단'이나 '판정'이란 단어가 들어갈 수 있다. 빈칸 ㉡에는 호흡을 통해 측정한 결과로 혈중 알코올 농도를 짐작하는 것이므로, 추측하여 그 결과를 판정한다는 뜻의 '추정(推定)'이 들어가야 한다.

🐾 Plus 해설

① 판단(判斷) : 사물을 인식하여 논리나 기준 등에 따라 판정을 내리는 것이다.
  결단(決斷) : 결정적으로 판단을 하거나 단정을 내리는 것이다.
③ 판정(判定) : 판별하여 결정하는 것이다.
  예측(豫測) : 미리 헤아려 짐작하는 것이다.
④ 판결(判決) : 시비나 선악을 판단하여 결정하는 것이다.
  추리(推理) : 알고 있는 것을 바탕으로 알지 못하는 것을 미루어서 생각하는 것이다.
⑤ 판독(判讀) : 어려운 문장이나 암호의 뜻을 헤아리며 읽는 것이다.
  유추(類推) : 같은 종류의 것 또는 비슷한 것에 기초하여 다른 사물을 미루어 추측하는 일이다.

---

28 [문서이해능력] 세부 내용 파악하기

정답 ③

해설

• 윤 팀장 : 2문단의 세 번째 문장인 '에탄올은 황산이 포함된 산성 용액에 녹으면 진산은을 촉매로 하여 적황색의 다이크로뮴산 이온에 의해 산화된다.

그리고 ～'를 보면, '흡수'되는 것이 아니라 '산화'와 '환원'되는 원리를 이용한 것임을 알 수 있다.

- 조 부장 : 3문단의 마지막 부분인 '～검출기에 도달하는 빛의 양은 크로뮴 이온 농도에 비례하여 감소한다. 결국 ～'을 보면 '반비례'관계가 아니라 '비례' 관계이고 증가가 아니라 감소하는 수치임을 알 수 있다.

Plus 해설

- 김 사원 : 3문단의 세 번째 문장인 '검출기가 크로뮴 이온의 흡수 파장에 감응하도록 고정을 하고 ～'를 통해 알 수 있는 내용이다.
- 강 사원 : 4문단의 두 번째 문장을 보면, 시중에서 팔리는 일부 구강 청정용액 제품에는 소주에 포함된 에탄올보다 더 많은 양의 에탄올을 포함하고 있는 것도 있다고 했으므로 추측이 가능한 내용이다.
- 이 과장 : 2문단의 다섯 번째 문장과 마지막 문장인 '～ 용액의 색깔이 변화하는 것을 기계로 읽는 것이다. 에탄올의 양이 많으면 환원되는 크로뮴 이온이 많아 짙은 초록색이 된다.'에서 확인할 수 있다.

29 [문서이해능력] 인사규정 이해하기

정답 ②

해설

제55조(징계사유의 시효) ①을 보면 징계의결요구는 징계사유가 발생한 날로부터 3년이 지나면 하지 못한다고 되어 있는데, 금품·향응 수수 및 공금횡령·유용, 채용비리의 경우에는 5년이라고 명시되어 있다.

Plus 해설

① 제51조(징계)의 3에서 확인할 수 있다.
③ 제52조(징계의 종류 및 효력)의 4에서 확인할 수 있는 내용이다.
④ 제51조의2(징계부가금)에 명시되어 있다.
⑤ 제56조(형사사건과의 관계 등)의 ②에서 알 수 있는 내용이다.

30 [문서이해능력] 법조문 파악하기

정답 ②

해설

제3장 제9조(비공개 대상 정보) 6의 라 항목을 보면 직무를 수행한 공무원의 성명·직위는 사생활의 비밀 또는 자유를 침해할 우려가 있다고 인정되는 정보에서 제외됨을 알 수 있다.

Plus 해설

① 제3장 제9조(비공개 대상 정보)의 4에서 확인할

수 있는 내용이다.
③ 제3장 제9조(비공개 대상 정보)의 3에서 알 수 있는 내용이다.
④ 제2장 제7조(행정정보의 공표 등)의 3에서 알 수 있다.
⑤ 제3장 제9조(비공개 대상 정보)의 2에서 확인할 수 있다.

31 [문서이해능력] 세부 내용 파악하기

정답 ⑤

해설

4문단 세 번째 줄을 보면 장소는 추상적 개념이 아니며 생활 세계가 직접 경험되는 현상이라고 나와 있다. 그래서 장소는 의미, 실재 사물, 계속적인 활동으로 가득 차 있다고 하였으므로 '개인의 주관에 의하여 오직 관념 또는 표상으로서만 존재하는 성질'인 '관념성'은 장소의 특성과 거리가 멀다.

Plus 해설

① 3문단 세 번째 줄을 보면 장소는 '～다른 장소들과의 맥락 속에서 느껴진다.'고 되어 있으므로 장소의 특성에 '맥락성'이 포함된다.
② 5문단 네 번째 줄 '장소의 정체성이란 특별한 성격을 가진 내부성이자 내부에 있다는 경험으로서～' 부분을 보면 장소의 특성에 '내부성'이 있음을 알 수 있다.
③ 2문단 네 번째 줄을 보면 '그에 따라 장소를 개념적, 경험적 맥락에서 분리시키지 않는 일이 중요하다. 이 딜레마는 직접 경험과 추상적 사고라는 양극단을 가진 연속체 속에 다양한 형태의 공간이 자리 잡고 있음을 인식함으로써～'라고 나와 있으므로 '연속성'도 장소의 특성이다.
④ 5문단 첫 번째 줄 '그러나 규모에 상관없이 모든 장소는 자연물과 인공물, 활동과 기능, 그리고 의도적으로 부여된 의미가 종합된 총체적인 실체이다.' 부분을 보면 '총체성'도 장소의 특성임을 알 수 있다.

32 [문서이해능력] 글쓴이의 의도 추론하기

정답 ③

해설

1문단 마지막 줄을 보면 '공간은 그 의미를 특정 장소들로부터 얻는다.'고 나와 있으므로 장소를 공간과 독립적으로 이해해야 한다고 보기 어렵다.

Plus 해설

① 3문단 두 번째 줄을 보면 '오히려 장소는 환경·경

관 · 의식 · 일상적인 일 · 다른 사람들 · 개인적인 체험 · 가정에 대한 배려와 같은 것들이 뒤섞인 데서, 그리고 다른 장소들과의 맥락 속에서 느껴진다.'고 하였으므로 적절한 설명이다.

② 2문단 네 번째 줄을 보면 장소를 개념적, 경험적 맥락에서 분리시키지 않는 일이 중요하며 직접 경험과 추상적 사고라는 양극단을 가진 연속체 속에 다양한 형태의 공간이 자리 잡고 있다고 설명하고 있다.

④ 5문단 첫 번째 줄 '그러나 규모에 상관없이 모든 장소는 자연물과 인공물, 활동과 기능, 그리고 의도적으로 부여된 의미가 종합된 총체적인 실체이다.'부분을 보면 장소를 현상이 아닌 실체로 파악하는 것이 중요함을 알 수 있다.

⑤ 4문단 다섯 번째 줄을 보면 장소가 '때로는 사람들이 정서적 · 심리적으로 깊은 유대를 느끼는 인간 실존의 심오한 중심이 된다.'고 나와 있으므로 적절한 설명이다.

---

33 [문서이해능력] 세부 내용 파악하기

 ①

4문단 두 번째, 세 번째 문장인 '이 세이프 메이트(Safe Mate) 장치는 비명이 감지되면 화장실 입구의 경광등이 울리고 역 직원의 휴대전화로 모든 상황이 전달된다. 범죄예방센터와 협력하여 경찰서로도 사고 상황이 전송될 수 있는 시스템을 구축할 예정이다.'를 보면 세이프 메이트 장치는 여자 화장실에 비상 상황이 발생하였을 때 역 직원의 휴대전화로 상황이 전달되는 장치인데, 사고 상황이 경찰서로 전송되는 시스템은 아직 구축되지 않아 앞으로 설치할 예정이므로 지금 당장 실용화된 시스템은 아니다.

Plus 해설

② 5문단의 첫 번째 문장에 '광화문역, 천호역, 고덕 차량기지에는 지능형 CCTV와 사물인터넷 기반 관제 시스템이 설치되었다.'라고 되어 있으므로 옳은 내용이다.

③ 세이프 메이트 장치를 설치한 역 중에 지하철 5호선 영등포구청역이 포함되어 있다.

④ 3문단의 세 번째 문장인 '관제센터에서는 공기질 데이터를 실시간으로 확인해 역 환기시스템 운영 시점과 횟수를 조절할 수 있다.'에서 확인이 가능한 내용이다.

⑤ 1문단을 보면 정보통신기술(ICT) 시스템을 우선 지하철 5호선 주요 역사와 차량기지에만 시범 설치했다고 되어 있으므로 다른 지하철 노선에는 아직 설치되지 않았음을 추측할 수 있다.

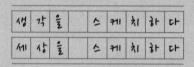

북스케치

www.booksk.co.kr

Part 1 직업기초능력평가

Chapter 02 수리능력

수리능력은 직장에서 업무를 수행함에 있어 필요한 사칙연산을 원활히 수행하고, 기초적인 통계를 이해하며 여러 종류의 도표 자료를 분석하고 작성할 수 있는 능력을 가리킨다. 더 나아가 자료를 이해하고 분석한 결과를 토대로 합리적인 의사결정을 위한 객관적인 근거를 제시할 수 있는 능력도 의미한다.

직장생활에서 기본적으로 필요한 기초연산능력과 기초통계능력을 기반으로, 그림·표·그래프 등의 도표를 분석하고 그 흐름을 이해할 수 있는 도표분석능력, 이러한 자료를 응용하고 심화하여 새로운 데이터를 작성할 수 있는 도표작성능력 등으로 구분된다.

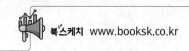
02 Chapter

START
NCS 모듈 학습

 개념정리 • 수리능력

1 수리능력의 개념

수리능력이란 '직장생활에서 필요한 사칙연산과 기초적 통계를 이해하고, 도표 또는 자료 (데이터)를 정리, 요약하여 의미를 파악하거나 도표를 이용해서 합리적인 의사결정을 위한 객관적인 판단 근거로 제시하는 능력'을 말한다.

2 수리능력의 구성

기초연산능력	'직장생활에서 필요한 기초적인 사칙연산과 계산방법을 이해하고 활용하는 능력'을 의미
기초통계능력	'직장생활에서 평균, 합계, 빈도와 같은 기초적인 통계기법을 활용하여 자료를 정리하고 요약하는 능력'을 의미
도표분석능력	'직장생활에서 도표의 의미를 파악하고, 필요한 정보를 해석하여 자료의 특성을 규명하는 능력'을 의미
도표작성능력	'직장생활에서 자료(데이터)를 이용하여 도표를 효과적으로 제시하는 능력'을 의미

3 수리능력이 중요한 이유

- 업무상 중요성 : 수리능력은 여러 가지 자연 현상이나 사회 현상들을 추상화, 계량화하여 그 본질적 성질에 대해 설명하는 능력으로, 단순히 숫자 계산만을 말하거나 특정 직업에 종사하는 사람에게만 필요한 것이 아니다.
- 수학적 사고를 통한 문제해결 : 수학적 사고를 적용하는 습관을 갖게 되면 여러 문제들을 쉽게 분류하고, 그 해결 방법을 찾을 수 있다.
- 직업 세계 변화에 적응 : 전직, 이직 등 직업 세계의 변화에 적응하기 위해 수리능력이 필요하다.
- 실용적 가치의 구현 : 수리능력을 통해 업무상 필요한 수학적 지식을 습득할 수 있을 뿐만 아니라 이를 통해서 수량적인 사고를 할 수 있는 아이디어나 개념을 도출할 수 있다.

하위능력1 • **기초연산능력**

 기초연산능력이란?

업무수행과정에서 필요한 기초적인 사칙연산과 계산방법을 이해하고 활용하는 능력이다.

② **사칙연산**

수 또는 식에 관한 덧셈(+), 뺄셈(−), 곱셈(×), 나눗셈(÷) 등 네 종류의 계산법이다. 업무를 원활하게 수행하기 위해서는 기본적인 사칙연산 외에 다단계의 복잡한 사칙연산까지도 수행할 수 있어야 한다.

- 괄호가 있는 식은 괄호 안을 가장 먼저 계산한다.
- 덧셈과 뺄셈만 있는 식은 왼쪽부터 차례대로 계산한다.
- 곱셈과 나눗셈만 있는 식은 왼쪽부터 차례대로 계산한다.
- 네 연산이 혼합된 경우, 곱셈과 나눗셈을 먼저 하고, 덧셈과 뺄셈을 나중에 한다.

③ **검산법**

- 역연산법 : 본래의 풀이와 반대로 연산을 해가면서 본래의 답이 맞는지를 확인해 나가는 과정이다. 즉 덧셈은 뺄셈으로, 뺄셈은 덧셈으로, 곱셈은 나눗셈으로, 나눗셈은 곱셈으로 연산하여 확인하는 것이다.
- 구거법 : 원래의 수를 9로 나눈 나머지와 각 자릿수의 합을 9로 나눈 나머지가 같다는 원리를 이용하는 것으로써, 각 수를 9로 나눈 나머지만 계산해서 좌변과 우변의 9로 나눈 나머지가 같은지 확인하는 방법이다.

④ **단위환산**

단위	단위환산		
길이	1cm = 10mm	1m = 100cm	1km = 1,000m
넓이	$1cm^2 = 100mm^2$	$1m^2 = 10,000cm^2$	$1km^2 = 1,000,000m^2$
부피	$1cm^3 = 1,000mm^3$	$1m^3 = 1,000,000cm^3$	$1km^3 = 1,000,000,000m^3$
들이	$1ml = 1cm^3$	$1dl = 100cm^3 = 100ml$	$1L = 1,000cm^3 = 10dl$
무게	1kg = 1,000g	1t = 1,000kg = 1,000,000g	–
시간	1분 = 60초	1시간 = 60분 = 3,600초	–
할푼리	1푼 = 0.1할	1리 = 0.1푼 = 0.01할	1모 = 0.1리 = 0.01푼 = 0.001할

1 • 기초연산능력 》》 바로확인문제

[01~03] 다음 제시된 식의 값을 구하시오.

01

$$47 \times 7 - 28$$

① 329　　② 311　　③ 301　　④ 893　　⑤ -893

 기초연산능력 / 사칙연산 계산하기

사칙연산은 곱셈과 나눗셈을 먼저 하고, 덧셈과 뺄셈을 나중에 한다. 따라서 순서대로 계산하면 301이 정답이다. 이 문제도 역시 계산 후 오게 될 일의 자리 1을 먼저 확인한 후 답을 찾으면 시간을 줄일 수 있다.

정답 ③

02

$$5.3 + (17.2 \times 1.9) \div 0.4$$

① 81.7　　② 78　　③ 82.4　　④ 83　　⑤ 87

 기초연산능력 / 사칙연산 계산하기

괄호 안, 나눗셈, 덧셈 순으로 계산한다.
$5.3 + (17.2 \times 1.9) \div 0.4 = 5.3 + (32.68 \div 0.4) = 5.3 + 81.7 = 87$

정답 ⑤

03

$$\left\{ \left(\frac{4}{5} - \frac{5}{10} \right) + \frac{1}{3} \right\} \times \frac{2}{5}$$

① $\dfrac{23}{50}$　　② $\dfrac{18}{65}$　　③ $\dfrac{19}{55}$　　④ $\dfrac{19}{75}$　　⑤ $\dfrac{39}{75}$

 기초연산능력 / 분수식 계산하기

소괄호, 대괄호 순으로 괄호 안을 먼저 계산한다.
$$\left\{ \left(\frac{4}{5} - \frac{5}{10} \right) + \frac{1}{3} \right\} \times \frac{2}{5} = \left\{ \left(\frac{8}{10} - \frac{5}{10} \right) + \frac{1}{3} \right\} \times \frac{2}{5} = \left(\frac{3}{10} + \frac{1}{3} \right) \times \frac{2}{5} = \left(\frac{9}{30} + \frac{10}{30} \right) \times \frac{2}{5} = \frac{19}{75}$$

정답 ④

04 다음 중 계산했을 때의 결과 값이 가장 큰 것을 고르면?

① 12,551.5 − 7,375.6

② 3,686.3 + 1,598.8

③ −2,037.6 + 7,364.3

④ 23,241.5 − 17,897.7

⑤ 2,689.9 + 2,694.8

 기초연산능력 / 사칙연산 계산하기

① 12,551.5 − 7,375.6 = 5,175.9
② 3,686.3 + 1,598.8 = 5,285.1
③ −2,037.6 + 7,364.3 = 5,326.7
④ 23,241.5 − 17,897.7 = 5,343.8
⑤ 2,689.9 + 2,694.8 = 5,384.7
따라서 결과 값이 가장 큰 것은 ⑤이다.

정답 ⑤

05 다음 중 단위를 올바르게 환산한 것을 모두 고르면?

> ㉠ 1리 = 0.01푼
> ㉡ 1km = 100,000cm
> ㉢ 1mL = 0.001L
> ㉣ 1시간 = 3,600초
> ㉤ 1m^2 = 100,000cm^2

① ㉠, ㉡

② ㉠, ㉤

③ ㉡, ㉢, ㉣

④ ㉡, ㉤

⑤ ㉡, ㉣, ㉤

 기초연산능력 / 단위 환산 이해하기

㉠ 1리 = 0.1푼
㉤ 1m^2 = 10,000cm^2

정답 ③

 하위능력 2 • 기초통계능력

 ① 통계의 개념

통계란 집단적 현상 또는 수집된 자료에서 구체적인 양적 표현을 나타내는 숫자를 의미한다. 자연적 현상 및 사회집단의 현상을 정리하거나 분석하는 수단으로 널리 활용된다.

② 통계의 기능

- 많은 수량적 자료 처리가 가능하고 쉽게 이해할 수 있는 형태로 축소시킨다.
- 표본을 통해 연구 대상 집단의 특성을 유추한다.
- 의사결정의 객관적인 근거 수단이 된다.
- 관찰 가능한 자료를 통해 논리적으로 어떠한 결론을 추출하거나 검증한다.

③ 통계의 조사 방법

전수조사	분석대상을 모두 조사하는 것으로, 엄청난 시간과 비용이 든다.
표본조사	전체(모집단)를 대표하는 일부분(표본)을 뽑고 표본을 조사, 분석하여 전체(모집단)의 특성을 유추하는 것이다.

④ 빈도와 백분율

- 빈도 : 어떤 사건이 일어나거나 나타나는 정도를 의미한다.
- 빈도분포 : 빈도를 표나 그래프로 종합적이고 일목요연하게 표시하는 것으로, 보통 빈도수와 백분율로 표시하는 경우가 많으며, 상대적 빈도분포와 누가적 빈도분포로 나누어 표시하기도 한다.
- 백분율 : 백분율은 전체 수량을 100%으로 할 때, 나타내려는 수량이 차지하는 비율이다. %(퍼센트)로 나타내며, 100분의 1이 1%에 해당된다. 백분율은 오래전부터 실용계산의 기준으로 널리 사용되고 있으며, 원형 그래프 등을 이용하면 이해하기 쉽다.

⑤ 평균

평균은 모든 자료의 자료값을 합한 후 자료값의 개수로 나눈 값을 말한다. 자료값 전부에 대한 정보를 담고 있으나 극단적인 값이나 이질적인 값에 의해 쉽게 영향을 받아 전체를 대표하지 못할 가능성이 있다. 예를 들면 1, 2, 3, 4, 5의 평균은 3으로 관찰값 전체를 대표하기에는 적절하지만, 1, 2, 3, 4, 100의 평균은 22로 관찰값 전체를 대표하기에 적절하지 않다.

- 산술평균 : 전체 관찰값을 모두 더한 후 관찰값의 개수로 나눈 값
- 가중평균 : 각 관찰값에 자료의 상대적 중요도(가중치)를 곱하여 모두 더한 값을 가중치의 합계로 나누어 구한 값

6 대푯값과 퍼진 정도

범위	• 관찰값의 흩어진 정도를 가장 간단하게 알아보는 방법으로, 최댓값에서 최솟값을 뺀 값에 1을 더한 값이다. • 집단의 관찰값이 3, 4, 6, 7이라면 최고값이 7이고, 최저값이 3이기 때문에 최고값에서 최저값을 뺀 값, 즉 7−3+1=5가 이 집단의 범위가 된다.
분산	• 자료의 퍼져 있는 정도를 구체적인 수치로 알려주는 도구이다. • 각 관찰값과 평균값과의 제곱을 모두 더한 값을 관찰값의 개수로 나누어 구한다. • 집단의 관찰값이 1, 2, 8, 9이고 평균이 5라면, 집단의 분산은 $(1-5)^2+(2-5)^2+(8-5)^2+(9-5)^2$을 4로 나눈 값을 의미한다. 따라서 이 집단의 분산은 16+9+9+16=50을 4로 나눈 값인 12.5가 된다.
표준편차	• 평균으로부터 얼마나 떨어져 있는가를 나타내는 것으로 분산값의 제곱근 값을 의미한다. • 집단의 관찰값이 1, 2, 8, 9이고 평균이 5라면, 집단의 분산은 위에서 구한 바와 같이 12.5가 되면, 여기서 표준편차는 12.5의 제곱근 값이 된다.
최솟값 최댓값 최빈값	• 최솟값은 원자료 중 값의 크기가 가장 작은 값을 의미한다. • 최댓값이란 원자료 중 값의 크기가 가장 큰 값을 의미한다. • 최빈값이란 표본에서 가장 많이 관측되는 수이며 주어진 값 중에서 가장 자주 나오는 값을 말한다.
중앙값	• 중앙값은 평균값과는 달리 정확하게 중간에 있는 값을 의미한다. • 관찰값을 최솟값부터 최댓값까지 크기순으로 배열하였을 때 순서상 중앙에 위치하는 관찰값을 말한다.
하위 25%값(Q_1) 상위 25%값(Q_2)	• 원자료를 크기순으로 배열하여 4등분한 값을 의미한다. • 백분위 수의 관점에서 제25백분위수, 제75백분위수로 표기할 수도 있다.

2 ● 기초통계능력 ≫ 바로확인문제

01 다음은 5개 나라의 하루 코로나 확진자 수이다. 이 자료를 바탕으로 5개국의 코로나 확진자 수의 중앙값, 평균, 분산을 순서대로 나열한 것은?

| 34 30 35 33 28 |

① 33, 30, 6.5 　　　② 33, 32, 6.5 　　　③ 33, 32, 6.8
④ 35, 32, 6.8 　　　⑤ 35, 33, 6.8

💡 **기초통계능력 / 통계기법 이해하기**

- 중앙값(변량을 크기 순서로 나열했을 때 중앙에 위치하는 값)=33
- 평균값(자료 전체의 합을 자료의 개수로 나눈 값)=$(34+30+35+33+28)\div 5=32$
- 분산(주어진 변량이 평균으로부터 떨어져 있는 정도를 나타내는 값, (편차)^{2}의 평균)
  $= \{(34-32)^2+(30-32)^2+(35-32)^2+(33-32)^2+(28-32)^2\}\div 5 = (4+4+9+1+16)\div 5 = 6.8$

정답 ③

02 다음 자료의 평균값, 최빈값, 중앙값을 모두 더한 값은?

구분	ㄱ	ㄴ	ㄷ	ㄹ	ㅁ	ㅂ	ㅅ	ㅇ	ㅈ	ㅊ	ㅋ
자료	108	103	98	101	103	95	89	116	121	103	107

① 295 　　　② 303 　　　③ 308
④ 310 　　　⑤ 322

💡 **기초통계능력 / 평균값, 최빈값, 중앙값 파악하기**

자료의 평균값은 $(108+103+98+101+103+95+89+116+121+103+107)\div 11=104$이고, 최빈값은 가장 많이 나온 103이다. 중앙값은 자료를 최솟값부터 최댓값까지 크기순으로 배열해보면 알 수 있다.

자료	121	116	108	107	103	103	103	101	98	95	89

따라서 평균값, 최빈값, 중앙값을 모두 더하면 104+103+103=310이다.

정답 ④

03 다음은 폐기물협회에서 제공하는 전국 폐기물 발생 현황 자료이다. ㉠, ㉡에 들어갈 값으로 적절한 것은? (단, 소수점 둘째 자리에서 반올림한다.)

연도별 폐기물 발생 현황

(단위 : 톤/일, %)

구분		2012	2013	2014	2015	2016	2017
총계	발생량	382,009	380,709	388,486	404,812	415,345	414,626
	증감률	2.3	−0.3	2.0	4.2	2.6	−0.17
생활 폐기물	발생량	48,990	48,728	49,915	51,247	53,772	53,490
	증감률	0.1	㉠	2.4	2.7	4.9	−0.5
사업장 배출시설계 폐기물	발생량	146,390	148,443	153,189	155,305	162,129	164,874
	증감률	6.1	1.4	3.2	1.4	㉡	1.7
건설 폐기물	발생량	186,629	183,538	185,382	198,260	199,444	196,262
	증감률	0.1	−1.7	1.0	6.9	0.6	−1.6

• 생활 폐기물은 가정 생활 폐기물, 사업장 생활 폐기물, 공사장 생활계 폐기물을 함께 포함한 수치임
• 증감률은 전년 대비 증감률을 나타냄

	㉠	㉡
①	−0.3	4.4
②	−0.3	4.3
③	−0.4	4.2
④	−0.5	4.3
⑤	−0.5	4.4

기초통계능력 / 증감률 구하기

㉠, ㉡ 모두 전년 대비 증감률을 구하는 문제이다. 식은 다음과 같다.

㉠ $\dfrac{48,728 - 48,990}{48,990} \times 100 ≒ -0.5\%$

㉡ $\dfrac{162,129 - 155,305}{155,305} \times 100 ≒ 4.4\%$

따라서 정답은 ㉠ − 0.5, ㉡ 4.4이다.

정답 ⑤

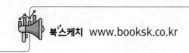
하위능력 3 • 도표분석능력

1 도표분석능력이란?

업무수행과정 중 도표의 의미를 파악하고 필요한 정보를 해석하여 자료의 특성을 규명하는 능력이다.

2 도표의 유용성

- 복잡한 수치도 그래프를 그려봄으로써 쉽게 파악할 수 있다.
- 전체와 부분의 비교가 쉬워 다른 사람에게 설명할 때 더욱 설득력을 얻게 된다.

3 도표의 구분

선(절선) 그래프	• 주로 시간의 경과에 따른 변화의 추이를 꺾은선으로 나타내는 그래프
막대그래프	• 수량을 나타내는 막대의 길이를 비교하여 각 수량 간의 대소 관계를 나타내는 그래프
원그래프	• 하나의 원을 전체 수량에 대한 부분의 비율에 따라 비례하는 면적의 부채꼴로 나타내는 그래프 • 구성비, 비중을 나타낼 때 많이 쓰임
점그래프	• 가로축과 세로축의 요소가 각기 다른 데이터들의 분포를 점으로 나타내는 그래프 • 위치 · 크기 · 성격 등을 표시(눈에 보이는 자료값)
층별 그래프	• 선 그래프의 변형된 형태로, 각 부분의 크기를 백분율로 하고, 시간적 변화를 보고할 때 많이 쓰임
방사형 그래프	• 비교하는 수량을 직경 또는 반경으로 나누어 원의 중심에서의 거리에 따라 각 수량의 관계를 나타내는 그래프 • 다양한 요소를 비교할 때 경과를 표현하기 적합 • 레이더 차트(거미줄 그래프)로도 불림

④ 도표 해석상 유의사항

● 요구되는 지식의 수준

도표의 해석은 특별한 지식을 요구하지 않는 경우가 대부분이나 지식의 수준에는 차이가 있어 어떤 사람에게는 상식이 어떤 사람에게는 지식일 수 있다. 따라서 직업인으로서 자신의 업무와 관련된 기본적인 지식의 습득을 통해 특별한 지식을 상식화할 필요가 있다.

● 도표에서 제시된 자료의 의미를 정확히 숙지

주어진 도표를 무심코 해석하다 보면 자료가 지니고 있는 진정한 의미를 확대 해석할 수도 있다.

● 도표로부터 알 수 있는 것과 알 수 없는 것의 구별

주어진 도표로부터 알 수 있는 것과 알 수 없는 것을 완벽하게 구별할 필요가 있다. 즉 주어진 도표로부터 의미를 확대하여 해석하여서는 곤란하며, 주어진 도표를 토대로 자신의 주장을 충분히 추론할 수 있는 보편타당한 근거를 제시해주어야 한다.

● 총량의 증가와 비율의 증가 구분

비율이 같더라도 총량에 있어서는 많은 차이가 있을 수 있다. 또한 비율에 차이가 있더라도 총량이 표시되어 있지 않은 경우에는 비율 차이를 근거로 절대적 양의 크기를 평가할 수 없다. 따라서 이에 대한 세심한 검토가 요구된다.

● 백분위수와 사분위수의 이해

백분위수는 크기순으로 배열한 자료를 100등분하는 수의 값을 의미한다.

예컨대 제 p백분위수란 자료를 크기순으로 배열하였을 때 p%의 관찰값이 그 값보다 작거나 같고, (100-p%)의 관찰값이 그 값보다 크거나 같게 되는 값을 말한다. 한편 사분위수란 자료를 4등분한 것으로 제1사분위수는 제 25백분위수, 제2사분위수는 제50백분위수(중앙치), 제3사분위수는 제75백분위수에 해당한다.

3 • 도표분석능력 >> 바로확인문제

01 ○○공사의 정 사원이 올해 회사의 제품별 매출액 구성비를 그래프로 나타내기 위해 활용할 도표의 종류로 가장 적절한 것은?

① 방사형 그래프   ② 막대(봉) 그래프   ③ 원 그래프
④ 점 그래프   ⑤ 층별 그래프

💡 **도표분석능력 / 도표의 종류 이해하기**

원 그래프는 일반적으로 내역이나 내용의 구성비를 분할하여 나타내고자 할 때 활용한다. 두 개의 동심원을 그림으로써 투시점에서의 매출액 크기와 구성비를 비교해볼 수도 있다.

정답 ③

02 다음의 용도를 가지고 있는 그래프로 가장 옳은 것은?

> • 합계와 각 부분의 크기를 백분율로 나타내고 시간적 변화를 보고자 할 때
> • 합계와 각 부분의 크기를 실수로 나타내고 시간적 변화를 보고자 할 때

① 막대 그래프   ② 원 그래프   ③ 점 그래프
④ 층별 그래프   ⑤ 방사형 그래프

 💡 **도표분석능력 / 도표의 종류 이해하기**

선(절선) 그래프	주로 시간의 경과에 따른 수량의 변화를 절선의 기울기로 나타내는 그래프 예 연도별 매출액 추이 변화 등
막대(봉) 그래프	비교 수량을 막대 길이로 표시하고 각 수량 간의 대소 관계를 나타내는 그래프 예 영업소별 매출액, 성적별 인원 분포 등
원 그래프	일반적으로 내역이나 내용의 구성비를 분할하여 나타내고자 할 때 활용 예 제품별 매출액 구성비 등
점 그래프	주로 지역 분포, 도시 · 지방 · 기업 · 상품 등의 평가나 위치, 성격을 표시하는 데 이용 예 광고비율과 이익률의 관계 등
층별 그래프	선 그래프의 변형으로서 연속내역 봉 그래프라고 볼 수 있고, 선의 움직임보다는 선과 선 사이의 크기로써 데이터 변화를 나타내는 그래프 예 상품별 매출액 추이 등
방사형 그래프 (레이더 차트)	원 그래프의 일종으로 거미줄 그래프라고도 하며, 비교하는 수량을 직경 또는 반경으로 나누어 원의 중심에서의 거리에 따라 각 수량의 관계를 나타내는 그래프 예 매출액의 계절변동 등

정답 ④

03 S 시와 A 시의 주민들이 아래의 연도별 예산현황 자료를 보고 토론하고 있다. 다음 중 자료를 잘못 이해한 주민은?

S 시, A 시의 연도별 예산현황

(단위 : 백만 원)

구분	S 시			A 시		
	합계	일반회계	특별회계	합계	일반회계	특별회계
2015년	917,000	695,000	222,000	803,040	696,400	106,640
2016년	1,117,265	800,000	317,265	776,600	697,000	79,600
2017년	1,242,037	984,000	258,037	866,000	754,500	111,500
2018년	1,503,338	1,132,000	371,338	1,020,000	897,800	122,200
2019년	1,551,611	1,155,000	396,611	1,070,000	966,200	103,800

① D 주민 : S 시의 예산액 합계는 꾸준히 증가하고 있지만 A 시는 그렇지 않아요.
② R 주민 : S 시의 특별회계 예산액은 항상 A 시의 특별회계 예산액보다 2배 이상 더 많아요.
③ I 주민 : 2018년 S 시의 일반회계 예산액은 A 시의 일반회계 예산액보다 1.2배 이상 더 많네요.
④ N 주민 : 2017년 A 시 전체 예산액에서 특별회계 예산액이 차지하는 비중은 12% 이상이에요.
⑤ K 주민 : 2016년 S 시 전체 예산액에서 일반회계 예산액이 차지하는 비중은 70% 미만을 차지해요.

 도표분석능력 / 예산 현황 분석하기

2016년 S 시 전체 예산액에서 일반회계 예산액이 차지하는 비중은 $\dfrac{800,000}{1,117,265} \times 100 = 71.60 \cdots$으로 70% 이상이다.

오답풀이

① S 시의 예산액 합계는 꾸준히 증가하고 있고, A 시는 2016년에 감소했다가 다시 증가하고 있다.
② S 시 특별회계 예산액과 A 시 특별회계 예산액 2배를 비교하면 다음과 같다.
2015년 : 222,000 > 213,280 / 2016년 : 317,265 > 159,200 / 2017년 : 258,037 > 223,000 / 2018년 : 371,338 > 244,400 / 2019년 : 396,611 > 207,600
③ 2018년 A 시 일반회계 예산액의 1.2배는 897,800×1.2 = 1,077,360으로 S 시의 일반회계 예산액이 더 많다.
④ 2017년 A 시 전체 예산액에서 특별회계 예산액이 차지하는 비중은 $\dfrac{111,500}{866,000} \times 100 = 12.8 \cdots$로 12% 이상이다.

정답 ⑤

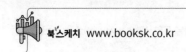
 하위능력 4 ● 도표작성능력

 ① 도표작성능력이란?

자료를 이용하여 여러 도표를 작성함으로써 업무의 성과 및 결과를 효과적으로 제시하는
능력이다.

② 도표작성의 업무활용

- 도표를 사용하여 업무결과를 제시하는 경우
- 업무의 목적에 맞게 계산 결과를 묘사하는 경우
- 업무 중 계산을 수행하고 결과를 정리하는 경우
- 업무에 소요되는 비용을 시각화하는 경우
- 고객과 소비자의 정보를 조사하고 결과를 설명하는 경우

③ 도표작성 시 유의사항

- 보기 쉽고 깨끗하게 그리고, 하나의 도표에 여러 가지 내용을 넣지 않음
- 순서가 없는 것은 큰 것부터, 왼쪽에서 오른쪽으로, 위에서 아래로 그려야 함
- 적정한 눈금을 잡아 그리고, 최대한 수치를 생략하지 않고 그려야 함

④ 도표의 작성 절차

- 어떠한 도표로 작성할 것인지를 결정
  업무수행 과정에서 도표를 작성할 때에는 우선 주어진 자료를 면밀히 검토하여 어떠한 도
  표를 활용하여 작성할 것인지를 결정한다. 도표는 목적이나 상황에 따라 올바르게 활용할
  때 실효를 거둘 수 있으므로 우선적으로 어떠한 도표를 활용할 것인지를 결정하는 일이
  선행되어야 한다.

- 가로축과 세로축에 나타낼 것을 결정
  주어진 자료를 활용하여 가로축과 세로축에 무엇을 나타낼 것인지를 결정하여야 한다. 일
  반적으로 가로축에는 명칭구분(연, 월, 장소 등), 세로축에는 수량(금액, 매출액 등)을 나
  타내며 축의 모양은 L자형이 일반적이다.

- 가로축과 세로축의 눈금의 크기를 결정

주어진 자료를 가장 잘 표현할 수 있도록 가로축과 세로축의 눈금의 크기를 결정해야 한다. 한 눈금의 크기가 너무 크거나 작으면 자료의 변화를 잘 표현할 수 없으므로, 자료를 가장 잘 표현할 수 있는 눈금의 크기를 정하는 것이 바람직하다.

- 자료를 가로축과 세로축이 만나는 곳에 표시

자료 각각을 결정된 축에 표시한다. 이때 가로축과 세로축이 만나는 곳에 정확히 표시해야 정확한 그래프를 작성할 수 있으므로 주의해야 한다.

- 표시된 점에 따라 도표 작성

표시된 점들을 활용하여 실제로 도표를 작성한다. 선 그래프라면 표시된 점들을 선분으로 이어 도표를 작성하고 막대 그래프라면 표시된 점들을 활용하여 막대를 그려 도표를 작성한다.

- 도표의 제목 및 단위 표시

도표를 작성한 후에는 도표의 상단 혹은 하단에 제목과 함께 단위를 표기한다.

⑤ 종류별 도표 작성 유의사항

- 선 그래프 : 세로축에 수량(금액, 매출액 등), 가로축에 명칭구분(연, 월, 장소 등)을 제시하며, 축의 모양은 L자형으로 하는 것이 일반적이다.
- 막대 그래프 : 가로축은 명칭구분(연, 월, 장소, 종류 등)으로, 세로축은 수량(금액, 매출액 등)으로 정하며, 막대 수가 많을 경우에는 눈금선을 기입하는 것이 알아보기 쉽다. 막대의 폭은 반드시 모두 같게 해야 한다.
- 원 그래프 : 정각 12시의 선을 시작선으로 하여 오른쪽으로 그리는 것이 보통이다. 또한, 분할선은 구성비율이 큰 순서로 그리되, '기타' 항목은 가장 뒤에 그리는 것이 좋다.

 4 • 도표작성능력 ≫ 바로확인문제

01 다음 중 도표작성 시 주의사항으로 옳지 않은 것은?

① 보기 쉽게 깨끗이 그린다.
② 하나의 도표에 여러 가지 내용을 넣는다.
③ 컴퓨터 프로그램을 이용한 그래프를 최대한 활용한다.
④ 눈금을 잡기에 따라 크게 보이거나 작게 보일 수 있으므로 주의한다.
⑤ 특별히 순서가 정해 있지 않은 것은 큰 것부터 그리고, 왼쪽에서 오른쪽으로 또는 위에서 아래로 그린다.

 도표작성능력 / 도표작성 시 주의사항 알기

도표작성 시 하나의 도표에 여러 가지 내용을 넣지 않는다.

정답 ②

02 다음의 도표작성 절차를 순서대로 나열한 것으로 옳은?

> ⊙ 어떠한 도표로 작성할 것인지를 결정
> ⓛ 자료를 가로축과 세로축이 만나는 곳에 표시
> ⓒ 가로축과 세로축의 눈금의 크기를 결정
> ⓔ 표시된 점에 따라 도표 작성
> ⓜ 가로축과 세로축에 나타낼 것을 결정
> ⓗ 도표의 제목 및 단위 표시

① ⊙-ⓛ-ⓒ-ⓜ-ⓔ-ⓗ
② ⊙-ⓒ-ⓜ-ⓛ-ⓔ-ⓗ
③ ⊙-ⓜ-ⓒ-ⓛ-ⓔ-ⓗ
④ ⊙-ⓜ-ⓒ-ⓔ-ⓛ-ⓗ
⑤ ⊙-ⓔ-ⓜ-ⓒ-ⓛ-ⓗ

 도표작성능력 / 도표작성 절차 이해하기

1단계	어떠한 도표로 작성할 것인지를 결정
2단계	가로축과 세로축에 나타낼 것을 결정
3단계	가로축과 세로축의 눈금의 크기를 결정
4단계	자료를 가로축과 세로축이 만나는 곳에 표시
5단계	표시된 점에 따라 도표 작성
6단계	도표의 제목 및 단위 표시

정답 ③

03 G 사원은 보고서 발표를 앞두고 시청각 자료를 준비하기 위해 그래프를 만들고 있다. 다음 중 아래의 내용을 그래프로 적절하게 옮긴 것은?

> 2018년을 기준으로 신규 투자액은 평균 53.26백만 원으로 나타났으며, 유지보수 비용으로는 평균 35.17백만 원을 사용한 것으로 나타났다. 반면, 2019년 예상 투자액의 경우 신규투자는 12.04백만 원 감소한 ㉠원으로 예상하였으며, 유지보수 비용의 경우 0.28백만 원 증가한 ㉡원으로 예상하고 있다.

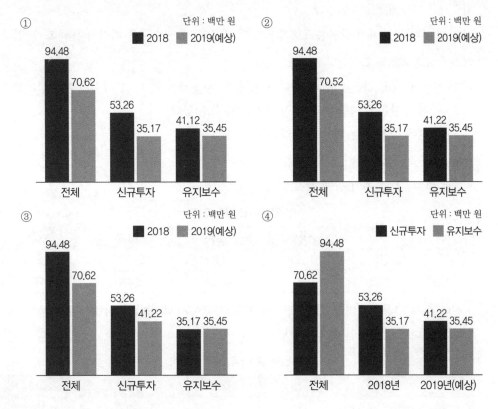

 도표작성능력 / 그래프 활용하기

㉠, ㉡의 값과 전체의 값을 구하면 다음과 같다.

	신규투자	유지보수
2018년	53.26	35.17
2019년(예상)	㉠ 41.22	㉡ 35.45
전체	94.48	70.62

이를 가장 적절하게 배치시킨 그래프는 ③이다.

정답 ③

간추린 HIDDEN NOTE 수리능력

 테마1 ● 수리의 과반! 자료해석 쉽게 다가가기

1. 자료해석 유형 풀이 방법

1) 자료의 소재와 제목을 확인한다.

무엇에 대한 자료인지 살펴봄으로써 자료의 내용과 계산법 등을 미리 추론해볼 수 있다.

2) 여러 항목의 시점을 확인한다.

여러 항목에 대한 같은 시점의 자료인지, 같은 항목에 대한 여러 시점의 자료인지를 파악한다. 여러 항목에 대한 여러 시점의 자료일 수도 있다.

→ 각 자료에 따라 묻는 내용이 달라진다.

3) 절대 수치인지 상대 수치인지를 파악한다.

 ● 절대 수치 : 각 수치가 실제 값을 나타냄

총인구수와 아동 인구수

	2015	2016	2017	2018
총인구수(천 명)	51,529	51,696	51,778	51,826
아동 인구수(천 명)	8,961	8,736	8,480	8,176

 ● 상대 수치 : 비율 수치와 같은 말로서 자료 전체에서 차지하는 비중이나 기준이 되는 수치에 대한 상대적인 값을 나타냄

총인구 중 아동 인구 구성비

	2015	2016	2017	2018
아동 인구 비율(%)	17	17	16	16

4) 지문을 확인한다.

계산이 필요 없는 지문부터 확인하여 처리하고, 계산이 필요한 지문은 계산 과정을 줄여 계산한다. 계산하려는 숫자 간의 차이가 클 경우 일의 자리 숫자까지 계산할 필요가 없다.

2. 자료해석 빈출 공식

1) 증감률 : 증가하거나 감소하는 비율

$$A(\text{기준}) \text{ 대비 } B(\text{비교대상})\text{의 증감률} = \frac{B(\text{비교대상}) - A(\text{기준})}{A(\text{기준})} \times 100$$

예 2017년 대비 2018년의 아동 인구수 증감률

	2017	2018
아동 인구수(천 명)	8,480	8,176

$\rightarrow \dfrac{8,176 - 8,480}{8,480} \times 100 \fallingdotseq -3.6\%$

PLUS TIP

% 수치 사이의 증가폭은 그 차이를 의미한다. 이때 단위는 %p로 표시한다.

예 2015년~2018년의 아동 인구 비율 증가폭

	2015	2018
아동 인구 비율(%)	17	16

$\rightarrow 16 - 17 = -1\%p$

• %p : % 간의 차이를 나타내는 단위

2) **구성비(비중)** : 전체에서 부분이 차지하는 크기

$$\dfrac{부분}{전체} \times 100$$

예 2018년 총인구 중 아동 인구의 구성비

	2018
총인구수(천 명)	51,826
아동 인구수(천 명)	8,176

$\rightarrow \dfrac{8,176}{51,826} \times 100 \fallingdotseq 16\%$

3) **평균**

① **산술평균** : 여러 수의 합을 수의 개수로 나눈 값

$$\dfrac{x_1 + x_2 + \cdots + x_n}{n}$$

예 2016년~2018년 아동 인구수 평균

	2016	2017	2018
아동 인구수(천 명)	8,736	8,480	8,176

$\rightarrow \dfrac{8,736 + 8,480 + 8,176}{3} = 8,464$ 천 명

② **가평균** : 자료의 수가 많은 경우의 평균을 구할 때, 간단하게 계산하기 위해 임의로 정한 평균값

예 다섯 과목의 평균 점수

과목	국어	수학	국사	물리	체육
점수(점)	80	76	80	83	86

→ 80이 많으므로 80을 가평균으로 정하고, 80을 기준으로 남거나 모자라는 수를 계산한다.

$\rightarrow \dfrac{80 + (80-4) + 80 + (80+3) + (80+6)}{5} = \dfrac{80 \times 5}{5} + \dfrac{-4+3+6}{5} = 80 + \dfrac{5}{5} = 81$ 점

③ **가중평균** : 각 항의 수치에 그 중요도에 비례하는 계수를 곱한 다음 산출한 평균

$$\frac{각각의 \ (관찰값 \times 가중치)의 \ 합}{가중치의 \ 총합}$$

예 다섯 과목의 가중평균 점수

과목	국어	수학	국사	물리	체육
점수(점)	80	76	80	83	86
가중치(%)	40	30	15	10	5

$$\rightarrow \frac{(80 \times 0.4) + (76 \times 0.3) + (80 \times 0.15) + (83 \times 0.1) + (86 \times 0.05)}{0.4 + 0.3 + 0.15 + 0.1 + 0.05}$$

$$= 32 + 22.8 + 12 + 8.3 + 4.3 = 79.4$$

 테마 2 ● 알아두면 요긴한 수리 공식 정리

1. 집합

1) 합집합의 원소의 개수

집합 A, B, C가 유한집합일 때,
- $n(A \cup B) = n(A) + n(B) - n(A \cap B)$
- $n(A \cup B \cup C) = n(A) + n(B) + n(C) - n(A \cap B) - n(B \cap C) - n(C \cap A)$
$\qquad\qquad + n(A \cap B \cap C)$

2) 부분집합의 개수

원소의 개수가 n개인 집합 A에서,
- A의 부분집합 개수 : 2^n
- 특정한 원소 m개를 포함하는(포함하지 않는) 부분집합의 개수 : 2^{n-m}

2. 경우의 수

1) 합의 법칙/곱의 법칙

어떤 사건 A가 일어나는 경우의 수를 m, 어떤 사건 B가 일어나는 경우의 수를 n이라고 하면,
- 두 사건 A, B가 동시에 일어나지 않을 때, 사건 A 또는 B가 일어나는 경우의 수 : $m + n$
- 두 사건 A, B가 동시에 일어나는 경우의 수 : $m \times n$

2) 한 줄로 세울 때의 경우의 수

- n명을 한 줄로 세울 때의 경우의 수 : $n!$
- n명 중 k명만 한 줄로 세울 때의 경우의 수 : $n \times (n-1) \times (n-2) \times \cdots \times (n-k+1)$

3) 대표를 뽑는 경우의 수

- n명 중 자격이 다른 2명의 대표를 뽑는 경우의 수 : $n \times (n-1)$
- n명 중 자격이 같은 2명의 대표를 뽑는 경우의 수 : $\dfrac{n(n-1)}{2}$

4) 동전 또는 주사위를 던질 때의 경우의 수

- n개의 동전을 던질 때의 경우의 수 : 2^n
- n개의 주사위를 던질 때의 경우의 수 : 6^n

3. 순열과 조합

1) 순열

- 서로 다른 n개에서 r개를 택하여 일렬로 배열하는 경우의 수 :
$$_nP_r = n(n-1)(n-2)\cdots\{n-(r-1)\} = \frac{n!}{(n-r)!} \text{ (단, } 0 \le r \le n)$$
- 서로 다른 n개에서 중복을 허락하여 r개를 택하는 경우의 수(중복순열) : n^r
- 서로 다른 n개를 원형으로 배열하는 경우의 수(원순열) : $(n-1)!$

2) 조합

서로 다른 n개에서 순서를 생각하지 않고 r개를 택하는 경우의 수 :
$$_nC_r = \frac{_nP_r}{r!} = \frac{n!}{r!(n-r)!} \text{ (단, } 0 \le r \le n)$$

4. 확률

1) 확률

어떤 사건 A가 일어날 확률을 $P(A)$ 라고 하면,
- 사건 A가 일어날 확률 : $\dfrac{\text{사건 } A \text{가 일어날 경우의 수}}{\text{모든 경우의 수}}$
- 사건 A가 일어나지 않을 확률 : $1 - P(A)$

2) 확률의 덧셈/곱셈

사건 A가 일어날 확률을 p, 사건 B가 일어날 확률을 q, 사건 A, B가 동시에 일어날 확률을 r이라고 하면,
- 두 사건 A, B가 동시에 일어나지 않을 때, 사건 A 또는 B가 일어날 확률 : $p + q$
- 두 사건 A, B가 동시에 일어났을 때, 사건 A 또는 B가 일어날 확률 : $p + q - r$
- 두 사건 A, B가 서로 영향을 끼치지 않을 때, 두 사건 A, B가 동시에 일어날 확률 : $p \times q$

3) 조건부확률

> 두 사건 A, B에 대하여, 사건 A가 일어났다고 가정했을 때 사건 B가 일어날 확률 :
>
> $P(B \mid A) = \dfrac{P(A \cap B)}{P(A)}$ (단, $P(A) \neq 0$)

5. 수열

1) 등차수열

> - 각 항에 더해지는 일정한 수 : 공차
> - 첫째항 a, 공차 d인 등차수열의 일반항 : $a_n = a + (n-1)d$
> - 첫째항 a, 공차 d, 끝항 l인 등차수열의 합 :
> $S_n = \dfrac{1}{2}n(a+l)$ 또는 $S_n = \dfrac{1}{2}n\{2a+(n-1)d\}$
> - a, b, c가 등차수열의 연속한 세 항일 때, b는 a, c의 등차중항이므로 $b = \dfrac{a+c}{2}$

2) 등비수열

> - 각 항에 곱해지는 일정한 수 : 공비
> - 첫째항 a, 공비 r인 등비수열의 일반항 : $a_n = ar^{n-1}$
> - 첫째항 a, 공비 r인 등비수열의 합 :
> $S_n = na(r=1)$, $S_n = \dfrac{a(1-r^n)}{1-r} = \dfrac{a(r^n-1)}{r-1}(r \neq 1)$
> - 0이 아닌 세 수 a, b, c가 등비수열의 연속한 세 항일 때, b는 a, c의 등비중항이므로 $b^2 = ac$

6. 기타 기출 공식

1) 거리, 속력, 시간

> - 거리 = 속력 × 시간
> - 속력 = $\dfrac{거리}{시간}$
> - 시간 = $\dfrac{거리}{속력}$

2) 농도

> - 용액의 농도(%) = $\dfrac{용질의 질량}{용액의 질량} \times 100$
> - 소금물 농도(%) = $\dfrac{소금의 양}{소금물의 양} \times 100$
> - 소금의 양 = $\dfrac{소금물 농도}{100} \times 소금물의 양$
> - 소금물의 양 = 물의 양 + 소금의 양

3) 정가, 이익, 할인

> - 정가 = 원가 + 이익
> - 이익 = 판매가(정가 또는 할인가) − 원가
> - 할인율(%) = $\left(\dfrac{정가 - 할인가}{정가}\right) \times 100$
> - 할인가 = 정가 $\times \left(1 - \dfrac{할인율}{100}\right)$

4) 간격

일직선 도로에 같은 간격으로 심을 수 있는 최대 나무의 수 : (도로의 길이 ÷ 간격) + 1

5) 나이

현재 A, B의 나이가 각각 a, b일 때,
- 현재 A의 나이가 B 나이의 x배일 때 : $a = bx$
- y년 후 A의 나이가 y년 후 B 나이의 x배가 될 때 : $a + y = x(b + y)$

6) 시곗바늘 각도

- 분침 : 한 시간에 한 바퀴씩 움직이므로 1분에 6°씩(360° ÷ 60) 움직임
- 시침 : 한 시간에 숫자 한 칸씩 움직이므로 1분에 0.5°씩(숫자 사이 간격 30° ÷ 60) 움직임
- x시 y분일 때, 시침과 분침이 이루는 각도 : $|30x - 5.5y|$
- 시침과 분침이 겹쳐질 조건 : $30x + 0.5y = 6y$

7) 작업량

- 작업량 = 시간당 작업량 × 시간
- 시간당 작업량 $= \dfrac{작업량}{시간}$
- 시간 $= \dfrac{작업량}{시간당 작업량}$

02 Chapter

FOCUS

하위능력 공략

경기도 공공기관과 출제 유형이 유사한 기관의 기출 복원 문제를 수록하였으니, 학습 시 참고하시기 바랍니다.

하위능력 1 • 기초연산능력

출제 포인트

나열된 숫자나 문자열의 규칙을 파악하여 빈칸에 들어갈 숫자 또는 문자를 고르는 수 · 문자 추리 문제, 간단한 방정식을 세워 값을 도출하는 계산 문제, 기본 연산을 통해 속력, 농도, 나이, 일의 양 등을 구하는 문제, 경우의 수와 확률을 이용하는 문제 등이 출제된다. 수리능력 부분에서 차지하는 비중은 높지 않지만, 5문제 내외로 꾸준히 출제하는 기업들이 있으므로 제한 시간 내에 식을 세워 정확한 값을 구하는 연습을 해두어야 한다.

대표 기출문제

01 일정한 규칙으로 수를 나열할 때 빈칸에 들어갈 알맞은 숫자는? ⌈2020 코레일⌋

| 5 | 27 | 22 | | 4 | 8 | 14 | | 3 | 1 | 8 | | 7 | 125 | ( ) |

① 42   ② 44   ③ 46
④ 48   ⑤ 50

기초연산능력 / 수의 규칙 찾기

(첫 번째 수의 제곱)−(두 번째 수의 세제곱근)=(세 번째 수)이다.
- 5, 27, 22 ⇒ $25 - 3 = 22$
- 4, 8, 14 ⇒ $16 - 2 = 14$
- 3, 1, 8 ⇒ $9 - 1 = 8$
- 7, 125, ( ) ⇒ $49 - 5 = 44$

따라서 정답은 44이다.

정답 ②

02 다음 나열된 수의 규칙을 찾아 빈칸에 들어갈 알맞은 숫자를 고르면?　2020 한국도로공사

> 1　3　9　11　33　35　105　(　)

① 107　　　　　　　　　　　② 109
③ 315　　　　　　　　　　　④ 321

 기초연산능력 / 수열 추리하기

나열된 수는 +2와 ×3이 반복되고 있다. 따라서 빈칸에 들어갈 알맞은 수는 105+2=107이다.

정답 ①

03 현재 아버지는 30세, 아들은 3세이다. 아버지의 나이가 아들 나이의 4배가 되는 때는 몇 년 후인가?　2020 한국전력공사

① 6년 후　　　　　　② 7년 후　　　　　　③ 8년 후
④ 9년 후　　　　　　⑤ 10년 후

 기초연산능력 / 나이 계산하기

x년 후의 아버지의 나이는 $(30+x)$세이고, 아들의 나이는 $(3+x)$세이다. 아버지의 나이가 아들 나이의 4배가 되는 때를 구하려면, $30+x=4\times(3+x)$를 계산하면 된다. 계산하면 $x=6$이므로, 아버지의 나이가 아들 나이의 4배가 되는 때는 6년 후이다.

정답 ①

04 7개의 문자 M, I, N, I, M, U, M을 일렬로 배열할 수 있는 경우의 수를 구하면?
2020 경기도 공공기관 통합채용

① 420　　　　　　　　　　　② 580
③ 4,048　　　　　　　　　　④ 5,040

 기초연산능력 / 경우의 수 구하기

7개의 문자를 일렬로 배열하는 경우의 수는 7! = 5,040이다. 여기서 중복되는 문자의 경우의 수를 나누어주면 된다. M은 3개가 있으므로 3! = 6, I는 2개가 있으므로 2! = 2이다.
5,040 ÷ (6 × 2) = 420이므로, 문자를 일렬로 배열할 수 있는 경우의 수는 420이다.

정답 ①

05 둘레가 2km인 공원을 A, B 두 사람이 같은 지점에서 동시에 출발하여 반대 방향으로 돌면 10분 후에 만나고, 같은 방향으로 돌면 50분 후에 만난다. A가 B보다 빠를 때, B가 공원을 한 바퀴 도는 데 걸리는 시간을 구하면? 2020 경기도 공공기관 통합채용

① 15분 ② 20분
③ 25분 ④ 30분

 기초연산능력 / 시간 구하기

A가 1분 동안 걷는 속력을 x라 하고, B가 1분 동안 걷는 속력을 y라 하면,
1) 반대 방향으로 돌 경우
  $(10 \times x) + (10 \times y) = 2,000$
  $10x + 10y = 2,000$ ……㉠
2) 같은 방향으로 돌 경우
  $(50 \times x) - (50 \times y) = 2,000$
  $50x - 50y = 2,000$ ……㉡
㉠, ㉡을 연립하여 풀면, $x = 120$, $y = 80$
A는 1분 동안 120m의 속력으로 돌고, B는 1분 동안 80m의 속력으로 돌게 된다.
따라서 B가 한 바퀴 도는 데 걸리는 시간은 $2,000 \div 80 = 25$분이다.

정답 ③

06 남자 4명, 여자 6명 중에서 3명을 뽑을 때, 남자가 여자보다 많이 뽑힐 확률을 구하면?
(단, 소수점 둘째 자리에서 반올림한다.) 2020 한국중부발전

① 8.3% ② 16.6%
③ 25% ④ 33.3%
⑤ 35.3%

 기초연산능력 / 확률 구하기

남자가 2명, 여자가 1명 뽑힐 확률 : $\dfrac{{}_4C_2 \times {}_6C_1}{{}_{10}C_3} = \dfrac{36}{120}$

남자만 3명 뽑힐 확률 : $\dfrac{{}_4C_3}{{}_{10}C_3} = \dfrac{4}{120}$

따라서 남자가 여자보다 많이 뽑힐 확률은 $\dfrac{36}{120} + \dfrac{4}{120} = \dfrac{40}{120} \fallingdotseq 0.33 \cdots$이므로 이를 %로 나타내면 33.3%이다.

정답 ④

07 A와 B는 제비뽑기를 하려고 한다. A가 당첨 제비를 뽑을 확률은 $\dfrac{1}{4}$이고, B가 당첨 제비를 뽑을 확률은 $\dfrac{2}{5}$일 때, 두 사람 중 한 사람만 당첨 제비를 뽑을 확률은? 〔2019 한국조폐공사〕

① $\dfrac{1}{4}$ ② $\dfrac{3}{7}$ ③ $\dfrac{3}{10}$

④ $\dfrac{9}{20}$ ⑤ $\dfrac{7}{23}$

 기초연산능력 / 확률 구하기

- A만 당첨 제비를 뽑을 확률 : $\dfrac{1}{4} \times \dfrac{3}{5} = \dfrac{3}{20}$
- B만 당첨 제비를 뽑을 확률 : $\dfrac{3}{4} \times \dfrac{2}{5} = \dfrac{6}{20}$

$\therefore \dfrac{3}{20} + \dfrac{6}{20} = \dfrac{9}{20}$

정답 ④

08 사무실 A와 사무실 B, C, D가 각각 연결되어 있으며, 사무실 B, C, D와 사무실 E가 각각 연결되어 있다. 사무실 A와 사무실 B, C가 연결되는 통로는 각각 두 가지씩 있으며, 사무실 A와 사무실 D가 연결되는 통로는 세 가지이다. 또한 사무실 B, D와 사무실 E가 연결되는 통로는 각각 두 가지씩이며, 사무실 C와 사무실 E가 연결되는 통로는 한 가지이다. A에서 E까지 갈 수 있는 통로의 총 가짓수는? 〔2019 한국산업인력공단〕

① 9가지   ② 10가지   ③ 11가지

④ 12가지   ⑤ 13가지

 기초연산능력 / 경우의 수 계산하기

문제에서 설명하는 사무실 통로의 가짓수를 그림으로 나타내면 다음과 같다.

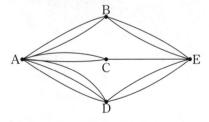

- A에서 B를 통해 E로 가는 경우 : $2 \times 2 = 4$가지
- A에서 C를 통해 E로 가는 경우 : $2 \times 1 = 2$가지
- A에서 D를 통해 E로 가는 경우 : $3 \times 2 = 6$가지

따라서 A에서 E까지 갈 수 있는 통로의 총 가짓수는 $4 + 2 + 6 = 12$가지이다.

정답 ④

 하위능력 2 ● 기초통계능력

🎯 출제 포인트

평균, 합계 등과 같은 기본적인 통계치들을 구하는 문제가 주로 출제되며, 최솟값·최댓값을 구하는 문제, 빈도와 백분율에 대한 자료를 해석하는 문제가 출제되기도 한다. 따라서 주어진 자료의 특성을 빠르게 파악하는 것이 중요하고, 정확히 계산하는 연습과 표와 그래프를 해석하는 연습도 필요하다.

☆ 대표 기출문제

01 다음은 N 기업의 부서별 근로자 수를 나타낸 표이다. 다음 A∼E 다섯 부서 중 외국인 근로자 수의 비율이 가장 높은 부서는 어느 부서인가? (단, 소수 둘째 자리에서 반올림한다.)

> 2019 농협은행 6급

N 기업 부서별 근로자 수 현황

(단위 : 명)

	A 부서	B 부서	C 부서	D 부서	E 부서
한국인 근로자 수	221	263	384	168	342
외국인 근로자 수	48	56	81	35	73

① A 부서   ② B 부서   ③ C 부서

④ D 부서   ⑤ E 부서

 기초통계능력 / 비율 구하기

각 부서의 외국인 근로자 수의 비율을 구하면 다음과 같다.

- A 부서 : $\frac{48}{221+48} \times 100 ≒ 17.8\%$
- B 부서 : $\frac{56}{263+56} \times 100 ≒ 17.6\%$
- C 부서 : $\frac{81}{384+81} \times 100 ≒ 17.4\%$
- D 부서 : $\frac{35}{168+35} \times 100 ≒ 17.2\%$
- E 부서 : $\frac{73}{342+73} \times 100 ≒ 17.6\%$

따라서 다섯 부서 중 외국인 근로자 수의 비율이 가장 높은 부서는 A 부서이다.

정답 ①

02 ○○공사의 필기시험 응시자는 400명이었다. 응시자 전체의 필기시험 평균 점수는 60점, 합격자의 평균 점수는 74점, 불합격자의 평균 점수는 54점이라고 할 때, 합격자는 모두 몇 명인가? 2019 한국도로공사

① 100명 　　　　　　　　　　② 120명
③ 130명 　　　　　　　　　　④ 140명

 기초통계능력 / 합격자 수 구하기

합격자 수를 x라고 하면, $60 \times 400 = 74 \times x + 54 \times (400 - x)$의 식을 세울 수 있다. 식을 계산하면 $x = 120$이므로 합격자는 120명이다.

정답 ②

03 신입사원연수 운영을 맡은 A 사원은 방 배정을 하고 있다. 신입사원이 사용할 수 있는 방에 인원 배정을 다음과 같이 조정하고 있다면, 신입사원을 배정할 수 있는 방은 최대 몇 개인가? 2019 코레일

> • 4명씩 방을 배정하면, 12명이 방을 배정받지 못한다.
> • 6명씩 방을 배정하면, 방이 2개 남는다.

① 12개 　　　　　② 14개 　　　　　③ 16개
④ 24개 　　　　　⑤ 26개

 기초통계능력 / 부등식의 최대·최소 활용

방의 개수를 x개라 하면 신입사원 수는 $4x + 12$명이다. 6명씩 방을 배정할 경우 2개의 방이 남았으므로 $x - 2$개의 방에 모두 6명씩 배정되었거나, $x - 3$개의 방에는 6명씩 배정되고 하나의 방에 6명 미만의 신입사원이 배정되었을 수 있다. 따라서 6명씩 배정했을 때의 신입사원 수는 최소 $6(x - 3) + 1$명에서 최대 $6(x - 2)$명이다. 이를 부등식으로 나타내면 $6(x - 3) + 1 \leq 4x + 12 \leq 6(x - 2)$이고, 연립부등식을 풀면 $12 \leq x \leq 14.5$이다. 따라서 신입사원을 배정할 수 있는 방은 최대 14개이다.

정답 ②

하위능력 3 • 도표분석능력

🎯 출제 포인트

수리능력 중에서도 가장 많은 문제가 출제되는 하위능력이라고 볼 수 있다. 그중에서도 표와 그래프를 해석하는 문제가 주로 출제되므로 증감률 공식, 구성비(비중) 공식 등 자주 출제되는 공식은 미리 외우는 것이 좋다. 또한 다양한 도표 자료와 그래프 자료를 접해보는 것이 중요하고, 특히 해당 기업과 관련 있는 자료가 출제되는 경우가 많기 때문에 관련 자료를 살펴보는 것이 도움이 된다.

⭐ 대표 기출문제

01 다음은 우리나라의 수출입 현황과 관련된 자료이다. 자료를 바르게 해석한 것을 모두 고르면?

`2020 코레일`

(단위 : 억 불)

구분	2015년	2016년	2017년	2018년
수출액	5,268	4,954	5,737	6,049
수입액	4,365	4,062	4,785	5,352

(가) 조사 기간 동안 수출액은 매년 증가하고 있다.
(나) 조사 기간 동안 수출액과 수입액의 증감 패턴은 동일하다.
(다) 조사 기간 동안 수출액과 수입액의 차가 가장 큰 해는 2017년이다.
(라) 조사 기간 동안 수출액과 수입액의 차가 가장 작은 해는 2016년이다.

① (가), (나)　　　　　　② (나), (다)
③ (나), (라)　　　　　　④ (다), (라)
⑤ (가), (라)

 도표분석능력 / 수출입 현황 파악하기

(가) 2016년 수출액은 전년 대비 감소하였다.
(나) 수출액과 수입액의 증감 패턴은 '감소, 증가, 증가'로 동일하다.
(다) 수출액과 수입액의 차가 가장 큰 해는 2017년(952억 불)이다.
(라) 수출액과 수입액의 차가 가장 작은 해는 2018년(697억 불)이다.

정답 ②

[02~03] 다음은 어린이집 수에 관한 자료이다. 다음을 보고 이어지는 물음에 답하시오.

2020 국민건강보험공단

(단위 : 개소)

구분		2016년	2017년	2018년	2019년
어린이집 수	계	41,084	40,238	39,171	37,371
	국공립	2,859	3,157	3,602	4,324
	사회복지법인	1,402	1,392	1,377	1,343
	법인 단체 등	804	771	748	707
	민간	14,316	14,045	13,518	12,568
	가정	20,598	19,656	18,651	17,117
	협동	157	164	164	159
	직장	948	1,053	1,111	1,153

02 다음 중 위의 자료에 대한 설명으로 옳지 않은 것을 고르면?

① 조사 기간 동안 전체 어린이집 수는 꾸준히 감소하는 추세를 보인다.
② 2016년부터 2019년까지 국공립 어린이집 수는 매년 증가하였다.
③ 2016년부터 2019년까지 민간 어린이집 수와 사회복지법인 어린이집 수의 증감패턴은 같다.
④ 2017년 가정 어린이집 수는 2017년 전체 어린이집 수의 50% 이상을 차지한다.

 도표분석능력 / 자료 분석하기

2017년 가정 어린이집 수가 전체 어린이집 수의 50% 이상이 되려면 40,238 ÷ 2 = 20,119개소 이상이 되어야하는데, 2017년의 가정 어린이집 수는 19,656개소이므로 ④는 틀린 설명이다.

정답 ④

03 2019년 전체 어린이집 수는 전년 대비 얼마나 감소하였는가? (단, 소수 둘째 자리에서 반올림한다.)

① 4.2%   ② 4.6%
③ 5.2%   ④ 5.6%

 도표분석능력 / 자료 분석하기

$\frac{37,371 - 39,171}{39,171} \times 100 ≒ -4.59$ 이므로 소수 둘째 자리에서 반올림하면 −4.6이 된다. 따라서 2019년 전체 어린이집 수는 전년 대비 4.6% 감소하였다.

정답 ②

 하위능력 4 • 도표작성능력

출제 포인트

다양한 종류의 그래프를 적절하게 활용할 수 있는지 묻는 문제가 출제된다. 상황에 맞는 그래프를 사용할 수 있어야 하고 잘못 작성된 그래프를 찾아낼 수 있어야 한다. 그래프의 제목과 가로축, 세로축이 무엇을 나타내는지, 단위와 각 수치가 바르게 적용되었는지를 빠르게 파악하는 연습이 필요하다.

대표 기출문제

01 다음은 건강보험료 부담액에 관한 자료이다. 다음 자료를 이용하여 작성한 그래프로 옳지 않은 것은?

2020 국민건강보험공단

(단위 : 원)

구분	2015년	2016년	2017년	2018년
계(세대당 부담액)	94,040	98,128	101,178	104,201
지역가입자	80,876	84,531	87,458	85,546
직장가입자	100,510	104,507	107,449	112,635

①
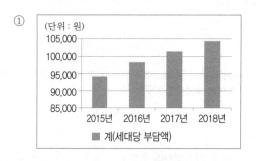

②
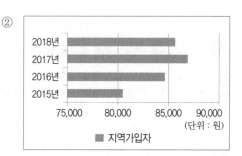

③
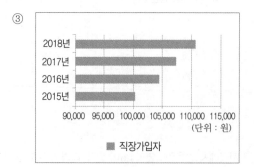

④
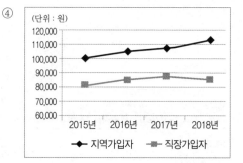

도표작성능력 / 그래프 작성하기

④는 지역가입자와 직장가입자의 수치가 서로 바뀌었다.

정답 ④

02 다음의 자료를 이용하여 작성한 그래프로 옳지 않은 것을 고르면? 2019 국민건강보험공단

주요 질병 진료 인원

(단위 : 천 명)

구분	2011년	2017년	2018년
고혈압	5,322	6,054	6,310
당뇨병	2,161	2,863	3,043
심장질환	1,123	1,458	1,528
관절염	4,073	4,709	4,857
정신 및 행동장애	2,285	2,924	3,144

① 고혈압 진료 인원

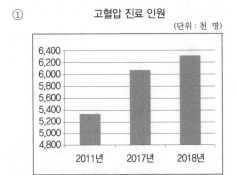

② 당뇨병 진료 인원

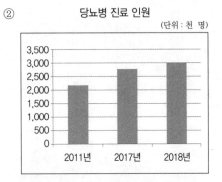

③ 관절염 진료 인원

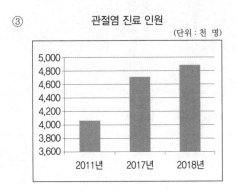

④ 정신 및 행동장애 진료 인원

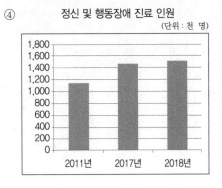

도표작성능력 / 그래프 작성하기

④는 심장질환 진료 인원에 관한 그래프이다.

정답 ④

02 Chapter

FINISH
기출·예상문제 마무리

정답과 해설 141p

[01~07] 일정한 규칙으로 수를 나열할 때 빈칸에 들어갈 알맞은 숫자를 고르시오.

01

| 1 | 1 | 2 | ( ) | 24 | 120 | 720 |

2020 국민건강보험공단

① 4　　　　　　　　　　　② 6
③ 12　　　　　　　　　　　④ 18

02

6　3　5　10　8　4　6　12　10　( )

2019 한국가스공사

① 5　　　　　　② 6　　　　　　③ 7
④ 8　　　　　　⑤ 9

03

3　4　2　6　−2　( )

2019 신한은행

① 4　　　　　　　　　　　② 6
③ 10　　　　　　　　　　　④ 14

04

$$\frac{2}{7} \quad \frac{6}{9} \quad \frac{8}{15} \quad \frac{14}{23} \quad \frac{22}{37} \quad (\quad)$$

① $\frac{23}{51}$ ② $\frac{32}{53}$ ③ $\frac{34}{54}$

④ $\frac{36}{59}$ ⑤ $\frac{39}{61}$

05

$$-9 \quad -4 \quad 8 \quad 13 \quad -26 \quad (\quad)$$

① -21 ② -18 ③ 11

④ 19 ⑤ 23

06

$$7 \quad 3 \quad 40 \qquad 8 \quad 5 \quad 39 \qquad 4 \quad -4 \quad (\quad)$$

① 0 ② 4 ③ 7

④ 16 ⑤ -16

07

$$4 \quad 9 \quad 13 \quad 23 \qquad 6 \quad 5 \quad 11 \quad 19 \qquad 8 \quad 3 \quad (\quad) \quad 13$$

① 3 ② 7 ③ 9

④ 11 ⑤ 15

08 공장에서 작년에 2,000개의 부품을 생산하였더니 80개의 불량품이 나왔고, 올해는 부품을 2,800개 생산하려 한다. 작년보다 불량률을 낮추려면 불량품의 수는 최대 몇 개여야 하는가? `2020 코레일`

① 111개   ② 112개   ③ 121개

④ 122개   ⑤ 131개

09 ○○기업의 김 대리는 신입사원들의 사내 메신저 임시비밀번호를 생성해야 한다. 영문 A~C 중 1개와 숫자 0~9 중 중복되지 않는 숫자 4개를 이용해서 총 5자리의 비밀번호를 생성해야 한다고 할 때 만들 수 있는 비밀번호의 경우의 수는 총 몇 가지인가? (단, 영문은 맨 앞에 위치하고 숫자는 천의 자리이어야 한다.) `2020 경기도 공공기관 통합채용`

① 8,482   ② 9,072

③ 13,608   ④ 17,160

10 현수와 연희가 동시에 4일간 작업하면 마칠 수 있는 일이 있다. 이 일을 현수가 먼저 3일간 작업한 뒤, 연희가 8일간 작업해서 끝마쳤다고 한다. 연희가 혼자서 일을 마치려면 며칠이 걸리겠는가?

① 17일   ② 18일   ③ 19일

④ 20일   ⑤ 21일

11 희원이가 7km의 산길을 걷는데 처음에는 시속 3km로 걷다가 중간에서 내리막길이 되어 시속 4km로 걸어서 모두 2시간이 걸렸다고 한다. 내리막길의 거리를 구하면?

① 2km   ② 3km   ③ 4km

④ 5km   ⑤ 6km

12 어느 물건의 정가를 원가의 2할의 이익을 붙여 정했다. 정가에서 1,500원씩 할인하여 팔아도 원가의 5% 이상의 이익을 얻으려고 한다면 원가를 얼마 이상으로 정해야 하는가?

① 9,000원 ② 10,000원 ③ 11,000원
④ 12,000원 ⑤ 13,000원

13 LED등 생산공장을 운영하는 A 씨는 기계 3대로 제품을 생산하고 있다. 이 공장의 전체 불량률은 얼마인가? (단, 모든 불량률 계산은 소수 셋째 자리에서 반올림한다.) 2019 코레일

- 첫 번째 기계는 하루에 5,000개의 제품을 생산한다.
- 두 번째 기계는 첫 번째 기계보다 10% 더 많은 제품을 생산하며, 세 번째 기계는 두 번째 기계보다 500개 더 많은 제품을 생산한다.
- 첫 번째, 두 번째, 세 번째 기계의 하루 생산량의 불량률은 순서대로 0.7%, 1%, 0.3%이다.

① 0.5% ② 0.55% ③ 0.65%
④ 0.7% ⑤ 0.75%

14 ○○기업은 다음과 같이 월급을 지급했다고 한다. 현재 사원들에게 지급하고 있는 월급의 총액은? 2019 코레일

- 현재 모든 사원에게 모두 동일한 금액의 월급을 지급하고 있다.
- 만약 사원이 10명 늘어났을 때 각 사원들의 월급을 기존 월급에서 100만 원씩 줄이면 모든 사원들에게 지급하는 월급의 총액은 처음의 80%가 된다.
- 만약 사원이 20명 줄었을 때 각 사원들의 월급을 기존 월급과 동일하게 유지하면, 모든 사원들에게 지급하는 월급의 총액은 처음의 60%가 된다.

① 1억 5천만 원 ② 1억 6천만 원 ③ 1억 8천만 원
④ 2억 1천만 원 ⑤ 2억 4천만 원

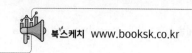

15 P 대리는 사내 워크숍 준비를 위해 간식 320개를 구매하였다. 500원, 1,000원, 5,000원 짜리 간식을 섞어서 구매했고, 그중 500원짜리 간식은 128개라고 한다. 간식 구매로 사용한 예산이 500,000원이었을 때, 5,000원짜리 간식의 개수는? 2019 국민건강보험공단

① 61개   ② 64개
③ 67개   ④ 69개

[16~17] 다음은 방송서비스 시장 매출액에 관한 자료이다. 다음을 보고 이어지는 물음에 답하시오. 2020 경기도 공공기관 통합채용

(단위 : 십억 원)

구분	2015년	2016년	2017년	2018년
방송서비스 합계	15,319	13,126	13,043	13,294
– 지상파방송 서비스	4,111	4,009	3,695	3,807
– 유선방송 서비스	2,262	2,172	2,133	2,092
– 위성방송 서비스	550	566	575	555
– 프로그램 제작 · 공급	6,222	6,380	6,640	6,840

16 다음 중 위의 자료에 대한 설명으로 옳은 것을 고르면?

① 조사 기간 동안 방송서비스 시장 매출액은 꾸준히 감소하는 추세를 보인다.
② 2015년부터 2018년까지 프로그램 제작 · 공급 매출액은 매년 증가하였다.
③ 위성방송 서비스 매출액이 가장 적은 해는 유선방송 서비스 매출액도 가장 적다.
④ 지상파방송 서비스 매출액이 가장 많은 해는 프로그램 제작 · 공급 매출액도 가장 많다.

17 2018년의 방송서비스 전체 매출액은 전년 대비 몇 퍼센트 증가하였는가? (단, 소수 둘째 자리에서 반올림한다.)

① 1.9%   ② 2.1%
③ 2.3%   ④ 3.4%

18 다음은 한 기관의 유연근무 현황이다. 이에 대한 설명으로 옳은 것은? 2019 한국산업인력공단

유연근무 현황

(단위 : 명)

구분		2014년	2015년	2016년	2017년	2018년	
						남	여
탄력 근무제	시차출퇴근형	279	259	447	420	134	163
	근무시간선택형	252	258	247	1,078	333	305
	집약근무형	3	5	14	11	10	0
원격 근무제	재택근무형	0	0	0	0	0	0
	스마트워크근무형	6	15	20	28	31	15

• 시차출퇴근형 : 주 5일 근무, 1일 8시간 근무, 출근시간 자율 조정
• 근무시간선택형 : 주 5일 근무, 1일 8시간에 구애받지 않고 근무시간 자율 조정
• 집약근무형 : 주 5일 미만 근무, 주 40시간 유지 (예 : 주 4일, 하루 10시간)

① 조사 기간 동안 스마트워크근무를 이용한 사람은 집약근무를 이용한 사람보다 항상 2배 이 상으로 많았다.
② 2018년 유연근무제의 모든 형태를 남자가 여자보다 많이 이용하였다.
③ 2014년부터 2018년까지 스마트워크근무를 이용한 사람은 꾸준히 늘어나다가 감소하였다.
④ 2017년에 시차출퇴근을 이용한 사람은 2014년에 비해 50% 이상 증가하였다.
⑤ 조사 기간 동안 1일 8시간에 구애받지 않고 근무시간을 자율 조정한 사람이 제일 많았던 해는 제일 적었던 해의 5배 이상이다.

19 다음은 2016년 공항철도 여객 수송실적을 나타낸 자료이다. 자료에 대한 해석으로 옳은 것은? 2019 코레일

2016년 월별 여객 수송실적

(단위 : 천 명)

월	수송인원	승차인원	유입인원
1월	5,822	2,843	2,979
2월	5,520	2,703	(A)
3월	6,331	3,029	3,302
4월	6,237	3,009	3,228
5월	6,533	3,150	3,383
6월	6,361	3,102	3,259
7월	6,431	3,164	3,267
8월	(B)	3,103	3,617
9월	6,333	2,853	3,480
10월	6,875	3,048	3,827
11월	6,717	(C)	3,794
12월	6,910	3,010	3,900

• 유입인원 : 다른 철도를 이용하다가 공항철도로 환승하여 최종 종착지에 내린 승객의 수
• 수송인원 = 승차인원 + 유입인원

① 2016년 공항철도의 수송인원은 매월 증가하고 있다.
② 2016년 3분기 공항철도 총 수송인원은 1,950만 명 이상이다.
③ 2월 공항철도 유입인원은 1월에 비해 16만 2천 명 감소하였다.
④ 11월은 승차인원이 가장 적은 달로, 6월보다 18만 1천 명이 더 적었다.
⑤ 8월은 수송인원이 가장 많았던 달로, 12월보다 19만 명 더 많았다.

20 귀하는 여신 관련 전문업체에서 각종 자료의 조사 및 가공을 주업무로 취급하는 팀에 속해 있다. 아래 표는 여신금융협회에서 보내온 자료의 일부로 협회에서는 제시된 자료를 분석하여 보고할 것을 요청했다. 각 팀원은 일정한 부분을 나누어 분석한 뒤 자료를 취합하기로 하였는데 |보기|는 팀 회의에서 보고한 팀원들의 분석 내용이다. 다음 중 적합하지 않은 분석은?

2018년도 어음교환 및 부도

어음교환 및 부도별	1월	2월	3월	4월	5월	6월
교환장수 (천 장)	8,437.0	7,292.2	7,615.9	7,198.4	7,422.1	6,249.7
교환금액 (십억 원)	192,581.8	183,594.5	201,244.6	193,719.8	190,928.3	174,761.1
1장 당 평균금액 (천 원)	22,825.8	25,176.7	26,424.2	26,911.6	25,724.3	27,963.3
1일 평균 교환장수 (천 장)	383.5	405.1	362.7	342.8	353.4	328.9
1일 평균 교환금액 (십억 원)	8,753.7	10,199.7	9,583.1	9,224.8	9,091.8	9,198.0
부도장수(천 장)	3.2	2.7	2.3	3.9	3.0	2.3
부도금액(십억 원)	291.3	172.4	249.7	375.0	415.9	247.8
부도율 (장수기준) (%)	0.0	0.0	0.0	0.1	0.0	0.0
부도율(금액기준, 전자결제분제외) (%)	0.2	0.1	0.1	0.2	0.2	0.1
부도율(금액기준, 전자결제분포함) (%)	0.0	0.0	0.0	0.0	0.0	0.0
부도업체 수 (개)	44.0	31.0	50.0	39.0	39.0	45.0

출처 : 한국은행, 지급결제통계

| 보기 |

ㄱ 귀하 : '교환장수'는 1월 이후 등락이 있었으나 결국 6월에는 1월 수치의 약 74%로 감소했습니다.
ㄴ 박 대리 : '1일 평균 교환금액'의 경우 2월에 1조 4,460억 원 증가로 대폭 증가하였고 이후 꾸준히 감소하고 있습니다.
ㄷ 고 대리 : '교환장수' 대비 '부도장수'의 비중이 가장 컸던 시기는 4월입니다.
ㄹ 차 대리 : '교환금액' 대비 '부도금액'의 비중이 가장 컸던 시기도 역시 4월입니다.

① ㄱ, ㄴ　　　　　　　② ㄱ, ㄷ　　　　　　　③ ㄴ, ㄷ
④ ㄴ, ㄹ　　　　　　　⑤ ㄷ, ㄹ

21 다음 농가 소득현황을 분석한 내용 중 옳은 것을 |보기|에서 모두 고른 것은? (단, 농가 소득은 소수 첫째 자리에서, 농업 의존도는 소수 둘째 자리에서 반올림한다.) [2019 농협은행 6급]

농가 소득현황

(단위 : 천 원, %)

	2013	2014	2015	2016	2017
농가 소득	ⓐ	34,950	37,215	37,197	38,239
└ 40~49세	43,135	45,083	50,043	48,170	48,976
└ 50~59세	54,745	57,816	60,703	63,151	65,082
└ 60~69세	34,223	35,533	40,133	42,637	44,551
└ 70세 이상	22,088	22,616	24,368	24,476	26,223
농업 소득	10,035	10,303	11,257	10,068	10,047
└ 농업 의존도	29.1	29.5	ⓑ	27.1	26.3
농업 이외 소득	24,489	24,647	25,959	27,130	28,193
도시근로자 가구 소득 대비 농가 소득 비율	62.5	61.5	64.4	63.5	–

• 농업 의존도 : 농업 소득이 농가 소득에서 차지하는 비중

| 보기 |

㉠ ⓐ에 들어갈 값은 34,485이다.
㉡ ⓑ에 들어갈 값은 28.2이다.
㉢ 조사 기간 동안 50~59세의 농가 소득이 가장 높았다.
㉣ 조사 기간 동안 농업 이외 소득이 가장 높았던 해는 가장 낮았던 해 대비 약 15.1% 증가하였다.
㉤ 도시근로자 가구 소득 대비 농가 소득 비율이 가장 높았던 해는 농업 소득도 가장 높다.

① ㉠, ㉢
② ㉢, ㉣
③ ㉡, ㉢, ㉤
④ ㉡, ㉣, ㉤
⑤ ㉠, ㉢, ㉣, ㉤

22 다음은 2018년 농지규모화 매도 사업과 관련한 자료이다. 이 자료를 보고 |보기|에서 옳지 않은 것을 고르면?

2018년 농지규모화 매도 사업

(단위 : 건, ha, 백만 원)

지역	계약건수	계약면적	사업금액
경기	46	26	2,787
강원	71	63	6,602
충북	55	23	2,423
충남	321	203	21,473
전북	453	236	24,943
전남	753	475	47,006
경북	133	52	5,453
경남	92	32	3,345

| 보기 |

㉠ 지역별로 사업금액이 클수록 계약면적도 크다.
㉡ 계약건수가 큰 지역은 계약면적도 크다.
㉢ 계약면적당 사업금액이 가장 적은 지역은 경남이다.
㉣ 계약건수 당 사업금액은 전라도가 경상도보다 크다.

① ㉠, ㉡　　　　　　② ㉠, ㉢　　　　　　③ ㉡, ㉢

④ ㉡, ㉣　　　　　　⑤ ㉢, ㉣

23 부산에서 서울을 왕복하는 어떤 열차는 중간에 대구, 대전 그리고 수원에서만 정차한다고 한다. 각 역에서 발매하는 승차권에는 출발역과 도착역이 동시에 표시되어 있다. 예를 들어 부산에서 수원으로 가려는 사람이 구입한 승차권에는 부산→수원 이라고 표시된다. 5개의 역에서 준비해야 하는 서로 다른 승차권의 종류는 모두 몇 가지인가? (단, 왕복표는 준비하지 않는다.)

① 18   ② 19   ③ 20

④ 21   ⑤ 22

[24~25] 다음은 도로 종류별 평균 교통량과 관련된 자료이다. 다음을 보고 이어지는 물음에 답하시오. 2019 한국도로공사

도로 종류별 평균 교통량

(단위 : 대/일)

구분	2012년	2013년	2014년	2015년	2016년	2017년
고속국도	43,689	45,236	46,403	48,505	50,098	47,917
일반국도	11,176	11,471	11,587	11,991	12,399	12,897
지방도	5,517	5,524	5,566	5,735	5,944	6,021

24 다음 중 위 자료에 대한 설명으로 옳은 것을 고르면?

① 조사 기간 동안 고속국도의 평균 교통량은 매년 증가하고 있다.
② 2016년 고속국도의 평균 교통량은 전년 대비 약 5.8% 증가하였다.
③ 2017년 일반국도의 평균 교통량은 2012년 대비 약 6.2% 증가하였다.
④ 2017년 지방도의 평균 교통량은 2014년 대비 약 8.2% 증가하였다.

25 주어진 자료를 이용하여 작성한 그래프로 옳지 않은 것은?

① 도로 종류별 평균 교통량
(단위 : 대/일)

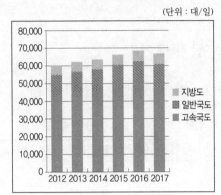

② 고속국도의 평균 교통량
(단위 : 대/일)

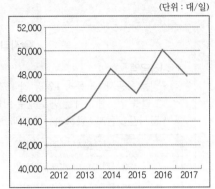

③ 일반국도의 평균 교통량
(단위 : 대/일)

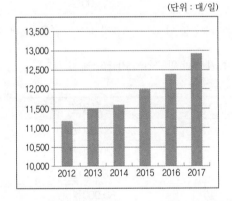

④ 지방도의 평균 교통량
(단위 : 대/일)

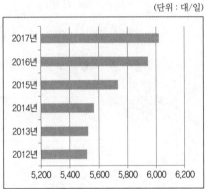

26 다음은 일자리 안정자금 지원금에 대한 자료이다. 자료를 참고하여 계산할 때, 아래 A~E 직원이 받을 수 있는 일자리 안정자금 지원금의 합은 얼마인가? (단, A~E 직원은 모두 일자리 안정자금 지원대상자이다.)

일자리 안정자금 지원금 지급

1. 지급금액
- 상용 노동자 : 노동자 1인당 월 13만 원 정액 지급 (5인 미만 사업장은 15만 원)
  - 월중 입·퇴사자는 근로일수 비례지원
- 단시간 노동자 : 근로시간에 비례하여 최대 월 12만 원 구간별 지급(아래 표 참조)

소정근로시간(주 단위)	월 지급액
30시간 이상~40시간 미만	120,000원
20시간 이상~30시간 미만	120,000원
10시간 이상~20시간 미만	90,000원
10시간 미만	60,000원

- 상용 및 단시간 노동자 중 지원대상자가 월중 입·퇴사·휴직한 경우 근무일수에 비례하여 지급
- 일용 노동자 : 월 근로일수에 따라 최대 월 13만 원 구간별 지급(아래 표 참조)
  → 건설업 일용노동자는 지원 대상에서 제외

월 근로일수	월 지급액
22일 이상	130,000원
19일 이상~21일 이하	120,000원
15일 이상~18일 이하	100,000원
10일 이상~14일 이하	80,000원

2. 지급방법 : 직접 '현금지급' 또는 '사회보험료 대납' 중 선택 가능
- 현금지급 : 사업주 통장으로 입금(2회분 이후 매월 자동 지급)
- 사회보험료 대납 : 지원금 산정 후 건강보험공단에서 사업장별 4대 보험 월별 고지 금액에 따라 대납

	구분	근로 내용
A 직원	상용 노동자(5인 미만 사업장)	한 달 근무
B 직원	일용 노동자	한 달간 14일 근무
C 직원	단시간 노동자	주 25시간씩 한 달 근무
D 직원	단시간 노동자	주 11시간씩 한 달 근무
E 직원	일용 노동자	한 달간 19일 근무

① 53만 원   ② 54만 원   ③ 56만 원   ④ 59만 원

27 다음은 인플루엔자 예방접종률 추이에 관한 자료이다. 이 자료를 통해 얻을 수 있는 정보로 적절하지 않은 것은?

인플루엔자 예방접종률 추이

(단위 : 명, %)

구분		2014		2015		2016		2017	
		응답자 수	접종률	응답자 수	접종률	응답자 수	접종률	응답자 수	접종률
전체	19~29세	504	16.2	645	16.4	670	14.8	707	15.9
	30~39세	783	29.0	698	33.8	1,039	34.3	857	33.9
	40~49세	780	20.1	891	20.7	1,082	22.0	1,063	24.1
	50~59세	888	26.7	1,057	27.7	1,052	33.1	1,152	30.2
	60~69세	818	57.4	943	58.4	975	63.7	1,042	59.4
	70세 이상	793	83.6	871	83.4	1,013	87.0	1,018	88.0
남자	19~64세	1,052	20.4	1,615	21.3	1,833	24.1	1,927	23.9
	65세 이상	576	75.7	579	75.6	664	83.5	654	80.5
여자	19~64세	2,192	29.0	2,160	30.6	2,495	32.7	2,399	32.8
	65세 이상	746	82.7	751	86.1	839	85.1	859	84.3

· 접종률 $= \dfrac{접종자\ 수}{응답자\ 수} \times 100$

① 2017년 19~29세의 접종률은 전년 대비 1%p 이상 증가했다.

② 65세 이상 남자의 응답자 수가 가장 많았던 해의 65세 이상 여자의 응답자 수 중 접종자 수는 약 713명이다.

③ 2015년 전체 응답자 수 중 65세 이상 여자의 응답자 수는 15% 이상을 차지한다.

④ 조사 기간 중 총응답자 수가 가장 많이 증가한 해는 2016년이다.

[28~29] 다음은 근로복지공단의 요양급여 신청에 관한 자료이다. 다음 자료를 보고 이어지는 물음에 답하시오.

요양급여 신청 현황

(단위 : 건, %)

연도	구분	신청	승인	승인율	불승인	불승인율
2014년	질병	9,211	4,391	47.7	4,820	52.3
	사고	88,433	83,261	94.2	5,172	5.8
	합계	97,644	87,652	89.8	9,992	10.2
2015년	질병	10,117	4,841	47.9	5,276	52.1
	사고	87,815	82,709	94.2	5,106	5.8
	합계	97,932	87,550	89.4	10,382	10.6
2016년	질병	10,301	4,741	46.0	5,560	54.0
	사고	86,951	82,474	94.9	4,477	5.1
	합계	97,252	87,215	89.7	10,037	10.3
2017년	질병	11,672	5,981	51.2	5,691	48.8
	사고	86,421	81,811	94.7	4,610	5.3
	합계	98,093	87,792	89.5	10,301	10.5
2018년	질병	12,975	7,733	59.6	5,242	40.4
	사고	95,966	91,911	95.8	4,055	4.2
	출퇴근	5,746	5,257	91.5	489	8.5
	합계	114,687	104,901	91.5	9,786	8.5

업무상 사고 유형별 승인현황(출퇴근재해 포함)

(단위 : 건, %)

연도	구분		신청	승인	승인율
2018	업무상 사고	업무수행 중 사고	91,849	88,232	96.1
		출장 중 재해	1,603	1,509	94.1
		시설물 결함 등에 따른 사고	279	253	90.7
		행사 중 사고	1,184	1,017	85.9
		휴게시간 중 사고	633	529	83.6
		제3자의 행위에 따른 사고	351	316	90.0
		특수한 장소에서의 사고	23	12	52.2
		기타 사고	44	43	97.7
	출퇴근재해	사업주 지배관리 하의 출퇴근	444	365	82.2
		통상의 출퇴근	5,302	4,892	92.3
	계		101,712	97,168	(A)

※ 승인율 : $\dfrac{\text{승인 건수}}{\text{신청 건수}} \times 100$

28 다음 중 위 자료에 대한 설명으로 옳은 것을 고르면?

① 2014년부터 2018년까지 매년 요양급여 신청 건수는 증가하고 있다.

② 출퇴근 관련 요양급여 신청 건수는 2018년 전체 신청 건수의 약 5%를 차지한다.

③ 2018년 질병 관련 요양급여 신청 건수는 2018년 전체 신청 건수의 약 16%를 차지한다.

④ 2018년 업무상 사고 중 두 번째로 신청 건수가 많은 유형은 승인율도 두 번째로 높다.

29 다음 중 업무상 사고 유형별 승인현황 자료의 빈칸 (A)에 들어갈 내용으로 옳은 것은?
(단, 소수 둘째 자리에서 반올림한다.)

① 88.5 　　　　　　　　　　② 90.5

③ 92.5 　　　　　　　　　　④ 95.5

[30~31] 다음 생활시간조사에 관한 자료를 보고 질문에 답하시오. 2019 코레일

〈자료 1〉 18세 이상 전체 인구의 생활 행동별 요일 내 평균 시간 추이

(단위 : 분)

행동 분류별		1999년	2004년	2009년	2014년
필수시간	수면	442	445	450	480
	식사	94	111	116	127
	건강관리	8	8	7	6
의무시간	근로시간	206	187	183	180
	가정관리	110	106	105	109
	학습시간	33	17	15	23
여가시간	게임시간	5	13	10	10
	여가활동	217	275	248	259

• 생활시간조사는 18세 이상의 국민이 각자 주어진 24시간을 보내는 양상을 파악하기 위한 것으로, 24시간을 필수시간, 의무시간, 여가시간으로 구분하여 행동 분류별 시간 사용량을 파악하고 있다.

〈자료 2〉 18세 이상 행위자 인구의 생활 행동별 요일 평균 시간

(단위 : 분)

행동 분류별		1999년	2004년	2009년	2014년
필수시간	수면	442	445	450	480
	식사	94	111	116	127
	건강관리	8	60	47	43
의무시간	근로시간	385	343	334	341
	가정관리	146	137	131	134
	학습시간	222	327	294	232
여가시간	게임시간	85	80	73	64
	여가활동	220	276	250	261

• 행위자 인구 : 18세 이상의 성인 중 하루 24시간 중 1분 이상이라도 필수시간, 의무시간, 여가시간에 속한 특정 행위를 한 사람들을 의미한다. 따라서 〈자료 2〉는 해당 생활 행동 행위자만을 대상으로 계산한 요일 평균 행위시간을 나타낸다.

30 〈자료 1〉에 대한 해석으로 적절한 것은?

① 수면과 식사, 게임시간은 증가하고, 학습시간, 가정관리, 근로시간은 감소하는 추세에 있다.

② 2014년 식사시간은 1999년에 비해 130% 이상 증가하여 가장 큰 증가폭을 보였다.

③ 가정관리에 시간을 투입하는 인구가 증가했는데, 1999년 54%에서 2014년 65%로 증가했다.

④ 전체적으로 필수시간의 총합은 증가하고, 근로시간은 감소한 경향이 있다.

⑤ 건강관리에 시간을 투자하는 인구가 계속 감소하고 있음을 알 수 있다.

31 다음 중 〈자료 1〉과 〈자료 2〉를 통해서 알 수 있는 사실이 아닌 것은?

① 건강관리를 하는 사람들이 건강관리에 투자하는 시간이 2004년에는 상당히 늘어났다.

② 수면과 식사시간을 제외한 모든 항목에서 행위자 평균이 전체 인구 평균보다 높게 나타났다.

③ 2014년 학습시간은 전체 인구 평균과 행위자 간 평균이 10배 이상의 차이를 보였다.

④ 게임시간의 경우 행위자 평균 시간은 계속 줄었지만 전체 인구가 게임을 하는 총 시간은 1999년과 비교해 2014년에는 증가하였다.

⑤ 2014년 건강관리 행위자의 평균 시간은 전체 인구 평균에 비해 7배 이상이다.

[32~33] 귀하가 근무하는 회사는 매년 의학 관련 심포지엄에 참여하고 있다. 올해는 영유아에 관련된 주제로 개최되었는데, 귀하는 '영아사망원인'이라는 주제를 가지고 참여하게 되었다. 발표를 위해 생존기간별 사망자 수, 영아사망률에 관한 통계를 가지고 자료를 만들었다. 다음 물음에 답하시오.

영 · 유아 생존기간별 사망원인

(단위 : 명)

성별	생존기간별	합계	감염성 질환	신생물	면역 기전	대사 질환	신경 계통	순환기 계통	호흡기 계통	소화기 계통
계	계	104	17	14	3	14	14	22	14	4
	0~6일	11	0	3	0	6	0	2	0	0
	7~27일	13	3	2	1	2	3	0	0	1
	28일 이상	80	14	9	2	6	11	20	14	3
남자	계	57	7	11	1	8	8	11	7	2
	0~6일	10	0	3	0	6	0	1	0	0
	7~27일	9	2	2	0	0	3	0	0	1
	28일 이상	38	5	6	1	2	5	10	7	1
여자	계	47	10	3	2	6	6	11	7	2
	0~6일	1	0	0	0	0	0	1	0	0
	7~27일	4	1	0	1	2	0	0	0	0
	28일 이상	42	9	3	1	4	6	10	7	2

출처 : 통계청, 사망원인통계

32 귀하는 이 자료를 바탕으로 발표문을 작성하던 중, 발표문에서 잘못된 문장을 여럿 발견하게 되었다. 다음 중 수정이 필요한 문장을 |보기|에서 모두 고르면?

| 보기 |

㉠ 여아의 경우 사망인원이 1명인 사망원인은 4가지이다.

㉡ 남아의 경우 28일 미만으로 생존하는 경우는 28일 이상 생존하는 경우의 $\frac{1}{2}$ 이다.

㉢ 사망한 남아 수는 모든 사망원인에서 여아의 수보다 많다.

㉣ 전체에서 가장 큰 비중을 차지하는 사망원인은 '순환기 계통'으로 전체의 약 21.2%이다.

① ㉠, ㉡ 　　② ㉠, ㉢ 　　③ ㉡, ㉢

④ ㉠, ㉡, ㉢ 　　⑤ ㉠, ㉢, ㉣

33 귀하는 프레젠테이션 자료로 활용할 그래프를 작성하려고 한다. 다음 중 옳지 않은 것은?

① 생존기간 0~6일 남자 사망원인별 비교

(단위 : 명)

② 생존기간별 남녀 비교

(단위 : 명)
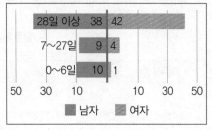

③ 영유아 전체에 대한 세 가지 질환의 비교

(단위 : 명)
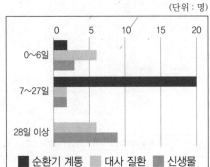

④ 생존기간 7~27일 남녀 사망원인별 비교

(단위 : 명)
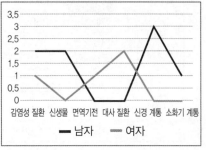

⑤ 감염성 질환 남녀 비교

(단위 : 명)

34 귀하는 본사 기획실에 국내 경기에 대한 최근 동향을 분석하여 보고해 줄 것을 주문받았고, 첫 번째 보고서를 위해 국내 경기의 흐름을 쉽게 알아볼 수 있는 건설경기를 먼저 분석하고자 한다. 아래 자료는 건설수주액에 대한 경상자료 중 발주자/공종별 자료만 조사해둔 자료이다. 아래 자료를 분석한 내용으로 바르지 않은 것은?

발주자/공종별 건설수주액(경상)

(단위 : 백만 원)

발주자별	공종별	1월	2월	3월	4월	5월
수주총액	계	11,885,120	7,946,447	10,509,180	9,193,856	12,090,487
	건축	6,120,240	5,174,489	8,897,938	7,999,396	8,269,327
	토목	5,764,880	2,771,958	1,611,242	1,194,460	3,821,160
공공부문	계	1,324,652	2,271,086	1,225,083	1,448,248	2,710,364
	건축	466,932	282,650	536,908	613,221	891,730
	토목	857,720	1,988,436	688,175	835,027	1,818,634
민간부문	계	6,339,121	5,659,828	9,183,405	7,476,576	9,285,468
	건축	5,649,084	4,889,111	8,361,002	7,136,830	7,377,018
	토목	690,037	770,717	822,403	339,746	1,908,450
국내 외국기관	계	358	3,716	42	227,083	579
	건축	100	2,728	28	227,083	579
	토목	258	988	14	0	0
민자	계	4,220,989	11,817	100,650	41,949	94,076
	건축	4,124	0	0	22,262	0
	토목	4,216,865	11,817	100,650	19,687	94,076

① 조사 기간 동안 '수주총액'의 합계금액은 매월 등락을 반복하는 형태를 보인다.

② 조사 기간 동안 '민간부분'의 '건축' 수주액이 가장 높았던 달은 같은 달 '토목'의 수주액과 비교할 때 10배 이상의 수주액을 기록하고 있다.

③ 조사 기간 동안 '민자' 합계금액이 가장 큰 달은 나머지 달들의 합계보다 20배 이상이다.

④ 조사 기간 동안 '국내 외국기관' 합계금액은 4월의 수주액이 최고치였고 이는 두 번째로 많았던 2월의 50배 이상이다.

⑤ 5월을 제외한 나머지 조사 기간 동안 공공부문과 민간부문의 건설수주총액 증감 추이는 매월 다른 양상을 보인다.

35 2018년 4월 남북 정상회담 이후 화해 무드가 조성된 것과 관련하여 본사에서는 조직개편을 통해 남북해외철도사업단을 산하 조직으로 만드는 등 남북철도에 대하여 깊은 관심을 갖고 있다. 이와 같은 사업의 일환으로 남북한 무역 및 교역에 관한 자료를 분석하라는 지시가 있었다. 귀하는 아래의 남북한 무역총액 변화 및 남북한 교역액에 관한 자료를 바탕으로 재가공 보고하여야 한다. 다음 자료의 내용과 부합하지 않는 것은?

남북한 무역총액

(단위 : 만 달러, %)

구분	남한		북한		남북한 교역액
	무역총액	증감률	무역총액	증감률	소계
2011	1,079,626,750	21.1	6,357,060	52.3	1,713,850
2012	1,067,454,270		6,811,280	7.1	1,971,110
2013	1,075,217,950		7,344,790	7.8	1,135,850
2014	1,098,179,110		7,610,880	3.6	2,342,640
2015	963,255,480		6,251,820	−17.9	2,714,480
2016	901,618,830		6,531,690	4.5	332,560

※ 무역총액 = 수출액 + 수입액, 남북한 교역액 불포함

① 조사 기간 동안 남한의 무역총액이 가장 많이 감소한 해는 2015년으로 10% 이상 감소하였다.

② 위 자료의 내용으로 파악한 2010년의 북한 무역총액은 4,000,000만 달러 이하이다.

③ 2016년 남한의 무역총액은 북한 무역총액의 약 138배이다.

④ 2012년 북한의 수출액이 무역총액의 40%였다면 수입액은 4,000,000만 달러 이상이다.

⑤ 남북한 교역액이 가장 적은 해의 교역액은 교역액이 두 번째로 큰 해의 15% 미만이다.

36 ○○공단에서는 드론(초경량비행장치) 자격증 실기 시험에 사용될 제품을 구매하기 위하여 아래와 같이 5개 제품의 세부 평가를 실시하였다. 각 제품별 세부 평가에서는 회전력, 평형유지, 디자인, 가격의 4개 항목에 대하여 평가한 점수를 바탕으로 가장 적합한 제품을 선택하려고 한다. |보기|의 기준을 적용하여 계산한 제품별 총점이 가장 높은 제품을 선정한다고 할 때, 선정될 제품은 무엇인가?

드론 제품별 세부 평가

(단위 : 점)

구분	회전력	평형유지	디자인	가격
제품 1	8	5	5	6
제품 2	6	8	4	6
제품 3	7	6	6	7
제품 4	7	6	8	6
제품 5	5	5	6	8

| 보기 |

- 각 항목별 평가는 모두 10점 만점을 기준으로 평가한다.
- 최종 점수는 각 항목별 가중치를 적용한다.
- 회전력, 평형유지, 디자인, 가격에 대하여 각각의 평가 점수에 10%, 20%, 40%, 30%의 가중치를 적용한다.

① 제품 1 　　② 제품 2 　　③ 제품 3
④ 제품 4 　　⑤ 제품 5

37 다음은 영국에 진출한 5개 계열사의 상반기 매출 비교 그래프이다. 본사에서는 사업지원의 일환으로 대대적인 홍보를 계획하고 있으며 이를 통해 하반기 각 계열사의 매출 신장을 기대하고 있다. |보기|의 내용이 정확히 지켜진다고 할 때, 하반기 매출이 가장 높을 것으로 예상되는 계열사는 어디인가?

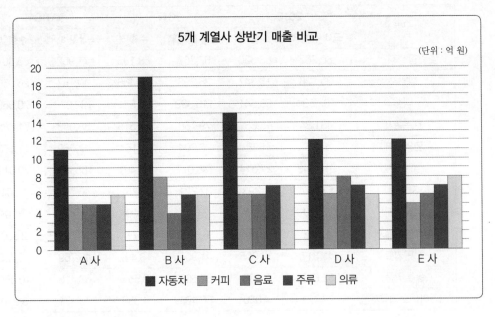

| 보기 |

- 본사에서 지원하는 홍보 효과 외에는 고려하지 않는다.
- 전략기획팀에서 분석한 매출 효과는 항목마다 다르며, 기대되는 매출 증가율은 자동차 10%, 커피 10%, 음료 30%, 주류 20%, 의류 40%로 5개 회사 모두 같다.
- 하반기 예상 매출액 $= ($상반기 매출액$) + \left($상반기 매출액 $\times \dfrac{\text{기대되는 매출 증가율}}{100}\right)$

① A 사 ② B 사 ③ C 사
④ D 사 ⑤ E 사

38 아래 자료는 국내 바이오 의약산업의 국내 판매 및 수출 규모를 2016년부터 2018년까지 정리한 자료이다. 이에 대한 내용으로 옳지 않은 것은?

바이오 의약산업 국내 판매 및 수출 규모

(단위 : 백만 원)

구분	2016		2017		2018	
	국내 판매액	수출액	국내 판매액	수출액	국내 판매액	수출액
항생제	60,262	63,520	67,367	68,133	77,902	65,301
항암제	33,126	16,347	36,298	22,408	40,157	26,050
백신	102,534	56,541	116,339	72,321	132,320	79,665
호르몬제	43,684	15,651	79,758	67,515	88,053	71,485
면역제제	20,221	698	26,004	716	42,069	11,153
혈액제제	210,148	27,514	148,077	17,451	165,231	20,019
저해제	57,857	1,293	37,221	725	46,718	1,501
성장인자	3,930	0	2,650	100	2,915	500
신개념치료제	1,512	271	6,593	577	17,138	2,300
진단키트	41,317	13,905	41,900	13,497	45,759	18,782
동물약품	52,623	6,530	67,603	8,551	68,418	10,356
기타바이오의약제품	26,421	4,050	66,434	4,838	75,371	5,900

① 2016년 국내 판매액이 가장 높은 바이오 의약품은 '혈액제제'이다.

② 2017년 '백신'의 국내 판매액은 같은 해 수출액의 2배 이하이다.

③ 2018년 '항암제'의 수출액은 2016년 '항암제' 수출액의 40% 이상이다.

④ 2016년과 2017년의 국내 판매액 최하위 의약품의 수출액의 차는 1,000(백만 원) 이상이다.

⑤ 2018년 '면역제제'의 수출액은 2017년에 비해 10배 이상 급증했다.

Chapter 02
수리능력

FINISH
기출 · 예상문제 마무리

본문 116p

01	02	03	04	05	06	07	08	09	10
②	①	④	④	①	①	④	①	③	④
11	12	13	14	15	16	17	18	19	20
③	②	③	①	④	②	①	④	③	④
21	22	23	24	25	26	27	28	29	30
⑤	③	③	④	②	④	③	④	②	④
31	32	33	34	35	36	37	38		
②	③	②	③	②	④	②	④		

01 [기초연산능력] 수의 규칙 찾기

정답 ②

해설

$$1 \xrightarrow{\times 1} 1 \xrightarrow{\times 2} 2 \xrightarrow{\times 3} (\quad) \xrightarrow{\times 4} 24 \xrightarrow{\times 5} 120 \xrightarrow{\times 6} 720$$

따라서 빈칸에 들어갈 숫자는 $2 \times 3 = 6$이다.

02 [기초연산능력] 수의 규칙 찾기

정답 ①

해설

주어진 수는 $(\div 2) \to (+2) \to (\times 2) \to (-2)$가 반복되는 규칙을 갖고 있다. 따라서 빈칸에 들어갈 숫자는 $10 \div 2 = 5$이다.

03 [기초연산능력] 수의 규칙 찾기

정답 ④

해설

$$3 \xrightarrow{+(-2)^0} 4 \xrightarrow{+(-2)^1} 2 \xrightarrow{+(-2)^2} 6 \xrightarrow{+(-2)^3} -2 \xrightarrow{+(-2)^4} (\quad)$$

$(-2)^{n-1}$씩 증가하는 규칙을 가지고 있으므로 빈칸에 들어갈 숫자는 $(-2) + (-2)^4 = 14$이다.

04 [기초연산능력] 수열 추리하기

정답 ④

해설

앞의 항이 $\dfrac{B}{A}$일 때, 다음 항은 $\dfrac{A-1}{A+B}$의 규칙이 있다.

나열된 수를 차례로 살펴보면

$\dfrac{7-1}{7+2} = \dfrac{6}{9}, \dfrac{9-1}{9+6} = \dfrac{8}{15}, \dfrac{15-1}{15+8} = \dfrac{14}{23},$

$\dfrac{23-1}{23+14} = \dfrac{22}{37}$이므로 빈칸에 들어갈 알맞은 숫자는 $\dfrac{37-1}{37+22} = \dfrac{36}{59}$이다.

05 [기초연산능력] 수열 추리하기

정답 ①

해설

나열된 수는 $+5$와 $\times(-2)$가 반복되고 있다. 즉, $(-9) + 5 = (-4)$, $(-4) \times (-2) = 8$, $8 + 5 = 13$, $13 \times (-2) = (-26)$이므로 빈칸에 들어갈 알맞은 숫자는 $(-26) + 5 = (-21)$이다.

06 [기초연산능력] 수열 추리하기

정답 ①

해설

그룹 안에 나열된 숫자를 각각 A B C라고 하면, $A^2 - B^2 = C$의 일정한 규칙이 있다. 따라서 빈칸에 들어갈 알맞은 숫자는 $4^2 - (-4)^2 = 0$이다.

07 [기초연산능력] 수열 추리하기

정답 ④

해설

그룹 안에 나열된 숫자를 각각 A B C D라고 하면, $(A \times B) - C = D$의 일정한 규칙을 가지고 있다. 따라서 $(8 \times 3) - (\quad) = 13$이므로 빈칸에 들어갈 알맞은 숫자는 11이다.

08 [기초연산능력] 불량률 계산하기

정답 ①

해설

작년의 불량률은 $\dfrac{80}{2,000} \times 100 = 4\%$이다.

올해 불량품의 수를 x라고 하면,

$\dfrac{x}{2,800} \times 100 < 4$

$x < 112$

따라서 작년보다 불량률을 낮추려면 불량품의 수는 최대 111개여야 한다.

09 [기초연산능력] 경우의 수 구하기

정답 ③

해설

비밀번호의 맨 앞에는 A, B, C 3개가 올 수 있고. 숫자는 천의 자리로 만들어야 하기 때문에 두 번째 자리에는 0을 제외한 숫자 1~9, 9개가 온다. 세 번째 자리에는 두 번째 자리에 쓰인 수를 제외한 숫자 8개와 0을 포함한 9개의 숫자가 올 수 있다. 네 번째 자리에는 두 번째 자리와 세 번째 자리의 수를 제외한 8개의 숫자가 올 수 있다. 다섯 번째 자리에는 두 번째, 세 번째, 네 번째 자리의 수를 제외한 7개의 숫자가 올 수 있다. 따라서 총 $3 \times 9 \times 9 \times 8 \times 7 = 13,608$가지 비밀번호를 만들 수 있다.

10 [기초연산능력] 일의 양 구하기

정답 ④

해설

현수와 연희가 하루에 할 수 있는 일의 양을 각각 x, y라 하고,

전체 일의 양을 1로 보면 $\begin{cases} 4x + 4y = 1 \\ 3x + 8y = 1 \end{cases}$ 이 성립한다.

이를 풀면 $x = \dfrac{1}{5}$, $y = \dfrac{1}{20}$ 이므로, 연희가 하루에 할 수 있는 일의 양이 $\dfrac{1}{20}$ 이고, 전체 1만큼의 일을 마치려면 20일이 걸린다.

PLUS TIP 일의 양

1. 전체 일의 양을 1로 놓고 푼다.
2. 전체 일을 마치는 데 x일 걸리는 일을 하루 동안 했을 때의 양은 $\dfrac{1}{x}$ 이다.

11 [기초연산능력] 거리 구하기

정답 ③

해설

시속 3km로 걸은 거리를 $x$km, 시속 4km로 걸은 거리를 $y$km라 하면
$\begin{cases} x + y = 7 \\ \dfrac{x}{3} + \dfrac{y}{4} = 2 \end{cases}$ 가 성립한다.

연립방정식을 풀면 $x = 3$, $y = 4$ 이므로, 내리막길의 거리는 4km이다.

12 [기초연산능력] 원가 정하기

정답 ②

해설

물건의 원가를 x원, 정가를 $1.2x$원이라 하면
$$1.2x - 1,500 \geq x\left(1 + \frac{5}{100}\right)$$
$$24x - 30,000 \geq 21x$$
$$3x \geq 30,000$$
$$x \geq 10,000$$
따라서 원가는 10,000원 이상으로 정해야 한다.

13 [기초연산능력] 제품의 불량률 구하기

정답 ③

해설

전체 불량률을 구하려면 전체 기계가 생산하는 제품의 수와 그중에서 불량이 나는 제품의 수를 알아야 한다. 첫 번째 기계는 5,000개의 제품을 생산하고 두 번째 기계는 10% 더 많은 5,500개의 제품을 생산한다. 세 번째 기계는 두 번째 기계보다 500개 더 많은 6,000개의 제품을 생산하므로 전체 기계는 총 16,500개의 제품을 생산한다. 각각 불량이 나는 제품 수를 구하면 다음과 같다.

첫 번째 기계 : $5,000 \times \dfrac{0.7}{100} = 35$개

두 번째 기계 : $5,500 \times \dfrac{1}{100} = 55$개

세 번째 기계 : $6,000 \times \dfrac{0.3}{100} = 18$개

따라서 전체 제품에서 불량이 나는 제품의 수는 $35 + 55 + 18 = 108$개이고,

전체 불량률은 $\dfrac{108}{16,500} \times 100 = 0.6545 \cdots$%이다.

소수 셋째 자리에서 반올림하면 정답은 0.65%이다.

14 [기초연산능력] 월급 총액 구하기

정답 ①

해설

사원 수를 x라고 하고 월급을 y라고 했을 때 현재의 총 월급은 xy이다.
사원이 10명 늘어나고 각 사원들의 월급을 100만 원씩 줄였을 경우의 식은 다음과 같다.
$$xy + 10y - 1,000,000(x + 10) = 0.8xy \cdots\cdots \ ㉠$$

사원이 20명 줄었을 경우의 식은 다음과 같다.

$xy - 20y = 0.6xy$ ……ⓒ

ⓒ의 식을 풀면 $x - 20 = 0.6x$, $0.4x = 20$, $x = 50$ 이다.

x를 대입해서 ㉠의 식을 풀면

$50y + 10y - 60,000,000 = 40y$

$20y = 60,000,000$

$y = 3,000,000$이다.

따라서 현재 사원 수는 50명, 월급은 300만 원이고, 현재 지급하고 있는 월급의 총액은

$50 \times 3,000,000 = 150,000,000$원, 즉 1억 5천만 원이다.

---

15 [기초연산능력] 개수 구하기

정답 ①

해설

1,000원짜리 간식의 개수를 x, 5,000원짜리 간식의 개수를 y라고 하면,

$128 + x + y = 320$ 이므로 $x = 192 - y$ …㉠

$(500 \times 128) + 1,000x + 5,000y = 500,000$이므로

$x + 5y = 436$ …ⓒ

㉠을 ⓒ에 대입하여 풀면,

$192 - y + 5y = 436$이므로 $y = 61$이다.

따라서 5,000원짜리 간식의 개수는 61개이다.

---

16 [도표분석능력] 매출액 자료 분석하기

정답 ②

해설

2015년부터 2018년까지 프로그램 제작 · 공급 매출액은 6,222 → 6,380 → 6,640 → 6,840으로 매년 증가하였다.

🎗 Plus 해설

① 2015년~2017년의 방송서비스 시장 매출액은 꾸준히 감소하는 추세를 보이지만, 2018년의 방송서비스 시장 매출액은 전년 대비 증가하였다.

③ 위성방송 서비스 매출액이 가장 적은 해는 2015년이고, 유선방송 서비스 매출액이 가장 적은 해는 2018년이다.

④ 지상파방송 서비스 매출액이 가장 많은 해는 2015년이고, 프로그램 제작 · 공급 매출액이 가장 많은 해는 2018년이다.

---

17 [도표분석능력] 증가율 구하기

정답 ①

해설

$\dfrac{13,294 - 13,043}{13,043} \times 100 ≒ 1.92$ 이므로 2018년의 방송 서비스 전체 매출액은 전년 대비 1.9% 증가하였다.

---

18 [도표분석능력] 유연근무 현황 파악하기

정답 ④

해설

2017년 시차출퇴근 탄력근무제를 이용한 사람은 2014년에 비해 $\dfrac{420 - 279}{279} \times 100 ≒ 50.5\%$ 로, 50% 이상 증가하였다.

🎗 Plus 해설

① 2014년, 2015년, 2017년, 2018년에 스마트워크근무를 이용한 사람은 집약근무를 이용한 사람보다 두 배 이상 많지만, 2016년에는 약 1.4배 많으므로 틀린 설명이다.

② 시차출퇴근형 유연근무제는 여자가 남자보다 많이 이용하였다.

③ 2014년부터 2018년까지 스마트워크근무를 이용한 사람은 꾸준히 늘어나고 있다.

	2014	2015	2016	2017	2018
스마트워크 근무형	6	15	20	28	46(31+15)

⑤ 1일 8시간에 구애받지 않고 근무시간을 자율 조정하는 것은 근무시간선택형에 대한 설명이다. 근무시간선택을 이용한 사람이 가장 많았던 해는 2017년으로 1,078명이 이용하였고, 가장 적었던 해는 2016년으로 247명이 이용하였다. $1,078 ÷ 247 ≒ 4.4$이므로, 5배 미만이다.

---

19 [도표분석능력] 여객 수송실적 파악하기

정답 ③

해설

2월 공항철도 유입인원은 $5,520 - 2,703 = 2,817$천 명이고, 1월 공항철도 유입인원은 2,979천 명이다. 따라서 2월 공항철도 유입인원은 1월에 비해 $2,979 - 2,817 = 162$천 명, 즉 162,000명 감소하였다.

🎗 Plus 해설

① 2016년 공항철도의 수송인원은 증가와 감소를 반복하고 있다.

② 2016년 3분기 공항철도 총 수송인원은 $6,431 + 6,720 + 6,333 = 19,484$천 명, 즉 19,484,000명

으로 1,950만 명 이하이다.

④ 11월 승차인원은 2,923천 명(6,717−3,794)이므로 승차인원이 가장 적은 달은 2월이다.

⑤ 8월의 수송인원은 6,720천 명(3,103+3,617)이므로 수송인원이 가장 많은 달은 12월이다.

---

20 [도표분석능력] 자료 분석하기

정답 ④

해설

ⓒ (×) '1일 평균 교환금액'의 경우 2월에 1조 4,460억 원 증가로 대폭 증가하였고 이후 꾸준히 감소하였으나 6월에는 전월 대비 증가하였다.

ⓔ (×) 교환금액 대비 부도금액의 비중이 가장 컸던 시기는 5월(약 0.22%)이고 4월은 두 번째로 컸던 시기이다.

어음교환 및 부도별	1월	2월	3월	4월	5월	6월
교환금액 (십억 원)	192,581.8	183,594.5	201,244.6	193,719.8	190,928.3	174,761.1
부도금액 (십억 원)	291.3	172.4	249.7	375.0	415.9	247.8
부도금액/ 교환금액 (%)	0.1513%	0.0939%	0.1241%	0.1936%	0.2178%	0.1418%

🐷 Plus 해설

ⓐ (○) 교환장수는 6월 6,249만 7천 장으로, 1월 8,437만 장의 약 74%로 감소한 수치이다.

ⓒ (○) 교환장수 대비 부도장수의 비중이 가장 컸던 시기는 4월이다.

어음교환 및 부도별	1월	2월	3월	4월	5월	6월
교환장수 (천 장)	8,437.0	7,292.2	7,615.9	7,198.4	7,422.1	6,249.7
부도장수 (천 장)	3.2	2.7	2.3	3.9	3.0	2.3
부도장수/ 교환장수 (%)	0.0379%	0.0370%	0.0302%	0.0542%	0.0404%	0.0368%

---

21 [도표분석능력] 도표 해석하기

정답 ⑤

해설

ⓐ (○) 2013년 농가 소득을 x라 하면, ⓐ에 들어갈 값을 구하는 식은

$$\frac{10,035}{x} \times 100 = 29.1 \text{이다.}$$

계산하면 $x = 34,484.5\cdots$이고, 소수 첫째 자리에서 반올림하면 34,485이다.

ⓒ (×) ⓑ에 들어갈 값은 $\frac{11,257}{37,215} \times 100 = 30.24$

$\cdots$이고, 소수 둘째 자리에서 반올림하면 30.2이다.

ⓒ (○) 조사 기간 동안 50~59세의 농가 소득이 항상 가장 높다.

ⓔ (○) 조사 기간 동안 농업 이외 소득이 가장 높았던 해는 2017년이고, 가장 낮았던 해는 2013년이다. 둘의 증감률을 구하면

$$\frac{28,193 - 24,489}{24,489} \times 100 ≒ 15.1\% \text{이다.}$$

ⓜ (○) 도시근로자 가구 소득 대비 농가 소득 비율이 가장 높았던 해는 2015년으로, 같은 해의 농업 소득 또한 조사 기간 중 가장 높다.

따라서 옳은 것을 모두 고른 것은 ⓐ, ⓒ, ⓔ, ⓜ이다.

---

22 [도표분석능력] 자료 해석하기

정답 ③

해설

ⓐ (○) 지역별로 사업금액이 클수록 계약면적이 더 커지고 있다.

ⓒ (×) 강원과 경남의 경우 계약건수는 강원이 71건과 경남이 92건으로 경남이 더 크지만 계약면적은 강원이 63ha, 경남이 32ha로 경남이 더 작다.

ⓒ (×) 계약면적당 사업금액이 가장 적은 지역은 전남이다.

경기 : $\frac{2,787}{26} = $ 약 107.19(백만 원/ha)

강원 : $\frac{6,602}{63} = $ 약 104.79(백만 원/ha)

충북 : $\frac{2,423}{23} = $ 약 105.35(백만 원/ha)

충남 : $\frac{21,473}{203} = $ 약 105.78(백만 원/ha)

전북 : $\frac{24,943}{236} = $ 약 105.69(백만 원/ha)

전남 : $\frac{47,006}{475} = $ 약 98.96(백만 원/ha)

경북 : $\frac{5,453}{52} = $ 약 104.87(백만 원/ha)

경남 : $\frac{3,345}{32} = $ 약 104.53(백만 원/ha)

ⓔ (○) 전라도와 경상도의 계약건수 당 사업금액은 아래와 같다.

전라도 : $\frac{24,943 + 47,006}{453 + 753} = $ 약 59.7(백만 원/건)

경상도 : $\dfrac{5,453+3,345}{133+92}$ = 약 39.1(백만 원/건)

23 [기초연산능력] 경우의 수 계산하기

정답 ③

해설

각 역에서 준비하는 승차권에는 그 역이 출발역으로 표시되고, 나머지 네 역은 도착역으로 표시되므로 모두 4종류의 승차권을 준비하면 된다. 역은 총 5개가 있으므로 모든 종류의 승차권은 $4 \times 5 = 20$가지이다.

PLUS TIP 순열

> 서로 다른 n개에서 r개를 택하여 일렬로 나열하는 경우의 수를 $_nP_r$이라고 한다.
> $_nP_r = n \times (n-1) \times (n-2) \times \cdots \times (n-r+1)$
> 즉, n 이하의 자연수를 큰 순서대로 r개 곱하는 것이다.
> 위 문제는 출발역과 도착역을 정해야 하는데, 순열을 이용한다면 서로 다른 5개의 역 중에서 출발역과 도착역으로 선택할 2개의 역을 정하고, 두 역을 출발역과 도착역 순으로 나열하는 경우의 수이다.
> 따라서 $_5P_2 = 5 \times 4 = 20$이다.

24 [도표분석능력] 자료 해석하기

정답 ④

해설

2017년 지방도의 평균 교통량은 2014년 대비
$\dfrac{6,021-5,566}{5,566} \times 100 ≒ 8.2\%$ 증가하였다.

Plus 해설

① 2017년에 고속국도의 평균 교통량은 감소하였다.
② 2016 고속국도의 평균 교통량은 전년 대비
$\dfrac{50,098-48,505}{48,505} \times 100 ≒ 3.3\%$ 증가하였다.
③ 2017년 일반국도의 평균 교통량은 2012년 대비
$\dfrac{12,897-11,176}{11,176} \times 100 ≒ 15.4\%$ 증가하였다.

25 [도표작성능력] 그래프 작성하기

정답 ②

해설

2014년 고속국도의 평균 교통량은 46,403대이고, 2015년은 48,505대이다. 두 연도의 수치가 바뀌었으므로 ②는 옳지 않다.

26 [도표분석능력] 지원금 계산하기

정답 ③

해설

5인 미만 사업장의 상용 노동자는 월 15만 원을 받는다. 그러므로 A 직원은 15만 원의 지원금을 받는다. B, E 직원은 일용 노동자로 월 근로일수에 따라 지급액을 다르게 받는다. B 직원은 10일 이상~14일 이하에 해당하므로 8만 원을 받고, E 직원은 19일 이상~21일 이하에 해당하므로 12만 원을 받는다. C, D 직원은 단시간 노동자로 소정근로시간에 따라 지급액을 다르게 받는다. C 직원은 20시간 이상 30시간 미만에 해당하므로 12만 원을 받고, D 직원은 10시간 이상 20시간 미만에 해당하므로 9만 원을 받는다. 따라서 정답은 15+8+12+9+12 = 56만 원이다.

27 [도표분석능력] 도표 분석하기

정답 ③

해설

2015년의 전체 응답자 수는 $1,615+579+2,160+751 = 5,105$명이다. 전체 응답자 수 중 65세 이상 여자의 응답자 수 비율을 구하면
$\dfrac{751}{5,105} \times 100 = 14.71\cdots\%$이므로 15% 이하를 차지한다.

Plus 해설

① 2017년 19~29세의 접종률은 15.9%로 전년 14.8% 대비 1.1%p 증가했다.
② 65세 이상 남자의 응답자 수가 가장 많았던 해는 2016년으로, 2016년의 65세 이상 여자의 응답자 수 중 접종자 수를 구하면 다음과 같다.
$85.1 = \dfrac{x}{839} \times 100 \quad \therefore x = 713.989$
따라서 접종자 수는 약 713명이다.
④ 각 년도의 총응답자 수는 다음과 같다.
2014년 : $1,052+576+2,192+746 = 4,566$명
2015년 : $1,615+579+2,160+751 = 5,105$명 (539명 증가)
2016년 : $1,833+664+2,495+839 = 5,831$명 (726명 증가)
2017년 : $1,927+654+2,399+859 = 5,839$명 (8명 증가)
따라서 총 응답자 수가 가장 많이 증가한 해는 2016년이다.

28 [도표분석능력] 자료 해석하기

정답 ②

해설

2018년 출퇴근 관련 요양급여 신청 건수는 전체 신청 건수의 약 $\frac{5,746}{114,687} \times 100 ≒ 5\%$를 차지한다.

Plus 해설

① 2016년의 요양급여 신청 건수는 전년도보다 감소하였다.

③ 2018년 질병 관련 요양급여 신청 건수는 2018년 전체 신청 건수의 약 $\frac{12,975}{114,687} \times 100 ≒ 11\%$를 차지한다.

④ 2018년 업무상 사고 중 두 번째로 신청 건수가 많은 유형은 '출장 중 재해'로, 업무상 사고 중 세 번째로 승인율이 높다.

29 [기초통계능력] 백분율 구하기

정답 ④

해설

전체 승인율은 $\frac{97,168}{101,712} \times 100 ≒ 95.5\%$이다.

30 [도표분석능력] 자료 내용 파악하기

정답 ④

해설

전체 인구의 필수시간 총합은 1999년 442＋94＋8 ＝ 544분, 2004년 445＋111＋8 ＝ 564분, 2009년 450＋116＋7 ＝ 573분, 2014년 480＋127＋6 ＝ 613분으로 점점 증가하고 있다. 반면 근로시간은 점점 감소하고 있으므로 정답은 ④이다.

Plus 해설

① 수면과 식사시간이 증가하고 근로시간은 감소한 것이 맞지만, 게임시간, 학습시간, 가정관리 시간은 증감 추세가 일정하지 않다.

② 2014년 식사시간은 127분으로 1999년 식사시간인 94분에 비해 $\frac{127}{94} \times 100 ≒ 135\%$ 증가하였으므로 130% 이상 증가한 것이 맞지만, 게임시간의 증가폭이 더 크다.

③ 주어진 자료 이외에는 인구에 대한 수치가 따로 제공된 것이 없으므로 가정관리에 시간을 투입하는 인구가 증가했는지, 얼마나 증가했는지에 대한 내용을 확인할 수 없다.

⑤ 건강관리에 투자하는 시간은 감소한 것이 맞지만 건강관리에 시간을 투자하는 인구가 감소하고 있는지는 알 수 없다.

31 [도표분석능력] 자료를 통해 추론하기

정답 ②

해설

1999년 건강관리 항목은 행위자 평균과 전체 인구 평균이 8분으로 같다.

Plus 해설

① 건강관리 행위자 인구가 건강관리에 투자하는 시간은 1999년 8분에서 2004년 60분으로 상당히 늘어났다.

③ 2014년 학습시간의 전체 인구 평균은 23분이고, 행위자 인구 평균은 232분으로 10배 이상의 차이를 보인다.

④ 행위자 인구의 게임시간은 계속 줄고 있고 전체 인구가 게임을 하는 총 시간은 5분에서 10분으로 늘었다.

⑤ 2014년 건강관리 행위자의 평균 시간은 43분으로 전체 인구 평균 시간인 6분에 비해 7배 이상이다.

32 [도표분석능력] 자료 해석하기

정답 ②

해설

㉠ (×) 여아의 경우 사망인원이 1명인 사망원인은 '감염성 질환', '면역기전', '순환기 계통'의 3가지이다.

㉡ (○) 남아의 경우 28일 미만으로 생존하는 경우 19명(10＋9)은 28일 이상 생존하는 경우 38명의 $\frac{1}{2}$이다.

㉢ (×) 사망한 남아 수의 합계는 여아 수의 합계보다 많지만, 사망원인별로는 그렇지 않다.

㉣ (○) 전체에서 가장 큰 비중을 차지하는 사망원인은 '순환기 계통'으로 전체의 약 $\frac{22}{104} \times 100 ≒ 21.2\%$이다.

33 [도표작성능력] 자료 변환하기

정답 ③

해설

순환기 계통 질환의 생존기간 '7~27일'과 '28일 이상'의 수치가 바뀌었다.

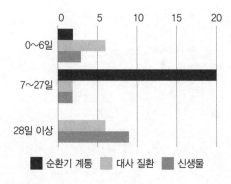

■ 순환기 계통 대사 질환 ■ 신생물

34 [도표분석능력] 자료 분석하기

정답 ③

해설

조사 기간 동안 '민자' 합계금액이 가장 큰 달인 1월 (4,220,989)을 뺀 나머지 달의 합계는 248,492백만 원(11,817+100,650+41,949+94,076)이며, '민자' 합계금액이 가장 큰 달은 나머지 달 합계의 약 17배 이다.

Plus 해설

② 조사 기간 동안 '민간부분'의 '건축' 수주액이 가장 높았던 달은 3월(8,361,002)이고 같은 달 '토목'의 수주액(822,403)과 비교할 때 10배 이상의 수주액 을 기록하고 있다.

④ 조사 기간 동안 '국내 외국기관' 합계금액은 4월의 수주액(227,083)이 최고치였고 이는 두 번째로 많 았던 2월(3,716)의 약 61배이므로 50배 이상은 맞 는 설명이다.

35 [도표분석능력] 자료 계산하기

정답 ②

해설

2010년의 북한 무역총액을 x라 하면 2011년의 증감 률 52.3%을 구하는 식은 다음과 같이 예상할 수 있다. $6,357,060 \div x \times 100 = 152.3(\%)$

위 식을 역연산하여 2010년의 북한 무역총액 x를 구 하면 $x = 6,357,060 \times 100 \div 152.3 = 4,174,038.1$ (만 달러)이므로 4,000,000만 달러 이상이다.

Plus 해설

① 조사 기간 동안 남한의 무역총액이 가장 많이 감소 한 해는 2015년이고 12.3%(963,255,480÷1,098, 179,110×100 = 약 87.7%) 감소하였다.

③ 2016년 남한의 무역총액은 북한 무역총액의 약 138.04배이다.

④ 2012년 북한의 무역총액은 6,811,280만 달러이고 수출액이 무역총액의 40%였다면 수입액은 60%이 므로 4,086,768만 달러(6,811,280×60÷100)이다.

⑤ 남북한 교역액이 가장 적은 해의 교역액(332,560만 달러)은 교역액이 두 번째로 큰 해(2,342,640만 달 러)의 약 14.2%(332,560÷2,342,640×100)이다.

36 [기초통계능력] 가중치 이해하기

정답 ④

해설

(최종 점수) = (평가 점수)×(1+가중치)이므로 계산 한 결과는 다음 표와 같다.

구분	회전력 (가중치 10%)	평형유지 (가중치 20%)	디자인 (가중치 40%)	가격 (가중치 30%)
제품1	8×1.1+5×1.2+5×1.4+6×1.3 = 29.6			
제품2	6×1.1+8×1.2+4×1.4+6×1.3 = 29.6			
제품3	7×1.1+6×1.2+6×1.4+7×1.3 = 32.4			
제품4	7×1.1+6×1.2+8×1.4+6×1.3 = 33.9			
제품5	5×1.1+5×1.2+6×1.4+8×1.3 = 30.3			

따라서 제품별 총점이 가장 높은 제품 4가 선정된다.

37 [도표분석능력] 그래프 해석 및 계산하기

정답 ②

해설

|보기|에 제시된 내용을 통해 하반기 예상 매출액을 계 산하면 다음과 같다.

구분	자동차	커피	음료	주류	의류	합계
기대되는 매출 증가율	10%	10%	30%	20%	40%	
A 사	12.1	5.5	6.5	6	8.4	38.5
B 사	20.9	8.8	5.2	7.2	8.4	50.5
C 사	16.5	6.6	7.8	8.4	9.8	49.1
D 사	13.2	6.6	10.4	8.4	8.4	47
E 사	13.2	5.5	7.8	8.4	11.2	46.1

따라서 하반기 매출이 가장 높을 것으로 예상되는 계 열사는 B 사이다.

38 [도표분석능력] 자료 해석하기

정답 ④

해설

2016년의 국내 판매액 최하위 의약품 '신개념치료제'

의 수출액은 271(백만 원)이고, 2017년의 국내 판매액 최하위 의약품 '성장인자'의 수출액은 100(백만 원)이다. 따라서 두 금액의 차는 171(백만 원)이다.

Plus 해설

① 제시된 표를 통해 2016년 국내 판매액이 가장 높은 바이오 의약품은 '혈액제제'임을 알 수 있다.

② 2017년 '백신'의 국내 판매액 116,339(백만 원)은 같은 해 수출액 72,321(백만 원)의 1.608…배이다.

③ 2018년 '항암제'의 수출액 26,050(백만 원)은 2016년 '항생제' 수출액 63,520(백만 원)의 약 41%이다.

⑤ '면역제제'의 수출액은 2017년 716(백만 원)에서 2018년 11,153(백만 원)으로 약 15.57배 이상 급증했다.

Part 1 직업기초능력평가

Chapter 03 문제해결능력

문제해결능력은 직장에서 업무를 수행함에 있어 문제 상황이 발생하였을 경우, 합리적이고 논리적인 사고를 통하여 이를 올바르게 인식하고 적절히 해결하는 능력이다.

문제해결능력은 문제를 바르게 인식하고 해결하기 위해 창의적, 논리적, 비판적으로 생각하는 능력인 사고력과 이를 바탕으로 최적의 해결책을 찾아 실행 및 처리, 평가까지 일련의 활동을 수행하는 능력인 문제처리능력 등으로 구분된다.

03 Chapter START
NCS 모듈 학습

 개념정리 • 문제해결능력

 문제해결능력의 개념

문제해결능력이란 목표와 현상을 분석하고 이 분석 결과를 토대로 과제를 도출하여 최적의 해결책을 찾아 시행·평가하는 능력이다. 하위능력은 사고력, 문제처리능력으로 구분된다.

② 문제해결능력의 구성

사고력	업무와 관련된 문제를 인식하고 해결함에 있어 창의적, 논리적, 비판적으로 생각하는 능력 • 창의적 사고의 의미와 개발방법 • 논리적 사고의 의미와 개발방법 • 비판적 사고의 의미와 개발방법
문제처리능력	업무와 관련된 문제의 특성을 파악하여, 대안을 제시·적용하고 그 결과를 평가하여 피드백하는 능력 • 문제 해결 과정의 절차 • 문제 해결 절차의 세부 사항 이해

 문제의 의미

문제란 업무를 수행함에 있어서 답을 요구하는 질문이나 의논하여 해결해야 하는 사항을 의미한다. 업무 상황에서는 발생하는 문제를 인식하고 해결하려는 실천적 의지가 중요하며, 이를 통해 개인과 조직도 발전할 수 있다.

④ 문제와 문제점

문제는 흔히 문제점과 구분하지 않고 사용하는데, 사실 이 둘은 구분되어야 한다.
- 문제 : 발생한 상황
- 문제점 : 상황이 발생한 원인, 즉 문제해결을 위해 손을 써야 할 대상

예 전복사고의 발생

　　문제 : 전복사고의 발생, 문제점 : 난폭 운전

⑤ 문제의 분류와 유형

- 문제의 분류

구분	창의적 문제	분석적 문제
문제 제시 방법	현재 문제가 없지만 보다 나은 방법을 찾기 위한 문제 탐구로, 문제 자체가 명확하지 않음	현재의 문제점이나 미래의 문제로 예견될 것에 대한 문제 탐구로, 문제 자체가 명확함
해결 방법	창의력에 의한 많은 아이디어 작성을 통해 해결	분석, 논리, 귀납과 같은 논리적 방법을 통해 해결
해답 수	해답의 수가 많으며, 많은 답 중에서 보다 나은 것을 선택	해답의 수가 적으며, 한정되어 있음
주요 특징	주관적, 직관적, 감각적, 정성적, 개별적, 특수성	객관적, 논리적, 정량적, 이성적, 일반적, 공통성

- 문제의 유형

발생형 문제 (보이는 문제)		눈에 보이는 문제로, 우리 눈앞에 발생되어 해결하고자 고민하는 문제를 의미한다. 어떤 기준을 일탈함으로써 생기는 일탈 문제와 기준에 미달하여 생기는 미달 문제로 구분되며, 문제의 원인이 내재되어 있어서 원인 지향적 문제라고도 한다. 예 '매출목표 미달 대응 방안' 등
탐색형 문제 (찾는 문제)		눈에 보이지 않는 문제로, 현재 상황을 개선하거나 효율을 높이기 위한 문제를 의미한다.
	잠재 문제	문제가 잠재되어 있어 인식하지 못하다가 결국은 문제가 확대되어 해결이 어려운 문제
	예측 문제	현재로서는 문제가 없으나 앞으로 일어날 가능성이 있는 문제
	발견 문제	현재로서는 문제가 없으나 유사 타 기업 혹은 선진 기업의 업무 방법 등의 정보를 얻음으로써 환경을 보다 개선, 향상시킬 수 있는 문제
설정형 문제 (미래 문제)		미래 상황에 대응하는 장래의 경영 전략상 문제로, 앞으로 어떻게 할 것인가 하는 문제를 의미한다. 미래 지향적으로 새로운 과제 또는 목표를 설정함에 따라 일어나는 문제이므로 목표 지향적 문제, 창조적 문제라고 한다. 예 '장래 어떤 분야로 진출해야 하는가?' 등

⑥ 문제해결의 개념

문제해결이란 목표와 현상을 분석하고, 이 분석 결과를 토대로 과제를 도출하여 최적의 해결책을 찾아 실행·평가하는 활동을 의미한다. 이러한 문제해결은 조직, 고객, 자신의 세 가지 측면에서 도움을 줄 수 있다.

조직의 측면	▶	조직의 관련 분야에서 일류 수준을 지향하며, 경쟁사와 대비하여 우위를 확보할 수 있게 한다.
고객의 측면	▶	고객의 불편을 개선하여 고객 만족을 높일 수 있게 한다.
자신의 측면	▶	불필요한 업무를 제거·단순화하여 업무를 효율적으로 처리할 수 있고, 자신을 경쟁력 있는 사람으로 변할 수 있게 한다.

⑦ 문제해결의 장애 요소

- 문제를 철저하게 분석하지 않는 경우 : 성급한 판단으로 인해, 문제의 본질을 명확하게 분석하지 않고 대책안을 수립·실행함으로써 근본적인 문제해결을 하지 못하게 된다.
- 고정관념에 얽매이는 경우 : 새로운 아이디어와 가능성을 무시하게 된다.
- 쉽게 떠오르는 단순한 정보에 의지하는 경우 : 단순한 정보에 의지하여 문제를 해결하지 못하거나 오류를 범하게 된다.
- 너무 많은 자료를 수집하려고 노력하는 경우 : 무계획적인 자료 수집은 제대로 된 자료를 알지 못하는 오류를 범하게 된다.

⑧ 문제해결을 위한 사고

전략적 사고	▶	현재의 문제와 해결에 그치지 않고, 그 문제와 해결방안이 상위 시스템과 어떻게 연결되어 있는지를 생각하는 사고를 말한다.
분석적 사고	▶	전체를 각각의 요소로 나누어 그 요소의 의미를 도출한 다음 우선순위를 부여하고 구체적인 문제해결방법을 실행하는 사고를 말한다.
발상의 전환	▶	기존 인식의 틀을 전환하여 새로운 관점에서 바라보는 사고를 지향한다.
자원의 활용	▶	문제해결 시 필요한 기술, 재료, 방법, 사람 등 자원 확보 계획을 수립하고 내·외부자원을 활용하는 사고를 말한다.

문제의 종류에 따라 필요한 분석적 사고

성과 지향의 문제	기대하는 결과를 명시하고 효과적으로 달성하는 방법을 사전에 구상한다.
가설 지향의 문제	현상 및 원인 분석 전에 일의 과정이나 결론을 가정한 후 일을 수행한다.
사실 지향의 문제	객관적 사실로부터 사고와 행동을 시작한다.

 문제해결 방법의 종류

소프트 어프로치	대부분의 기업에서 볼 수 있는 전형적인 스타일로, 조직 구성원들은 같은 문화적 토양을 가지고 이심전심으로 서로를 이해하는 상황을 가정한다. 소프트 어프로치에서는 문제해결을 위해서 직접적인 표현이 바람직하지 않다고 여기며, 무언가를 시사하거나 암시를 통하여 의사를 전달하고 서로 이해하게 함으로서 문제해결을 도모하려고 한다.
하드 어프로치	상이한 문화적 토양을 가지고 있는 구성원을 가정하고, 서로의 생각을 직설적으로 주장하고 논쟁이나 협상을 통해 서로의 의견을 조정해 가는 방법이다. 이 때 중심적 역할을 하는 것이 논리, 즉 사실과 원칙에 근거한 토론이다.
퍼실리테이션	어떤 그룹이나 집단이 의사결정을 잘하도록 도와주는 일을 의미한다. 깊이 있는 커뮤니케이션을 통해 서로의 문제점을 이해하고 공감함으로써 창조적인 문제해결을 도모한다. 소프트 어프로치나 하드 어프로치 방법은 단순한 타협점의 조정에 그치지만, 퍼실리테이션에 의한 방법은 초기에 생각하지 못했던 창조적인 해결 방법이 도출된다.

하위능력 1 • 사고력

1 사고력이란?

직장에서 발생한 문제를 해결하기 위해 창의적, 논리적, 비판적으로 생각하는 능력이다.

2 창의적 사고

당면한 문제를 해결하기 위해 개인이 가지고 있는 경험과 지식을 가치 있는 새로운 아이디어와 결합함으로써 참신한 아이디어를 산출하는 능력이다.

자유연상법	➤	생각나는 대로 자유롭게 발상 예 브레인스토밍
강제연상법	➤	각종 힌트를 강제적으로 연결 지어서 발상 예 체크리스트
비교발상법	➤	주제와 본질적으로 닮은 것을 힌트로 하여 발상 예 NM법, Synectics

- 브레인스토밍 : 미국의 알렉스 오즈번이 고안한 기법으로, 창의적인 사고를 낼 때 가장 흔히 사용되는 방법이다. 브레인스토밍은 집단의 효과를 살려서 아이디어의 연쇄반응을 일으켜 자유분방한 아이디어를 창출한다. 브레인스토밍의 4대 원칙은 다음과 같다.

자유분방(Silly)	무엇이든 자유롭게 말한다.
비판엄금(Support)	평가 단계 이전에 비판해서는 안 된다.
질보다 양(Speed)	가능한 많은 아이디어를 내도록 격려한다.
결합과 개선(Synergy)	아이디어 조합으로 더 좋은 아이디어를 만든다.

- 체크리스트법 : 캘리포니아 대학의 오스본 교수가 고안한 것으로 질문항목을 표로 만들어 정리하고, 하나씩 점검해가며 아이디어를 뽑아내는 방법이다. 내용을 항목별로 검토하기 때문에 누락의 염려가 없고, 반복적인 작업에는 편리하게 사용할 수 있으나, 범위를 벗어난 새로운 발상의 가능성과 창의적 발상의 유도가 부족하다는 한계가 있다.

3 논리적 사고

사고의 전개에 있어서 전후 관계가 일치하고 있는가를 평가하는 사고능력이다.

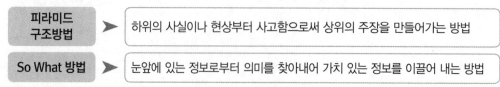

| 피라미드 구조방법 | ➤ | 하위의 사실이나 현상부터 사고함으로써 상위의 주장을 만들어가는 방법 |
| So What 방법 | ➤ | 눈앞에 있는 정보로부터 의미를 찾아내어 가치 있는 정보를 이끌어 내는 방법 |

이러한 논리적 사고의 구성요소는 다음과 같다.

- 생각하는 습관 : 생각하는 습관은 논리적 사고의 기본이다.
- 상대 논리의 구조화 : 자신의 논리로만 생각하면 독선에 빠지기 쉬우므로, 상대의 논리를 구조화하는 것이 필요하다.
- 구체적인 생각 : 상대가 말하는 것을 잘 알 수 없을 때에는 구체적인 이미지나 숫자로 표현 하여 생각해 보는 것이 필요하다.
- 타인에 대한 이해 : 반론을 제시할 때에는 상대 주장의 전부 혹은 상대의 인격을 부정해서 는 안 된다.
- 설득 : 자신의 사상을 강요하지 않고 의논과 반론을 통해 논리적으로 사고해야 한다.

 ## 비판적 사고

- 비판적 사고의 의미 : 비판적 사고는 어떤 논증, 추론, 증거, 가치를 표현한 사례를 타당한 것으로 수용할 것인가 아니면 불합리한 것으로 거절할 것인가에 대한 결정을 내릴 때 요구 되는 사고능력이다.
- 비판적 사고의 개발 태도

지적 호기심	사건의 원인과 설명, 문제에 대한 해답을 구하기 위해 여러 질문을 제기한다.
객관성	감정적, 주관적 요소를 배제하고 경험적 증거나 타당한 논증을 근거로 한다.
개방성	다양한 여러 신념들이 진실일 수 있다는 것을 받아들인다.
융통성	개인의 신념이나 탐구방법을 변경할 수 있다.
지적 회의성	적절한 결론이 제시되지 않는 한, 결론이 참이라고 받아들이지 않는다.
지적 정직성	우리의 신념과 대치되는 진술이어도 충분한 증거가 있으면 진실로 받아들인다.
체계성	결론에 이르기까지 문제의 핵심에서 벗어나지 않도록 한다.
지속성	해답을 얻을 때까지 탐색하는 인내심을 갖도록 한다.
결단성	증거가 타당할 땐 결론을 맺는다.
다른 관점에 대한 존중	자신의 아이디어가 아닌 타인의 것이 옳을 수 있음을 기꺼이 받아들인다.
사실 지향의 문제	아이디어 조합으로 더 좋은 아이디어를 만든다.

- 비판적 사고의 개발 방법 : 비판적 사고를 개발하기 위해서는 어떤 현상에 대해서 문제의 식을 가지고, 고정관념을 버려야 한다.

 1 ● 사고력 ≫ 바로확인문제

01 S 대리는 다음과 같은 고민을 하던 중 P 과장에게 조언을 구했다. S 대리의 고민을 들은 P 과장이 S 대리에게 해줄 수 있는 조언으로 적절하지 않은 것은?

> 오늘도 팀장님에게 오전부터 싫은 소리를 들었다. 늘 하던 일을 늘 하던 방식으로 처리한 것이 빌미였다. "관행에 매몰되지 말고 창의적이고 발전적인 모습을 보여 달라"라는 팀장님의 주문은 너무 어렵다. '창의적인 일처리'라는 말을 들을 때마다 주눅이 든다. 그런 나를 발견할 때면 더욱 의기소침해지고 자신감이 없어진다. 어떻게 해야 창의적인 인재가 될 수 있을까 고민도 해보지만 뾰족한 수가 보이지 않는다. 나만 뒤처지는 것 같아 불안하기도 하고 남들은 어떤지 궁금하다.

① 창의적 사고를 하는 데 어느 정도의 전문 지식은 필요하지만 너무 많은 지식은 오히려 창의력을 저해할 수 있어요.
② 창의적인 사람은 새로운 경험을 찾아 나서는 사람을 말하는 것 같아요.
③ 그들의 독특하고 기발한 재능은 모두 선천적으로 타고나는 것이라 할 수 있지요.
④ 창의적인 사고는 후천적 노력에 의해서도 개발이 가능하다고 생각해요.
⑤ 창의적 사고를 하기 위해서는 고정관념을 버리고, 본인 스스로 자신의 틀에서 벗어나도록 노력해야 한다고 생각해요.

 사고력 / 창의적으로 사고하기

창의적 사고는 선천적으로 타고나는 것으로만 정해지는 것이 아니라 후천적 노력에 의해 개발이 가능하며 창의력 교육훈련을 통해서 개발할 수 있다. 따라서 ③은 틀린 설명이다.

정답 ③

02 다음중 비판적 사고를 개발하기 위해 요구되는 태도가 아닌 것은?

① 체계성　　　　　　　　　　② 주관성
③ 지속성　　　　　　　　　　④ 지적 회의성
⑤ 다른 관점에 대한 존중

사고력 / 비판적 사고 이해하기

감정적, 주관적 요소를 배제하고 경험적 증거나 타당한 논증을 근거로 하는 객관성이 요구된다.

오답풀이

① 체계성 : 결론에 이르기까지 문제의 핵심에서 벗어나지 않도록 한다.
③ 지속성 : 해답을 얻을 때까지 탐색하는 인내심을 갖도록 한다.
④ 지적 회의성 : 적절한 결론이 제시되지 않는 한, 결론이 참이라고 받아들이지 않는다.
⑤ 다른 관점에 대한 존중 : 자신의 아이디어가 아닌 타인의 것이 옳을 수 있음을 기꺼이 받아들인다.

정답 ②

03 다음은 창의적 사고의 개발 방법 중 무엇에 대한 설명인가?

> 캘리포니아 대학의 오스본 교수가 고안한 방법으로 어떤 개선점을 찾고자 할 때에 이에 대한 질문항목을 표로 만들어 정리하고 그에 따라 하나씩 점검해 가며 아이디어를 뽑아내는 방법이다.

① 자유연상법 – 브레인스토밍
② 강제연상법 – 브레인스토밍
③ 강제연상법 – 체크리스트
④ 비교발상법 – 체크리스트
⑤ 비교발상법 – 시네틱스

 사고력 / 창의적 사고의 개발방법 이해하기

강제연상법 – 체크리스트
캘리포니아 대학의 오스본 교수가 고안한 방법으로 어떤 개선점을 찾고자 할 때에 이에 대한 질문항목을 표로 만들어 정리하고 그에 따라 하나씩 점검해 가며 아이디어를 뽑아내는 방법이다. 적어놓은 내용을 항목별로 하나씩 검토하기 때문에 누락의 염려가 없고, 반복적인 작업에는 편리하게 사용할 수 있다. 그러나 문제의 범위를 벗어난 새로운 발상의 가능성이 적어지고, 창의적 발상을 유도하는 기본적인 자유성이 부족할 위험이 있다.

오답풀이

① 자유연상법 – 브레인스토밍 : 미국의 알렉스 오즈번이 고안한 그룹발산기법으로, 창의적인 사고를 위한 발산방법 중 가장 흔히 사용되는 방법이다. 브레인스토밍은 집단의 효과를 살려서 아이디어의 연쇄반응을 일으켜 자유분방한 아이디어를 내고자 하는 방법이다.
⑤ 비교발상법 – 시네틱스 : 서로 다른 성질이나 관련 없는 두 요소를 비교하여 새로운 아이디어를 발상하는 방법이다.

정답 ③

 하위능력 2 ● 문제처리능력

 ① 문제처리능력이란?

목표와 현상을 분석하고, 그 분석 결과를 토대로 문제를 도출하여 최적의 해결책을 찾아 실행, 평가하는 활동을 할 수 있는 능력이다.

② 문제해결의 절차

문제 인식	• 문제해결과정 중 'WHAT'을 결정하는 단계 • 문제를 파악해 우선순위 및 목표를 명확히 하는 단계
문제 도출	• 문제를 분석해 해결점을 명확히 하는 단계 • 인과 관계 및 구조를 파악하는 단계
원인 분석	핵심 문제 분석을 통해 근본 원인 도출
해결안 개발	근본 원인을 해결할 수 있는 최적의 해결 방안을 수립하는 단계
실행 및 평가	• 실행 계획을 실제 상황에 맞게 적용하는 활동 • 장애가 되는 문제의 원인을 제거해 나감

③ 문제 인식 단계

문제 인식은 문제해결 과정 중 "What"을 결정하는 단계이다. 해결해야 할 전체 문제를 파악하여 우선순위를 정하고, 선정문제에 대한 목표를 명확히 하는 절차를 거치며, 환경 분석, 주요 과제 도출, 과제 선정의 절차를 통해 수행된다.

환경 분석	➤	주요 과제 도출	➤	과제 선정
Business System 상 거시 환경 분석		분석 자료를 토대로 성과에 미치는 영향과 의미를 검토하여 주요 과제 도출		후보 과제를 도출하고 효과 및 실행가능성 측면에서 평가하여 과제 도출

(1) 환경 분석

환경 분석을 위해서 주요 사용되는 기법에는 3C 분석, SOWT 분석 방법이 있다.

• 3C 분석 : 사업 환경을 구성하고 있는 요소인 3C(자사, 경쟁사, 고객)에 대한 체계적인 분석이다.

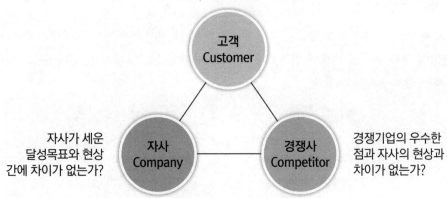

자사의 상품, 서비스에 만족하는가?

자사가 세운
달성목표와 현상
간에 차이가 없는가?

경쟁기업의 우수한
점과 자사의 현상과
차이가 없는가?

고객
Customer

자사
Company

경쟁사
Competitor

- SOWT 분석 : 기업 내부의 강점·약점과 외부환경의 기회·위협요인을 분석 및 평가하고, 이들을 서로 연관 지어 전략을 개발해 문제해결 방안을 제시하는 방법이다.

내부환경요인

		강점(Strength)	약점(Weakness)
외부환경요인	기회 (Opportunity)	SO 내부강점과 외부기회요인을 극대화	WO 외부기회를 이용하여 내부약점을 강점으로 전환
	위협 (Threat)	ST 외부위협을 최소화하기 위해 내부강점을 극대화	WT 내부약점과 외부위협을 최소화

SO 전략	외부 환경의 기회를 활용하기 위해 강점을 사용하는 전략
ST 전략	외부 환경의 위협을 회피하기 위해 강점을 사용하는 전략
WO 전략	자신의 약점을 극복함으로써 외부 환경의 기회를 활용하는 전략
WT 전략	외부 환경의 위협을 회피하고 자신의 약점을 최소화하는 전략

(2) 주요 과제 도출

환경 분석을 통해 현상을 파악한 후에는 분석결과를 검토하여 주요 과제를 도출해야 한다. 과제 도출을 위해서는 한 가지 안이 아닌 다양한 과제 후보안을 도출해내는 일이 선행되어야 한다.

(3) 과제 선정

과제 선정은 과제안 중 효과 및 실행가능성 측면을 평가하여 우선순위를 부여한 후 가장 우선순위가 높은 안을 선정한다. 우선순위 평가 시에는 과제의 목적, 목표, 자원현황 등을 종합적으로 고려하여 평가한다.

④ 문제 도출 단계

문제 도출 단계는 선정된 문제를 분석하여 해결해야 할 것이 무엇인지를 명확히 하는 단계로, 현상에 대한 문제를 분해해 인과관계 및 구조를 파악하는 단계이다. 문제 구조 파악, 핵심 문제 선정의 절차를 거친다.

문제 구조 파악	핵심 문제 선정
문제를 작고, 다룰 수 있는 이슈들로 세분화	문제에 영향력이 큰 이슈를 핵심이슈로 선정

● Logic Tree 방법 : 문제 구조 파악을 위해서 주로 사용되는 기법으로, 주요 과제를 나무 모양으로 분해하여 정리하는 기술이다. 문제의 원인을 깊이 분석하여 해결책을 구체화할 때, 제한된 시간 속에서 넓이와 깊이를 추구하는 데 도움이 되는 기술이다.

⑤ 원인 분석 단계

원인 분석 단계는 파악된 핵심문제에 대한 분석을 통해 근본 원인을 도출해 내는 단계로, Issue 분석, Date 분석, 원인 파악의 절차로 진행된다.

Issue 분석	Date 분석	원인 파악
• 핵심이슈 설정 • 가설 설정 • Output 이미지 결정	• Date 수집계획수립 • Date 정리 및 가공 • Date 해석	• 근본 원인을 파악 • 원인 결과를 도출

⑥ 해결안 개발 단계

해결안 개발 단계는 문제로부터 도출된 근본 원인을 효과적으로 해결할 수 있는 최적의 해결방안을 수립하는 단계이다. 해결안 도출, 해결안 평가 및 최적안 선정의 절차로 진행된다.

해결안 도출	해결안 평가 및 최적안 선정
문제로부터 최적의 해결안을 도출하고, 아이디어를 명확화	최적안 선정을 위한 평가 기준을 선정하고, 우선순위 선정을 통해 최적안 선정

- 해결안 도출 : 열거된 근본 원인을 어떠한 시각과 방법으로 제거할 것인지에 대한 독창적이고 혁신적인 아이디어를 도출하고, 같은 해결안끼리 분류하는 과정을 통해서 해결안을 정리한다.
- 해결안 평가 및 최적안 선정 : 문제(What), 원인(Why), 방법(How)에 따라 해결안을 평가하고, 중요성과 실현가능성을 고려하여 최종 해결안을 선택한다.

⑦ 실행 및 평가 단계

실행 및 평가 단계는 해결안 개발을 통해 만들어진 실행 계획을 실제 상황에 적용하는 활동으로, 당초 장애가 되는 문제의 원인들을 해결안을 사용하여 제거해 나가는 단계이다. 실행 계획 수립, 실행, Follow-up의 절차로 진행된다.

실행 계획 수립	➤	실행	➤	Follow-up
최종 해결안을 실행하기 위한 구체적인 계획 수립		실행 계획에 따른 실행 및 모니터링		실행 결과에 대한 평가

- 실행 계획 수립 : 무엇을(What), 어떤 목적으로(Why), 언제(When), 어디서(Where), 누가(Who), 어떤 방법으로(How)에 대한 답을 이용해 계획하고 자원을 고려하여 수립한다. 이때 계획은 가급적 구체적으로 세우는 것이 좋으며 실행의 목적과 과정별 진행내용을 일목요연하게 정리해야 한다.
- 실행 및 Follow-up : 파일럿 시험(Pilot Test : 시스템을 부분적으로 사용하여 각각의 시스템이 어느 정도까지 견디는지 확인하는 시험)으로 문제점을 파악한 후 후속 조치를 전면적으로 실시한다. 더불어 실행상 문제점 및 장애요인의 신속한 해결을 위해 모니터링 체제를 구축하는 것이 바람직하다.

2 • 문제처리능력 ≫ 바로확인문제

01 C 대리는 업무 도중 시스템의 문제를 발견하여 D 팀장에게 보고하였다. 다음 두 사람의 대화 중 ㉠과 ㉡에 해당하는 문제해결 절차로 적절한 것은?

> C 대리 : 팀장님. 아무래도 저희 시스템에 문제가 좀 있는 것 같습니다.
> D 팀장 : 문제요? 어떤 문제요?
> C 대리 : (㉠   )
> D 팀장 : 그런 현상이 자꾸 발생한다면 큰 문제가 될 텐데, 왜 그런 현상이 나타나는 걸까요?
> C 대리 : (㉡   )

	㉠	㉡
①	문제 인식	문제 도출
②	문제 도출	원인 분석
③	문제 도출	해결안 개발
④	원인 분석	해결안 개발
⑤	해결안 개발	실행 및 평가

 문제처리능력 / 문제해결 절차 이해하기

문제해결 절차는 다음과 같다.

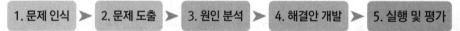
1. 문제 인식 ▶ 2. 문제 도출 ▶ 3. 원인 분석 ▶ 4. 해결안 개발 ▶ 5. 실행 및 평가

㉠은 문제 구조를 파악하여 문제에 큰 영향력을 미칠 수 있는 핵심 이슈에 대해 도출해내는 단계이므로 '문제 도출' 단계에 해당한다. ㉡은 문제가 나타나는 현상에 대한 근본 원인을 분석하는 단계이므로 '원인 분석' 단계에 해당한다.

정답 ②

02 환경 분석을 위해 사용되는 SWOT 분석에서 '자신의 약점을 극복함으로써 외부 환경의 기회를 활용하는 전략'을 무엇이라고 하는가?

① SO전략   ② ST전략
③ WO전략   ④ WT전략

문제처리능력 / SWOT 분석 이해하기

'자신의 약점을 극복함으로써 외부 환경의 기회를 활용하는 전략'은 WO전략이다.

오답풀이

① SO전략 : 외부 환경의 기회를 활용하기 위해 강점을 사용하는 전략
② ST전략 : 외부 환경의 위협을 회피하기 위해 강점을 사용하는 전략
④ WT전략 : 외부 환경의 위협을 회피하고 자신의 약점을 최소화하는 전략

정답 ③

03 다음의 밑줄 친 부분은 문제해결 절차 중 어느 과정에 해당하는가?

> 신입사원 A 씨는 항상 업무 시간이 모자랐다. 입사동기들보다 일을 처리하는 속도가 현저히 느린 탓이었다. A 씨는 업무를 이해하는 데 남들보다 많은 시간이 걸리고 있었다. 이해력을 기르기 위해 일주일에 한 권 이상 책을 읽기로 다짐한 A 씨는 결심한 날 바로 퇴근길에 도서관에 들려 책을 빌렸다. 그리고 자기 전에 조금씩이라도 책을 읽기 시작했다.

① 문제 인식   ② 문제 도출
③ 원인 분석   ④ 해결안 개발
⑤ 실행 및 평가

 문제처리능력 / 문제해결 절차 이해하기

A 씨는 항상 업무 시간이 모자라다는 문제를 인식했으며(문제 인식), 일을 처리하는 속도가 느리다는 문제를 도출해냈다(문제 도출). 그리고 업무를 이해하는 데 시간이 많이 걸린다는 원인을 분석해냈으며(원인 분석), 해결안으로 책을 읽기로 다짐했다(해결안 개발). 마지막으로 자기 전에 책을 읽는 것을 '실행'했으며, 아직 '평가' 단계는 이루어지지 않았다. 따라서 답은 ③이다.

정답 ③

간추린 HIDDEN NOTE 문제해결능력

 테마 1 ● 헷갈리는 명제! 명확하게 정리하기

1. 명제의 정의 및 유형 특징

1) 명제

어떤 문제에 대한 하나의 논리적 판단 내용과 주장을 언어 또는 기호로 표시한 것이다. 참과 거짓을 판단할 수 있는 내용이라는 점이 특징이다.

예 상상력이 풍부한 사람은 독서를 좋아한다.

2) 유형 특징

제시된 명제를 바탕으로 올바른 결론을 이끌어 내는 유형의 문제가 출제된다. 명제의 관계와 삼단논법에 대한 이해가 필요하다.

2. 명제의 역, 이, 대우

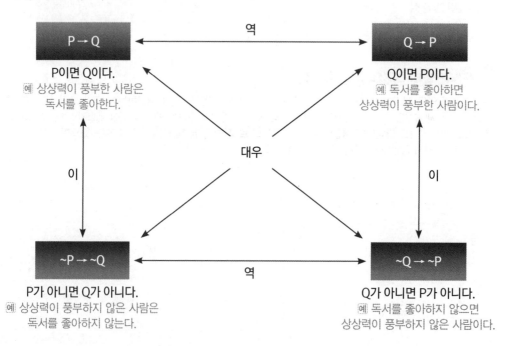

3. 명제의 집합관계와 부정

명제		부정	
모든 P는 Q이다.	예 모든 사탕은 달다.	어떤 P는 Q가 아니다.	예 어떤 사탕은 달지 않다.
어떤 P는 Q이다.	예 어떤 사탕은 달다.	모든 P는 Q가 아니다.	예 모든 사탕은 달지 않다.

4. 삼단논법

두 전제로부터 하나의 결론을 이끌어내는 추리 방법이다.

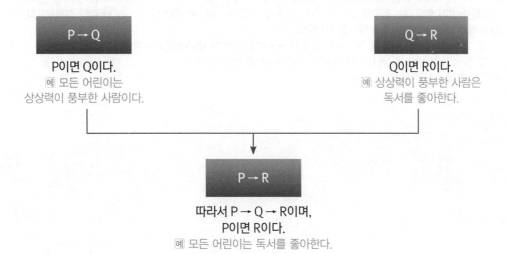

P → Q

P이면 Q이다.
예 모든 어린이는
상상력이 풍부한 사람이다.

Q → R

Q이면 R이다.
예 상상력이 풍부한 사람은
독서를 좋아한다.

P → R

**따라서 P → Q → R이며,
P이면 R이다.**
예 모든 어린이는 독서를 좋아한다.

5. 문제 풀이 전략

1) 문제를 핵심 단어나 기호로 간략히 나타낸다.

2) 명제 사이의 관계가 잘 드러나도록 표시해둔다.

3) 명제가 참(거짓)이면 반드시 참(거짓)인 대우 명제를 간단히 적어둔다.

4) 삼단논법을 활용하여 문제를 푼다.

5) 정리한 것을 선택지에 대입하여 확인한다.

문제해결능력

 전략 예제 다음 명제가 모두 참일 때, 언제나 참인 것은?

> • 수영을 좋아하는 사람은 등산을 좋아한다.
> • 달리기를 좋아하는 사람은 등산을 좋아한다.
> • 줄넘기를 좋아하는 사람은 수영을 좋아한다.

① 수영을 좋아하는 사람은 달리기를 좋아한다.

② 줄넘기를 좋아하는 사람은 달리기를 좋아한다.

③ 줄넘기를 좋아하는 사람은 등산을 좋아한다.

④ 달리기를 좋아하는 사람은 수영을 좋아한다.

⑤ 수영을 좋아하지 않는 사람은 등산도 좋아하지 않는다.

문제 풀이 전략에 따른 해설

1) '수영을 좋아하는 사람=P, 등산을 좋아하는 사람=Q, 달리기를 좋아하는 사람=R, 줄넘기를 좋아하는 사람=S'와 같이 명제를 기호로 간략히 표시한다.
2) 'P → Q, R → Q, S → P'와 같이 명제 사이의 관계를 정리한다.
3) 명제가 참이므로 항상 참이 되는 대우 명제를 '~Q → ~P, ~Q → ~R, ~P → ~S'와 같이 표시해둔다.
4) 삼단논법이 적용되는 경우를 'S → P → Q(S → Q), ~Q → ~P → ~S(~Q → ~S)'와 같이 정리해둔다.
5) 정리한 내용을 바탕으로 선택지를 확인한다.
   ① 'P → R', ② 'S → R', ④ 'R → P', ⑤ '~P → ~Q'는 정리한 내용에 없으므로 참·거짓을 판단할 수 없다.
   ③ 'S → Q'는 4)에서 삼단논법으로 확인한 내용이므로 항상 참이다.
따라서 언제나 참인 명제는 ③이다.

정답 ③

실전 예제 다음의 명제가 모두 성립할 때, 선택지 중 거짓인 것은?

- 장미를 좋아하면 개나리를 좋아한다.
- 해바라기를 좋아하면 수선화를 좋아한다.
- 수선화를 좋아하면 개나리를 좋아하지 않는다.
- 나팔꽃을 좋아하지 않으면 장미를 좋아한다.

① 장미를 좋아하면 해바라기도 좋아한다.
② 개나리를 좋아하지 않으면 나팔꽃을 좋아한다.
③ 해바라기를 좋아하면 나팔꽃을 좋아한다.
④ 수선화를 좋아하면 장미를 싫어한다.
⑤ 나팔꽃을 좋아하지 않으면 개나리를 좋아한다.

해설

주어진 명제와 그 대우를 간략히 정리하면 다음과 같다.
- 장미 → 개나리, ~개나리 → ~장미
- 해바라기 → 수선화, ~수선화 → ~해바라기
- 수선화 → ~개나리, 개나리 → ~수선화
- ~나팔꽃 → 장미, ~장미 → 나팔꽃
  ∴ ~나팔꽃 → 장미 → 개나리 → ~수선화 → ~해바라기
  해바라기 → 수선화 → ~개나리 → ~장미 → 나팔꽃
따라서 거짓인 명제는 ①이다.

정답 ①

테마 2 ● 속도가 생명! 참과 거짓 신속하게 판단하기

1. 참 · 거짓의 정의 및 유형 특징

1) 참

명제가 진리인 것을 이른다.

2) 거짓

명제가 진리가 아닌 것을 이른다.

3) 유형 특징

참인 명제와 거짓인 명제가 혼용되어 조건으로 주어지며, 조건의 옳고 그름을 판단해야 하는 유형의 문제가 출제된다. 모순이 되는 점을 찾아 경우의 수를 최소화하는 것이 중요하다.

2. 문제 풀이 전략

1) 동시에 참일 수 없거나 동시에 거짓일 수 없는 모순점이 있는 명제, 동시에 참이거나 동시에 거짓일 수밖에 없는 명제를 찾아 분류한다.

2) 분류한 내용을 기준으로 한 가지 경우가 옳다고 가정한 후 문제를 풀어본다.

3) 가정이 틀렸을 경우 다른 경우를 옳다고 가정한 후 문제를 풀어나간다.

   ※ 만약 분류할 수 있는 내용이 없을 경우 각각의 진술을 참 또는 거짓이라 가정 후 검토해본다.

전략 예제 A~D 중 한 명이 취업을 했다. 이 중 한 명만 진실을 말하고 있다고 할 때, 취업을 한 사람은 누구인가?

> A : 취업을 한 사람은 C입니다.
> B : 저는 취업을 하지 않았습니다.
> C : A는 거짓말을 하고 있습니다.
> D : A가 취업을 한 것이 확실합니다.

① 알 수 없음 ② A ③ B
④ C ⑤ D

 문제 풀이 전략에 따른 해설

1) A와 C의 진술이 모순되므로 둘 중 한 명이 진실을 말하고 있음을 알 수 있다.

2) A가 진실을 말하고 있다고 가정해본다.

A	B – 취업	C – 취업	D
진실	거짓	거짓	거짓

→ B의 말이 거짓이면 B가 취업을 했다는 뜻이므로, 취업을 한 사람이 C라는 A의 진술과 모순된다. 따라서 A가 진실을 말하고 있다는 가정은 틀린 가정이다.

3) C가 진실을 말하고 있다고 가정해본다.

A	B – 취업	C	D
거짓	거짓	진실	거짓

→ 모순되는 진술이 없으므로 취업을 한 사람은 B이다.
따라서 답은 ③이다.

정답 ③

실전 예제 A~D는 한 달에 한 번씩 다 함께 봉사활동을 가기로 약속했다. 하지만 한 명이 약속을 어겼고 네 명은 다음과 같은 진술을 하였다. 한 명만 진실을 말하고 있다고 할 때, 네 명 중 진실을 말하고 있는 사람과 약속을 어긴 사람을 순서대로 고르면?

> A : C가 약속을 어겼어.
> B : 나는 약속을 어기지 않았어.
> C : A의 말은 거짓말이야.
> D : A가 약속을 어겼어.

① A – B ② A – C ③ B – A ④ C – A ⑤ C – B

해설

A와 C의 진술이 모순되고 있으므로 둘 중 한 명이 진실을 말하고 있다.

가정 1) A가 진실을 말하는 경우

A	B	C	D
진실	거짓 – 약속 어김	거짓 – 약속 어김	거짓

→ A의 말이 진실일 경우 약속을 어긴 사람은 C인데, B의 말이 거짓이므로 약속을 어긴 사람이 두 명이 된다. 따라서 모순된다.

가정 2) C가 진실을 말하는 경우

A	B	C	D
거짓	거짓 – 약속 어김	진실	거짓

→ 모순되는 점이 없으므로 약속을 어긴 사람은 B이다.
따라서 진실을 말한 사람이 C이고, 약속을 어긴 사람이 B이므로 답은 ⑤이다.

정답 ⑤

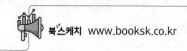
03 Chapter

FOCUS

하위능력 공략

경기도 공공기관과 출제 유형이 유사한 기관의 기출 복원 문제를 수록하였으니, 학습 시 참고하시기 바랍니다.

 하위능력 1 • 사고력

출제 포인트

명제 문제, 참·거짓을 판별하는 문제, 조건을 보고 답을 추론하는 문제, 위치·순서를 파악하는 문제 등이 꾸준히 출제되고 있다. 문제의 유형이 다양하므로 여러 형태의 문제를 풀어보는 것이 중요하고, 최근에는 문제가 더욱 복잡해지는 추세이므로 문제를 꼼꼼하게 읽은 후 적절한 풀이 방법을 떠올려 정확하게 푸는 연습을 해야 한다.

대표 유형 문제

01 ○○기업 기획부에서 근무하는 E 과장은 신입사원들과 함께 기업의 미래사업이라는 주제로 토론을 하고자 한다. 하지만 이런 토론이 익숙하지 않은 신입사원들은 쉽게 이야기를 꺼내지 못하고 머뭇머뭇하는 모습을 보였다. 이런 상황에서 신입사원들이 최대한 자유롭게 다양한 아이디어를 제시할 수 있도록 동기부여를 하기 위해 E 과장이 한 말로 가장 적절한 것은?

① 우리 기업이 미래에 어떤 모습일지 구체적으로 이미지를 떠올려보고 논리적으로 설명해서 듣는 사람들을 설득시켜보세요.
② 현재 우리 기업에서 주력으로 하고 있는 사업들이 무엇인지 한번 생각해보고 그와 관련된 단어들을 이야기해보면 좋을 것 같아요.
③ 우리 기업의 비전이나 미션을 생각해보고 그에 부합하는 주제로 이야기를 시작해보면 좋을 것 같아요.
④ 오늘의 토론주제는 미래사업입니다. 어차피 정답도 없고, 지금 현실을 꼭 반영하지 않아도 되니까 이 순간 머리에 떠오르는 것, 아무거나 자유롭게 얘기해보세요.
⑤ 기업 홈페이지 사업안내에 제시되어 있는 사업 분야 중 미래에도 지속적 경영이 가능한 주제를 골라서 이에 대한 이야기를 해주세요.

사고력 / 창의적 사고 이끌어내기

나머지도 모두 토론을 할 때 할 수 있는 말이지만, 머뭇거리는 신입사원들에게 동기부여를 할 수 있는 말로는 정답이 없으니 생각나는 대로 자유롭게 이야기해보라고 하는 ④가 가장 적절하다.

정답 ④

02 K 대리는 최근 논리적 사고에 대한 사내 교육을 수강하며 논리적인 사고를 하기 위해서는 생각하는 습관, 상대 논리의 구조화, 구체적인 생각, 타인에 대한 이해, 설득의 5가지 요소가 필요하다는 것을 배웠다. 다음은 그중 설득에 대해 필기한 부분이다. 아래에서 설명하는 설득에 해당하는 발언으로 적절한 것은?

> 논리적 사고의 구성요소 중 설득은 자신의 사상을 강요하지 않고, 자신이 함께 일을 진행하는 상대와 의논하기도 하고 설득해 나가는 가운데 자신이 깨닫지 못했던 새로운 가치를 발견하고 발견한 가치에 대해 생각해내는 과정을 의미한다.

① 이것은 재미있지만, 왜 재미있는지 모르겠어. 왜 재미있을까? 이유가 뭘까?

② 너는 지금처럼 불안정한 시장 상황에서 무리하게 사업을 확장할 경우 리스크가 너무 크게 발생할 수 있다는 말을 하는 거지?

③ 네가 하는 말이 이해가 잘 안 되는데, 내가 이해한 게 맞는지 구체적인 사례를 들어서 한번 얘기해볼게.

④ 네가 왜 그런 생각을 하게 됐는지 이해가 됐어. 그래, 너와 같은 경험을 했다면 나도 그렇게 생각했을 것 같아.

⑤ 아, 네가 아까 했던 말이 이거였구나. 그래, 지금 생각해보니 아까 했던 이야기가 무슨 말인지 이해가 될 것 같아.

 사고력 / 논리적 사고 이해하기

논리적인 사고는 고정된 견해를 낳는 것이 아니며, 자신의 사상을 강요하는 것도 아니다. 자신이 함께 일을 진행하는 상대와 의논하기도 하고 설득해 나가는 가운데 자신이 깨닫지 못했던 새로운 가치를 발견하고 생각해 낼 수 있다. 또한 반대로 상대에게 반론을 하는 가운데 상대가 미처 깨닫지 못했던 중요한 포인트를 발견할 수도 있다. 따라서 선택지 중 설득에 해당하는 발언은 자신이 깨닫지 못했던 새로운 것을 발견한 경우인 ⑤이다.

① 생각하는 습관에 대한 발언이다. 논리적 사고에 있어서 가장 기본이 되는 것은 늘 생각하는 습관이다.

② 상대 논리의 구조화에 대한 발언이다. 자신의 논리로만 생각하면 독선에 빠지기 쉬우므로 상대의 논리를 구조화하는 것이 필요하다.

③ 구체적인 생각에 대한 발언이다. 상대가 말하는 것을 잘 알 수 없을 때는 구체적으로 생각해 보아야 하며 구체적인 이미지를 활용하면 단숨에 논리를 이해할 수 있는 경우가 생긴다.

④ 타인에 대한 이해에 관한 발언이다. 상대의 주장에 반론을 제시할 때는 상대 주장의 전부를 부정하지 않는 것이 좋으며 동시에 상대의 인격을 부정해서는 안 된다.

정답 ⑤

03 다음 밑줄 친 부분에 들어갈 전제로 옳은 것은?

> [전제 1] 어떤 학생은 독일어를 잘한다.
> [전제 2] _____
> [결론] 그러므로 독일어를 잘하는 어떤 학생은 유럽 여행을 다녀왔다.

① 모든 학생은 독일어를 잘한다.
② 유럽 여행을 다녀온 모든 사람은 학생이다.
③ 모든 학생은 독일어 수업을 들었다.
④ 어떤 학생은 유럽 여행을 다녀왔다.
⑤ 모든 학생은 유럽 여행을 다녀왔다.

 사고력 / 명제와 삼단논법 이해하기

학생 = P, 독일어를 잘함 = Q, 유럽 여행을 다녀옴 = R

[전제 1]	[전제 2]	[결론]
P Q	R P	R P Q

따라서 [전제 2]에 들어갈 문장은 '모든 학생은 유럽 여행을 다녀왔다.'이다.

🔗 **오답풀이**

①·③ 삼단논법에 위배되므로 답이 아니다.
②·④ 학생 = P, 독일어를 잘함 = Q, 유럽 여행을 다녀옴 = R

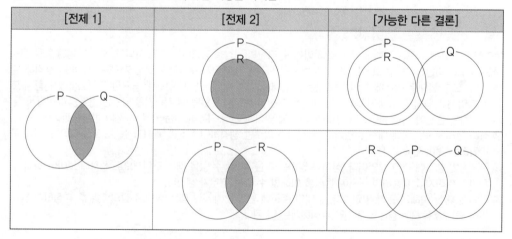

[전제 1]	[전제 2]	[가능한 다른 결론]
P Q	P R	P R Q
	P R	R P Q

04 다음 전제가 모두 성립할 때, 결론이 반드시 참이 되기 위해 밑줄 친 부분에 들어갈 전제로 옳은 것은?

> [전제 1] 가야금 뜯는 것을 좋아하는 사람은 기타를 자주 친다.
> [전제 2] 피아노 치는 것을 좋아하는 사람은 기타를 치지 않는다.
> [전제 3] 첼로 켜는 것을 좋아하지 않는 사람은 피아노 치는 것을 좋아한다.
> [전제 4] 바이올린을 좋아하는 사람은 하모니카를 불어본 적이 있고 드럼 치는 것을 좋아한다.
> [전제 5] _____
> [결론] 그러므로 피아노 치는 것을 좋아하지 않는 사람은 하모니카를 불어본 적이 있고 드럼 치는 것을 좋아한다.

① 피아노 치는 것을 싫어하는 사람은 가야금 뜯는 것도 좋아하지 않는다.

② 하모니카를 불어본 적이 있는 사람은 첼로 켜는 것을 좋아한다.

③ 바이올린을 좋아하지 않는 사람은 첼로도 좋아하지 않는다.

④ 하모니카를 불어본 적이 있거나 드럼 치는 것을 좋아하는 사람은 바이올린도 좋아한다.

⑤ 첼로 켜는 것을 좋아하는 사람은 하모니카를 불어본 적이 있거나 드럼 치는 것을 좋아한다.

 사고력 / 명제와 삼단논법 이해하기

주어진 명제와 그 대우를 간략히 정리하면 다음과 같다.
전제 1 : 가야금 → 기타, ~기타 → ~가야금
전제 2 : 피아노 → ~기타, 기타 → ~피아노
전제 3 : ~첼로 → 피아노, ~피아노 → 첼로
전제 4 : 바이올린 → 하모니카 and 드럼, ~하모니카 or ~드럼 → ~바이올린
결론 : ~피아노 → 하모니카 and 드럼
이를 바탕으로 결론이 반드시 참이 되는 [전제 5]를 예상해보면 다음과 같이 '첼로 → 바이올린(대우 : ~바이올린 → ~첼로)'을 성립시켜 주어야 한다.
~피아노 → 첼로 → 바이올린 → 하모니카 and 드럼
따라서 답은 ③이다.

정답 ③

☆ 대표 기출문제

01 갑, 을, 병, 정 네 사람이 다음과 같은 방침에 따라 해외 출장을 가기로 했다. 다음 중 반드시 참이 아닌 것은?

2020 한국관광공사

- 갑이 출장을 간다면, 을도 간다.
- 병이 출장을 간다면, 정도 간다.
- 갑과 병 중 적어도 한 명은 출장을 간다.

① 을이 출장을 가지 않는다면, 병은 출장을 간다.

② 적어도 두 명은 출장을 간다.

③ 갑이 출장을 가지 않는다면, 출장을 가는 사람은 두 명이다.

④ 정이 출장을 가지 않게 되었다면, 다른 세 사람의 출장 여부가 모두 정해진다.

 사고력 / 명제 분석하기

첫 번째, 두 번째 명제와 그 대우를 간략히 나타내면 다음과 같다.

- 갑 → 을, ~을 → ~갑
- 병 → 정, ~정 → ~병

그리고 세 번째 명제를 보면 다음과 같이 세 가지 가정이 가능함을 알 수 있다.

가정 1) 갑이 출장을 가고, 병이 출장을 가지 않는 경우

갑	을	병	정
○	○	×	○ / ×

가정 2) 병이 출장을 가고, 갑이 출장을 가지 않는 경우

갑	을	병	정
×	○ / ×	○	○

가정 3) 갑과 병이 모두 출장을 가는 경우

갑	을	병	정
○	○	○	○

따라서 갑이 출장을 가지 않는다면, 출장을 가는 사람은 두 명 또는 세 명이다.

정답 ③

02 ○○공단 인사부장은 전국의 A, B, C, D, E, F(서울, 경기, 충북, 대전, 대구, 부산) 지사에 방문해야 할 일이 생겼다. 다음의 조건을 고려했을 때, 인사부장은 어떤 순서로 각 지사를 방문하는가?

2020 한국전력공사

- C는 처음이나 마지막에 방문해서는 안 된다.
- B는 첫 번째로 방문하거나 마지막으로 방문해야 한다.
- A와 B 사이에 두 개 이상의 지사를 방문해야 한다.
- A와 E는 연속으로 방문하지 않고, B와 C는 연속으로 방문한다.
- D를 방문했다면, 남은 방문 일정은 한 가지이다.
- A의 순서가 정해지면, 나머지 순서가 모두 정해진다.

① 대구 – 부산 – 서울 – 대전 – 충북 – 경기
② 경기 – 충북 – 부산 – 대구 – 대전 – 서울
③ 경기 – 충북 – 부산 – 서울 – 대전 – 대구
④ 경기 – 충북 – 대구 – 부산 – 대전 – 서울
⑤ 서울 – 부산 – 대구 – 대전 – 충북 – 경기

 사고력 / 방문 순서 파악하기

주어진 조건을 통해 확실하게 정해지는 순서를 먼저 정리해야 한다. 다섯 번째 조건을 보면 인사부장은 D를 다섯 번째로 방문함을 알 수 있고, 이에 따라 C와 연속으로 방문하는 B는 마지막에 방문할 수 없게 되므로 첫 번째로 방문하게 된다. 표로 정리하면 다음과 같다.

첫 번째	두 번째	세 번째	네 번째	다섯 번째	여섯 번째
B	C			D	

마지막 조건을 통해 A의 순서가 중요한 역할을 함을 추측해볼 수 있다. A와 B 사이에 두 개 이상의 지사를 방문해야 하므로 A를 방문하는 순서는 네 번째 아니면 여섯 번째일 것이다. 두 경우를 가정해보면 다음과 같다.

가정 1) A를 네 번째로 방문할 경우

첫 번째	두 번째	세 번째	네 번째	다섯 번째	여섯 번째
B	C	F	A	D	E

→ A와 E를 연속으로 방문하지 않으므로 모든 방문 순서가 정해진다.

가정 2) A를 여섯 번째로 방문할 경우

첫 번째	두 번째	세 번째	네 번째	다섯 번째	여섯 번째
B	C	E	F	D	A
		F	E		

→ 세 번째와 네 번째 방문 순서가 정해지지 않는다.

따라서 첫 번째 가정이 옳은 가정이며, 인사부장은 B(경기) – C(충북) – F(부산) – A(서울) – D(대전) – E(대구) 순서로 각 지사를 방문한다.

정답 ③

 하위능력 2 • 문제처리능력

출제 포인트

SWOT 분석 문제, 고객 불만·민원 처리 문제, 조건에 맞는 업체·제품 선정 문제, 각종 규정 적용 문제 등이 출제된다. 제시된 자료를 이해하고 적용하여 문제를 해결해야 하는 문항이 대다수이므로 자료를 이해하는 능력을 기르는 것이 중요하다. 특히 기업과 관련된 각종 약관과 규정·규칙이 출제되는 경우가 많으므로, 평소 관심을 가지고 이를 살펴보는 것이 도움이 된다.

대표 유형 문제

01 얼마 전 입사한 B 사원은 업무 중 문제가 생겼을 때 어떻게 해결해야 할지 몰라 곤란할 때가 많았다. 이를 지켜보던 상사가 B 사원에게 문제해결을 위해 갖춰야 할 기본요소에 대해 조언해주었다고 할 때, 다음 중 상사의 조언으로 적절하지 않은 것은?

① 문제해결에 대한 외부 강의 등을 수강하며 문제해결을 위한 새로운 스킬을 습득하는 것이 필요해요.
② 문제해결 방법에 대한 지식이 아무리 많아도 해결하고자 하는 문제와 해당 업무에 대한 지식이 없으면 문제해결은 불가능해요. 담당 업무에 대한 풍부한 지식과 경험이 중요하지요.
③ 문제해결을 위해서는 고정관념, 편견을 극복하고 기존과 다른 방식으로 사고하려는 의식적인 노력을 기울여야 해요.
④ 해결하기 어려운 문제에 당면하더라도 도전의식과 끈기를 가지고 스스로를 더욱 발전시키겠다는 태도로 임해야 해요.
⑤ 문제를 조직의 전체적인 관점에서 바라보기 보다는 각 기능단위별로 문제점을 분석하고 해결안을 도출하기 위해 노력해야 해요.

 문제처리능력 / 문제해결의 기본요소 이해하기

문제를 조직 전체적인 관점에서 바라보지 않고 각 기능단위별로 바라보고 분석하고 해결안을 도출하면 각 기능과 기능 사이의 사각지대는 지속적으로 문제가 상존하여 문제해결의 결과가 성과에 미치는 영향이 아주 미미한 경우가 있다. 따라서 효과적인 문제해결을 위해서는 체계적으로 문제에 접근하여야 한다.

정답 ⑤

02 ○○기업의 직원들은 최근 여러 문제를 발견하고 문제를 해결하기 위해 노력하고 있다. 다음 중 문제 유형이 다른 하나는 무엇인가?

① S 사원은 인사 제도 개선을 위한 인력 산정 프로젝트를 추진하기 위해 해당 직무 담당자들과 인터뷰를 진행하였다.
② O 대리는 생산성을 향상시키기 위해 업무 프로세스, 작업방법 등을 개선시킬 수 있는 방안을 마련하여 발표하였다.
③ U 팀장은 해외로 진출하는 데 있어서 발생 가능한 문제를 파악하고, 해외 사업 진출 프로젝트 방안을 마련하여 발표하였다.
④ T 과장은 구성원들의 성과를 향상시킬 수 있는 방안을 마련하기 위하여, 구성원들에게 제공할 수 있는 교육·훈련 프로그램을 구상하여 발표하였다.
⑤ H 부장은 자사의 품질 수준을 높이기 위해 선진 기업의 정보를 얻음으로써 기술을 향상시키기 위한 노력을 하고 있다.

 문제처리능력 / 문제의 유형 파악하기

U 팀장의 문제는 미래를 생각하는 경영전략의 문제로 앞으로 어떻게 할 것인가 하는 문제를 의미하는 '설정형 문제' 유형이다. 설정형 문제는 지금까지 해오던 것과 전혀 관계없이 미래 지향적으로 새로운 과제 또는 목표를 설정함에 따라 일어나는 문제로서, 목표 지향적 문제라고 할 수 있다. 이러한 과제나 목표를 달성하는 데 따른 문제해결은 지금까지 경험한 바가 없기 때문에 많은 창조적인 노력이 요구되므로, 설정형 문제를 창조적 문제라고도 한다.

오답풀이

① 현재의 인사 제도를 개선하여 인력 산정을 하기 위한 탐색형 문제 수행 과정이다.
② 현재의 생산성을 개선하고 효율을 높이기 위한 탐색형 문제 수행 과정이다.
④ 구성원의 현 성과를 향상시킬 수 있도록 교육 및 훈련 프로그램을 제공하기 위한 탐색형 문제 수행 과정이다.
⑤ 보다 좋은 제도나 기법, 기술을 발견하여 현재의 품질 수준을 개선, 향상시키기 위한 탐색형 문제 수행 과정이다.

정답 ③

 HELPFUL TIPS⁺

✔ **문제의 유형**
① 발생형 문제(보이는 문제) : 우리가 바로 직면하여 걱정하고 해결하기 위해 고민하는 문제로서 문제의 원인이 내재되어 있기 때문에 원인지향적 문제라고도 함
  • 일탈문제 : 어떤 기준을 일탈함으로써 생기는 문제
  • 미달문제 : 기준에 미달하여 생기는 문제
② 탐색형 문제(찾는 문제) : 현재의 상황을 개선하거나 효율을 높이기 위한 문제
  • 잠재문제 : 문제가 잠재되어 있어 인식하지 못하다가 결국 문제가 확대되어 해결이 어려운 문제
  • 예측문제 : 현재는 문제가 없으나 예측을 통해 찾아야 앞으로 일어날 수 있는 문제가 보이는 문제
  • 발견문제 : 현재는 문제가 없으나 선진기업의 업무 방법 등의 정보를 얻음으로써 보다 좋은 제도, 기법, 기술을 발견하여 개선시킬 수 있는 문제

03 ○○기업은 인턴들을 대상으로 진로탐색 검사를 실시하였고 책임자의 관찰 사항을 기록했다. 다음 인턴 중 소비자들의 불만을 접수하여 처리하는 업무를 맡기기에 가장 적절한 사람은?

이름	유형	유관직종	책임자의 관찰 사항
B 인턴	사회형 진취형	사회사업가, 여행안내원, 교사, 한의사, 응급구조 요원, 스튜어디스, 국회의원	부서 내 사원들에게 인기 있으나 일처리는 조금 늦은 편임
I 인턴	탐구형 예술형	건축설계, 게임기획, 번역, 연구원, 프로그래머, 의사, 네트워크엔지니어	분석적이나 부서 내에서 잘 융합되지 못하고 겉도는 것처럼 보임
R 인턴	관습형 현실형	회계사, 세무사, 공무원, 비서, 통역가, 영양사, 사서, 물류전문가	무뚝뚝하나 잘 흥분하지 않고 일처리가 신속하고 정확함
T 인턴	현실형 탐구형	DB개발, 요리사, 철도기관사, 항공기 조종사, 직업군인, 운동선수, 자동차 정비원	부서 내 기기 사용에 문제가 생겼을 때 해결 방법을 잘 찾아냄
H 인턴	예술형 사회형	배우, 메이크업 아티스트, 레크리에이션 강사, 광고기획자, 디자이너, 사회복지사	자기주장이 강하고 아이디어가 참신한 경우가 종종 있음

① B 인턴   ② I 인턴   ③ R 인턴
④ T 인턴   ⑤ H 인턴

 문제처리능력 / 불만 접수 · 처리 업무 담당자 찾기

소비자의 불만에 잘 흥분하지 않고 신속하고 정확하게 불만 사항을 처리할 수 있는 역량을 가진 R 인턴이 소비자 불만 접수 · 처리 업무를 맡기에 가장 적합하다.

정답 ③

 HELPFUL TIPS⁺

✅ **문제 해결을 위한 방법**
① 소프트 어프로치에 의한 문제해결
 • 대부분의 기업에서 볼 수 있는 전형적인 스타일로 조직 구성원들이 같은 문화적 토양을 가지고 서로를 이해하는 상황을 가정함
 • 직접적인 표현이 바람직하지 않다고 여기며, 암시를 통하여 의사를 전달하고 기분을 서로 통하게 함으로써 문제해결을 도모
② 하드 어프로치에 의한 문제해결
 • 상이한 문화적 토양을 가지고 있는 구성원을 가정함
 • 서로의 생각을 직설적으로 주장하고 논쟁이나 협상을 통해 서로의 의견을 조정해 가는 방법
③ 퍼실리테이션에 의한 문제해결
 • 커뮤니케이션을 통해 서로의 문제점을 이해하고 공감함으로써 창조적인 문제해결을 도모
 • 구성원의 동기가 강화되고 팀워크가 한층 강화됨

04 서비스 분야에서 오래 근무한 G 부장은 신입사원들에게 고객 불만 응대 프로세스에 대해 교육하고 있고, 신입사원들은 고객 상담을 하고 있는 상담사의 입장이 되어 고객 응대를 연습해보고 있다. 다음 중 '감사와 공감 표시' 단계에 해당하는 발언으로 적절한 것은?

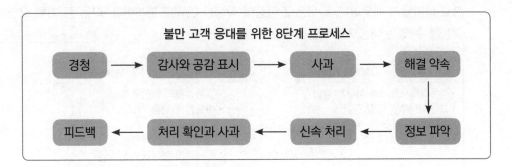

① D 사원 : 고객님이 말씀하신 내용을 정확히 확인한 후 바로 도움을 드리도록 하겠습니다.

② A 사원 : 내용을 확인하는 데 약 1분 정도 시간이 소요될 수 있는 점 양해 부탁드립니다.

③ N 사원 : 고객님, 혹시 어떤 부분이 불편하셨는지 구체적으로 말씀해주시면 감사하겠습니다.

④ C 사원 : 이렇게 전화 주셔서 감사합니다. 비도 오고 날도 추운데 고생 많으셨겠습니다.

⑤ E 사원 : 고객님, 말씀하신 내용 처리되었습니다. 불편하게 해드린 점 정말 죄송합니다.

 문제처리능력 / 고객 불만 처리 프로세스 이해하기

'감사와 공감 표시' 단계에 해당하는 발언을 한 사람은 C 사원이다.

오답풀이

① '해결 약속' 단계에서 언급할 내용이다.
② '신속 처리' 단계에서 언급할 내용이다.
③ '정보 파악' 단계에서 언급할 내용이다.
⑤ '처리 확인과 사과' 단계에서 언급할 내용이다.

정답 ④

☆ 대표 기출문제

01 ○○라면회사에 근무하는 Z 팀장은 신제품 개발 이전 라면 시장에 대한 환경 분석과 관련된 보고서를 제출하라는 과제를 받았다. 최근 라면 시장이 3년 만에 마이너스 성장한 것으로 나타났기 때문이다. 다음은 Z 팀장이 작성한 SWOT 분석이다. 다음 중 기회 요인에 작성될 수 있는 내용으로 적절하지 않은 것은? `2020 경기도 공공기관 통합채용`

강점(Strength)	약점(Weakness)
• 식품그룹으로서의 시너지 효과 • 그룹 내 위상, 역할 강화 • A 제품의 성공적인 개발 경험 • 투자자들의 적극적인 투자	• 유통업체의 영향력 확대 • 과도한 신제품 개발 • 신상품의 단명 • 유사상품의 영역침범 • 원재료의 절대적 수입 비중 • 경쟁사의 공격적인 마케팅 대응 부족
기회(Opportunity)	위협(Threat)
	• 매출액 감소 • 다수의 경쟁업체 • 저출산, 고령화로 취식인구 감소 • 언론, 소비단체의 부정적인 이미지 이슈화

① 난공불락의 경쟁사
② 방송 프로그램 마케팅의 기회
③ 다이어트 시장의 확대
④ 1인 가구의 증대(간편식, 편의식)
⑤ 건강에 대한 관심 증대

 문제처리능력 / SWOT 분석 이해하기

공격하기가 어려워 쉽사리 함락되지 않는 경쟁사에 대한 내용이므로 ①은 위협 요인에 해당한다.

⊙⊷ 오답풀이

② 방송을 통해 마케팅을 할 수 있으므로 기회 요인이고, ③ · ④ · ⑤는 새로 개척이 가능한 시장이므로 기회 요인에 해당한다.

정답 ①

02 다음은 한 카페의 SWOT 분석 결과이다. 주어진 자료를 보고 세운 전략으로 적절하지 않은 것은?

2020 한국관광공사

강점(Strength)	약점(Weakness)
• 다양한 커피 종류 • 저렴한 가격 • 신뢰성 있는 브랜드 이미지	• 유사 상품의 영역 침범 • 신메뉴 마케팅 부족
기회(Opportunity)	위협(Threat)
• 커피를 즐기는 소비자 증가 • 높은 신뢰도 • SNS상의 긍정적인 입소문	• 원두 가격 상승 • 한 신문사의 부정적인 기사 이슈화 • 낮은 진입장벽으로 인한 경쟁사 증대

① SO 전략 : 커피를 즐기는 소비자들을 대상으로 다양한 종류의 커피를 홍보하여 매출을 높인다.

② ST 전략 : 저렴한 가격을 유지하여 가격경쟁력을 갖추고, 신뢰성 있는 브랜드 이미지를 강조하여 경쟁업체와 차별을 둔다.

③ WO 전략 : SNS로 긍정적인 입소문을 타게 된 경로를 참고하여 입소문 마케팅 전략을 세우고, 같은 방식으로 신메뉴를 홍보한다.

④ WT 전략 : 신뢰성 있는 브랜드 이미지를 바탕으로 사실에 입각한 근거를 들어 부정적인 기사에 반박하고 브랜드 이미지의 신뢰성을 유지한다.

 문제처리능력 / SWOT 분석하기

④는 강점을 사용하여 위협을 회피하는 전략으로 ST 전략에 해당한다.

정답 ④

 HELPFUL TIPS⁺

✔ **논리적 오류의 유형**

- 인신공격의 오류 : 말을 하는 사람의 인격을 손상하며 그의 주장을 꺾으려는 오류
- 피장파장의 오류 : 다른 사람의 잘못을 들어 자기의 잘못을 정당화하려는 오류
- 흑백사고의 오류 : 흑 아니면 백이라고 주장하는 오류
- 성급한 일반화의 오류 : 몇 개의 특수한 사례를 들어 전체를 판단하는 오류
- 권위에 호소하는 오류 : 관련이 없는 권위자나 권위 있는 기관을 인용함으로써 발생하는 오류
- 무지에의 오류 : 참이라고 밝혀진 것이 없으므로 거짓이라고 주장하거나 그 반대로 주장하는 오류
- 허수아비 공격의 오류 : 상대방의 주장을 곡해하여 상대방을 공격하는 오류
- 합성의 오류 : 부분이 참이므로 전체도 참이라고 주장하는 오류
- 분할의 오류 : 전체가 참이므로 부분도 참이라고 주장하는 오류

03 은행에 입사하여 근무를 시작한 신입사원 L 씨는 불만 고객을 응대하게 되었다. 다음 상황에 대응하는 L 씨의 행동으로 적절하지 않은 것은? 2019 농협은행 6급

> 고객은 지난 금요일 통장을 개설하러 은행에 방문했다. 통장을 개설하면서 한 직원에게 은행 앱을 깔고 멤버스 서비스에 필수적으로 가입해야 한다는 안내를 받았고, 당시 다음 스케줄을 위해 다른 지역으로 이동해야 해서 시간이 촉박했으나 어쩔 수 없이 앱을 깔고 서비스에 가입하였다. 생각보다 많은 정보를 입력해야 해서 시간이 오래 걸렸고 다음 일정에도 차질이 생겼다. 하지만 알고 보니 멤버스 서비스에 가입하는 것은 필수적인 사항이 아니었고, 화가 나 전화로 멤버스 탈퇴 신청을 요구하였지만 3년 동안 개인정보를 삭제해줄 수 없다는 말을 들었다. 이에 대해 불만이 생긴 고객은 결국 은행에 직접 찾아오게 되었다.

① 고객의 항의를 끝까지 경청한 후 서비스에 가입하느라 다음 일정에 차질이 생겼을 때의 감정에 대해 공감을 표시하며, 일부러 시간을 내서 은행을 방문해 해결의 기회를 준 것에 대해 감사를 표시한다.

② 직원의 착각으로 필수적인 가입 사항이 아닌 멤버스 서비스에 가입하게 한 점에 대해 사과하고, 즉각적인 멤버스 탈퇴와 개인정보 삭제를 약속한다.

③ 문제해결을 위해 이름과 나이, 주민등록번호와 은행의 실수로 인해 차질이 생겼던 스케줄 내용, 직업과 가족관계 등을 질문하여 정보를 얻고 최선의 해결방법을 찾는다.

④ 멤버스 탈퇴와 개인정보 삭제를 완료한 후 고객에게 처리 결과에 만족하는지 물어보고 재발 방지를 위해 직원 교육을 강화하기로 약속한다.

⑤ 고객 불만 사례를 은행 및 전 직원에게 알려 다시는 동일한 문제가 발생하지 않도록 교육한다.

 문제처리능력 / 고객 불만 처리하기

정보를 파악할 때는 문제를 해결하는 데 필요한 질문만을 하여 정보를 얻어야 한다. 문제 해결에 필요하지 않은 정보에 대해 질문할 시 고객의 반발심을 불러일으킬 수도 있고, 너무 많은 정보를 얻게 되면 정리가 되지 않아 문제 해결이 느려질 수 있다.

정답 ③

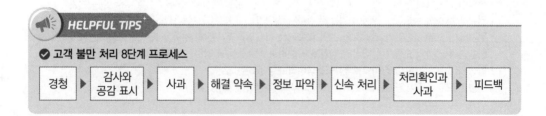

HELPFUL TIPS⁺

✔ 고객 불만 처리 8단계 프로세스

경청 ▶ 감사와 공감 표시 ▶ 사과 ▶ 해결 약속 ▶ 정보 파악 ▶ 신속 처리 ▶ 처리확인과 사과 ▶ 피드백

04 K 사원은 인천국제공항의 이용객을 늘리기 위한 홍보방안을 마련하기 위해 SWOT 분석을 하였다. 분석한 결과를 활용하여 전략을 제시한다고 할 때, 다음 중 ST 전략으로 가장 적절한 것을 고르면? 2019 인천국제공항공사

강점 (Strength)	• 높은 서비스 품질 유지 • 다양한 항공사 및 노선 보유 • 제2여객터미널 개장
약점 (Weakness)	• 중국인 관광객 감소 • 30~40대의 해외여행 감소 • 마케팅 부족
기회 (Opportunity)	• 여행 관련 TV 프로그램 등 여행 콘텐츠 유행 • 입국장 면세점 오픈 예정 • 온라인을 통한 정보검색 증가 • 근거리 여행객 비율 증가
위협 (Threat)	• 유류할증료 증가 • 주변국과의 경쟁

① 입국장 면세점 도입이라는 이점을 내세워 30~40대를 사로잡는다.

② 여행 관련 TV 프로그램을 통해 제2여객터미널의 새로운 시스템을 홍보한다.

③ SNS를 활용한 온라인 홍보로 중국인 관광객을 유치한다.

④ 수준 높은 서비스 제공을 강조하여 주변국과의 경쟁에서 우위를 차지한다.

⑤ 근거리 여행객을 대상으로 하는 마케팅 전략을 수립한다.

 문제처리능력 / SWOT 분석하기

ST 전략은 위협을 피하기 위해 강점을 사용하는 전략을 말한다. ④는 강점인 '높은 서비스 품질'을 활용하여 '주변국과의 경쟁'이라는 위협을 피하고자 하였으므로 ST 전략에 해당한다.

오답풀이

① '30~40대의 해외여행 감소'라는 약점을 극복하기 위해 '입국장 면세점 오픈 예정'이라는 이점을 활용하였으므로 WO 전략에 해당한다.

② '여행 콘텐츠 유행'이라는 이점을 활용하여 '제2여객터미널 개장'이라는 강점을 더욱 강화하는 전략이므로 SO 전략에 해당한다.

③ '중국인 관광객 감소'라는 약점을 극복하기 위해 '온라인 정보검색 증가'라는 이점을 활용하였으므로 WO 전략에 해당한다.

⑤ '마케팅 부족'이라는 약점을 극복하면서 '근거리 여행객 비율 증가'라는 이점을 살리고자 했으므로 WO 전략에 해당한다.

정답 ④

03 Chapter FINISH 기출·예상문제 마무리

정답과 해설 211p

01 다음 명제가 모두 참일 때, 항상 옳은 것은?

2020 한전 KDN

> • 강아지를 좋아하면 토끼를 좋아한다.
> • 고양이를 좋아하면 토끼를 좋아하지 않는다.
> • 다람쥐를 좋아하지 않으면 강아지를 좋아한다.

① 토끼를 좋아하면 강아지를 좋아한다.
② 고양이를 좋아하면 다람쥐를 좋아한다.
③ 강아지를 좋아하면 다람쥐를 좋아하지 않는다.
④ 토끼를 좋아하지 않으면 고양이를 좋아한다.
⑤ 강아지를 좋아하지 않으면 토끼를 좋아하지 않는다.

02 연구실에서 도난사건이 발생했다. A, B, C, D, E 다섯 명 중 범인은 두 명이다. 범인은 항상 거짓을 말하고, 범인이 아닌 사람은 항상 진실만 말한다고 할 때 다음 중 진실을 말한 세 사람은 누구인가?

2020 코레일

> • A : D가 범인이다.
> • B : A, C는 범인이 아니다.
> • C : A, D 중 한 명만 범인이다.
> • D : A가 범인이다.
> • E : C가 범인이다.

① A, B, C
② A, D, E
③ B, C, D
④ B, D, E
⑤ C, D, E

03 다음 밑줄 친 부분에 들어갈 결론으로 옳은 것은?

> [전제 1] 모든 소설가는 글을 잘 쓴다.
> [전제 2] 어떤 드라마 작가는 소설가이다.
> [결론] 그러므로 _____

① 글을 못 쓰는 모든 사람은 드라마 작가가 아니다.
② 글을 잘 쓰는 모든 사람은 작가이다.
③ 모든 드라마 작가는 글을 잘 쓴다.
④ 어떤 드라마 작가는 글을 잘 쓴다.
⑤ 모든 소설가는 드라마 작가이다.

04 다음 전제를 읽고 반드시 참인 결론을 고르면?

> [전제 1] 모든 정직한 사람은 새치기를 하지 않는다.
> [전제 2] 새치기를 하는 어떤 사람은 교활하다.
> [결론] 그러므로 _____

① 새치기를 하지 않는 사람은 모두 정직하다.
② 교활한 어떤 사람은 정직한 사람이 아니다.
③ 모든 정직한 사람은 교활한 사람이다.
④ 교활한 모든 사람은 정직한 사람이 아니다.
⑤ 새치기를 하는 어떤 사람은 정직하면서 교활하다.

05 다음 결론이 반드시 참이 되게 하는 전제를 고르면?

> [전제 1] 웃고 있는 사람은 모두 기분이 좋다.
> [전제 2] _____
> [결론] 그러므로 생일인 어떤 사람은 기분이 좋다.

① 생일인 어떤 사람은 웃고 있다.
② 기분이 좋은 사람은 모두 웃고 있다.
③ 기분이 좋지 않은 사람은 웃지 않는 사람이다.
④ 생일이 아닌 어떤 사람은 웃지 않는다.
⑤ 생일인 모든 사람은 웃고 있으며 기분이 좋다.

06 순환근무의 조건이 |보기 1|과 같다고 할 때, |보기 2|에서 옳은 것만 묶은 것은?

2019 코레일

| 보기 1 |

2018년부터 A, B, C, D는 각각 동부지점, 남부지점, 서부지점, 북부지점에 배치되었다.
이들은 동부-남부-서부-북부 순서로 순환 배치된다.
A는 1년에 1회, B는 2년에 1회, C는 3년에 1회, D는 4년에 1회 순환 배치된다.

| 보기 2 |

㉠ 2023년 B와 C는 같은 지점에 근무하게 된다.
㉡ C와 D가 같은 지점에 근무하는 일은 2030년까지 일어나지 않는다.
㉢ 2022년에는 A, B, C, D 모두 북부지점에 근무하게 된다.
㉣ 2021년에는 A, B, C, D 중에서 세 사람이 같은 지점에 근무하게 된다.
㉤ 2019년에 A와 B는 남부지점에 함께 근무하게 된다.

① ㉠, ㉣   ② ㉣, ㉤   ③ ㉠, ㉡, ㉢
④ ㉠, ㉣, ㉤   ⑤ ㉡, ㉢, ㉣

07 신입사원(A, B, C, D, E)이 각각 두 개 항목의 물품 구매를 신청했다. 다섯 명 중 2명은 모든 진술이 거짓이라고 할 때, 신청한 사람과 신청 항목이 바르게 짝지어진 것은?

2019 코레일

신청한 항목은 4개이며, 각 항목별로 신청한 사원 수는 다음과 같다.
• 필기구 2명, 복사용지 2명, 의자 3명, 사무용 전자제품 3명
• A : 나는 필기구 구매를 신청했고, E는 거짓말을 하고 있습니다.
• B : 나는 의자를 신청하지 않았고, D는 진실을 말하고 있습니다.
• C : 나는 의자를 신청하지 않았고, E는 진실을 말하고 있습니다.
• D : 나는 필기구와 사무용 전자제품을 신청하였습니다.
• E : 나는 복사용지를 신청하였고, B와 D는 거짓을 말하고 있습니다.

① A : 복사용지   ② A : 의자   ③ C : 필기구
④ C : 사무용 전자제품   ⑤ E : 필기구

08 ○○공사에는 기획부, 인사부, 총무부, 마케팅부, 홍보부, 영업부가 있다. 다음의 조건을 모두 고려하였을 때, 홍보부는 몇 층에 위치하는가? 2019 한국조폐공사

- ○○공사는 건물의 6층~10층을 사용하고 있다.
- 모든 층에는 적어도 1개의 부서가 존재한다.
- 기획부와 총무부는 같은 층을 사용한다.
- 마케팅부에서 인사부로 가기 위해서는 한 층을 올라가야 한다.
- 마케팅부에서 홍보부로 가기 위해서는 2개 층을 올라가야 한다.
- 영업부에서 기획부로 가기 위해서는 4개 층을 이동해야 한다.
- 총무부에서 인사부와 마케팅부로 가기 위해서는 위층으로 올라가야 한다.

① 6층   ② 7층   ③ 8층
④ 9층   ⑤ 10층

09 ○○공사 기획부에는 총 6명이 근무하고 있다. 다음 조건을 보고, 두 번째로 근무 기간이 긴 사람을 고르면? 2019 한국조폐공사

- ○○공사 기획부에는 A, B, C, D, E, F가 근무하고 있다.
- A, B, F는 같은 날에 입사하였다.
- D는 A, B, F가 근무한 기간을 합친 것보다 10개월 더 일했다.
- A와 B의 근무 기간을 합친 것은, C와 F의 근무 기간을 합친 것보다 크다.
- E는 A와 F가 근무한 기간을 합친 것보다 7개월 더 일했다.

① A   ② C   ③ D
④ E   ⑤ F

HELPFUL TIPS

✔ 문제해결을 위한 4가지 기본적 사고
① 전략적 사고 ② 분석적 사고 ③ 발상의 전환 ④ 내·외부자원의 효과적인 활용

✔ 문제해결을 방해하는 장애 요소
① 문제를 철저하게 분석하지 않는 경우   ② 고정관념에 얽매이는 경우
③ 쉽게 떠오르는 단순한 정보에 의지하는 경우   ④ 너무 많은 자료를 수집하려고 노력하는 경우

10 회사원 A~F 중 세 명은 12시에, 세 명은 1시에 점심을 먹었다. 이때 시간별로 각각 찌개, 비빔밥, 덮밥을 먹었고, 다음과 같은 진술을 하였다. 이 중 12시에 점심을 먹은 세 명은 참인 말을 하고, 1시에 점심을 먹은 세 명은 거짓인 말을 하고 있다면, 1시에 비빔밥을 먹은 사원은 누구인가?

> A : F는 비빔밥을 먹었다.
> B : D가 비빔밥을 먹었다.
> C : B와 F는 같은 메뉴를 먹었다.
> D : 나와 E는 같은 메뉴를 먹었다.
> E : C는 1시에 점심을 먹었다.
> F : D는 12시에 점심을 먹었다.

① A   ② B   ③ C
④ D   ⑤ E

11 A~C는 각각 사과와 포도 중 한 가지를 먹었다. 이들의 진술은 다음과 같으며 각각의 진술 중 한 문장은 참이고, 한 문장은 거짓이다. 다음 |보기의 내용 중 옳은 것들끼리 짝지어진 것은?

> A : 나는 포도를 먹었다. B는 사과를 먹었다.
> B : 나는 사과를 먹었다. C도 사과를 먹었다.
> C : 나는 사과를 먹었다. B도 사과를 먹었다.

| 보기 |

> ㄱ. 한 사람만 포도를 먹은 경우가 있다.
> ㄴ. 두 사람이 포도를 먹은 경우가 있다.
> ㄷ. 모두 함께 포도를 먹은 경우가 있다.

① ㄱ   ② ㄴ   ③ ㄷ
④ ㄱ, ㄴ   ⑤ ㄴ, ㄷ

12 고객들을 상대로 5명의 상담사가 대면상담을 실시하였다. 이후에 상담시간에 자리를 비운 상담사가 1명 있다는 정황이 발견되었다. 다음 진술 중 3명은 진실만을, 2명은 거짓만을 말한다고 할 때, 거짓을 말하고 있는 두 사람은? [2019 코레일]

A : B는 진실만을 말하고 있습니다.
B : C가 상담시간 내내 자리에 없는 것을 보았습니다.
C : 저는 A가 자리에 없는 것을 보았습니다.
D : C는 상담시간 내내 자리를 비웠습니다.
E : D는 상담시간 내내 자리에 없었습니다.

---

① A, B   ② A, D   ③ B, C
④ B, D   ⑤ C, E

13 한 노인의 집 선반 위에 노인의 유년, 소년, 청년, 장년, 중년, 노년 시절 그림이 걸려 있다. 다음 |조건을 보고 A~F 중 유년 시절 그림이 걸려 있는 위치를 고르면? [2019 IBK 기업은행]

A	B	C
D	E	F
(왼쪽)	선반	(오른쪽)

조건

• 소년 시절 그림은 선반 바로 위에 걸려 있다.
• 중년 시절 그림은 노년 시절 그림 바로 위에 걸려 있다.
• 장년 시절 그림은 중년 시절 그림과, 청년 시절 그림은 노년 시절 그림과 같은 줄에 걸려 있다.
• 청년 시절 그림은 노년 시절 그림 바로 옆 자리에 걸려 있지 않으며, 제일 오른쪽에 걸려 있다.
• 유년 시절 그림은 장년 시절 그림 바로 옆에 걸려 있으며 다른 쪽에는 아무 그림도 걸려 있지 않다.

① A   ② C
③ D   ④ F

14 A 씨는 공장식 축산과 관련된 글을 작성하였다. A 씨가 다음 글에서 주장한 내용에 뒤이어서 진술하기에 가장 적절한 것은?

2019 코레일

> AI 확진 판정이 나면, 반경 3km 내의 닭과 오리들은 모두 죽는다. 고병원성 바이러스의 확산을 막으려면 예방적 살처분이 불가피하기 때문이다. 2003년부터 작년까지 모두 3,873만 마리, 한 번 확진 때마다 26만 마리를 죽였다. 이번에는 하루 평균 60만 마리를 도살하고 있다.
>
> 가축은 살처분 후 매몰하게 되어있다. 하지만 실제 현장에서는 매몰이 살처분인 경우도 많다. 포댓자루에 닭이나 오리를 몇 마리씩 집어넣고 구덩이에 파묻어 버린다. 2010년 말의 구제역 때는 돼지 300만 마리가 대부분 생매장되었다.
>
> 이러한 엄청난 피해의 근원은 공장식 축산이다. 대규모 사육이 아니면, 살처분 규모가 이토록 커질 리가 없다. 게다가 공장식 축산은 AI 바이러스의 온상으로 최적지이다. 일단 AI가 들어오면 방사 사육되는 닭들과 달리 공장식 축산의 밀폐된 축사에서 사육되는 닭들은 속수무책이다. 그런데도 AI를 막겠다며, 정부는 바이러스의 진원지인 공장식 축산은 그대로 둔 채 멀쩡한 닭들만 엄청나게 죽이는 어처구니없는 일만 반복하고 있다. 공장식 축산의 문제는 생명을 물건으로 여기고, 엄연한 생명체인 가축에 대해 공장과 살처분이라는 말을 거리낌 없이 사용하고 있다는 것이다.

① 공장식 축산은 생명을 물건으로 여기고 있으므로 소비자들에게 가급적 육류소비를 줄이도록 제안한다.

② 공장이란 물건을 생산하는 곳이지 생명을 낳고 기르는 곳이 아니다.

③ 대규모 사육이 진행되는 공장식 축산은 극도로 밀집된 공간에서 심한 스트레스를 유발하여 가축들을 매우 공격적으로 변하게 만든다.

④ 인류의 복지와 지구환경을 생각하는 축산으로 전환하는 것은 우리 시대에 꼭 필요한 과제이다.

⑤ 공장식 축산은 돈과 이윤에 집착하며 생명을 경시하는 우리 현실을 적나라하게 보여준다. 가축을 돈 벌려고, 먹으려고 키우는 것으로 치부하지 말아야 한다.

15 A~F 6명이 원탁에 일정한 간격으로 둘러앉아 있다. 다음 조건을 보고 A의 오른쪽에 있는 사람부터 순서대로 배열한 것을 고르면? (단, A~F는 각각 다른 색깔의 옷을 입고 있다.)

2019 농협은행 6급

- F는 C와 D 사이에 앉아 있다.
- B는 노란색 옷을 입고 있다.
- 빨간색 옷을 입은 사람은 파란색 옷을 입은 사람과 서로 마주보고 있다.
- D와 E는 이웃하여 앉아 있다.
- F는 보라색 옷을 입고 있다.
- C 옆에는 빨간색 옷을 입은 사람이 앉아 있다.
- 노란색 옷을 입은 사람은 F와 서로 마주보고 있다.
- D의 오른쪽에는 F가 앉아 있다.

① B－E－D－F－C
② B－F－E－D－C
③ C－F－D－E－B
④ C－E－F－D－B
⑤ E－D－F－C－B

16 나팔꽃, 해바라기, 코스모스 씨앗이 각각 두 개씩 있다. A~E 다섯 사람 중 한 명이 나팔꽃 씨앗 한 개, 코스모스 씨앗을 한 개씩 두 개 심고, 나머지 네 사람이 남은 씨앗을 각각 한 개씩 심었다. A~E가 모두 진실을 말하고 있다고 할 때, 씨앗을 두 개 심은 사람과 E가 심은 씨앗을 바르게 연결한 것은?

A : 나는 해바라기 씨앗을 심지 않았어.
B : 나는 씨앗을 한 종류만 심었어.
C : 나는 나팔꽃 씨앗만 심었어.
D : 나는 나팔꽃 씨앗을 심지 않았어.
E : A~D의 진술을 모두 생각해봐도 코스모스 씨앗을 심은 사람을 두 명 다 알 수는 없어.

① A, 코스모스 씨앗
② A, 해바라기 씨앗
③ D, 코스모스 씨앗
④ D, 해바라기 씨앗
⑤ E, 나팔꽃과 코스모스 씨앗

17 다음은 2019년 인기 있는 이앙기 제품들을 조사한 자료이다. |보기|의 각 작업자가 찾고 있는 이앙기를 적절하게 짝지은 것은?

2019 농협은행 6급

◆ 습전에 강한 6조 이앙기 'A2'

디젤 6조 승용 이앙기 'A2'는 22마력의 강력한 힘으로 습전에서도 바르고 빠르게 모를 심는 제품이다. A2는 22마력의 3기통 디젤 엔진을 탑재, 타사의 20마력대 디젤 이앙기보다 최대 토크가 약 20% 높은 55.15Nm로 습지 탈출 능력이 뛰어난 것이 특징이다. 연료소비율이 274g/kw.h로 높고 40리터 대용량 탱크를 채택해 잦은 주유 없이 한 번 주유 시 작업이 가능한 것도 장점이다.

이 모델은 다년간의 이앙 작업 결과를 분석 반영해 강화한 고정밀 수평제어 시스템을 채택해 고르지 못한 지형에서도 본체의 수평을 맞춰 곧고 정확하게 모를 심는다. 노면 접지력이 높은 80mm 광폭 바퀴를 채택해 직진성이 뛰어나 이전 자사 모델인 A1 대비 이앙 속도가 1.6m/s에서 1.7m/s로 향상돼 빠른 이앙 작업이 가능하다. 여기에 전륜독립 서스펜션으로 지면 요철에 의한 진동을 1차 흡수하고 소음이 83.2dB에 불과할 정도로 저소음, 저진동을 실현, 소음과 진동으로 인한 작업 피로를 최소화해 좀 더 편안하게 작업할 수 있다.

◆ 직진자율주행 이앙기 'B'

이앙을 시작할 때 최초 1회 직진 자동 기능 레버를 조작해 간편하게 직진 자동 구간을 등록하면 그 이후부터는 등록 구간 내에서 작업자는 핸들 조작 없이 이앙기로 모를 심을 수 있다. 이 기능으로 작업자는 이앙 작업을 하면서 이앙부에 모판을 운반하는 등의 다른 작업을 할 수 있어 인건비 등의 경제적 부담을 덜면서 좀 더 효율적으로 작업할 수 있다.

직진 자동 기능 레버로 시작점을 등록하고 이앙을 출발해 논의 끝 지점에 다다랐을 때 다시 레버를 조작해 종료점을 설정하면 직진 자동 구간이 저장된다. 구간 설정 후 U턴을 해 다음 작업부터 직진 자동 기능을 사용하며 논 반대쪽 끝 지점에 이를 때까지 별도의 핸들 조작 없이 이앙기가 직진하며 모를 심는다. 여기에 '듀얼 시프트' 기능으로 속도를 고정하고 직진 자동 기능을 사용하면 설정된 속도로 전진하면서 이앙을 해 작업 효율성이 높아지고 작업자의 피로도는 줄어들게 된다. 직진 자동 중 핸들을 조작하면 수동 우선 동작하고, 경로 이탈 시 엔진을 정지시켜 안전성을 확보했다.

◆ 국산 최초 밀파소식재배용 디젤이앙기 'C'

2018년형으로 새롭게 출시된 디젤이앙기는 다양한 기능을 탑재했다. 대부분 이앙기는 관행재배용인 반면에 국제 C 디젤이앙기는 식부 주수 미션을 선택, 관행재배 외에도 소식재배까지 가능하다. 관행재배는 통상 식부 주수 75주로 벼 사이의 간격이 좁지만, 소식재배는 식부 주수 37주로 벼와 벼 사이 간격이 여유로워 육묘 비용 절감과 병충해 예방에도 탁월하며 수확량이 증가되는 효과가 있다.

또 다른 장점은 밀식 묘 전용의 이앙식부암도 옵션으로 장착, 밀식 이앙까지 가능하다는 것이다. 육묘 재배 공간 및 묘 운반, 이앙시간이 단축되는 효과가 있다. 엔진은 얀마 엔진을 장착, 진동과 소음이 적으며 출력이 22마력 이상으로 휘발유 엔진보다 습전작업이나 빠지는 논에서 쉽게 빠져나올 수 있다.

이 밖에도 최고급 독립 서스펜션을 장착해 흔들림이 매우 적으며, 유압전자동 HMT 미션으로 엔진 효율과 연비가 더욱더 증대됐다. 약제살포기를 추가 장착해 모내기 작업에 따른 노동력 절감 및 병충해 예방에 탁월하다.

◆ 호퍼가 좌우로 열리는 이앙기 'D2'

 'D 시리즈' 이앙기는 강력한 힘과 뛰어난 연비를 자랑하는 21마력의 디젤엔진이 장착돼 있다. 연료탱크 용량도 37리터로 4.5ha정도의 작업이 가능해 중간에 급유하지 않고 하루 작업을 넉넉히 할 수 있다. 엔진의 동력을 기체에 전달하는 미션은 HMT(Hydro-Mechanical Transmission) 방식으로 동력전달 효율은 높고 조작은 편리한 장점을 가지고 있다.
 작업 시 일련의 조작(식부 승·하강, 식부클러치 입·절, 마커 작동)을 자동화하는 견고한 턴 기능과 엑셀, 클러치, 브레이크가 모터로 연동돼 작동하는 주행페달은 경쾌하고 편리한 조작을 가능하게 한다.
 이앙 작업 후 관리가 중요한 측조시비기는 호퍼가 좌우로 열리는 구조로, 비료의 배출 시간을 단축할 수 있고 청소 또한 쉽게 할 수 있다. 호퍼의 용량도 D1(6조식) 90L, D2(8조식) 120L로 대폭 향상돼 이전 모델에 비해 비료 보급 시간을 대폭 단축할 수 있다.

| 보기 |

㉮ **작업자** : 저는 비용을 절감하고 수확량을 증가시키려고 벼와 벼 사이 간격을 여유롭게 해두었어요. 출력이 20마력 이상이고 약제살포기도 장착되어 있는 제품을 원합니다.

㉯ **작업자** : 저는 시끄러운 걸 싫어해서 소음이 85dB 이하인 제품이었으면 좋겠습니다. 고르지 못하고 습기도 많은 지형에 모를 심어야 하는데 적합한 제품이 있습니까?

㉰ **작업자** : 제가 지금 쓰는 제품은 주유를 너무 자주 해줘야 해요. 연료탱크 용량이 35리터 이상이어서 중간에 주유하지 않아도 되는 제품을 원합니다. 호퍼 용량도 100L 이상이어서 비료 보급 시간을 단축할 수 있는 제품이면 좋겠습니다.

㉱ **작업자** : 핸들 조작 없이 이앙기로 모를 심을 수 있는 제품도 있을까요? 지금 인건비가 너무 많이 들어서요. 아무래도 핸들 조작을 직접 하지 않으면 불안하니까 경로를 이탈하면 엔진이 정지되는 기능도 있었으면 합니다.

	㉮ 작업자	㉯ 작업자	㉰ 작업자	㉱ 작업자
①	A2	B	C	D2
②	A2	B	D2	C
③	C	B	A2	D2
④	C	A2	D2	B
⑤	C	A2	B	D2

[18~20] 다음 설명을 읽고 각 물음에 답하시오.

> 기업경영에서 SWOT 분석은 기업의 내부환경과 외부환경을 분석하여 강점(Strength), 약점(Weakness), 기회(Opportunity), 위협(Threat) 요인을 규정하고 이를 토대로 경영전략을 수립하는 기법이다. SWOT 분석의 가장 큰 장점은 기업의 내·외부환경 변화를 동시에 파악할 수 있다는 것이다. 기업의 내부환경을 분석하여 강점과 약점을 찾아내며, 외부환경 분석을 통해서는 기회와 위협을 찾아낸다.

	강점(Strength)	약점(Weakness)
기회(Opportunity)	SO 전략	WO 전략
위협(Threat)	ST 전략	WT 전략

18 ○○음료 회사에 근무하고 있는 M 사원은 신제품 관련 보고서를 작성하기 위해 SWOT 분석을 하였다. 분석한 결과를 활용하여 전략을 제시한다고 할 때, 다음 중 적절하지 않은 것은?

강점(Strength)	• 건강음료 출시로 긍정적인 기업 이미지 보유 • 다양한 유통망 확보 • 다양한 영업전략 보유
약점(Weakness)	• 원료의 수입 비중 증가 • 해외 음료 시장에서 낮은 점유율
기회(Opportunity)	• 해외 공장에서의 생산 비용 절감 • 해외에서 한국 기업에 대한 긍정적 이미지 확산
위협(Threat)	• 다수의 경쟁업체 등장 • 국내 경쟁업체의 신제품 출시

	강점	약점
기회	㉠ 다양한 유통망을 활용하여 해외 공장에서의 생산을 늘린다.	㉡ 한국 기업의 긍정적 이미지를 활용하여 해외 음료 시장에서의 점유율을 높인다.
위협	㉢ 건강음료 출시를 적극적으로 홍보하여 경쟁 업체와 제품의 차별성을 둔다.	㉣ 1+1 영업전략을 활용하여 경쟁 업체 사이에서 우위를 차지한다.

① ㉠　　　　　② ㉡　　　　　③ ㉢　　　　　④ ㉣

19 ○○여행사에 근무하고 있는 K 사원은 새로운 여행상품을 홍보하기 위해 SWOT 분석을 하였다. 분석한 결과를 활용하여 전략을 제시한다고 할 때, 다음 중 옳은 것은?

강점(Strength)	• 럭셔리 브랜드 이미지 보유 • 높은 서비스 품질 유지
약점(Weakness)	• 20대에게 인지도 부족 • 경쟁사보다 높은 가격
기회(Opportunity)	• 고연령층의 해외여행 확대 • 여행 관련 TV 프로그램 유행 • 온라인을 통한 정보 검색 증가
위협(Threat)	• 경쟁사의 저가 여행상품 개발 • 가족 단위의 해외여행 감소

	강점	약점
기회	㉠ 20대가 많이 시청하는 여행 관련 TV 프로그램에 지속적으로 브랜드를 노출시켜 인지도를 높인다.	㉡ 수준 높은 서비스를 제공한다는 것을 홍보에 적극적으로 활용하여 고연령층 소비자를 사로잡는다.
위협	㉢ 럭셔리 브랜드 이미지를 내세워 경쟁사의 저가 상품과 차별성을 둔다.	㉣ 20대가 많이 사용하는 SNS 등의 온라인 홍보를 확대한다.

① ㉠   ② ㉡   ③ ㉢   ④ ㉣

20 ○○화장품 회사의 마케팅부에서 근무하는 A 대리는 다음과 같은 상황에서 SWOT 전략을 세웠다. A 대리가 정리한 내용 중 적절하지 않은 것은?

> ○○화장품 회사는 고급 연구 인력을 보유하고 있으며 독자적인 기술을 확보하고 있다. 투자자들도 적극적으로 투자를 하고 있는 상황이다. 하지만 마케팅이 부족하고 브랜드의 이미지가 노후되어 매출액이 감소하고 있으며 다수의 경쟁업체까지 출현하고 있다. 다행인 점은 최근 유명 인사가 ○○화장품 회사의 제품을 사용한 후 SNS에 긍정적인 제품 후기를 등록하였고 정부의 화장품 판매 규제가 완화되었다는 것이다.

① SO 전략 : 유명 인사의 긍정적인 제품 후기를 근거로 계속해서 투자자들에게 적극적인 투자를 받는다.
② ST 전략 : 고급 연구 인력과 독자적인 기술을 활용하여 다수의 경쟁업체와 차별화된 상품을 생산한다.
③ WO 전략 : 유명 인사의 긍정적 제품 후기를 활용하여 새로운 마케팅 전략을 세운 후 노후된 이미지를 탈피한다.
④ WT 전략 : 판매 규제 완화에 따라 여러 신제품을 개발하고 그에 따른 마케팅 방법을 연구해 소비자들에게 새로운 이미지를 심어준다.

[21~22] ○○기업은 지난달부터 지구에너지 절약 실천운동을 실시하고 있다. 자료를 보고 질문에 답하시오.

2019 코레일

항목별 월 절감 비용

(단위 : 천 원)

구분	월 절감 비용
ㄱ. 이면지 활용하기	54,000
ㄴ. 개인컵 사용하기	48,000
ㄷ. 4층 이하 계단 이용하기	18,000
ㄹ. 점심시간 사무실 전등 끄기	35,000
ㅁ. 개인용 전열기 사용하지 않기	42,000
ㅂ. 퇴근 시 복사기 등 불필요한 전원 차단하기	45,000
ㅅ. 출장 등 장시간 부재 시 컴퓨터 전력 대기모드로 전환	20,000

• 지구에너지 절약 실천운동은 1달에 4가지를 필수적으로 실천해야 한다.

복수 항목 실천 시 추가 절감률

(단위 : %)

구분	추가 절감률
ㄱ, ㄴ, ㄷ	15
ㄱ, ㄷ, ㅁ	20
ㄱ, ㄹ, ㅁ	10
ㄴ, ㄷ, ㅂ	15
ㄴ, ㅁ, ㅂ	10
ㄷ, ㄹ, ㅂ	5
ㄷ, ㅁ, ㅂ	20

• 추가 절감 비용 : 해당 복수 항목(세 항목)의 절감 비용의 총 합×해당 추가 절감률

21 ○○기업은 지난달 '출장 등 장시간 부재 시 컴퓨터 전력 대기모드로 전환'을 포함하여 지구에너지를 절감할 수 있는 항목들을 실천하였다. 절감 비용이 가장 큰 항목들을 실천했다고 할 때, 직원들이 실천한 나머지 3개 항목은 무엇인가?

① ㄱ, ㄷ, ㅁ   ② ㄱ, ㄹ, ㅁ   ③ ㄴ, ㄷ, ㅂ

④ ㄴ, ㅁ, ㅂ   ⑤ ㄷ, ㅁ, ㅂ

22 ○○기업은 이번 달에 이면지를 활용하고, 4층 이하는 계단을 이용했으며, 점심시간과 퇴근시간에 전력을 차단하는 에너지 절감 운동을 하였다. 이번 달 에너지 절감 비용은 지난 달과 비교하였을 때 얼마나 차이가 나는가?

① 8,900,000원　　　　② 11,600,000원　　　　③ 22,500,000원
④ 25,300,000원　　　　⑤ 27,800,000원

[23~24] 다음과 같이 보도블록을 사이에 두고 A 라인 상가와 B 라인 상가가 마주보고 있다. A 라인 2호에는 옷가게가 있고 나머지 상점 위치가 다음과 같다고 할 때 이어지는 물음에 답하시오. (단, 그림 외 다른 상점은 없다고 가정한다.)

(가) 음식점 두 개는 붙어 있다.
(나) 카페 두 개는 마주보고 있으며, 이 중 하나는 B 라인 1호이다.
(다) 부동산과 병원은 같은 라인에 있지만 이웃하지 않는다.

23 다음 중 제시된 조건을 통해 알 수 있는 사실이 아닌 것은?

① 옷가게 맞은편에는 부동산이 올 수 있다.
② B 라인 카페 옆에는 병원이 올 수 있다.
③ 음식점 맞은편에는 부동산이 올 수 없다.
④ 옷가게 맞은편에는 음식점이 올 수 없다.
⑤ 카페와 음식점은 이웃하지 않는다.

24 위 상가 상점 중 비어 있는 한 곳에 약국이 들어선다고 한다. 어느 곳이 가능한가?

① A 라인 3호　　　　② A 라인 4호　　　　③ B 라인 2호
④ B 라인 3호　　　　⑤ B 라인 4호

25 ○○회사에 다니는 A, B, C, D, E는 연봉이 각각 다르다. 다음 |보기|는 다섯 명의 연봉에 대한 내용이다. 옳은 것만 고른 것은?

> **작년**
>
> • C는 A보다 연봉이 500만 원 더 높다.
> • A는 D보다 연봉이 200만 원 더 낮고, E보다 400만 원 더 높다.
> • B는 연봉이 가장 높고 연봉이 가장 낮은 사람보다 1,100만 원 더 높다.
> • 연봉이 가장 낮은 사람의 연봉은 2,200만 원이다.
>
> **올해**
>
> • D는 진급하여 연봉 600만 원이 올랐다.
> • E는 D보다 연봉 200만 원이 적고, B보다는 800만 원이 적다.
> • A는 연봉이 동결되었다.

> | 보기 |
>
> ㉠ 작년 A의 연봉은 2,600만 원이다.
> ㉡ 올해 연봉이 가장 높은 사람은 작년과 똑같다.
> ㉢ B, D, E는 올해 연봉이 500만 원 이상씩 올랐다.

① ㉡   ② ㉠, ㉡   ③ ㉠, ㉢

④ ㉡, ㉢   ⑤ ㉠, ㉡, ㉢

26 다음 명제가 모두 참이라고 가정할 때 참인 명제는?

> • 자율학습을 열심히 하는 학생은 수학을 잘한다.
> • 수업시간에 집중해서 공부하지 않으면 수학을 잘 못한다.

① 수학을 잘하는 학생은 자율학습을 열심히 한다.
② 자율학습을 열심히 하지 않는 학생은 수학을 잘 못한다.
③ 수학을 잘 못하는 학생은 수업시간에 집중해서 공부하지 않는다.
④ 자율학습을 열심히 하는 학생은 수업시간에 집중해서 공부한다.
⑤ 수업시간에 집중해서 공부하는 학생은 자율학습을 열심히 한다.

27 다음은 근무지 이동 전 ○○기업의 근무 현황에 대한 자료이다. 주어진 근무지 이동 지침에 따라 이동한 후의 근무지별 인원수로 가능한 것은?

근무지 이동 전 ○○기업의 근무 현황

(단위 : 명)

근무지	부서명	인원수
본관 1층	인사부	10
	홍보부	16
	기획1부	16
본관 2층	기획2부	21
	영업1부	27
본관 3층	영업2부	30
	총무부	23
별관		0
전체		143

※ 1) ○○기업의 근무지는 본관 1, 2, 3층과 별관만 있음
　2) 부서별 인원수의 변동은 없음

근무지 이동 지침

- 지침1 : 본관 내 이동은 없고 인사부는 이동하지 않는다.
- 지침2 : 부서별로 전원 이동하며, 본관에서 별관으로 2개 부서만 이동한다.
- 지침3 : 본관 1개 층에서 최대 1개 부서만 별관으로 이동할 수 있다.
- 지침4 : 이동한 후 별관의 인원수는 40명을 넘지 않아야 한다.

	본관 1층	본관 2층	본관 3층	별관
①	26명	46명	33명	38명
②	26명	27명	53명	37명
③	42명	21명	43명	37명
④	44명	21명	40명	38명
⑤	42명	27명	30명	44명

[28~29] 다음 자료를 보고 이어지는 질문에 답하시오.

2019 코레일

회의록			
회의명	신제품 프로모션 기획 1차 회의		
일시	201X년 11월 30일	장소	본관 제 1회의실
참석자	기획부 : A 차장, B 대리, C 사원 / 홍보부 : D 과장, E 대리, F 사원		
회의내용	**1. 목적** 　내년 새롭게 출시하는 화장품을 알리기 위한 프로모션 행사 기획 **2. 추진방향** 　– 자사 신제품 출시 기념 홍보를 통해 제품의 긍정적 이미지를 높이는 동시에 다양한 판 　　촉 행사 기획 　– 최근의 홍보 및 판촉 행사의 트렌드를 따라가되, 타사의 방식과 변별되는 신선한 기획안 　　준비 **3. 팀 운영 계획 및 추진방향** 　– 홍보 및 판촉 성공 국내 사례 분석 : 기획부 참여 　– 자사 신제품의 장점과 특징을 타사의 제품과 비교하여 정리 : 기획부 참여 　– 최근 2년간 자사의 홍보 및 판촉 행사 분석 검토 : 홍보부 참여 　– 자사 신제품 홍보 및 판촉 행사 방안 구상 : 기획부, 홍보부 참여 　– 추가 다른 부서 협력 요청 사항 　　1) 최근 자사의 홍보용 콘텐츠 분석자료 : 미디어제작부(12/5까지) 　　2) 최근 화제성이 높은 해외 판촉 사례 분석 : 마케팅부(12/5까지) **4. 기획 및 준비 기간 :** 201X년 11월 30일 ～ 201X년 12월 22일 **5. To Do List** 　– 최근 3년간 유사한 국내 제품의 특징 정리와 관련 제품 홍보 및 판촉 성공 사례 수집 및 　　분석 　– 자사 제품 홍보와 판촉 행사 이전 사례 정리 및 분석 　– 최근 화제가 된 판촉 이벤트 사례 조사 　– 화제가 된 홍보물 조사, 홍보물 유통의 다양한 경로 체크 **6. 다음 회의 일정 :** 201X년 12월 28일 　– 2차 회의는 1차 회의 참석 예정 명단에 마케팅부 2명, 미디어제작부 2명 참석 의뢰 　– 최근 자사 홍보 콘텐츠의 경향 분석 및 정리 자료 미디어제작부에 사전 요청		

28 회의록을 참고하여 다음 회의까지 각 부서별로 수행해야 할 업무로 적절한 것을 모두 고르면?

> 가. 기획부 B 대리는 자사의 신제품이 가진 특징을 타사의 제품과 차이를 비교, 조사하고, 제품 판촉 행사 및 홍보를 성공적으로 진행했던 국내의 사례를 살펴본다.
> 나. 홍보부 E 대리는 최근 화제가 된 국내·외 판촉 행사 사례를 조사하고, 자사 신제품 홍보와 관련된 아이디어 구상에 활용한다.
> 다. 기획부 C 사원은 해외기업 홍보 사례를 분석하여 자사 제품의 특징을 좀 더 차별적으로 부각할 수 있는 새로운 홍보 방안을 구상해본다.
> 라. 홍보부 F 사원은 최근 2년간 자사의 홍보 및 판촉 행사를 정리 분석하여, 신제품 판매 행사 방안을 구상한다.

① 가, 나   ② 가, 라   ③ 나, 다
④ 가, 나, 다   ⑤ 나, 다, 라

29 윗글과 다음의 글을 참고하여 구상한 홍보 기획안으로 적절하지 않은 것은?

> 최근 국내 화장품 로드숍이 사회관계망서비스(SNS)를 활용해 반전을 시도하고 있다. 최근 국내에서 각광받고 있는 SNS에서 해시태그(#기호로 게시글을 묶는 기능)를 만들거나 영향력 있는 개인을 통해 신제품을 소개한다. 이 방법은 빠르게 소비자들에게 신제품을 홍보할 수 있는 방법이다. A 기업은 SNS상에서 유명 인사를 상품 모델로 내세워 영상을 제작했는데, 그 제품은 일부 매장에서 품절될 정도로 화제가 되었다. 화장품 홍보 게시글을 올리고, 소비자들의 질문에 적극적으로 댓글을 달면서 소통을 이어가기도 했다. B 기업은 화장법을 알리는 영상을 유통하였다. 제품의 특징을 파악하는 동시에 화장을 손쉽게 배울 수 있다는 이점이 소비자들의 뜨거운 반응을 이끌었다. 최근 여러 기업들은 SNS에 올린 게시물을 클릭하여 손쉽게 상품을 구매할 수 있도록 유도하고 있다. 또한 친숙한 해시태그를 만들어 홍보하거나 각종 이벤트에도 활용하는 모습을 보이고 있다. 이는 중요 소비자층인 20~30대가 SNS를 많이 이용한다는 점을 염두에 둔 홍보 방식이다.

① 화장품에 관심이 많은 SNS 유명 뷰티 인플루언서에게 자사의 신제품을 무료로 제공하여 체험하게 한 뒤, SNS에 제품 사용 후기 글을 올려 제품을 홍보하도록 제안한다.
② 해시태그를 통해 게시글이 쉽게 퍼질 수 있도록 대중이 쉽게 기억할 수 있는 기발한 해시태그를 만든다.
③ SNS 계정을 만들어서 자사 화장품에 대한 정보뿐만 아니라 최근 유행하는 화장법 영상을 함께 올려 소비자들과 활발히 소통한다.
④ 최근 화제가 된 A와 B를 비롯한 기업의 사례에서 가장 인기 있었던 경우만을 취합하여 홍보 내용과 방식을 유사하게 구성한다.
⑤ SNS에서 해시태그를 통해 게시글이 빠르게 확산되는 점을 고려하여 해시태그 용어를 신중하게 선택하고 제품의 이미지가 하락하지 않도록 콘텐츠를 제작한다.

30 ○○시 △△구에서는 최근 층간소음에 대한 민원이 자주 발생하고 있다. 다음 층간소음 방지에 관한 조례를 보고 |보기|와 같은 민원에 대처한다고 할 때, 담당 부서의 대응으로 가장 적절하지 않은 것은?

○○시 △△구 공동주택 층간소음 방지에 관한 조례
[시행 2019.02.15.]

관리책임부서 : 주택과

제1조(목적) 이 조례는 공동주택의 층간소음 방지를 위하여 필요한 사항을 규정함으로써 공동주택 층간 소음을 예방하고 입주자의 갈등을 해결하여 주민의 삶의 질 향상에 이바지함을 목적으로 한다.

제5조(실태조사) 구청장은 추진계획을 효율적으로 수립·시행하기 위하여 공동주택 층간소음 피해 실태 조사를 실시할 수 있다.

제6조(층간소음 방지를 위한 시책)
　　제1항 구청장은 공동주택 층간소음을 방지하기 위하여 다음 각 호의 시책을 추진할 수 있다.
　　　　제1호 입주자 등의 자율에 따른 공동주택 층간소음 방지 생활수칙 홍보
　　　　제2호 전문 컨설팅단 운영을 통한 자문·상담·정보 제공
　　　　제3호 위원회에 대한 층간소음 교육 실시
　　　　제4호 공동주택 층간소음 예방교육 및 체험프로그램 운영
　　　　제5호 그 밖에 공동주택 층간소음 방지를 위하여 필요한 사항
　　제2항 제1항 제2호에 따른 전문 컨설팅단의 구성 및 운영에 관한 사항은 규칙으로 정한다.

제7조(공동주택 층간소음 관리위원회 설치·운영 권고) 구청장은 입주자가 자체적으로 분쟁을 조정할 수 있도록 입주자대표회의 회장에게 공동주택 층간소음 관리위원회(이하 "위원회"라 한다)를 설치·운영하도록 권고할 수 있다.

제9조(홍보) 구청장은 공동주택 층간소음 방지를 위한 시책을 ○○시 △△구 인터넷 홈페이지 등을 통하여 적극 홍보하여야 한다.

제10조(포상) 구청장은 공동주택 층간소음 분쟁을 자율적으로 예방하고 조정하여 건전한 공동체의 생활 여건 조성에 이바지한 입주자에 대하여 「○○시 △△구 포상 조례」에 따라 포상할 수 있다.

| 보기 |

　매일같이 반복되는 층간소음으로 인해 온 가족이 고통을 받고 있습니다. 저희 집은 3층에 위치하고 있으며, 윗집에 새로운 가족이 이사를 온 이후로 1년 넘게 하루도 조용한 날이 없습니다. 특히 지난달부터는 새벽부터 아이들이 공을 차고 소리를 지르며 뛰어 노는 듯한 소리가 들립니다. 저희 집이 제일 심하긴 하지만 저희 집뿐만 아니라 3층에 있는 대부분의 가구가 윗집의 소음에 시달리고 있습니다. 1년 넘게 층간소음에 시달리다보니 가족 간에도 신경이 날카로워져 불화가 생길 지경입니다. 게다가 부모님 모두 팔순이 넘으신 나이에 불면증에 시달리고 계십니다. 우리 가족은 집안 어디에서도 편히 쉴 수 없습니다. 도저히 이대로는 안 될 것 같아 민원을 신청합니다. 조처를 마련해 주시기 바랍니다.

① 조례 제7조에 따라 입주자가 자체적으로 분쟁을 조정할 수 있도록 입주자대표회의 회장에게 공동주택 층간소음 관리위원회를 설치하고 운영하도록 권고한 후 제6조 제1항 제3호에 따라 위원회에 대한 층간소음 교육을 실시하겠습니다.

② 조례 제5조에 따라 민원인의 공동주택에 층간소음 피해 실태 조사를 실시하고 제6조 제1항 제4호에 따라 공동주택 층간소음 예방교육 및 체험프로그램을 운영하여 주민들이 참여할 수 있도록 하겠습니다.

③ 조례 제10조에 따라 만약 층간소음 분쟁을 예방하고 조정하여 건전한 공동체의 생활 여건 조성에 이바지한 공무원이 있다면 포상하겠습니다.

④ 조례 제6조 제1항 제2호에 따라 전문 컨설팅단을 운영하여 자문을 구하고 상담을 받을 수 있게 하며, 층간소음에 관한 정보를 제공하겠습니다.

⑤ 조례 제9조에 따라 공동주택 층간소음 방지를 위한 시책을 △△구 인터넷 홈페이지를 통하여 적극적으로 홍보하고, 제6조 제1항 제1호에 따라 입주자 등의 자율에 따른 공동주택 층간소음 방지 생활수칙도 함께 홍보하겠습니다.

31 인사팀에 근무하는 귀하는 회의실에서 사용할 빔프로젝터를 구입하고자 한다. 다음 조건을 보고 구입할 제품의 알맞은 내용을 고르면?

- 회의실 특성상 4,000안시(ANSI) 이상의 제품 (ANSI : 램프의 밝기 단위)
- 램프의 수명이 10,000시간 이상인 제품
- HDMI와 연결 가능한 제품
- 예산은 100만 원 이내
- 위 조건을 모두 충족할 경우 가격이 저렴한 제품 구매

	가격(만 원)	램프 수명(시간)	램프 밝기(ANSI)	입출력 단자
①	76	9,000	5,000	DVI, RGB
②	56	12,000	3,300	HDMI, DVI
③	96	12,000	4,500	HDMI, DVI, RGB
④	85	12,000	4,400	HDMI, DVI
⑤	120	13,000	4,800	HDMI, DVI, RGB

32 다음은 ○○기업이 직원들의 복지를 위해 운영하는 체육시설 현황이다. 다음 |보기| 중 옳은 것을 모두 고르면? (단, 평일 근무 시간은 9:00~18:00이다.)

건물위치		이용시설	시설현황	운영시간
복지 1관	지하 1층	헬스장	웨이트기구 10대	평일 : 06:00~08:00 / 18:00~22:00 토 · 일 · 공휴일 : 09:00~18:00
			러닝머신 20대	
			헬스사이클 10대	
		요가 · 필라테스실	필라테스 기구 10대	
		실내체육관	배드민턴장 1면	
			농구장 1면	
			배구장 1면	
			핸드볼장 1면	
			탁구대 5대	
	지하 2층	수영장		
복지 2관	지하 1층	샤워실	샤워부스 30개	평일 : 06:00~09:00 / 18:00~23:00 토 · 일 · 공휴일 : 09:00~19:00
		락카룸	물품보관함 50개	
		휴게실	테이블 5개	
야외	대운동장	인조 잔디 축구장 1면		월 · 수 · 금 · 토 개방 06:00~08:00 18:00~22:00 (단, 일요일 개방 여부는 체육시설 관리자의 재량에 따라 가능)

> | **보기** |
>
> ㉠ 금요일 퇴근 후 축구경기를 한 직원 25명은 동시에 샤워를 할 수 있다.
> ㉡ 겨울철 눈이 내리는 날에는 요가와 필라테스를 할 수 없다.
> ㉢ ○○기업 부서별 축구대회를 일요일에 개최할 수도 있다.
> ㉣ 평일 근무 시간 이후에 농구 시합과 축구 시합을 동시에 진행할 수 없다.

① ㉠, ㉡   ② ㉡, ㉢   ③ ㉠, ㉢

④ ㉡, ㉣   ⑤ ㉢, ㉣

33 다음 표는 사원 5명의 진급 점수표 일부이다. 이에 대한 |보기|의 설명 중 옳은 것만을 모두 고르면?

진급 점수표

(단위 : 점)

과목 / 사원	상사와 관계	융통성	업무 이해력	작업속도	동료와 관계	합계
A 사원	7	8	5	5	9	34
B 사원	6	9	8	5	8	36
C 사원	5	( )	9	6	7	( )
D 사원	8	6	6	( )	8	( )
E 사원	( )	7	6	9	7	( )
계	( )	( )	34	( )	39	( )

- 각 과목의 점수 범위는 0~10점이다. 진급의 결과는 총점을 기준으로 결정한다.
  - 총점이 40점 이상 : 진급 + 상여금
  - 총점이 30점 이상~40점 미만 : 진급 보류 + 상여금
  - 총점이 30점 미만 : 진급 보류
    (단, 대상자 중 총점이 40점 이상이 없다면 최고점인 사람을 진급시킨다.)

| 보기 |

ⓐ C 사원이 B 사원보다 점수가 높기 위해서는 융통성에서 10점을 받아야 한다.
ⓑ D 사원이 작업속도 부분에서 10점을 받았다면 진급도 하고 상여금도 받는다.
ⓒ A 사원과 B 사원의 융통성 부분의 점수가 바뀐다면 총점에서 A 사원이 더 높은 점수를 받았을 것이다.
ⓓ 진급한 사람은 40점은 넘지 못했지만 1등이기 때문에 진급할 수 있었다.

① ㉠, ㉡　　　　　② ㉠, ㉢　　　　　③ ㉠, ㉣
④ ㉡, ㉣　　　　　⑤ ㉡, ㉢, ㉣

34 다음은 ○○공사의 민원처리 원칙이다. 만약 4월 20일 오후에 민원을 신청하였다면, 언제까지 처리가 완료되어야 하는가? (단, 민원서류 보정에 1일, 민원조사에 3일의 기간이 소요된다.)

민원처리 부서는 민원 접수일로부터 영업일 20일 이내 사실관계조사 결과를 토대로 해당 부서에 시정 요구 및 민원인에게 처리결과를 안내하며 다음의 경우는 처리기간 산입에서 제외됩니다.(오전에 접수된 민원은 그 해당일부터 계산, 오후에 접수된 민원은 다음 날부터 계산한다.)
  • 민원인의 귀책사유로 민원처리가 지연되는 기간
  • 민원서류의 보완 또는 보정에 소요되는 기간
  • 검사, 조사 및 외부기관 질의 등에 소요되는 기간
  • 토요일, 공휴일(임시공휴일 포함), 휴일

4월 달력

일	월	화	수	목	금	토
					1	2
3	4	5	6	7	8	9
10	11	12	13	14	15	16
17	18	19	20	21	22	23
24	25	26	27	28	29	30

5월 달력

일	월	화	수	목	금	토
1	2	3	4	5	6	7
8	9	10	11	12	13	14
15	16	17	18	19	20	21
22	23	24	25	26	27	28
29	30	31				

5월 공휴일은 5일(어린이날), 6일(임시공휴일), 13일(석가탄신일)이다.

① 5월 25일　　　　② 5월 26일　　　　③ 5월 27일
④ 5월 30일　　　　⑤ 5월 31일

35 K 씨는 울산 V 컨벤션 센터에서 열리는 회의에 참석하기 위하여 출장이 잡혔다. K 씨는 당일 7시에 출발하려고 준비하던 중 발표 자료를 회사에 놓고 왔다는 걸 알게 되었고, 회사에 들렸다가 울산에 내려가는 교통편을 알아보고 있다. K 씨가 선택할 교통편으로 가장 적절한 것은?

※ 울산 V 컨벤션 센터 회의
- 일시 및 장소 : 2019. 2. 14. (목) PM 17:00~20:00, 울산 V 컨벤션 센터(울산 V 컨벤션 센터에 도착하여 회의 전까지 프레젠테이션 준비를 끝마쳐야 한다. 준비 시간은 3시간 예상된다.)

※ 회사에서 집 및 기차, 버스터미널까지 소요시간

출발지	도착지	소요시간
회사	동서울터미널	40분
	서울역	60분
집	회사	50분

※ 이동수단별 소요시간

구분	출발지	출발 시간	소요시간
버스	동서울터미널	05:00 이후(60분 간격)	250분
기차	서울역	06:00 이후(100분 간격)	200분

- 버스는 추가로 휴게소에서 30분 정차 시간이 있다.

※ 울산 V 컨벤션 센터 오시는 길

교통편	출발지	소요시간
시내버스	울산터미널	30분
	울산역	100분
택시	울산터미널	25분
	울산역	80분
셔틀버스	울산역	95분

---

① 기차 – 택시　　　　　② 기차 – 시내버스　　　　　③ 버스 – 택시
④ 버스 – 시내버스　　　⑤ 기차 – 셔틀버스

[36~37] 다음은 근로자 휴양콘도 이용에 관한 내용 중 일부이다. 다음을 보고 이어지는 물음에 답하시오.

1. 이용대상

구분	주말	성수기	평일	비고
이용대상자	월평균 임금 251만 원 이하 노동자		– 소득 관계없이 모든 노동자 – 고용보험 또는 산재보험 가입 사업주(사내워크숍 등에 한함)	– 주말 : 금요일, 토요일, 연휴 – 성수기 : 별도공지 – 평일 : 일요일~목요일(성수기 제외)
신청기간	이용 희망일 2개월 전 ~ 3일 전	별도공지	이용 희망일 2개월 전 ~ 3일 전	

2. 휴양콘도 이용 우선순위

(1) 주말, 성수기
   ① 주말·성수기 선정박수가 적은 노동자
   ② 이용 가능 점수가 높은 노동자
   ③ 월평균 소득이 낮은 노동자
   ※ 노동자 신혼여행의 경우 최우선으로 선정
(2) 평일 : 선착순

3. 기본점수 부여 및 차감 방법 안내

(1) 매년(연 1회) 연령에 따른 기본점수 부여
   - 월평균 소득 246만 원 이하 노동자

연령대	50세 이상	40~49세	30~39세	20~29세	19세 이하
점수	100점	90점	80점	70점	60점

※ 월평균 소득 246만 원 초과 노동자, 특수형태근로종사자, 고용·산재보험 가입사업장 : 0점

(2) 기 부여된 점수에서 연중 이용점수 및 벌점에 따라 점수 차감

구분	이용점수			벌점	
	성수기	주말	평일	이용취소(9일~1일 전 취소)	No-show(당일 취소, 미이용)
차감점수	20점	10점	0점	50점	1년 사용제한

(3) 벌점(이용취소, No-show) 부과 예외
   - 이용자의 배우자·직계존비속 또는 배우자의 직계존비속이 사망한 경우
   - 이용자 본인·배우자·직계존비속 또는 배우자의 직계존비속이 신체 이상으로 3일 이상 의료기관에 입원하여 콘도 이용이 곤란한 경우
   - 운송기관의 파업·휴업·결항 등으로 운송수단을 이용할 수 없어 콘도 이용이 곤란한 경우
   ※ 벌점 부과 예외 사유에 의한 취소 시에도 선정박수에는 포함되므로 이용 우선순위에 유의하시기 바랍니다.

36 ○○공단에서 근무하고 있는 H 사원은 근로자 휴양콘도 이용에 관한 문의 사항에 대해 다음과 같이 답변하였다. H 사원의 답변 중 옳지 않은 것은?

① Q : 월평균 소득이 251만 원 초과인 근로자도 주말에 이용 가능한가요?
　　 A : 네. 이용희망일 2개월 전 ~ 3일 전에 신청하시면 이용 가능합니다.
② Q : 사업주도 평일에 예약할 수 있나요?
　　 A : 고용 또는 산재보험 가입 사업주이고, 콘도 이용 목적이 사내워크숍이나 교육용일 경우에만 예약할 수 있습니다.
③ Q : 월평균 소득 246만 원 이하이면 누구나 매년 기본점수를 받을 수 있나요?
　　 A : 특수형태근로종사자, 고용·산재보험 가입사업장은 기본점수를 받을 수 없습니다.
④ Q : 폭설 때문에 비행기가 결항하여 콘도 이용을 할 수 없는데, 몇 점이 차감되나요?
　　 A : 운송기관의 파업·휴업·결항 등으로 운송수단을 이용할 수 없어 콘도 이용이 곤란한 경우는 벌점이 부과되지 않습니다.
⑤ Q : 철도 노조의 파업으로 인해 콘도 이용을 할 수 없어 4일 중 2일을 취소하였는데요. 취소한 일수는 선정박수에 포함되지 않는 건가요?
　　 A : 벌점 부과 예외 사유에 의한 취소 시에도 선정박수에는 포함되기 때문에 이용 우선순위에 유의하셔야 합니다.

37 근로자 휴양콘도 이용에 관한 내용을 토대로, 성수기 휴양콘도 이용 우선순위를 순서대로 바르게 나열한 것은?

> ㉠ 월평균 소득 220만 원, 주말·성수기 선정박수 5일, 이용 가능 점수 80점
> ㉡ 월평균 소득 210만 원, 주말·성수기 선정박수 7일, 이용 가능 점수 100점
> ㉢ 월평균 소득 190만 원, 주말·성수기 선정박수 7일, 이용 가능 점수 70점
> ㉣ 월평균 소득 240만 원, 주말·성수기 선정박수 10일, 신혼여행으로 휴양콘도 이용 예정

① ㉠ → ㉡ → ㉢ → ㉣　　　　　② ㉠ → ㉢ → ㉡ → ㉣
③ ㉣ → ㉠ → ㉡ → ㉢　　　　　④ ㉣ → ㉠ → ㉢ → ㉡
⑤ ㉢ → ㉠ → ㉡ → ㉣

38 다음은 각 노선별 코레일 요금표 및 할인 규정이다. |보기| 중 열차 요금이 가장 적은 가족과 가장 많은 가족을 순서대로 바르게 짝지은 것은?

요금표

노선 \ 열차종류	KTX	새마을호	무궁화호
서울~대전	19,000원	14,000원	10,000원
대전~부산	28,000원	19,000원	16,000원
대구~부산	17,000원	11,000원	8,000원

할인 규정

1. 모든 열차에 대하여 연령별 기본 할인은 8세 이하의 경우 30%, 60세 이상의 경우 30% 할인이 적용됩니다.
2. KTX 이용 시 청소년(13세 이상 18세 이하)은 20% 할인 적용됩니다.
3. 가족석은 각 호차 중앙의 마주보는 4개 좌석을 1세트로 판매하며 20% 할인이 적용됩니다.
4. 3세 이하 유아를 2명 이상 동반하는 경우 유아 좌석권은 50% 할인이 적용됩니다.
5. 모든 할인은 중복 적용되지 않으며 가장 높은 할인 규정 하나만 적용됩니다.

| 보기 |

㉠ KTX로 서울에서 대전까지 가족석으로 여행하려는 아버지(56세)와 어머니(51세), 아들(21세)
㉡ 새마을호를 이용하여 서울에서 대전까지 여행하려는 아버지(63세)와 어머니(59세), 두 자매(언니 28세, 동생 25세)
㉢ 무궁화호를 이용하여 대전에서 부산까지 여행하려는 아버지(35세)와 어머니(30세), 3세와 1세인 두 자녀
㉣ KTX를 이용하여 대전에서 부산까지 여행하려는 60대 부부
㉤ 새마을호를 이용하여 대전에서 부산까지 여행하려는 어머니(55세)와 두 형제(형 25세, 동생 23세)

① ㉠, ㉢ 　　② ㉢, ㉡ 　　③ ㉣, ㉤
④ ㉣, ㉠ 　　⑤ ㉤, ㉢

Chapter 03
문제해결능력

FINISH
기출 · 예상문제 마무리

본문 184p

01	02	03	04	05	06	07	08	09	10
②	①	④	②	①	④	②	④	④	①
11	12	13	14	15	16	17	18	19	20
④	⑤	②	⑤	①	②	④	④	③	④
21	22	23	24	25	26	27	28	29	30
④	②	③	④	③	④	②	②	④	③
31	32	33	34	35	36	37	38		
④	③	③	③	①	①	③	④		

01 [사고력] 참인 명제 찾기

정답 ②

해설

명제가 참이면 그 명제의 대우도 참이므로, 주어진 명제와 명제의 대우를 정리하면 다음과 같다.
· 강아지 → 토끼, ~토끼 → ~강아지
· 고양이 → ~토끼, 토끼 → ~고양이
· ~다람쥐 → 강아지, ~강아지 → 다람쥐
또한, 삼단논법에 따라 '고양이 → ~토끼 → ~강아지 → 다람쥐'가 성립하므로 항상 옳은 것은 ②이다.

02 [사고력] 참 · 거짓 파악하기

정답 ①

해설

A와 D의 진술은 서로 모순된다. 따라서 A와 D 중 한 명은 거짓을 말하고 있는 범인이다.

1) A가 참, D가 거짓인 경우
A는 범인이 아니고, D는 범인이다. C는 참을 말했으므로 범인이 아니고, B의 말도 참이므로 범인이 아니다. E는 C가 범인이라고 했으므로 거짓을 말하고 있으며 범인이다. 이 경우 거짓을 말한 사람은 D, E이고, 진실을 말한 사람은 A, B, C이다.

A	B	C	D	E
참(범인×)	참(범인×)	참(범인×)	거짓(범인)	거짓(범인)

2) A가 거짓, D가 참인 경우
D는 범인이 아니고, A는 범인이다. C는 참을 말했으므로 범인이 아니며, E는 C가 범인이라고 했으므로 거짓을 말하고 있다. 또한, A가 범인이므로 B의 말은 거짓이 된다. 이 경우 거짓을 말한 사람이 A, B, E 세 명이 되므로 범인이 두 명이라는 가정에 모순이 생긴다.

A	B	C	D	E
거짓(범인)	거짓(범인)	참(범인×)	참(범인×)	거짓(범인)

따라서 진실을 말한 사람은 A, B, C이다.

03 [사고력] 전제를 통해 결론 도출하기

정답 ④

해설

제시된 두 전제를 벤다이어그램으로 나타내면 다음과 같다.
소설가 = P, 글을 잘 씀 = Q, 드라마 작가 = R

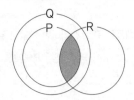

따라서 보기 중 옳은 결론은 '어떤 드라마 작가는 글을 잘 쓴다.'이다.

04 [사고력] 전제를 통해 결론 도출하기

정답 ②

해설

제시된 두 전제는 벤다이어그램으로 다음과 같이 나타내볼 수 있다.
정직한 사람 = P, 새치기를 하는 사람 = Q, 교활한 사람 = R

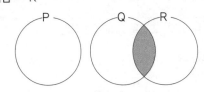

또는

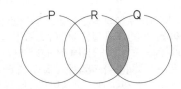

Q는 P가 아닌데 R의 일부가 Q이므로, R의 일부는 P가 아니다. 따라서 반드시 참인 결론은 '교활한 어떤 사람은 정직한 사람이 아니다.'이다.

05 [사고력] 결론에 대한 전제 파악하기

정답 ①

해설

[전제 1]에서 '웃고 있는 사람 → 모두 기분이 좋음'이라고 하였고, [결론]에서 '생일인 어떤 사람 → 기분이 좋음'이라고 하였다. 삼단논법으로 추리해보면 '생일인 어떤 사람 → 웃고 있는 사람 → 기분이 좋음'이 되므로 [전제 2]에 들어갈 답은 '생일인 어떤 사람은 웃고 있다.'이다.

06 [사고력] 조건을 통해 추론하기

정답 ④

해설

|보기 1|의 내용을 표로 정리하면 다음과 같다.

	동부지점	남부지점	서부지점	북부지점
2018년	A	B	C	D
2019년		A, B	C	D
2020년			A, B, C	D
2021년			B	A, C, D
2022년	A, D			B, C
2023년	D	A		B, C

따라서 옳은 것은 ㉠, ㉣, ㉤이다.

Plus 해설

㉢ C와 D는 2021년에 북부지점에서 같이 근무하게 된다.
㉣ 2022년에 A와 D는 동부지점에서, B와 C는 북부지점에서 근무하게 된다.

07 [사고력] 조건을 통해 추론하기

정답 ②

해설

A의 말이 거짓이면, E의 말은 진실이고, B와 D의 말은 거짓이 된다. 이 경우, 다섯 명 중 A, B, D 세 명의 말이 거짓이 되므로, A의 말은 거짓이 될 수 없다.
A의 말이 진실이면, E의 말은 거짓이고, B와 D의 말은 진실이 된다. 또한 E가 진실을 말하고 있다고 진술한 C의 말은 거짓이 된다. 따라서 A, B, C, D, E 중 거짓을 말하고 있는 신입사원은 C, E이고, 진실을 말하

고 있는 신입사원은 A, B, D이다.
A~E는 각각 두 개 항목의 물품 구매를 신청했고, 신청 항목은 필기구 2명, 복사용지 2명, 의자 3명, 사무용 전자제품 3명이므로 A~E의 진술을 표로 정리하면 다음과 같다.

A	필기구, 의자
B	복사용지, 사무용 전자제품
C	의자, 복사용지
D	필기구, 사무용 전자제품
E	의자, 사무용 전자제품

따라서 답은 ②이다.

08 [사고력] 조건 파악하기

정답 ④

해설

○○공사는 총 6개의 부서가 있고, 기획부와 총무부는 같은 층을 사용한다고 했으므로, 기획부와 총무부를 제외한 나머지 부서는 한 개의 층을 하나의 부서가 사용하고 있음을 알 수 있다. 네 번째와 다섯 번째 조건을 통해 아래층부터 '마케팅부–인사부–홍보부'의 순으로 건물을 사용하고 있음을 알 수 있고, 여섯 번째 조건을 통해 영업부와 기획부(=총무부)는 각각 6층 또는 10층을 사용하고 있음을 알 수 있다. 마지막 조건을 보면, 총무부(=기획부)에서 인사부와 마케팅부로 가기 위해서는 위층으로 올라가야 한다고 했으므로, 총무부(=기획부)가 6층을 사용하고 있음을 알 수 있다.

10층	영업부
9층	홍보부
8층	인사부
7층	마케팅부
6층	기획부, 총무부

따라서 홍보부는 9층에 있다.

09 [사고력] 조건에 맞는 사람 고르기

정답 ④

해설

두 번째 조건으로 A＝B＝F임을 알 수 있다. 세 번째 조건(D＝A＋B＋F＋10)에서 D가 A, B, F보다 먼저 입사했음을 알 수 있다. 네 번째 조건(A＋B＞C＋F)에서 C는 A, B, F보다 늦게 입사했음을 알 수 있다. 다섯 번째 조건(E＝A＋F＋7)에서 E는 A, B, F보다 먼저 입사했음을 알 수 있다. 세 번째 조건과 다섯 번째 조건으로 D가 E보다 먼저 입사

했음을 알 수 있다. 따라서 A~F의 근무 기간이 긴 순서는 D, E, A = B = F, C이고, 두 번째로 근무 기간이 긴 사람은 E이다.

10 [사고력] 참 · 거짓 진위여부 판단하기

정답 ①

해설

우선 12시에 점심을 먹은 사원과 1시에 점심을 먹은 사원을 구분해야 한다. E의 말이 참이면 E는 12시에, C는 1시에 점심을 먹었을 것이고, E의 말이 거짓이면 E는 1시에, C는 12시에 점심을 먹었을 것이다. 따라서 둘은 같은 시간에 점심을 먹지 않았음을 알 수 있다. 다음으로 F의 말이 참이면, D와 F는 12시에 점심을 먹었을 것이고, F의 말이 거짓이면 D와 F는 1시에 점심을 먹었을 것이다. 두 경우 모두 D와 F는 함께 점심을 먹었음을 알 수 있다.

따라서 다음과 같이 네 가지 가정을 해볼 수 있다.

가정 1) E와 F의 말이 모두 참일 경우 : 12시(D, E, F), 1시(A, B, C)
→ 같은 시간에 같은 메뉴를 먹지 않았기 때문에 D의 말이 참이 될 수 없으므로 모순된다.

가정 2) E의 말이 참이고 F의 말이 거짓일 경우 : 12시(A, B, E), 1시(C, D, F)
→ A와 B의 말이 모두 참이면 D와 F가 같은 시간에 같은 메뉴를 먹은 상황이 발생하므로 모순된다.

가정 3) F의 말이 참이고 E의 말이 거짓일 경우 : 12시(C, D, F), 1시(A, B, E)
→ 모순되는 점이 없다.

가정 4) E와 F의 말이 모두 거짓일 경우 : 12시(A, B, C), 1시(D, E, F)
→ 가정 2의 상황과 같은 이유로 모순된다.

모순되지 않는 상황은 '가정 3'뿐이므로 '가정 3'에 따라 정리하면 다음과 같다.

	찌개	비빔밥	덮밥
12시	D/F	C	F/D
1시	B/E	A	E/B

따라서 1시에 비빔밥을 먹은 사원은 A 사원이다.

11 [사고력] 참 · 거짓 진위여부 판단하기

정답 ④

해설

B의 첫 번째 진술이 참일 경우, A와 C의 두 번째 진술이 참이 된다. 반대로 B의 첫 번째 진술이 거짓일 경우, A와 C의 두 번째 진술도 거짓이 된다. 두 가지

가정을 표로 나타내면 다음과 같다.

가정 1) B의 첫 번째 진술이 참일 경우

A	B	C
거짓/참	참/거짓	거짓/참
사과	사과	포도

→ 보기 중 'ㄱ'의 경우에 해당한다.

가정 2) B의 첫 번째 진술이 거짓일 경우

A	B	C
참/거짓	거짓/참	참/거짓
포도	포도	사과

→ 보기 중 'ㄴ'의 경우에 해당한다.
다른 경우는 존재하지 않으므로 답은 ④이다.

12 [사고력] 참 · 거짓 파악하기

정답 ⑤

해설

B와 D가 같은 주장을 하고 있으므로 둘 다 거짓이거나 둘 다 진실이다. B가 거짓일 경우 A도 거짓을 말하는 것이 되므로 거짓을 말하는 사람이 3명이 되고, 이는 2명이 거짓을 말한다는 조건과 모순된다. 따라서 B와 D는 진실을 말하고 있다. B가 진실일 때 A도 진실을 말하는 것이 되므로 A, B, D가 진실을 말하고 있다. 따라서 거짓을 말하는 두 사람은 C와 E이다.

13 [사고력] 위치관계 파악하기

정답 ②

해설

조건을 보고 그림 위치를 추측해보면 다음과 같다.

중년 (노년 바로 위)	장년 (중년과 같은 줄)	유년 (장년 옆, 다른 쪽에 그림 없음)
노년 (청년 바로 옆 아님)	소년 (선반 바로 위)	청년 (노년과 같은 줄, 제일 오른쪽)
(왼쪽)	**선반**	**(오른쪽)**

따라서 유년 시절 그림이 걸려 있는 위치는 C이다.

14 [사고력] 이어지는 진술 추론하기

정답 ⑤

해설

글의 마지막에서 A 씨는 생명을 물건으로 여기고, 엄연한 생명체인 가축에 대해 공장과 살처분이라는 말

을 거리낌 없이 사용하고 있는 것이 공장식 축산의 문제라고 주장하고 있다. 따라서 뒤이어 진술하기에 가장 적절한 것은 공장식 축산이 생명을 경시하는 우리 현실을 적나라하게 보여준다는 내용이 들어간 ⑤이다.

---

15 [사고력] 원탁에 앉은 순서 추리하기

정답 ①

해설

F는 C와 D 사이에 앉아 있다고 하였고, D의 오른쪽에 F가 앉아 있다고 하였다. 또 D와 E가 이웃하여 앉아 있다고 하였으므로 D의 왼쪽에 E가 앉아 있는 것을 알 수 있다. 따라서 'E-D-F-C'의 순서로 앉아 있는 것을 알 수 있다. C 옆에는 빨간색 옷을 입은 사람이 앉아 있다고 했고, F는 보라색 옷을 입고 있다고 하였으므로, 'E-D-F(보라색 옷)-C-빨간색 옷'까지 추리해볼 수 있다. 빨간색 옷을 입은 사람과 파란색 옷을 입은 사람이 마주보고 있고, 노란색 옷을 입은 B가 F와 마주보고 있다고 하였으므로 그림으로 나타내면 다음과 같다.

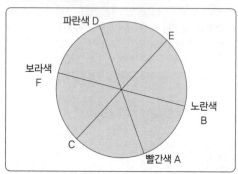

따라서 A의 오른쪽에 있는 사람부터 순서대로 배열하면 B - E - D - F - C가 된다.

---

16 [사고력] 씨앗 두 개 심은 사람 찾기

정답 ②

해설

A~E의 진술이 모두 참이므로 가능한 상황을 정리하면 다음과 같다.

A	B	C	D	E
코스모스 or 나팔꽃+코스모스	해바라기 or 코스모스	나팔꽃	해바라기 or 코스모스	해바라기 or 코스모스 or 나팔꽃+코스모스

가정 1) A가 씨앗을 두 개 심은 경우

E가 코스모스 씨앗을 심었다면 E가 코스모스 씨앗을 심은 두 사람(A, E)을 다 알 수 있게 되므로 이 경우 E는 코스모스 씨앗을 심지 않았다.

A	B	C	D	E
나팔꽃+코스모스	해바라기 or 코스모스	나팔꽃	해바라기 or 코스모스	해바라기

→ 모순되는 진술이 없다.

가정 2) E가 씨앗을 두 개 심은 경우

A	B	C	D	E
코스모스	해바라기	나팔꽃	해바라기	나팔꽃+코스모스

→ E가 코스모스 씨앗을 심은 두 사람을 다 알 수 있게 되므로 모순된다.

따라서 씨앗을 두 개 심은 사람은 A이고, E가 심은 씨앗은 해바라기 씨앗이다.

---

17 [문제처리능력] 조건에 적합한 제품 선택하기

정답 ④

해설

㉮ 작업자의 상황과 조건을 만족하는 이앙기는 'C' 제품이다. C 제품은 벼와 벼 사이의 간격이 여유로운 소식재배에 적합하며 출력이 22마력 이상이고 약제살포기도 추가 장착되어 있다.

㉯ 작업자의 조건을 만족하는 이앙기는 'A2' 제품이다. A2 제품은 소음이 83.2dB에 불과하며 습전에 강하고 고정밀 수평제어 시스템이 있어 고르지 못한 지형에서도 본체의 수평을 맞춰 곧고 정확하게 모를 심는다.

㉰ 작업자의 조건을 만족하는 이앙기는 'D2' 제품이다. 연료탱크 용량이 37리터로 중간에 급유하지 않고도 하루 작업을 넉넉히 할 수 있다. 또한 호퍼 용량이 120L로 대폭 향상돼 비료 보급 시간을 단축시킬 수 있다.

㉱ 작업자의 요구를 만족하는 제품은 'B' 제품이다. 핸들 조작 없이 이앙기로 모를 심는 기능이 있어 이앙 작업을 하면서 이앙부에 모판을 운반하는 등의 다른 작업을 할 수 있고, 인건비의 부담을 덜 수 있다. 또한 경로 이탈 시 엔진이 정지되기 때문에 안전성도 확보하였다.

---

18 [문제처리능력] SWOT 분석하기

정답 ④

해설
②은 강점인 '다양한 영업전략'을 활용하여, 위협인 '다수의 경쟁업체'를 피하고자 하였으므로 ST 전략에 해당한다.

---

19 [문제처리능력] SWOT 분석하기

정답 ③

해설
ⓒ '경쟁사의 저가 여행상품 개발'의 위협을 피하고 자, 강점인 '럭셔리 브랜드 이미지'를 활용하였으 므로 ST 전략에 해당한다.

🎀 Plus 해설
㉠ '20대에게 인지도 부족'이라는 약점을 극복하기 위 해, 기회인 '여행 관련 TV 프로그램 유행'을 활용 하는 것이므로 WO 전략에 해당한다.
ⓒ 강점인 '높은 서비스 품질'을 활용하여, 기회인 '고 연령층의 해외여행 확대'의 이점을 얻고자 하였으 므로 SO 전략에 해당한다.
② '20대에게 인지도 부족'이라는 약점을 극복하기 위 해, 기회인 '온라인을 통한 정보 검색 증가'를 활용 하는 것이므로 WO 전략에 해당한다.

---

20 [문제처리능력] SWOT 분석하기

정답 ④

해설
판매 규제 완화의 기회를 이용해 부족한 마케팅과 노 후된 이미지의 약점을 극복하는 WO 전략이다. WT 전 략은 내부 약점과 내부 위협을 최소화하는 전략이다.

🎀 Plus 해설
① 기회 요인인 유명 인사의 긍정적인 제품 후기를 활용해 강점인 투자자들의 적극적인 투자를 극대 화하는 SO 전략이다.
② 고급 연구 인력, 독자적 기술의 강점을 활용해 경 쟁업체의 위협 요인을 최소화하는 ST 전략이다.
③ 유명 인사의 긍정적 제품 후기라는 기회를 활용하 여 부족한 마케팅 전략을 세우고 약점인 노후된 이미지를 탈피하려는 WO 전략이다.

---

21 [문제처리능력] 자료를 통해 추론하기

정답 ④

해설
'ㅅ'을 포함한 각 항목들의 절감 비용을 구한 뒤 절감 비용의 합이 가장 큰 것을 찾으면 된다.

① ㄱ, ㄷ, ㅁ, ㅅ 항목을 실천했을 경우 절감 비용
$54,000+18,000+42,000+20,000+\{(54,000+18,000+42,000)\times0.2\}=156,800$(천 원)
② ㄱ, ㄹ, ㅁ, ㅅ 항목을 실천했을 경우 절감 비용
$54,000+35,000+42,000+20,000+\{(54,000+35,000+42,000)\times0.1\}=164,100$(천 원)
③ ㄴ, ㄷ, ㅂ, ㅅ 항목을 실천했을 경우 절감 비용
$48,000+18,000+45,000+20,000+\{(48,000+18,000+45,000)\times0.15\}=147,650$(천 원)
④ ㄴ, ㅁ, ㅂ, ㅅ 항목을 실천했을 경우 절감 비용
$48,000+42,000+45,000+20,000+\{(48,000+42,000+45,000)\times0.1\}=168,500$(천 원)
⑤ ㄷ, ㅁ, ㅂ, ㅅ 항목을 실천했을 경우 절감 비용
$18,000+42,000+45,000+20,000+\{(18,000+42,000+45,000)\times0.2\}=146,000$(천 원)
따라서 ㅅ과 함께 실천했을 때 절감 비용이 가장 큰 3 개 항목은 ㄴ, ㅁ, ㅂ이다.

---

22 [문제처리능력] 에너지 절감 비용 구하기

정답 ②

해설
이번 달에 실천한 항목들은 ㄱ, ㄷ, ㄹ, ㅂ이고 추가 절감률은 5%이다. 절감 비용을 구하면
$54,000+18,000+35,000+45,000+\{(18,000+35,000+45,000)\times0.05\}=156,900$(천 원)이다.
○○기업의 지난달 절감 비용은 **21**에서 구한 168,5 00천 원이므로 이번 달과 지난달의 에너지 절감 비용의 차이는 $168,500-156,900=11,600$(천 원), 즉 11,600,000원이다.

---

23 [사고력] 조건을 통해 추론하기

정답 ③

해설
(가), (나) 조건을 먼저 대입했을 때, 부동산과 병원이 같은 라인에 있지만 이웃하지 않으려면 A 라인에는 올 수 없다. 주어진 조건을 표로 나타내면 다음과 같다.

A 라인	카페	옷가게	음식점	음식점

B 라인	카페	부동산 / 병원		병원 / 부동산

따라서 음식점 두 개는 A 라인 상가 3호와 4호에 붙 어 있고, 부동산과 병원은 B 라인 상가 2호와 4호에 교차하여 올 수 있으므로 답은 ③이다.

24 [사고력] 조건을 통해 추론하기

정답 ④

해설

23 해설을 보면 A 라인은 1호부터 순서대로 카페-옷가게-음식점-음식점이고, B 라인은 카페-부동산 또는 병원-(　)-병원 또는 부동산이다. 따라서 약국이 올 수 있는 곳은 B라인 3호이다.

25 [사고력] 조건을 통해 추론하기

정답 ③

해설

㉠ (○) 작년 기준으로 연봉은 A가 2,600만 원, B가 3,300만 원, C가 3,100만 원, D가 2,800만 원, E가 2,200만 원을 받았다.

㉡ (×) 작년에 연봉이 가장 높은 사람은 B(3,300만 원)였지만, 올해 C의 연봉을 알 수 없으므로 연봉이 가장 높은 사람이 누구인지 알 수 없다.

㉢ (○) 올해 기준으로 연봉은 A가 2,600만 원, B가 4,000만 원, D가 3,400만 원, E가 3,200만 원이고, C의 연봉 액수는 알 수 없다. 따라서 B, D, E는 모두 작년보다 연봉이 500만 원 이상씩 올랐음을 알 수 있다.

26 [사고력] 명제와 대우 이해하기

정답 ④

해설

주어진 조건을 p, q, r로 정리하면

- p : 자율학습을 열심히 하는 학생
- q : 수학을 잘한다.
- r : 수업시간에 집중에서 공부한다.

p → q, ~r → ~q가 성립하고 ~r → ~q의 대우인 q → r도 성립한다. 따라서 삼단논법에 의해 p → q → r이므로 ④의 p → r은 참인 명제이다.

27 [사고력] 조건을 이용한 인원 구하기

정답 ②

해설

지침2와 지침3, 지침4에서 본관 1개 층에서 1개 부서만, 본관에서 별관으로 2개 부서만 이동하여 별관인원수가 40명 이하가 되어야 함을 알 수 있다.
본관 2층과 본관 3층의 각 층에서 인원이 가장 적은 부서인 기획2부(21명)와 총무부(23명)의 근무 인원수

합이 40명을 넘으므로 반드시 본관 1층의 한 개 부서가 별관으로 이동하여야 한다.
본관 1층에서 인사부는 이동하지 않는다고 하였고 남은 2개 부서의 근무 인원수는 16명으로 동일하며, 본관 2층의 부서가 이동하려면 기획2부(21명)가 이동하여야만 별관 인원수가 37명이 된다.(본관 1층의 인원수 : 26명, 본관 2층의 인원수 : 27명, 본관 3층의 인원수 : 53명) 또한, 본관 3층의 부서가 이동하려면 총무부(23명)가 이동하여야만 별관 인원수가 39명이 된다.(본관 1층의 인원수 : 26명, 본관 2층의 인원수 : 48명, 본관 3층의 인원수 : 30명)
따라서 정답은 ②이다.

28 [문제처리능력] 회의록 통해 업무 파악하기

정답 ②

해설

'3. 팀 운영 계획 및 추진방향' 항목을 보면 알 수 있다.
가. 자사 신제품의 특징을 타사의 제품과 비교하여 정리하고, 홍보 및 판촉 행사를 성공적으로 진행했던 국내 사례를 분석하는 업무는 기획부 담당이다.
라. 최근 2년간 자사의 홍보 및 판촉 행사를 분석하고, 신제품 판매 행사 방안을 구상하는 업무는 홍보부 담당이다.
따라서 각 부서별로 수행해야 할 업무로 적절한 것은 '가, 라'이다.

Plus 해설

나. 최근 화제성이 높은 해외 판촉 사례를 분석하는 업무는 마케팅부 담당이다.
다. 기획부는 해외기업 홍보 사례를 분석하는 것이 아니라, 국내 사례를 분석하는 업무를 담당하고 있다.

29 [문제처리능력] 자료 반영하여 기획안 구상하기

정답 ④

해설

회의록의 '2. 추진방향'을 보면 최근의 트렌드를 따라가되, 타사의 방식과 변별되는 신선한 기획안을 준비해야 한다고 되어있으므로 다른 기업과 유사하게 홍보 내용과 방식을 구성하는 것은 적절하지 않다.

30 [문제처리능력] 조례 분석, 민원 대응하기

정답 ③

해설

조례 제10조에 구청장은 공동주택 층간소음 분쟁을 자율적으로 예방하고 조정하여 건전한 공동체의 생활여건 조성에 이바지한 입주자에 대하여 「○○시 △△구 포상 조례」에 따라 포상할 수 있다고 명시되어 있다. 따라서 공무원이 아닌 입주자에게 포상하는 것이므로 ③은 적절하지 않은 설명이다.

31 [문제처리능력] 조건에 맞는 제품 선택하기

정답 ④

해설

가격, 램프 수명과 밝기, 입출력 단자 면에서 가장 많이 부합하는 제품을 선택한다.

Plus 해설

① 램프 수명과 입출력 단자가 맞지 않는다.
② 램프 밝기가 맞지 않는다.
③ 조건에는 부합하지만 조건을 모두 충족하는 더 저렴한 제품이 있으므로 구입하지 않는다.
⑤ 예산을 초과한다.

32 [사고력] 시설 현황 분석하기

정답 ③

해설

㉠ (○) 금요일 근무 시간 이후 복지 2관 지하 1층의 샤워실이 18시부터 23시까지 운영되며, 샤워부스가 총 30개 설치되어 있기 때문에 축구경기를 끝마친 직원 25명이 동시에 샤워를 할 수 있다.
㉡ (×) 요가와 필라테스실이 복지 1관의 지하 1층에 있으므로 겨울철 눈이 내리는 날에도 요가와 필라테스를 할 수 있다.
㉢ (○) 대운동장은 체육시설관리자의 재량에 의하여 일요일에도 개방할 수 있으므로 일요일에 ○○기업 부서별 축구대회를 진행할 수 있다.
㉣ (×) 월·수·금 18시부터 22시 사이에 농구 시합은 복지 1관의 지하 1층 실내체육관에서, 축구 시합은 대운동장에서 동시에 진행할 수 있다.
따라서 옳은 것은 ㉠, ㉢이다.

33 [문제처리능력] 조건 적용하기

정답 ③

해설

㉠ (○) B 사원과 C 사원은 융통성을 제외한 나머지 부분의 점수의 합이 같으므로 C 사원의 융통성 점수가 B 사원보다 높아야 높은 총점을 받을 수 있다. 따라서 C 사원이 B 사원보다 총점이 높기 위해서는 융통성에서 10점을 받아야 한다.
㉡ (×) D 사원은 작업속도 부분에서 10점을 받더라도 총점이 38점이기 때문에 상여금은 받을 수 있지만 진급은 하지 못한다.
㉢ (×) A 사원과 B 사원의 융통성 부분의 점수가 바뀐다면 A 사원은 1점이 증가하고 B사원은 1점이 감소하기 때문에 A 사원과 B 사원은 동점인 상황이 된다.
㉣ (○) 진급 점수표에서 괄호 부분의 점수를 모두 10점을 준다 하더라도 A 사원이 34점, B 사원이 36점, C 사원이 37점, D 사원이 38점, E 사원이 39점이므로 총점 40점 이상인 사원은 없다. 따라서 총점이 40점 이상인 사원이 없으므로 최고점인 사람이 진급을 하게 되고, E 사원은 총점이 40점을 넘지 못하였지만 최고점을 받았기에 진급할 수 있었다.

34 [문제처리능력] 상황제시 유형 이해하기

정답 ③

해설

4월 20일 오후에 접수된 민원은 다음 날부터 계산이 되어 4월 21일에 민원서류 보정, 4월 22일, 4월 25일, 26일 3일간 민원조사에 소요되는 기간은 산입에서 제외된다. 4월 27일부터 토요일, 일요일, 공휴일(임시공휴일 포함)을 제외한 20일 이내에 처리가 완료되어야 하므로 5월 27일까지 처리가 완료되어야 한다.

35 [문제처리능력] 적절한 교통편 선택하기

정답 ①

해설

K 씨는 울산 V 컨벤션 센터에 도착하여 회의 전까지 프레젠테이션 준비를 끝마쳐야 하므로, 회의 시간인 17시보다 3시간 일찍, 14시 이전까지 도착하여야 무사히 회의를 마칠 수 있다.

집 → 회사	
(50분) 07:00~07:50	
회사 → 울산	
〈경우1〉 동서울터미널 이용	〈경우2〉 서울역 이용
(40분) 07:50 ~ 08:30	(60분) 07:50 ~ 08:50

집 → 회사	
(50분) 07:00~07:50	
회사 → 울산	
05:00 이후 60분 간격 09:00 출발 ~ (휴게소 30분 추가) 13:40 도착	06:00 이후 100분 간격 09:20 출발 ~ 12:40 도착
20분 만에 V 컨벤션 센터에 도착해야 함	80분 만에 V 컨벤션 센터에 도착해야 함

따라서 K 씨는 기차를 타고 택시를 타야 제시간에 도착 할 수 있다.

---

36 [문제처리능력] 규정 이해하기

 ①

 해설

월평균 소득이 251만 원 초과일 경우, 평일(일~목)에만 이용 가능하다. 주말 및 성수기에는 월평균 소득 251만 원 이하의 근로자만 이용할 수 있다.

---

37 [문제처리능력] 규정 이해하기

 ③

 해설

성수기 휴양콘도 이용순서는 '주말 · 성수기 선정박수가 적은 노동자 → 이용 가능 점수가 높은 노동자 → 월평균 소득이 낮은 노동자' 순서이다. 단, 신혼여행의 경우에는 최우선으로 선정된다. 따라서 정답은 ③이다.

---

38 [문제처리능력] 요금 계산하기

 ④

 해설

㉠ 서울에서 대전까지 KTX 가족석 요금(20% 할인 적용) : 19,000(원)×4×0.8＝60,800원
㉡ 서울에서 대전까지 새마을호 요금(아버지만 30% 할인 적용) : 14,000(원)×0.7＋14,000(원)×3 ＝51,800원
㉢ 대전에서 부산까지 무궁화호 요금(3세와 1세인 두 자녀 50% 할인 적용) : 16,000(원)×2＋16,000(원)×0.5×2＝48,000원
㉣ 대전에서 부산까지 KTX 열차요금(60세 이상 30% 할인 적용) : 28,000(원)×0.7×2＝39,200원
㉤ 대전에서 부산까지 새마을호 요금(할인 적용 없음) : 19,000(원)×3＝57,000원

따라서 열차요금이 가장 적은 가족은 ㉣이고, 열차요금이 가장 많은 가족은 ㉠이다.

Part 1 직업기초능력평가

Chapter 04 자원관리능력

자원관리능력은 업무 수행 시 필요한 시간·자본·재료·시설·인력 등의 자원 가운데 무엇이 얼마나 필요한지를 확인하고, 실제 업무에 어떻게 수집하여 활용할 것인지를 계획하고 수행하는 능력이다. 자원관리능력은 직무 수행에 필요한 시간을 효율적으로 관리하는 시간관리능력, 직무 수행에 필요한 예산을 파악하고 실제 사용할 수 있는 예산을 확보하여 효율적으로 집행하는 예산관리능력, 물품 관리 등 물적자원을 효율적으로 관리하는 물적자원관리능력, 근로자의 기술·능력·업무 등의 인적자원을 파악하고 효율적으로 배치하여 관리하는 인적자원관리능력 등으로 구분된다.

04 Chapter

START

NCS 모듈 학습

 개념정리 • 자원관리능력

1 자원의 의미와 종류

기업 활동을 위해 사용되는 기업 내의 모든 시간, 예산, 물적, 인적 자원을 의미한다. 과거에는 제품 생산에 이용되는 원료로서의 물적 자원이 가장 중요한 자원으로 인식되었으나, 최근 무한 경쟁의 시대에서는 시간이나 예산이 중요한 자원으로 인식되고 있다. 또한 역량 있는 인적 자원을 보유했는지 여부가 기업의 경쟁력을 가늠하는 지표가 되고 있다.

2 자원관리의 중요성

자원의 유한성으로 인해 한정된 자원을 효과적으로 확보, 유지, 활용하는 것이 매우 중요하다. 따라서 자원관리능력의 하위능력인 시간관리능력, 물적자원관리능력, 인적자원관리능력은 모든 사람에게 있어 매우 중요한 능력이라고 할 수 있다.

3 자원낭비의 요인

- 비계획적 행동
  계획 없이 충동적이고 즉흥적으로 행동하기 때문에 자신이 활용할 수 있는 자원들을 낭비하게 되는 경우

- 편리성 추구
  자원을 활용하는 데 자신의 편리함을 최우선적으로 추구하기 때문에 나타나는 경우

- 자원에 대한 인식 부재
  자신이 가지고 있는 중요한 자원을 인식하지 못하는 경우

- 노하우 부족
  자원관리에 대한 경험이나 노하우가 부족하여 자원관리의 중요성을 인식하면서도 효과적인 방법을 활용할 줄 모르는 경우

4 효과적인 자원관리 과정

- **필요한 자원의 종류 및 양 확인하기**

  자원의 종류는 크게 시간, 예산, 물적자원, 인적자원으로 나뉘지만 실제 업무 수행에서는 이보다 더 구체적으로 나눌 필요가 있다. 구체적으로 어떤 활동을 할 것이며, 이 활동에는 어느 정도의 시간, 돈, 물적·인적자원이 필요한지를 파악한다.

- **이용 가능한 자원 수집하기**

  자원을 수집할 때 가능하면 필요한 양보다 좀 더 여유 있게 확보할 필요가 있다. 실제 준비나 활동을 하는 데 있어서 계획과 차이를 보이는 경우가 빈번하기 때문에 여유 있게 확보하는 것이 안전하다.

- **자원 활용 계획 세우기**

  이 단계에서는 업무나 활동의 우선순위를 고려하는 것이 중요하다. 만약 확보한 자원이 실제 활동 추진에 비해 부족할 경우 우선순위가 높은 것에 중심을 두고 계획하는 것이 바람직하다.

- **계획대로 수행하기**

  계획에 얽매일 필요는 없지만 최대한 계획대로 수행하는 것이 바람직하다. 불가피하게 수정해야 하는 경우에는 전체 계획에 미칠 수 있는 영향을 고려해야 한다.

하위능력1 ● 시간관리능력

1 시간관리능력이란?

시간 자원이 얼마나 필요한지를 확인하고 이용 가능한 시간 자원을 최대한 수집하여 실제 업무에 어떻게 활용할 것인지를 계획하고 할당하는 능력이다.

2 시간관리의 중요성

현대사회에서 기업은 일을 수행하는 데 소요되는 시간을 줄이기 위해 많은 노력을 기울이고 있다. 기업의 입장에서 작업 소요 시간이 단축되면 위험감소, 생산성 향상, 시장점유율 증가, 가격인상과 같은 긍정적인 효과를 볼 수 있다.

3 시간관리의 효과

시간관리를 해야 하는 진정한 이유는 시간의 통제가 아니라 시간을 효율적으로 관리함으로써 삶의 여러 가지 문제를 개선하는 데 있다. 그중 스트레스 감소, 균형적인 삶, 생산성 향상, 목표 성취가 대표적인 예이다.

4 시간관리에 대한 오해

시간을 낭비하게 되는 이유로 시간관리에 대한 오해를 꼽을 수 있다. 가장 흔히 오해하는 것은 결과의 질과 마감 기한 간의 우선순위에 있어 결과의 질이 마감 기한에 우선한다는 생각이다. 하지만 어떤 일이든 기한을 넘기는 것은 인정받기 어려우므로 결과의 질보다 마감 기한을 지키는 것이 중요하다는 사실을 잊어서는 안 된다. 이 밖에도 시간관리에 대한 오해를 살펴보면 다음과 같다.

- 시간관리는 상식에 불과하다.
- 시간에 쫓기면 일을 더 잘한다.
- 시간관리는 할 일에 대한 목록만으로 충분하다.
- 창의적인 일을 하는 사람에게는 시간관리가 맞지 않는다.

⑤ 시간의 낭비요인

외적 요인	➤	동료, 가족, 고객, 문서, 교통 혼잡 등 본인이 조절할 수 없는 외부인이나 외부에서 발생하는 시간에 의한 것
내적 요인	➤	계획 부족, 우유부단함, 사회활동 등 개인 내부에 있는 습관에 의한 것
기타 요인	➤	시간에 대한 잘못된 인식, 시간관리에 대한 오해 등

⑥ 효과적인 시간계획

● 시간계획의 순서

| 명확한 목표 설정 | ➤ | 일의 우선순위 결정 | ➤ | 예상 소요시간 결정 | ➤ | 시간계획서 작성 |

● 일의 우선순위 판단 매트릭스

	긴급함	긴급하지 않음
중요함	**긴급하면서 중요한 일** • 위기상황 • 급박한 문제 • 기간이 정해진 프로젝트	**긴급하지 않지만 중요한 일** • 예방 생산 능력 활동 • 인간관계 구축 • 새로운 기회 발굴 • 중장기 계획, 오락
중요하지 않음	**긴급하지만 중요하지 않은 일** • 잠깐의 급한 질문 • 일부 보고서 및 회의 • 눈앞의 급박한 상황 • 인기 있는 활동 등	**긴급하지 않고 중요하지 않은 일** • 하찮은 일 • 우편물, 전화 • 시간낭비거리 • 즐거운 활동 등

● 60 : 40의 원칙

시간 계획의 기본 원리로 자신에게 주어진 시간 중 60%는 계획된 행동을 해야 한다는 것을 의미한다. 구체적으로 자신의 시간 계획에 포함되는 행동(60%), 계획 외의 행동(20%), 자발적 행동(20%)의 세 가지 범주로 구분할 수 있다.

자원관리능력

I • 시간관리능력 》바로확인문제

01 다음은 시간계획의 기본원리에 대한 설명이다. 괄호 안에 들어갈 행동으로 가장 적절한 것은?

> 시간은 무형의 자원으로, 다른 자원과는 다른 관리방식을 필요로 한다. 또한, 가용한 모든 시간을 관리한다는 것은 불가능에 가까운 일이므로 시간을 계획하는 것은 시간관리에 있어서 매우 중요한 것이다. 이에 대해 로타 J. 자이베르트(Lother J. Seiwert)는 시간계획의 기본 원칙으로 '60 : 40의 원칙'을 제시하고 있다. 이 원칙은 총 가용시간의 60%를 계획하고, 나머지 40%는 예측하지 못한 사태 및 일의 중단요인, 개인의 창의적 계발 시간으로 남겨 둔다는 것이다. 보다 구체적으로 시간을 계획할 때, 60%의 시간은 (㉠)에 할애하고, 20%는 (㉡)에 할애하며, 마지막 20%를 (㉢)에 할애한다는 것이다.

	㉠	㉡	㉢
①	계획 행동	계획 외 행동	자발적 행동
②	자발적 행동	비자발적 행동	계획 외 행동
③	자발적 행동	계획 행동	계획 외 행동
④	계획 외 행동	자발적 행동	계획 행동
⑤	비자발적 행동	계획 행동	자발적 행동

 시간관리능력 / 60 : 40의 원칙 이해하기

60:40의 원칙은 본인의 시간 중 60%는 계획된 일에, 20%는 계획 외의 행동에, 나머지 20%는 창조성을 위한 자발적인 행동에 활용하는 것이다. 정답 ①

02 다음은 시간계획을 작성하는 데 필요한 항목들이다. 효율적인 시간계획을 작성하는 순서로 옳은 것은?

> ㉠ 시간계획서 작성하기 ㉡ 명확한 목표 설정하기
> ㉢ 일의 우선순위 정하기 ㉣ 예상 소요시간 결정하기

① ㉡-㉢-㉣-㉠   ② ㉡-㉣-㉢-㉠   ③ ㉢-㉡-㉠-㉣
④ ㉢-㉣-㉠-㉡   ⑤ ㉢-㉣-㉡-㉠

시간관리능력 / 시간계획의 순서 이해하기

일반적으로 효과적인 시간계획을 작성하기 위해서는 '명확한 목표 설정하기 → 일의 우선순위 정하기 → 예상 소요시간 결정하기 → 시간계획서 작성하기'의 순서를 따른다. 정답 ①

03 다음에 해당하는 시간관리 유형을 바르게 짝지은 것은?

> ㉠ 8시간의 회사 업무 이외에도 8시간을 효율적으로 활용하고 8시간을 자는 사람으로, 정신없이 바쁘게 살아가는 유형
> ㉡ 8시간은 일하고 16시간은 제대로 활용하지 못하며 빈둥대는 사람으로, 시간이 많은 데도 불구하고 마음이 쫓겨 바쁜 척하고 허둥대는 유형

	㉠	㉡		㉠	㉡
①	시간 창조형	시간 소비형	②	시간 창조형	시간 파괴형
③	시간 절약형	시간 소비형	④	시간 소비형	시간 절약형
⑤	시간 파괴형	시간 창조형			

 시간관리능력 / 시간 관리 유형 파악하기

시간관리의 유형에는 시간 창조형, 시간 절약형, 시간 소비형, 시간 파괴형이 있다.
• 시간 창조형 : 긍정적이며 에너지가 넘치고, 빈틈없는 시간 계획을 통해 비전과 목표 및 행동을 실천하는 유형
• 시간 절약형 : 8시간의 회사 업무 이외에도 8시간을 효율적으로 활용하고 8시간을 자는 사람으로, 정신없이 바쁘게 살아가는 유형
• 시간 소비형 : 8시간은 일하고 16시간은 제대로 활용하지 못하며 빈둥대는 사람으로, 시간이 많은 데도 불구하고 마음이 쫓겨 바쁜 척하고 허둥대는 유형
• 시간 파괴형 : 주어진 시간을 제대로 활용하지 못하고, 시간관념이 없어 자신의 시간은 물론 남의 시간마저 죽이는 유형
따라서 ㉠은 시간 절약형, ㉡은 시간 소비형에 해당한다.

정답 ③

04 다음 중 시간 계획 시 주의해야 할 사항으로 적절하지 않은 것은?

① 자기 외 다른 사람의 시간 계획을 감안하면서 계획을 세운다.
② 해당 기간에 예정된 행동 중 중요한 일만 리스트화한다.
③ 예정된 시간이 모자랄 때를 대비하여 예비시간을 확보해야 한다.
④ 여러 일 중에서 어느 일을 가장 우선적으로 처리해야 할 것인지 결정해야 한다.
⑤ 무리한 계획을 세우지 않도록 해야 하며, 실현 가능한 것만을 계획화해야 한다.

 시간관리능력 / 시간 계획 시 주의사항 이해하기

해당 기간에 예정된 행동을 모두 리스트화해야 한다.

정답 ②

하위능력 2 ● 예산관리능력

① 예산관리능력이란?

이용 가능한 예산을 확인하고 어떻게 사용할 것인지 계획하여 사용하는 능력을 의미하며, 최소의 비용으로 최대의 효과를 얻기 위해 필요하다.

② 예산과 예산 관리의 개념

예산	• 사전적 의미 : '필요한 비용을 미리 헤아려 계산함, 또는 그 비용' • 넓은 범위의 의미 : 민간기업 · 공공단체 및 기타 조직체는 물론이고 개인의 수입 · 지출에 관한 것도 포함
예산관리	활동이나 사업에 소요되는 비용을 산정하고, 예산을 편성하는 것뿐만 아니라 예산을 통제하는 것 모두를 포함, 즉 예산을 수립하고 집행하는 모든 일을 예산관리라고 할 수 있다.

③ 예산관리의 중요성 및 예산 책정의 이상적 상태

대부분 한 개인이나 기업이 활용할 수 있는 예산은 한정되어 있기 때문에, 정해진 예산을 얼마나 효율적으로 사용하느냐는 중요한 문제이다.

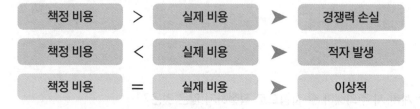

④ 예산의 구성요소

- 비목 : 예산을 구성하는 모든 원가의 속성을 파악하여 유사한 군별로 묶어 표현한 대분류 원가 항목(직접비용과 간접비용으로 구분됨)
- 세목 : 비목의 구성요소를 비교적 상세하게 표현한 중분류 원가항목

직접비용	• 제품 생산 또는 서비스를 창출하기 위해 직접 소비된 것으로 여겨지는 비용 • 재료비, 원료와 장비, 시설비, 인건비, 여행(출장) 및 잡비 등
간접비용	• 제품 생산 또는 서비스 창출에 소비된 비용이지만, 제품 생산에 직접 관련되지는 않은 비용 • 보험료, 건물관리비, 광고비, 통신비, 사무비품비, 각종 공과금 등

⑤ 효과적인 예산수립 절차

과제를 추진하는 데 있어서 다양한 활동이 뒤따르게 되는데 이를 정확하게 예측한 다음 우선순위를 결정하고 비용을 적절히 배정하는 절차를 거쳐야 한다.

필요한 과업 및 활동 규명	▶	우선순위 결정	▶	예산 배정

- 필요한 과업 및 활동 규명

  예산을 수립하는 경우 계속해서 추가되는 항목으로 인해 어려움을 겪을 수 있기 때문에, 예산을 배정하기 전에 예산이 필요한 모든 활동과 예산을 정리할 필요가 있다.

- 우선순위 결정

  배정된 예산으로 모든 업무를 수행할 수는 없기 때문에 우선순위를 배정함으로써 예산이 우선적으로 들어갈 활동을 도출해야 한다.

- 예산 배정

  우선순위가 높은 활동부터 적절하게 예산을 배정하고 실제 예산을 사용하는 것이 바람직하다.

2 • 예산관리능력 ≫ 바로확인문제

01 ○○컨설팅회사에 근무하고 있는 A 씨는 팀장으로부터 새로운 프로젝트 제안서를 작성하라는 지시를 받았다. A 씨는 프로젝트 제안 비용을 결정하기 위해 직접비와 간접비를 기준으로 예산을 작성하려 한다. 다음 중 직접비와 간접비의 연결이 잘못된 것은?

	직접비	간접비
①	시설비	사무비품비
②	재료비	보험료
③	건물관리비	여행(출장) 및 잡비
④	원료와 장비	통신비
⑤	인건비	광고비

 예산관리능력 / 예산의 구성요소 이해하기

건물관리비는 간접비에 해당하고, 여행(출장) 및 잡비는 직접비에 해당한다.

직접비와 간접비
• 직접비 : 재료비, 원료와 장비, 시설비, 여행(출장) 및 잡비, 인건비 등
• 간접비 : 보험료, 건물관리비, 광고비, 통신비, 사무비품비, 각종 공과금 등

정답 ③

02 다음은 예산의 항목을 파악하는 데 효과적인 방법을 설명한 것이다. 괄호 안에 들어갈 단어로 적절한 것은?

> 효과적으로 예산을 수립하기 위해서는 '필요한 과업과 활동 규명, 우선순위 결정, 예산 배정'의 단계를 거쳐야 한다. 이때, (   )를 활용하여 과업을 규명함으로써 효과적으로 예산을 수립할 수 있다.

① 플로우차트 ② 과업세부도 ③ 지출내역서
④ 간트차트 ⑤ 로직트리

 예산관리능력 / 예산수립 절차 이해하기

과업세부도는 과제 및 활동의 계획을 수립하는 데 있어서 가장 기본적인 수단으로 활용되는 그래프이다.

정답 ②

03 다음은 책정 비용과 실제 비용의 관계에 따른 효과를 나타낸 것이다. ㉠~㉢에 들어갈 적절한 용어를 바르게 짝지어진 것은?

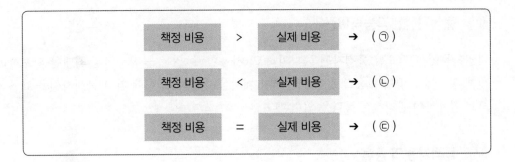

	㉠	㉡	㉢
①	경쟁력 손실	적자 발생	이상적 상태
②	경쟁력 손실	이상적 상태	적자 발생
③	적자 발생	경쟁력 손실	이상적 상태
④	적자 발생	이상적 상태	경쟁력 손실
⑤	이상적 상태	적자 발생	경쟁력 손실

예산관리능력 / 책정 비용과 실제 비용의 관계 알기

책정 비용을 실제보다 높게 책정하면 경쟁력을 잃어버리게 되고, 반대로 낮게 책정하면 개발 자체가 이익을 주는 것이 아니라 오히려 적자가 나는 경우가 발생할 수 있다. 따라서 책정 비용과 실제 비용의 차이를 줄이고, 비슷한 상태가 가장 이상적이다. 따라서 정답은 ①이다.

정답 ①

04 다음 중 예산에 대한 설명으로 적절하지 않은 것은?

① 예산의 사전적 의미는 '필요한 비용을 미리 헤아려 계산함. 또는 그 비용'이다.
② 예산관리는 예산을 편성하는 것뿐만 아니라 예산을 통제하는 것 모두를 포함한다.
③ 예산관리가 중요한 이유는 예산의 유한성에서 비롯된다.
④ 예산책정 시 무조건 비용을 적게 들이는 것이 좋다.
⑤ 예산관리능력은 이용 가능한 예산을 확인하고 어떻게 사용할 것인지 계획하여 사용하는 능력이다.

예산관리능력 / 예산에 대해 알기

예산책정 시 무조건 비용을 적게 들이기보다는 책정 비용과 실제 비용의 차이를 줄여 가장 비슷한 상태가 되도록 하는 것이 가장 이상적이다. 따라서 정답은 ④이다.

정답 ④

하위능력 3 • 물적자원관리능력

1 물적자원관리능력이란?

기업활동에서 필요한 물적자원을 파악하고, 사용할 수 있는 물적자원을 최대한 확보하여 실제 업무에 어떻게 활용할 것인지에 대한 계획을 수립하고, 이에 따른 물적자원을 효율적으로 활용하여 관리하는 능력을 의미한다.

2 물적자원의 종류

- 자연자원 : 자연 상대 그대로의 자원 (석유, 석탄, 나무 등)
- 인공자원 : 사람이 인위적으로 가공하여 만든 자원 (시설, 장비 등)

3 물적자원관리의 중요성

물적자원을 효과적으로 관리할 경우 과제 및 사업의 성공으로 경쟁력을 향상시킬 수 있으나, 물적자원관리가 부족할 경우 과제 및 사업에 실패하여 경제적 손실을 얻게 된다.

4 물적자원 활용의 방해요인

- 물적자원의 보관 장소를 파악하지 못하는 경우
- 물적자원이 훼손된 경우
- 물적자원을 분실한 경우
- 분명한 목적 없이 물적자원을 구입한 경우

5 물적자원관리 절차

사용 물품과 보관 물품의 구분	▶	물품을 정리하고 보관하고자 할 때, 해당 물품을 앞으로 계속 사용할 것인지, 그렇지 않은지를 구분함
동일 및 유사 물품으로의 분류	▶	동일성의 원칙(같은 품종은 같은 장소에 보관)과 유사성의 원칙(유사품은 인접 장소에 보관)에 따라 물품을 보관하여 효율성을 높임
물품 특성에 맞는 보관 장소 선정	▶	재질, 무게와 부피 등 물품의 특성을 반영하여 보관 장소를 선정함

6 물적자원관리 기법

- 서류상자 관리

서류상자는 다양한 정보를 모으는 순서대로 정리할 수 있고, 표제용 라벨에 제목을 붙여서 내용에 맞는 정보를 계속 넣을 수도 있다.

- 바코드와 QR코드

바코드 원리는 자신의 물품을 기호화하여 관리하는 것을 의미한다. 물품의 기호화를 통하여 위치 및 정보를 작성해 놓으면 관리가 수월하다.

바코드	문자나 숫자를 흑과 백의 막대모양 기호를 조합한 것, 단 반향이라 컴퓨터가 판독하기 쉽고 데이터를 빠르게 입력하기 위하여 쓰인다.
QR코드	흑백 격자무늬 패턴으로 정보를 나타내는 매트릭스 형식의 바코드로, 기존 바코드가 용량 제한에 따라 가격과 상품명 등 한정된 정보만 담는 데 비해 QR코드는 용량 제한을 극복하고 종횡의 정보를 가져서 숫자 외에 문자 등 다양한 정보를 담을 수 있다.

- 물품출납 및 운영카드

물품의 상태를 지속적으로 체크함으로써 효과적으로 관리할 수 있으며, 보유하고 있는 물품의 종류 및 양을 확인함으로써 활용에 참고할 수 있다. 그러나 물품출납 및 운영카드는 지속적으로 확인하고 작성하여야 하기 때문에 일이 많다는 단점이 있다.

- 물품관리 프로그램

개인보다는 기업이나 조직차원에서 활용하는 경우가 많으며, 이를 통해 다량의 물품들을 효과적으로 관리할 수 있다.

 3 • 물적자원관리능력 ≫ 바로확인문제

01 물적자원관리 과정에 대한 설명 중 옳지 않은 것은?

① 물품 정리 시 입출하의 빈도가 높은 품목은 출입구와 가까운 곳에 보관해야 한다.
② 물품 정리 및 보관 시 물품을 앞으로 계속 사용할 것인지 그렇지 않은지를 구분해야 한다.
③ 물품의 특성에 맞게 보관 장소를 선정해야 한다.
④ 유사성의 원칙은 유사품을 같은 장소에 보관하는 것을 말하며, 이는 보관한 물품을 더욱 쉽고 빠르게 찾을 수 있도록 하기 위해서 필요하다.
⑤ 물적자원을 효과적으로 관리하기 위해서는 사용 물품과 보관 물품의 구분, 동일 및 유사 물품의 분류, 물품 특성에 맞는 보관 장소 선정의 단계를 거쳐야 한다.

 물적자원관리능력 / 물적자원관리 과정 이해하기

동일성의 원칙은 같은 품종을 같은 장소에 보관한다는 것이며, 유사성의 원칙은 유사품을 인접한 장소에 보관한다는 것이다.

정답 ④

02 다음 중 물적자원관리에 대한 설명으로 옳지 않은 것은?

① 분명한 목적 없이 물적자원을 구입한 경우 적재적소에 물적자원이 공급되지 못해 경제적 손실을 가져올 수 있다.
② 물품활용의 편리성을 키우기 위해 자주 사용하지 않는 보관 물품도 자주 쓰는 사무용품과 함께 보관한다.
③ 물품의 무게, 부피, 재질 등 물품의 특성을 반영한 장소를 선정하여 보관하도록 한다.
④ 같은 품종끼리 함께 보관하는 동일성의 원칙과 유사한 품종은 인접 장소에 보관하는 유사성의 원칙에 따라 보관하도록 한다.
⑤ 회전대응 보관의 원칙에 따라 입·출하 빈도가 높은 품목은 출입구에서 가까운 곳에 보관하도록 한다.

 물적자원관리능력 / 물적자원관리 절차 파악하기

사무용품과 보관 물품은 구분하여 보관하고, 물품의 활용계획을 확인하여 물품을 꺼냈다가 다시 넣었다가 하는 반복작업이 생기지 않도록 물품활용의 편의성을 고려하도록 한다.

정답 ②

03 괄호 안에 들어갈 용어로 적절한 것은?

> (㉠)란 문자나 숫자를 흑과 백의 막대모양 기호로 조합한 것으로, 단방향이라 컴퓨터가
> 판독하기 쉽고 데이터를 빠르게 입력하기 위하여 쓰인다.

① 컬러코드   ② NFC
③ 전자태그   ④ QR코드
⑤ 바코드

 물적자원관리능력 / 바코드 개념 알기

바코드는 문자나 숫자를 흑과 백의 막대모양 기호로 조합한 것으로, 단방향이라 컴퓨터가 판독하기 쉽고 데이
터를 빠르게 입력하기 위하여 쓰인다.

정답 ⑤

04 다음 중 물적자원 활용의 방해요인으로 적절하지 않은 것은?

① 물품을 보관한 장소를 파악하지 못하는 경우
② 보유하고 있던 물품이 훼손된 경우
③ 오래된 물품을 보유하고 있는 경우
④ 보유하고 있던 물품을 분실한 경우
⑤ 목적 없이 물품을 구입한 경우

 물적자원관리능력 / 물적자원 활용의 방해요인 이해하기

물적자원 활용의 방해요인은 보관 장소를 파악하지 못하는 경우, 훼손된 경우, 분실한 경우, 목적 없이 물건을
구입한 경우이다. 따라서 정답은 ③이다.

정답 ③

 하위능력 4 • 인적자원관리능력

 인적자원관리능력이란?

기업 활동에서 필요한 인적자원(근로자의 기술, 능력, 업무 등)을 파악하고, 동원할 수 있는 인적자원을 최대한 확보하여 실제 업무에 어떻게 배치할 것인지에 대한 예산계획을 수립하고, 이에 따른 인적자원을 효율적으로 배치하여 관리하는 능력이다.

② 효율적인 인적자원관리의 원칙

- 적재적소 배치의 원리 : 해당 직무 수행에 가장 적합한 인재를 배치한다.
- 공정 보상의 원칙 : 근로자의 인권을 존중하고 노동의 대가를 공정하게 지급한다.
- 공정 인사의 원칙 : 근무 평가, 임금, 직무 배당, 승진 등을 공정하게 처리한다.
- 종업원 안정의 원칙 : 근로자가 현 직장에서 계속 일할 수 있다는 믿음을 주어야 한다.
- 창의력 계발의 원칙 : 창의력을 발휘할 수 있는 기회와 성과에 따른 보상을 주어야 한다.
- 단결의 원칙 : 직장에서 소외감을 갖지 않도록 배려하고 협동하는 체제를 이루도록 한다.

③ 인적자원관리의 중요성

- 개인적 차원 : 개인이 인맥을 활용할 경우 각종 정보와 소스의 획득, 참신한 아이디어와 해결책 도출, '나'자신을 알 수 있고, '나'의 사업을 시작할 수 있으며, 유사시 필요한 도움을 받을 수 있어 자신의 인생에 탄력을 불어넣을 수 있다는 장점이 있다. 또한 요즘 기업에서는 사내추천제도라는 것이 확산되고 있는데, 이를 통해 검증된 인재를 채용할 수 있으며, 각종 비용을 줄일 수 있다.
- 기업적 차원

능동성	인적자원의 욕구와 동기, 태도, 행동, 만족감 등에 의해 성과가 결정되므로 능동적이고 반응적임
개발가능성	인적자원은 자연적인 성장과 성숙은 물론, 오랜 기간 동안에 걸쳐서 개발될 수 있는 많은 잠재능력과 자질을 보유
전략적 자원	다른 모든 자원(물적자원, 예산, 시간 등)을 활용하는 것이 인적자원(사람)이기 때문에 전략적으로 매우 중요

④ 개인적 차원에서의 인적자원 관리

● 명함관리

명함은 단지 받아서 보관하는 것이 아니라, 이를 활용하고 적극적인 의사소통을 통해 자신의 인맥을 만들기 위한 도구로 활용되어야 한다. 따라서 상대의 개인 신상이나 특징 등 자신이 참고할 수 있는 정보를 명함에 메모해 두는 것이 좋다.

● 인맥관리카드

인맥관리카드는 자신의 주변에 있는 인맥을 관리카드에 작성하여 관리하는 것을 말한다. 인맥관리카드에 기입되는 정보로는 이름, 관계, 직장 및 부서, 학력, 출신지, 친한 정도 등의 내용이 포함된다. 그리고 인맥관리카드는 핵심 인맥과 파생 인맥을 구분하여 작성하는 것이 필요하며, 파생인맥카드에는 어떤 관계에 의해 파생되었는지 기록하는 것이 좋다.

● 소셜네트워크(SNS)

많이 활용되고 있는 기존의 소셜네트워크 서비스(SNS · Social Network Service)와 더불어 인맥 구축과 채용에 도움이 되는 비즈니스 특화 인맥관리서비스(BNS · Businesssocial Network Service)로 관심이 증대되고 있다.

⑤ 팀 운영에서의 인적자원 관리

● 인력배치의 3원칙

적재적소주의	팀원의 능력이나 성격 등을 고려하여 적합한 위치에 배치
능력주의	개인에게 능력을 발휘할 수 있는 기회와 장소를 부여하고, 그 성과를 평가하여 그에 상응한 보상을 주는 것
균형주의	모든 팀원에 대해 평등하게 고려되어야 한다는 원칙

● 인력배치의 유형

양적, 질적, 적성 배치가 적절히 조화되어 운영되어야 한다.

양적 배치	소요인원을 결정하여 배치
질적 배치	능력, 성격 등을 고려하여 적재적소의 업무에 배치
적성 배치	팀원의 적성 및 흥미를 고려하여 배치

4 • 인적자원관리능력 >> 바로확인문제

01 다음 중 인적자원관리능력이 필요한 경우로 적합하지 않은 것은?

① 업무와 관련된 부서나 업체와 분리하여 독립적으로 일하는 경우
② 업무계획서에 따라 인력을 배치해야 하는 경우
③ 업무 수행에 필요한 인적 자원을 효율적으로 활용해야 하는 경우
④ 공정 진행상의 생산성 향상을 위해 제품 생산에 필요한 인적 자원을 조정해야 하는 경우
⑤ 업무 수행에 있어서 거래처의 직원을 관리해야 하는 경우

 인적자원관리능력 / 인적자원관리의 필요성 확인하기

업무와 관련된 부서나 업체와 분리하여 독립적으로 일하는 경우라면 인적자원 배분 등의 관리활동을 할 필요가 없다. 인적자원관리능력이 필요한 경우는 업무와 관련된 부서나 업체와 공동으로 업무를 진행해야 하는 경우이다.

정답 ①

02 다음은 효율적이고 합리적인 인사 관리를 위한 원칙이다. 제시된 내용에 해당하지 않는 원칙은 무엇인가?

> ㉠ 회사 내에서 구성원들이 소외되지 않도록 배려하고, 서로 유대감을 가지고 단결하는 체제를 이루도록 한다.
> ㉡ 해당 직무 수행에 가장 적합한 인재를 배치하도록 한다.
> ㉢ 근로자의 인권을 존중하고 공헌도에 따라 노동의 대가를 공정하게 지급하도록 한다.
> ㉣ 직장에서 신분이 보장되고 계속해서 근무할 수 있다는 믿음을 갖게 하여 근로자가 안정된 회사 생활을 할 수 있도록 한다.

① 공정 보상의 원칙　　② 공정 인사의 원칙　　③ 적재적소 배치의 원리
④ 단결의 원칙　　⑤ 종업원 안정의 원칙

 인적자원관리능력 / 인적자원관리의 원칙 이해하기

㉠은 단결의 원칙, ㉡은 적재적소 배치의 원리, ㉢은 공정 보상의 원칙, ㉣은 종업원 안정의 원칙에 대한 설명이다.

정답 ②

03 인맥관리카드에 관한 설명 중 옳지 않은 것을 모두 고르면?

> ㉠ 인맥관리카드는 자신의 주변에 있는 인맥을 관리카드에 작성하여 관리하는 것이다.
> ㉡ 인맥관리카드에는 핵심 인맥과 파생 인맥을 나란히 작성해야 한다.
> ㉢ 인맥관리카드에는 이름, 관계, 직장 및 부서, 학력 등의 내용이 포함된다.
> ㉣ 핵심인맥카드에는 어떤 관계에 의해 파생 인맥이 되었는지 기록하는 것이 좋다.

① ㉠, ㉡   ② ㉠, ㉣   ③ ㉡, ㉢
④ ㉡, ㉣   ⑤ ㉢, ㉣

 인적자원관리능력 / 인맥관리카드 이해하기

㉡ 인맥관리카드에는 핵심 인맥과 파생 인맥을 구분하여 작성해야 한다.
㉣ 파생인맥카드에는 어떤 관계에 의해 파생되었는지 기록하는 것이 좋다.

정답 ④

04 각 팀장들이 선호하는 인력배치 유형을 바르게 짝지은 것은?

> A 팀장 : 저는 능력, 성격 등을 고려하여 적재적소의 업무에 배치하는 것을 선호해요.
> B 팀장 : 저는 업무가 적성에 맞고, 흥미를 가질 때 성과가 높아진다고 생각해요. 그래서 팀원의 적성 및 흥미를 고려하여 배치하는 것을 선호해요.
> C 팀장 : 저는 인력배치를 할 때 작업량과 여유 또는 부족 인원을 감안하여 소요인원을 결정하여 배치하는 것을 선호해요.

	A 팀장	B 팀장	C 팀장
①	질적배치	적성배치	양적배치
②	적성배치	질적배치	양적배치
③	양적배치	적성배치	질적배치
④	질적배치	양적배치	적성배치
⑤	적성배치	양적배치	질적배치

 인적자원관리능력 / 인력배치 유형 이해하기

A 팀장 : 능력, 성격 등을 고려하여 적재적소의 업무에 배치하는 것은 '질적배치'이다.
B 팀장 : 팀원의 적성 및 흥미를 고려하여 배치하는 것은 '적성배치'이다.
C 팀장 : 작업량과 여유 또는 부족 인원을 감안하여 소요인원을 결정하여 배치하는 것은 '양적배치'이다.

정답 ①

04 Chapter
FOCUS
하위능력 공략

 하위능력 1 • 시간관리능력

출제 포인트

시간관리능력은 직장에서 주어진 업무를 얼마나 잘 효율적으로 수행할 수 있는지와 연관된 문제들이 출제된다. 일정표를 제시한 후 합리적인 업무수행 순서를 묻는 문제, 외근 및 출장 시 효율적인 이동 경로 및 단축 시간을 판단하는 문제, 일의 우선순위를 고려하여 업무를 배분하는 내용의 문제 등이 출제되고 있다. 업무를 수행하는 데 필요한 시간을 계산하는 문제 유형도 자주 출제된다.

대표 유형 문제

01 L 대리는 16시까지 끝내야 하는 프로젝트를 진행하고 있었다. 그때 누군가 업무와 관련 없는 다급한 질문을 했고 마침 L 대리의 카드 명세서 우편물이 도착했다. 그리고 동료 대리가 메신저로 새로운 장기 프로젝트를 위한 회의를 제안해 왔다. L 대리가 시간을 확인하니 15시였다. 이 경우 L 대리가 업무를 처리해나가야 하는 순서로 가장 적절한 것은?

① 프로젝트 끝내기 → 질문에 대답하기 → 우편물 확인하기 → 동료 대리와 회의하기
② 질문에 대답하기 → 프로젝트 끝내기 → 우편물 확인하기 → 동료 대리와 회의하기
③ 질문에 대답하기 → 프로젝트 끝내기 → 동료 대리와 회의하기 → 우편물 확인하기
④ 질문에 대답하기 → 동료 대리와 회의하기 → 프로젝트 끝내기 → 우편물 확인하기
⑤ 프로젝트 끝내기 → 동료 대리와 회의하기 → 질문에 대답하기 → 우편물 확인하기

 시간관리능력 / 일의 우선순위 판단하기

업무의 우선순위를 판단하기 위해서는 중요도와 긴급도를 파악해야 한다. 제일 먼저 처리해야 할 일은 '기간이 정해진 프로젝트'와 같이 중요하면서 긴급한 일이다. 이는 즉시 처리해야 한다. 다음은 '중장기 계획 세우기'와 같이 중요하지만 긴급하지 않은 일이며 이에 대해서는 전략적 계획을 세우고 완료일을 정해야 한다. 그다음은 '다급한 질문'과 같은 긴급하지만 중요하지 않은 일이다. 이런 일은 일을 축소하거나 권한을 위임하는 것이 좋다. 마지막으로 처리해야 할 일이 '우편물 확인'과 같은 중요하지도 않고 긴급하지도 않은 일이다. 이런 일은 취소하거나 연기해도 된다. 따라서 정답은 ⑤이다.

정답 ⑤

02 ○○기업의 총무부에서 근무하는 K 과장은 각 부서 팀장에게 자기 개발비 청구에 대해 설명하기 위해 한 시간가량 회의를 진행하려고 한다. 다음 각 팀장의 스케줄 표를 보고 모든 팀장이 참석할 수 있는 시간대를 고른다고 할 때 회의 시간으로 가장 적절한 시간은?

시간	인사부 팀장	기획부 팀장	영업부 팀장	관리부 팀장	기술부 팀장
9:00~10:00	회사 복지제도 문서화	아이디어 회의	영업팀 회의	오전 반차	
10:00~11:00		회의록 작성			시스템 점검
11:00~12:00					
12:00~13:00					
13:00~14:00	직원 교육 프로그램 기획		거래처 관리	비품 주문	
14:00~15:00		시스템 기획		재고 내역 작성	기술팀 회의
15:00~16:00					
16:00~17:00	직원 상담	시장 자료 조사	출장 기획안 작성, 결재		
17:00~18:00	근무환경 조사			민원 업무 처리	제품 수리

• 점심시간 : 12:00~13:00

① 11:00~12:00 ② 12:00~13:00 ③ 14:00~15:00
④ 15:00~16:00 ⑤ 16:00~17:00

 시간관리능력 / 회의 시간 선택하기

스케줄이 비어있는 시간은 11:00~12:00, 12:00~13:00, 15:00~16:00로 총 세 시간이다. 하지만 11:00~12:00는 관리부 팀장이 오전 반차를 냈기 때문에 참석할 수 없고 12:00~13:00는 점심시간이라서 회의를 진행할 수 없다. 따라서 회의를 진행하기에 가장 적절한 시간은 15:00~16:00이다.

정답 ④

 하위능력 2 ● 예산관리능력

🜨 출제 포인트

직무상 예산을 수립할 때 우선순위를 결정하는 문제, 수행할 업무와 주어진 예산에 적합한 제품을 선택하는 문제, 출장지까지의 이동 경로에 따른 교통비 및 숙박비 등의 금액 계산 문제, 부품의 단가를 제시한 후 완성품 제작에 필요한 제작비용을 구하는 문제 등이 출제된다. 예산관리능력은 '주어진' 예산 범위를 초과하지 않으면서, 처리해야 할 '업무'를 효과적으로 이행할 수 있어야 한다는 것에 초점을 두어야 한다.

🔗 대표 유형 문제

[01~02] H 씨는 지시사항과 복합기 목록을 전달받았다. 자료를 보고 이어지는 물음에 답하시오.

지시사항

우리 부서는 복합기를 교체할 예정입니다. 예산은 총 200만 원이니 예산 내에서 적합한 복합기를 선택해주시기 바랍니다. 5분에 200장 이상 인쇄할 수 있어야 하고, 자동양면인쇄 기능은 필수입니다. 인쇄용지는 A3까지 가능해야 하며, 소음은 되도록 55dB이 넘지 않는 것으로 선택해 주시기 바랍니다.

복합기 목록

구분	A 복합기	B 복합기	C 복합기	D 복합기	E 복합기
인쇄 속도	30ppm	40ppm	45ppm	40ppm	30ppm
소음 크기	47dB	54dB	50dB	52dB	48dB
최대지원 용지크기	A4	A3	A4	A3	A4
자동양면인쇄	불가	가능	가능	불가	가능
가격	1,600,000원	1,930,000원	2,030,000원	1,800,000원	1,750,000원

※ ppm(pages per minute) : 1분 동안 출력(스캔) 가능한 매수

01 위 내용을 따를 때, H 씨가 선택할 복합기로 가장 적절한 것은?

① A 복합기 ② B 복합기 ③ C 복합기
④ D 복합기 ⑤ E 복합기

예산관리능력 / 예산 확인하기

지시사항에서 5분에 200장 이상 인쇄할 수 있어야 한다고 했기 때문에, 인쇄 속도가 40ppm 이상인 복합기를 선택해야 한다. 또한, 인쇄용지는 A3까지 가능해야 하고, 자동양면인쇄기능은 필수라고 했으므로 B 복합기를 선택하는 것이 가장 적절하다.

정답 ②

02 H 씨의 사무실에서 현재 사용하고 있는 복합기는 1시간 동안 1,200장을 인쇄할 수 있다. 기존의 복합기를 **01**에서 선택한 복합기로 교체할 경우, 1시간 동안 사무실에서 인쇄할 수 있는 문서 양은 기존의 몇 배인가?

① 1.5배   ② 2배   ③ 2.5배
④ 3배   ⑤ 3.5배

 예산관리능력 / 인쇄 속도 비교하기

현재 사용하고 있는 복합기의 인쇄 속도는 $\frac{1,200}{60} = 20$ppm 이고, **01**에서 구매한 B 복합기는 인쇄 속도가 40ppm이다. 따라서 복합기를 교체할 경우 1시간 동안 인쇄할 수 있는 문서의 양은 기존의 2배이다.

정답 ②

03 재무팀에서 근무하는 M 대리는 직접비용과 간접비용을 구분해서 따로 정리하라는 상사의 지시로 다음 항목을 살펴보고 있다. 항목들 중 간접비용인 것을 모두 고르면?

㉠ 인건비	㉡ 출장비
㉢ 보험료	㉣ 건물 관리비
㉤ 광고비	㉥ 원료비
㉦ 공과금	㉧ 비품비

① ㉠, ㉡, ㉦   ② ㉠, ㉢, ㉤
③ ㉢, ㉣, ㉤, ㉥   ④ ㉣, ㉤, ㉥, ㉦, ㉧
⑤ ㉢, ㉣, ㉤, ㉦, ㉧

 예산관리능력 / 직접비용과 간접비용 구분하기

직접비용은 제품 또는 서비스를 창출하기 위해 직접 소비된 것으로 여겨지는 비용으로 인건비, 출장비, 원료비, 재료비 등이 있다. 반면에 간접비용은 생산에 직접 관련되지 않은 비용을 말하며 보험료, 건물 관리비, 광고비, 각종 공과금, 사무비품비 등이 해당한다. 따라서 정답은 ⑤이다.

정답 ⑤

 하위능력 3 • 물적자원관리능력

🎯 출제 포인트

다양한 자원을 종합적으로 분석하여 가장 합리적인 것을 고르는 유형의 문제가 출제된다. 특히 여러 조건을 제시한 후 가장 적합한 제품, 가장 적합한 거래처 등을 고르는 문제, 행사 기획안 등을 분석하여 가장 먼저 확보해야 할 물적자원을 고르는 문제 등이 출제된다.

🔗 대표 유형 문제

[01~02] ○○제품회사 직원인 Q 사원은 고객들에게 TV의 기능에 대해 설명하기 위하여 다음과 같은 비교 목록을 만들었다. 다음을 보고 이어지는 물음에 답하시오.

TV 제품 비교 목록

구분	A 제품	B 제품	C 제품	D 제품	E 제품
제품 형태	벽걸이	스탠드	스탠드	벽걸이	벽걸이
화면 크기	39인치	43인치	49인치	52인치	55인치
해상도	UHD	Full-HD	UHD	HD	Full-HD
부가기능	ⓐ, ⓓ	ⓑ, ⓔ	ⓐ, ⓑ, ⓕ	ⓑ, ⓔ, ⓕ	ⓐ, ⓒ, ⓓ
에너지효율등급	3등급	1등급	2등급	3등급	1등급
가격 (원)	1,100,000	1,200,000	1,350,000	1,250,000	1,450,000

※ 사용하는 공간에 따라 권장하는 화면 크기
  • 39~43인치 : 원룸, 작은방
  • 49~55인치 : 20평 거실
※ 부가기능
  ⓐ 인터넷   ⓑ 음성인식   ⓒ 3D 지원
  ⓓ USB 연결   ⓔ 카메라 내장   ⓕ 스마트폰 무선연결
※ 에너지효율등급이 1등급에 가까울수록 에너지 절약형 제품입니다.

01 고객 N 씨는 원룸에 살고 있으며, 가전제품을 살 때 에너지효율등급을 가장 중요하게 여긴다. 고객 N 씨에게 추천할 가장 적합한 제품은 무엇인가?

① A 제품   ② B 제품   ③ C 제품
④ D 제품   ⑤ E 제품

물적자원관리능력 / 적합한 제품 추천하기

원룸에서 사용하기에 적절한 화면 크기는 39~43인치이므로 A 제품과 B 제품이 적합하다. N 씨는 가전제품을 살 때 에너지효율등급을 가장 중요하게 여긴다고 했으므로 A, B 두 제품 중 에너지효율등급이 더 좋은 B 제품을 추천하는 것이 적절하다.

정답 ②

02 Q 사원은 다음의 고객으로부터 제품을 추천해 달라는 부탁을 받았다. Q 사원이 고객에게 추천하기에 가장 적합한 제품은 무엇인가?

> 고객 : 20평대 거실에 놓을 TV를 사려고 합니다. 제품 형태와 해상도는 상관없으나, TV와 스마트폰 화면을 연결할 수 있는 기능이 있었으면 좋겠어요. 그리고 리모컨 없이 음성으로 문자를 입력하고, 정보를 검색할 수 있는 기능도 꼭 필요해요. 가격은 상관없으니 이왕이면 에너지효율등급이 더 좋은 제품으로 추천해주세요.

① A 제품   ② B 제품   ③ C 제품

④ D 제품   ⑤ E 제품

물적자원관리능력 / 적합한 제품 추천하기

20평대 거실에 적합한 TV는 화면 크기가 49~55인치인 제품이므로 C 제품, D 제품, E 제품이 해당한다. TV와 스마트폰 화면을 연결하는 부가기능은 'ⓐ 스마트폰 무선연결' 기능이고, 리모컨 없이 음성으로 문자를 입력하고, 정보를 검색할 수 있는 기능은 'ⓑ 음성인식' 기능이다. 이 두 가지 기능이 있는 제품은 C 제품과 D 제품이고, 두 제품 중 C 제품의 에너지효율등급이 더 좋으므로 고객에게 추천하기에 가장 적합한 제품은 C 제품이다.

정답 ③

하위능력 4 • 인적자원관리능력

⊕ 출제 포인트

인적자원관리의 원칙, 인력배치 방법 등과 관련된 상황형·사례형 문제가 출제된다. 특히 여러 조건을 제시하고 가장 적합한 인재를 고르는 문제, 여러 평가 항목을 제시하고 이를 고려하여 승진대상자를 고르는 문제, 팀별 당직 인원을 선별하는 문제 등이 출제된다.

⊘ 대표 유형 문제

[01~02] 다음은 ○○회사의 직원 명단과 10월 일정 및 휴가계획이다. 휴가지침이 다음과 같을 때 이어지는 물음에 답하시오.

○○회사 직원 명단

구분	팀원	구분	팀원	구분	팀원
기획팀	A 팀장, B 과장, C 대리	기술팀	D 팀장, E 대리, F 사원	영업팀	G 팀장, H 과장, I 사원

○○회사 10월 일정 및 휴가계획

일	월	화	수	목	금	토
		1 출장–A 휴가–D	2 휴가–D, G	3 국경일	4 출장–E 휴가–B, D	5
6	7 회의	8 출장–G 휴가–A	9 국경일	10 휴가–A	11 출장–H 휴가–A	12
13	14 휴가–B, H	15 휴가–B, H	16 출장–D 휴가–E	17 출장–I 휴가–E	18 휴가–C, E	19
20	21 회의	22 출장–B 휴가–H, I	23 출장–F 휴가–I	24 휴가–C, F	25 휴가–C, F	26
27	28 휴가–F, G	29 출장–C 휴가–G	30 회의	31 휴가–I		

휴가지침

㉠ 휴가는 3일을 선택하여 쓸 수 있다.
㉡ 팀마다 최소 1명씩은 반드시 출근을 해야 한다.
㉢ 각 개인은 출장일 전후로는 휴가를 쓸 수 없다.
㉣ 회의가 있는 날은 휴가를 쓸 수 없다.

---

01 인사팀 M 사원은 위의 일정이 휴가지침에 부합하는지 확인하라는 지시를 받았다. 확인해 본 결과 일부 직원의 휴가계획이 지침에 어긋나 있었다. 다음 중 휴가계획의 수정이 필요한 직원은 누구인가?

① B 과장　　　　　② D 팀장　　　　　③ F 사원
④ G 팀장　　　　　⑤ I 사원

 인적자원관리능력 / 휴가계획 확인하기

휴가지침 ㉢을 보면, 출장일 전후로는 휴가를 쓸 수 없다고 나와 있다. F의 경우, 23일에 출장 일정이 잡혀있으므로 24일에 휴가를 쓸 수 없다. 따라서 F의 휴가일정을 수정해야 한다.

정답 ③

---

02 G 팀장과 C 대리는 기존에 예정되어 있던 출장일정을 취소하고 함께 출장을 가게 되었다. 다음 중 두 사람이 함께 갈 출장일로 가장 적합한 날은 언제인가?

① 10월 1일　　　　② 10월 10일　　　　③ 10월 17일
④ 10월 22일　　　　⑤ 10월 23일

 인적자원관리능력 / 출장일 선택하기

G 팀장과 C 대리의 출장일은 팀마다 최소 1명씩 출근하고, 휴가일 전후와 겹치지 않으며, 회의가 없는 10월 10일이 가장 적합하다.

▶── 오답풀이

① 10월 2일은 G 팀장이 휴가이므로 휴가지침 ㉢에 의해 적합하지 않다.
③ 10월 18일은 C 대리가 휴가이므로 휴가지침 ㉢에 의해 적합하지 않다.
④ 10월 22일에는 H 과장, I 사원이 휴가이다. 만약 G 팀장이 출장을 가게 되면 영업팀의 모든 직원들이 출근을 하지 않게 된다. 따라서 휴가지침 ㉡에 어긋나므로 적합하지 않다.
⑤ 10월 24일은 C 대리가 휴가이므로 휴가지침 ㉢에 의해 적합하지 않다.

정답 ②

04 Chapter

FINISH
기출·예상문제 마무리

정답과 해설 271p

01 다음 중 강 팀장이 선호하는 인력배치 유형으로 옳은 것은? [2020 경기도 공공기관 통합채용]

> 강 팀장 : 저는 인력배치를 할 때 작업량과 여유 또는 부족 인원을 감안하여 소요인원을 결정
> 하여 배치하는 것을 선호해요.

① 양적배치 ② 질적배치 ③ 적성배치 ④ 공정배치

02 업무의 중요성과 긴급성에 따라 주간 업무계획을 다시 작성하고자 할 때, 올바른 수정 사항이 아닌 것은? [2020 지역농협]

	긴급성	비긴급성
중요성	(1)	(2)
비중요성	(3)	(4)

※ 업무 처리 우선순위 : (1) → (2) → (3) → (4)

요일	업무 내용	중요성	긴급성
월요일	3/4분기 실적 보고서 제출	★★	★★
화요일	하반기 인사평가 계획서 작성	★★★	★★
수요일	신입사원 채용 안내문 게시	★★★	★★★
목요일	협력업체에 메일 및 택배 발송	★	★
금요일	연말 사내 워크샵 일정 공유	★★	★

① 월~수요일 업무를 우선하고, 예상하지 못한 일이 발생할 경우를 대비해 목~금요일 업무 시간을 축소할 수 있다.
② 외부 협력업체에 메일과 택배를 보내는 일은 동료들과 연말 워크샵 일정에 대해 상의한 다음에 처리해도 된다.
③ 자사 및 채용 홈페이지에 신입사원 채용 안내문을 게시하는 업무가 다른 업무보다 우선하여 처리되어야 한다.
④ 실적 보고서 제출 업무와 인사평가 계획서 작성 업무는 긴급성이 같으므로 업무를 처리해야 하는 순서가 같다.

03 △△회사 서울지사에 근무하는 P 씨는 대전지사와 부산지사로 출장을 가려 한다. 회사에서 출발하여 두 지사를 둘러보고 다시 회사로 돌아와야 한다고 할 때, 출장에 필요한 고속도로 통행요금의 최소금액은 얼마인가? (단, P 씨는 중형차를 이용하고, 지역 간 이동 시 항상 고속도로를 이용한다.)   2020 한국도로공사

출발지명	도착지명	고속도로 통행요금			
		1종(소형차)	2종(중형차)	3종(대형차)	4종(화물차)
서울	대전	8,200원	8,400원	8,700원	11,300원
서울	부산	18,600원	19,000원	19,700원	26,100원
대전	부산	13,200원	13,500원	14,000원	18,400원
대전	서울	9,200원	9,400원	9,700원	12,300원
부산	대전	19,200원	19,500원	20,300원	26,800원
부산	서울	17,600원	18,000원	18,700원	25,100원

① 36,900원   ② 39,900원

③ 45,900원   ④ 47,900원

04 귀하의 회사에서 창립기념품으로 직원들에게 나누어 줄 무선이어폰 120개를 구매하려고 한다. 다음의 지시를 따른다고 할 때 선택해야 할 업체로 적절한 곳은?   2020 한국관광공사

"할인 시 개당 가격이 80,000원 이상인 제품 중 가장 저렴한 제품을 고르되 가격 차이가 42,000원을 초과하지 않으면 음질이 더 좋은 제품을 파는 업체를 선택해주세요."

업체	가격(원)	음질	할인율
A	88,000	상	10%
B	92,000	중	11%
C	126,000	중	8%
D	158,000	상	20%
E	165,000	상	25%

※ 대량구매(100개 이상 주문부터) 시 할인율 적용

① A   ② B   ③ C

④ D   ⑤ E

05 영업팀의 A 사원은 지방 출장 중 숙박비 30만 원, 교통비 10만 원, 식비 20만 원을 사용하였다. 결재 규정이 다음과 같을 때, A 사원이 작성한 결재 양식으로 옳은 것은?

2019 지역농협

결재 규정

- 결재를 받으려는 업무에 대해서는 최고결재권자(대표이사)를 포함하여 이하 직책자의 결재를 받아야 한다.
- 전결이란 업무를 수행함에 있어 최고결재권자의 결재를 생략하고, 최고결재권자로부터 권한을 위임받은 자가 자신의 책임 하에 최종적으로 의사 결정을 하는 행위를 말한다.
- 전결사항에 대해서도 위임받은 자를 포함하여 이하 직책자의 결재를 받아야 한다.
- 결재를 올리는 자는 최고결재권자로부터 결재 권한을 위임받은 자가 있는 경우 결재란에 전결이라고 표시하고 최종 결재란에 위임받은 자를 표시한다.
- 결재가 불필요한 직책자의 결재란은 상향 대각선으로 표시한다.
- 최고결재권자의 결재사항 및 최고결재권자로부터 위임된 전결 사항은 아래의 표에 따른다.

구분	내용	금액 기준	결재 서류	팀장	부장	대표이사
출장비	숙박비, 교통비, 식비	30만 원 이하	출장계획서, 출장비 신청서	●, ◆		
		70만 원 이하		●	◆	
		70만 원 초과			●	◆
소모품	사무용품, 기타 소모품	30만 원 이하	지출결의서, 입금요청서	◆		
		30만 원 초과			◆	
법인카드	법인카드 사용	50만 원 이하	법인카드 신청서	◆		
		70만 원 이하			◆	
		70만 원 초과				◆
접대비	거래처 식대, 경조사비	30만 원 이하	기안서, 지출품의서		●	
		70만 원 이하			●	
		70만 원 초과				●

- ● : 출장계획서, 기안서, 지출품의서
- ◆ : 지출결의서, 입금요청서, 각종 신청서

①

출장계획서				
결재	담당	팀장	부장	최종 결재
	A	전결	/	대표이사

②

출장비 신청서				
결재	담당	팀장	부장	최종 결재
	A		전결	부장

③

출장계획서			
결재	담당	팀장	부장	최종 결재

결재	담당	팀장	부장	최종 결재
	A		/	팀장

④

출장비 신청서			

결재	담당	팀장	부장	최종 결재
	A	전결	/	팀장

⑤

출장계획서			

결재	담당	팀장	부장	최종 결재
	A		전결	부장

06 ○○기업은 휴일에 행사를 하게 되어 1일 아르바이트생을 고용했다. 휴일근로수당 지급 기준과 고용 현황이 다음과 같을 때, 총 지급해야 하는 급여액은 얼마인가? 2019 지역농협

휴일근로수당 지급 기준

평일 시급		8,350원
휴일	8시간 이내 근로한 시간	평일 시급의 1.5배 지급
	8시간을 초과하여 근로한 시간	평일 시급의 2배 지급

아르바이트 고용 현황

이름	고용 시간
A	09:00~13:00
B	11:00~20:00
C	10:00~21:00

• 점심시간은 13:00~14:00이며, 점심은 무료로 제공하되 근로 시간에서 제외한다.

① 275,550원　　　　② 283,900원　　　　③ 300,600원

④ 317,300원　　　　⑤ 384,100원

[07~08] 다음은 장소 대관업체의 예약 현황이다. 자료를 보고 이어지는 물음에 답하시오.

5월 마지막 주 예약 현황

26(일)	27(월)	28(화)	29(수)	30(목)	31(금)
	12:00~16:00 꽃가람홀	09:00~11:00 도담홀	09:00~12:00 미르홀 12:00~16:00 도담홀	09:00~18:00 도담홀	09:00~18:00 미르홀 13:00~17:00 꽃가람홀

홀 구분	수용 가능 인원	빔 프로젝터 유무	테이블 종류
꽃가람홀	150	O	강의식 (변경 가능)
도담홀	120	O	원형 (변경 불가능)
미르홀	70	X	원형 (변경 가능)

• 모든 홀은 오전 9시부터 오후 6시까지 사용 가능하다. (단, 일요일에는 대관하지 않음)
• 테이블 종류가 변경 가능한 홀은 강의식에서 원형으로, 원형에서 강의식으로 변경할 수 있다.

07 장소 대관 업무를 하고 있는 T 사원은 ○○기업으로부터 다음과 같은 문의를 받았다. T 사원의 판단으로 적절하지 않은 것은?

> ☎ 저희 회사에서 5월 마지막 주에 특강을 진행하려고 합니다. 직원은 100명 정도 참석할 것 같고 빔 프로젝터가 필요합니다. 책상은 모두 앞을 보고 앉는 강의식 책상보다는 원형 테이블로 했으면 좋겠습니다. 아, 월요일과 금요일은 어려울 것 같습니다. 예약 가능한 공간이 있습니까?

① 문의 사항을 보니 꽃가람홀과 도담홀이 적합하겠군.
② 화요일 오후에는 도담홀 대관이 가능한데 행사가 몇 시부터인지 물어봐야겠군.
③ 행사를 화요일 오전부터 진행하려면 꽃가람홀만 사용할 수 있는데, 테이블 종류를 바꿔서 다시 세팅해야 하는군.
④ 수요일은 오전부터 오후까지 예약이 꽉 차서 대관이 안 된다고 말해야겠군.
⑤ 목요일에 행사를 진행하려면 꽃가람홀만 사용할 수 있겠군.

08 ○○기업은 목요일 오후 1시부터 6시까지 꽃가람홀을 예약한 후, 주차 비용에 대해 문의했다. 특강이 진행되는 동안 총 30대의 차량을 주차할 예정이며, 그중 임원들의 차량 12대는 3시간만 주차한 후 빠져나갈 예정이라고 한다. T 사원의 대답이 다음과 같을 때, 총 주차 비용은 얼마인가? (단, 최소 금액을 구한다.)

> 주차는 처음 30분은 무료이고, 그 후로는 10분당 500원의 요금이 부과됩니다. 최초 주차 시간으로부터 2시간 초과 시에는 30분당 2,000원의 요금이 부과되며 꽃가람홀을 예약하시면 무료 주차권 5장을 드립니다.

① 304,000원   ② 316,500원   ③ 317,000원

④ 356,500원   ⑤ 362,500원

09 ○○기업의 H 대리는 영국 런던에서 진행되는 세미나에 참석할 예정이다. 런던 지사에서 현지 시간으로 5월 8일 아침 6시에 공항 마중을 나올 예정이라는 연락을 받고, 아침 5시 50분에 런던 공항에 도착하는 비행기를 예매했다. 시차와 비행시간이 다음과 같을 때, H 대리가 예매한 비행기는 한국 현지 시간으로 언제 인천에서 출발하는가?

런던	서울
08:19 AM	**05:19** PM
5월 6일 월요일	5월 6일 월요일

비행 노선	출발 시간(현지 시간)	비행시간	도착 시간(현지 시간)
인천 → 런던		11시간 55분	5월 8일 05:50 AM

① 5월 8일 02:55 AM   ② 5월 7일 02:55 AM   ③ 5월 7일 07:55 AM

④ 5월 6일 07:55 AM   ⑤ 5월 8일 07:55 AM

10 다음은 두루누리 사회보험료 지원사업에 관한 자료이다. 자료를 보고 ㉠과 ㉡의 경우 지원받을 수 있는 금액으로 맞게 짝지어진 것을 고르면?

- 두루누리 사회보험료 지원사업이란?

  소규모 사업을 운영하는 사업주와 소속 근로자의 사회보험료(고용보험·국민연금) 일부를 국가에서 지원함으로써 사회보험 가입에 따른 부담을 덜어주고, 사회보험 사각지대를 해소하기 위한 사업

- 지원대상

  - 근로자 수가 10명 미만인 사업에 고용된 근로자 중 월평균보수가 210만 원 미만인 근로자와 그 사업주에게 사회보험료(고용보험·국민연금)를 최대 90%까지 각각 지원함. 2018년 1월 1일부터 신규지원자 및 기지원자 지원을 합산하여 3년(36개월)만 지원
  - 기지원자의 경우 2020년까지 지원 (2021년부터 지원 중단)

- 지원금액 산정 예시

  - 사업주지원금(신규지원자의 경우)
    → 근로자 수 5명 미만인 사업에 고용된 근로자의 월평균보수가 190만 원이라면 매월 92,340원을 지원받을 수 있음 (90% 지원)
    → 근로자 수 5명 이상 10명 미만인 사업에 고용된 근로자의 월평균보수가 190만 원이라면 매월 82,080원을 지원받을 수 있음 (80% 지원)
  - 근로자지원금(신규지원자의 경우)
    → 근로자 수 5명 미만인 사업에 고용된 근로자의 월평균보수가 190만 원이라면 매월 88,060원을 지원받을 수 있음 (90% 지원)
    → 근로자 수 5명 이상 10명 미만인 사업에 고용된 근로자의 월평균보수가 190만 원이라면 매월 78,280원을 지원받을 수 있음 (80% 지원)

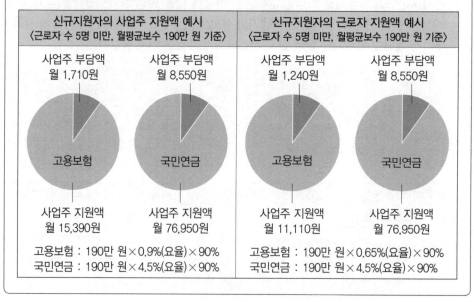

신규지원자의 사업주 지원액 예시 〈근로자 수 5명 미만, 월평균보수 190만 원 기준〉		신규지원자의 근로자 지원액 예시 〈근로자 수 5명 미만, 월평균보수 190만 원 기준〉	
사업주 부담액 월 1,710원 고용보험 사업주 지원액 월 15,390원	사업주 부담액 월 8,550원 국민연금 사업주 지원액 월 76,950원	사업주 부담액 월 1,240원 고용보험 사업주 지원액 월 11,110원	사업주 부담액 월 8,550원 국민연금 사업주 지원액 월 76,950원
고용보험 : 190만 원×0.9%(요율)×90% 국민연금 : 190만 원×4.5%(요율)×90%		고용보험 : 190만 원×0.65%(요율)×90% 국민연금 : 190만 원×4.5%(요율)×90%	

	신청자 형태	사업 근로자 수	월평균보수	지원 형태
㉠	사업주	4명	180만 원	신규
㉡	근로자	7명	200만 원	신규

	㉠	㉡
①	87,480원	82,400원
②	77,760원	82,400원
③	87,480원	92,700원
④	77,760원	92,700원
⑤	72,000원	82,400원

11 N 사원은 같은 부서의 대리, 과장과 함께 4박 5일로 스위스 해외출장을 가게 되었다. N 사원이 출장비를 산정하여 보고하는 업무를 맡게 되어 출장비를 산정했다고 할 때 산정한 출장비는 총 얼마인가?

해외 출장비 규정

구분	교통비(왕복)	숙박비(1박)	일비(1일)	식비(1일)
임원	BUSINESS CLASS (실비)	20만 원	18만 원	5만 원
부장/과장	ECONOMY CLASS (실비)	15만 원	15만 원	4만 원
대리/사원		10만 원	12만 원	3만 원

항공료

국가 — 도시명	왕복운임	
	BUSINESS CLASS	ECONOMY CLASS
스위스 — 취리히	5,970,300원	1,500,000원

- 출장비 = 교통비＋숙박비＋일비＋식비
- 숙박비는 박 기준, 일비와 식비는 일 기준으로 지급한다.

① 820만 원 ② 825만 원 ③ 830만 원
④ 835만 원 ⑤ 840만 원

[12~13] ○○기업은 접착제를 사용해 공장에 있는 기계의 부품을 수리하려고 한다. 다음은 접착제 종류에 대한 자료와 수리 업체별 비교 현황이다. 주어진 자료를 보고 물음에 답하시오.

2019 지역농협

접착제별 적합성 및 단가

종류	적합성						단가
	금속	플라스틱	고무	목재	유리	가죽	
순간 접착제	+	+ +	+ +	+	+	+	27,100원
고무-금속 접착제	+ + +	+	+ + +			+	57,730원
스프레이 접착제				+ +		+	32,400원
구조용 접착제	+ + +	+ + +	+	+ +	+		34,750원
에폭시 접착제	+ +				+ +		28,900원

수리 업체별 비교

업체	A 업체	B 업체	C 업체	D 업체	E 업체
하루당 인건비	47,000원	35,000원	49,500원	39,700원	42,000원
수리 기간	5일	7일	4일	6일	5일
비고	10% 할인	5% 할인		3만 원 할인	4% 할인

12 ○○기업의 공장에 있는 기계의 부품은 대부분 플라스틱 재질이고 일부는 금속, 고무, 목재 재질이다. 네 가지 재질에 모두 사용할 수 있는 접착제를 구입해야 하며, 부품 수리 시 플라스틱에 대한 적합성이 +인 접착제는 12개, + +인 접착제는 9개, + + +인 접착제는 7개가 필요하다고 한다. 이때 가장 저렴하게 사용할 수 있는 접착제를 고르면?

① 순간 접착제   ② 고무-금속 접착제   ③ 스프레이 접착제
④ 구조용 접착제   ⑤ 에폭시 접착제

13 ○○기업은 위에서 선택한 재료로 부품 수리 작업을 진행하게 되었다. 수리기간 동안 하루에 8,000원씩 업체에 식비를 지원해야 한다고 할 때, 가장 저렴하게 수리를 진행할 수 있는 업체를 고르면?

① A 업체   ② B 업체   ③ C 업체
④ D 업체   ⑤ E 업체

14 다음은 A~E 강사의 스케줄 표이다. ○○공단은 한 주를 정해 월요일부터 금요일까지 하루에 한 명씩 각각 다른 강사를 초대해 강의를 진행하려고 한다. 다음 A~E 강사의 규정과 스케줄 표를 참고했을 때, 강의를 진행하기에 가장 적절한 주는 언제인가?

2019 한국산업인력공단

강사 규정

• 하루에 한 번만 강의한다.
• 토요일, 일요일을 제외하고 적어도 하루는 강의를 쉬어야 한다.
• 한 달에 한 번 휴가를 가며, 휴가 전날과 다음날은 강의하지 않는다.

스케줄 표

월요일	화요일	수요일	목요일	금요일	토요일	일요일
4/29	30	5/1	2	3	4	5
A–기업 강의 B–학교 강의 C–구청 강의	B–학교 강의 D–구청 강의	B–학교 강의 C–기업 강의	E–학교 강의	B–학교 강의 D–공단 강의	C–기업 강의	
6	7	8	9	10	11	12
A–학교 강의 E–공단 강의	A–기업 강의	B–구청 강의 C–학교 강의 E–공단 강의	E–공단 강의 A 강사 휴가	B–학교 강의 C–공단 강의		
13	14	15	16	17	18	19
A–학교 강의 E–공단 강의	A–공단 강의 C–기업 강의	D–구청 강의 E–공단 강의 B 강사 휴가	D–학교 강의 C 강사 휴가	E–학교 강의	B–기업 강의 D–기업 강의	
20	21	22	23	24	25	26
A–공단 강의	A–학교 강의 B–학교 강의	B–학교 강의 D–기업 강의 E–구청 강의	A–학교 강의 C–공단 강의	A–기업 강의 E–학교 강의	A–기업 강의	
27	28	29	30	31	6/1	2
B–학교 강의 E–공단 강의	E–학교 강의 D 강사 휴가	C–기업 강의	C–학교 강의 D–구청 강의 E 강사 휴가	A–공단 강의 C–기업 강의 D–학교 강의	C–기업 강의	

① 첫째 주   ② 둘째 주   ③ 셋째 주
④ 넷째 주   ⑤ 다섯째 주

[15~16] 다음은 B 기업의 채용 직무기술서이다. 이어지는 물음에 답하시오.

직무	회계감사 · 세무		
직무수행내용	• (회계감사) 투명한 예산집행을 위해 규정에 부합한 회계처리업무, 내 · 외부 감사의 전반적인 업무 • (세무) 정확한 과세 소득과 과세표준 및 세액을 산출하여 과세당국에 신고 및 납부에 관한 전반적인 업무		
자격요건	일반요건	연령	무관
		성별	무관
	교육요건	학력	무관
		전공(우대)	경영학, 회계학, 세무회계학 등
	실무요건	경력(필수)	1년 이상 (동종업계)
		자격(우대)	전산회계1급, 전산세무2급
		기술(우대)	Excel능력, 수리능력, 의사소통능력
능력단위	• (회계감사) 전표관리, 자금관리, 결산관리, 회계정보 시스템 운용, 재무 분석, 회계 감사, 사업결합회계 • (세무) 전표처리, 결산관리, 세무정보 시스템 운용, 원천징수, 부가가치세 신고, 종합소득세 신고, 지방세 신고, 기타세무 신고, 세무조사 대응, 조세불복 청구, 법인세 세무조정, 법인세 신고		
필요지식	• 기업실무에 적용되는 회계 관련 규정 및 세법 • 회계기준과 세법의 차이점에 대한 이해 • 공공기관 통합공시 규정 • 세무조사 관련 지식 • 세금 신고 · 납부 절차 • 세무정보시스템의 이해 • 재무제표 및 재무 분석		

15 위의 직무기술서를 보고 많은 사람들이 지원을 해왔고 다음은 지원자들 중 일부의 이력이다. 다음 중 직무에 가장 적합한 지원자는 누구인가?

성명	연령	성별	학력	전공	경력	자격	특기
김영은	29	여	대졸	회계학	타업계 3년	전산회계2급	의사소통
박민수	28	남	대졸	역사학	동종업계 1년	–	Excel
이은지	33	여	초대졸	세무회계학	동종업계 4년	전산세무2급	수리
이준성	24	남	대졸	경영학	신입	전산회계1급, 전산세무1급	Excel
박보배	35	여	대학원졸	국어국문학	타업계 5년	–	의사소통

① 김영은　　　　　② 박민수　　　　　③ 이은지
④ 이준성　　　　　⑤ 박보배

16 ○○○지원자는 서류전형에 통과한 후 필기평가와 면접전형에도 통과해 B 기업에 채용되어 재무부에서 근무하고 있다. 다음은 ○○○사원의 회사 이메일 화면이다. 위의 직무기술서를 참고할 때 ○○○사원에게 잘못 온 메일을 고르면?

B 기업 메일	삭제 전달
메일쓰기	① ✉ P 과장 9월에 현금출납업무 내부 감사가 진행됩니다. 21.07.19 09:31
📁 받은메일함	② ✉ A 부장 직원 성과 평가표 양식입니다. 참고하세요. 21.07.19 09:27
✈ 보낸메일함	③ ✉ R 팀장 과세당국에 세금 신고 하셨나요? 21.07.19 09:15
🗑 휴지통	④ ✉ I 차장 우리 회사가 외부 감사 대상이 되었습니다. 21.07.19 09:10
	⑤ ✉ S 대리 전표처리 끝났습니까? 21.07.19 08:40

17 관리부의 G 사원은 창고 관리를 맡고 있다. 얼마 전 관리부의 부장이 창고를 점검했고 G 사원은 물적 자원을 적절하게 이용하지 못하고 있다는 지적을 받았다. G 사원은 원인이 무엇인지 생각해보았고 다음과 같은 생각을 했다. 물적 자원을 적절하게 이용하지 못하는 원인으로 G 사원이 잘못 생각한 것은?

① 사용한 물건을 생각 없이 아무 곳에나 놓아둔 것이 잘못인 것 같아. 보관 장소를 파악하지 못해 물건이 필요할 때 물품을 찾기 어려운 경우가 많았어.

② 관리를 제대로 하지 못해서인 것 같아. 조심히 다루지 않다가 고장 나거나 훼손된 물건이 많아. 물건을 다시 구입하느라 경제적인 손실도 있었어.

③ 물건을 분실한 것도 문제야. 제대로 챙기지 않아서 잃어버린 물건이 많았잖아. 분실한 물건도 다시 구입하느라 경제적 손실이 있었지.

④ 같은 품종을 같은 장소에 보관하고 유사품은 인접한 장소에 보관한 게 문제인 것 같아. 비슷한 것끼리 모여 있으면 눈에 잘 띄지 않고 찾기가 어려우니까.

⑤ 분명한 목적 없이 물건을 구입한 것도 잘못한 일인 것 같아. 정말 필요한 물품을 구입한 것이 아니라서 활용도 하지 못하고 아무렇게나 보관하고 있으니까.

[18~19] 다음은 꽃 축제 진행을 위한 자료이다. 다음 자료를 보고 이어지는 물음에 답하시오.

꽃 축제 입장료 및 주차료

구분		요금(원)		비고
		개인	단체	
입장료	어른	3,000	2,400	단체 : 20인 이상
	청소년	2,000	1,600	
	어린이	1,000	800	
주차료	중 · 소형	3,000	–	승차 정원 20인 미만
	대형	5,000	–	승차 정원 20인 이상

※ 입장료는 1인, 주차료는 1일 기준입니다.
※ 어린이 : 24개월~초등학생 / 청소년 : 중 · 고등학생
※ 30명 이상 입장 시 전체 입장료의 10%가 추가 할인됩니다.

꽃 축제 일정표

시간	호수거리	체험마당
10:00~11:00	꽃 장식 전시 (10:00~12:00)	–
11:00~12:00		페이스페인팅 체험 (11:00~12:50)
12:00~13:00	음악공연 (12:30~13:30)	
13:00~14:00		꽃 네일아트 체험 (13:00~14:40)
14:00~15:00	꽃 사진 전시 (14:00~16:00)	
15:00~16:00		비즈공예 체험 (15:00~16:45)
16:00~17:00	–	
17:00~18:00	꽃 포토존 (17:00~19:30)	꽃 퀴즈게임 (17:00~18:30)
18:00~19:00		
19:00~20:00		–

※ 각 프로그램 참여 완료 시 쿠폰에 도장을 찍어드립니다. 4개 이상 찍은 쿠폰을 퇴장 시 제출하면 상품을 드립니다.
※ 프로그램 중간에는 참여할 수 없습니다. 시작 시각을 반드시 확인하시기 바랍니다.
※ 호수거리와 체험마당은 도보로 이동 시 5분 정도 소요됩니다.

18 꽃 축제 일정표를 보고 행사에 참여하여 쿠폰에 도장을 받으려 한다. 다음 중 쿠폰에 4개 이상의 참여 도장을 받아 퇴장 시 상품을 받을 수 없는 경우를 고르면?

① 꽃 장식 전시 → 음악공연 → 꽃 사진 전시 → 꽃 포토존
② 페이스페인팅 체험 → 꽃 네일아트 체험 → 비즈공예 체험 → 꽃 퀴즈게임

③ 꽃 장식 전시 → 음악공연 → 비즈공예 체험 → 꽃 포토존

④ 꽃 장식 전시 → 꽃 사진 전시 → 비즈공예 체험 → 꽃 포토존

⑤ 페이스페인팅 체험 → 꽃 네일아트 체험 → 비즈공예 체험 → 꽃 포토존

19 다음 중 가장 많은 비용을 지불하게 되는 경우를 고르면?

① 어른 3명, 고등학생 5명, 초등학생 10명이 꽃 축제에 참여한다.

② 버스를 대절하여 어른 3명, 초등학생 20명이 꽃 축제에 참여한다.

③ 어른 2명, 유치원생 10명이 12인승 차를 이용하여 꽃 축제에 참여한다.

④ 어른 5명, 유치원생 3명이 꽃 축제에 참여한다.

⑤ 어른 1명, 유치원생 30명이 버스를 대절하여 꽃 축제에 참여한다.

20 ○○회사는 신입사원 채용을 진행 중이다. 이들 중 높은 점수를 얻은 2명을 채용하려고 할 때, 최종합격자로 바르게 짝지어진 것을 고르면?

평가점수

(단위 : 점)

구분	직무적합성 (100)	조직적합성		태도(100)	기타(100)
		직무이해도(100)	지원동기(100)		
A 씨	80	90	90	70	80
B 씨	75	80	80	80	60
C 씨	90	60	80	80	80
D 씨	85	70	60	90	80
E 씨	75	80	90	60	90

채용조건

• 최종점수는 각 항목에 다음의 가중치를 적용하여 계산한다.
  - 직무적합성(30%), 직무이해도(25%), 지원동기(15%), 태도(20%), 기타(10%)
• 조직적합성의 평균점수가 90점 이상이면, 최종 점수에 1점을 가산한다.
• 동점자가 있을 경우, 직무적합성이 높은 사람을 우선 채용한다.

① A 씨, B 씨　　　　② A 씨, C 씨　　　　③ B 씨, C 씨

④ B 씨, E 씨　　　　⑤ C 씨, D 씨

[21~22] 다음을 보고 물음에 답하시오.

○○공사 대외협력부 신 과장은 박람회 안내 자료를 인쇄하기 위해 인쇄 비용 견적을 4곳의 업체에서 받아보려 한다.

1쪽 당 인쇄 비용

(단위 : 원)

구분	카피월드	인터프린트	프린컴	북카피
흑백 단면	40	40	45	38
컬러 단면	200	220	200	195
흑백 양면	50	60	55	50
컬러 양면	220	225	215	200

1부 당 제본 비용

(단위 : 원)

구분	카피월드	인터프린트	프린컴	북카피
무선 제본	2,000	2,500	3,000	2,700
스프링 제본	3,500	4,000	3,700	4,000

각 업체별 할인 혜택

업체명	할인 혜택
카피월드	• 흑백 1부 당 200쪽 이상 인쇄 시 총 인쇄 비용에서 5% 할인 • 컬러 1부 당 200쪽 이상 인쇄 시 총 인쇄 비용에서 3% 할인
인터프린트	80부 이상 제작 시 총 금액(제본 비용 포함)에서 5% 할인 (단, 1부 당 150쪽 이상인 경우)
프린컴	제본 비용 포함하여 총 제작 비용이 3,000,000원 이상인 경우 총 비용의 5% 할인
북카피	200쪽 이상 인쇄 시 무선 제본 무료

21 컬러 양면 200쪽을 스프링 제본하여 120부 제작하려고 할 때, 가장 저렴한 업체와 비용을 바르게 짝지은 것은?

	업체	금액
①	카피월드	5,641,000원
②	인터프린트	5,323,800원
③	프린컴	5,441,000원
④	북카피	5,280,000원
⑤	카피월드	5,180,000원

22 신 과장은 박람회 안내 자료를 140부 제작하려고 한다. 총 페이지가 240쪽이고 흑백 양면으로 무선 제본할 경우 가장 저렴한 비용은 얼마인가?

① 1,876,000원　　　　② 1,776,000원　　　　③ 1,780,000원
④ 1,680,000원　　　　⑤ 1,590,000원

23 얼마 전 팀장으로 승진한 L 팀장은 조직원들의 능력을 어떻게 활용하고 관리할지 고민이 많아 동료 팀장에게 조언을 구했다. 동료 팀장은 세 가지 인력배치의 원칙에 따라 효과적으로 인력을 관리하는 것을 추천해주었고 L 팀장은 이를 정리해두었다. L 팀장이 정리한 내용 중 적절하지 않은 것은?

① [적재적소주의] : 각각의 팀원을 능력이나 성격에 가장 적합한 위치에 배치하여 팀원 개개인의 능력을 최대로 발휘해줄 것을 기대하는 것을 말함.
② [적재적소주의] : 작업이나 직무가 요구하는 요건, 개인이 보유하고 있는 조건이 서로 균형 있고 적합하게 대응되어야 성공함.
③ [능력주의] : 개인에게 능력을 발휘할 수 있는 기회를 부여하고 그 성과를 바르게 평가한 후 평가된 능력과 실적에 대해 그에 상응하는 보상을 주는 원칙을 말함.
④ [능력주의] : 적재적소주의 원칙의 하위개념이라고 할 수 있으며 미래에 개발 가능한 능력을 생각하면 불공평할 수 있으므로 기존의 능력에 한정해서 평가해야 함.
⑤ [균형주의] : 팀 전체의 능력향상, 의식개혁, 사기앙양 등을 도모하는 의미에서 전체와 개체가 균형을 이루어야 한다는 것을 말함.

24 ○○기업 관리부의 J 사원은 사무실에 냄새가 난다는 직원들의 불만을 듣고 원인을 파악하던 중 에어컨에서 나는 냄새라는 걸 알게 되었다. 다음 에어컨 관리법을 본 후 J 사원이 판단한 내용으로 적절하지 않은 것은?

◈ 에어컨에서 이상한 냄새가 날 경우 아래 방법을 참고해주세요 ◈

- 플라스틱 냄새, 금속 냄새 : 새 제품을 운전할 경우 날 수 있는 냄새입니다.
  - 실내 환기와 함께 냉방으로 1시간 이상 충분히 운전해주세요.
- 시큼한 냄새, 석유 냄새 : 에어컨 내부에 냄새를 일으키는 입자(방향제, 디퓨저, 향초 등)가 필터나 열교환기에 흡착된 후 변질되거나 썩어서 발생할 수 있는 냄새입니다.
  - 방향제, 디퓨저, 향초 등을 에어컨 옆에서 사용하는 것을 삼가주세요.
  - 실내 환기와 함께 냉방으로 1시간 이상 충분히 운전 후 송풍 또는 공기 청정 운전을 동작해주세요.
  - 필터 청소를 실시해주시고 그래도 냄새가 지속될 경우 필터 교체를 권장해드립니다.
  - 열교환기 세척 서비스를 이용해주세요.
- 곰팡이 냄새 : 에어컨을 오래 사용하여 제품 내부에 수분이 많이 있을 경우 날 수 있는 냄새입니다.
  - 실내 환기와 함께 송풍 또는 공기 청정 운전으로 1시간 이상 충분히 운전해주세요.
  - 자동 건조 기능을 사용하시면 냄새 제거에 도움이 됩니다.
- 음식 냄새 : 음식 냄새가 강하고 기름진 요리를 할 때(생선구이, 삼겹살 등) 에어컨을 가동할 경우 음식의 냄새가 에어컨 내부에 배어 날 수 있는 냄새입니다.
  - 위에 언급한 요리를 할 경우 가능한 에어컨 작동을 삼가주세요.
  - 위에 언급한 요리 시 발생한 냄새는 실내 환기로 없앤 후에 에어컨을 사용해주세요.
- 화장실 하수구 냄새 : 실내기 배수호스의 끝부분이 냄새나는 곳에 있을 경우 날 수 있는 냄새입니다.
  - 배수호스의 끝부분이 화장실 및 하수구 방향에 있을 경우 냄새가 나지 않는 방향으로 위치를 바꿔주세요.
  - 실내 환기와 함께 냉방으로 1시간 이상 충분히 운전 후 송풍 운전을 동작해주세요.
  - 필터 청소를 실시해주시고 그래도 냄새가 날 경우 필터 교체를 권장해드립니다.
  - 열교환기 세척 서비스를 이용해주세요.

---

① 냄새를 일으키는 입자가 필터나 열교환기에 흡착된 후 변질되거나 썩으면 시큼한 냄새나 석유 냄새가 날 수 있다.

② 실내 환기와 함께 냉방으로 1시간 이상 충분히 운전하는 것은 모든 냄새의 해결 방법에 해당한다.

③ 곰팡이 냄새가 날 경우 자동 건조 기능을 사용하면 냄새 제거에 도움이 된다.

④ 열교환기 세척 서비스가 도움이 되는 경우는 두 가지 경우이다.

⑤ 화장실 하수구 냄새가 나면 실내기 배수호스의 끝부분이 냄새나는 곳에 있는지 확인하고 냄새가 나지 않는 방향으로 위치를 바꿔주어야 한다.

25 ○○마케팅에서 일하는 이행복 씨는 워크숍에서 운영 예산 진행을 맡게 되었다. 다음 워크숍 기획안을 통해 예산안을 작성할 때, 가장 큰 비중을 두어야 할 사항은?

○○마케팅 워크숍 기획안

◈ 20△△ Concept
동종 산업의 경쟁 구도가 다변화되면서 기존의 사업 방식이 위협받는 상황에서, ○○마케팅의 강점과 한계를 파악하여 대안을 마련하고자 함.

◈ 워크숍 Outline
- 일정 : 20△△년 6월 29일 금요일 ~ 6월 30일 토요일
- 장소 : ○○시 ㅁㅁ인재개발원
- 인원 : 5개 팀 총 40명

◈ 워크숍 Schedule

구분	시간	내용
1일차	08:30 ~ 10:00	회사 집결, 인재개발원 도착(리무진 전세버스 대절)
	10:00 ~ 10:30	오리엔테이션
	10:30 ~ 12:00	「2019 마케팅 산업의 오늘과 내일」 외부 초청인사 강의
	12:00 ~ 13:00	점심식사 및 숙소 배정
	13:00 ~ 14:30	1차 세미나 및 발표 준비(팀별 주제 부여)
	14:30 ~ 15:00	Break time
	15:00 ~ 18:00	2차 세미나 및 발표 준비(팀별 연속 진행)
	18:00 ~ 19:00	저녁식사
	19:00 ~ 20:30	레크리에이션
	20:30 ~ 21:00	세미나 발표 마무리 및 최종 점검
	21:00 ~	1일차 일정 종료, 자유시간 및 취침
2일차	09:30	아침식사 후 집결
	09:30 ~ 11:30	조별 세미나 발표
	11:30 ~ 12:30	○○마케팅 하반기 사업설명회
	12:30 ~ 13:30	점심식사
	13:30 ~ 14:30	시상 및 마무리, 인재개발원 퇴소

---

① 팀별 세미나 및 발표 준비에 많은 시간이 할애되므로 시상 비용에 큰 비중을 둔다.

② 인재개발원 사용료, 식사비, 교통비 등 워크숍 진행 시 기본적으로 들어가는 비용을 먼저 책정한다.

③ 1일차 오전에 외부 초청인사 강의가 있으므로 강의 자료와 강사에게 지급할 강의료를 먼저 책정한다.

④ 예상하지 못한 유동적인 상황 발생을 대비하여 기타 예비비용을 먼저 책정해둔다.

26 ○○기업은 신입사원을 대상으로 물품관리 교육을 실시했고 교육을 들은 관리부의 신입
사원들이 물품관리규정에 대해 토론하고 있다. 다음 중 적절하지 않은 설명을 한 사원은?

물품관리규정

제1조(목적) 이 규정은 당사가 물품을 취득, 보관, 사용 및 처분함에 관하여 그 관리방법 및 절
차를 규정함으로써 회사물품의 효율적이고 합리적인 관리를 도모함을 목적으로 한다.

제2조(적용범위) 이 규정은 회사의 모든 부서에 적용되며, 모든 부서는 법령에 따로 정하는 것
을 제외하고는 이 규정이 정하는 바에 따른다.

제3조(용어의 정의)

① "물품"이라 함은 소모품을 제외한 사용 가능 햇수 1년 이상인 사무용 기자재류와 비품류
를 말한다.

② "소모품"이라 함은 다음의 물건을 말한다.

　　1. 한 번 사용하면 다시 사용할 수 없거나 사용함으로써 소모되는 물건

　　2. 10만 원 이하의 저가이며 중요도가 낮은 일반 사무용품류

제4조(물품관리자 및 관계자의 기능)

① 물품의 총괄적인 관리는 관리부 과장이 관장하며 관리부 팀장에게 그 직무를 위임할 수 있다.

② 물품관리의 담당책임부서인 관리부에서는 다음 기능을 수행하여야 한다.

　　1. 물품의 소요량 계산 및 판단과 수급계획수립

　　2. 물품조달 및 재고품관리

　　3. 물품출납 및 기록

　　4. 처분

제5조(물품관리)

① 구매물품은 검수와 동시에 물품총괄대장에 등재하고 물품번호를 부여하여야 한다.

② 물품은 인수받은 즉시 지정된 장소에 보관하여야 하며 임의로 이전할 수 없다.

③ 장기보관으로 인한 훼손품이 발생하지 않도록 청결 및 정비에 최선을 다하여야 한다.

④ 물품은 기능별, 성능별, 사용목적별로 분류하여 정리 보관하여야 한다.

⑤ 특수 물품은 별도 보관하여 필요한 안전관리 조치를 취하여야 한다.

제6조(인수인계) 물품관리자(관리부 과장 또는 팀장)가 사무를 인계하려 할 때에는 장부와 물
품을 대조·확인한 후 출납부를 마감하고 인계서 2통을 작성하여야 한다.

D 사원 : 모두 물품관리 교육 잘 들으셨어요? 우리 부서 과장님이 물품관리에 대한 총괄적인
　　　　관리를 맡으시는 거죠?

A 사원 : 네. 우리 부서가 해야 할 일들이 많았어요. 물품의 처분까지 우리 부서에서 해야 하니
　　　　까요.

I 사원 : 물품은 지정된 장소에만 보관해야 하니까 어느 물건이 어디 있는지 빨리 파악해야겠
　　　　어요.

L 사원 : 인수인계할 일이 생기면 과장님이나 팀장님께서 힘드시겠어요. 장부와 물품을 하나
　　　　하나 다 대조하고 확인해야 하니까요. 인계서도 한 통 작성해야 하잖아요.

Y 사원 : 저는 "물품"과 "소모품"의 정의가 헷갈려요. 만 원짜리 포스트잇은 소모품인 거 맞죠?

① D 사원   ② A 사원   ③ I 사원

④ L 사원   ⑤ Y 사원

27 P 씨는 50만 원을 환전하여 대만으로 여행을 가려고 한다. 예산을 최대한 사용하여 환전하려 할 때, 한화에서 대만달러(TWD)로 바로 환전하였을 때와 한화를 미국달러(USD)로 환전한 후 대만달러(TWD)로 이중 환전하였을 때 환전한 금액의 차이는 얼마인가? (단, 각 계산의 단계에서 소수점 이하는 버린다.)

인천공항 환전센터

◎ 한화 → 대만달러(TWD)
　10월 25일 매매기준율 : 37.52 (1 TWD당 KRW)
　환전수수료 : 8%

◎ 한화 → 미국달러(USD)
　10월 25일 매매기준율 : 1,113.80 (1 USD당 KRW)
　환전수수료 : 2%

대만공항 환전센터

◎ 미국달러(USD) → 대만달러(TWD)
　10월 25일 매매기준율 : 30.25 (1 USD당 TWD)
　환전수수료 : 0%

---

① 795(TWD)   ② 800(TWD)   ③ 805(TWD)

④ 810(TWD)   ⑤ 815(TWD)

[28~29] 다음을 읽고 물음에 답하시오.

신입사원 워크숍 준비물 및 재고 현황

준비물	재고
수료증	100개
노트북	1대
음료수	25병
종이컵	20줄(100EA)
필기구	100개
신입사원 명찰	100개
문화상품권	100장
비디오카메라	1대
과자	30박스
사탕	15봉지
물티슈	1개
디지털카메라	1대
커피	3박스(100EA)
일회용 접시	200개

P 대리의 조언

신입사원 워크숍 준비는 잘 되고 있나요? 생각보다 준비해야 할 물건이 많아서 당일 쓰임에 맞게 분류하는 게 편할 거예요. 가지고 갔다가 다시 회수해서 돌아와야 할 물품, 워크숍에서 사용하고 바로 버릴 소모품, 워크숍 참가자들에게 나누어줄 배포 물품으로 분류해서 리스트 만들고, 재고를 관리하면 편할 거예요.

28 교육팀에서 근무하고 있는 K 사원은 신입사원 워크숍에 필요한 물품을 준비하고 있다. 다음 중 가장 먼저 구매해야 할 워크숍 준비물은 무엇인가?

① 음료수   ② 커피   ③ 사탕
④ 과자   ⑤ 물티슈

29 K 사원이 P 대리의 조언에 따라 준비물을 분류하려고 할 때, 가장 적절한 것을 고르면?

①

1분류	디지털카메라, 비디오카메라, 노트북
2분류	음료수, 과자, 사탕, 일회용 접시, 종이컵, 물티슈, 커피
3분류	필기구, 신입사원 명찰, 문화상품권, 수료증

②

1분류	디지털카메라, 비디오카메라, 문화상품권
2분류	커피, 과자, 물티슈, 사탕, 일회용 접시, 종이컵
3분류	필기구, 신입사원 명찰, 수료증, 음료수, 노트북

③

1분류	비디오카메라, 노트북, 신입사원 명찰
2분류	필기구, 물티슈, 일회용 접시, 종이컵, 커피
3분류	디지털카메라, 음료수, 과자, 사탕, 문화상품권, 수료증

④

1분류	디지털카메라, 비디오카메라, 노트북
2분류	음료수, 과자, 사탕, 물티슈, 커피, 문화상품권, 필기구
3분류	신입사원 명찰, 수료증, 일회용 접시, 종이컵

⑤

1분류	노트북, 문화상품권, 수료증, 물티슈
2분류	음료수, 사탕, 일회용 접시, 종이컵, 커피, 과자
3분류	디지털카메라, 비디오카메라, 필기구, 신입사원 명찰

30 ○○건설 해외 영업부에 근무하는 P 과장은 한국보다 14시간 느린 뉴욕으로 출장을 가게 되었다. P 과장의 일정표가 다음과 같을 때 P 과장이 뉴욕에서 인천으로 출발하는 시간은 뉴욕 현지 시간으로 몇 시인가?

비행 노선	출발 시간(현지 시간)	비행시간	도착 시간(현지 시간)
인천 → 뉴욕	4월 8일 10:15	13시간 55분	4월 8일 10:10
뉴욕 → 인천		14시간 30분	4월 19일 17:25

① 4월 17일 12:55
② 4월 18일 12:55
③ 4월 18일 13:45
④ 4월 18일 14:55
⑤ 4월 19일 02:45

31 ○○공사에 근무하는 M 팀장은 공개모집으로 교수요원을 선발한다는 정보를 듣고 도전하고 싶은 마음이 들어 인사관리지침을 찾아보고 있다. 인사관리지침을 보고 M 팀장이 생각한 것으로 적절하지 않은 것은?

인사관리지침

제32조(인력개발)
① 인력개발 체계는 사내교육, 위탁교육, 양성교육 및 어학능력개발로 구분한다.
② 인력개발 세부기준 등은 교육훈련지침에 따로 정한다.

제32조의2(교수자격)
① 교사 이상 교수요원은 인품, 학력 등 기본자질과 담당분야에 대한 이론 및 실무지식이 뛰어난 자를 우선 선발하며 다음 각 호에 해당하는 자로 한다.
　1. 동일직급 근무경력 1년 이상인 자
　2. 최근 2년간 근무성적 점수를 산술평균한 점수가 B등급 이상인 자
　3. 동일직급 내에서 견책 이상의 징계처분을 받은 사실이 없는 자
② 6개월 이상의 해외교육과 1년 이상의 국내교육을 받은 자를 우선하여 선발할 수 있다.

제32조의3(교수선발 방법) 교육원장은 교수요원을 선발할 경우 「사내공개모집」 방법에 의함을 원칙으로 한다. 다만, 공개모집이 곤란할 경우에는 예외로 할 수 있다.

제32조의4(교수의 의무)
① 교수 이상의 교수요원은 임명 후 3년간 교수요원으로서 근무하여야 하며 다음 각 호의 임무를 수행한다. 다만, 교수로서의 적성과 능력이 부족한 자는 예외로 한다.
　1. 과정별 담당과목에 대한 교재연구 및 교안작성과 모의수업 실시
　2. 교육결과의 평가 및 효과 측정
　3. 담당분야의 업무개선을 위한 과제연구 및 발표
② 모의수업은 보직 후 3개월 이내에 실시하여야 한다.

제32조의5(교수요원 평가) 교육원장은 교수요원의 연구 의욕을 고취시키고 교육효과를 제고하기 위하여 교수요원에 대한 평가를 실시할 수 있다.

제32조의6(교수우대 및 제재)
① 교수요원에게는 다음 각 호와 같은 특전을 부여한다.
　1. 교수요원은 공사가 정하는 대학원에 진학할 수 있다.
　2. 교수요원은 선진 직무지식과 교육기법의 개발 등을 위하여 해외교육 및 출장에 우선권을 부여할 수 있다.
　3. 교수요원에 대하여는 연구 활동비를 지급한다.
② 교수요원이 다음 각 호에 해당하는 경우에는 교수직 자격을 상실할 수 있다.
　1. 교수요원 평가결과가 직군별로 2년 연속 하위 10% 이내인 자
　2. 견책 이상의 징계처분을 받은 자

---

① 교수 자격을 얻으려면 담당분야에 대한 이론 및 실무지식도 뛰어나야 하지만 인품도 지녀야 하는군.

② 동일직급 근무경력이 1년 이상이고 최근 2년간 근무성적 점수를 산술평균한 점수가 B등급 이상이기만 하면 교수 자격이 주어지는군.

③ 교수로 보직되면 3년간 교수요원으로 근무해야 하고 3개월 이내에 모의수업을 실시해야 하는군.

④ 교수요원이 되면 해외교육 및 출장에 우선권을 부여받을 수 있고 연구 활동비도 지급받는군.

⑤ 교수요원이 되었다고 끝이 아니라 교수요원 평가결과가 2년 연속 좋지 않거나 견책 이상의 징계를 받으면 교수직 자격을 상실할 수도 있으니 주의해야겠군.

32 ○○기업은 직원들을 대상으로 외국어 교육 프로그램을 진행하였다. 강사들의 수업료와 교재비용, 직원들의 신청 과목은 다음과 같다. ○○기업에서 모든 비용을 부담한다고 할 때, ○○기업이 지급해야 하는 총 비용은 얼마인가?

강사 수업료

(단위 : 원)

구분	영어	프랑스어	독일어
수업료	200,000	250,000	300,000

• 한 직원이 두 과목을 수강할 경우 수업료가 각각 10%씩 할인됨

교재비용

(단위 : 원)

구분	영어	프랑스어	독일어
교재비용	20,000	30,000	25,000

• 수강 시 교재는 반드시 구입해야 함
• 한 직원이 두 과목의 교재를 구입할 경우 교재비용이 각각 5%씩 할인됨

신청 현황

구분	A 사원	B 사원	C 대리	D 대리	E 팀장
신청 과목	독일어	영어, 독일어	프랑스어	영어	영어, 프랑스어

① 1,567,750원   ② 1,650,000원   ③ 1,770,250원

④ 1,870,000원   ⑤ 1,920,000원

33 다음은 직장보육지원센터의 보육교직원 배치 기준이다. A 어린이집에 만1세 미만의 영아 22명, 만1세 이상 만2세 미만의 영아 30명, 만3세 이상 만4세 미만 유아 40명, 만4세 이상 미취학 유아 20명, 장애아 8명의 영유아가 다니고 있다고 할 때, A 어린이집의 보육교직원은 원장을 포함해 최소 몇 명이 필요한가? (단, 보육교사는 각자 맡은 나이의 아이들만 돌본다.)

보육교직원 배치 기준

어린이집 설치·운영자는 의무적으로 배치하여야 하는 교직원 이외에 어린이집의 여건에 따라 어린이집 부담으로 보육교사 등의 교직원을 추가적으로 배치할 수 있음. 단, 어린이집 원장은 1인만 둘 수 있음.

보육교직원 구분	내용				
원장	전 어린이집별 1인 • 다만, 영유아 20인 이하를 보육하는 어린이집은 어린이집 원장이 보육교사를 임할 수 있음 • 어린이집 원장이 보육교사 겸직 시 원장 자격증과 보육교사 자격증을 모두 소지하여야 함				
보육교사	• 만1세 미만 ⇒ 영아 3인당 1인 • 만1세 이상 만2세 미만 ⇒ 영아 5인당 1인 • 만2세 이상 만3세 미만 ⇒ 영아 7인당 1인 • 만3세 이상 만4세 미만 ⇒ 유아 15인당 1인 • 만4세 이상 미취학 유아 ⇒ 유아 20인당 1인 • 취학 아동 ⇒ 20인당 1인 • 장애아 3인당 1인				
간호사	영유아 100인 이상을 보육하는 어린이집 • 간호조무사도 가능함				
영양사	영유아 100인 이상을 보육하는 어린이집 • 동일 시·군·구의 5개 이내 어린이집이 공동으로 영양사를 둘 수 있음				
조리원	영유아 40인 이상을 보육하는 어린이집 • 영유아 매 80인 초과할 때마다 1인씩 증원				
	조리원 수	1인	2인	3인	4인	5인
	영유아 수	40~80명	81~160명	161~240명	241~320명	320명 초과

원장은 어린이집 규모와 특성에 따라 의사(촉탁의사), 사회복지사, 사무원, 관리인, 위생원, 운전기사, 특수교사(치료사) 등의 교직원을 둘 수 있으며, 원장이 간호사 또는 영양사 자격이 있는 경우에는 겸직 가능하며, 원장은 정원을 기준으로 함

① 20명   ② 23명   ③ 26명
④ 29명   ⑤ 31명

Chapter 04
자원관리능력

FINISH
기출 · 예상문제 마무리

본문 246p

01	02	03	04	05	06	07	08	09	10
①	④	②	⑤	②	②	④	②	①	①
11	12	13	14	15	16	17	18	19	20
④	④	③	③	③	②	④	④	①	②
21	22	23	24	25	26	27	28	29	30
④	④	④	②	②	④	④	⑤	①	②
31	32	33							
②	③	③							

01 [인적자원관리능력] 인력배치의 유형 이해하기

정답 ①

해설
- 양적배치 : 작업량과 여유 또는 부족 인원을 감안하여 소요인원을 결정하여 배치하는 것
- 질적배치 : 능력, 성격 등을 고려하여 적재적소의 업무에 배치하는 것
- 적성배치 : 팀원의 적성 및 흥미를 고려하여 배치하는 것

02 [시간관리능력] 일의 우선순위 결정하기

정답 ④

해설
'3/4분기 실적 보고서 제출' 업무와 '하반기 인사평가 계획서 작성' 업무의 긴급성은 같지만 중요성에 있어서 차이를 보이기 때문에 '하반기 인사평가 계획서 작성'이 '3/4분기 실적 보고서 제출'보다 우선 처리되어야 한다.

🐝 Plus 해설
시간계획의 순서 : 명확한 목표 설정 → 일의 우선순위 결정 → 예상 소요 시간 결정 → 시간계획서 작성
일의 우선순위 판단 매트릭스는 다음과 같다.

	긴급함	긴급하지 않음
중요함	**긴급하면서 중요한 일** • 위기상황 • 급박한 문제 • 기간이 정해진 프로젝트	**긴급하지 않지만 중요한 일** • 예방 생산 능력 활동 • 인간관계 구축 • 새로운 기회 발굴 • 중장기 계획, 오락
중요하지 않음	**긴급하지만 중요하지 않은 일** • 잠깐의 급한 질문 • 일부 보고서 및 회의 • 눈앞의 급박한 상황 • 인기 있는 활동 등	**긴급하지 않고 중요하지 않은 일** • 하찮은 일 • 우편물, 전화 • 시간낭비거리 • 즐거운 활동 등

03 [예산관리능력] 최소 요금 구하기

정답 ②

해설
출장에 필요한 고속도로 통행요금은 다음과 같다.
- 서울 → 대전 → 부산 → 서울 :
8,400＋13,500＋18,000＝39,900원
- 서울 → 부산 → 대전 → 서울 :
19,000＋19,500＋9,400＝47,900원
따라서 최소금액은 39,900원이다.

04 [예산관리능력] 예산에 맞는 업체 결정하기

정답 ⑤

해설
업체별 할인율 적용 시의 개당 가격은 다음 표와 같다.

업체	할인율 적용 시 개당 가격(원)	음질
A	79,200	상
B	81,880	중
C	115,920	중
D	126,400	상
E	123,750	상

A업체를 제외한 80,000원 이상인 제품을 파는 업체들 중에서 B업체의 제품이 가장 저렴하다. B업체보다 좋은 음질을 제품을 파는 D와 E업체의 제품은 B업체의 제품 가격보다 각각 44,520원, 41,870원 비싸기 때문에 B업체보다 음질이 좋고 42,000원을 초과하지 않는 E업체의 제품을 선택하는 것이 가장 적절하다.

05 [예산관리능력] 결재 양식 작성하기

정답 ②

해설

총 출장비가 $30+10+20=60$만 원이므로, 출장계획서는 팀장에게, 출장비 신청서는 부장에게 결재받아야 한다. 각각의 결재 양식을 작성하면 다음과 같다.

출장 계획서				
결재	담당	팀장	부장	최종 결재
	A	전결		팀장

출장비 신청서				
결재	담당	팀장	부장	최종 결재
	A		전결	부장

따라서 알맞게 작성한 결재 양식은 ②이다.

---

06 [예산관리능력] 수당 계산하기

정답 ②

해설

A는 휴일 4시간을 근로하였으므로 휴일근로수당을 적용하여 평일 시급의 1.5배를 지급해야 한다. 따라서 A에게 지급해야 할 급여액은 50,100원 $(8,350 \times 1.5 \times 4)$이다.

B는 휴일 9시간을 근로하였지만 점심시간 1시간이 근로 시간에서 제외되므로 8시간 근로로 계산해야 한다. 따라서 휴일근로수당을 적용한 B의 급여액은 100,200원$(8,350 \times 1.5 \times 8)$이다.

C는 휴일 11시간을 근로하였지만 점심시간 1시간이 근로 시간에서 제외되므로 10시간 근로로 계산해야 한다. 여기서 휴일근로수당을 계산할 때 8시간을 초과한 2시간에 대해서는 따로 계산을 해야 한다. 따라서 C에게 지급해야 할 급여액은 133,600원 $(8,350 \times 1.5 \times 8 + 8,350 \times 2 \times 2)$이다.

따라서 ○○기업에서 아르바이트생에게 지급해야 할 총 급여액은 283,900원$(50,100+100,200+133,600)$이다.

---

07 [시간관리능력] 장소 예약하기

정답 ④

해설

수요일 오전에 도담홀 이용이 가능하고, 꽃가람홀은 오전·오후 모두 이용할 수 있다. 따라서 수요일은 오전부터 오후까지 예약이 꽉 차서 대관이 안 된다는 판단은 적절하지 않다.

---

08 [예산관리능력] 주차비용 계산하기

정답 ②

해설

총 30대의 차량 중 18대는 5시간을 주차하고, 12대는 3시간을 주차한다. 이 중 5대는 무료로 주차할 수 있으며, 최소 금액을 구해야 하므로 주차 비용이 더 비싼 18대의 차량 중 5대에 무료 주차권을 적용한다. 30분은 무료이므로, 각각 4시간 30분, 2시간 30분의 주차 요금을 구하면 된다.

- 4시간 30분
  4,500원(1시간 30분)$+12,000$원(3시간)$=16,500$원
  $16,500$원$\times 13$대$=214,500$원
- 2시간 30분
  4,500원(1시간 30분)$+4,000$원(1시간)$=8,500$원
  $8,500$원$\times 12$대$=102,000$원

따라서 총 주차 비용은 $214,500+102,000=316,500$원이다.

---

09 [시간관리능력] 시차 계산하기

정답 ①

해설

런던과 서울의 시차는 9시간으로 서울이 9시간 빠르다. H 대리가 탄 비행기는 런던 현지 시간으로 5월 8일 아침 5시 50분에 도착하고 비행시간이 11시간 55분이므로, 런던 현지 시간으로 5월 7일 오후 5시 55분에 출발한 것이다. 서울 시간은 런던 시간보다 9시간이 빠르므로, 시차를 적용하면 서울 시간으로 5월 8일 오전 2시 55분이 된다.

---

10 [예산관리능력] 지원액 산정하기

정답 ①

해설

㉠의 경우 근로자 수가 5인 미만인 신규지원자 사업주이므로 90%를 지원받을 수 있다. 월평균보수가 180만 원이므로 지원금액 산정 예시에 따른 각각의 식은 다음과 같다.

- 고용보험 :
  180만 원$\times 0.9\%$(요율)$\times 90\% = 14,580$원
- 국민연금 :
  180만 원$\times 4.5\%$(요율)$\times 90\% = 72,900$원
∴ $14,580 + 72,900 = 87,480$원

㉡의 경우 근로자 수가 5명 이상 10명 미만인 신규지원자 근로자이므로 80%를 지원받을 수 있다. 월평균보수가 200만 원이므로 지원금액 산정 예시에 따른 각각의 식은 다음과 같다.

- 고용보험 :
  200만 원$\times 0.65\%$(요율)$\times 80\% = 10,400$원

- 국민연금 :
  200만 원×4.5%(요율)×80% = 72,000원
  ∴ 10,400＋72,000 = 82,400원

11 [예산관리능력] 출장비 산정하기

정답 ④

해설

과장과 대리/사원은 교통비는 동일하게, 나머지 비용은 다르게 지급받는다. 교통비는 왕복 기준으로 세 명 모두 'ECONOMY CLASS'를 탔으므로 450만 원(150만 원×3)이다. 과장의 나머지 비용은 (15만 원×4박)＋(15만 원×5일)＋(4만 원×5일)＝155만 원이고, 대리와 사원의 나머지 비용은 한 사람당 (10만 원×4박)＋(12만 원×5일)＋(3만 원×5일)＝115만 원이므로 대리와 사원의 나머지 비용 총합은 230만 원(115만 원×2명)이다.
따라서 총 출장비는 835만 원(450만 원＋155만 원＋230만 원)이다.

12 [물적자원관리능력] 재료 선택하기

정답 ④

해설

플라스틱, 금속, 고무, 목재 네 가지 재질에 모두 사용할 수 있는 접착제는 순간 접착제와 구조용 접착제뿐이다. 순간 접착제는 플라스틱에 대한 적합성이 ＋＋이므로 총 9개가 필요하고 총 금액은 27,100×9＝243,900원이다. 구조용 접착제는 플라스틱에 대한 적합성이 ＋＋＋이므로 7개가 필요하며 총 금액은 243,250원이다. 따라서 가장 저렴하게 사용할 수 있는 접착제는 구조용 접착제이다.

13 [예산관리능력] 업체 선정하기

정답 ③

해설

각 수리 업체별 최종 금액은 다음과 같다.

업체	A 업체(5일)	B 업체(7일)	C 업체(4일)
인건비	235,000원	245,000원	198,000원
식비	40,000원	56,000원	32,000원
합계	275,000원	301,000원	230,000원
비고	10% 할인	5% 할인	
총 금액	247,500원	285,950원	230,000원

업체	D 업체(6일)	E 업체(5일)
인건비	238,200원	210,000원
식비	48,000원	40,000원
합계	286,200원	250,000원
비고	3만 원 할인	4% 할인
총 금액	256,200원	240,000원

따라서 가장 저렴하게 수리를 진행할 수 있는 업체는 C 업체이다.

14 [시간관리능력] 강의 일정 정하기

정답 ③

해설

토요일, 일요일을 제외하고 적어도 하루는 강의를 쉬어야 하기 때문에 첫째 주는 B 강사의 강의를 진행할 수 없다. 휴가 전날과 다음날은 강의하지 않기 때문에 둘째 주는 A 강사의 강의를 진행할 수 없다. 셋째 주는 모든 강사가 가능한 날이 있으며 정리하면 다음과 같다.

13	14	15	16	17
C	D	A	E	B

넷째 주는 A 강사, 다섯째 주는 D, E 강사의 스케줄이 맞지 않기 때문에 진행할 수 없다. 따라서 답은 ③이다.

15 [인적자원관리능력] 직무에 적합한 지원자 찾기

정답 ③

해설

자격요건 중 필수인 요건을 먼저 보아야 한다. 필수 요건은 동종업계에서 1년 이상의 경력이 있어야 한다는 것이다. 필수 요건을 충족하는 지원자는 '박민수'와 '이은지' 지원자이다. 연령, 성별, 학력은 무관하므로 보지 않아도 되고 다음으로 우대 요건을 살펴보면 된다. 기술 우대 요건은 각각 하나씩 가지고 있지만 전공과 자격 우대 요건은 '이은지' 지원자만 가지고 있다. 따라서 직무에 가장 적합한 지원자는 '이은지' 지원자이다.

16 [인적자원관리능력] 직무기술서 이해하기

정답 ②

해설

직무기술서의 '직무수행내용'에 직원 성과 평가와 관련된 것은 없다. 직원 성과 평가와 같은 업무는 인사부에서 하는 일이다.

①·④ 내·외부 감사의 전반적인 업무를 한다고 나와 있다.
③ 정확한 과세 소득과 과세표준 및 세액을 산출하여 과세당국에 신고 및 납부에 관한 전반적인 업무를 한다고 되어 있다.
⑤ 투명한 예산집행을 위해 규정에 부합한 회계처리 업무를 한다고 나와 있다.

---

17 [물적자원관리능력] 물적 자원 활용 방해 요인 이해하기

 정답 ④

해설
동일 및 유사 물품은 동일성의 원칙, 유사성의 원칙에 따라서 보관해야 한다. 따라서 ④는 잘못된 생각이다. 보유하고 있던 물품을 적절하게 활용하지 못하게 하는 방해요인은 크게 세 가지가 있는데 보관 장소를 파악하지 못한 경우, 훼손된 경우, 분실한 경우이다. 그 외에도 분명한 목적 없이 물건을 구입하여 관리에 소홀해지는 경우가 있다.

🎓 **Plus 해설**
동일성의 원칙은 같은 품종은 같은 장소에 보관한다는 것이며, 유사성의 원칙은 유사품은 인접한 장소에 보관한다는 것이다. 이는 보관한 물품을 다시 활용할 때 더 쉽고 빠르게 물품의 위치를 찾을 수 있게 해준다. 또한 특정 물품의 정확한 위치를 몰라도 대략의 위치를 알고 있으므로 찾는 시간을 단축할 수 있다.

---

18 [시간관리능력] 일정표에 따른 시간 계획하기

정답 ④

해설
꽃 사진 전시는 16시에 종료되고, 비즈공예 체험은 15시에 시작하므로 두 프로그램에 동시에 참여할 수 없다.

---

19 [예산관리능력] 비용 구하기

정답 ①

해설
① $(3,000 \times 3) + (2,000 \times 5) + (1,000 \times 10) = 29,000$원
② $(2,400 \times 3) + (800 \times 20) + 5,000 = 28,200$원
③ $(3,000 \times 2) + (1,000 \times 10) + 3,000 = 19,000$원
④ $(3,000 \times 5) + (1,000 \times 3) = 18,000$원
⑤ $\{(2,400 \times 1) + (800 \times 30)\} \times 0.9 + 5,000 = 28,760$원
따라서 가장 많은 비용을 지불하게 되는 경우는 ①이다.

---

20 [인적자원관리능력] 신입사원 채용하기

정답 ②

해설
가중치를 적용한 최종점수는 다음과 같다.
A 씨 : $(80 \times 0.3) + (90 \times 0.25) + (90 \times 0.15) + (70 \times 0.2) + (80 \times 0.1) + 1 = 83$점
B 씨 : $(75 \times 0.3) + (80 \times 0.25) + (80 \times 0.15) + (80 \times 0.2) + (60 \times 0.1) = 76.5$점
C 씨 : $(90 \times 0.3) + (60 \times 0.25) + (80 \times 0.15) + (80 \times 0.2) + (80 \times 0.1) = 78$점
D 씨 : $(85 \times 0.3) + (70 \times 0.25) + (60 \times 0.15) + (90 \times 0.2) + (80 \times 0.1) = 78$점
E 씨 : $(75 \times 0.3) + (80 \times 0.25) + (90 \times 0.15) + (60 \times 0.2) + (90 \times 0.1) = 77$점
가장 높은 점수를 받은 사람은 A 씨이다. 두 번째로 높은 점수를 받은 C 씨와 D 씨는 동점이므로, 채용조건에 따라 직무적합성의 점수가 높은 C 씨를 우선 채용해야 한다. 따라서 최종합격자 두 명은 A 씨와 C 씨이다.

---

21 [예산관리능력] 비용 계산하기

정답 ④

해설
• 카피월드
  $200(쪽) \times 220(원) \times 0.97 \times 120(부) + 3,500(원) \times 120(부) = 5,541,600(원)$
• 인터프린트
  $200(쪽) \times 225(원) \times 120(부) + 4,000(원) \times 120(부) = 5,880,000(원)$
  $5,880,000(원) \times 0.95 = 5,586,000(원)$
• 프린컴
  $200(쪽) \times 215(원) \times 120(부) + 3,700(원) \times 120(부) = 5,604,000(원)$
  $5,604,000(원) \times 0.95 = 5,323,800(원)$
• 북카피
  $200(쪽) \times 200(원) \times 120(부) + 4,000(원) \times 120(부) = 5,280,000(원)$
따라서 가장 저렴한 업체는 북카피이며 비용은 5,280,000원이다.

---

22 [예산관리능력] 비용 계산하기

정답 ④

해설
• 카피월드
  $240(쪽) \times 50(원) \times 0.95 \times 140(부) + 2,000(원) \times 1$

40(부) = 1,876,000(원)
- 인터프린트
  240(쪽)×60(원)×140(부)+2,500(원)×140(부)
  = 2,366,000(원)
  2,366,000(원)×0.95 = 2,247,700(원)
- 프린컴
  240(쪽)×55(원)×140(부)+3,000(원)×140(부)
  = 2,268,000(원)
- 북카피
  240(쪽)×50(원)×140(부) = 1,680,000(원)
따라서 가장 저렴한 비용은 1,680,000원이다.

---

23 [인적자원관리능력] 인력배치의 원칙 이해하기

정답 ④

해설

'능력주의'는 적재적소주의 원칙의 상위개념이라고 할 수 있으며, 능력주의 원칙을 따를 때는 개인이 가진 기존의 능력에만 한정하지 않고, 미래에 개발 가능한 능력도 생각하여 능력을 개발하고 양성하는 측면도 고려해야 한다.

---

24 [물적자원관리능력] 물품 관리하기

정답 ②

해설

실내 환기와 함께 냉방으로 1시간 이상 충분히 운전하는 것은 많은 경우에 도움이 되지만, 모든 냄새의 해결 방법에 해당하지는 않는다. 곰팡이 냄새가 날 경우에는 냉방이 아니라 송풍 또는 공기 청정 운전으로 1시간 이상 운전해야 하며 음식 냄새가 날 경우에도 해당하지 않는다.

---

25 [물적자원관리능력] 예산 책정 우선순위 파악하기

정답 ②

해설

1박 2일로 진행되는 워크숍이므로 행사장과 숙소로 이용하는 인재개발원 사용료를 기본비용으로 책정해야 하고, 워크숍 일정 동안 식사가 네 번 있고 리무진 버스를 대절하여 이동하므로 식사비와 교통비도 함께 책정하는 것이 적절하다.

---

26 [물적자원관리능력] 물품관리규정 이해하기

정답 ④

해설

'제6조'를 보면 사무를 인계할 때는 장부와 물품을 대조·확인한 후 출납부를 마감하고 인계서를 '2통' 작성해야 함을 알 수 있다.

Plus 해설

① '제4조'를 보면 물품의 총괄적인 관리는 관리부 과장이 관장한다는 내용이 있고 대화를 하는 사원들은 관리부 신입사원들이므로 맞는 설명이다.
② '제4조'의 ②를 보면 관리부에서 수행해야 할 기능이 나와 있고 '처분'도 이에 해당한다.
③ '제5조'의 ②에 물품은 인수받은 즉시 지정된 장소에 보관하여야 한다고 되어 있으므로 물건의 위치를 파악해두면 도움이 된다.
⑤ '제3조'의 ②를 보면 한 번 사용하면 다시 사용할 수 없거나 사용함으로써 소모되는 물건, 10만 원 이하의 저가이며 중요도가 낮은 일반 사무용품류를 "소모품"이라고 하므로 만 원짜리 포스트잇은 소모품이 맞다.

---

27 [예산관리능력] 환전금액 차이 구하기

정답 ④

해설

- 한화 → 대만달러
  37.52×1.08=40(KRW)
  500,000÷40=12,500(TWD)
- 한화 → 미국달러 → 대만달러
  1,113.80×1.02=1,136(KRW)
  500,000÷1,136=440(USD)
  440×30.25=13,310(TWD)
따라서 금액의 차이는 13,310−12,500=810(TWD)이다.

---

28 [물적자원관리능력] 재고 확인하기

정답 ⑤

해설

물티슈는 재고가 1개뿐이므로 가장 먼저 구매해야 한다.

---

29 [물적자원관리능력] 물품 분류하기

정답 ①

해설

P 대리의 조언에 따라 회수하여 다시 사무실로 가져올 물품(1분류), 소모품(2분류), 배포 물품(3분류)으로 나누면 ①과 같이 분류하는 것이 가장 적절하다.

30 [시간관리능력] 시차 계산하기

정답 ②

해설

우선 한국 시간으로 출발 시간이 몇 시인지 구해볼 수 있다. 4월 19일 17시 25분의 14시간 30분 전은 4월 19일 02시 55분이다. 한국 시간으로 4월 19일 02시 55분에 출발하는 것이다. 뉴욕은 한국보다 14시간 느리므로 시차를 적용하면 4월 18일 12시 55분이 된다. 따라서 P 과장이 인천으로 출발하는 시간은 뉴욕 현지 시간으로 4월 18일 12시 55분이다.

31 [인적자원관리능력] 인사관리지침 이해하기

정답 ②

해설

'제32조의2'의 ①을 보면 두 가지 조건 말고도 동일직급 내에서 견책 이상의 징계처분을 받은 사실이 없는 자여야 한다는 한 가지 조건이 더 있다.

🎺 Plus 해설

① '제32조의2' ①에서 알 수 있는 내용이다.
③ '제32조의4'에서 알 수 있는 내용이다.
④ '제32조의6' ①에서 알 수 있는 내용이다.
⑤ '제32조의6' ②에서 알 수 있는 내용이다.

32 [예산관리능력] 수업료 산정하기

정답 ③

해설

각 사원의 수업료와 교재비를 표로 정리하면 다음과 같다.

구분	A 사원	B 사원
과목	독일어	영어, 독일어
수업료	300,000	$200,000 \times 0.9 = 180,000$ $300,000 \times 0.9 = 270,000$
교재비용	25,000	$20,000 \times 0.95 = 19,000$ $25,000 \times 0.95 = 23,750$
합계	325,000	492,750

구분	C 대리	D 대리	E 팀장
과목	프랑스어	영어	영어, 프랑스어
수업료	250,000	200,000	$200,000 \times 0.9 = 180,000$ $250,000 \times 0.9 = 225,000$
교재비용	30,000	20,000	$20,000 \times 0.95 = 19,000$ $30,000 \times 0.95 = 28,500$
합계	280,000	220,000	452,500

따라서 ○○기업이 지급해야 하는 총 비용은 325,000＋492,750＋280,000＋220,000＋452,500 ＝ 1,770,250원이다.

33 [인적자원관리능력] 인력 배치하기

정답 ③

해설

A 어린이집에 다니는 영유아의 총 인원은 22＋30＋40＋20＋8＝120명이므로 원장이 보육교사를 겸임할 수 없다. 영유아별 보육교사의 수를 표로 나타내면 다음과 같다.

구분	기준	A 어린이집 영유아 수	A 어린이집 보육교사 수
만1세 미만	영아 3인당 1인	22명	8명
만1세 이상 만2세 미만	영아 5인당 1인	30명	6명
만3세 이상 만4세 미만	유아 15인당 1인	40명	3명
만4세 이상 미취학 유아	유아 20인당 1인	20명	1명
장애아	3인당 1인	8명	3명

영유아 인원이 100명 이상이므로 간호사와 영양사도 필요하며, 조리원은 2명이 필요하다. 따라서 A 어린이집에 필요한 보육교직원의 최소 인원수는 1(원장)＋21(보육교사)＋1(간호사)＋1(영양사)＋2(조리원)＝26명이다.

Part 1 직업기초능력평가

Chapter 05 조직이해능력

조직이해능력은 조직의 구성원으로서 알아야 할 조직의 경영, 체제, 업무 등의 구성요소를 이해하고 이를 구분하여 활용할 수 있는 능력을 말한다.

조직이해능력은 경영 구성요소를 활용하여 원활한 경영관리를 할 수 있는 경영이해능력, 조직의 구조와 특성 및 문화를 이해하는 체제이해능력, 조직의 각 부서가 실행하는 업무방식을 이해하는 업무이해능력, 기업의 국제적 동향을 반영한 글로벌 조직에 대한 국제감각 등으로 구분된다.

05 Chapter

START
NCS 모듈 학습

 개념정리 • 조직이해능력

1 조직의 의미

두 사람 이상이 공동의 목표를 달성하기 위해 의식적으로 구성된 상호작용과 조정을 하는 행동의 집합체이다. 조직은 목적을 가지고 있고, 구조가 있으며, 목적을 달성하기 위해 구성원들이 서로 협동적인 노력을 하고, 외부 환경과 긴밀한 관계를 가진다.

2 조직이해능력의 필요성

조직에서 자신에게 주어진 일을 성공적으로 수행하기 위해서는 조직의 목적, 구조, 환경 등을 알아야 조직을 제대로 이해할 수 있게 되며, 업무 성과도 높일 수 있다.

3 조직의 유형

공식성	공식조직	조직의 규모, 기능, 규정이 조직화된 조직 (정부, 기업, 군대)
	비공식조직	인간관계에 따라 형성된 자발적 조직 (동호회)
영리성	영리조직	이윤을 목적으로 하는 조직 (사기업)
	비영리조직	정부조직을 비롯한 공익을 추구하는 조직 (병원, 대학, 시민단체)
조직규모	소규모조직	작고 단순한 구조 (가족 소유의 상점)
	대규모조직	많은 조직원과 복잡 다양한 구조 (대기업, 다국적기업)

4 조직체제의 의미

조직은 하나의 체제(system)이다. 조직은 다양한 구성요소들이 서로 연결되어 있고, 이러한 여러 구성요소들이 특정한 방식으로 서로 결합된 부분들의 총체를 체제라고 한다.

⑤ 조직체제의 구성요소

조직 목표	▶	• 조직이 달성하려는 장래의 상태, 조직의 정당성과 합법성 제공
조직 구조	▶	• 조직 내에서 형성된 관계로 조직목표를 달성하기 위한 조직 구성원의 상호작용을 보여줌 • 조직도를 통해 구성원의 임무와 수행 과업 등을 알 수 있음
업무 프로세스	▶	• 조직에 유입된 인풋(INPUT) 요소의 흐름 관계를 나타냄 • 개발 프로세스, 오더처리 프로세스, 고객관리 프로세스 등
조직 문화	▶	• 조직 구성원들이 공유하게 되는 생활양식이나 가치 • 조직 구성원의 사고와 행동에 영향, 일체감과 정체성 부여
조직 규칙 및 규정	▶	• 조직의 목표나 전략에 따라 수립되며, 조직 구성원의 활동 범위를 제약하고 일관성을 부여 • 인사규정, 총무규정, 회계규정, 윤리규정, 안전규정 등

⑥ 조직변화의 개념과 과정

조직은 급변하는 환경의 변화를 읽고 적응해 나가야 한다. 조직이 새로운 아이디어나 행동을 받아들이는 것을 조직변화 혹은 조직혁신이라고 한다. 조직의 변화는 환경의 변화를 인지하는 데에서 시작된다. 환경의 변화가 인지되면 이에 적응하기 위한 조직변화 방향을 수립하고, 이에 따라 조직변화를 실행한 후 조직개혁의 진행사항과 성과를 평가한다.

환경변화 인지 ▶ 조직변화 방향 수립 ▶ 조직변화 실행 ▶ 변화 결과 평가

 하위능력1 ● 경영이해능력

 ① 경영이해능력이란?

자신이 속한 조직의 경영 목표와 경영 방법을 이해하는 능력이다.

② 경영의 구성요소

- 경영목적 : 조직의 목적을 달성하기 위한 방법이나 과정으로 경영자가 수립
- 인적자원 : 조직의 구성원, 인적자원의 배치와 활용
- 자금 : 경영활동에 요구되는 돈, 경영의 방향과 범위 한정
- 전략 : 변화하는 환경에 적응하기 위한 경영활동 체계화

③ 경영의 과정

- 경영자 : 조직의 변화방향을 설정하는 리더이며, 조직 구성원들이 조직의 목표에 부합된 활동을 할 수 있도록 이를 결합시키고 관리하는 관리자
- 경영 : 경영자가 경영목표를 설정하고, 경영에 필요한 인재와 자원을 확보·배분하여 경영활동을 실행하고, 이를 평가하는 일련의 과정

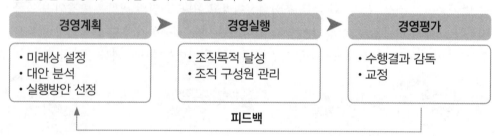

④ 경영활동의 유형

- 외부경영활동 : 조직 외부에서 조직의 효과성을 높이기 위해 이루어지는 대외적 이윤추구 활동(마케팅 활동)
- 내부경영활동 : 조직 내부에서 인적, 물적 자원 및 생산기술을 관리하는 것(인사관리, 재무관리, 생산관리)

⑤ 경영참가 제도

근로자나 노동조합이 경영 과정에 참여 하여 공동으로 문제를 해결하고, 노사 간 세력 균형과 경영의 민주성을 도모할 수 있다.

• 경영에 참가 : 경영자의 권한인 의사결정과정에 근로자 또는 노동조합이 참여하는 것(공동의사결정제도, 노사협의회제도)
• 이윤에 참가 : 조직의 경영성과에 대하여 근로자에게 배분하는 것(이윤분배제도)
• 자본에 참가 : 근로자가 조직 재산의 소유에 참여하는 것(종업원지주제도, 노동주제도)

⑥ 조직의 의사결정 과정

확인단계	의사결정이 필요한 문제를 인식하고, 이를 구체화하기 위한 정보를 진단하는 단계
개발단계	확인된 문제에 대하여 해결 방안을 모색하는 단계
선택단계	해결 방안 중에서 실행 가능한 해결안을 선택하고 이를 승인하는 단계

⑦ 집단의사결정

(1) 장점

• 집단이 가지고 있는 지식과 정보로 효과적인 결정을 할 수 있음
• 각자 다른 시각으로 문제를 바라봄에 따라 다양한 견해를 가지고 접근할 수 있음
• 결정된 사항에 대하여 의사결정에 참여한 사람들이 해결책을 수월하게 수용할 수 있음
• 의사소통의 기회가 향상됨

(2) 단점

• 의견이 불일치하는 경우 의사결정을 내리는 데 시간이 많이 소요됨
• 특정 구성원에 의해 의사결정이 독점될 가능성이 있음

⑧ 경영전략의 추진 과정

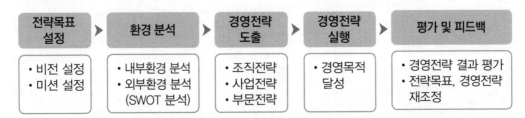

전략목표 설정	환경 분석	경영전략 도출	경영전략 실행	평가 및 피드백
• 비전 설정 • 미션 설정	• 내부환경 분석 • 외부환경 분석 (SWOT 분석)	• 조직전략 • 사업전략 • 부문전략	• 경영목적 달성	• 경영전략 결과 평가 • 전략목표, 경영전략 재조정

9 경영전략의 유형 – 마이클 포터의 본원적 경쟁전략

해당 사업에서 경쟁우위를 확보하기 위한 전략

원가우위 전략	• 원가절감을 통해 해당 산업에서 우위를 점하는 전략 • 대량생산을 통해 단위 원가를 낮추거나 새로운 생산기술 개발이 필요
차별화 전략	• 조직이 생산품이나 서비스를 차별화하여 고객에게 가치가 있고 독특하게 인식되도록 하는 전략 • 연구개발이나 광고를 통하여 기술, 품질, 서비스 등을 개선할 필요가 있음
집중화 전략	• 경쟁 조직들이 소홀히 하고 있는 한정된 시장을 원가우위나 차별화 전략을 써서 집중적으로 공략하는 방법 • 특정 시장이나 고객에게 한정된 전략으로, 원가우위나 차별화 전략이 산업 전체를 대상으로 하는 것에 비해 집중화 전략은 특정 산업을 대상으로 함

10 경영전략의 유형 – SWOT 분석

기업의 내부환경과 외부환경을 분석하여 강점(Strength), 약점(Weakness), 기회(Opportunity), 위협(Threat) 요인을 규정하고 이를 토대로 경영 전략을 수립하는 기법이다. SWOT 분석의 가장 큰 장점은 기업의 내·외부 환경 변화를 동시에 파악할 수 있다는 것이다. 기업의 내부환경을 분석하여 강점과 약점을 찾아내며, 외부환경 분석을 통해서는 기회와 위협을 찾아낸다.

내부환경 외부환경	강점(Strength)	약점(Weakness)
기회(Opportunity)	SO 전략	WO 전략
위협(Threat)	ST 전략	WT 전략

- SO 전략 : 기회의 이점을 얻기 위해 강점을 활용하는 전략
- WO 전략 : 약점을 극복하면서 기회의 이점을 살리는 전략
- ST 전략 : 위협을 피하기 위해 강점을 활용하는 전략
- WT 전략 : 약점을 최소화하고 위협을 피하는 전략

1 ● 경영이해능력 >> 바로확인문제

01 다음 중 경영의 구성요소에 포함되지 않는 것은?

① 전략　　　　　　　② 경영목적　　　　　　　③ 자금

④ 인적자원　　　　　⑤ 환경

 경영이해능력 / 경영의 구성요소 파악하기

경영의 구성요소는 경영목적, 전략, 자금, 인적자원이다.

정답 ⑤

02 다음 경영 과정을 4단계로 체계화한 표에 들어간 활동으로 적절하지 않은 것은?

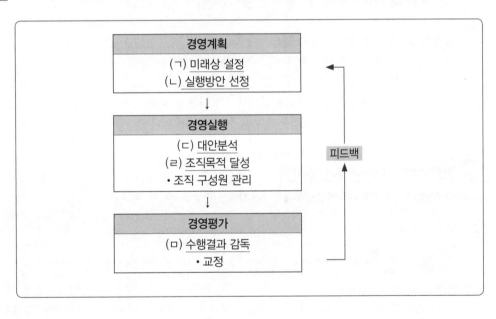

① (ㄱ)　　　　　　　② (ㄴ)　　　　　　　③ (ㄷ)

④ (ㄹ)　　　　　　　⑤ (ㅁ)

 경영이해능력 / 경영 과정별 활동 구분하기

'(ㄷ) 대안분석은 '경영계획' 단계에서 수행하는 활동이다.

정답 ③

03 다음 중 집단의사결정의 장점으로 적절하지 않은 것은?

① 다양한 구성원이 있기 때문에 다양한 시각으로 문제를 볼 수 있다.
② 집단이 가진 지식과 정보로 인해 더 효과적인 결정을 할 수 있다.
③ 특정 구성원들의 의견이 잘 반영된 의사 결정이 이루어질 수 있다.
④ 각자의 경험과 특기가 다르므로 전문화된 정보를 수집하고 분석할 수 있다.
⑤ 조직 구성원 모두의 참여로 결정된 사항은 실천 시에도 높은 동기부여를 준다.

 경영이해능력 / 집단의사결정 이해하기

특정 구성원들의 의견이 잘 반영된 의사 결정이 이루어지는 것은 집단의사결정의 단점이다.

정답 ③

04 기획팀에 근무하는 A 씨는 브레인스토밍을 통해 회의를 진행하려 한다. 브레인스토밍으로 회의를 할 때 지켜야 할 규칙으로 옳지 않은 것은?

① 아이디어의 질보다는 양이 더 중요하다.
② 다른 사람의 아이디어에 대해 자유롭게 비판을 제기할 수 있다.
③ 다양한 아이디어를 자유롭게 제시한다.
④ 기존의 아이디어를 결합해 새로운 아이디어가 나올 수 있다.
⑤ 참여자에게 유도하거나 위협하는 질문을 하지 말아야 한다.

 경영이해능력 / 브레인스토밍 이해하기

브레인스토밍에서는 어떠한 내용의 발언이라도 그에 대해 비판을 해서는 안 된다.

정답 ②

 HELPFUL TIPS⁺

✓ 브레인스토밍(brainstorming)
어떤 문제의 해결책을 찾기 위해 여러 사람이 생각나는 대로 자유롭게 토론하며 아이디어를 끌어내는 방법이다.
✓ 브레인스토밍의 규칙
  • 아이디어 비판금지
  • 자유로운 발표
  • 다량의 아이디어 창출
  • 아이디어의 확장

05 다음 경영전략 추진 과정을 5단계로 구분한 표를 올바르게 이해하지 못한 사람은?

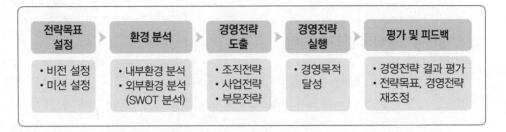

전략목표 설정	환경 분석	경영전략 도출	경영전략 실행	평가 및 피드백
• 비전 설정 • 미션 설정	• 내부환경 분석 • 외부환경 분석 (SWOT 분석)	• 조직전략 • 사업전략 • 부문전략	• 경영목적 달성	• 경영전략 결과 평가 • 전략목표, 경영전략 재조정

① 김 부장 : 경영전략은 급변하는 환경에 조직을 적응시키기 위해 경영활동을 체계화하는 것으로 경영목표 달성을 위한 수단이에요.

② 이 팀장 : 환경 분석 시 SWOT 분석 기법을 활용해서 외부 환경의 기회를 극대화할 뿐만 아니라 기업의 강점을 살릴 수 있어요.

③ 박 과장 : 위계적 수준에 따라 조직전략, 사업전략, 부문전략을 순차적으로 결정한 후 이에 따른 경영전략을 세워야 해요.

④ 최 대리 : 경영전략을 평가하는 단계에서는 평가를 토대로 전략목표나 경영전략을 재조정하는 기회를 가질 수 있어요.

⑤ 정 사원 : 경영목표를 달성하기 위한 전략을 세운 후 외부 환경 및 조직 내부 분석을 통해 전략의 목표를 설정해야 해요.

 경영이해능력 / 경영전략 추진 과정별 활동 이해하기

전략의 목표를 설정한 후 외부 환경 및 조직 내부 분석을 통해 경영목표를 달성하기 위한 전략을 도출해야 한다.

정답 ⑤

06 다음 중 마이클 포터가 규정한 5 Forces Model에 해당하지 않는 것은?

① 신규 진입 위협 ② 대체품의 위협 ③ 수요자의 구매력
④ 공급자의 교섭력 ⑤ 산업 내 경쟁관계

경영이해능력 / 마이클 포터에 따른 경쟁 유발 5요인 파악하기

마이클 포터(Michael E. Porter)는 산업 구조를 결정 짓는 다섯 가지 경쟁 요인으로 '신규 진입 위협', '대체품의 위협', '구매자의 교섭력', '공급자의 교섭력', '산업 내 경쟁관계'를 주장했다.

정답 ③

 하위능력 2 ● 체제이해능력

 ① 체제이해능력과 조직의 의미

조직은 공동의 목표를 달성하기 위해 모인 사람들의 집합체로 정의할 수 있다. 체제이해능력은 이러한 조직의 구조와 목적, 체제 구성요소, 규칙, 규정 등을 이해하는 능력을 의미한다.

② 조직목표

조직목표는 조직이 달성하려는 미래의 상태로 현재의 조직행동의 방향을 결정해 준다. 조직목표는 다수일 수 있으며, 위계적 상호관계가 있다.

(1) 조직목표의 기능과 특징

기능	특징
• 조직이 존재하는 정당성, 합법성 제공 • 조직이 나아갈 방향 제시 • 조직 구성원 의사결정의 기준 • 조직 구성원 행동수행의 동기유발 • 수행평가 기준 • 조직설계의 기준	• 공식적 목표와 실제적 목표가 다를 수 있음 • 다수의 조직목표 추구 가능 • 조직목표 간 위계적 관계가 있음 • 가변적 속성(다양한 원인들에 의해 변동 가능) • 조직의 구성요소(조직의 구조, 전략, 문화 등)와 상호관계를 가짐

(2) 조직목표의 분류

조직설계 학자인 리처드(Richard L. Daft)는 조직이 일차적으로 수행해야 할 과업인 운영목표에는 조직 전체의 성과, 자원, 시장, 인력개발, 혁신과 변화, 생산성에 관한 목표가 포함된다고 하였다.

 ③ 조직구조

일 경험을 할 때, 자신에게 주어진 업무를 혼자서만 수행할 수 없으며, 조직의 구성원들과 상호작용할 필요가 있다. 조직구조는 조직 내의 부문 사이에 형성된 관계로, 조직목표를 달성하기 위한 조직 구성원들의 유형화된 상호작용을 나타낸다.

(1) 조직구조의 구분

● 기계적 조직 : 구성원들의 업무가 분명하게 정의되고 많은 규칙과 규제들이 있으며, 상하 간 의사소통이 공식적인 경로를 통해 이루어지고 엄격한 위계질서가 존재
  예 군대, 정부, 공공기관 등
● 유기적 조직 : 의사결정 권한이 조직의 하부구성원들에게 많이 위임되어 있으며 업무 또

한 고정되어 있지 않고 공유 가능함. 비공식적인 상호의사소통이 원활히 이루어지며, 규제나 통제의 정도가 낮아 변화에 따라 쉽게 변할 수 있음

　예 권한위임을 통해 독자적으로 활동하는 사내 벤처팀, 특정 과제를 수행하는 프로젝트팀

(2) 조직구조의 결정요인

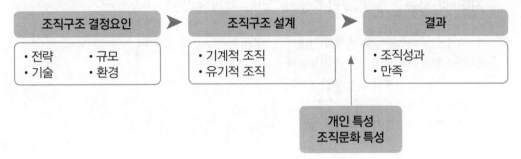

(3) 조직구조의 형태

● 기능별 조직구조 : CEO가 조직의 최상층에 있고, 조직 구성원들이 그 아래에 단계적으로 배열된 구조. 업무의 내용이 유사하고 관련성이 있는 것들을 결합해서 조직화된다.

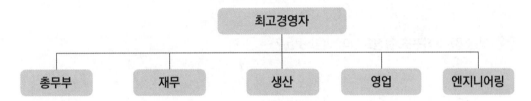

● 사업별 조직구조 : 개별제품, 주요 프로젝트 등에 따라 조직화되고, 각 구조 아래에 생산, 판매, 회계 등의 역할이 이루어진다.

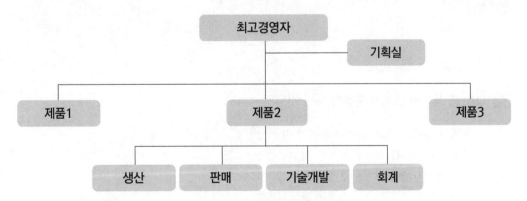

 **2 ● 체제이해능력 》 바로확인문제**

01 조직목표는 조직이 달성하고자 하는 미래의 상태로, 현재 조직행동의 방향을 결정해주는 지표이다. 다음 중 조직목표의 특징으로 올바르지 않은 것은?

① 조직 구성요소와 상호 관계를 가진다.
② 여러 원인들에 의해 변동이 가능하다.
③ 조직목표 간 위계적 질서가 존재한다.
④ 동시에 여러 조직목표를 추구할 수 있다.
⑤ 실제적 목표는 공식적 목표와 항상 같다.

체제이해능력 / 조직목표의 특징 이해하기

조직의 공식적 목표와 실제적 목표는 다를 수 있다.

정답 ⑤

02 다음 중 조직구조 결정요인이 아닌 것은?

① 전략   ② 규모   ③ 환경
④ 목표   ⑤ 기술

체제이해능력 / 조직구조 결정요인 파악하기

조직구조의 결정요인은 규모, 전략, 기술, 환경 등이 있으며 요인에 따라 기계적 조직이나 유기적 조직으로 설계된다.

정답 ④

03 다음 중 유기적 조직의 특성이 아닌 것은?

① 규칙과 규제가 적고, 권한이 분권적이다.
② 광범위한 직무를 바탕으로 높은 팀워크를 보인다.
③ 통솔 범위가 좁고, 조직 내 계층 수가 많다.
④ 비공식적인 상호 간 의사소통이 활성화된다.
⑤ 급변하는 환경에 적합한 조직 구조이다.

체제이해능력 / 조직구조별 특징 구분하기

통솔 범위가 좁고 조직 내 계층 수가 많은 것은 기계적 조직의 특성이다.
통솔의 범위는 계층제의 원리와 상반 관계에 있다. 즉 통솔의 범위를 좁히면 계층 수가 늘어나고, 통솔의 범위를 늘리면 계층 수가 적어진다.

조직구조의 구분

구분	기계적 조직	유기적 조직
권한 · 통제	집권적 · 엄격한 위계질서	분권적 · 하부 구성원에게 위임
명령 계통	상하 간 공식적인 경로	상호 간 비공식적 의사소통
통솔 범위	좁음	넓음
업무 자율성	엄격하게 규정된 직무	고정되지 않은 업무, 공유 가능
팀워크	낮음	높음

정답 ③

04 다음 중 집단의 유형과 집단 간 관계를 설명한 것으로 적절하지 않은 것은?

① 조직 내 집단은 공식적인 집단과 비공식적인 집단으로 구분하며, 공식적인 집단은 조직의 공식적인 목표를 추구하기 위해 조직에서 의도적으로 만든 집단이다.

② 집단 간 발생하는 경쟁은 공통된 목적을 추구하는 조직 내에서 자원의 낭비, 업무 방해, 비능률 등의 문제를 초래하므로 경쟁을 방지해야 한다.

③ 공식적인 집단의 목표나 임무는 비교적 명확하게 규정되어 있으며, 여기에 참여하는 구성원들도 인위적으로 결정되는 경우가 많다.

④ 비공식적인 집단은 조직 구성원들의 요구에 따라 자발적으로 형성된 집단이며, 공식적인 업무 수행 이외에 다양한 요구들에 의해 이루어진다.

⑤ 집단 간 경쟁이 일어나는 원인은 조직 내의 한정된 자원을 더 많이 가지려고 하거나 서로 상반되는 목표를 추구하기 때문이다.

 체제이해능력 / 집단의 유형과 집단 간 관계 이해하기

집단 간 경쟁이 일어나면 집단 내부에서는 응집성이 강화되고 집단의 활동이 더욱 조직화되기도 하지만, 경쟁이 과열되면 공통된 목적을 추구하는 조직 내에서 자원의 낭비, 업무 방해, 비능률 등의 문제를 초래하게 된다. 따라서 일 경험 과정에서 집단에 참여하여 소속감을 느끼고 다양한 요구들을 충족하는 것은 바람직하지만, 집단 간 경쟁이 심화되어 조직 전체의 효율성을 저해하는 일이 없도록 관련 집단과 원활한 상호작용을 위해 노력해야 한다.

정답 ②

 하위능력 3 • 업무이해능력

 업무이해능력이란?

주어진 업무의 성격과 내용을 알고 그에 필요한 지식, 기술, 행동을 확인하는 능력이다.

2 업무의 의미

업무는 상품이나 서비스를 창출하기 위한 생산적인 활동이다. 일 경험에서 업무 수행은 조직의 목적을 달성하고, 조직의 구조를 결정하는 과정이다.

3 업무의 종류

부서	내용
총무부	주주총회 및 이사회개최 관련 업무, 의전 및 비서업무, 집기비품 및 소모품의 구입과 관리, 사무실 임차 및 관리, 차량 및 통신시설의 운영, 국내외 출장 업무 협조, 복리후생 업무, 법률자문과 소송관리, 사내외 홍보 광고업무 등
인사부	조직기구의 개편 및 조정, 업무분장 및 조정, 인력수급계획 및 관리, 직무 및 정원의 조정 종합, 노사관리, 평가관리, 상벌관리, 인사발령, 교육체계 수립 및 관리, 임금제도, 복리후생제도 및 지원업무, 복무관리, 퇴직관리 등
기획부	경영계획 및 전략 수립, 전사기획업무 종합 및 조정, 중장기 사업계획의 종합 및 조정, 경영정보 조사 및 기획보고, 경영진단업무, 종합예산수립 및 실적관리, 단기사업계획 종합 및 조정, 사업계획, 손익추정, 실적관리 및 분석 등
회계부	회계제도의 유지 및 관리, 재무상태 및 경영실적 보고, 결산 관련 업무, 재무제표 분석 및 보고, 법인세, 부가가치세, 국세·지방세 업무자문 및 지원, 보험가입 및 보상업무, 고정자산 관련 업무 등
영업부	판매 계획, 판매예산의 편성, 시장조사, 광고 선전, 견적 및 계약, 제조지시서의 발행, 외상매출금의 청구 및 회수, 제품의 재고 조절, 거래처로부터의 불만처리, 제품의 애프터서비스, 판매원가 및 판매가격의 조사 검토 등

4 업무의 특성

- 공통된 조직의 목적을 지향함
- 요구되는 지식, 기술, 도구가 다양함
- 업무는 독립적으로 이루어지는 한편, 업무 간에 관계성도 고려해야 함
- 업무수행에 있어 임의로 선택할 수 있는 자율성과 재량권이 적음

⑤ 업무수행 계획 수립의 절차

업무지침 확인	▶	활용자원 확인	▶	업무수행 시트 작성
• 조직의 업무지침 • 나의 업무지침		• 시간 • 예산 • 기술 • 인간관계		• 간트 차트 • 워크 플로 시트 • 체크리스트

- 간트 차트(Gantt chart) : 단계별로 업무를 시작해서 끝나는 데 걸리는 시간을 바 형식으로 표시. 전체 일정을 한눈에 볼 수 있으며, 단계별로 소요되는 시간과 각 업무활동 사이의 관계를 볼 수 있음

업무	6월	7월	8월	9월
설계				
자료수집	▓▓▓	▓		
기본설계		▓▓		
타당성 조사 및 실시설계			▓	
시공				
시공			▓▓	▓
결과보고			▓	▓▓

- 워크 플로 시트(Work flow sheet) : 일의 흐름을 동적으로 보여줌. 도형을 다르게 표현함으로써 주된 작업과 부차적인 작업 등을 구분해서 표현할 수 있음

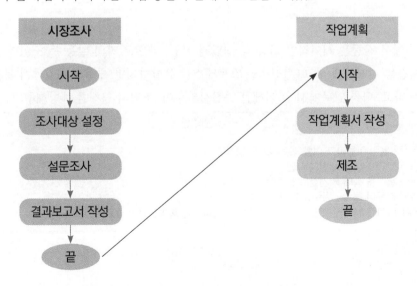

조직이해능력

- 체크리스트(Checklist) : 업무의 각 단계를 효과적으로 수행했는지 자가 점검해볼 수 있는 도구. 시간의 흐름을 표현하는 데는 한계가 있지만, 업무별 수행 수준을 달성했는지 확인하는 데 효과적임

업무		체크	
		YES	NO
고객관리	고객 대장을 정비하였는가?		
	3개월에 한 번씩 고객 구매 데이터를 분석하였는가?		
	고객의 청구 내용 문의에 정확하게 응대하였는가?		
	고객 데이터를 분석하여 판매 촉진 기획에 활용하였는가?		

⑥ 업무 방해요인 및 해결방법

업무를 효과적으로 수행하기 위해서는 이러한 방해요인에는 어떤 것이 있는지 알아야 한다. 특히, 방해요인들을 잘 활용하면 오히려 도움이 되는 경우도 있으므로 이를 효과적으로 통제하고 관리할 필요가 있다.

- 방문, 인터넷, 전화, 메신저 등

  다른 사람들의 방문, 인터넷, 전화, 메신저 등의 방해요인을 통제하기 위해서는 밀려드는 메일에 즉각적으로 응대하기보다는 일정 시간을 정해 처리하는 것처럼 시간을 정해 놓는 것과 같은 방법 등으로 자신만의 원칙을 설정하는 것이다.

- 갈등 관리

  조직 내에서 갈등은 개인적인 갈등 외 집단적 갈등, 타 조직과의 갈등 등이 있다. 갈등은 업무시간을 지체하게 하고, 정신적인 스트레스를 유발하지만 새로운 시각에서 문제를 바라보게 하고, 다른 업무에 대한 이해를 증진시켜주며, 조직의 침체를 예방해주기도 한다.

갈등 관리 방법
• 갈등상황을 받아들이고 이를 객관적으로 평가
• 갈등 유발의 원인과 해결책 고민
• 대화와 협상을 통해 의견일치에 초점
• 양측에 도움이 될 수 있는 해결방법 모색
• 경우에 따라 직접적인 해결보다 갈등상황에서 벗어나는 회피전략이 효과적일 수 있음

● 스트레스

업무 스트레스는 새로운 기술, 과중한 업무, 인간관계, 경력개발 등에 대한 부담으로 발생한다. 과중한 업무 스트레스는 개인뿐만 아니라 조직에도 부정적인 결과를 초래하지만 적정 수준의 스트레스는 사람들을 자극하여 개인의 능력을 개선하고 최적의 성과를 내게 한다. 스트레스를 관리하는 방법은 다음과 같다.

개인적 차원	조직적 차원
• 시간 관리를 통해 업무과중 극복 • 긍정적인 사고방식 갖기 • 신체적 운동 • 전문가의 도움	• 직무를 재설계하거나 역할을 재설정 • 심리적으로 안정을 찾을 수 있도록 학습동아리 활동과 같은 사회적 관계 형성 장려

 3 • 업무이해능력 》 바로확인문제

01 다음 중 업무에 대한 설명으로 옳지 않은 것은?

① 업무는 조직의 목적 아래 통합된다.
② 업무에 따라 다른 업무와의 독립성의 정도가 다르다.
③ 업무는 상품이나 서비스를 창출하기 위한 생산적인 활동이다.
④ 일 경험에서 자신의 업무를 자유롭게 선택할 수 있다.
⑤ 조직 구성원은 업무를 수행하여 조직의 목적을 달성한다.

 업무이해능력 / 업무의 개념과 특성 이해하기

업무는 조직의 목적 아래 통합되며, 조직의 구성원들은 자신의 업무를 자유롭게 선택하기보다 주어지게 된다.
업무는 요구되는 지식, 기술, 도구가 다양하고 독립성, 자율성, 재량권의 정도도 각기 다르다.

정답 ④

02 다음과 같은 업무를 수행하는 부서는 무엇인가?

> 주주총회 및 이사회개최 관련 업무, 의전 및 비서 업무, 집기비품 및 소모품의 구입과 관리,
> 사무실 임차 및 관리, 차량 및 통신시설의 운영, 국내외 출장 업무 협조, 복리후생 업무, 법률
> 자문과 소송관리, 사내외 홍보 광고 업무

① 인사부　　　　　　② 총무부　　　　　　③ 회계부
④ 영업부　　　　　　⑤ 관리부

 업무이해능력 / 업무의 종류와 부서 이해하기

제시된 업무를 수행하는 부서는 총무부이다.

정답 ②

03 다음 중 업무 수행 계획 수립과 관련된 설명으로 옳지 않은 것은?

① 조직에는 다양한 업무가 있으며, 이를 수행하는 절차나 과정이 다르다.
② 개인 업무지침은 제한 없이 자유롭게 작성한다.
③ 업무 수행 시 활용 가능한 자원으로는 시간, 예산, 기술, 인적자원 등이 있다.
④ 업무 수행 시트는 업무를 단계별로 구분하여 작성한다.
⑤ 업무 수행 계획을 짜기 전, 먼저 조직과 나의 업무지침을 확인한다.

업무이해능력 / 업무 수행 계획 이해하기

조직에는 다양한 업무가 있지만, 이러한 업무는 조직의 공동 목표를 달성하기 위한 것으로 조직이 정한 규칙과 규정, 시간 등의 제약을 따라야 한다.

정답 ②

04 다음 중 업무 방해요인의 특징과 극복 방법에 대한 설명으로 옳지 않은 것은?

① 인터넷, 전화, 메신저 등의 사용 시간을 정해 놓는 등 자신만의 기준을 세운다.
② 조직 내 갈등은 개인 간 갈등, 집단 간 갈등, 조직 간 갈등 등이 있다.
③ 갈등을 해결하는 데 가장 중요한 것은 대화와 협상이다.
④ 업무 스트레스는 없을수록 좋으므로 잘 관리해야 한다.
⑤ 방해요인을 잘 활용하면 도움이 되는 경우도 있으므로 효과적으로 관리할 필요가 있다.

 업무이해능력 / 업무 방해요인과 극복 방법 파악하기

과중한 업무 스트레스는 개인과 조직에 부정적인 결과를 가져와 과로나 정신적 불안감을 조성하지만, 적정 수준의 스트레스는 사람들을 자극하여 개인의 능력을 개선하고 성과를 내게 하므로 스트레스가 반드시 해로운 것은 아니다.

정답 ④

05 다음 중 갈등의 순기능으로 옳은 것은?

① 조직 구성원의 사기를 저하시킬 수 있다.
② 조직의 위계질서를 문란하게 할 우려가 있다.
③ 조직 구성원 간 긴장과 불안을 조장할 수 있다.
④ 조직 내 창의성과 쇄신을 봉쇄할 우려가 있다.
⑤ 합리적으로 해결되면 조직 재통합의 계기가 된다.

업무이해능력 / 갈등의 순기능과 역기능 구분하기

갈등의 순기능	갈등의 역기능
• 창의성, 진취성, 적응성, 융통성 등 향상 • 합리적으로 갈등 해결 시 조직 재통합의 계기 • 침체된 조직을 벗어나 생동할 수 있는 계기 • 조직 내 갈등을 관리 · 방지할 수 있는 방법을 학습할 수 있는 기회	• 조직 구성원의 사기를 저하 • 조직의 위계질서를 문란하게 할 우려 • 조직 구성원 간 긴장과 불안을 조장 • 조직 내 창의성과 쇄신을 봉쇄할 우려

정답 ⑤

 하위능력 4 • 국제감각

 국제감각이란?

직장 생활을 하는 동안 다른 나라의 문화를 이해하고 국제적인 동향을 이해하는 능력이다. 3Bs(국경:Border, 경계:Boundary, 장벽:Barrier)의 완화로 국제간 물적, 인적자원의 이동이 자유롭게 되었으며 통신 산업의 발달로 네트워크가 형성되게 되었다. 이처럼 세계는 하나의 지구촌이라는 말로 표현될 만큼 밀접하게 서로 영향을 주고받으며 살아가고 있다.

② 글로벌화와 국제감각의 필요성

● 글로벌화 : 글로벌화란 경제, 산업, 문화, 정치 등의 활동범위가 세계로 확대되는 것이다.
● 국제감각의 필요성 : 글로벌화가 이루어지면 조직은 해외에 직접 투자할 수 있으며, 원자재보다 더 싼 가격에 수입할 수 있고, 수송비가 절감되며, 무역장벽이 낮아져 시장이 확대되는 경제적 이익을 얻을 수 있다. 반면에 그만큼 경쟁이 세계적인 수준에서 치열해지기 때문에 국제적인 감각을 가지고 세계화 대응 전략을 마련해야 한다.

③ 국제동향 파악 방법

● 신문, 잡지, 인터넷 등 각종 매체를 활용하여 국제적인 동향을 파악한다.
● 조직의 업무와 관련된 국제적 법규나 규정을 숙지한다.
● 특정 국가의 관련 업무와 동향을 점검하고, 국제적인 변화에 능동적으로 대처한다.

④ 문화충격의 의미 및 대비 방법

문화충격은 한 문화권에 속한 사람이 다른 문화를 접하게 되었을 때 체험하는 충격을 의미한다. 이러한 문화충격의 대비 방법은 다음과 같다.
● 다른 문화에 대해 개방적인 태도
● 자신이 속한 문화의 기준으로 다른 문화를 평가하지 않을 것
● 자신의 정체성을 유지하되, 새롭고 다른 것을 경험하는 데 즐거움을 느끼도록 적극적인 자세를 취할 것

⑤ 이문화 커뮤니케이션의 의미 및 방식

서로 상이한 문화 간 커뮤니케이션을 이문화 커뮤니케이션이라고 한다. 이문화 커뮤니케이션은 언어적과 비언어적으로 구분된다. 국제 사회에서 업무 성과를 내기 위해서는 상대국의 생활양식, 행동규범, 가치관 등을 사전에 이해하기 위한 노력이 필요하다.

- 언어적 커뮤니케이션 : 의사를 전달할 때 직접적으로 이용되는 것으로 외국어 사용능력과 직결된다.
- 비언어적 커뮤니케이션 : 대화가 아닌 행동이나 느낌에 따른 것으로 이는 타문화의 가치관, 생활양식, 행동규범의 이해에 기반하고 있다.

⑥ 기본적인 국제 매너와 명함 예절

인사 예절	영미권의 악수 예절	• 일어서서 상대의 눈이나 얼굴을 보며 악수한다. • 오른손으로 상대의 오른손을 잠시 힘주어 잡았다가 놓는다.
	미국의 대화	• 이름, 호칭을 어떻게 할지 먼저 물어본다. • 인사하거나 이야기할 때 너무 다가가서 말하지 않는다.
	러시아, 라틴아메리카	친밀함을 표현하기 위해 주로 포옹으로 인사한다.
	아프리카의 대화	• 상대와 시선을 맞추며 대화하는 것을 실례로 여긴다. • 눈을 직접 보지 않고 코끝 정도를 보며 대화한다.
시간 예절	• 미국은 시간엄수를 매우 중요하게 여긴다. • 라틴아메리카, 동부 유럽, 아랍권 국가에서는 시간 약속을 형식적으로 여겨 상대방이 기다릴 것으로 생각하므로, 상대가 늦더라도 인내를 가지고 기다리도록 한다.	
식사 예절	• 서양요리에서 수프는 소리 내서 먹지 않도록 주의하며 몸 쪽에서 바깥쪽으로 향하도록 숟가락을 사용한다. 또한, 뜨거운 수프는 입으로 불지 않고 숟가락으로 저어서 식히도록 한다. • 몸 바깥쪽에 있는 포크와 나이프부터 사용하고, 빵은 손으로 떼어 먹는다. • 생선요리는 뒤집어 먹지 말고, 스테이크는 다 자르지 않고 잘라가며 먹는다.	
명함 교환 예절	• 업무상 명함을 교환할 때는 이름, 직장 주소, 소속 팀, 직책, 전화번호, 이메일주소 등이 기재되어 있어야 한다. • 명함은 악수한 후 교환하며 상대에게는 오른손으로 주고, 받을 때는 두 손으로 받는다. 받은 명함은 테이블 위에 보이게 두거나 명함지갑에 넣는다.	

조직이해능력

4 • 국제감각 ≫ 바로확인문제

01 다음 중 다른 나라의 문화를 이해하는 것과 관련된 설명으로 잘못된 것은?

① 한 문화권에 속하는 사람이 다른 문화를 접하게 될 때 체험하게 되는 불일치, 위화감, 심리적 부적응 상태를 문화충격이라고 한다.

② 문화충격에 대비해서 가장 중요한 것은 자신이 속한 문화를 기준으로 다른 문화를 객관적으로 평가하는 일이다.

③ 외국문화를 이해하는 것은 많은 시간과 노력이 요구된다.

④ 일 경험 과정에서 외국인과 함께 일을 할 때 커뮤니케이션이 중요하며 이처럼 상이한 문화 간 커뮤니케이션을 이문화 커뮤니케이션이라고 한다.

⑤ 이문화 커뮤니케이션은 언어적 커뮤니케이션과 비언어적 커뮤니케이션으로 구분된다.

💡 **국제감각 / 다른 나라의 문화 이해하기**

문화충격에 대비해서 가장 중요한 것은 자신이 속한 문화를 기준으로 다른 문화를 평가하지 말고 자신의 정체성은 유지하되 다른 문화를 경험하는데 개방적이고 적극적 자세를 취하는 것이다.

정답 ②

02 다음 중 외국인 고객을 대할 때의 예절로 가장 적절하지 않은 것은?

① 아프리카에서는 상대방과 시선을 마주보며 대화하는 것이 실례이므로 코 끝 정도를 보며 대화해야 한다.

② 영미권에서는 이름이나 호칭을 어떻게 부를지 물어보는 것이 예의이므로 물어보지 않고 자신의 마음대로 부르지 않는다.

③ 동부 유럽과 아랍에서는 시간 약속을 형식적인 것으로 생각하는 문화가 있으므로 인내심을 가지고 기다리는 것이 중요하다.

④ 러시아와 라틴아메리카에서는 인사할 때 포옹을 하는 것이 자연스러운 문화이다.

⑤ 영미권에서는 손님이 명함을 먼저 꺼내는 것이 실례이며, 상대방이 먼저 꺼내 오른손으로 손님에게 주고, 받는 사람도 오른손으로 받는 것이 예의이다.

💡 **국제감각 / 외국인 고객에 대한 예의 알기**

영미권에서 업무용 명함은 악수를 한 이후 교환하며, 아랫사람이나 손님이 먼저 꺼내 오른손으로 상대방에게 주고, 받는 사람은 두 손으로 받는 것의 예의이다. 따라서 ⑤는 적절하지 않은 내용이다.

정답 ⑤

03 ○○기업에서는 글로벌 경쟁력을 갖추기 위해 직원들을 대상으로 국제 비즈니스에 맞는 매너 교육을 진행하기로 하였다. 교육 내용에 포함되는 다음의 사례 중 수정해야 할 부분이 있는 것을 모두 고르면?

> (A) 미국 바이어를 처음 만난 자리에서 반가움을 표현하기 위해 눈을 바라보며 악수하였고, 악수하는 손에 잠시 힘을 주었다가 놓았다.
> (B) 회사 대표로 체코에 출장을 가게 되어 담당자와 오후 2시에 만나기로 하였으나, 한 시간이 지나도록 아무도 나타나지 않았다. 계약 건에 부정적인 의견을 가지고 있다고 생각하여 일단 숙소로 돌아와 다시 연락을 취하기로 했다.
> (C) 러시아인 담당자의 승진 소식을 듣고 장미꽃 6송이로 꽃다발을 만들어 전달하였다.
> (D) 미국 출장에서 만난 협력 업체와 인사를 나눈 후 명함을 받고 담당자를 잘 기억하기 위해 명함을 탁자 위에 보이게 놓은 채로 대화를 진행하였다.
> (E) 영국 업체와의 회의에서 추가로 체결한 계약 건이 성공적이어서 엄지를 치켜들고 만족의 의미를 나타냈다.

① (A), (B) ② (A), (C) ③ (B), (C)
④ (C), (E) ⑤ (D), (E)

 국제감각 / 국제 매너 파악하기

(B) 동부 유럽에서는 시간 약속을 형식적인 것으로 생각하는 경향이 있다. 따라서 상대가 약속 시간에 도착하지 않았더라도, 만날 상대가 기다리고 있을 것으로 생각할 수 있기 때문에 돌아가지 말고 약속 장소에서 연락을 취하거나 더 기다려보는 것이 좋다.
(C) 러시아에서 꽃을 선물할 때는 꽃송이 수를 홀수로 해야 하며, 짝수의 경우는 장례식에 보낼 때에 해당한다.

오답풀이

(A) 영미권에서 악수를 할 때는 상대방의 얼굴이나 눈을 보며 상대의 오른손을 잠시 힘주어 잡았다가 놓는다.
(D) 명함을 받은 후에는 한 번 보고 탁자에 보이도록 두거나 명함 지갑에 넣어야 하며 계속 만지거나 구기지 않도록 한다.
(E) 일반적으로 엄지를 치켜드는 것은 최고의 의미를 나타낸다. 다만, 호주나 그리스에서는 모욕적인 의미로 사용하므로 금한다.

정답 ③

 북스케치 www.booksk.co.kr

05 Chapter FOCUS 하위능력 공략

 하위능력 1 ● 경영이해능력

출제 포인트

마케팅 및 경영전략에 속하는 SWOT 분석 문제가 대표적으로 출제된다. 해당 상황을 제시한 후 바르게 SWOT 분석한 것을 고르는 문제, 적절한 전략을 수립한 것을 고르는 문제 등이 출제되고 있다. 출제기관에 따라 SWOT 분석의 개념을 먼저 제시한 후 사례를 주는 경우도 있고, 개념 설명 없이 바로 사례를 적용한 것을 묻는 경우도 있다. 따라서 문제를 통해 각 전략에 맞는 사례를 이해하며 기본 지식을 습득해두는 것이 좋다.

대표 유형 문제

01 ○○식품업체에서 근무하는 B 사원은 현재 회사의 상황이 어떤지 분석하기 위해 SWOT 분석을 활용하였다. 주어진 분석 결과에 대응하는 전략으로 적절한 것은?

강점(Strength)	약점(Weakness)
• 높은 시장 점유율 • 온라인 시장의 지속적인 성장 • A 제품의 성공적인 개발 경험	• 마케팅 부족 • 이미지 노후 • 신제품의 혹평
기회(Opportunity)	위협(Threat)
• 유통 경로의 확대 • 1인 가구의 증대 • 판매 규제 완화	• 타사의 공격적 마케팅 증가 • 취식인구 감소 • 온라인 커뮤니티의 부정적 후기

① SO 전략 : 1인 가구를 겨냥한 식품을 개발해 높은 시장 점유율을 유지한다.

② ST 전략 : 확대된 유통경로를 이용해 마케팅 전략을 세운 후 효과적인 마케팅으로 제품을 판매한다.

③ WO 전략 : 온라인 커뮤니티의 부정적 후기를 상세히 살펴본 후 반영하여 제품 경쟁력을 높이고 마케팅 경험을 쌓아 소비자들의 요구가 반영된 제품으로 새롭게 마케팅 전략을 펼친다.

④ WT 전략 : 성공적인 개발 경험이 있는 A 제품의 품질을 높여 판매함으로써 타사의 공격적 마케팅에 대응한다.

경영이해능력 / SWOT 분석에 따른 전략 세우기

1인 가구가 증가했다는 기회를 활용해 높은 시장 점유율의 강점을 더욱 강화하는 전략으로 SO 전략이 맞다.

🔑 **오답풀이**

② 약점을 극복하고 기회를 활용하려는 전략으로 WO 전략이다.
③ 약점을 보완하고 위협을 피하려는 전략으로 WT 전략이다.
④ 강점을 사용하여 위협을 회피하는 전략으로 ST 전략에 해당한다.

정답 ①

02 다음 중 의사결정의 과정에 대한 설명으로 바르지 않은 것은?

① 조직에서 의사결정은 개인의 의사결정에 비해 복잡하며 한 사람의 관리자에 의해 결정되는 것이 아니라 많은 구성원들의 참여와 협력이 요구된다.
② 확인 단계는 의사결정이 필요한 문제를 인식하고, 이를 진단하는 단계로, 문제의 증상을 리스트한 후 그러한 증상이 나타나는 근본 원인을 찾아야 한다.
③ 개발 단계는 확인된 주요 문제나 근본 원인에 대해서 해결방안을 모색하는 단계로, 조직 내의 기존 해결방법을 기준으로 당면한 모든 문제의 해결방법을 찾는 탐색 과정이다.
④ 실행 가능한 해결안을 선택하는 3가지 방법으로는 의사결정권자 한 사람의 판단에 의한 선택, 경영과학 기법과 같은 분석에 의한 선택, 이해관계집단의 토의와 교섭에 의한 선택 등이 있다.
⑤ 해결방안이 선택되면 마지막으로 조직 내에서 공식적인 승인 절차를 거친 후 실행한다.

 경영이해능력 / 의사결정의 과정 이해하기

개발 단계는 두 가지 방식으로 이루어질 수 있다.
첫째는 조직 내의 기존 해결방법 중에서 당면한 문제의 해결방법을 찾는 탐색과정으로, 이는 조직 내 관련자와의 대화나 공식적인 문서 등을 참고하여 이루어질 수 있다.
두 번째는 이전에 없었던 새로운 문제의 경우 이에 대한 해결안을 설계해야 한다. 이 경우에는 의사결정자들이 불확실한 해결방법만을 가지고 있기 때문에 다양한 의사결정 기법을 통하여 시행착오 과정을 거치면서 적합한 해결방법을 찾아 나간다.

정답 ③

하위능력 2 • 체제이해능력

출제 포인트

일 경험을 할 때, 자신이 속한 조직의 구조와 특징을 설명할 수 있는 능력을 측정하는 문제가 출제된다. 특히 조직목표, 조직의 구조, 집단의 특성의 개념을 이루는 세부 요소를 묻는 문제들은 모듈 학습 이론을 통해 내용을 습득해두어야 한다.

대표 유형 문제

01 다음 글에서 설명하는 개념에 대한 내용으로 적절하지 않은 것은?

> 조직에서는 다양한 기능이 서로 어우러져 고객을 위한 최종 산출물을 만들어 낸다. 그런데, 조직이 커질수록 각 기능 간의 소통과 협력은 점차 어려워지고, 부서 이기주의 등의 문제가 발생한다. 즉 전체 목표를 위해 함께 협력하지 않고, 각 부서의 이해관계를 앞세우면서 서로 책임공방이나 책임전가를 하는 경우가 많아진다.
>
> 이러한 문제를 해결하기 위해서 피터 드러커는 1954년에 출간한 '경영의 실제(The Practice of Management)'에서 자율과 협력을 기반으로 한 목표관리(Management by objectives and self-control through measurement)를 주장하였다. 이것은 전체 목표를 위해서 구성원들이 자율적으로, 서로 협력하면서 일하도록 하는 것을 강조하는 성과관리 기법이다.
>
> 실제로 국내외 많은 기업들이 기업의 목표를 각 부서와 팀, 팀원 등의 순서에 따라 하향전개(cascading)하는 방법으로 성과를 관리하고 있다. 이것은 조직의 구성원들이 자신의 업무 목표가 조직 전체 목표와 어떻게 연계되어 있는지 파악하여, 자신에게 주어진 업무의 의미와 가치를 이해하고, 목표에 열중하도록 함으로써, 성과관리의 효과성을 높이는 방법이다.

① 조직구성원들이 자신의 업무에 몰입하고 성실하게 일을 수행한다고 하여, 전체 조직의 목표가 달성되는 것은 아니다.

② 조직의 목표는 미래지향적이지만 현재의 조직행동의 방향을 결정해 주는 역할을 한다.

③ 조직목표들은 조직의 구조, 조직의 전략, 조직의 문화 등과 같은 조직체제의 다양한 구성요소들과 상호관계를 가지고 있다.

④ 조직목표에서 조직의 사명은 조직이 실제 활동을 통해 달성하고자 하는 것으로 측정 가능한 형태로 기술되는 단기적인 목표이다.

⑤ 운영목표는 조직이 나아갈 방향을 제시하고 조직 구성원들이 여러 가지 행동 대안 중 적합한 것을 선택하고 의사를 결정할 수 있는 기준을 제시한다.

체제이해능력 / 조직목표의 개념 파악하기

제시된 내용은 조직 구성원들이 전체 조직의 목표에 대해 알지 못하면 기업의 전략방향을 달성할 수 없다는 것을 보여 준다. 조직목표는 장기적 방향을 제시하는 '조직 사명'과 단기적 목표인 '세부목표'또는 '운영목표'로 구분할 수 있는데, 조직이 실제 활동을 통해 달성하려는 단기적인 목표는 '세부목표'또는 '운영목표'를 의미한다. '조직의 사명'은 조직의 비전, 조직의 존재 이유 등을 공식적인 목표로 표현한 것을 의미한다. 따라서 선택지 중 조직목표에 대한 설명이 잘못된 것은 ④이다.

정답 ④

02 다음 중 맥킨지 7-S 모형의 조직문화 구성요소로 옳지 않은 것은?

① Strategy : 전략 　　　　　　　② Structure : 구조
③ System : 제도 절차 　　　　　　④ Sense : 사업 감각
⑤ Style : 리더십 스타일

 체제이해능력 / 조직문화 구성요소 이해하기

7-S 모형은 맥킨지에 의해 개발된 것으로, 조직문화를 구성하고 있는 '7S'는 공유가치(Shared Value), 리더십 스타일(Style), 구성원(Staff), 제도 절차(System), 구조(Structure), 전략(Strategy), 관리기술(Skill)을 말한다.

정답 ④

HELPFUL TIPS⁺

✔ 조직문화 구성요소(7-S 모형)

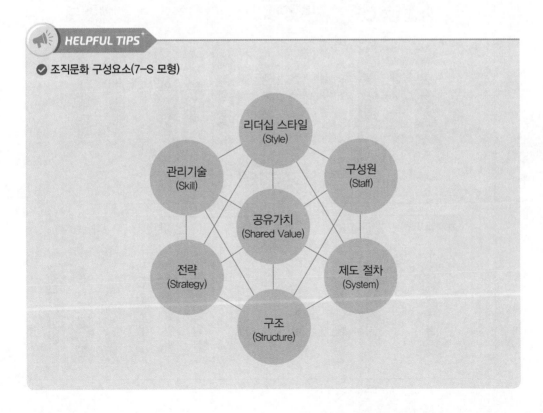

북스케치 www.booksk.co.kr

하위능력 3 • 업무이해능력

출제 포인트

업무의 개념 및 특성, 업무수행 계획 수립과 절차, 업무수행 방해요인과 해결책 등을 묻는 학습모듈형 문제가 출제된 바 있으며, 조직도를 통해 해당 부서의 업무를 파악하는 문제는 업무이해능력에서 많이 출제된 유형이다. 특히, 조직도 문제는 조직 구성원의 변동에 따른 부서 이동 및 관계를 파악하는 문제가 나오기도 하므로, 자원관리능력의 인적자원관리와 결합한 형태로 출제될 수도 있음을 염두에 두도록 한다.

대표 유형 문제

01 ○○기업은 새해를 맞아 (가) 조직도에서 (나) 조직도로 조직 구조를 개편하였다. 다음 중 조직 개편에 대한 설명으로 적절하지 않은 것은?

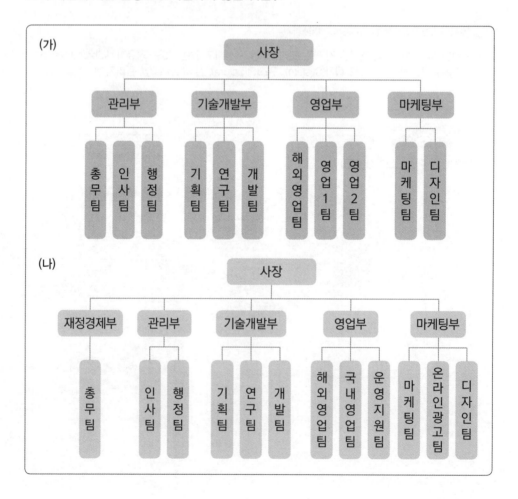

① 온라인광고팀이 추가된 것으로 보아 온라인 마케팅의 중요도가 높아졌음을 알 수 있다.

② 기존 네 개 부서에서 재정경제부가 추가되어 다섯 개 부서로 개편되었다.

③ 영업부의 영업 1팀과 영업 2팀이 국내영업팀으로 합쳐지고 운영지원팀이 추가되었다.

④ 관리부에서 총무팀이 해체된 것을 통해 총무팀의 역할이 없어졌음을 추측할 수 있다.

⑤ 개편 후 아무런 변화가 없는 부서는 기술개발부뿐이다.

 업무이해능력 / 조직 구조 개편 이해하기

총무팀은 관리부에서 재정경제부로 이관되었으므로 ④는 잘못된 설명이다.

정답 ④

02 다음 중 부서별 업무분장을 보고 설명한 내용으로 적절하지 않은 것은?

부서	업무분장
경영지원부	1. 회사의 영업에 관한 기본 업무 2. 장·단기 영업계획 수립에 대한 업무 3. 영업 본점과 지점 관리에 관한 사항 4. 신규시장 진입에 대한 결정과 평가에 관한 사항 5. 새로운 시장 개척에 관한 영업 전략 수립 6. 국내외 공사에 대한 계약 및 입찰과 그 외 공사와 관련된 제반 사항
전산회계부	1. 장·단기 전산화 종합계획 수립 2. 전산기기 도입 및 운영관리 업무 3. 전산 시스템 관리 및 운영 업무 4. 전산 교육계획의 수립 및 시행 업무 5. 영업지원 전산자료에 관한 사항
감사부	1. 감사계획의 입안 및 실시 업무 2. 사고 미연 방지를 위한 업무개선 사항 3. 일상 감사에 관한 업무 4. 감사에 따른 제반 행정처리 사항 5. 보안 및 기강 확립에 관한 업무

① 새로운 아이템에 대한 시장을 조사하고 전략을 수립하는 일은 경영지원부에서 담당한다.

② 영업지원 전산자료에 관한 사항과 영업 지점 관리는 전산회계부에서 담당한다.

③ 진행 사업에 대한 정보 보안이나 사내 직원 기강에 대한 확립은 감사부에서 담당한다.

④ 전산기기를 새로 도입하거나 전산 교육을 실시할 때에는 전산회계부에서 담당한다.

⑤ 경영지원부에서는 해외 공사에 대한 계약 및 입찰 업무도 담당한다.

 업무이해능력 / 부서별 업무 이해하기

영업지원 전산자료에 관한 사항은 전산회계부의 담당 업무이지만, 영업 본점과 지점 관리에 관한 사항은 경영지원부의 담당 업무이다.

정답 ②

 하위능력 4 • 국제감각

⊕ 출제 포인트

국가별 문화의 특성을 고려한 국제 비즈니스 예절 사항을 묻는 문제가 다수 출제되었으며, 국제 경제 상식 문제들도 출제된 바 있다. 환율 및 주가 변동, 국제 유가 등 국제 자본 유 · 출입에 영향을 미치는 사항에 대한 문제도 종종 출제되므로, 경제 뉴스를 통하여 국제 경제의 흐름을 파악해둘 필요가 있다.

⊘ 대표 유형 문제

01 다음 중 국제 매너에 맞게 행동한 사람을 모두 고르면?

> • 이 과장 : 미국 출장에서 처음 만난 바이어의 눈을 보며 인사하면서, 바이어의 오른손을 잠시 힘주어 잡았다 놓으며 악수를 나누었어.
> • 정 차장 : 미국에서 출장 온 스티브를 사무실에서 만났을 때, 개인적 친분이 있었지만 호칭을 어떻게 부를지 먼저 물어본 후 대화를 나누었어.
> • 박 대리 : 아프리카 기자와 대화할 때 눈을 마주 보고 고개를 끄덕이며 열린 자세로 대화했어.
> • 윤 부장 : 영국 협력처 아웃소싱 담당자와 식사하는 자리에서 스테이크와 빵을 칼로 잘라서 먹었어.

① 이 과장, 정 차장　　　② 박 대리, 윤 부장　　　③ 이 과장, 박 대리
④ 정 차장, 윤 부장　　　⑤ 이 과장, 윤 부장

 국제감각 / 국제 비즈니스 매너 이해하기

• 이 과장 : 미국에서는 악수할 때 손끝만 잡는 것을 예의에 어긋난 것으로 생각하므로, 악수는 일어서서 상대의 눈이나 얼굴을 보며 오른손으로 상대의 오른손을 잠시 힘주어 잡았다가 놓아야 한다. 따라서 이 과장의 행동은 적절하다.
• 정 차장 : 미국에서는 이름이나 호칭을 자신의 마음대로 부르지 않고 어떻게 부를지 먼저 물어보는 것이 예의이므로 정 차장의 행동은 적절하다.

⊶ 오답풀이

• 박 대리 : 아프리카에서는 상대방과 시선을 마주 보며 대화하면 실례이므로 코끝 정도를 보면서 대화해야 한다.
• 윤 부장 : 국제 매너에서 서양 요리를 먹을 때에는 스테이크는 다 자르지 않고 잘라가며 먹고, 빵은 칼이나 치아로 자르지 않고 손으로 떼어 먹도록 한다.

정답 ①

02 ○○공단은 △△지사 해외사업부 임직원 교육을 위한 기업교육 전문업체를 조사한 결과 'C 국제기업문화원'을 채택하였다. 아래는 'C 국제기업문화원' 홈페이지의 기업교육 프로그램 내용이다. 다음 중 상위 항목과 세부 항목의 연결이 어울리지 않는 것은?

글로벌 비즈니스 매너·의전
• 비즈니스 미팅 사전 준비
• 비즈니스 고객 종류(외부고객/내부고객)
• 기본 직장 예절(인사/호칭/복장 등)
• 비즈니스 미팅 사전 준비 체크리스트
• 비즈니스 매너 프로토콜
– 인사법, 악수, 명함의 의미와 활용법
– 상호 소개의 순서
• 비즈니스 의전
– 공간별 에스코트 요령(복도, 계단, 차량 등)
– 직무를 고려한 좌석 배치
• 외국 미팅 담당자에게 좋은 인상을 심어주는 대화와 행동의 기술

비즈니스 테이블 매너
• 비즈니스와 테이블 매너의 상관관계
• 테이블 매너 프로토콜(예약 및 주문)
– 사전예약의 목적과 방법(레스토랑 입장과 좌석 안내받기)
– 직무를 고려한 좌석 배치
– 냅킨의 의미와 올바른 사용법
– 메뉴판을 보는 방법과 주문 요령
• 테이블 매너 프로토콜(식기사용법 등)
– 레스토랑의 양식 테이블 세팅의 이해
– 각종 식기의 올바른 사용법
– 코스별 음식 상식과 바르게 즐기는 방법
– 식사 중 지켜야 할 Do and Don't

비즈니스 와인 매너
• 비즈니스 와인에 필요한 기초 상식
– 와인 관련 필수 용어와 라벨 읽는 법
• 비즈니스 와인 매너(레스토랑/와인 바)
– 선택과 주문 요령(와인 리스트 읽는 법)
– 와인 테이스팅을 하는 이유와 방법
– 와인 문화와 소주 문화의 차이점
– 반드시 지켜야 할 와인 에티켓
• 비즈니스 와인 매너(프라이빗 미팅)
– 와인을 따르고 받는 방법
– 와인 오프너의 종류와 사용법
– 음식 종류에 따른 와인의 선택

리더십·커뮤니케이션
• 조직을 이끄는 리더의 진짜 역할
• 리더가 조직에 미치는 영향
• 리더 스스로가 갖추어야 할 우선 조건
• 비즈니스 다이닝 대화와 소통 요령
• 현대 리더십의 종류
• 국제 비즈니스 매너 학습의 필요성
• 좋은 리더가 되기 위한 방법
– 조직과 구성원에 대한 이해와 마음가짐
– 구성원의 동기부여를 위한 대화의 기술
– 좋은 리더가 갖추어야 할 매너와 에티켓

① 글로벌 비즈니스 매너·의전   ② 비즈니스 테이블 매너
③ 비즈니스 와인 매너   ④ 리더십·커뮤니케이션

 국제감각 / 국제 비즈니스 매너 이해하기

리더십·커뮤니케이션 항목의 세부 항목 중 '비즈니스 다이닝 대화와 소통 요령'과 '국제 비즈니스 매너 학습의 필요성' 항목의 연결이 적절하지 않다. '비즈니스 다이닝 대화와 소통 요령'은 '비즈니스 테이블 매너'에, '국제 비즈니스 매너 학습의 필요성'은 '글로벌 비즈니스 매너·의전'으로 이동해야 한다.

정답 ④

05 Chapter FINISH 기출·예상문제 마무리

정답과 해설 317p

01 다음 자료에서 제시된 조직의 특성으로 적절한 것은?

> ○○공단의 사내 봉사 동아리에 소속된 70여 명의 임직원이 연탄 나르기 봉사 활동을 했다. 이날 임직원들은 지역 주민들이 더 따뜻하게 겨울을 날 수 있도록 연탄 총 3,000장과 담요를 직접 전달했다. 사내 봉사 동아리에 소속된 ○○공단 A 대리는 "매년 연말마다 진행하는 연탄 나눔 봉사활동을 통해 지역사회에 도움의 손길을 전할 수 있어 기쁘다."라며 "오늘의 작은 손길이 큰 불씨가 되어 많은 분들이 따뜻한 겨울을 보내길 바란다."라고 말했다.

① 이윤을 목적으로 하는 조직
② 인간관계에 따라 형성된 자발적인 조직
③ 목적 달성을 위해 의도적으로 형성된 조직
④ 규모와 기능 그리고 규정이 조직화되어 있는 조직
⑤ 조직 구성원들의 행동을 통제할 장치가 마련되어 있는 조직

02 다음 중 조직목표의 기능에 대한 설명으로 옳지 않은 것은?

① 조직목표는 조직 구성원의 의사결정 기준이 된다.
② 조직목표는 조직이 나아갈 방향을 제시해 준다.
③ 조직목표는 조직 구성원의 행동에 동기를 유발한다.
④ 조직목표는 조직을 운영하는 데 융통성을 제공한다.
⑤ 조직목표는 조직이 존재하는 이유에 대한 정당성과 합법성을 제공한다.

03 다음 내용에 해당되는 조직체계 구성요소는?

> 조직 구성원들 간의 공유된 행동양식이나 가치를 의미하며 일체감과 정체성을 부여하고 조직이 안정적으로 유지되게 한다.

① 조직목표   ② 인사규칙   ③ 조직구조
④ 경영자   ⑤ 조직문화

04 다음 조직도를 보고 이해한 내용으로 적절하지 않은 것은?

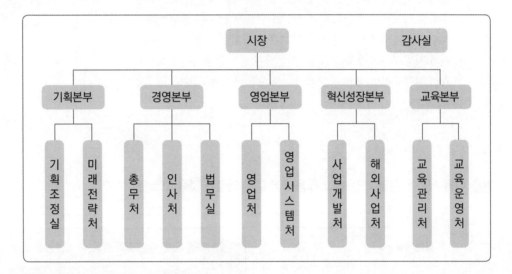

① 5개 본부, 9개 처, 3개 실로 구성되어 있다.
② 감사실은 사장 직속이 아니다.
③ 미래전략처와 총무처는 기획본부 소속이다.
④ 인사 관련 업무는 경영본부에서 다룬다.
⑤ 해외사업과 관련된 업무는 혁신성장본부에서 다룬다.

05 조직문화를 유연성 · 자율성 추구, 안정 · 통제 추구, 조직 내부 단결 · 통합 추구, 외부 환경에 대한 대응 추구에 따라 다음과 같은 네 가지 유형으로 구분했을 때, 합리문화에 대한 설명으로 옳지 않은 것은?

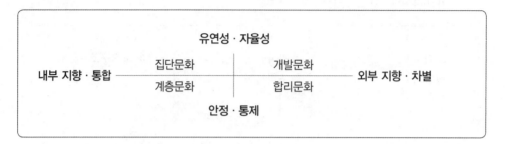

① 조직의 목표를 명확하게 설정해서 합리적으로 달성한다.
② 주어진 과업을 효과적으로 수행하기 위해서 실적을 중시한다.
③ 직무에 몰입하며 미래를 위한 계획을 수립하는 것을 강조한다.
④ 관계 지향적이며 조직 구성원 간 인간관계를 중시하는 문화이다.
⑤ 과업 지향적이며 결과 지향적인 조직으로서 업무 완수를 강조한다.

06 다음 제시된 경영 과정과 그 내용이 바르게 연결된 것을 고르면?

ⓐ 경영계획	㉠ 수행과정 통제, 수행결과 감독, 교정활동
ⓑ 경영실행	㉡ 미래상 설정, 대안 분석, 실행방안 선정
ⓒ 경영통제 및 평가	㉢ 목적 달성을 위한 실행활동, 조직 구성원 관리

① ⓐ - ㉠, ⓑ - ㉡, ⓒ - ㉢   ② ⓐ - ㉡, ⓑ - ㉢, ⓒ - ㉠
③ ⓐ - ㉢, ⓑ - ㉡, ⓒ - ㉠   ④ ⓐ - ㉠, ⓑ - ㉢, ⓒ - ㉡
⑤ ⓐ - ㉡, ⓑ - ㉠, ⓒ - ㉢

07 세계적인 기업 맥킨지(McKinsey)는 조직문화의 구성요소와 이들의 상호작용을 '7-S 모형'으로 개념화했다. 다음 중 '7-S 모형'에 포함되지 않는 것은?

① 관리기술   ② 경영자   ③ 구성원
④ 전략   ⑤ 구조

08 다음 중 경영의 구성요소에 대한 설명으로 가장 적절한 것은?

① 조직에서 일하고 있는 구성원들의 직무 수행 방법은 경영의 구성요소 중 '시간 자원'에 해당한다.
② 경영을 위해서는 조직의 목적을 달성하기 위한 과정과 방법을 뜻하는 '전략'이 필요하다.
③ 기업 내 모든 자원을 조직화하는 것이 '경영목적'이다.
④ 경영의 구성요소는 일반적으로 경영목적, 인적자원, 시간, 자금, 전략 다섯 가지로 구분된다.
⑤ 경영활동을 위해서는 경영활동에 사용할 수 있는 돈인 '자금'이 있어야 한다.

09 다음은 무엇에 관한 설명인가?

> 공사를 진행하기 위한 계획을 작성할 때 어떠한 방법과 어떠한 공정의 진전 방법을 이용해야 인원이나 자재의 낭비를 막고 공정기간을 단축할 수 있는지를 밝히는 공정관리기법으로, 작업의 순서나 진행 상황을 한눈에 파악할 수 있도록 작성한다.

① JIT   ② STP   ③ PERT
④ MIS   ⑤ OJT

조직이해능력

[10~11] 다음 제시된 글을 읽고 물음에 답하시오.

경영학자 헨리 민츠버그(H. Mintzberg)는 기업 현장에 대한 심층적인 조사를 통해 경영자가 공통적으로 수행하는 역할(Managerial Roles)을 10가지로 구분했다. 모든 경영자들은 세 가지로 분류된 역할에서 제시된 열 가지 지위를 효율적으로 수행해야 함을 강조했다.

10 다음 중 민츠버그(H. Mintzberg)가 구분한 경영자 역할에 대한 설명으로 옳지 않은 것은?

① 경영자는 각자의 기술과 능력에 따라 독립적인 경영자 역할을 수행해야 한다.
② 경영자는 조직의 대표자로서 조직 구성원들의 리더이자 연결고리 역할을 한다.
③ 경영자는 조직 내 문제를 해결할 뿐만 아니라 대외적 협상을 주도하는 역할을 한다.
④ 경영자는 외부환경과 관련된 정보를 관찰·수집해 구성원들에게 전달하는 역할을 한다.
⑤ 경영자는 기업의 성과를 높이기 위해 경영활동뿐 아니라 경영자의 역할을 성공적으로 수행해야 한다.

11 다음 중 민츠버그(H. Mintzberg)에 따른 10가지 경영자 역할이 올바르게 구분되지 않은 것을 모두 고르면?

대인관계 역할	정보수집 역할	의사결정 역할
(ㄱ) 대표(Figure Head) (ㄴ) 리더(Leader) (ㄷ) 기업가(Entrepreneur) (ㄹ) 협상가(Negotiator)	(ㅁ) 정보탐색자(Monitor) (ㅂ) 정보보급자(Disseminator) (ㅅ) 연락자(Liaison)	(ㅇ) 대변인(Spokesperson) (ㅈ) 문제해결자 　　(Disturbance Handler) (ㅊ) 자원배분자 　　(Resource Allocator)

① (ㄴ), (ㄷ), (ㅇ), (ㅈ)　　② (ㄴ), (ㄷ), (ㅅ), (ㅇ)　　③ (ㄷ), (ㄹ), (ㅅ), (ㅈ)
④ (ㄷ), (ㄹ), (ㅅ), (ㅇ)　　⑤ (ㄹ), (ㅅ), (ㅇ), (ㅈ)

12 ○○도시락 업체에서 근무하는 K 사원은 현재 회사의 상황이 어떤지 분석하기 위해 SWOT 분석을 활용하였다. 주어진 분석 결과에 대응하는 전략으로 적절한 것은?

강점(Strength)	약점(Weakness)
• 신뢰성 있는 브랜드 이미지 • 투자자들의 적극적인 투자	• 식재료비의 증가 • 영업 전략 미보유
기회(Opportunity)	위협(Threat)
• 유통 경로의 확대 • 방송 프로그램 마케팅의 기회	• 경쟁 업체의 제품 경쟁력 향상 • 유명 브랜드의 도시락 새벽 배달 서비스 시작

① SO 전략(강점-기회 전략) : 방송 프로그램에 도시락을 협찬하여 브랜드의 신뢰성을 상승시키고 투자를 증대시킨다.

② SO 전략(강점-기회 전략) : 투자자들에게 투자를 받아 배달 서비스를 시작한다.

③ ST 전략(강점-위협 전략) : 다양한 영업 전략을 세운 후 온라인과 산간 지역의 유통 경로를 확대해 영업 경쟁력을 강화시킨다.

④ WO 전략(약점-기회 전략) : 영업 전략을 세우고 1+1 전략으로 경쟁 업체를 견제한다.

⑤ WT 전략(약점-위협 전략) : 유통 경로를 확대해 투자자들의 투자를 확보한다.

13 다음 제시된 세계화의 성격과 그 내용이 바르게 연결된 것을 고르면?

ⓐ 자본주의적 속성	㉠ 세계 문화 형태의 보편성에 중점을 두고 있다. 그러면서도 다른 민족의 우수한 문화에 대한 동경도 함께 지니고 있는 것이 일반적이다.
ⓑ 문화주의적 속성	㉡ 개방화와 동일한 개념으로 경제적 보호주의를 표방하는 보호무역 정책으로부터 벗어나 시장 경제에 의한 경제적 개방을 의미한다.
ⓒ 평화주의적 속성	㉢ 전쟁에 대한 모든 인류의 공동 대처 방식으로 평화로운 국제 사회의 건설에 대한 갈망과 희망이다.

① ⓐ - ㉠, ⓑ - ㉡, ⓒ - ㉢
② ⓐ - ㉡, ⓑ - ㉢, ⓒ - ㉠
③ ⓐ - ㉢, ⓑ - ㉠, ⓒ - ㉡
④ ⓐ - ㉠, ⓑ - ㉢, ⓒ - ㉡
⑤ ⓐ - ㉡, ⓑ - ㉠, ⓒ - ㉢

[14~15] 다음은 OO기업에서 고시한 결재 양식 규정이다. 다음의 내용을 읽고 이어지는 물음에 답하시오.

2019 지역농협

결재 규정

- 결재를 받으려는 업무에 대해서는 최고결재권자(대표)를 포함한 이하 직책자의 결재를 받아야 한다.
- 전결이란 업무를 수행함에 있어 최고결재권자의 결재를 생략하고, 최고결재권자로부터 권한을 위임받은 자가 자신의 책임하에 최종적으로 의사 결정을 하는 행위를 말한다.
- 전결사항에 대해서도 위임받은 자를 포함하여 이하 직책자의 결재를 받아야 한다.
- 결재를 올리는 자는 최고결재권자로부터 결재 권한을 위임받은 자가 있는 경우 결재란에 전결이라고 표시하고 최종 결재란에 위임받은 자를 표시한다.
- 결재가 불필요한 직책자의 결재란은 상향 대각선으로 표시한다.
- 최고결재권자의 결재사항 및 최고결재권자로부터 위임된 전결사항은 아래의 표에 따른다.

구분	내용	금액 기준	결재 서류	팀장	부장	대표
출장비	숙박비, 교통비, 식비	30만 원 이하	출장계획서, 출장비 신청서	●, ▲		
		70만 원 이하		●	▲	
		70만 원 초과			●	▲
소모품	사무용품	–	지출결의서	▲		
	기타 소모품	30만 원 이하		▲		
		30만 원 초과			▲	
교육비	사내외 교육	50만 원 이하	기안서, 수강 신청서		●	▲
		50만 원 초과				●, ▲
법인카드	법인카드 사용	50만 원 이하	법인카드 사용 신청서	▲		
		100만 원 이하			▲	
		100만 원 초과				▲
접대비	식대, 경조사비	30만 원 이하	기안서, 접대비지출품의서		●	
		70만 원 이하			●	
		70만 원 초과				●

● : 기안서, 출장계획서, 접대비지출품의서

▲ : 지출결의서, 각종 신청서

14 인사팀에서 근무하는 H 사원은 1회에 3만 원인 영어 강의를 15회 수강하였다. H 사원이 작성해야 할 결재 양식으로 옳은 것은?

①
기안서			
담당	팀장	부장	최종 결재
H	전결	/	팀장

(결재)

②
기안서			
담당	팀장	부장	최종 결재
H	/	전결	부장

(결재)

③
수강 신청서			
담당	팀장	부장	최종 결재
H	/	/	대표

(결재)

④
수강 신청서			
담당	팀장	부장	최종 결재
H	/	전결	부장

(결재)

⑤
수강 신청서			
담당	팀장	부장	최종 결재
H			대표

(결재)

15 다음의 상황에서 결재 양식을 작성한다고 할 때 최고결재권자가 다른 경우는?

① 법인카드로 70만 원어치 간식을 구매한 T 대리의 법인카드 사용 신청서
② 20만 원으로 거래처와 식사를 한 I 팀장의 접대비지출품의서
③ 30만 원치 소모품을 구입하고자 하는 G 사원의 지출결의서
④ 100만 원으로 출장을 갈 예정인 E 대리의 출장계획서
⑤ 수강료가 30만 원인 사내 교육에 참여하는 R 사원의 기안서

16 다음 중 조직에서 업무가 배정되는 방법에 대한 설명으로 틀린 것은?

① 업무를 배정하면 조직을 가로로 구분하게 된다.

② 업무를 배정할 때에는 일의 동일성, 유사성, 관련성에 따라 이루어진다.

③ 조직의 업무는 조직 전체의 목적을 달성하기 위해 배분된다.

④ 직위는 수행해야 할 업무가 할당되고 그 업무를 수행하는 데 필요한 권한과 책임이 부여된 조직상의 위치이다.

⑤ 직위는 조직의 업무체계 중에서 하나의 업무가 차지하는 위치이다.

17 다음은 국제 사회에서 외국인과 접하게 되는 상황과 국제 비즈니스 매너에 대한 설명이다. 옳은 것을 모두 고르면?

> ㉠ 영미권에서 악수를 할 때에는 일어서서, 상대방의 눈이나 얼굴을 보면서, 오른손으로 상대방의 오른손을 잠시 힘주어서 잡았다가 놓아야 한다.
> ㉡ 업무용 명함은 악수를 한 이후 교환하며, 아랫사람이나 손님이 먼저 꺼내 오른손으로 상대방에게 주고, 받는 사람은 두 손으로 받는 것이 예의이다.
> ㉢ 미국인은 시간을 돈과 같이 생각해서 시간엄수를 매우 중요하게 생각하며, 시간을 지키지 않는 사람과는 같이 일을 하려고 하지 않는다.
> ㉣ 서양요리에서 포크와 나이프는 바깥쪽에서 안쪽 순으로 사용한다. 수프는 소리 내면서 먹지 않으며, 뜨거울 경우 입으로 불어서 식히지 않고 숟가락으로 저어서 식혀야 한다.
> ㉤ 생선요리는 뒤집어 먹지 않고, 스테이크는 처음에 다 잘라 놓지 않고 자르면서 먹는 것이 좋다.

① ㉠, ㉡, ㉣　　　　　② ㉡, ㉢, ㉣　　　　　③ ㉡, ㉢, ㉣, ㉤

④ ㉠, ㉡, ㉢, ㉣　　　　⑤ ㉠, ㉡, ㉢, ㉣, ㉤

Chapter 05
조직이해능력

FINISH
기출·예상문제 마무리

본문 308p

01	02	03	04	05	06	07	08	09	10
②	④	⑤	③	④	②	②	⑤	③	①
11	12	13	14	15	16	17			
④	①	⑤	⑤	③	①	⑤			

01 [체제이해능력] 조직 분류하기

정답 ②

해설

사내 동아리의 경우 비공식 조직에 해당한다. 비공식 조직의 특성은 인간관계에 따라 형성된 자발적인 조직이라는 것이다.

Plus 해설

①은 영리 조직, ③·④·⑤는 공식 조직에 해당한다.

02 [체제이해능력] 조직목표의 기능 이해하기

정답 ④

해설

조직을 운영하는 데 융통성을 제공하는 것은 조직목표의 기능이 아니다.

03 [체제이해능력] 조직체계 구성요소 이해하기

정답 ⑤

해설

조직문화는 조직 구성원들의 공유된 생활양식이나 가치이다. 조직문화는 조직 구성원들의 사고와 행동에 영향을 미치며, 일체감과 정체성을 부여하고, 조직이 안정적으로 유지되게 한다.

04 [업무이해능력] 조직 구성 파악하기

정답 ③

해설

미래전략처는 기획본부 소속이지만, 총무처는 경영본부 소속이다.

PLUS TIP 조직도 이해

도표로 구성된 조직도를 보고 상위 부서와 하위 부서를 연결하는 문제, 해당 부서가 어떤 업무를 담당하는지 추론하는 문제 등이 자주 출제된 바 있다. 지원하는 공공기관의 홈페이지를 통해 해당 기관의 조직 체계를 익혀두면 부서의 배치를 이해하는 데 도움이 된다.

05 [체제이해능력] 조직문화 유형 구분하기

정답 ④

해설

관계 지향적이며 조직 구성원 간 인간관계를 중시하는 문화는 '집단문화'이다.

Plus 해설

카메론과 퀸(Cameron & Quinn)은 내부와 외부, 통제와 자율성의 두 가지 차원을 축으로 8개의 핵심 요소의 정도를 측정해 4가지 조직문화 유형을 도출했다. 유연성·자율성 지향의 가치는 분권화와 다양성을 강조하는 반면, 안정·통제 지향의 가치는 집권화와 통합성을 강조한다. 내부 지향성은 조직의 유지를 위한 조정과 통합을 강조하는 반면, 외부 지향성은 조직의 환경에 대한 적응, 경쟁, 상호관계를 강조한다.

06 [경영이해능력] 경영과정 이해하기

정답 ②

해설

경영 과정은 경영계획–경영실행–경영통제 및 평가 순으로 이루어진다. 경영계획은 미래상 설정, 대안 분석, 실행방안 선정으로 구성되며 경영실행은 목적 달성을 위한 실행활동, 조직 구성원 관리를 포함한다. 경영통제 및 평가는 수행과정 통제, 수행결과 감독, 교정활동으로 구성된다.

07 [체제이해능력] 조직문화 구성요소 파악하기

정답 ②

해설

맥킨지에 의해 개발된 '7–S 모형'은 공유가치(Shared Value)를 중심으로 리더십 스타일(Style), 구성원(Staff), 제도 절차(System), 구조(Structure), 전략(Strategy), 관리기술(Skill)을 말한다.

조직이해능력

08 [경영이해능력] 경영의 구성 요소 파악하기

정답 ⑤

해설

'자금'은 경영활동에 사용할 수 있는 돈을 뜻하며, 경영의 구성요소 중 하나이다. 따라서 ⑤가 적절한 설명이다.

 Plus 해설

① 조직에서 일하고 있는 구성원들의 역량과 직무 수행 방법은 경영의 구성요소 중 '인적자원'에 해당한다.
② 조직의 목적을 달성하기 위한 과정과 방법은 '경영목적'이다.
③ 기업 내 모든 자원을 조직화하고, 실행에 옮겨 경쟁우위를 달성하는 방침 및 활동은 '전략'이다.
④ 경영의 구성요소는 경영목적, 인적자원, 자금, 전략 4가지이다.

09 [업무이해능력] PERT 이해하기

정답 ③

해설

PERT(Program Evaluation and Review Technique)는 공사를 진행하기 위한 계획을 작성할 때 어떠한 방법과 어떠한 공정의 진전 방법을 이용해야 인원이나 자재의 낭비를 막고 공정기간을 단축할 수 있는지를 밝히는 공정관리기법이다.

 Plus 해설

① JIT : 입하된 재료를 재고로 남겨두지 않고 그대로 사용하는 상품관리 방식
② STP : 마케팅 전략과 계획수립 시 소비자행태에 따라 시장을 세분화(Segmentation), 표적시장의 선정(Targeting), 표적시장에 적절하게 제품을 포지셔닝(Positioning)하는 활동
④ MIS : 경영정보시스템. 기업 경영에서 의사결정의 유효성을 높이기 위하여, 경영 내외의 관련 정보를 필요에 따라 즉각적으로, 대량으로 수집·전달·처리·저장·이용할 수 있도록 편성한 인간과 컴퓨터와의 결합 시스템
④ OJT : 직장 내 교육훈련

10 [경영이해능력] 민츠버그의 이론에 따른 경영자 역할 구분하기

정답 ①

해설

민츠버그가 구분한 대인적 역할 3가지, 정보적 역할 3가지, 의사결정적 역할 4가지의 총 10가지 경영자 역할은 독립적으로 행해지는 것이 아니라 상호 연관되어 있다.

11 [경영이해능력] 민츠버그의 이론에 따른 경영자 역할 구분하기

정답 ④

해설

대인관계 역할	정보수집 역할	의사결정 역할 (decisional roles)
• 대표 (Figure Head) • 리더 (Leader) • 연락자 (Liaison)	• 정보탐색자 (Monitor) • 정보보급자 (Disseminator) • 대변인 (Spokesperson)	• 기업가 (Entrepreneur) • 문제해결자 (Disturbance Handler) • 자원배분자 (Resource Allocator) • 협상가 (Negotiator)

12 [경영이해능력] SWOT 분석 활용하기

정답 ①

해설

방송 프로그램 마케팅의 기회를 활용해 강점을 더욱 강화하는 전략으로 SO 전략이 맞다.

 Plus 해설

② 강점을 사용하여 위협을 회피하는 전략으로 ST 전략에 해당한다.
③ 약점을 극복하여 기회를 활용하려는 전략으로 WO 전략이다.
④ 약점을 보완하고 위협을 피하려는 전략으로 WT 전략이다.
⑤ 기회를 활용해 강점을 살리는 SO 전략에 해당한다.

13 [국제감각] 세계화의 성격 파악하기

정답 ⑤

해설

세계화의 성격은 자본주의적, 문화주의적, 평화주의적 세 가지 속성을 가지고 있다. 제시된 내용 중 자본주의적 속성은 ⓒ, 문화주의적 속성은 ㉠, 평화주의적 속성은 ⓒ에 해당된다.

14 [체제이해능력] 결재 양식 작성하기

정답 ⑤

해설

교육비로 총 45만 원을 썼기 때문에 총 금액이 50만 원 이하이다. 이 경우 기안서의 최고결재권자는 부장 이고, 수강 신청서의 최고결재권자는 대표이다. 결재를 받으려는 업무에 대해서는 최고결재권자를 포함하여 이하 직책자의 결재도 받아야 하므로 정답은 ⑤이다. 기안서의 결재 양식은 아래와 같다.

기안서				
결	담당	팀장	부장	최종결재
재	H		전결	부장

15 [체제이해능력] 결재 양식 이해하기

정답 ③

해설

30만 원 이하의 소모품을 구입할 경우 지출결의서의 최고결재권자는 팀장이다. 나머지는 모두 부장에게 최종 결재를 받아야 한다.

16 [업무이해능력] 업무 배정 방법 이해하기

정답 ①

해설

조직에서는 조직 전체의 목적을 효과적으로 달성하기 위하여 업무를 배분한다. 업무의 배분은 일의 동일성, 유사성, 관련성에 따라 이루어지며, 이는 조직을 세로 로 구분하게 된다. 조직을 가로로 구분하는 것은 계층 이나 직급이다.

17 [국제감각] 국제 비즈니스 매너 파악하기

정답 ⑤

해설

㉠~㉤ 모두 맞는 설명이다.

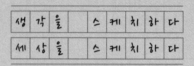

Part 2 NCS 직업기초능력평가
제1회 실전모의고사

▶ **직업기초능력 5개 영역이 10문항씩 구성되어 있습니다.**

▶ **총 50문항 제한시간 50분으로 구성되어 있습니다.**

▶ **통합채용 공고문을 반영하여 사지선다형으로 구성하였습니다.**

▶ **시작하는 시간과 마치는 시간을 정하여, 실제 시험처럼 풀어보시기 바랍니다.**

START _____ 시 _____ 분 ~ FINISH _____ 시 _____ 분

※ NCS 홈페이지에 공개된 자료를 통합채용 유형에 맞게 변형하였습니다.
※ 응답용지 OMR 카드는 책의 마지막 부분에 있습니다.

NCS 직업기초능력평가
제1회 실전모의고사

50문항 / 50분

정답과 해설 386p

[01~02] 다음 글을 읽고 물음에 답하시오.

20~30대 직장인의 60% 이상이 팀장의 리더십에 만족하지 못한다는 설문조사 결과가 나왔다. 빅데이터 기반 구인구직 매칭 플랫폼 HS2C는 최근 자사 유료회원 4,885명을 대상으로 한 직장 내 리더십에 관한 설문조사에서 팀원급 응답자 3,274명 중 68%가 팀장의 리더십에 대해 불만족한다고 답했으며, 그 이유(복수 응답)로는 '커뮤니케이션 스킬 부족'(71.2%), '팀장 본인의 실무 능력 부족'(42.1%), '직장 매너·교양 부족'(28.4%), '팀원 코칭 능력 부족'(18.5%) 등을 꼽았다고 밝혔다. 특히 팀장과의 커뮤니케이션이 불만족스러운 이유로는 (가) **'자기 할 말만 하고 팀원의 의견을 존중하지 않는다'**가 85.3%를 차지하여 팀장 직책자의 의사소통에 문제가 많은 것으로 나타났다.

반면 팀장의 리더십에 만족한다고 답한 응답자는 그 이유(복수 응답)로 '뛰어난 실무 능력(83.4%)'을 가장 많이 꼽았으며 '뛰어난 커뮤니케이션 스킬'은 23.8%에 그쳐 팀원들이 팀장에게 가장 바라는 것은 팀장 직책에 걸맞은 실무 능력인 것으로 나타났다.

(㉠) 팀장의 자기개발 필요성에 대해서는 거의 모든 응답자가 필요하다(97.4%)고 답했으며, 개발이 필요한 분야(복수 응답)로는 커뮤니케이션 스킬(46.2%), 프로젝트 관리(38.8%), 코칭 스킬(24.2%) 등을 꼽았다.

01 윗글의 맥락을 고려할 때 ㉠에 들어갈 표현으로 적절하지 않은 것은?

① 또한
② 그러나
③ 한편
④ 그리고

02 (가)와 관련된 의사소통능력에 대한 설명으로 가장 적절한 것은?

① 해당 능력을 개발하기 위해서는 비판적인 태도를 가져야 한다.
② 상대방에게 대답할 말을 미리 준비하여 대화를 매끄럽게 이어 나가기 위해서는 해당 능력이 필요하다.
③ 해당 능력을 통해 대화 상대방의 감정과 의도를 파악할 수 있으며 별다른 기술이나 훈련은 필요 없다.
④ 해당 능력을 잘 발휘하면 의사소통과정에서 상대방이 처한 상황을 이해하고 공감하게 된다.

[03~04] 다음의 지문을 읽고 물음에 답하시오.

신종 코로나바이러스감염증(이하 코로나19)의 영향으로 (ⓐ)의 선호도가 높아지면서 온라인 마켓 매출이 급증하고 있다. 코로나19가 진행되고 있는 2020년 5월 온라인 유통업체의 매출 동향을 살펴보면 전년도 같은 기간 대비 19.6% 확대됐다. 소비자들이 (ⓐ)에 관심을 가지기 시작하면서, 오프라인 매장의 고객들이 온라인 쇼핑으로 발길을 돌려 온라인 마켓의 매출을 올리는 데 큰 역할을 하고 있다. 뿐만 아니라 프리미엄 제품 구매가 늘면서 온라인 쇼핑업계의 분위기는 한층 더 고조되고 있다. 온라인 마켓의 3~5월까지 품목별 1인당 평균 구매 객단가를 분석한 결과, 대부분 품목에서 객단가가 전년 대비 크게 증가한 것으로 나타났다. 같은 기간 식품의 평균 구매 객단가는 10% 증가했고, 생필품은 9% 증가했다. 또한, 취미용품 15%, 인테리어 10%, 패션 8%, 가전 4% 등 품목에서 모두 지난해보다 더 비싼 제품이 팔렸다. 이는 오프라인에서 프리미엄 제품 구매를 더 선호하던 소비자들이 코로나19로 인하여 온라인쇼핑으로 눈을 돌렸기 때문이다. 실제로 수입명품 판매량은 지난해 같은 기간 대비 36% 증가했으며, 세부적으로 명품 시계 55%, 명품 화장품 26%, 쥬얼리 세트 39% 등이 인기를 끌었다. 여기에 경제력을 갖춘 5060세대 고객이 온라인 마켓으로 유입되면서 구매 객단가를 더욱 높이는 데 일조했다. 5060세대의 해당 기간 연령별 구매 비중이 21%로 지난해 같은 기간 대비 6% 이상 증가한 것이다. A기업 대표이사는 "코로나19 이후 (ⓐ)이 확대 되고 있으며, 프리미엄 제품을 구매하는 소비층이 늘면서 기대 이상의 매출을 올리고 있다."고 설명했다.

– 2020년 6월 1일 CBAZ 뉴스

03 다음 중 지문과 같은 형식의 글을 작성할 때 고려해야 할 사항으로 적절한 것은?

① 새로운 사실, 변화, 현상, 통계 등을 가지고 있는 그대로의 사실을 전달해야 한다.
② 특정한 일에 관한 현황이나 진행 상황 또는 연구ㆍ검토 결과 등을 보고해야 한다.
③ 적극적으로 아이디어를 내고 기획해 하나의 프로젝트를 문서 형태로 만들어야 한다.
④ 개인의 가정환경과 성장과정, 입사동기 등을 구체적으로 기술해야 한다.

04 다음 내용을 참고할 때, ⓐ에 들어갈 단어로 가장 어울리지 않는 것은?

코로나19는 2019년 12월 중국 우한에서 처음 발생한 이후 중국 전역과 전 세계로 확산되고 있는 새로운 유형의 코로나바이러스에 의한 호흡기 감염질환이다. 주요 전파 경로는 현재까지 비말(침방울), 접촉을 통해 감염된다고 알려져 있다. 특히 코로나19에 오염된 물건을 만진 뒤 눈, 코, 입 등을 만질 때도 감염 가능성이 크다. 코로나19에 감염되면 발열, 권태감, 기침, 호흡 곤란 및 폐렴 등 경증에서 중증까지 다양한 호흡기감염증이 나타나며, 그 외 가래, 인후통, 두통, 객혈과 오심, 설사 등도 나타난다고 알려졌다. 현재 특이적인 항바이러스제가 없으며, 많은 나라에서 손 씻기, 마스크 하기, 사회적 거리 두기 등을 통해 예방하고 있다.

① 전자상거래
② 직접거래
③ 비접촉 구매
④ 비대면 쇼핑

[05~06] 다음을 읽고 물음에 답하시오.

그래핀은 탄소원자들이 2차원상에서 벌집 모양 배열을 이루면서 원자 한 층의 두께를 가지는 반금속성 물질이다. 3차원으로 적층하면 흑연 구조, 1차원적으로 말리면 탄소나노튜브, 0차원에서는 공 모양을 이루는 물질로 다양한 저차원 나노 현상을 연구하는 데 중요한 모델이 되어 왔다.

그래핀은 구리보다 100배 이상 전기가 잘 통하고, ㉠ **반도체가 주로 쓰는 실리콘보다** 전자의 이동성이 100배 빠르다. 강도는 철보다 200배 이상 강하며, 열 전도성에서는 다이아몬드보다 2배 이상 높다. 또한, 빛을 대부분 투과시키기 때문에 투명하며, 신축성도 매우 뛰어나다.

그래핀은 상대적으로 가벼운 원소인 탄소만으로 이루어져 1차원 혹은 2차원 상태일 때 나노패턴을 가공하기가 매우 유용하다. 이러한 전기적, 구조적, 화학적 특성으로 그래핀은 향후 실리콘 기반 반도체 및 ITO(Indium-Tin-Oxide) 기반 투명전극의 ㉡ **역할을 할 수 있을 것으로** 기대된다. 특히 얇고 잘 휘어지는 등 우수한 기계적 물성으로 플렉시블(flexible), 스트레처블(Stretchable) 전자소자 분야에 대한 기대가 매우 높다.

현재 그래핀은 디스플레이, 반도체, 이차전지, 자동차, 광 검출기, 기능성 잉크, 레이저 산업 등 다양한 분야에서 상용화 연구 중에 있는데, 주요 국가로 영국, 미국, 중국, 독일 등이 있다. 게다가 그래핀은 물 필터 및 정화, 재생 가능한 에너지, 센서, 개인용 헬스케어, 의약 등의 분야에서 응용 가능성이 큰 것으로 전망되기 때문에 관련 기술이 개발될 경우 그래핀 시장은 폭발적으로 늘어날 ㉢ **가능성은 매우 적다.**

우리나라의 경우 그래핀 제조 관련 원천기술은 다소 미흡한 실정이지만, 응용기술 부분에서는 세계적 수준으로 평가받고 있다. 따라서 우리나라는 이런 ㉣ **예시를 통해** 그래핀 응용기술을 활용한 응용제품 개발 및 상용화, 글로벌 시장 선점을 위한 전략적 지원 및 R&D 확대 등을 추진해야 한다. 향후 그래핀 상용화 관련 기술개발은 더욱 치열해질 것이므로 그래핀 응용기술 개발 전략과 함께 미래소재산업에 적극적인 투자를 통해 글로벌 경쟁력을 갖춰가야 할 것이다.

05 지문에서 ㉠~㉣의 수정방안으로 가장 적절하지 않은 것은?

① ㉠ : 문맥상 의미가 어색하므로 '반도체로 주로 쓰이는 실리콘보다'로 수정한다.

② ㉡ : 반도체와 ITO 기반 투명 전극을 그래핀으로 대신 사용할 수 있다는 의미이므로 '대처할 수 있을 것으로'로 바꾼다.

③ ㉢ : 그래핀이 다른 분야에서도 활용될 경우 시장은 더욱 확대될 것으로 예상되므로 '가능성이 매우 크다.'로 수정한다.

④ ㉣ : 앞의 문장의 내용에 따라 자연스러운 흐름을 위해 '장점을 통해'로 수정한다.

06 김 과장은 그래핀에 대해 다음과 같이 설명하였다. 이 설명을 듣고 보일 수 있는 반응으로 가장 적절한 것은?

> 영국 A기업 연구진은 그래핀을 사용해 복잡하고 제어 가능한 음성 신호를 생성할 수 있는 획기적인 방법을 개발하여 초소형 스피커 제품에 적용하였습니다. 미국 B기업 연구진은 그래핀으로 암을 조기 진단할 수 있는 방법을 개발했습니다. B기업은 그래핀 위에 뇌세포를 결합함으로써 정상 세포와 단일 과민성 암세포를 구별할 수 있다는 것을 증명해 냈습니다.

① 그래핀은 음성 신호와 의료기기 관련 기술에 특화된 물질이라고 할 수 있어.

② 우리나라의 그래핀 응용기술은 세계 최고 수준이기 때문에 영국과 미국에서는 우리의 기술을 참고했을 거야.

③ 여러 국가에서 그래핀을 활용한 응용기술 연구가 다양한 분야에서 활발히 진행되고 있어.

④ 그래핀의 강도가 높다는 성질을 이용하여 영국과 미국에서는 그래핀 응용기술 연구에 성공했어.

[07~08] 다음 글을 읽고 물음에 답하시오.

누군가의 말을 듣는 행동에도 단계가 있는데, 그중에서도 들리는 소리를 단순히 듣기만 하는 수준의 '그냥 듣기'는 그리 어려운 일이 아닌 것처럼 보인다. 청각기관을 통해 수집되는 감각 정보를 단순히 받아들이기만 하는 수동적인 행위라면 전혀 어려움 없이 해낼 수 있을 것 같다. 그러나 실제 대화 상황에서 상대방의 이야기를 소극적으로 경청만 하는 것도 생각보다 쉽지 않다는 것을 깨닫는 데는 그리 오랜 시간이 걸리지 않는다. ㉠ <u>우리는 상대방의 말을 그대로 받아들이기보다는 내 입맛대로 해석하길 좋아하며 그렇게 도출된 결론을 가지고 상대방을 설득하고 훈계하고 싶어 한다. 자기중심적 사고에 매몰되어 상대방의 말에 귀를 기울이지 않다 보니 자신의 경험과 신념이 언어를 이해하고 해석하는 기준점이 되고, 여기서 상호 간에 착각과 왜곡이 발생한다.</u>

소극적인 경청의 다음 단계인 적극적인 경청은 내가 아닌 상대방을 중심에 두고, 상대방을 이해하겠다는 목적이 분명한 듣기라고 할 수 있다. 상대방의 말을 들을 준비가 되어있다는 전제 위에서 대화가 시작되며, 이 대화의 주인공은 상대방인 만큼 그의 말에 주의를 집중한다. 상대방의 표현에 적절한 반응을 보이며 공감을 표시하는 것은 물론이고, 들리는 '소리'뿐만 아니라 대화의 맥락과 상황을 고려하며, 상대방의 관점에서 문제를 들여다보기도 하고, 궁금한 점이 있으면 질문도 한다. 대화의 흐름은 어떤지, 상대방이 반복적으로 사용하는 표현이 있는지, 혹은 상대방이 흥분한 나머지 일관성을 잃고 있는지 등을 살피며 상대방의 말을 종합적으로 이해하고 해석한다.

이렇게 놓고 보면 경청이라는 행위가 생각보다 매우 어려운 일이라는 느낌이 들겠지만, 그래도 상대방의 '소리'를 듣는 것은 '소리' 외의 수단을 통한 표현을 해석하는 것에 비하면 쉬운 일이라고 할 수 있다. 타인과 대화 중인 인간의 의사표현 중 말의 형태로 전달되는 것은 대략 4분의 1 정도에 불과하며 나머지 대부분은 비언어적으로 표현된다. 사람의 얼굴 표정과 몸짓, 자세와 시선, 호흡과 안색 등을 통해 직접 말하는 것보다 훨씬 많은 정보가 암호처럼 전달된다. 웃고 있는 입과 웃고 있지 않은 눈, 괜찮다는 입과 풀이 죽은 표정, 아무렇지도 않다는 제스처와 축 처진 어깨가 함께 전달하는 의미는 지속적인 훈련을 통해 관찰력을 키우지 않으면 대부분 간과하고 지나치는 복선이다. 대화 당시에 바로 회수되지 못한 복선은 결국 시간이 지난 뒤 오해와 갈등으로 이어진다.

07 다음 중 윗글에서 설명하고 있는 경청의 자세에 대해 잘못 이해한 사람을 고르면?

① 김 사원 : 나의 경험을 가지고 조언하기보다 상대방의 관점에서 그에게 심리적 지지와 동의를 제공해야 해.
② 박 대리 : 복선을 놓치지 않으려면 상대방을 정면으로 마주하고 비언어적으로 전달되는 정보에 주목해야 해.
③ 신 과장 : 정확한 소통을 위해서는 상대방이 하는 말보다는 그의 표정과 몸짓에 더 주의를 기울여야 해.
④ 이 차장 : 대화를 통해 단순히 말을 듣는 것이 아니라 상대방의 감정을 이해하고 공감할 수 있어야 해.

08 ㉠과 같은 방식으로 소통하는 사람에게 경청의 자세에 대해 해줄 수 있는 조언으로 가장 적절한 것은?

① 대화를 통해 느낄 수 있는 상대방의 감정이 부정적이라고 해서 너무 민감하게 반응할 필요는 없어.
② 상대방의 경험을 인정하면서도 지시나 진술, 혹은 질문의 형태로 더 많은 정보를 요청해야 해.
③ 상대방의 말을 중간에 자르기보다는 상대방이 스스로 화제를 바꾸도록 유도하는 게 좋아.
④ 상대방의 이야기를 비판적으로 분석해보고 이에 대한 자신의 생각과 느낌을 전달해주려고 노력해봐.

[09~10] 다음 글을 읽고 물음에 답하시오.

수 신 P 병원장
참 조 코로나19 위기 대응 TF
제 목 S사ㆍO사 코로나19 백신 보관 냉장고 관리 강화 요청

1. 관련근거 : 감염병의 예방 및 관리에 관한 법률 제5조 및 동법 시행령 제22조, 질병통제예방센터 백신 관리 지침 제5호
2. 코로나바이러스감염증-19 예방을 위한 귀 병원의 노고에 감사드립니다.
3. S사와 O사의 코로나19 백신을 보관하던 중 적정 보관온도 상한선을 초과하여 백신을 폐기하는 사례가 급증함에 따라 아래 같이 안내하오니 해당 코로나19 백신이 적정 보관상태를 유지할 수 있도록 협조하여 주시기 바랍니다.

– 아 래 –

☐ 접종기관 관리 사항
  1) S사, O사 백신별로 각각 관리 담당자 2인 이상 지정
  2) 백신 보관 냉장고 작동상태 확인(멀티탭 사용 금지) 및 백신 접종 목적 외 개폐 금지
  3) 백신 보관 냉장고 적정 온도 유지상태 일 6회 이상 확인 및 상시 온도 모니터링
  4) O사 백신 최초 입고 12시간 전부터 백신 보관 냉장고 최저 온도 설정 의무 준수. 끝.

09 위와 같은 유형의 문서를 작성할 때 유의할 점으로 적절하지 않은 것은?

① 마지막에 반드시 '끝'자로 마무리해야 하는 것은 아니다.
② 복잡한 내용은 항목별로 구분한다. ('-다음-' 또는 '-아래-')
③ 대외문서이며 장기간 보관되는 문서이므로 정확하게 기술한다.
④ '누가, 언제, 어디서, 무엇을, 어떻게(왜)'가 정확하게 드러나도록 작성해야 한다.

10 다음 대화 내용을 읽고 A 과장의 (가) 발언을 수정한 것으로 가장 적절한 것은?

A 과장 : B 대리, 어제 내려온 공문 봤어요?
B 대리 : 제가 어제 다른 업무 때문에 바빠서 구체적인 내용은 확인 못했습니다.
A 과장 : (가) 아니 본인이 담당자면서 그것도 모르고 있으면 어떻게 하나? 빨리 공문 읽어 보고 관리사항에 맞게 관리되고 있는지 확인하세요.

① 내가 읽어봤는데 별 내용은 없는 것 같고, 멀티탭 연결 상태나 한번 확인해보세요.
② B 대리가 담당자 아니에요? 일단 냉장고가 제대로 돌고 있는지 한번 열어보는 게 어때요?
③ B 대리가 고생이 많네. 많이 바쁘겠지만 공문 읽어보고 냉장고 관리 상태 확인해보세요.
④ 내가 이런 것까지 일일이 챙겨줘야 하나? 아무리 바빠도 본인 업무 처리는 확실히 하세요.

[11~13] 다음을 읽고 물음에 답하시오.

○○기업은 올해 상반기 신입사원 채용을 실시하였고, 총 200명이 지원하였다. 인사팀 담당자인 A 사원은 지원자 정보를 분류 및 분석하기로 하였다. 지원자의 학력과 전공 두 가지로 기준을 설정하였는데, 학력의 경우 학사와 석사 이상으로, 전공은 자연계열 및 인문·상경 계열로 나누었다. 총 200명의 지원자의 정보를 분류한 결과, 학사인 지원자는 64명, 석사 이상인 지원자는 136명이었다. 학사인 지원자 중 자연계열의 지원자는 28명, 인문·상경 계열의 지원자는 36명이었다.

11 지원자를 임의로 선택한 경우, 그 지원자가 학사일 때, 동시에 자연계열일 경우의 확률은?

① $\dfrac{3}{16}$

② $\dfrac{7}{16}$

③ $\dfrac{11}{16}$

④ $\dfrac{15}{16}$

12 임의로 선택한 지원자가 석사 이상일 때, 동시에 인문·상경계열일 확률이 $\dfrac{11}{34}$ 이었다. 그렇다면 석사 이상이면서 자연계열인 지원자는 몇 명이겠는가?

① 86명

② 88명

③ 90명

④ 92명

13 임의로 두 명의 지원자를 동시에 선택할 때, 한 명은 학사이면서 인문·상경계열이고 나머지 한 명은 석사 이상이면서 자연계열일 확률은 얼마겠는가?

① $\dfrac{3,310}{40,000}$

② $\dfrac{3,311}{40,000}$

③ $\dfrac{3,312}{40,000}$

④ $\dfrac{3,313}{40,000}$

제1회 실전모의고사

[14~15] 다음을 읽고 물음에 답하시오.

△△기업은 창립 20주년을 맞아 창립 기념회 및 "Network Week" 행사를 주최하고 직원 및 행사 참가자와 주요 고객사에 기념품을 배포하려고 한다. △△기업이 배포하려고 하는 기념품의 목록 및 배포 대상은 아래와 같다.

구분	수량	대상
메모패드	1인당 1개	직원
USB 메모리 32G	1인당 1개	직원
3색 터치 볼펜	1인당 1개	직원 & 행사 참가자
손소독제	1인당 1개	행사 참가자 & 고객사
탁상달력	1인당 1개	직원 & 행사 참가자 & 고객사
항균 물티슈	1인당 10매	직원 & 행사 참가자 & 고객사

△△기업은 직원 200명, 행사 참가자 500명 및 고객사 30곳을 대상으로 기념품을 배포할 예정이며, 총 제작 수량은 10%만큼(행사 참가자 배포 물품은 15%) 여유분을 더하여 준비할 예정이다(고객사는 1곳당 10명분 배포 예정). 기념품을 담을 수 있도록 1인당 1개씩 제공할 종이쇼핑백을 포함하여 각 기념품의 단가는 아래와 같다.

구분	단가
메모패드	7,250원/1개
USB 메모리 32G	5,500원/1개
3색 터치 볼펜	370원/1개
손소독제	2,000원/1개
탁상달력	1,500원/1개
항균 물티슈	450원/10매
종이쇼핑백	800원/1개

14 △△기업이 준비해야 하는 기념품 항목 및 준비 수량을 바르게 짝지은 것은?

① 메모패드 – 230개
② 볼펜 – 700개
③ 손소독제 – 905개
④ 항균 물티슈 – 11,200매

15 △△기업이 '고객사'에 배포하기 위해 제작하는 기념품의 총 제작비용은 얼마인가?

① 1,552,000원
② 1,567,500원
③ 1,574,000원
④ 1,583,500원

[16~17] 다음을 보고 물음에 답하시오.

사원 A 씨는 생산에 필요한 원재료 구입을 위한 발주 및 수입 절차를 담당하고 있다. A 씨가 주로 관리하는 원재료 XX는 세계 여러 나라에서 수입하는데, 국가마다 사용하는 무게 단위가 달라 발주를 넣을 때 항상 애를 먹고 있다. 주문 시 혼선을 막기 위해, A 씨는 주로 사용하는 무게 단위인 그램(g), 킬로그램(kg), 온스(oz), 파운드(lb)의 환산표를 작성하여 자리에 비치하였다. 환산표는 아래와 같다.

g	kg	oz	lb
1	0.001	0.035274	0.002205
1,000	1	35.273962	2.204623
28.349523	0.02835	1	0.0625
453.59237	0.453592	16	1

16 A 씨가 작성한 무게 단위 환산표를 보고 잘못 이해한 것을 고르면?

① 1g, 1kg, 1oz, 1lb 중에서 가장 무게가 많이 나가는 것은 1kg이다.
② 1g보다 1lb가 더 무겁다.
③ 1g보다 1oz가 더 무겁다.
④ 1lb는 1/16oz이다.

17 A 씨는 같은 부서 B 부장에게 아래와 같은 업무지시를 받았다. A 씨가 주문해야 할 양으로 잘못된 것을 고르면? (단, 소수점 첫째 자리에서 반올림한다.)

B 부장 : A 씨, 공장에서 연락이 왔는데 원자재 XX가 부족하여 생산에 차질이 있다고 하네요. 당장 56개를 생산해야 하니, 56개 생산하는데 필요한 양만큼만 주문하도록 하세요. 지금 생산하는 제품은 제품 하나당 100g의 XX 원자재가 필요합니다.

① 5,600g
② 5.6kg
③ 198oz
④ 21lb

[18~19] 아래는 ○○기업에서 작성한 각 공장별 생산실적 자료의 일부이다. 물음에 답하시오.

(단위 : 명, 개)

공장 명	직원 수	생산량	불량품 수	출하량
갑	20	880	10	850
을	55	2,050	150	1,800
병	30	1,200	25	1,500
정	15	900	50	850
합계	120	5,030	235	5,000

18 위의 자료를 보고 보인 반응으로 적절하지 않은 것은?

① 생산량 대비 불량품 수가 가장 많은 공장은 '갑'공장이다.
② 생산량보다 출하량이 많은 공장은 '병'공장이다.
③ 직원 대비 생산량이 가장 많은 공장은 '정'공장이다.
④ 직원 수와 생산량이 가장 많은 공장은 '을'공장이다.

19 위의 자료를 토대로 그래프를 그리려고 한다. 잘못 그린 것을 고르면?

①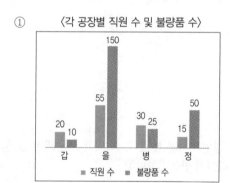
〈각 공장별 직원 수 및 불량품 수〉

②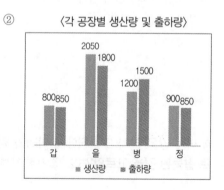
〈각 공장별 생산량 및 출하량〉

③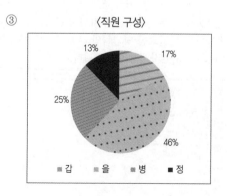
〈직원 구성〉

④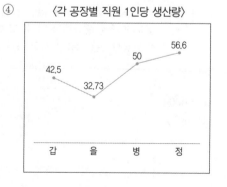
〈각 공장별 직원 1인당 생산량〉

20 아래 자료를 바탕으로 직원 A~G의 업무 평가 점수의 분산과 표준편차를 계산하면?

직원	A	B	C	D	E	F	G
편차	−2	3	1	( )	−1	2	0

	분산	표준편차
①	4	2
②	9	3
③	16	4
④	25	5

21 전자기기 회사에 근무하고 있는 김 대리는 최근 회사의 실적 부진을 극복하기 위한 기획안을 마련하고 있다. 김 대리가 초안을 구상하기 위해 작성해 놓은 메모의 내용이 다음과 같을 때, 김 대리가 (가)와 (나)의 내용을 도출하기 위해 활용한 사고방식으로 가장 적절한 것을 고르면?

> (가) 시장이 포화상태에 다다르게 되면 해당 시장에서의 매출 및 이익 증대도 한계에 부딪히게 되므로, 틈새 공략이나 획기적인 수준의 제품 차별화 또는 신규 시장 개척 등의 돌파구 마련이 필요하다. 최근 휴대용 전자기기 시장은 매년 성장률이 둔화하고 있는 상황으로 기존 제품군의 판매량도 정체되고 있으며 경기침체가 겹쳐 당분간 이와 같은 추세가 이어질 전망이다. 따라서 휴대용 전자기기의 매출 비중이 큰 우리 회사도 최근의 실적 정체를 극복하기 위해서는 타사와 차별화된 기능 개발에 투자하거나 아예 새로운 시장을 개척할 수 있는 신제품 개발에 집중해야 한다.
>
> (나) 최근의 소비 트렌드를 보면 소비자들은 휴대성이 높은 제품에 좋은 평가를 내리고 있다. 그렇다면 신소재 활용 및 설계 변경을 통한 경량화 제품 개발을 생각해볼 수 있으며 이와 함께 동일하거나 더 적은 배터리 용량으로도 제품을 더 오래 사용할 수 있도록 하기 위한 소프트웨어 및 배터리 알고리즘의 최적화도 고려해볼 수 있다. 관점을 달리하여 전에 없던 새로운 제품군 개발을 목표로 할 경우, 기존의 휴대용 전자기기는 주로 업무용이나 인터넷 강의 등으로 용도가 제한적이었던 점에 착안하여 콘텐츠 소비에 특화되어 있으면서 부담 없이 휴대할 수 있는 크기의 신제품 출시를 고려해볼 수 있으며 이 경우 새로운 시장을 창출하는 것도 가능하다.

	(가)	(나)
①	논리적 사고	창의적 사고
②	창의적 사고	비판적 사고
③	비판적 사고	발산적 사고
④	순차적 사고	단계적 사고

제1회 실전모의고사

[22~24] 다음을 보고 물음에 답하시오.

문제해결 절차 중 문제 도출 단계는 선정된 문제를 분석하여 해결해야 할 것이 무엇인지를 명확히 하는 단계로, 현상에 대하여 문제를 분해하여 인과관계 및 구조를 파악하는 단계이다. 이 단계에서는 문제를 작고 다룰 수 있는 이슈들로 세분화하고, 문제에 영향력이 큰 이슈를 핵심이슈로 선정하는 활동을 수행한다.

문제 구조 파악을 위해서 주로 사용되는 기법에는 (㉠)이(가) 있다. 이 방법은 문제의 원인을 깊게 파고드는 등의 해결책을 구체화할 때 제한된 시간 속에서 넓이와 깊이를 추구하는 데 도움이 되는 기술이다. (㉠)은(는) 아래와 같이 나타낼 수 있다.

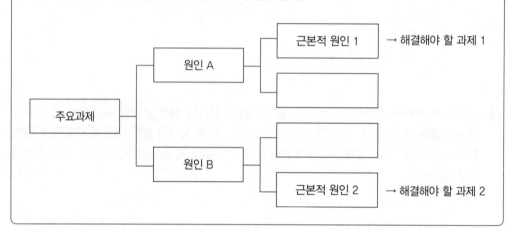

22 위의 내용에서 설명하고 있는 문제 도출 단계에서 수행하는 활동을 모두 고르면?

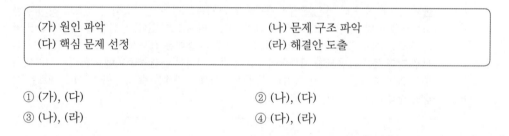

(가) 원인 파악   (나) 문제 구조 파악
(다) 핵심 문제 선정   (라) 해결안 도출

① (가), (다)   ② (나), (다)
③ (나), (라)   ④ (다), (라)

23 ㉠ 방법을 활용할 때 주의할 내용으로 적절하지 않은 것을 고르면?

① 전체 과제를 명확히 해야 함

② 분해하는 가지의 수준을 맞춤

③ 원인 각각의 합이 전체를 포함해야 함

④ 원인을 파악하기 힘든 경우 해당 원인 도출 과정을 생략 가능

24 아래는 ㉠ 방법을 활용하여 문제의 원인을 파악하는 예시이다. 잘못된 내용을 고르면?

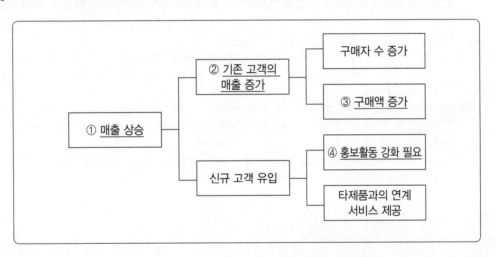

[25~26] 다음은 창의적 사고를 위한 발산방법에 대한 설명이다. 이를 읽고 물음에 답하시오.

(㉠)은 미국의 알렉스 오즈번이 고안한 그룹발산기법으로, 창의적인 사고를 위한 발산방법 중 가장 흔히 사용되는 방법이다. (㉠)은 집단의 효과를 살려서 아이디어의 연쇄반응을 일으켜 자유분방한 아이디어를 내고자 하는 것으로, 진행 방법은 다음과 같다.

1. 주제를 구체적이고 명확하게 정한다. 논의하고자 하는 주제는 구체적이고 명확하게 주어질수록 많은 아이디어가 도출될 수 있다. 예를 들어 "현장 사고를 줄이기 위해서는"이라는 주제보다는 "구성원 전원에게 안전 헬멧을 착용하는 방법"이라는 주제가 주어졌을 때 좋은 아이디어가 나오기 쉽다.

2. 구성원의 얼굴을 볼 수 있는 좌석 배치와 큰 용지를 준비한다. 구성원들의 얼굴을 볼 수 있도록 사각형이나 타원형으로 책상을 배치해야 하고, 칠판에 모조지를 붙이거나, 책상 위에 큰 용지를 붙여서 아이디어가 떠오를 때마다 적을 수 있도록 하는 것이 바람직하다.

3. 구성원들의 다양한 의견을 도출할 수 있는 사람을 리더로 선출한다. 구성원들이 다양한 의견을 제시할 수 있는 편안한 분위기를 만드는 리더를 선출해야 한다. 직급이나 근무경력에 따라서 리더를 선출하는 것은 딱딱한 분위기를 만들 수 있기 때문에 분위기를 잘 조성할 수 있는 사람을 직급에 관계없이 리더로 선출해야 한다. 특히 리더는 사전에 주제를 잘 분석하고 다양한 아이디어를 산출할 수 있도록 하는 방법들을 연구해야 한다.

4. 구성원은 다양한 분야의 사람들로 구성한다. 인원은 5~8명 정도가 적당하며, 주제에 대한 전문가를 절반 이하로 구성하고, 그 밖에 다양한 분야의 사람들을 참석시키는 것이 다양한 의견을 도출하는 지름길이다.

5. 발언은 누구나 자유롭게 할 수 있도록 하며, 모든 발언 내용을 기록한다. 누구나 무슨 말이라도 할 수 있도록 해야 하며, 발언하는 내용은 요약해서 잘 기록함으로써 내용을 구조화할 수 있어야 한다.

6. 제시된 아이디어를 비판해서는 안 되며, 다양한 아이디어 중 독자성과 실현가능성을 고려해서 아이디어를 결합해서 최적의 방안을 찾아야 한다.

25 다음 중 ㉠에 대한 설명으로 옳은 것은?

① 주제가 함축적일수록 효과가 크다.

② 회의 중에는 자유분방하게 의견을 나눠야 하며 회의 후 중요한 발언을 모아 회의록을 작성해야 한다.

③ 주제와 관련된 경력이 가장 많은 사람이 리더가 되어 회의를 진행해야 한다.

④ 주제와 관련된 전문가가 아닐지라도 회의에 참석하여 의견을 나눌 수 있다.

26 기획팀은 신제품 출시와 관련한 미팅을 진행하였다. ㉠을 통한 창의적 사고를 위한 발산법에 위배되는 모습을 보인 사람은 누구인가?

① 허 주임 : 우리 제품은 다른 제품에는 없는 신기술을 적용한 최초의 제품이므로 이것을 최대한 강조하여 고객을 끌어와야 합니다.

② 박 차장 : 신기술만 강조하면 제품의 정체성을 잃을 수 있으므로 신기술 강조보다는 경쟁 제품과의 차별점을 명확히 보여주어야 합니다.

③ 신 대리 : 신제품을 홍보할 때 독특한 디자인을 보여주기 위해 SNS, 인터넷매체, TV 광고 등을 적극적으로 활용하는 것도 좋은 방법입니다.

④ 염 과장 : 갑자기 떠오른 생각인데 정식 출시에 앞서 내부 자원을 활용하여 먼저 테스트하면 혹시 있을 문제점에 대해 빠르게 파악할 수 있을 것입니다.

[27~28] 다음은 ○○서점의 회원 등급별 포인트 적립에 관한 내용이다. 아래 내용을 참고하여 물음에 답하시오.

○○서점 회원 등급별 포인트 적립 제도

- 구매한 금액과 권수에 따라 회원 등급이 산정되며 회원 등급에 따라 차등적으로 포인트가 지급됩니다.
- 회원 등급은 최근 1년을 기준으로 산정되며, 매달 1일 등급이 갱신됩니다.
- 각 등급은 구매 권수와 구매 금액을 모두 충족한 경우에만 해당되며, 구매 권수와 구매 금액 중 하나만 충족된 경우에는 구매 권수와 구매 금액 각각에 해당하는 등급 중 낮은 등급을 적용합니다.
- 각 등급별 구매 권수, 구매 금액, 적립 포인트는 다음과 같습니다.

회원 등급	구매 권수	구매 금액	적립 포인트 (구매금액 천 원당)	제한 조건
가	30권 이상	40만 원 이상	100P	최근 3개월 기준 최소구매 권수가 3건 미만일 경우 1등급 하향
나	25권 이상	30만 원 이상	75P	
다	20권 이상	25만 원 이상	65P	최근 3개월 기준 최소구매 권수가 2건 미만일 경우 1등급 하향
라	15권 이상	20만 원 이상	50P	
마	10권 이상	15만 원 이상	35P	최근 3개월 기준 최소구매 권수가 1건 미만일 경우 1등급 하향
바	5권 이상	10만 원 이상	20P	
사	5권 미만	10만 원 미만	없음	

〈사례〉

승재 : 7개월 전에 ○○서점의 회원이 되었는데, 가입 직후 25만 원짜리 서적 한 권을 구매한 것이 전부이다.

중원 : 이번 달에 책을 7만 원어치 구입하였는데 4,550P가 적립되었다.

현준 : 2021년 3월에 책 한 권을 11만 원에 구매해서 11,000P를 적립 받았으나, 2021년 4월 현재 최근 3개월 구매 권수가 2권밖에 되지 않는다.

인규 : 2021년 3월에 장편 소설 3권을 35만 원에 구매하여서 7,000P를 받았었는데, 이 구매 이후 회원 등급이 1단계 상승하였고 그 이후로 책을 구매하지 않았다.

27 주어진 내용을 바탕으로 2021년 4월 현재 〈사례〉에 해당하는 회원 등급이 바르게 산정된 것을 고르면?

	승재	중원	현준	인규
①	사	나	다	마
②	사	다	나	마
③	바	나	마	라
④	마	다	가	바

28 인규의 회원 등급이 한 등급 상승하기 위해 구매해야 하는 책의 최소 권수와 최대 권수가 알맞게 짝지어진 것을 고르면?

① 한 권, 세 권　　　　　　　　② 두 권, 네 권
③ 세 권, 아홉 권　　　　　　　④ 네 권, 열 권

[29~30] 다음은 ○○회사 경비팀의 사무실 파티션 구매에 대한 내용이다. 물음에 답하시오.

최 팀장 : 새로운 사무실 공간에 어떻게 책상을 배치하기로 하였나요?
나 과장 : 자신이 담당하는 경비 구역에 따라 팀원이 앉을 수 있도록 자리를 배치하기로 하였습니다.
최 팀장 : 네. 그렇게 배치하도록 하죠. 그리고 이번에 책상 파티션을 새로 구매할거예요. 책상 사이
즈는 가로 1m 50cm이고, 세로 1m이에요. 책상은 10개를 놓을 생각이고요. 파티션의 두
께는 10cm예요. 각자의 업무 공간이 독립적으로 구분될 수 있도록 책상의 앞쪽과 옆쪽에
파티션을 세울 거예요. 책상이 맞닿아 있는 곳은 가운데 하나만 있으면 되겠죠?
나 과장 : 네, 고려해서 책상 배열을 해보도록 하겠습니다.
최 팀장 : 그리고, 각 공간 배열 계획에 따라 파티션을 몇 개 구매해야 하는지, 구매 비용이 얼마인
지 계산해서 함께 제시해주었으면 해요.
나 과장 : 네, 알겠습니다.
최 팀장 : 아, 그리고 다음 주에 입사하는 신입사원도 팀에 맞춰서 자리를 배치해 주세요.
나 과장 : 네, 자리를 비워놨습니다. 걱정하지 않으셔도 돼요.

경비팀 사무실 배치도

경비팀 팀원 자리 배치 조건

- 안전구역팀은 복도를 기준으로 문 쪽(왼쪽), 작업구역팀은 벽 쪽(오른쪽)에 배치한다.
- E는 G보다 문 쪽에 위치한다.
- F는 책상10을 사용하며, D와 마주보고 앉는다.
- G는 문 쪽에서 4번째 자리에 배치한다.
- B와 D 사이에 1명이 앉으며, B의 앞에는 C가 앉는다.
- A의 오른쪽 자리는 비어 있으며, E는 복도 바로 옆에 앉는다.
- C의 왼쪽에는 복도가 있으며, F의 왼쪽 자리는 비어 있다.
- 창문 쪽 자리 홀수 번호 책상은 비워둔다.

29 경비팀 자리 배치 조건에 따라 자리를 배치할 때, 작업구역팀원을 바르게 나타낸 것은?

① A, C, E, F
② B, C, D, F, G
③ A, B, C, F, G
④ B, C, E, F, G

30 다음 주부터 신입사원 H는 팀원이 적은 팀으로 입사할 예정이다. 이때 다음 설명 중 항상 옳은 것은?

① H는 복도 옆에 앉을 수 없다면, 창문 쪽 자리에 앉아야 한다.
② H는 창문 쪽 자리에 앉게 된다.
③ H는 안전구역팀원의 오른쪽에 앉게 된다.
④ 최 팀장이 창문 쪽 홀수 번호 자리에 앉는다면, H는 최 팀장과 같은 줄에 앉게 된다.

31 다음 상황에서 P사는 어떠한 자원 낭비 요인을 없애기 위해 일회용 종이컵 대신 머그컵을 사용하도록 하는가?

> J씨가 대기업 P사에 입사하던 첫날, 총무팀으로부터 출입 카드보다 먼저 받은 것은 P사 로고가 찍힌 머그컵이었습니다. 출입 카드보다 더 중요한 존재가 머그컵이라니, 상당히 난감했습니다. 한편으로는 이렇게 사소한 것까지 챙겨주는 P사에 감사한 마음까지 들었습니다. 그런 J씨에게 주변 선배님들이 넌지시 귀띔해 주는 말이 우리 회사는 일회용 종이컵을 사용하지 못한다는 것이었습니다. 일회용 종이컵을 줄이기 위해서 P사는 머그컵을 사용한다고 합니다. 전사 직원 3천 명에게 나눠주는 기준으로 머그컵 초기 구매비용이 1천 200만 원이라고 합니다. 불현듯 생각보다 초기 구매비용이 많이 든다는 생각에 곧바로 계산을 해보기 시작했습니다. 일회용 종이컵 1,000개에 6,400원 정도 하는데, 하루에 커피를 3잔 마신다고 생각하고, 한 달 워킹데이는 20일이고…. 복잡해지기 시작했습니다. 차라리 머그컵보다 종이컵을 쓰는 것이 낫지 않을까 싶었습니다. 하지만 종이컵 하나가 분해되는 데 무려 20년이나 걸릴 뿐만 아니라 그 종이컵을 3천 명이 사용할 경우, 종이컵 쓰레기를 처리하는 데 연간 7천 260만 원이나 소요된다는 총무과 동료의 이야기를 듣고 생각이 달라지기 시작했습니다. 머그컵을 사용하는 데 있어 경제성을 따지지 않기로 말이죠.

① 자원을 활용하는 데 자신의 편리함을 최우선적으로 추구하는 경우
② 충동적이고 즉흥적인 행동으로 자신이 활용할 수 있는 자원을 낭비하게 되는 경우
③ 자원관리의 경험 또는 노하우 부족으로 효과적인 활용 방법을 모르는 경우
④ 자신이 가지고 있는 중요한 자원을 인식하지 못하는 경우

[32~33] 다음은 D회사의 자원관리 실패 사례이다. 이를 읽고 물음에 답하시오.

> D회사는 온라인 사업에 진출하기 위해 올해 1월에 관련 회사들이 모여있는 곳으로 사무실을 확장 이전하였다. 사무실을 확장 이전하면서 온라인 사업에 필요한 장비와 사무실 물품도 함께 구매하였다. 이때 확장 이전 후 예상보다 많은 사무실 물품을 구매했다고 판단한 D회사는 물품 활용을 위해 기존 경력사원 채용 계획에서 10명을 더 추가로 늘리기로 하였다. 그러나 경력사원 모집 공고를 내기도 전에 D회사의 매출이 악화되면서 온라인 사업 진출이 무기한 연기되었을 뿐만 아니라, 경력사원 지원자가 예상보다 적어 목표했던 인원을 채용하지 못하게 되었다. 결국 D회사는 확장된 사무실 규모에 비하여 근무 인원이 적어 데스크와 사무용 비품이 방치되는 결과를 낳고 말았다. 또한, 온라인 사업이 차일피일 미뤄지면서 카메라 장비와 스크린 등 2,000만 원대의 물품이 사용되지 않고 있는가 하면, 사무용으로 구매해 놓은 PC와 태블릿 등이 설치되었으나 사용되지 않고 방치되었다.

32 위 사례에 대하여 설명한 것 중 가장 옳지 않은 것은?

① 물적자원을 구매했지만 잘 활용하지 못한 사례에 해당한다.
② 사용 물품과 보관 물품을 제대로 구분하지 못하고 있다.
③ 보유하고 있는 물품이 방치되고 있으며, 경우에 따라서는 물품이 훼손되어 낭비될 수 있다.
④ 명확한 목표나 계획이 없이 충동적으로 물품을 구매하여 자원이 효율적으로 관리되지 못하였다.

33 다음에서 설명하는 자원관리 4단계 중 D회사의 자원관리가 실패한 원인에 해당하는 단계를 고르면?

> 자원은 유한하기 때문에 기업 활동에 있어서 가장 중요한 요소로 꼽힙니다. 따라서 자원을 효과적으로 확보, 유지, 활용하는 자원관리는 매우 중요합니다. 자원의 관리는 크게 4단계로 구분할 수 있습니다. 첫 번째 단계는 업무에 대한 정확한 목표 설정과 업무를 추진하면서 어떤 자원이 얼마나 필요한지 파악해야 하는 ① **'필요한 자원의 종류와 양 확인'**입니다. 두 번째 단계는 필요한 자원의 종류와 양을 확인한 후 자원의 낭비가 발생하지 않도록 정확히 필요한 양만큼 확보하는 ② **'이용 가능한 자원 수집하기'**입니다. 세 번째 단계는 자원 활용의 우선순위를 설정하는 ③ **'자원 활용 계획 세우기'**입니다. 마지막으로 최대한 계획에 맞춰 자원을 활용하고, 불가피하게 수정해야 할 경우 전체 계획에 영향을 미치는지 확인하는 ④ **'계획대로 수행하기'**입니다. 이것만 잘 기억하고 있으면 자원을 효과적으로 관리하여 낭비를 줄이는 데 도움이 될 것입니다.

[34~35] 다음 K씨의 상황을 읽고 물음에 답하시오.

K씨는 요즘 자신의 시간 사용법에 대해 고민하기 시작했다. 아침에 일어나 바쁘게 챙겨서 회사로 출근을 한 후, 오늘 해야 할 일을 체크하기 위해 인트라넷에 접속하는 순간 K씨의 의지와는 상관없이 실시간으로 전달되는 업무지시들이 쏟아졌다. 그럴 때마다 K씨는 하려고 했던 일을 멈추고 지시가 내려온 업무를 우선적으로 처리하곤 했다. 또한 갑자기 잡히는 회의에 참석을 한 적도 꽤 많다. K씨는 금방 끝낼 수 있는 업무부터 서둘러 처리하는데도 늘 급박하게 다른 업무들이 생겨났다. 하루종일 일을 처리하고 집에 가면 녹초가 되는 일상이 반복되고 있다. 있던 일은 없어지지 않고, 새로운 일만 계속 생겨나는 것 같은 기분은 왜 항상 드는지 모를 지경이다. 맡은 일만 다 하면 퇴근을 할 수 있는 것도 아니다. 업무를 하나 맡아 시작하면 형식적인 절차에 관련된 보고는 어찌나 많은지…. K씨는 그 누구보다 성실하게 일하고 있다고 생각하지만 늘 야근은 K씨의 몫이었다. 야근을 한 날이 야근을 하지 않은 날보다 많았다. 회사에 입사한 이후 K씨는 계속되는 바쁜 생활에 하루살이마냥 아등바등 살아내고 있는 이 기분을 떨쳐낼 수가 없었다.

34 K씨는 업무시간에 어떻게 일을 하는가?

① K씨는 우선순위 없이 일을 한다.
② K씨는 전화를 비롯하여 잡담이 많다.
③ K씨는 일을 끝내지 않고 남겨둔다.
④ K씨는 장기적으로 도움이 되지 않는 일을 한다.

35 똑똑한 시간관리를 하기 위해 K씨의 업무 중 조절이 필요한 일이 아닌 것은?

① 실시간으로 전달되는 업무지시
② 형식적인 절차에 관련된 보고
③ 시급한 업무
④ 갑자기 잡히는 회의에 참석

[36~37] 아래는 직장인 C의 예산 수립 과정에 관한 글이다. 물음에 답하시오.

◇◇기업의 홍보팀 C 대리는 다음 달 있을 외부 홍보 행사의 예산을 수립하고자 한다. 먼저 C 대리는 해당 홍보 행사에서 필요한 활동과 각 활동별 예상되는 예산을 정리하였다. 정리하니 ㉠ **홍보부스 설치 및 운영에 150만 원, 체험 행사에 210만 원, 참가자 기념품에 200만 원, 영상 촬영 및 편집에 200만 원이 소요될 것으로 파악하였다.** 해당 홍보 행사에 배정된 예산은 700만 원이라 모든 활동을 수행하기 어렵다고 판단, C 대리는 어떤 활동이 가장 중요한지 D 부장에게 의견을 구하였고, ㉡ **D 부장의 의견에 따라 홍보 부스 설치 및 운영과 체험 행사, 참가자 기념품 증정만 진행하기로 하였다.** ㉢ **C 대리는 최종적으로 홍보 부스 설치 및 운영에 170만 원, 체험 행사에 230만 원, 참가자 기념품 증정에 200만 원의 예산을 배정하고 행사 준비에 착수하기로 하였다.**

아래의 표는 C 대리가 홍보 행사를 위해 작성한 예산표이다.

항목	산출내역	금액	비고
홍보 부스 설치 및 운영	• 부스 설치 : 500,000원×2개 • ㉣ **운영 인력 : 100,000원×4명** • 기타 소모품 : 100,000원 • 여유비용 : 200,000원	1,700,000원	운영인력은 일용직으로 배치, 1인당 8시간 근무
체험 행사	• 체험 행사 전문가 비용 : 500,000원×2인 • 체험 행사 재료비 : 1,000,000원 • 기타 소모품 : 100,000원 • ㉤ **여유비용 : 200,000원**	2,300,000원	
참가자 기념품 증정	• ㉥ **기념품 : 10,000원×200개**	2,000,000원	
영상 촬영 및 편집	• 대행업체 : 2,000,000원	2,000,000원	㉦ **A사와 수의계약 예정이었으나 취소**

36 밑줄 친 ㉠~㉢을 예산관리 절차와 올바르게 짝지은 것을 고르면?

	㉠	㉡	㉢
①	예산 배정	필요한 과업 및 활동 규명	우선순위 결정
②	우선순위 결정	필요한 과업 및 활동 규명	예산 배정
③	필요한 과업 및 활동 규명	우선순위 결정	예산 배정
④	필요한 과업 및 활동 규명	예산 배정	우선순위 결정

37 아래는 ◇◇기업의 예산 관련 규정이 일부이다. 지문의 밑줄 친 ㉣~㉠ 중 규정에 어긋난 것을 고르면?

- 일용직 및 단기 인력을 고용할 경우, 최저 임금 이상으로 급여를 지급할 것 (2021년 최저임금 : 8,720원)
- 기념품 및 사례품은 인당 7,000원을 초과할 수 없음
- 대행업체 및 외부 용역과 계약을 체결할 경우, 20,000,000원 이하의 계약은 수의계약이 가능함
- 여유 비용은 전체 금액의 10% 이하로 책정할 것

---

① ㉣   ② ㉤

③ ㉥   ④ ㉠

38 다음 중 A사가 실시하고 있는 인사정책으로서 ㉠에 해당하는 것을 고르면?

   P사원은 지금 자신의 직무가 적성에 맞지 않는다. 현재 A사 영업팀에서 3년째 일을 하고 있는 P사원은 인바운드 영업직이다. 입사 당시에 영업팀을 지원하지 않았는데도 서비스 마인드가 있다는 이유로 영업직에 배치되었다. 그러다 보니 직무에 대한 흥미와 자부심이 느껴지지 않는다. 되려 직무에 대한 몰입도가 떨어지고, 업무를 진행하면서도 스트레스를 많이 받아 영업직이 과연 자신과 잘 맞는지에 대한 고민이 많다. P사원은 꼼꼼한 편이지만 상황에 따라 발생하는 고객사의 예상하지 못했던 제안이나 요구를 요청받으면 스트레스를 많이 받는다. P사원은 도전적인 업무보다는 단순하고 일반적인 반복 업무에 더 많은 안정성을 느끼고 있었다. P사원은 A사의 조직문화가 마음에 들어 다른 회사로의 이직은 생각하지 않고 있다. 또한 현재 거주하고 있는 Q도시를 벗어나 다른 도시로 가고 싶은 마음도 없다. P사원은 결국 영업팀 팀장에게 다른 업무를 경험할 수 있는 기회를 달라고 요청했다. A사는 (㉠)를(을) 할 수 있는 '사내공모제'를 운영한다. 하지만 소속 팀에서 역량을 쌓는 시기인 저연차는 지원을 제한하는 사내 공모 지원 조건으로 인해 P사원은 사내공모제에 지원하지 못했다. P사원은 좌절을 느끼고 퇴사를 심각하게 고려 중이나 새로운 일을 찾으려니 두려움이 앞선다.

---

① 전환배치   ② 순환보직

③ 전근   ④ 전직

[39~40] 다음은 G회사의 신입사원 채용에 대한 내용이다. 이를 읽고 물음에 답하시오.

G기업 신입사원 채용 최종 후보자 자격사항

지원자	지원분야	전공	자격증	기타
김○○	인사	건축학과	건축기사	건축 현장 관리 1년
노○○	해외영업(중국)	중국어과	HSK 6급	H회사 베이징 지점 인턴 6개월
심○○	재무	회계학과	전산회계 1급	I회사 회계팀 인턴 3개월
민○○	경영	컴퓨터공학과	정보처리기사	정보보안업체 인턴 1년

상황

유 부장 : 이번 신입사원 채용에는 능력 있는 사람들이 지원을 많이 한 거 같아.

이 부장 : 사회 경력이 있는 지원자들이 꽤 있었다고 들었어. 그만큼 경쟁률도 매우 치열했지. 최종 후보에 오르기까지 3번의 면접을 통과했으니 기본 능력은 매우 뛰어나다고 봐야지.

유 부장 : 음. 하지만 최종 후보자 명단을 보면 단순 능력만 보고 올라온 경우도 있는 것 같아. **지원분야에 적합한 업무 경력, 전공, 경험을 가진 신입사원을 뽑아야 해.** 짧더라도 경험과 경력이 있으면 무엇이든 금방 흡수할 수 있고 그래야 팀의 효율성도 같이 올라가거든.

이 부장 : 맞아. 그렇게 해서 작년에 뽑은 우리 팀 신입사원도 관련 경력이 있으니 자기 업무를 빠르게 배우면서 팀에 적응했지. 지난달에는 우수 사원으로도 뽑혔어. 이번에도 최종 후보자 중에 우리와 함께 일할 인재를 잘 뽑아보자.

39 위 상황에서 밑줄 친 말을 통해 유추할 수 있는 유 부장이 중요하게 생각하는 인력배치의 원칙은 무엇인가?

① 단결의 원칙
② 공정 인사의 원칙
③ 공정 보상의 원칙
④ 적재적소 배치의 원칙

40 다음 중 유 부장이 이 부장에게 할 수 있는 말로 적절하지 않은 것은?

① 노○○은 우리 해외영업팀에서 빠르게 적응하여 큰 도움이 될 것 같아.
② 컴퓨터공학을 전공한 민○○은 경영분야가 아닌 전산보안팀으로 채용을 해야겠어.
③ 심○○은 자격증도 있고 학과도 연관성이 있는데 I회사에서의 인턴 경력이 너무 짧은 것이 문제야.
④ 인사분야에 지원한 김○○은 아무래도 이번 신입사원으로 뽑기는 좀 힘들 것 같아.

[41~42] 다음은 베이비 채소시장에 뛰어든 K사의 사례이다. 이를 읽고 물음에 답하시오.

K사 H씨는 과거 15년간 채소양액재배법을 활용한 영농경험이 있는 채소 생산 전문가이다. 그러나 시설채소시장의 과열경쟁으로 수익성이 떨어지자 새로운 사업기회를 탐색하였다. 국내외 여러 농업연구기관과 시장, 소비처를 조사한 결과 새롭게 시장이 형성되고 있는 베이비 채소시장을 발견하였다. 외국의 경우 베이비 채소시장은 이미 상당한 규모의 시장으로 성장하고 있었고 이에 H씨는 네덜란드 현지 방문을 통해 기본적인 재배방법을 학습하였으며 국내에 들어와 15년간의 재배 노하우를 바탕으로 실험을 반복하여 재배 기술을 확보하였다. 또한 H씨는 우리나라 호텔에서도 이미 수입 베이비채소가 소비되고 있으며 매년 수입규모가 확대되고 있음을 호텔 관계자와의 접촉을 통해서 확인하였다. 대중적으로 판매되고 있는 새싹채소와는 다른 제품으로 해당 채소가 2~3cm 혹은 5~7cm 정도로 생장했을 때 수확하고, 비타민이 풍부하고 조직이 부드러우며 농약을 전혀 사용하지 않는 등의 제품 특성을 바탕으로 고급 수요자를 겨냥한 제품을 출시하여 국내에서는 최초로 친환경 베이비채소를 국내 특급호텔에 독점적 공급권을 확보하였다. 그러나 베이비채소의 재배, 선별, 품질 규정은 매우 까다로워서 일반적인 채소농가가 진입하기에는 진입장벽이 높다. 이에 H씨는 소비자의 까다로운 품질요구를 만족시키기 위해 품질관리를 체계화하고 생산된 제품의 20% 정도를 폐기처분하여 최상품만을 납품하는 등의 철저한 품질관리로 문제를 해결하였다. 또한 쉽게 변질되는 베이비채소는 수확 후 2시간 내에 소비가 이루어져야 함에 따라 생산지의 위치가 소비지와 근접할수록 유리하여 친환경적인 영농이 가능한 지역이어야 한다. H씨의 농장은 경기도 광주시에 위치한 상수원 보호지역으로 공장 등 오염물질을 배출하는 시설이 없으며 서울의 호텔까지의 수송시간이 30~50분에 불과해 유리한 입지조건을 가지고 있다. 베이비채소의 가격은 일반채소와 비교할 수 없을 만큼 높은 가격을 형성하기 때문에 충분한 사업성을 가지고 있었다. 지난 15년간 사용하던 시설은 별도의 추가적인 설비 도입 없이 사용 가능했기 때문에 추가적인 투자 규모를 최소화할 수 있었다.

41 K사의 경쟁전략은 무엇인가?

① 집중화전략　　　　　　　　　② 차별화전략
③ 원가우위전략　　　　　　　　④ 직관전략

42 다음은 K사의 대·내외환경을 SWOT 분석을 통해 정리한 내용이다. 틀린 것을 고르면?

① 15년간 채소양액재배법을 활용한 영농경험이 있는 채소 생산 전문가는 S(강점)요인에 해당한다.
② 별도의 추가적인 설비 도입 없이, 기존 시설의 사용 가능성은 W(약점)요인에 해당한다.
③ 베이비채소의 재배, 선별, 품질 규정이 매우 까다로워서 일반적인 채소농가가 진입하기에는 진입장벽이 높은 것은 T(위협)요인에 해당한다.
④ 우리나라 호텔에서도 베이비채소가 이미 외국에서 수입되어서 소비되고 있으며 매년 수입규모가 확대되고 있는 상황은 O(기회)요인에 해당한다.

[43~44] 다음 Q 상무와 M 부장의 대화를 읽고 물음에 답하시오.

Q 상무 : 요즘 우리 부서 분위기가 이상합니다. 다들 자기 일에 집중하지 못하는 것 같아요.

M 부장 : 예? 상무님, 무슨 말씀이신지?

Q 상무 : 내가 새로 우리 부서를 맡고 나서 요즘 업무를 하는 친구들이 어떤 생각을 가지고 업무를 하나 싶어, 요즘 직원들을 찾아서 이야기를 나누고 있어요. 이야기를 나누다 보면 다들 업무에 집중한다는 느낌이 들지 않는 것 같아서 말이에요.

M 부장 : 상무님, 그럼 직원들의 직무 만족도가 낮다는 말씀이신지?

Q 상무 : 직무 만족도뿐만 아니라 직무에 대한 몰입이 떨어지는 것 같아요. 그 이유에 대해서 알아봐야 할 듯합니다.

M 부장 : 일부 그러한 경향의 직원이 있긴 하지만, 대다수의 직원들은 열심히 일을 하고 있습니다. 우리 부서 구성원 전체가 그렇다고 이야기하긴 어려울 것 같습니다. 사람에 따라 다르겠지만 각자의 방법으로 회사와 업무에 몰입을 하기 위해 노력하고 있습니다. 대표적으로 몇 명에 대해 이야길 해보자면, ㉠ 김 과장은 스스로를 조직 내 일원으로 강한 결속력을 느끼고 애착에 가까운 감정을 가지고 상당부분 헌신을 하겠다는 태도를 보이고 있습니다. 정서적으로 조직에 대한 몰입이 높은 편입니다. 이 대리는 회사의 복지나 실적에 따른 인센티브에 관심이 아주 많습니다. 그래서 업무에 대해 집중도가 좋은 편입니다. 박 차장은 도덕적인 의무감이 가장 큰 사람인데, 회사 창업 때부터 같이 업무를 해 온 친구라 우리 회사에 당연히 마지막까지 남아있을 그런 사람입니다. 최 사원은 입사한 지 얼마 되지 않았지만, 애사심이 아주 강한 친구입니다.

Q 상무 : 조직은 결국 결과를 내어야 하는 곳입니다. 어떤 조직에 있는 사람은 업무 후에 엄청난 스트레스를 느끼지만, 어떤 조직에 있는 사람은 또 업무 후 엄청난 희열을 느끼기도 하거든요. 일을 하면서 어떠한 느낌을 가지는지가 가장 중요한 것 같습니다. 관리자로서 우리 부서의 구성원들의 업무 집중 성향에 대해 한번 더 파악해보고 구성원들의 정서적 몰입을 만들기 위한 여러 가지 방안을 찾아보는 것도 나쁘지 않을 듯합니다.

M 부장 : 네, 저도 상무님 말씀에 동감합니다.

43 다음 중 Q 상무와 M 부장의 대화 주제로 적합한 것은?

① 조직문화   ② 조직몰입

③ 임파워먼트   ④ 조직 유효성

44 다음 중 ㉠에 대해 잘못 이야기 한 사람은?

> 1. 정서적 몰입 : 감정적 몰입이라고도 하며, 구성원이 조직에 감정적으로 애착을 느끼고 동일시하는 몰입의 차원
> 2. 지속적 몰입 : 구성원이 조직을 떠나 다른 조직으로 옮길 때 발생하는 비용 때문에 구성원으로서 계속 남으려는 몰입의 차원
> 3. 규범적 몰입 : 조직에 들어오기 전과 후의 사회화 경험을 통해 조직에 당연히 남아 있어야 한다는 의무감이나 심리적 부담인 상사나 동료들의 압력 때문에 몰입하게 되는 차원

① 박민지 : 김 과장은 정서적 몰입에 해당해.
② 이희선 : 이 대리는 지속적 몰입에 해당해.
③ 장주희 : 박 차장은 규범적 몰입에 해당해.
④ 유세진 : 최 사원은 지속적 몰입에 해당해.

45 다음은 C사의 조직구조 개편에 대한 글이다. C사가 앞으로 개편하고자 하는 조직구조의 필요요소로 보기 어려운 것은?

> 지난 20년간 해외에서 커피머신을 수입하여 국내에 유통하는 사업을 운영한 C사는 대표이사를 중심으로 기획팀, 인사팀, 재무팀, 영업팀, AS팀, CS팀으로 나누어져 구성원들의 업무가 분장되고 각 팀별 업무수행 영역이 나누어져 있었다. 의사결정은 위계에 따른 수직적 구조로 이루어지고 있었고, 모든 최종 의사결정은 대표이사에 의해 이루어졌다.
> 최근 국내외 시장의 변화 폭이 크고 기존 사업만으로는 한계점이 나타나 인사컨설팅 이후 대표이사는 조직구조를 개편하기로 결정을 내렸다. 기존 조직구조에서 벗어나 유연성과 탄력성을 가진 조직을 만들고자 한다.

① 업무의 공유
② 의사결정 권한의 위임
③ 비공식적인 상호의사소통
④ 규제나 통제 수준 상향

46 다음은 D사에서 제품을 납품하는 과정에서 갈등이 발생한 상황이다. 갈등상황을 효과적으로 관리하기 위해 박 팀장이 한 행동에 대한 설명으로 적절하지 않은 것은?

해외에서 믹서기를 수입해서 판매하고 있는 D사 영업팀의 김 대리는 업무수행상 문제가 생겨 영업팀장인 박 팀장, 구매팀 수입물류 담당자인 최 과장과 회의를 하게 되었다.

김 대리 : 최 과장님, E사 납품일이 일주일도 남지 않았습니다. E사에 납품해야 하는 기기가 한두 대도 아니고 자그마치 300대입니다. 이번 물량만 해도 100대인데 아직 통관절차가 진행 중이라니요. 통관이 끝나도 운송에 한글버전으로 패치도 해야 하고 하루 이틀 문제가 아닙니다.

최 과장 : 우리 팀도 최선을 다해 노력하고 있어. 관세사한테도 연락했고 인천세관에도 실시간으로 체크를 하고 있는데 코로나도 그렇고 상황이 이런 걸 어떻게 하겠어. 불가항력적이야.

김 대리 : 지난번에 초도 물량 납품할 때도 동일한 문제가 있었습니다. 과장님도 기억하시죠? 매번 구매팀에서 서둘러 주지를 않아서 지난번에도 저희 팀 인원까지 투입해 야간 작업까지 해서 겨우 납품일을 맞췄습니다. 이번에는 이런 식이면 납품일을 하루 이틀은 넘기게 될 게 눈에 보입니다. 불가항력이라니요. 어떻게든 맞춰주십시오.

최 과장 : 미안한데 고객사에 상황을 설명하고 한 3일만 납품 일을 늦춰주면 안 될까?

김 대리 : 안 됩니다. 어렵게 계약한 거 알고 계시잖아요. E사는 저희 고객사 중에도 제일 클 뿐만 아니라 업계에서도 서로 납품하려고 눈에 불을 켜고 있는 곳입니다. 문제가 일어나면 경쟁사들이 하이에나처럼 달려들 거예요.

박 팀장 : 둘 다 진정하고. 다 우리가 잘하려고 하다 보니 일어난 문제가 아닌가. 목표는 같으니 같이 생각을 한 번 해 보자고. 최 과장, 지난번 수입할 때는 일주일이 채 안 걸린 것 같은데 벌써 열흘이 넘었으니 문제가 뭐야?

최 과장 : 일단 배송도 늦어졌고 통관도 서류상에 문제가 있어 지연되고 있습니다. 제조업체에서 추가로 확인 받아야 할 서류들이 있는데 그쪽도 원격근무를 하다 보니 처리가 늦어지고 있어서요. 소통에 문제가 있습니다.

박 팀장 : 그럼 해외 제조사에 연락부터 해서 문제의 실마리를 찾아보자고. 최 과장은 나랑 같이 연락을 해 봅시다.

---

① 갈등을 유발시킨 원인에 대해 알아보고 있다.

② 조직에 이익이 될 수 있는 해결책을 찾아보고 있다.

③ 갈등은 부정적인 결과를 초래한다는 인식을 전제로 하고 있다.

④ 갈등상황을 받아들이고 객관적으로 평가하고 있다.

47 다음 중 박 대리가 신입사원에게 자신의 업무를 인수인계하기 위해 활용한 업무수행 점검 도구의 특징으로 적절하지 않은 것은?

C사의 교육팀에 신입사원이 입사하게 되었다. 교육팀장은 교육운영을 맡았던 박 대리에게 그간의 업무는 신입사원에게 인수인계 하고, 같은 팀 최 과장을 도와 교육을 기획하는 업무를 담당하라고 이야기했다. 박 대리는 신입사원이 출근하기에 앞서 교육팀에서 지난 2년간 수행했던 업무들을 정리하여 인수인계서를 작성했다. 인수인계서를 모두 작성하고 팀장 결재를 맡기 전에 내용이 빠짐없이 작성되었는지 확인할 필요가 있다고 판단되어 박 대리는 팀 내에서 공통으로 활용하는 다음과 같은 점검표를 활용하기로 했다.

업무		확인	
		YES	NO
현황	담당업무에 대한 구분 및 정의는 명확하게 기술되었는가?		
	주요 업무계획 및 진행사항은 구체적으로 서술되었는가?		
	현안사항 및 문제점은 빠짐없이 작성되었는가?		
	주요 미결사항은 리스트와 세부 내용이 서술되었는가?		

① 반복되는 업무의 경우 편리하게 사용할 수 있다.

② 업무수행을 시간의 흐름에 따라 구체적으로 표현할 수 있다.

③ 업무의 각 단계를 효과적으로 수행했는지 자가 점검해볼 수 있는 도구이다.

④ 업무를 세부적인 활동들로 나누고 기대되는 수준을 달성했는지 확인하는 데 효과적이다.

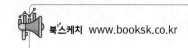
48 다음은 무역상사 B사에 다니는 김 대리가 중국 출장에서 겪은 일이다. 김 대리가 중국 현지 결혼식에 참석하여 보고 느낀 점에 대한 설명으로 적절하지 않은 것은?

무역상사 B사의 김 대리는 3년간 중국의 중소도시에서 파견 근무를 하게 되었다. 파견 간 지 얼마 되지 않아 중국 현지 파트너사의 담당자 결혼식에 초대를 받게 되었다. 김 대리는 붉은 색 원피스에 단정하게 옷을 차려입고 대표이사님이 전달하라고 하는 축의금을 평소처럼 하얀색 봉투에 넣어 결혼식에 참석했다. 결혼식에 가서 좀 충격을 받은 점은 사람들의 옷차림이었다. 정장을 입는 사람들은 몇 명 없었고 대부분 일상복 차림의 하객들이 많았다. 김 대리는 속으로 '남의 결혼식에 너무 편안한 차림으로 오는 게 아닌가? 예의가 좀 없는 사람들이네.'라고 생각했다. 하객 테이블에는 선물로 예쁜 상자가 놓여 있었다. 김 대리가 상자를 열어보니 사탕이 들어 있었다. '무슨 결혼식에서 선물로 사탕을 주냐.'라고 생각하며 김 대리는 좀 실망하게 되었다.

결혼식이 끝나고 김 대리는 한 팀에 근무하는 동료이자 현지 통역사인 왕 대리와 차를 한 잔 마시며 이해가 가지 않는 중국 문화에 대해 물어보게 되었다.

① 불일치, 위화감, 심리적 부적응 상태를 경험하게 된다.
② 문화 충격 또는 컬쳐 쇼크라고 이야기한다.
③ 한 문화권에 속한 사람이 다른 문화를 접하게 되었을 때 체험하는 충격이다.
④ 다른 문화를 평가하고 자신의 정체성을 유지하면 된다.

[49~50] 다음은 C사의 B만두에 관련된 자료이다. 이를 읽고 물음에 답하시오.

> C사의 B만두가 'K-만두' 열풍을 일으키며 전 세계적으로 사랑 받는 글로벌 한식의 대표 브랜드로 자리매김하고 있다. B만두는 한식 세계화를 이끄는 선두주자로 확실히 자리잡으며 1조 이상의 매출을 달성할 것으로 예상된다. 현지에선 'Dumpling'이 아닌 한국 발음 그대로 'Mandu'로 불리며 든든한 한끼 건강식으로 호평받고 있다. ㉠ **C사는 철저한 시장조사와 소비자 니즈, 식문화 트렌드 등을 분석해 현지 소비자 입맛에 맞춘 제품을 개발했다. 한국식 만두 형태를 기본으로 현지인들이 선호하는 재료로 만두소를 만든 제품과 함께 한국의 시그니처 제품인 B만두를 앞세워 소비자를 공략했다.**
>
> B만두의 성장에서 주목해야 할 점은 바로 '만두(Mandu)'라는 제품명이다. 외국에서는 만두를 비롯해 밀가루 반죽에 속을 채운 형태의 음식을 통상 '덤플링(Dumpling)'이라고 불렀으며, 일본식 만두의 경우 '교자'라고 불렀다. 만두는 외국인들에게 생소한 이름이었다. 덤플링이나 교자라는 이름을 썼다면 상대적으로 브랜드와 제품 인지도를 쉽게 올릴 수 있었겠지만, C사는 글로벌 제품에 'Mandu'라는 표기를 선택했다. 제품명을 우리 발음 그대로 사용해 한국 스타일의 만두를 세계에 알리고자 했던 것이다. C사는 '만두'라는 이름을 앞세워 '얇은 피', '고기와 야채가 조화롭게 섞인 꽉 찬 소' 등 중국과 일본식 만두와 다른 한국 만두의 차별화된 특징을 알렸다. 그 결과 B만두는 전 세계에 한국식 만두 열풍을 이끌며 명실상부한 한식 세계화 대표 품목으로 자리매김하고 있다. 앞으로 B만두가 얼마나 더 성장할 수 있을지 더욱 기대되는 대목이다.

49 다음 중 ㉠의 내용에 해당하는 것으로 적절한 것은?

① 국제화(Internationalization) : 한 나라의 수준이 다른 나라에도 통하는 것
② 세계화(globalization) : 규격이나 표준이 통일되는 것
③ 지역화(Localization) : 지역의 특징이 부각되는 것
④ 세방화(glocalization) : 세계화와 현지화를 동시에 추구하는 것

50 다음 중 C사 B만두의 사례를 통해 이야기하고 있는 세계화에 대한 설명으로 옳지 않은 것은?

① 이문화의 이해는 다른 문화를 자기가 속한 문화 중심으로 이해하는 것이다.
② 세계화가 진행됨에 따라 조직 구성원들도 세계 수준으로 의식, 태도 및 행동을 확대해야 한다.
③ 세계화란 다양한 분야에서 많은 영향을 주고받으면서 교류가 많아지는 현상으로 활동범위가 세계로 확대되는 것이다.
④ 제품을 현지화할 수 있는 기반을 구축한 다음 다양한 문화의 이용자들이 사용할 수 있도록 현지화하여 제공한다.

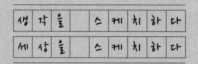

북스케치
www.booksk.co.kr

Part 2 NCS 직업기초능력평가
제2회 실전모의고사

▶ 직업기초능력 5개 영역이 10문항씩 구성되어 있습니다.

▶ 총 50문항 제한시간 50분으로 구성되어 있습니다.

▶ 통합채용 공고문을 반영하여 사지선다형으로 구성하였습니다.

▶ 시작하는 시간과 마치는 시간을 정하여, 실제 시험처럼 풀어보시기 바랍니다.

START _____시 _____분 ~ FINISH _____시 _____분

※ NCS 홈페이지에 공개된 자료를 통합채용 유형에 맞게 변형하였습니다.

※ 응답용지 OMR 카드는 책의 마지막 부분에 있습니다.

NCS 직업기초능력평가

제2회 실전모의고사

50문항 / 50분

정답과 해설 393p

[01~02] 다음은 ○○기관의 보고서 작성 원칙이다. 읽고 물음에 답하시오.

1) 결론을 먼저 서술
   • 판단을 먼저 제시하고 뒤에 보충할 수 있는 사항을 기술
   ※ 정보 사용자는 무엇을 말하려고 하는가를 가장 먼저 알고 싶어 함

2) 정보의 조직화, 체계화
   • 혼란을 야기하지 않도록 입수된 정보를 논리적으로 체계화
   ※ 불필요한 반복을 회피하고 요점을 정리

3) 보고서의 형태 이해
   • 해당 양식의 서술기법에 따라 기술

4) 적합한 언어 사용
   • 작성자와 정보 사용자가 똑같이 이해할 수 있도록 적합한 언어를 구사

5) 단어의 경제적 사용
   • 짧은 문장은 정보 사용자의 이해도를 제고시킴
   ※ 두 줄 정도가 적절하며 대화체로 서술하고 미사여구와 전문용어는 회피

6) 생각한 것을 분명하게 표현
   • 표현이 불분명하면 내용도 불분명하므로 작성 전 생각하는 바를 미리 정리

7) 능동태 표현
   • 능동태 문장은 직접적이고 확실하고 적극적인 의미를 전달

8) 자신이 작성한 보고서를 스스로 편집
   • 보고서 제출 전 직접 다시 읽고 수정한 후 최상의 상태라고 판단할 때 제출
   ※ 동료에게 미리 보여주어 오자·탈자·내용상 하자 등에 대해 의견을 얻어 수정

9) 정보 사용자의 수요를 분명히 알 것
   • 정보 사용자가 무엇을 알고 싶어 하는가를 끊임없이 생각

10) 동료의 전문지식과 경험 활용
   • 동료들의 통찰력과 지식의 도움을 받는 것이 필요

01 다음은 ○○기관 A 차장과 B 주임의 대화이다. 위의 내용을 참고하여 ㉠에 들어갈 A 차장의 말로 가장 적절한 것을 고르면?

A 차장 : B 주임, 이 보고서는 말하고자 하는 내용이 무엇인지 잘 모르겠어요. 결론이 뭔가요?

B 주임 : 아 네 차장님, 이 부분에 보시면 7~8페이지에 걸쳐서 결론을 제시하고 있고 이후는 참고자료입니다.

A 차장 : 제가 알고 싶은 것은 결론이 무엇이냐 하는 것이고 근거와 참고자료는 부차적인 내용입니다. 보고서를 작성할 때는 결론부터 짧게 제시해야 합니다.

B 주임 : 결론만 강조하기보다는 풍부한 참고자료를 함께 제시하는 것이 이해하시는 데에 더 도움이 되지 않을까요?

A 차장 : (㉠   )

---

① 보고서를 읽을 사람에게 근거보다는 결론이 최우선입니다. 앞으로는 결론부터 압축적으로 제시하도록 하세요.

② 보고서는 간결하게 작성하는 것이 중요합니다. 다만 짧더라도 공식 문서인 만큼 문어체로 서술하세요.

③ 문서의 핵심은 결론이라고 배우지 않았나요? 제가 B 주임만 할 때는 결론도 두 줄 이하로 작성해야 했어요.

④ 명확성을 위한 간결성을 추구하는 데는 다 이유가 있습니다. 문서의 완성도를 고려하는 자세는 훌륭하네요.

02 ○○기관은 신입 직원을 대상으로 위의 작성 원칙 및 일반적인 문서 작성법에 기초하여 보고서 작성 교육을 실시하려고 한다. 교육에 포함해야 할 내용으로 적절하지 않은 것은?

① 보고서 제출 전 반드시 점검해야 할 필수 체크리스트

② 정보 사용자의 이해도 제고와 적극적인 의미 전달을 위한 의문문 활용법

③ 정보를 논리적이고 간결하게 표현하는 데 도움을 줄 수 있는 시각화 방법

④ 보고서에 대한 정보 사용자의 질문에 대비하기 위한 사전 수요 파악 및 대처 방법

[03~04] 다음 글을 읽고 물음에 답하시오.

> 코로나19 확산으로 2020년 전국의 거의 모든 대학교에서 비대면 수업이 전면적으로 실시되고 있는 가운데, 대학생 10명 중 6명은 수업의 질에 대해 만족하지 않는 반면 교수의 70% 이상은 만족한다고 답변하여 교육 서비스 수요자와 제공자 간 인식 차이가 상당히 큰 것으로 나타났다. 유명 대학생 커뮤니티가 지난 9월 회원 5만 8천여 명을 대상으로 한 '비대면 수업 만족도 설문조사'에 따르면 온라인 비대면 강의에 만족한다는 응답은 34%에 불과했으며, 특히 실험이나 실습 위주의 수업인 경우의 만족도는 더욱 낮아져 8%에 그쳤다. 대학생들이 강의에 불만족하는 이유로는 '대면 강의보다 떨어지는 집중도'가 48%로 가장 큰 비중을 차지했으며 ㉠ **'바로 질문하기 어려움'**, **'강의 중 피드백 부족'**, '통신 장애로 뒤죽박죽이 되는 강의 내용' 등이 뒤를 이었다. 비대면 수업이 결과적으로 공부에 도움이 되었느냐는 질문에는 부정적 의견이 과반수였으며(전혀 효과가 없다 14%, 별로 효과가 없다 39%) 긍정적으로 응답한 비중은 13%에 그쳤다.
>
> 반면 교수들은 비대면 수업에 매우 긍정적인 반응을 보였는데, 7월 전국 대학 교수협의회의 자체 설문조사 결과, 2020년 봄학기 온라인 비대면 강의 진행 및 결과에 만족한다는 응답이 70%를 넘어 학생들의 반응과 큰 대조를 이루었다. 모 대학 화학공학과의 K교수는 자신을 비롯한 동료 교수들이 온라인 강의를 준비하기 위해 상당한 노력을 기울였고 처음 맞이하는 상황에서 나름 성과를 거두었다고 자부한다면서도, "교수들은 한정된 시간과 플랫폼에서 자신의 강의 내용을 전달하는 데 집중하였으나, 그 과정에서 학생들이 궁금증과 의문을 제때 바로바로 해소하지 못하면서 불만을 느낀 부분이 있는 것 같다."라고 말했다.

03 윗글을 읽고 이해한 것으로 적절하지 않은 것은?

① 학생들은 일반적으로 오프라인 강의에 비해 온라인 강의의 집중도가 떨어진다고 느낀다.
② 이론 강의의 경우 실험 수업에 비해 질의응답이나 피드백의 중요성이 상대적으로 높지 않다.
③ 비대면 수업 중 교수와 학생 간 활발한 소통이 이루어졌다면 학생들의 강의 만족도는 지금보다 높을 것이다.
④ 비대면으로만 진행하는 실험 수업의 경우 여건 개선 없이는 학생들의 강의 만족도 제고가 쉽지 않을 것이다.

04 밑줄 친 ㉠과 같은 요인이 존재하는 상황에서 학생들이 강의자와 효과적으로 의사소통하기 위해 활용할 수 있는 방법으로 가장 적절한 것은?

① 반복적으로 전달한다.
② 비언어적 방식을 활용한다.
③ 상대방의 이해 수준을 고려하여 메시지 전달 경로를 구성한다.
④ 전달한 내용이 듣는 이에게 어떻게 해석되었는지 확인한다.

[05~06] 다음을 읽고 물음에 답하시오.

> 대다수의 사람들이 말하고, 읽고, 쓰는 것보다 듣는 데 더 많은 시간을 보내고 있다. 하루 24시간 가운데 45%는 듣는 것에, 30%는 말하는 것에, 16%는 읽는 것에, 9%는 쓰는 것에 사용한다. 또한, 대다수의 사람들은 20~25%의 효율성을 가지고 듣지만 이 중 50%의 내용은 즉시 잊혀진다. 전문가들은 ㉠ **좋은 경청의 태도**를 다음과 같이 말하고 있다.
>
> 경청이라는 말에는 '듣다, 관찰하다, 초점을 맞추다, 집중하다, 주의하다, 귀를 기울이다'와 같은 단어들이 포함된다. 즉 경청을 잘한다는 것은 단순히 잘 듣는(Hearing) 것만이 아닌 말하는 사람의 생각을 듣는 사람이 잘 공감하고 있다는 의미이다. 즉 자신이 하고 싶은 말이 있어도 화자의 말이 끝날 때까지 경청한 후 마음을 헤아려 대화를 이어 나가는 태도가 좋은 경청에 해당한다.
>
> 사람들은 읽기를 할 때 읽은 내용을 이해하기 위해서 필요한 만큼 몇 번이고 단어들을 반복하게 된다. 그러나 듣기를 할 때는 들은 내용을 이해하기 위해 다시 들을 수 없다. 그러므로 효율적으로 들어야 하는데 이것은 적극적인 태도를 요구한다. 예를 들어 중간중간 질문을 통해 자신의 집중력을 높일 수 있다. 즉각적으로 질문할 수 없다고 하더라도 질문을 하려고 하면 경청하는 데 적극적이 되고 집중력이 높아진다.
>
> 경청하는 사람은 화자에게 듣기를 원해야 하며, 화자가 발표하는 내용이 자신에게도 중요한 지식이라고 믿는 태도를 지녀야 한다. 즉, 경청자가 화자의 발표 내용에 항상 동의하지는 않아도 충분히 메시지를 이해하기 위해 마음을 열어두고 있다면 좋은 경청이라고 할 수 있다.
>
> 좋은 경청은 화자와 상호작용하고, 말한 내용에 관해 생각하고, 무엇을 말할지 기대하는 것을 의미하기 때문에 경청자는 자신이 들은 내용을 스스로 요약하여 주제를 명확히 파악하는 태도를 보여야 한다.
>
> 이러한 태도들을 익히면 화자에게 집중하게 되며 동시에 상대방의 메시지를 읽을 수 있는 좋은 경청자가 될 것이다.

05 지문을 읽고 좋은 경청에 대해 간략히 요약한 것 중 옳지 않은 것은?

① 질문을 자제하자.　　　② 요약하며 듣자.

③ 상대를 이해하자.　　　④ 공감하며 소통하자.

06 조 팀장의 경청 태도를 ⊙에 따라 바르게 설명한 것은?

> 차 사원 : 팀장님, 내일 오전 10시에 강남역에서 YM회사 기획팀과 미팅이 있는데 언제 출발하
> 시겠습니까?
> 조 팀장 : 지금 내 스케줄을 확인하는 건가요? 내가 출발할 때 연락 할 테니 그때까지 일하고
> 있으세요. 조금이라도 일찍 출발할 생각 말고.
> 차 사원 : 그게 아니라 제가 내일 오전 9시에 협력사와 전화미팅을 해야 해서 시간이….
> 조 팀장 : 그건 그렇고 내일 미팅에 필요한 자료는 전부 준비됐나?
> 차 사원 : 네. 미팅 자료는 준비해 두었습니다. 근데 팀장님, 내일 오전 협력사와 고객 컴플레
> 인에 대해 논의해야 해서 시간이 오래 걸릴 수도 있을 것 같습니다.
> 조 팀장 : 미팅 출발 전까지 일 마무리 하게나. 그건 그렇고 내일 미팅 끝나고 갈비탕 먹으러
> 가세. 그 주변에 갈비탕 맛집을 내가 알고 있거든.

① 조 팀장은 차 사원에 대하여 동의하는 자세가 아니므로 좋은 경청을 하고 있지 않다.

② 조 팀장은 차 사원의 말이 다 끝날 때까지 기다린 후에 자신이 하고 싶은 말을 전달하고 있
으므로 좋은 경청의 태도를 보이고 있다.

③ 차 사원이 말할 때 미팅 자료에 대해 물어보면서 대화에 집중하고 있으므로 좋은 경청의
자세를 보인다.

④ 조 팀장은 차 사원이 말하고자 하는 메시지가 무엇인지 공감하지 못하고 있어 좋은 경청이
아니라고 할 수 있다.

[07~09] 다음을 읽고 물음에 답하시오.

> 교육부는 미디어 정보의 신뢰도 판별 및 비판적 수용 등 초등학생들의 미디어 리터러시* 역량을
> 높이기 위해 '슬기롭게 누리는 미디어 세상' 콘텐츠를 개발·보급한다. 이번에 개발한 콘텐츠는 학
> 생 참여 중심의 미디어 리터러시 교육을 지원하고, 기존의 서책형 교과서가 지닌 한계를 보완한다.
> (⊙)
> 이 콘텐츠는 총 21개 주제로 구성하여 서책형 교과서와 함께 활용할 수 있다. 21개의 콘텐츠에는
> 미디어 콘텐츠 이해 역량, 미디어 콘텐츠 생산 역량 등 다양한 미디어 리터러시 역량 요소를 콘텐
> 츠에 따라 각각 반영하였다. (ⓒ)
> '슬기롭게 누리는 미디어 세상' 콘텐츠는 학생들이 직접 콘텐츠 내용을 작성하기 때문에 학습 몰
> 입도를 높일 수 있다. 사진을 올리는 등 학생 활동 중심으로 개발하여 자율적인 원격학습도 가능하
> 여 학생 주도적 학습의 교육 콘텐츠가 될 전망이다. (ⓒ)
> 또한, 모든 단계에서 다양한 매체 유형을 사용하여 학습의 흥미를 ⓐ **높이고자** 하였다. (②) 개
> 별콘텐츠는 '문제확인 - 알아보기 - 실천하기' 단계로 구성되었으며 특히, 실천하기 단계에서는 다
> 양한 프로그램을 사용할 수 있도록 안내하여 역동적인 학습이 가능하도록 하였다. 이 콘텐츠는 원
> 격 수업 및 등교 수업에서 교수·학습 자료로 이용할 수 있어 미디어를 활용한 의사소통이 일상이
> 되어버린 시대에 학생들의 현명한 미디어 생활을 지원할 것으로 기대된다.
>
> * 미디어 리터러시(media literacy) : 미디어가 생산하는 정보와 문화를 비판적으로 이해하고, 자신의 생각을 미디어
>   로 표현·소통하는 능력

07 글의 흐름상 ㉠~㉣ 중 다음 문장이 들어갈 곳을 고르면?

> 한편, '저작권', '올바른 언어 사용' 등 미디어 윤리는 콘텐츠 전반에 포함하여 구성하였다.

① ㉠

② ㉡

③ ㉢

④ ㉣

08 다음 중 @를 대체할 수 있는 말로 가장 적절한 것은?

① 팀장님은 매일 아침 팀원들에게 직접 인사를 건네며 사기를 **고취(鼓吹)**시킨다.

② 김 부장은 그 사안에 대하여 **재고(再考)**할 것을 요청하였다.

③ 매일 아침 사무실에 도착하자마자 **환기(換氣)**를 위해 창문을 활짝 열어놓는다.

④ 문제가 발생하여 프로젝트가 늦어지자 내부에서 불안감이 **확산(擴散)**되고 있다.

09 다음 중 지문을 읽고 이해한 내용으로 적절하지 않은 것은?

① 미디어 리터러시 교육을 통해 기존의 서책형 교과서의 단점을 보완할 수 있다.

② 21개 콘텐츠는 학생 활동 중심으로 개발되어 학생들의 학습 몰입도를 높인다.

③ 이번에 개발되는 21개의 콘텐츠를 통해 학생들은 미디어를 비판적으로 이해할 수 있는 역량을 키울 수 있다.

④ 미디어 리터러시 교육은 자율적인 학습을 목표로 원격으로 진행될 예정이다.

10 다음 글을 읽은 갑과 을이 대화를 나누었다. 흐름상 빈칸에 들어갈 말로 적절하지 않은 것은?

Q. 버팀목자금 수혜자는 모두 버팀목자금 플러스 지급대상인가요?
A. 버팀목자금 수혜자가 모두 버팀목자금 플러스 지급대상이 되는 것은 아닙니다. 버팀목자금 플러스는 버팀목자금 수혜 여부와 관계없이 2020년도 부가세 신고매출액을 토대로 매출액 및 매출감소 요건을 적용하여 지급대상자를 다시 선별하였습니다.

Q. 영업제한 대상 사업체는 모두 지원대상인가요?
A. 영업시간 단축, 시설 일부 폐쇄 등 영업제한 조치 대상인 사업체 중 매출이 증가한 경우, 피해를 입은 소상공인 등에 대한 지원이라는 취지에 따라 지원대상에서 제외됩니다.

Q. 신청 후 지급까지 얼마나 걸리나요?
A. 3월 29일부터 첫 3일 동안 1일 3회 지급합니다.
• 낮 12시까지 신청분은 오후 2시, 저녁 6시까지 신청분은 저녁 8시, 밤 12시까지 신청분은 다음 날 새벽 3시부터 입금합니다.
• 신청 4일째인 4월 1일부터는 1일 2회 지급합니다. 즉, 낮 12시까지 신청분은 오후 2시, 밤 12시까지 신청분은 다음 날 새벽 3시부터 입금합니다.

Q. 2020년 12월 이후에 개업한 사업체도 지원대상인가요?
A. 버팀목자금 플러스는 2021년 2월 개업한 사업체까지 포함하여 지원대상을 최대한 확대했습니다.* 매출액 규모는 2021년 3월까지의 월별매출액**을 기준으로 산정하여, 매출감소는 동종업종의 매출액 감소율을 적용합니다.

*버팀목자금은 2020년 11월까지 개업한 사업체에 대해 지원
**신용 · 체크카드 사용액, 현금영수증 발급액, 전자세금계산서 발행액의 합계

갑 : 친한 친구가 작년에 식당을 열었는데 요즘 정말 어려움이 많다고 하더라고.
을 : 요즘 같아서는 많이 힘들겠네. 그래도 저런 지원사업을 통해서 도움을 받을 수 있으니 다행이야.
갑 : 꼭 그렇지도 않은 것 같아. 친구가 자기는 이번에 지원대상이 아니라고 한탄하던데.
을 : 정말? (   )

---

① 매출 감소율 요건을 충족하지 못한 경우일 수도 있겠어.
② 영업제한 조치 대상인 사업체가 아닌 경우에 해당되는 것 아닐까?
③ 버팀목자금을 이미 지원 받은 경우라면 어쩔 수 없을 거야.
④ 버팀목자금과 버팀목자금 플러스는 지급대상에 차이가 있으니 다시 확인해보라고 해.

11 다음 표의 빈칸에 들어갈 값으로 알맞은 것은? (단, 소수점 아래 셋째 자리에서 반올림한다.)

m/s	m/h	km/s	km/h
1	3,600	0.001	3.6
1,000	3,600,000	1	3,600
26.3452	94,842.72	0.03	( )
30.3452	109,242.72	0.03	109.24

① 58.92 ② 63.52

③ 94.84 ④ 96.44

12 다음은 M기업의 마케팅부 직원 40명을 대상으로 1년 동안 이수한 마케팅 교육 이수시간을 조사한 도수분포표이다. 직원들 중 임의로 한 명을 뽑을 때, 뽑힌 직원의 1년 동안의 교육 이수 시간이 40시간 이상일 확률을 고르면?

교육 이수 시간	도수
20시간 미만	3
20시간 이상 30시간 미만	4
30시간 이상 40시간 미만	9
40시간 이상 50시간 미만	12
50시간 이상 60시간 미만	a
합계	40

① $\dfrac{2}{5}$ ② $\dfrac{3}{5}$

③ $\dfrac{7}{10}$ ④ $\dfrac{19}{20}$

[13~15] 다음을 보고 물음에 답하시오.

○○기업은 매년 연말마다 팀장이 각 팀원에 대해서 업무수행능력을 평가한다. 평가항목은 업무성과, 업무역량, 조직역량, 구성원 평가 4개의 영역으로 나눠 각각 40%, 20%, 30%, 10%의 가중치를 적용하여 최종점수를 산출한다.

○○기업 마케팅 부서 팀원 A, B, C, D의 영역별 평가점수는 다음과 같다.

구분	업무성과	업무역량	조직역량	구성원 평가	해외 프로젝트 참여
A	60	50	80	80	O
B	80	90	70	80	X
C	60	70	70	70	X
D	95	90	80	90	O

13 위 내용을 통해 최종 업무수행능력 점수를 계산했을 때, 최고점자는 누구인가?

① A   ② B   ③ C   ④ D

14 마케팅 부서 팀장은 팀 내 최저점자를 선별하려 했으나, 최종점수가 동일하여 선별에 난항을 겪고 있다. 동점자인 경우의 평가 방법에 대해 인사팀에 문의하자 아래와 같은 답변을 받았다. 인사팀의 답변에 근거하였을 때, 마케팅 부서 내 최저점자는 누구인가?

사내 인사시행규칙 제9조 제3항에 근거, 부서 내 업무수행능력평가 점수가 동일한 경우에는 다음과 같이 평가합니다.
1. 최종 점수가 동일한 경우, 업무성과 점수가 높은 자가 상위득점자가 됨
2. 업무성과 점수도 동일한 경우, 해당연도 해외 출장, 담당 프로젝트 건수 등 명확한 우열을 가릴 수 있는 기준에 근거하여 상위득점자를 산출함

① A   ② B   ③ C   ④ D

15 마케팅 부서 팀장은 자신의 부서 팀원들의 최종 업무수행능력 점수를 가지고 평균, 분산, 표준편차를 구하려고 한다. 올바르게 나열된 것은?

	평균	분산	표준편차
①	70	92.5	$\sqrt{92.5}$
②	75	93.5	$\sqrt{93.5}$
③	75	92.5	$\sqrt{92.5}$
④	70	93.5	$\sqrt{93.5}$

[16~17] 다음은 2021년 3월 10일~19일의 전국 주요 도시권의 초미세먼지(PM2.5) 발생 현황 자료이다. 읽고 물음에 답하시오.

PM2.5 시도별 대기정보

(단위 : μg/㎥)

일자	서울	부산	대구	인천	광주	대전	울산	경기
03–10	66	28	31	58	45	34	25	60
03–11	89	15	25	80	45	38	16	87
03–12	48	12	18	57	18	30	13	60
03–13	36	27	26	35	19	21	29	34
03–14	59	32	37	53	37	36	36	56
03–15	61	37	39	54	41	34	41	58
03–16	16	21	19	18	20	15	19	17
03–17	18	19	19	19	19	19	19	21
03–18	40	16	18	39	23	25	15	40
03–19	27	12	12	34	23	11	11	27

초미세먼지 예보등급 기준

미세먼지 농도(μg/㎥, 일평균)	좋음	보통	나쁨	매우 나쁨
PM2.5	0~15	16~35	36~75	76 이상

16 위 자료를 보고 이해한 내용으로 가장 적절한 것은?

① 모든 도시에서 시간이 지날수록 먼지 농도가 뚜렷하게 감소하는 경향을 보인다.
② 초미세먼지 예보등급이 모든 도시에서 '좋음'인 날은 없지만 모든 도시에서 '나쁨'인 날은 있다.
③ 제시된 기간 서울 초미세먼지 농도 최댓값은 부산 초미세먼지 농도 최댓값의 2배 이상이다.
④ 초미세먼지 예보등급이 '좋음'인 경우 현재 시각의 측정 수치도 $16μg/㎥$ 미만임을 알 수 있다.

17 △△기업은 아웃도어 전문 브랜드로, 최근 봄철마다 반복되고 있는 고농도 초미세먼지 발생으로 인해 매출에 적지 않은 영향을 받고 있다. 초미세먼지 예보등급이 나쁨, 매우 나쁨일 때 △△기업의 일매출 예상 감소율이 각각 10%, 15%이고 2021년 3월 현재 △△기업의 직영매장 매출 현황이 다음과 같다면, 3월 11일 △△기업 직영매장의 예상 매출액으로 가장 적절한 것은?

△△기업 직영매장 매출 현황

지역	서울	인천	부산	광주	대전	경기
일평균 매출액(백만 원)	30	15	20	10	12	25

① 9,420만 원　　　② 9,930만 원　　　③ 1억 80만 원　　　④ 1억 1,200만 원

[18~20] 다음 자료를 보고 물음에 답하시오.

신입사원 전공 현황

구분	어문계열	상경계열	예술계열	공학계열
2020년	25	59	11	86
2019년	18	55	28	76
2018년	18	57	25	71
2017년	19	61	20	77
2016년	20	66	22	70
2015년	12	64	21	75
2014년	22	55	27	68

신입사원 부서 배치 현황

구분	본부			영업소		
	경영기획본부	영업본부	연구소	경인지역	호남지역	영남지역
2020년	33	22	55	50	12	9
2019년	19	32	65	41	8	12
2018년	24	32	45	31	15	24
2017년	26	28	61	45	8	9
2016년	28	31	50	35	16	18
2015년	35	29	48	38	11	11
2014년	34	29	47	40	11	11

18 위 자료에 대한 해석으로 적절하지 않은 것은?

① 매년 3개 영업소 중 경인지역에 배치되는 신입사원이 가장 많다.

② 본부 연구소에 배치된 신입사원의 수는 영업소에 배치된 신입사원의 수보다 항상 적다.

③ 신입사원의 수는 매년 170명 이상 185명 이하이다.

④ 매년 신입사원의 전공 중 공학계열이 가장 많다.

19 전년 대비 2020년 경영기획본부 배치 신입사원 증가율과 연구소 배치 신입사원 감소율의 합은? (단, 증가율과 감소율은 소수점 첫째 자리에 반올림하며, 두 수의 절대값을 합한다.)

① 83   ② 86   ③ 89   ④ 92

20 신입사원 전공 현황 자료를 기반으로 작성한 그래프로 옳지 않은 것은?

① 어문계열
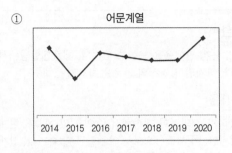

② 상경계열
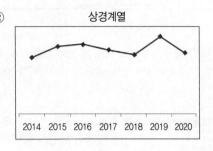

③ 예술계열
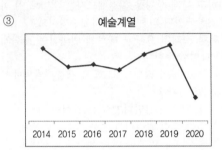

④ 공학계열
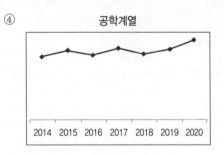

21 주방용품 회사에 다니는 민경 씨는 SWOT 분석을 작성해오라는 팀장님의 지시를 받고 다음의 SWOT 분석 자료를 작성했다. 다음 중 약점(W)의 내용으로 적절하지 않은 것은?

강점(S)	약점(W)
– 주력 제품 시장 점유율 상위 – 원스톱 생산 시스템 구축 – 우수한 디자인 – 중국 생산 공장 건설 – 자체 R&D 센터 보유	– 약한 브랜딩 – 수출 국가에 비해 상대적으로 적은 매출
기회(O)	**위협(T)**
– 글로벌 인구 트렌드 변화 – 중소기업과 스타트업의 협업 장려 – 중국 고객의 한국 주방용품, 친환경 유아용품 　 수요 증가	– 세계 경제 불황 – 소비자들의 품질인증 불신 – 배달시장의 범위 확산 – 국내 주방용품 시장 포화

① R&D에 비해 약한 마케팅　　　② 비효율적 채널 관리
③ 고객 니즈의 변화와 세분화　　　④ 가이드라인 없는 C/S

[22~23] 다음을 읽고 물음에 답하시오.

상황

냉동핫도그를 주력으로 판매하고 있다. 현재까지 높은 판매율을 보이고 있으나, 제품개발팀에서는 새로운 제품을 만들겠다고 아이디어를 제시한다. 하지만 경영진의 반응은 차갑기만 하다.

회의 내용

제품개발팀장 : 저희 팀에서는 새로운 제품을 개발하자는 의견이 계속해서 나오고 있습니다. 현재의 상품에 좋은 반응이 이어지고 있지만, 이 제품만으로는 안주할 수 없습니다. 신제품 개발에 대해 서로의 상황을 인지하고 문제 상황을 해결해보자는 의미로 이 회의 자리를 마련했습니다. 각 팀 내에서 거론되었던 의견들을 제시해주십시오.

기 획 팀 장 : 저희는 찬성하는 입장입니다. 요즘처럼 고객의 요구가 빠르게 변화하는 사회에선 끊임없는 새로운 제품 개발과 출시가 당연한 듯합니다.

마 케 팅 팀 장 : 최근 냉동핫도그 고급화 전략을 내세우는 곳이 많던데요. 혹시 제품개발팀에서는 어떤 방향으로 제품 개발을 생각하고 있으신가요?

제품개발팀장 : 네, 저희도 고급화로 접근하고자 합니다. 단순히 간단하게 먹는 음식이 아닌 간단하지만 유명 맛집이나 호텔에서 즐길 수 있는 그런 퀄리티가 높은 음식으로 말이죠. 기존엔 조리법도 너무 간단하게 안내가 되었는데, 이제는 더욱 색다르고 제대로 된 맛을 느낄 수 있는 조리법도 함께 담았으면 합니다. 특히 핫도그에 감자나 고구마를 이용하여 여러 종류의 냉동핫도그를 출시하고자 합니다.

마 케 팅 팀 장 : 그런데 냉동핫도그는 보관이 길고 간편한 것이 장점인데, 고급화로 하게 되면 보관 기간이 줄어들거나 조리법이 어려워지는 건 아닐까요?

제품개발팀장 : 저희도 그 부분들에 대해 고민 중입니다. 다양한 재료를 생각해 보았으나, 냉동과 해동 과정에서 맛이 바뀌는 경우들이 있어서 아직 다양한 재료들을 더 고민해봐야 할 것 같습니다.

기 획 팀 장 : 보관 기간은 정말 중요합니다. 재고관리에도 도움이 되고요.

마 케 팅 팀 장 : 퀄리티는 높이되 간편함과 보관 기간은 유지하자는 말씀이시죠?

제품개발팀장 : 네, 그렇습니다. 우선 다양한 종류의 제품을 만들게 되었을 때, 물량 차이가 얼마나 있는지도 확인 필요할 것 같습니다.

연 구 팀 장 : 네, 그 부분에 대해서는 조금 더 논의가 필요할 것 같습니다. 검토해 보겠습니다.

마 케 팅 팀 장 : 좋은 의견들이 많이 나온 것 같습니다. 고급화 신제품뿐 아니라 또 다른 제품이나 브랜딩에 대한 의견이 있으시다면 자유롭게 말씀해주세요.

---

22 문제해결 과정에서 어느 단계에 해당하는가?

① 문제 인식   ② 문제 도출
③ 원인 분석   ④ 해결안 개발

23 위의 회의 내용에서 마케팅팀장이 취하는 문제해결 방법에 대한 설명으로 옳은 것은?

① 구성원을 지도하고 설득하여 전원이 합의하는 일치점을 찾아내려고 한다.

② 서로의 생각을 직설적으로 주장하고 논쟁이나 협상을 통해 서로의 의견을 조정해간다.

③ 커뮤니케이션을 통해 서로의 문제점을 이해하고 공감함으로써 창조적인 문제해결을 한다.

④ 무언가를 시사하거나 암시를 통하여 의사를 전달하고 서로의 감정을 공유하여 원만하게 문제해결을 한다.

24 아래 회의록을 기반으로 다음 회의를 예측할 때 그 내용으로 가장 적절하지 않은 것은?

회의록			
회의명	신제품 기획 3차 회의		
일시	2022년 6월 20일	장소	신관 8층 소회의실
참석자	개발팀 : A 팀장, B 대리, C 사원 / 영업팀 : D 팀장, E 대리, F 사원		
회의내용	• 목적 : 내년 새롭게 출시하는 상품을 알리기 위한 프로모션 행사 기획 • 추진방향 : 다양한 판촉 행사를 기획하여 제품의 긍정적 이미지를 제고 • 추진내용 및 역할 분담		

추진내용	담당
홍보 및 판촉 성공 국내 사례 분석 (최근 1년간 출시된 유사 국내 제품의 특징과 관련 제품 홍보 및 판촉 성공 사례 수집 및 분석)	개발팀
자사 신제품의 장점과 특징을 타사의 제품과 비교하여 정리	개발팀
최근 2년간 자사의 홍보 및 판촉 행사 분석	영업팀
홍보물 유통 경로 체크	영업팀
신제품 홍보 및 판촉 행사 방안 구상	개발팀, 영업팀

• 기획 및 준비 기간 : 2022년 9월 20일 ~ 2022년 11월 30일
• 다음 회의 일정 : 2022년 7월 1일
  – 3차 회의 참석자에서 마케팅팀 2명, 콘텐츠제작팀 2명 추가
  – 최근 자사 홍보 콘텐츠의 경향 분석 자료는 콘텐츠제작팀에 사전 요청

① 위 회의가 열린 후 11일 후 열릴 것이다.

② 참여하는 부서는 총 2개 부서일 것이다.

③ 신제품 기획 4차 회의일 것이다.

④ 참여 인원은 총 10명일 것이다.

[25~26] 다음은 M사 인사팀의 채용 관련 회의 내용이다. 읽고 물음에 답하시오.

서 팀장 : 자, 그럼 이번 개발자 채용은 어떻게 진행하는 게 좋을지 아이디어를 한번 내보도록 하죠.

이 대리 : 3명을 한 달 안에 채용하려면 역시 외주로 맡기는 게 빠르지 않을까요? 지난번에도 급하게 채용이 필요했을 때 활용해서 결과가 괜찮았던 걸로 기억합니다.

임 대리 : 이전에 교육담당자 말씀하시는 거라면 그 사람은 입사 후 2주도 안 되어서 퇴사하지 않았던가요? 지난번 그 업체 같은 경우는 수수료도 비싼 편이었는데 저는 차라리 그 비용으로 유료 광고배너나 키워드 광고를 넣는 게 더 적합하다고 생각합니다.

김 사원 : 유료 광고배너라고 하시면 구인사이트 메인화면에 노출되게 하는 상품 말씀하시는 거죠? 거기에 더해서 개발자 커뮤니티 같은 곳에도 홍보를 하면 어떨까요? 마침 저희 쪽에 필요한 분야의 인력들 사이에서 요즘 뜨고 있는 사이트를 제가 몇 군데 알고 있는데 운영진과 협의해볼 수 있을 것 같습니다.

서 팀장 : 그거 좋겠네요. 이번에는 진짜 전문성이 있는 사람이 필요하다고 하니 도움이 될 수 있을 것 같습니다.

이 대리 : 직장인들 사이에서 유명한 SNS를 활용해서 찾아보는 건 어떨까요? 이직을 하고 싶은 사람들이 많이 이용한다고 들었습니다.

임 대리 : 그 SNS 같은 경우에도 사람을 제대로 찾으려면 유료상품을 결제해야 하지 않나요? 또 단순히 경력관리 차원에서 이용하는 사람도 많아서 구인사이트보다 활용도가 많이 떨어질 것 같습니다.

김 사원 : 저희 회사는 이번 채용 외에도 앞으로 개발 인력이 많이 필요한 상황인데, 관련 세미나나 모임 같은 행사에 협찬을 하는 형태로 지속적인 홍보를 하는 것도 추후 우수 인력 확보에 도움이 될 것 같습니다.

25 위와 같은 상황에서 필요한 사고능력에 대한 설명으로 가장 적절한 것은?

① 지각의 폭을 넓힘으로써 정보에 대한 개방성을 바탕으로 본래 용도에서 새로운 용도를 발견하는 능력이다.

② 문제해결을 위해 기존의 경험이나 지식을 새로운 정보로 결합하여 가치 있는 아이디어를 창출하는 능력이다.

③ 어떤 주장을 타당한 것으로 수용할 것인가 불합리한 것으로 거부할 것인가를 결정할 때 필요한 능력이다.

④ 문제의 논점을 명확히 파악하고 생각하거나 논의하는 대상을 구체적으로 특정하여 핵심에 집중하는 능력이다.

26 다음은 M사 인사팀이 채용 문제를 해결하기 위해 활용하고 있는 문제해결 방법의 원칙을 나타낸 것이다. M사 인사팀 직원 중 아래 원칙을 준수한 직원(㉠)과 위반한 직원(㉡)을 바르게 짝지은 것은?

> • 비판금지 : 상대방의 의견을 비판 또는 판단하지 않는다.
> • 자유분방 : 무엇이든 자유롭게 말한다.
> • 양이 질을 낳는다 : 최대한 많은 아이디어를 쏟아낼 수 있도록 한다.
> • 결합과 개선 : 다른 사람의 아이디어와 내 아이디어를 결합한다.

	㉠	㉡
①	임 대리	서 팀장
②	서 팀장	이 대리
③	김 사원	임 대리
④	이 대리	김 사원

[27~28] 다음은 K 인재개발원의 시설 사용에 대한 안내문이다. 읽고 물음에 답하시오.

[시설물 현황 및 사용료]

시설명	수용인원	보유실수	시설사용료	
			4시간까지	4시간 초과 ~ 8시간
소강의실	40	10	50,000	99,000
중강의실	80	5	80,000	150,000
세미나실	120	1	120,000	228,000
종합강의실	250	1	200,000	400,000
컨벤션 센터	180	1	150,000	290,000
식당	300	1	별도	별도
테니스장	4	4(면)	–	25,000(시간당)

[식대]
• 식당 이용 시 300명 동시 수용 가능
• 식당 사용료 : 9,000원(1인/1식 기준)
• 출장뷔페 업체와 장소 및 배식 형태 협의 가능(야외설치 가능)
• 출장뷔페 이용 시 시설 사용료 : 300,000원 부과

[사용료의 감면]
• 공공의 목적을 수행하기 위한 행사, 교육, 연수로 사용 시 총 사용료의 30% 감면

[대관시기 및 시간]
• 사용 예정일 한 달 전부터 예약 가능
• 코로나19 특별 규정 : 22시 이후 야간에는 시설 사용 불가하므로 22시까지 퇴실 완료 필수

시설 구분	대관시기	대관시간
교육시설	평일(월~금)	09:00~18:00
체육시설	공휴일(토요일 포함)	06:00~22:00

[신청 절차]
• 신청서 제출 : 사용 예정일 7일 전까지
• 제출 방법 : 이메일(apply@△△△.go.kr) 또는 팩스(02-XXX-XXXX)
• 사용허가 혹은 변경(취소)허가 : 신청서 접수 후 근무일 기준 48시간 내
• 사용료 납부 : 허가일로부터 2일 이내

[사용료의 반환]
• 사용자의 사정으로 취소 시 사용 예정일 기준 적용
• 코로나19 특별 규정 : 코로나19 감염으로 인한 취소 시, 6일 전부터는 기존 반환율에 20%p를 더하여 산정한 금액을 반환

구분	7일 전까지	3일 전까지	1일 전까지	당일
반환율	100%	75%	25%	0%

27 K 인재개발원을 이용하기 위해 고려해야 할 사항으로 적절하지 않은 것은?

① K 인재개발원은 원내 시설에서의 야간 숙박을 포함한 일정으로는 대관이 불가능하다.

② 인원 150명이 6시간 이용하고 여러 시설에 분산해도 된다면, 컨벤션 센터 1곳만 이용하는 것이 가장 저렴하다.

③ K 인재개발원 시설을 이번 주 금요일에 사용하려면, 늦어도 이번 주 수요일까지는 사용료를 납부해야 한다.

④ 출장뷔페의 1인당 단가가 7,900원이고 인원이 300명일 때, 원내 식당보다 출장뷔페 이용이 더 저렴하다.

28 공공기관 □□공사의 담당자 P는 공공 도시개발 정책 세미나 개최를 위해 K 인재개발원에 대관 신청서를 제출하고 사용료를 납부하였으나, 사용 예정일 이틀 전에 □□공사 사옥에서 코로나19 집단 감염이 발생하여 부득이하게 이용을 취소하였다. 다음 대관 신청서 내용을 참고할 때 □□공사의 최초 납부 금액과 반환 금액으로 가장 적절한 것은?

대관 신청서

1. 사용예정일 : 2021년 4월 ○○일 (목)
2. 사용 목적 : ☑ 공공 □ 민간단체/기업 □ 개인 □ 기타
   (상세 내용 : **공공 도시개발 정책 세미나**)
3. 사용 시설
   - 세미나실 : 인원 50명, 시간 09:00~16:00
   - 컨벤션 센터 : 인원 30명, 시간 09:00~12:00
4. 식대
   - 야외 출장뷔페 이용

	최초 납부 금액	반환 금액
①	474,600원	213,570원
②	474,600원	237,300원
③	678,000원	372,750원
④	678,000원	576,000원

[29~30] 아래의 글을 읽고 물음에 답하시오.

A 기업 기획팀에서는 주력사업에 대한 새로운 발전 방향을 모색하고자 협력사들과 함께 컨퍼런스를 개최하려고 한다. 기획팀 담당자는 개최 장소, 참여 협력사 현황 및 각 협력사의 의견을 종합하여 다음과 같이 정리하였다.

〈자료 1〉 컨퍼런스 개최 장소별 특성

구분	A 연수원	B 연수원	C 연수원	D 대강당	E 대강당
비용	100만 원	260만 원	110만 원	150만 원	180만 원
수용인원	200명	200명	150명	100명	150명
이용가능시간	2시간	2시간	3시간	5시간	1시간

〈자료 2〉 각 협력사 특성과 요구 사항

협력사명	회사 특성	요구 사항
F 협력사	참석 예정 직원은 총 80명이며, 현재 진행 중인 프로젝트로 3시간 이상 외부 행사는 불가능함	컨퍼런스는 2시간 이하였으면 함
G 협력사	참석 예정 직원은 총 70명이며, 모든 직원이 전국 영업소에 분포되어 근무하고 있음	직원들이 전국적으로 분포하고 있어 참여 예정 직원이 변동될 수 있음
H 협력사	참석 예정 직원은 50명으로 별다른 특성은 없음	가장 저렴한 장소로 선정하였으면 함

29 다음 중 제시된 내용에 대한 해석으로 적절하지 않은 것은?

① D 대강당은 협력사들의 요구사항을 충족하지 못한다.
② 세 개 협력사들의 참석 예정 인원은 200명이다.
③ 한 시간당 비용이 가장 저렴한 장소는 C 연수원이다.
④ A 기업이 세 개 협력사들과 함께 컨퍼런스를 개최할 예정이다.

30 G 협력사는 50명의 직원이 워크숍에 참가할 것이라고 한다. 이때 3개 협력사의 요구사항을 충족할 수 있는 컨퍼런스 장소를 선택한다면 어느 곳이 적합하겠는가? (단, 3개 협력사의 참석인원만 고려하며 A 기업의 참석인원은 고려하지 않는다.)

① A 연수원   ② B 연수원
③ C 연수원   ④ D 대강당

[31~32] 아래는 한 직장인의 시간 관리 방법 적용 사례이다. 물음에 답하시오.

A 사원이 입사한 지 거의 1년이 다 되어가지만, 제시간에 업무를 마치지 못해 상사로부터 여러 번 지적을 받았다. 동기와 이야기를 나눈 결과, A 사원이 업무를 제대로 마치지 못하는 것은 시간 관리를 잘하지 못한 것이라는 결론을 내렸다. A 사원은 자신의 업무 방식을 분석하여 효율적으로 시간 관리를 하기 위한 전략을 세우려고 한다. 아래는 A 사원이 자신의 업무 방식을 분석한 내용 중 일부이다.

- 나는 지시 받은 업무를 위한 일정을 준비하지 못한 상태로, 소요 시간을 잘못 예상하여 업무를 제시간에 끝마치지 못하고 있다. 즉 업무의 수준에 따라 시간계획을 세우지 못하고 있다.
- 또한 ㉠ <u>가끔씩 내게 너무 많은 일이 주어지기 때문에 여유 시간 없이 업무를 계속 하게 된다.</u>

A 사원은 자기 자신에 대한 분석과 시간 관리법에 대한 다양한 주변 사람의 조언을 바탕으로 앞으로 업무 시 아래와 같은 시간관리 매트릭스를 만들어 활용하기로 하였다. 앞으로 자신에게 일어나는 일들을 '중요도'와 '긴급도'로 분류, 4분면으로 나누어 우선순위와 일정 계획을 수립하는 것이다.

시간관리 매트릭스

	긴급↑	긴급↓
중요↑		
중요↓		

31 A 사원의 업무 방식에서 나타난 시간낭비의 요인을 모두 고르면?

① 기술적 무지, 외부적 현실
② 기술적 무지, 심리적 장애
③ 심리적 장애, 외부적 현실
④ 기술적 무지, 심리적 장애, 외부적 현실

32 A 사원은 ㉠의 문제를 해결하기 위해 시간 계획 시 고려할 사항을 나열하였다. 다음 중 올바르지 않은 내용을 고르면?

① 중요한 일에는 좀 더 시간을 할애하고 중요도가 낮은 일에는 시간을 단축하는 등의 검토·조정할 시간을 확보할 것
② 나와 관련 업무를 하는 다른 사람(동료, 부하, 상사)의 시간 계획을 파악하면서 계획을 세울 것
③ 불의의 방문객, 전화, 부칙의 사태 발생의 경우, 예정된 시간이 모자라거나 할 때 등을 대비하여 예비시간을 고려할 것
④ 이동시간 또는 기다리는 시간은 계획에서 제외하여 계획을 세울 것

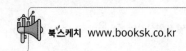

[33~35] 다음은 인적자원의 관리에 대한 중견기업 M부장의 인터뷰 내용이다. 이를 읽고 물음에 답하시오.

조직에 있어 인적자원은 매우 중요합니다. 인적자원은 (㉠)과는 달리 능동적이고 자율적인 성격을 가집니다. 또한 조직의 성과와 가장 밀접한 관계를 맺고 있습니다. 조직이 보유한 자원을 활용하는 주체가 사람이기에 인적자원은 어느 자원보다 전략적인 자원이라 할 수 있습니다. (㉠)은 양과 질의 한계에 따라 확장과 개발이 고정되지만, 인적자원은 성장과 성숙은 물론 장기간에 걸쳐 개발될 수 있습니다. 조직은 구성원들의 역량과 직무 수행에 기초하여 진행되기 때문에 인적자원의 선발과 배치 그리고 활용이 매우 중요합니다. 예를 들어 볼까요? 우리 회사에 근무하던 A는 똑똑하고 열의도 있지만 협업을 잘 못하는 친구였습니다. 팀플레이가 중요한 우리 부서에서 A는 늘 기피인물이었지요. 그렇게 몇 년을 겉돌던 A가 회사를 그만둔다고 했을 때 모두들 내심 기뻐했습니다. 이후 B사로 옮긴 A는 협업보다는 개인플레이가 중요한 일을 하게 됐는데, A의 성향과 잘 맞았는지 그 능력을 인정받아 핵심 인재로 꼽힌다 하더라구요. 처음에는 B사가 평판 조회도 제대로 하지 않고 A를 데려간 것 아니냐 폄하했지만, 지금은 ㉡ **A의 능력과 성격 등을 파악하여 가장 적합한 위치에 배치해 제대로 활용**할 줄 아는 기업이구나. 만약 우리 회사에 있었을 때, 특성에 맞는 부서로 보내줬더라면 어땠을까 아쉬움도 듭니다.

33 다음 중 ㉠에 들어갈 명칭으로 적절한 것은?

① 문화자원   ② 인문자원
③ 물적자원   ④ 생물자원

34 다음 중 지문에서 언급된 인적자원의 특성에 해당하지 않는 것은?

① 능동성   ② 소진성
③ 전략성   ④ 개발성

35 다음 중 ㉡에 해당하는 인력배치의 원칙은?

① 균형주의   ② 능력주의
③ 적재적소주의   ④ 능동주의

[36~37] 다음은 기업 경영에 필요한 네 가지 요소에 대한 글이다. 이를 읽고 물음에 답하시오.

기업 경영은 크게 경영 목적, 인적 자원, 자금, 전략의 네 가지 요소로 구성되며, 인적 자원, 자금은 자원에 해당한다.

㉠ **경영 목적**은 기업이 나아가야 할 방향과 목적으로, 기업 전체가 공유하는 비전, 가치관, 사훈, 기본 방침 등으로 표현된다. 경영 목적은 경영자를 포함한 전체 구성원의 공유가 필요하며, 이는 기업 문화를 조성하여 기업 경영의 성패를 좌우하는 요소이다.

㉡ **인적 자원**은 기업 경영 목적을 달성하기 위한 조직의 구성원으로, 기업 경영은 조직 구성원들의 역량과 직무 수행에 기초하여 이루어진다. 따라서 인적 자원을 어떻게 확보하고 개발하느냐에 따라 기업 경영의 성과가 크게 좌우되기 때문에 인적 자원의 선발, 배치 및 활용이 중요하다. 기업 경영의 목표를 이루기 위해 경영자는 내부 구성원 개인의 역량의 장단점과 특징을 명확히 파악해야 한다.

㉢ **자금**은 기업 경영 활동에 필요한 예산을 의미하며, 기업의 경영 목표를 달성하는 데 필요한 활동은 자금에 의해 수행되고, 확보되는 자금 정도에 따라 기업 경영의 방향과 범위가 정해지게 된다.

㉣ **경영 전략**은 조직의 목적에 따라 전략 목표를 설정하고, 조직 내외부의 환경 분석을 통해 도출된다. 또한, 경영 목적, 인적 자원, 자금을 충분히 갖추었다 하더라도 이를 효과적으로 운용할 수 있는 경영 전략이 없다면 경쟁에서 이길 수 없는 중요한 요소이다. 경영 전략은 확실한 경영 목적 아래 기업이 추구하는 방향에 따라 체계적으로 수립되어야 하지만 내·외부 요인 등으로 인하여 항상 최선의 결과를 얻는 것만은 아니다. 그렇다 할지라도 무수히 많은 시행착오를 통해 축적된 경영 전략 역시 기업의 중요한 자산이자 기업 성공의 밑거름이 된다.

36 다음에서 설명하는 원칙은 기업 경영의 네 가지 요소 중 무엇에 해당하는가?

- 근로자의 인권을 존중하고 공헌도에 따라 노동의 대가를 공정하게 지급해야 한다.
- 직무 배당, 승진, 상벌, 근무 성적의 평가, 임금 등을 공정하게 처리해야 한다.
- 구성원들이 소외감을 느끼지 않도록 배려하고, 서로 유대감을 가지고 협동·단결하는 체제를 이루도록 한다.

① ㉠　　　② ㉡　　　③ ㉢　　　④ ㉣

37 '기업 경영'에 대해 설명한 것 중 옳지 않은 것은?

① 자원을 계획 없이 충동적이고 즉흥적으로 사용하게 된다면 경쟁에서 앞설 수 없다.

② 자원관리에 실패를 하더라도 그 경험을 통해 노하우를 축적해 나갈 수 있도록 노력해야 한다.

③ 기업이 직접 선발한 내부 구성원에게 수행해야 할 업무를 동등하게 나누어 업무 생산성을 극대화시킨다.

④ 경영 목적, 인적 자원, 자금, 경영 전략은 기업의 중요한 요소이며 효과적으로 사용할 수 있도록 고민해야 한다.

38 다음은 예산의 구성요소에 대한 설명과 C회사의 5월 지출을 나타내는 명세서이다. C회사가 지출한 품목 중 직접비용의 총 비용은?

예산의 구성요소

예산의 구성요소에는 직접비용과 간접비용이 있다. 직접비용은 제품 또는 서비스를 창출하기 위해 직접 소비된 것으로 여겨지는 비용을 말한다. 간접비용은 제품 또는 서비스 창출하기 위해 소비된 비용 중에서 직접비용을 제외한 비용으로 생산에 직접 관련되지 않은 비용이라고 할 수 있다. 간접비용의 경우 과제에 따라 매우 다양하며, 과제가 수행되는 상황에 따라서도 다양하게 나타나게 된다.

C회사 5월 지출명세서

품목	금액(원)	비고
원료	3,000,000	
보험료	300,000	
기자재	1,200,000	모니터 3대, 프린터 1대
건물관리비	600,000	
인건비	3,800,000	파트타이머 2명, 시급 10,000원
사무용품	80,000	화이트보드 1개, 의자 1개, 가위 1개
공과금	200,000	
통신비	100,000	

① 530,000원

② 790,000원

③ 7,180,000원

④ 8,000,000원

[39~40] 다음은 전략기획팀 최이진 과장의 예산 계획에 대한 사례이다. 이를 읽고 물음에 답하시오.

전략기획팀 최이진 과장은 회사의 핵심 사업인 로봇 청소기 개발 사업의 예산을 수립하라는 지시를 받았다. 예산 수립의 기한은 3일이었다. 최이진 과장은 지금까지 예산을 수립해본 적이 한 번도 없어서 어떻게 해야 할지 막막했다. 기한이 다가오자, 일단 필요한 것만 먼저 책정해보자고 마음을 먹었다. 먼저 예산의 큰 부분으로 연구개발비, 재료비 등을 중심으로 예산을 편성한 다음, 필요한 항목을 찾아서 넣겠다는 생각이었다. 하지만 사업을 위한 활동들이 하나씩 하나씩 늘어나면서 기존에 편성하였던 예산을 수정하게 되고, 점점 혼란스러워지기 시작하였다. 시간은 계속 흘러갔고, 예산서를 제출하기로 한 날이 다가왔다. 최이진 과장은 미완성된 예산서를 이혜니 팀장에게 보고할 수밖에 없었고, 이를 본 이혜니 팀장은 최이진 과장에게 한마디 말을 건넸다. "사업 수행에 필요한 예산 항목도 다 만들지 못했는데, 이 액수는 어떻게 나온 건가요? 아마도 최이진 과장이 예산을 수립할 때 계속해서 추가되는 항목에 의해 어려움을 겪었을 것 같네요. 항목이 추가되다 보면 앞서 계획한 항목의 비용을 조절해야 하는 경우가 발생해서 쉽지 않을 겁니다. **우선 필요한 활동이 무엇인지를 정확하게 예측한 다음** 우선순위를 결정하고 사업과 관련된 활동에 대한 모든 비용을 적절히 배정해야 예산을 정확히 수립할 수 있을 거예요."

39 다음 중 최이진 과장이 이혜니 팀장의 조언에 따라 예산 수립을 하기 위한 올바른 단계는?

① 우선순위 결정 → 예산 배정 → 필요한 과업 및 활동 규명
② 우선순위 결정 → 필요한 과업 및 활동 규명 → 예산 배정
③ 필요한 과업 및 활동 규명 → 우선순위 결정 → 예산 배정
④ 필요한 과업 및 활동 규명 → 예산 배정 → 우선순위 결정

40 지문에서 밑줄 친 이혜니 팀장의 조언에 따라 예산을 수립했을 때의 장점으로 보기 어려운 것은?

① 예상된 범위 안에서 예산을 집행할 수 있다.
② 어떠한 목적으로 예산을 쓸 것인지 쉽게 파악할 수 있다.
③ 각 항목에 대한 비용을 예상할 수 있으며 예상외의 비용에 대해서도 빠른 대처가 가능하다.
④ 핵심적인 활동에 대해 예산을 집중할 수 있게 되어 부수적인 활동은 고려하지 않아도 된다.

[41~42] 다음은 K사의 업무역량 강화를 위한 신입사원 입문 교육 내용이다. 이를 읽고 물음에 답하시오.

조직에서의 업무는 상품이나 서비스를 창출하기 위한 생산적인 활동이다. 조직에는 다양한 업무가 있으며 업무에 따라 이를 수행하는 절차나 과정이 다 다르다. 조직의 목적이나 규모에 따라 업무는 다양하게 구성될 수 있고, 같은 규모의 조직이라 하더라도 업무의 종류와 범위가 다를 수 있다. 개인의 선호도에 따라 효과적인 업무수행 방법이나 노하우가 있지만, 일반적으로 조직에서의 업무는 조직이 정한 규칙과 시간 등의 제약이 있으므로 자신에게 주어진 자원과 제약조건을 확인하고 이에 따른 구체적인 계획을 세우는 것이 필요하다. 업무수행계획은 업무지침 확인 → 활용자원 확인 → 업무수행시트 작성의 3단계로 구성된다.

업무지침 확인	조직의 업무지침은 개인이 임의로 업무를 수행하지 않고 조직의 목적에 부합되도록 제시

▼

활용자원 확인	업무와 관련한 자원(시간, 예산, 기술, 인간관계 등) 확인

▼

업무수행시트 작성	– 업무수행시트로 일정을 계획하여 주어진 시간 내에 종료할 수 있음 – 업무수행시트에는 (㉠) 등이 있음

41 다음 중 업무의 특징으로 옳지 않은 것은?

① 공통된 조직의 목적을 지향한다.
② 요구되는 지식, 기술, 도구가 다양하다.
③ 업무수행의 자율성을 보장하지 않는다.
④ 업무는 특성에 따라 각각의 다른 형태로 진행된다.

42 다음 중 ㉠에 들어갈 내용으로 가장 적절하지 않은 것은?

① PERT(Program Evaluation and Review Technique) : 공사를 진행하기 위한 계획 작성 시 작업의 순서나 진행 상황을 한눈에 파악할 수 있도록 작성
② 간트차트 : 단계별 소요시간과 업무 사이의 관계를 보여줄 수 있도록 작성
③ 워크플로시트 : 일의 흐름을 동적으로 볼 수 있도록 작성
④ WBS(Work Breakdown Structure) : 일을 세분화하여 일정을 짜고 역할을 분담할 수 있도록 작성

[43~44] 다음 내용을 읽고 물음에 답하시오.

> 한 달 전 팀장으로 승진한 이 팀장은 요즘 업무 스트레스를 해결하지 못해 수면장애가 올 지경에 이르렀다. 담당자로 일할 때는 자신의 일만 열심히 해도 높은 성과를 올릴 수 있었고 조직 내에서 인정과 칭찬을 받았다. 하지만 팀장이 된 지난 한 달 동안은 매일 아침 눈을 뜨면 밀려오는 긴급한 업무협조 및 결제 관련 수십 통의 이메일과 사내 메신저, 갑작스러운 유관부서와의 회의, 협력사의 전화, 각종 외근과 출장 등으로 하루 종일 시달리다가 어느새 퇴근 시간이 되어 있었다. 정작 한 달 이라는 시간이 지났는데 밀려오는 일도 해결하지 못하고 추진하고자 했던 업무에 손도 대지 못한 상태였다. 이 팀장은 이래서는 안 되겠다는 생각이 들어 업무에 대한 통제와 개인적으로 스트레스 관리를 해야겠다고 마음을 먹었다.

43 이 팀장의 업무 생산성과 관련하여 업무수행을 방해하는 요인과 거리가 먼 것은?

① 과중한 업무 스트레스
② 협력사와의 정기적인 미팅 일정
③ 유관 부서와의 긴급 대책 회의
④ 당일 회신을 요청하는 사내 업무협조 메일

44 이 팀장이 업무를 효과적으로 통제하기 위해 해야 하는 행동에 해당하지 않는 것은?

① 일정 기간 동안 팀 구성원 등 다른 사람과의 대화를 단절한다.
② 메일을 확인하는 시간을 정해 놓고 업무에 집중한다.
③ 외부 미팅 시간을 정해 놓고 내근과 외근 시간을 분배해 활용한다.
④ 일과 중 사적인 통화를 배제하고 통화는 되도록 3분 이내로 마무리하는 원칙을 세운다.

[45~46] 다음 내용을 읽고 물음에 답하시오.

> D사는 제한된 인력으로 업무수행의 효율을 높이기 위해 조직구조에 대한 혁신이 필요하다고 판단하여 조직 구조를 개편하기로 했다. 이번에 개편되는 조직구조의 형태는 특정 프로젝트를 수행하기 위한 것으로 해당 분야에 전문성을 지닌 다른 팀의 직원들이 자신의 직무와 특정 프로젝트를 동시에 수행하도록 할 계획이다.
>
> 이러한 조직구조가 경영학계에 대두된 시점은 1969년 아폴로 11호의 달 착륙 때의 일이다. 당시 미국이 구소련보다 앞서 달 정복에 성공할 수 있었던 것과 관련, 수평적 커뮤니케이션이 가능한 이러한 구조의 힘이 컸다는 언론보도 이후 경영계에서 앞다퉈 이 시스템을 도입하기 시작한 것이다. 하지만 이를 도입했던 대부분의 기업들은 성과를 거두지 못하고 오히려 극심한 혼란과 부작용을 경험했다.

45 D사가 변경하고자 하는 조직구조의 형태는?

① 기능 구조   ② 매트릭스 구조
③ 네트워크 구조   ④ 사업 구조

46 위 내용과 관련하여 향후 D사가 계획한 조직구조에서 부작용을 줄이기 위해 고려해야 할 사항으로 보기 어려운 것은?

① 조직구조는 변화시키지만 기업문화와 인사제도, 성과평가 제도는 유지해야 한다.
② 조직구조 상단 기능별 리더들의 사고 혁신이 전제되어야 한다.
③ 조직구조의 최하단에 놓인 직원들의 적절한 업무량 배분을 감안해야 한다.
④ 조직구조의 전체적인 변화와 혁신을 일으키지 않으면 관료제가 중첩되는 위험에 빠질 수 있다.

47 다음은 스타트업인 U기업의 제품 차별화 성공 사례이다. 다음 밑줄 친 부분의 ㉠은 경영의 구성요소 중 어느 부분에 해당하는가?

> 스타트업인 U기업은 제품 차별화가 어려운 수입 과자 시장에서 성공한 기업이다. 이들은 전 세계에 과자 정기배송 서비스를 통해 과자를 판매하는데 ㉠ **차별화의 핵심은 과자만 제공하는 것이 아니라 간식과 함께 그 나라를 소개하는 문구와 퀴즈, 문화까지 담아 전달하는 것에 있다.** 각 나라의 문화를 담은 간식 박스는 특히 아이들에게 다양한 문화 체험을 시켜주고 픈 부모나 교사들에게 인기가 좋다. 이처럼 스스로를 간식계의 트립 어드바이저(trip advisor)라 부르는 U기업은 마치 그 나라를 여행하는 것 같은 '체험'을 팔아 소비자의 구매를 유도한 서비스 차별화 전략으로 처음 3백만 원으로 시작해 이제는 60억의 수익을 내는 기업으로 성장하였다.

① 인적자원
② 경영목적
③ 경영전략
④ 자금

48 다음은 D마켓과 관련된 내용이다. 다음 중 D마켓에 해당하는 것으로 적절한 것은?

> D마켓은 현재 국내 중고거래 앱 중에서 독보적인 우위를 선점하고 있다. 선두주자였던 J나라와 후발 경쟁사들의 맹렬한 추격 속에서 D마켓만의 차별화된 전략이 유효했던 것으로 분석된다. D마켓은 다른 중고거래 앱과는 조금 다르다. 다른 중고거래 앱들은 직거래와 택배거래를 활용하여 지역에 상관없이 거래를 할 수 있도록 지원하지만 D마켓은 지역을 기반으로 중고거래를 지원한다. D마켓은 동네에서 현장으로 직거래를 할 수 있도록 하여 탄탄하면서도 비교적 안전한 온라인 장터를 일궈오고 있다. 즉, 위치기반으로 같은 동네에 사는 중고 물품 판매자와 구매자의 오프라인 거래를 연결시켜주는 앱이 D마켓이다. D마켓은 더 나아가 중고거래를 넘어 지역을 기반으로 다양한 서비스를 담아 사람과 사람이 만나는 연결지점을 제공하는 플랫폼으로 성장하여 정이 넘치는 지역 거래 문화를 만드는 것이 목표이다.

① 블루오션
② 퍼플오션
③ 그린오션
④ 레드오션

[49~50] 다음은 M사의 O프로그램에 관한 내용이다. 물음에 답하시오.

M사에서 방영되고 있는 O프로그램은 외국인 방송인이 현지의 친구들을 초대해 자유여행을 하는 프로그램이다. 그들 나라에는 없는 게 한국에 있는 경우 당황하는 반응도 재미있고, 처음 접해보는 한국 문화를 어떻게 받아들이는지 보는 것도 흥미로웠다. 우리는 이 프로그램을 통해 ㉠ **처음 다른 문화를 접했을 때** 어떠한 태도를 가져야 하는지에 대해 한 번 더 생각해볼 수 있는 계기가 되었다. 우리에게 친숙한 나라의 친구도 있었지만 그렇지 않은 나라의 친구도 있었다. 여러 나라의 친구들이 한국을 방문했지만 가장 반응이 좋았던 친구들은 독일편이었다.

한국 방문 일정 중 독일인 친구들이 맥주 가게를 방문하게 되었다. 독일인 친구 A가 여러 종류의 한국 맥주를 마셔보면서 한국 맥주의 맛에 대해 평가하자 다른 독일인 친구 B는 그렇게 이야기하면 안 된다며, 단지 맛이 다를 뿐이라고 이야기한다. 독일인 친구 B의 태도는 (㉡)로 좋고 싫고의 문제가 아니라 그 나라 고유의 문화로 다름을 인정하는 자세를 보였다.

49 다음 중 ㉠의 상황에서 우리가 취해야 할 자세가 아닌 것은?

① 다른 문화에 대해 우열을 따지는 태도를 가진다.
② 고정관념과 편견을 버리는 태도를 가진다.
③ 다른 문화에 대해 개방적인 태도를 가진다.
④ 다른 문화와 소통할 수 있는 태도를 가진다.

50 다음 중 ㉡에 해당하는 개념으로 알맞은 것은?

① 문화 절대주의   ② 문화 상대주의
③ 문화 사대주의   ④ 자문화 중심주의

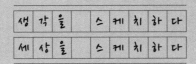

북스케치

www.booksk.co.kr

Part 2 제1회
NCS 직업기초능력평가
실전모의고사 정답과 해설

본문 322p

01	02	03	04	05	06	07	08	09	10
②	④	①	②	②	③	③	②	①	③
11	12	13	14	15	16	17	18	19	20
②	④	③	③	②	④	④	①	④	①
21	22	23	24	25	26	27	28	29	30
①	②	④	④	④	②	②	③	②	③
31	32	33	34	35	36	37	38	39	40
①	②	①	①	③	③	③	①	④	③
41	42	43	44	45	46	47	48	49	50
②	②	②	④	④	③	②	④	④	①

01 [의사소통능력] 적절한 접속사 찾기

정답 ②

해설

㉠ 앞 문장에서 팀장의 리더십에 만족하는 이유에 대한 설문조사 결과를 설명하고 있으며 ㉠ 뒤 문장에서는 팀장의 자기개발 필요성에 대한 설문조사 결과를 이어서 설명하고 있으므로 앞뒤의 내용이 상반될 때 사용하는 '그러나'는 적합하지 않다.

02 [의사소통능력] 경청능력 이해하기

정답 ④

해설

(가)에서 팀장의 커뮤니케이션 문제와 관련된 의사소통능력은 '경청'이다. 경청을 통해 상대방의 입장을 이해하고 공감하게 된다.

Plus 해설
① 올바른 경청을 위해서는 비판적인 태도를 버려야 한다.
② 다음에 할 말을 생각하며 듣는 것은 경청을 방해하는 요인이다.
③ 경청은 훈련이 필요하다.

03 [의사소통능력] 글의 형식 이해하기

정답 ①

해설

지문의 글은 신문기사이다. 기사는 사실을 객관적으로 전달하는 역할을 한다.

04 [의사소통능력] 빈칸 추론하기

정답 ②

해설

코로나19는 비말, 접촉에 의해 감염이 된다고 알려져 있다. 따라서 사람들은 접촉을 피하기 위해 온라인 쇼핑으로 몰리고 있는 상황이다. 이런 쇼핑 형식으로 가장 어울리지 않는 단어는 '직접거래'이다.

05 [의사소통능력] 어휘 · 어법 고쳐쓰기

정답 ②

해설

있는 것을 대신한다는 의미로 '대처(어떤 정세나 사건에 대해 알맞은 조치를 취함)'보다는 '대체(다른 것으로 대신함)'로 바꾸는 것이 더 자연스럽다.

06 [의사소통능력] 글의 내용 이해하기

정답 ③

해설

지문에서 그래핀 상용화 연구가 활발한 국가로 영국, 미국, 중국, 독일 등이 있다고 하였다. 김 과장은 영국과 미국에서 그래핀이 활용되고 있는 사례를 설명하고 있으므로 가장 적절한 반응은 ③이다.

Plus 해설
①, ②, ④는 주어진 지문과 김 과장의 말을 통해서 구체적 사실관계를 파악할 수 없으므로 적절한 반응이라고 할 수 없다.

07 [의사소통능력] 경청의 자세 알기

정답 ③

해설

③ 본문에 의하면 의사표현에서 비언어적 표현의 비중이 더 큰 것은 사실이지만 그것만 가지고 말보다 표정과 몸짓을 통한 표현이 더 중요하다고 단정 지을 수는 없다.

Plus 해설

① 적극적 경청을 위해서는 비판적 · 충고적인 태도를 버려야 한다.

② 상대방을 정면으로 마주하는 자세는 그와 함께 의논할 준비가 되었음을 알리는 자세이며 대화 당시에 비언어적으로 표현되는 정보를 놓치지 않아야 복선을 회수할 수 있다.

④ 상대방의 감정에 공감하고 있음을 나타내면 상대방은 자신이 이해받고 있는 느낌을 받고 자신을 더 많이 드러내 보이게 되어 더욱 원만한 소통이 이루어질 수 있다.

---

08 [의사소통능력] 경청의 자세 알기

정답 ②

해설

② 상대방의 메시지를 이해하기 위해서는 그의 경험을 인정하고 더 많은 정보를 요청해야 한다.

Plus 해설

① 상대방의 말속에 담겨있는 감정과 생각에 민감하게 반응해야 한다.

③ 상대방이 화제를 전환하도록 유도하는 것은 올바른 경청의 자세가 아니다.

④ 경청은 상대방의 이야기를 비판적으로 분석하는 것과는 거리가 멀며, 상대방의 입장에서 그의 감정을 경험하고, 자신의 감정이 아닌 '자신이 느낀 상대방의 감정'을 다시 돌려주어야 한다.

---

09 [의사소통능력] 공문서 작성법 이해하기

정답 ①

해설

공문서의 마지막에는 반드시 '끝'자로 마무리한다.

---

10 [의사소통능력] 글의 내용 이해하기

정답 ③

해설

① 공문에 따르면 백신 보관 냉장고에는 멀티탭을 사용해서는 안 된다.

② 업무상 지시와 같은 명령을 할 때는 청유식 표현이 효과적인 것은 맞지만 공문에 따르면 백신 접종 목적 외에는 백신 보관 냉장고를 개폐해서는 안 된다.

④ 충고는 가급적 최후의 수단으로 사용해야 하며 부정적인 감정을 직설적으로 표현하기보다 은유적으로 접근하는 것이 더 나을 수 있다.

---

11 [수리능력] 확률 계산하기

정답 ②

해설

주어진 자료를 도식화하면 아래와 같다.

구분	학사	석사 이상	계
자연계열	28	( )	( )
인문 · 상경계열	36	( )	( )
계	64	136	200

따라서 지원자가 학사일 때 동시에 자연계열일 경우의 확률은 $\frac{28}{64} = \frac{7}{16}$ 이다.

---

12 [수리능력] 지원자 수 계산하기

정답 ④

해설

석사 이상이면서 인문 · 상경계열인 지원자의 수를 x라고 하면, 임의로 선택한 지원자가 석사 이상일 때 동시에 인문 · 상경계열일 확률은 $\frac{x}{136}$ 이다. 따라서 $x = 44$가 성립하고, 석사 이상이면서 자연계열인 지원자 수는 $136 - x$이므로, 석사 이상이면서 자연계열인 지원자는 총 92명이다.

---

13 [수리능력] 확률 계산하기

정답 ③

해설

지문의 자료와 **12**의 내용을 토대로 지원자 정보를 종합하면 아래와 같다.

구분	학사	석사 이상	계
자연계열	28	92	120
인문 · 상경계열	36	44	80
계	64	136	200

학사이면서 인문 · 상경계열의 지원자를 선택할 확률은 $\frac{36}{200}$ 이고, 석사 이상이면서 자연계열의 지원자를 선택할 확률은 $\frac{92}{200}$ 이므로, $\frac{36}{200} \times \frac{92}{200} = \frac{3,312}{40,000}$ 이다.

14 [수리능력] 수량 계산하기

정답 ③

해설

여유분을 포함하여 준비하려면 직원은 220명분, 행사 참가자는 575명분, 고객사는 330명분이 필요하다. 따라서 메모패드는 220명분, 볼펜은 795명분, 손소독제는 905명분, 항균 물티슈는 1,125명분이 필요하며, 이때 항균 물티슈는 1인당 10매이므로 총 11,250매를 준비해야 한다.

15 [수리능력] 제작비용 계산하기

정답 ②

해설

고객사에 배포할 물품은 손소독제, 탁상달력, 물티슈 및 종이쇼핑백이며 준비해야 할 물량은 330명분이다.
$(2,000+1,500+450+800) \times 330 = 1,567,500$원

16 [수리능력] 단위 환산하기

정답 ④

해설

④ 1lb는 16oz이다.

17 [수리능력] 단위 환산하기

정답 ④

해설

제품 하나를 만드는데 100g이 필요하고 총 56개의 제품을 생산해야 하므로 필요한 원자재는 총 5,600g이다.
④ 5,600g을 파운드 단위로 환산하면 약 12.35lb이다.

18 [수리능력] 자료 해석하기

정답 ①

해설

① 생산량 대비 불량품 수는 '갑'공장 0.011364, '을'공장 0.073171, '병'공장 0.020833, '정'공장 0.05556으로 생산량 대비 불량품 수가 가장 많은 공장은 '을'공장이다.

19 [수리능력] 자료 변환하기

정답 ④

해설

④ 주어진 그래프는 각 공장별 직원 1인당 출하량이다. 각 공장별 직원 1인당 생산량 그래프에서는 갑 44, 을 37.27, 병 40, 정 60으로 값이 나타날 것이다.

20 [수리능력] 분산과 표준편차 구하기

정답 ①

해설

편차의 합은 0이 되어야 하므로 D의 편차는 −3이다. 분산은 편차의 제곱을 모두 더한 후 항목 개수로 나누면 되므로 $(4+9+1+9+1+4+0) \div 7 = 4$가 도출되며 표준편차는 분산의 제곱근이다. 따라서 분산은 4, 표준편차는 2가 된다.

21 [문제해결능력] 창의적, 논리적 사고 알기

정답 ①

해설

(가)는 주어진 문제상황에 대해 삼단논법과 유사한 단계적인 접근을 통해 결론을 도출하고 있으므로 논리적 사고를 활용한 것으로 볼 수 있다. (나)는 문제상황을 해결할 수 있는 다양한 아이디어를 열거하고 있으므로 창의적 사고에 해당한다.

22 [문제해결능력] 문제 도출 단계 이해하기

정답 ②

해설

문제를 작고 다룰 수 있는 이슈들로 세분화하는 활동은 '문제 구조 파악'이고, 문제에 영향력이 큰 이슈를 핵심이슈로 선정하는 활동은 '핵심 문제 선정'에 해당한다.

Plus 해설

(가) 원인 파악 : 문제해결 절차 중 원인 분석 단계에 수행하는 활동이다.
(라) 해결안 도출 : 문제해결 절차 중 해결안 개발 단계에 수행하는 활동이다.

23 [문제해결능력] 로직 트리 이해하기

정답 ④

해설

㉠ 방법은 '로직 트리'에 해당한다. 로직 트리 방법 활용 시 주의사항은 아래와 같다.
– 전체 과제를 명확히 해야 한다.
– 분해하는 가지의 수준을 맞춰야 한다.
– 원인이 중복되거나 누락되지 않고 각각의 합이 전체를 포함해야 한다.

24 [문제해결능력] 로직 트리 이해하기

정답 ④

해설

제시된 지문에 따르면 로직 트리(㉠) 첫 번째 가지(①)에 주요과제, 두 번째 가지(②)에 원인, 세 번째 가지(③, ④)에 근본적 원인을 기입해야 한다. 매출 상승(①)이라는 주요 과제에 홍보활동 강화 필요(④)는 근본적 원인이 아니라 해결안에 해당하므로 잘못된 내용이다.

25 [문제해결능력] 브레인스토밍 이해하기

정답 ④

해설

㉠은 브레인스토밍에 대한 설명이다. 브레인스토밍을 진행할 때에는 주제에 대한 전문가를 절반 이하로 구성하고, 그 밖에 다양한 분야의 사람들을 참석시켜야 다양한 의견을 도출할 수 있게 된다.

Plus 해설

① 브레인스토밍을 진행할 때 주제는 구체적이고 명확하게 주어져야 한다.
② 발언은 누구나 자유롭게 할 수 있어야 하며 모든 발언 내용을 기록해야 한다.
③ 구성원들이 다양한 의견을 제시할 수 있는 편안한 분위기를 만드는 사람을 리더로 선출해야 한다.

26 [문제해결능력] 브레인스토밍 이해하기

정답 ②

해설

브레인스토밍에서는 누구나 자유롭게 발언할 수 있으며, 제시된 아이디어를 비판해서는 안 된다. 박 차장은 신기술만 강조하는 것에 부정적인 의견을 보이고 있다.

27 [문제해결능력] 회원 등급 산정하기

정답 ②

해설

승재 : 25만 원짜리 서적을 구매하였으나, 5권 미만이므로 '사' 등급에 해당한다.
중원 : 7만 원어치 도서 구매 후 4,550P가 적립되었으므로 현재 등급은 '다' 등급에 해당한다.
현준 : 11만 원어치 도서 구매 후 11,000P가 적립되었으므로 지난달에는 '가' 등급이었으나 최근 3개월 동안 구매 권수가 2권밖에 되지 않으므로 1등급 하향된 '나' 등급이다.
인규 : 3월에 장편소설을 35만 원에 구매하고 7,000P가 적립되었으므로 1,000원당 20P가 적립되는 '바' 등급이었다. 하지만 구매 후 등급이 1단계 상승하였으므로 현재 등급은 '마' 등급이다.

28 [문제해결능력] 최소, 최대 권수 구하기

정답 ③

해설

인규의 현재 회원 등급은 '마'이며, 35만 원짜리 장편소설 3권을 구매했을 때 구매 권수가 10권 이상이 되어 회원 등급이 한 등급 상승하였다. 인규는 이전 등급에서 구매 권수가 7권~9권 사이였으며, 장편소설 3권 구매 후에는 구매 권수가 10~12권이 되었다. '라'등급은 구매 권수가 15권 이상, 20권 미만이기 때문에, 최소 3권, 최대 9권을 더 구매해야 한다.

29 [문제해결능력] 팀원 파악하기

정답 ②

해설

조건에 따른 경비팀 팀원의 자리 배치는 다음과 같다.

문		E	복	B	G	D
	A		도	C		F
			창문			

따라서 작업구역팀원은 B, C, D, F, G이다.

30 [문제해결능력] 항상 옳은 것 찾기

정답 ③

해설

H는 안전구역팀으로 입사하게 된다. H의 자리는 책상1 또는 책상7이 되며, 안전구역팀원의 오른쪽에 항상 앉게 된다.

Plus 해설

① H가 복도에 앉을 수 없다면, 책상1에 앉게 된다.
② H의 자리는 책상1 또는 책상7이 된다.
④ H가 책상1에 앉게 되면 최 팀장과 다른 줄에 앉게 된다.

31 [자원관리능력] 자원 낭비 요인 이해하기

정답 ①

해설

지문에 제시된 종이컵의 낭비 요인은 개인의 편리함을 최우선으로 추구하는 편리성의 추구이다.

32 [자원관리능력] 물적자원 낭비 상황 이해하기

정답 ②

해설

D회사는 명확한 계획 없이 필요한 자원을 확인하지 않았기 때문에 물적자원 낭비의 상황에 놓이게 되었다. 사용 물품과 보관 물품을 구분하는 것은 활용의 편리성을 확보하기 위한 것이므로 정답은 ②이다.

33 [자원관리능력] 자원관리 실패 원인 이해하기

정답 ①

해설

D회사는 '필요한 자원의 종류와 양 확인' 단계에서 명확한 계획 없이 필요한 자원을 확인하지 않아 자원의 낭비가 발생했다.

34 [자원관리능력] 업무 처리 상황 이해하기

정답 ①

해설

업무의 목적을 명확하게 하고 목적에 맞추어 우선순위를 정한 후 그에 따라 업무를 실행해야 하는데, K씨는 급하게 주어지는 일을 먼저 처리함으로써 기존의 원래 업무를 하지 못하고 퇴근시간이 넘어버리는 상황을 만들고 있다.

35 [자원관리능력] 시간관리 이해하기

정답 ③

해설

주어진 시급한 업무는 업무 비중을 조절해야 하는 일이 아니다. 우선순위가 제일 높고 중요한 일이다.

36 [자원관리능력] 예산수립 절차 이해하기

정답 ③

해설

예산관리 절차는 필요한 과업 및 활동 규명, 우선순위 결정, 예산 배정의 단계로 진행된다.

• 필요한 과업 및 활동 규명 : 예산 범위 내에서 수행해야 하는 활동과 예상되는 예산을 정리하는 단계이다.
• 우선순위 결정 : 한정된 예산으로 모든 업무를 수행할 수는 없기에 상대적인 우선순위를 결정한다.
• 예산 배정 : 우선순위가 높은 활동부터 적절하게 예산을 배정하고 실제 예산을 사용한다.

37 [자원관리능력] 예산 관련 규정 이해하기

정답 ③

해설

예산 관련 규정에 기념품 및 사례품은 인당 7,000원을 초과할 수 없다고 명시되어 있는데, 인당 기념품 예산을 10,000원으로 책정하였으므로 규정에 어긋난다.

38 [자원관리능력] 전환배치 이해하기

정답 ①

해설

전환배치는 동일 사업장 내에서 직종의 변경 없이 부서 간 또는 부서 내에서 이동하는 것이다.

Plus 해설

순환보직은 보직을 3~4년 주기로 순환시키는 것이고, 전근은 직종의 변경은 없으나 지역을 달리하는 사업장으로 이동 배치하는 것이며, 전직은 다른 직종의 업무를 부여하는 것을 의미한다.

39 [자원관리능력] 인력배치 원칙 이해하기

정답 ④

해설

유 부장은 지원분야와 관련된 능력을 지닌 인재를 뽑아야 한다고 말하고 있다. 이는 인력배치 3가지 원칙 중 적재적소 배치의 원리에 해당한다.

40 [자원관리능력] 인력배치 이해하기

정답 ③

해설

유 부장은 적재적소 배치 원칙을 중요하게 생각한다. 심○○의 전공과 자격증, I회사 회계팀 인턴 경력은 재무팀에 적합한 능력으로 유 부장이 원하는 인재이다.

41 [조직이해능력] 경쟁전략 이해하기

정답 ②

해설

K사는 대중적으로 소비되는 새싹채소와는 다른 제품인 베이비채소 제품을 개발, 생산된 제품의 20% 정도는 폐기처분하여 최상품만을 납품하는 등의 차별화된 전략을 시행하고 있다. 차별화전략은 차별화된 제품이나 서비스의 제공을 통해 기업이 산업 전반에서 독특하다고 인식될 수 있는 그 무엇을 창조함으로써 경쟁우위를 달성하고자 하는 전략이다.

42 [조직이해능력] SWOT 분석하기

정답 ②

해설

별도의 추가적인 설비 도입 없이, 기존 시설의 사용 가능성은 S(강점)요인에 해당한다.

43 [조직이해능력] 조직몰입 이해하기

정답 ②

해설

조직 전체에 대한 애착을 가진 이가 직무에 대한 단순한 책임을 다하는 것에서 끝나지 않고 공동의 가치와 목표에 적극적으로 임하는 것을 의미하는 것은 조직몰입이다.

Plus 해설

임파워먼트는 리더가 업무수행에 필요한 책임과 권한, 자원에 대한 통제력 등을 구성원에게 배분 또는 공유하는 과정을 의미한다.

44 [조직이해능력] 조직몰입 이해하기

정답 ④

해설

조직에 강한 동일시를 느끼고 구성원이라는 것에 대해 강한 애착을 느끼는 애사심은 지속적 몰입보다는 정서적 몰입에 해당한다. 따라서 최 사원은 정서적 몰입에 해당한다.

45 [조직이해능력] 조직구조 이해하기

정답 ④

해설

개편하고자 하는 조직은 유기적 조직의 형태이다. 유기적 조직은 의사결정 권한이 조직의 하부구성원들에게 많이 위임되어 있으며 업무 또한 고정되지 않고 공유 가능한 조직이다. 유기적 조직에서는 비공식적인 상호의사소통이 원활히 이루어지며, 규제나 통제의 정도가 낮아 변화에 따라 쉽게 변할 수 있는 특징을 가진다.

46 [조직이해능력] 갈등 관리하기

정답 ③

해설

박 팀장은 갈등상황을 수용하고 객관적으로 보려고 하고 있고 원인을 찾으려고 한다. 또한 조직에 이익이 될 수 있는 해결책을 찾는 데 초점을 맞추고 있다. 모두가 잘되기 위해 노력한다는 생각을 가지고 있으므로 갈등은 부정적인 결과를 초래한다는 인식을 전제로 하고 있다고 보기는 어렵다.

47 [조직이해능력] 체크리스트 이해하기

정답 ②

해설

체크리스트는 업무의 각 단계를 효과적으로 수행했는지 자가 점검해볼 수 있는 도구이다. 체크리스트는 시간의 흐름을 표현하는 데에는 한계가 있지만, 업무를 세부적인 활동들로 나누고 각 활동별로 기대되는 수행수준을 달성했는지를 확인하는 데에는 효과적일 수 있다.

실전모의고사 해설

48 [조직이해능력] 문화충격 이해하기

정답 ④

해설

문화 충격(culture shock)은 한 문화권에 속한 사람이 다른 문화를 접하게 되었을 때 체험하는 충격을 의미한다. 개인이 자란 문화에서 체화된 방식이 아닌 다른 방식을 접하게 되면 의식적, 무의식적 차원에서 이질적으로 상대 문화를 대하게 되고 불일치, 위화감, 심리적 부적응 상태를 경험하게 된다. 문화 충격에 대비하기 위해서 가장 중요한 것은 다른 문화에 대해 개방적인 태도를 견지하는 것이다. 자신이 속한 문화를 기준으로 다른 문화를 평가하지 말고, 자신의 정체성은 유지하되, 새롭고 다른 것을 경험하는 데 즐거움을 느끼도록 적극적인 자세를 취하는 것이 문화 충격을 극복하는 방법이다.

49 [조직이해능력] 세방화 이해하기

정답 ④

해설

㉠은 현지인의 입맛에 맞추어 제품을 출시하여 성공하였다는 내용이다. 즉, 현지화와 관련된 내용이다. 보기 중 현지화와 관련이 있는 것은 '세방화'이다. 세방화란 세계화(globalization)와 지역화(localization)의 합성어로서 세계화를 추구하면서 동시에 현지 국가의 기업 풍토를 존중하는 경영 방식을 의미한다.

50 [조직이해능력] 이문화 이해하기

정답 ①

해설

이문화의 이해는 자문화 중심으로 진행되는 것이 아니다. 내가 속한 문화와 다르다고 해서 무조건 나쁘거나 저급한 문화로 여기는 것이 아니라 그 나라 고유의 문화를 인정하는 것에서부터 시작하는 것이다. 자신의 정체성은 유지하되 새롭고 다른 것을 경험하는 데 즐거움을 느끼도록 적극적인 자세를 취해야 한다.

Part 2 제2회
NCS 직업기초능력평가
실전모의고사 정답과 해설

본문356p

01	02	03	04	05	06	07	08	09	10
①	②	②	④	①	④	②	①	④	③
11	12	13	14	15	16	17	18	19	20
③	②	④	③	②	③	②	②	③	②
21	22	23	24	25	26	27	28	29	30
③	①	③	②	②	③	③	①	③	①
31	32	33	34	35	36	37	38	39	40
①	④	④	②	②	③	④	③	④	④
41	42	43	44	45	46	47	48	49	50
③	①	②	①	②	①	③	②	①	②

01 [의사소통능력] 글의 내용 이해하기

정답 ①

해설

B 주임의 의문에 대해 분명한 이유와 함께 향후 가이드라인을 제시하는 것이 바람직하므로 ①이 적절하다.

Plus 해설

② 본문에 따르면 대화체(구어체)로 작성해야 한다.
③ 자신의 과거 경험을 토대로 질책하듯 말하는 것은 적절하지 않다.
④ 이유를 밝히지 않고 칭찬만 하는 것은 적절하지 않다.

02 [의사소통능력] 보고서 작성 원칙 알기

정답 ②

해설

보고서 작성 시 직접적이고 확실하며 적극적인 의미 전달을 위해서는 능동태 표현을 사용하며, 이해도 제고를 위해서는 짧은 문장으로 간결하게 서술한다.

03 [의사소통능력] 글의 내용 이해하기

정답 ②

해설

비대면으로 진행되는 실험·실습 수업에 대한 학생들

의 만족도가 비대면 수업 전반에 대한 만족도에 비해 낮다고 해서 이론강의 위주의 수업에서 질의응답과 피드백의 중요성이 낮다고 판단할 수는 없다.

04 [의사소통능력] 효과적인 의사소통 방법 알기

정답 ④

해설

의사표현은 자신의 메시지를 상대방에게 전달하는 중요한 능력이며 메시지를 효과적으로 전달하기 위해서는 듣는 이가 자신의 메시지를 어떻게 받아들였는지 피드백을 받는 것이 중요하다.

05 [의사소통능력] 글의 내용 이해하기

정답 ①

해설

화자가 말할 때 중간중간 질문을 통해 집중력을 높일 수 있다고 하였다.

06 [의사소통능력] 경청 태도 파악하기

정답 ④

해설

차 사원은 오전 9시 협력사와의 전화미팅이 오래 걸릴 것을 우려하고 있으나 조 팀장은 이에 대해 관심을 전혀 보이지 않고 다른 말을 하고 있다. 즉, 조 팀장은 차 사원의 우려에 대해 전혀 공감하지 못하고 있다.

07 [의사소통능력] 글의 흐름 파악하기

정답 ②

해설

주어진 문장은 미디어 콘텐츠의 역량 요소 중 미디어 윤리에 대한 설명이다. 따라서 미디어 리터러시 역량 요소를 설명한 뒤 ⓒ의 위치에 와야 자연스럽다.

08 [의사소통능력] 어휘 의미 알기

정답 ①

해설

'흥미를 불러일으키다'의 의미로 사용할 수 있는 단어로 '고취(鼓吹)'가 가장 적절하다.

09 [의사소통능력] 글의 내용 이해하기

정답 ④

해설

미디어 리터러시 콘텐츠는 원격 수업 및 등교 수업에서 교수·학습 자료로 이용할 수 있다고 하였다. 따라서 원격(온라인) 뿐만 아니라 등교수업(오프라인)에서도 활용될 예정이다.

10 [의사소통능력] 글의 내용 이해하기

정답 ③

해설

본문의 첫 번째 항목을 보면 '버팀목자금 플러스는 버팀목자금 수혜 여부와 관계없이'라고 명시하고 있어 버팀목자금을 지원받은 경우에도 버팀목자금 플러스 지급대상이 될 수 있음을 알 수 있다.

11 [수리능력] 단위 환산하기

정답 ③

해설

$1m/s$가 1일 때, km/h 수는 3.6이다.
$1m/s = 3.6km/h$이기 때문에
$26.3452 \times 3.6 = 94.842720$이다.
셋째 자리에서 반올림하면 94.84가 정답이다.

12 [수리능력] 확률 계산하기

정답 ②

해설

전체 도수가 40이므로 a의 값은 $40 - (3+4+9+12)$ $= 40 - 28 = 120$이다.
따라서 교육 이수 시간이 40시간 이상인 직원은 $12 + 12 = 24$(명)이고, 구하고자 하는 확률은 $\dfrac{24}{40} = \dfrac{3}{5}$ 이다.

13 [수리능력] 가중치를 적용하여 계산하기

정답 ④

해설

각 평가영역별 가중치를 적용하여 최종점수를 산출하면 A=66점, B=79점, C=66점, D=89점이다.
따라서 D가 최고점자가 된다.

14 [수리능력] 가중치를 적용하여 계산하기

정답 ③

해설

최저점자는 최종점수가 66점인 A와 C이다. 인사팀의 답변대로 최저점자를 산출하였을 때,
1. A, C 모두 업무성과 점수가 60점으로 선별 불가능
2. A가 해외 프로젝트에 참여함으로써 상위득점자가 됨
따라서 마케팅 부서 내 최저점자는 C가 된다.

15 [수리능력] 평균, 분산, 표준편차 구하기

정답 ②

해설

평균, 분산, 표준편차의 계산식은 다음과 같다.
1. 평균
   (전체 관찰값의 합) ÷ (전체 관찰값의 수)
2. 분산
   [(각 관찰값) − (평균)]²의 합 ÷ 전체 관찰값의 수
3. 표준편차
   (표준편차)² = 분산
따라서 마케팅부서의 업무수행능력 점수 평균은 75, 분산은 93.5, 표준편차는 $\sqrt{93.5}$ 가 된다.

16 [수리능력] 자료 해석하기

정답 ③

해설

③ 부산 최댓값 37, 서울 최댓값 89이므로 서울이 부산의 2배 이상이다.

Plus 해설

① 서울, 인천, 대전 등을 보면 먼지 농도가 뚜렷하게 감소하는 것으로 판단하기 어렵다.
② 초미세먼지 예보등급이 모든 도시에서 '좋음'인 날도, 모든 도시에서 '나쁨'인 날도 없다.
④ 초미세먼지 예보등급은 '일평균'이므로 24시간 측정수치의 평균값으로 등급을 나타낸 것이다. 초미세먼지 수치가 23시간 동안 $5\mu g/㎥$이었다가 현재 수치가 $76\mu g/㎥$이더라도 예보등급의 기준이 되는 일평균 수치는 $8\mu g/㎥$를 넘지 않으므로 '좋음'이 된다.

17 [수리능력] 매출액 계산하기

정답 ②

해설

서울, 인천, 경기는 매우 나쁨이므로 예상 매출액은 $(30+15+25) \times 0.85 = 59.5$(백만 원)이고, 광주, 대전은 나쁨이므로 예상 매출액은 $(10+12) \times 0.9 = 19.8$(백만 원)이며, 부산은 좋음이므로 예상 매출액은 20(백만 원)이다.

따라서 직영매장 전체 예상 매출액은 $59.5 + 19.8 + 20 = 99.3$(백만 원) → 9,930만 원이다.

18 [수리능력] 자료 해석하기

정답 ②

해설

본부 연구소와 영업소에 배치되는 신입사원의 현황은 아래와 같다.

구분	본부 연구소	영업소
2020년	55	71
2019년	65	61
2018년	45	70
2017년	61	62
2016년	50	69
2015년	48	60
2014년	47	62

2019년도에는 본부 연구소에 배치된 신입사원이 영업소에 배치된 신입사원의 수보다 많다.

19 [수리능력] 증감률 계산하기

정답 ③

해설

전년대비 올해의 증감률
= (올해 값 − 전년도 값) ÷ (전년도 값) × 100
전년대비 2020년 경영기획본부 배치 신입사원 증가율
= $(33-19) \div 19 \times 100 = 74\%$
전년대비 연구소 배치 신입사원 감소율
= $(55-65) \div 65 \times 100 = -15\%$
따라서 두 수치의 절대값의 합은 89이다.

20 [수리능력] 그래프 작성하기

정답 ②

해설

상경계열의 신입사원 수는 2016년 66명으로 가장 높다. 제시된 그래프에서는 2019년이 가장 높게 나타났으므로 잘못 그려진 그래프이다.

21 [문제해결능력] SWOT 분석하기

정답 ③

해설

①, ②, ④는 약점으로 합당해 보이나, ③은 기회에 더 가까운 것으로 보인다.

22 [문제해결능력] 문제해결 과정 이해하기

정답 ①

해설

문제해결 과정 중 문제 인식 단계는 'What'을 결정하는 단계로 해결해야 할 전체 문제를 파악하여 우선순위를 정하고, 선정문제에 대한 목표를 명확히 하는 단계이다.

23 [문제해결능력] 문제해결 방법 이해하기

정답 ③

해설

사례에서 마케팅팀장은 충분한 커뮤니케이션을 통해 서로의 문제점을 이해하고 공감함으로써 창조적인 문제 해결을 도모하고 있다. 이를 통해 참여자들이 팀워크 향상을 이루며, 동기가 강화된다.

24 [문제해결능력] 다음 회의 예측하기

정답 ②

해설

금번 회의에는 개발팀과 영업팀 두 개 부서가 참석하였고, 다음 회의 때 마케팅팀과 콘텐츠제작팀이 참석한다고 하였으므로 총 4개 부서가 참석할 것이다.

실전모의고사 해설

25 [문제해결능력] 사고력 이해하기

정답 ②

해설

본문에서 M사 인사팀 직원들은 개발자 채용이라는 문제를 해결하기 위해 최대한 많은 아이디어를 제시하려고 노력하고 있으므로 창의적 사고를 활용하고 있으며 이에 해당하는 설명은 ②이다.

Plus 해설

①, ③은 비판적 사고, ④는 논리적 사고에 대한 설명이다.

26 [문제해결능력] 브레인스토밍 이해하기

정답 ③

해설

회의 내용을 보면 M사 인사팀은 개발자 채용 문제를 해결하기 위해 브레인스토밍 방식을 활용하고 있으며, 임 대리는 이 대리가 제시하는 아이디어를 줄곧 비판하고 있어 비판금지 원칙을 위반하고 있는 것으로 볼 수 있다. 한편 김 사원은 최대한 많은 아이디어를 제시하려고 노력하면서 임 대리의 아이디어와 자신의 아이디어를 결합하려 하는 등 브레인스토밍의 원칙을 준수한 것으로 볼 수 있다.

27 [문제해결능력] 제시된 내용 이해하기

정답 ③

해설

예를 들어 사용 예정일이 이번 주 금요일인 경우, 전주 금요일까지 신청서를 제출해야 하며, 신청서를 전주 금요일에 접수한 경우 근무일을 기준으로 하는 48시간 후는 이번 주 화요일이 된다. 이번 주 화요일에 사용허가가 나올 경우 사용료 납부는 이번 주 목요일까지 하면 된다.

28 [문제해결능력] 금액 산정하기

정답 ①

해설

1. 최초 납부금액(A)
   세미나실의 대관시간은 7시간이므로 사용료는 228,000원이며 컨벤션 센터의 대관시간은 3시간이므로 사용료는 150,000원이다. 한편 출장뷔페를 이용하므로 별도의 시설 사용료 300,000원이 추가되어 총 사용료는 678,000원이다. 여기에 공

공기관의 공공 도시개발 정책 세미나는 공공의 목적을 수행하기 위한 행사이므로 30% 감면이 적용되어, 최초 납부한 금액은 474,600원이다.
2. 반환 금액(B)
   코로나19 감염으로 인한 이용 취소이므로 특별규정이 적용되며, 예정일 이틀 전이므로 45%의 반환율이 적용된다. 반환 금액은 213,570원이다.

29 [문제해결능력] 제시된 내용 이해하기

정답 ③

해설

D 대강당이 한 시간당 30만 원으로 가장 저렴하다.

30 [문제해결능력] 적절한 장소 선택하기

정답 ①

해설

F 협력사 80명, G 협력사 50명. H 협력사 50명 총 180명이 참여하여 180명 이상의 인원을 수용할 수 있는 장소를 선택하기 때문에 A 연수원과 B 연수원 중 골라야 한다. H 협력사의 의견에 따라 가장 저렴한 장소를 고르면 A 연수원이 된다.

31 [자원관리능력] 시간낭비 요인 이해하기

정답 ①

해설

- 기술적 무지 : 지시 받은 업무를 위한 일정을 준비하지 못한 상태로, 소요 시간을 잘못 예상하여 업무를 제시간에 끝마치지 못하고 있다. 즉 업무의 수준에 따라 시간 계획을 세우지 못하고 있다.
- 외부적 현실 : 가끔씩 너무 많은 일이 주어지고, 여유를 두지 않고 일정을 계획하고 있다.

Plus 해설

- 심리적 장애 : 목표와 우선순위가 불분명한 경우로, 하는 일이 없으면 불안감을 느낀다. 타인에 대한 배려가 너무 깊거나 완벽하고자 할 때에도 시간관리의 방해요소가 될 수 있다.

32 [자원관리능력] 시간 계획 시 고려할 사항 알기

정답 ④

해설

이동시간 또는 기다리는 시간도 계획에 삽입하여 활용해야 한다.

33 [자원관리능력] 명칭 파악하기

정답 ③

해설

인적자원과는 반대되는 내용이 들어가야 한다. 인간의 약한 신체적 특성을 보완하기 위해 활용하는 자연에 존재하는 자원들인 물적자원이 이에 해당한다. 인문자원과 문화자원은 인적자원과 분류를 같이 하며 생물자원은 물적자원의 하위분류로 볼 수 있다.

34 [자원관리능력] 인적자원 특성 알기

정답 ②

해설

인적자원의 특성 중 능동성은 "인적자원은 물적자원과는 달리 능동적이고 자율적인 성격을 가진다."로 언급되었으며, 전략성은 "조직의 성과와 가장 밀접한 관계를 맺고 있다. 보유한 자원을 활용하는 주체가 사람이기에 어느 자원보다 전략적인 자원이라 할 수 있다."로 언급되었다. 또한 개발성은 "인적자원은 성장과 성숙은 물론 장기간에 걸쳐 개발될 수 있다."로 언급되었다. 소진성은 "인적자원은 자금이나 물질적 자원처럼 비축해 둘 수 없다."는 것으로, 그 내용이 지문에 제시되지 않았다.

35 [자원관리능력] 인력배치의 원칙 알기

정답 ③

해설

ⓒ은 개인의 능력이나 성격 등과 가장 적합한 위치에 인력을 배치하는 적재적소주의에 대한 내용이다.

36 [자원관리능력] 인적자원 이해하기

정답 ②

해설

보기는 인적자원관리 원칙 중 공정 보상의 원칙, 공정 인사의 원칙, 단결의 원칙에 대해 설명하고 있다.

37 [자원관리능력] 인적자원 이해하기

정답 ③

해설

기업 경영은 조직 구성원들의 역량과 직무 수행에 기초하여 이루어져야 하기 때문에 인적 자원의 선발, 배치 및 활용이 중요하다. 경영자는 내부구성원 개인의 역량을 명확히 파악하여 인적 자원을 활용해야 한다.

38 [자원관리능력] 직접비용 파악하기

정답 ④

해설

직접비용은 원료, 기자재, 인건비로 총합은 3,000,000 + 1,200,000 + 3,800,000 = 8,000,000원이다.

39 [자원관리능력] 예산 수립 절차 알기

정답 ③

해설

팀장의 조언에 따르면 예산 수립 단계는 '필요한 과업 및 활동 규명 → 우선순위 결정 → 예산 배정'이 된다.

40 [자원관리능력] 예산 수립의 장점 알기

정답 ④

해설

예산을 수립할 때에는 사업과 관련된 모든 활동을 고려해야 한다.

41 [조직이해능력] 업무 이해하기

정답 ③

해설

업무는 자율성을 보장한다. 연구 개발 등과 같은 업무는 자율성과 재량권을 많이 가지고 진행되기도 한다.

42 [조직이해능력] 업무수행시트 이해하기

정답 ①

해설

PERT는 일의 순서와 소요기간을 결정할 때 이용하는 도구로 업무를 달성하는 데 필요한 전 작업을 작업 내용과 순서를 기초로 하여 네트워크상으로 표시한다.

43 [조직이해능력] 업무 방해요인 알기

정답 ②

해설

업무 수행을 방해하는 요인들은 사소해 보이지만 생산성을 방해하는 가장 큰 주범이다. 여기에는 다른 사람들의 갑작스런 방문, 전화, 사내 메신저, 이메일 등과 업무 스트레스를 들 수 있다. 시간이 정해진 정기적인 미팅은 거리가 멀다.

44 [조직이해능력] 효과적인 업무를 위한 행동 알기

정답 ①

해설

업무를 효과적으로 통제하기 위해서는 시간을 정해놓고 일을 처리해야 한다. 중요도에 따라 원칙을 세우고 업무 시간을 활용하는 것이 효과적이다. 무조건 사람들과 대화를 단절하는 것은 바람직하지 않다.

45 [조직이해능력] 조직구조 파악하기

정답 ②

해설

D사가 변화시키고자 하는 조직의 형태는 매트릭스 조직으로, 특정 사업 수행을 위해 해당 분야의 전문성을 지닌 직원들이 본연의 업무와 특정 사업을 동시에 수행하는 형태로 운영될 수 있다. 매트릭스 조직구조가 경영학계에 대두된 시점은 1969년 아폴로 11호의 달 착륙 때의 일로 당시 미국이 구소련보다 앞서 달 정복에 성공할 수 있었던 것과 관련, 매트릭스 구조의 힘이 컸다는 언론보도 이후 경영계에서 앞다퉈 이 시스템을 도입하기 시작했다.

46 [조직이해능력] 조직구조 이해하기

정답 ①

해설

매트릭스 조직 운영은 그에 걸맞은 기업문화와 인사제도, 성과측정, 전략수립 수단이 필요하다. 또한 매트릭스 최하단에 놓인 직원의 적절한 업무 배분과 매트릭스 상단 기능별 리더들의 사고 혁신이 전제돼야 한다. 그렇지 않으면 어설픈 관료제의 중첩이라는 리스크에 빠지게 될 가능성이 높다.

47 [조직이해능력] 경영의 구성요소 파악하기

정답 ③

해설

타사와는 다르게 마케팅 차별화 전략을 통해 시장에서 살아남았다. 이 부분은 경영전략에 속한다.

48 [조직이해능력] 퍼플오션 이해하기

정답 ②

해설

치열한 경쟁 시장인 레드오션, 경쟁자가 없는 시장인 블루오션, 그리고 레드오션과 블루오션을 조합한 말로 기존의 레드오션에서 발상의 전환을 통하여 새로운 가치를 가진 시장인 퍼플오션, 친환경정책을 바탕으로 새로운 부가가치를 창출하는 시장인 그린오션이 있다. 포화 상태인 중고거래 앱 시장 속에서 발상의 전환을 통해 새로운 가치를 창출해 나가는 D마켓은 퍼플오션에 해당한다.

49 [조직이해능력] 다른 문화 이해하기

정답 ①

해설

문화는 우열을 가릴 수 없다. 좋은 문화, 나쁜 문화는 존재하지 않는다. 자신이 속한 문화를 기준으로 다른 문화를 평가하지 말고 자신의 정체성은 유지하되, 새롭고 다른 것을 경험하는 데 즐거움을 느끼도록 적극적인 자세를 취해야 한다.

50 [조직이해능력] 문화 상대주의 의미 알기

정답 ②

해설

문화 상대주의는 그 문화를 공유한 사람들의 입장에서 문화를 바라보고 이해하는 태도를 의미한다.

Part 3 인성검사 · 면접

01 Chapter 인성검사 안내

 ① 인성검사 개요

인성(人性)은 사람의 바탕이 되는 성품, 즉 인간다운 면모와 자질을 의미한다. 사람의 성품은 각기 다르기 때문에, 개인의 인성을 객관적인 지표로 측정하기란 그 기준이 모호하고 평가의 신뢰성이 떨어질 수 있다. 그러나 기업에서는 다양한 범주를 통해 각 응시자의 대인관계능력을 비롯한 정서적 측면 등을 측정할 필요가 있다. 모든 응시자를 대면하면서 그 사람의 자질을 깊이 있게 파악하기란 사실상 어렵기 때문이다.

따라서 기업은 지원자가 질문에 답한 일관성을 토대로 개인의 성향을 파악하고, 지원자가 해당 기업의 인재상과 얼마나 부합하는지를 판단하며, 해당 직군의 조직 적합성과 직무 적응도를 살피는 준거로서 인성검사를 활용하고 있다.

② 인성검사 응답의 유의점

인성검사는 자신을 실제보다 '더 좋게 보이려는 의도'와 '무성의한 응답'을 가려낼 수 있도록 개발되었기 때문에 응답하지 않은 문항이 많거나, 솔직하게 응답하였다고 보기 어려운 문항은 측정에서 제외될 수 있음을 염두에 두어야 한다.

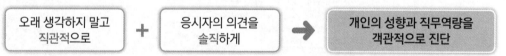

③ 인성검사 평가 역량

평가 역량	세부 역량	역량의 의미
업무능력	일처리, 전문성 추구	• 문제의 원인을 이해하여 적극적인 해결 시도 • 업무에 필요한 지식과 기술, 자기개발을 위한 노력
관계적응	외향/친화력, 팀지향/협동	• 처음 보는 사람과 쉽게 친해지며, 활기찬 분위기 유도 • 솔선수범하며 팀 활동에 적극적으로 참여
정서적응	감정이해, 감정조절	• 타인의 감정과 기분을 잘 파악하여 갈등 해결 유도 • 감정변화가 안정적이고 감정을 잘 다스려 표현을 자제
조직적응	조직순응성, 조직시민정신	• 기존 체계와 관습 존중, 새로운 문화에도 잘 적응함 • 타인에게 해가 되는 행동 자제, 타인 배려, 윗사람 존중

④ 인성검사 평가 척도와 내용

평가 척도	내용
개방성 (openness)	변화와 다양성에 대해 우호적인 성향을 측정한다. 개방성이 높은 사람은 독창적인 사고력을 지닌 사람일 가능성이 높고, 개방성이 낮은 사람은 관습을 중시하는 사람일 가능성이 높다.
결단력 (decision)	결정적인 판단을 빠르게 내릴 수 있는 능력을 측정한다. 결단력이 높은 사람은 조직에서 발생한 문제에 대해 신속한 상황 파악이 가능하다.
계획성 (planning)	계획을 짜서 업무를 처리하려고 하는 성향을 측정한다. 계획성이 높은 사람은 조직 내 업무의 원활한 진행을 돕고, 다음 계획을 구상할 가능성이 높다.
규범성 (normativity)	규범, 행동준칙 등을 따르는 성향을 측정한다. 조직 내 갖추어진 규범을 받아들여 적응하는 정도를 파악할 수 있다.
낙관성 (optimism)	사물 또는 현상에 대해 긍정적으로 보는 성향을 측정한다. 낙관성이 높은 사람은 조직 내 발생한 문제를 긍정적으로 진행하여 해결할 가능성이 높다.
사회성 (sociality)	자신이 속한 사회 구성원으로서의 소속감을 측정한다. 외향적인 성향의 사람이 사회성 항목에서 높은 점수를 받는 경향을 보인다.
성실성 (sincerity)	진중함과 끈기를 측정한다. 조직 규범 및 업무에 대한 마찰을 통제하며, 목표 지향적인 행동을 꾸준히 지속할 수 있는 정도를 파악할 수 있다.
신경성 (neuroticism)	조직에서 발생하는 힘든 경험에 대해 부정적인 정서를 얼마나 보이는지를 측정한다. 신경성이 높은 사람은 업무, 대인관계 등에 대해 과민함을 드러낼 수 있다.
우호성 (agreeableness)	타인과 친밀한 관계를 맺고 그 관계를 지속하려는 성향을 측정한다. 우호성이 높은 사람은 조직 구성원을 배려하고 반대 입장을 헤아리는 이타심을 보인다.
외향성 (extroversion)	타인과의 관계에서 상호작용을 주도하려는 정도를 측정한다. 외향성이 높은 사람은 능동적이고 개방적인 반면에 외향성이 낮은 사람은 낯을 잘 가리고 냉정한 면을 보인다.
자기조절력 (self-regulation)	충동적인 감정 표출과 돌출 행동에 대한 조절능력을 측정한다. 차분함과 변덕 성향, 융통성 등을 평가하는 요소로도 활용된다.
정서적 안정성 (emotional stability)	정서적으로 얼마나 안정되어 있는지를 측정하며, 자기 자신과 주변 환경에 대해 가지고 있는 불안함을 측정하는 요소로도 활용된다.
정직성 (probity)	거짓이나 꾸밈이 없이 바르고 곧은 성향을 측정한다. 정직성이 높은 사람은 타인을 과하게 칭찬하지 않으며 뒤에서 험담하지 않는 과묵함을 보인다. 자신의 실수를 솔직하게 인정하는 반면 타인의 잘못은 냉정하게 지적하는 면도 보인다.
지도성 (leadership)	팀을 조직하여 지도하는 것을 좋아하는 성향을 측정한다. 조직 구성원의 능력에 따른 업무를 할당하고 조화로운 조직을 구성할 수 있는 능력을 평가한다.
창의성 (creativity)	새롭고 독창적인 것을 만드는 것을 좋아하는 성향을 측정한다. 지적호기심과 상상력, 실행력 등을 함께 측정하는 요소로도 활용된다.

※ 기업의 핵심가치, 인재상, 검사 방식에 따라 평가 척도는 각각 다르게 적용될 수 있다.

02 Chapter 인성검사 실전 연습

인성검사는 지원자의 가치관 및 성향을 알아보기 위한 검사이므로 정답이 없습니다.
여러 기관에서 활용되는 몇 가지 대표적인 유형으로 실전 연습을 해보시기 바랍니다.
직관에 따라 솔직하게 응답하되 일관성 유지에 유의하도록 합니다.

01 • Yes / No 진위 선택형

[01~80] 다음 각 질문에 대해 본인이 맞다고 생각하면 Yes, 그렇지 않으면 No에 체크하시오.

번호	질문	Yes	No
01	평소 다양한 분야에 관심이 많다.	○	○
02	집에 있는 것을 좋아한다.	○	○
03	맡은 임무에 대해서는 끝까지 책임지고 해낸다.	○	○
04	구체적인 계획이 없으면 행동에 옮기기 어렵다.	○	○
05	직책이나 직권 등의 권위를 가지고 싶다.	○	○
06	남의 말이나 행동에 쉽게 상처 받는다.	○	○
07	나와 마음이 맞는 사람이 주변에 별로 없다.	○	○
08	남을 잘 배려한다는 소리를 듣는 편이다.	○	○
09	한 가지 일에 몰입하면 다른 것은 못 한다.	○	○
10	혼자 집중하여 하는 일을 즐긴다.	○	○
11	몸에 무리가 가는 일은 하지 않는다.	○	○
12	나를 나쁘게 말하는 사람이 주변에 많다.	○	○
13	일이 생겼을 때 정확한 판단이 설 때까지 행동하지 않는다.	○	○
14	일을 시작하기 전에 세부계획을 먼저 세운다.	○	○
15	정신력이 강하다.	○	○
16	규칙은 반드시 준수한다.	○	○
17	나의 의견이 받아들여지지 않으면 화가 난다.	○	○

번호	질문	Yes	No
18	남이 나를 비판하는 것을 받아들이기 어렵다.	○	○
19	돌다리도 두들겨 보고 걷는다.	○	○
20	조직 생활이 즐겁다.	○	○
21	나는 낙천적인 성격을 가지고 있다.	○	○
22	노력만으로는 안 되는 것들이 있다.	○	○
23	일을 할 때에는 나를 도와주는 사람이 필요하다.	○	○
24	틈틈이 나의 미래를 생각한다.	○	○
25	급한 일도 기한 내에 마무리할 수 있다.	○	○
26	개인의 능력보다는 팀워크가 중요하다.	○	○
27	처음 가보는 곳은 철저히 조사한다.	○	○
28	조직을 위하여 자존심을 굽힐 수 있다.	○	○
29	공과 사는 명확하게 구분한다.	○	○
30	한번 좋아하는 것은 끝까지 좋아한다.	○	○
31	남이 나를 신뢰할 때 더욱 열심히 일한다.	○	○
32	나는 조직 구성원에게 도움을 줄 수 있다.	○	○
33	조직 구성원과 협조적인 관계를 유지한다.	○	○
34	조직의 내부 및 외부 갈등을 원만하게 해결할 수 있다.	○	○
35	상대방을 진정으로 이해하며 노력하는 편이다.	○	○
36	친절함과 공손함은 매우 중요한 덕목이다.	○	○
37	약속을 지키는 것이 신뢰성을 높인다고 생각한다.	○	○
38	나는 실험정신이 투철하다.	○	○
39	끊임없이 변화하고 환경에 적응을 잘한다.	○	○
40	보람된 삶을 사는 것이 인생의 목표다.	○	○
41	나의 주장과 반대되는 의견이 있을 시 배척한다.	○	○
42	내가 목표로 한 바에 대해 정확한 피드백을 할 수 있다.	○	○
43	내가 가지고 있는 흥미가 무엇인지 이해하고 있다.	○	○
44	직무에 대한 구체적인 정보를 가지고 있다.	○	○
45	나를 가로막고 있는 것이 무엇인지 알고 있다.	○	○
46	공정하게 경쟁하는 것을 즐긴다.	○	○
47	직업 선택에 있어서 경제적인 보상을 우선순위에 둔다.	○	○
48	계획을 세운 것은 반드시 실천한다.	○	○
49	나는 미래에 대한 단기, 중기, 장기 목표를 세웠다.	○	○

인성검사 · 면접

번호	질문	Yes	No
50	타인과의 협상 및 설득에 능하다.	○	○
51	일을 저돌적으로 밀어붙이는 면이 있다.	○	○
52	어느 모임에서든 중요한 역할을 한다.	○	○
53	남에게 없는 나만의 매력이 있다.	○	○
54	다른 사람에게 나의 장점을 어필할 수 있다.	○	○
55	상대가 나를 존중하지 않으면 일을 제대로 하지 않는다.	○	○
56	생각이 기발하다는 말을 종종 듣는다.	○	○
57	좋고 싫음의 구분이 분명하다.	○	○
58	전망이 어둡다고 판단되면 생각을 접는다.	○	○
59	주변에서 나에게 거는 기대가 크다.	○	○
60	그래프를 분석하고 도표를 작성하는 업무는 즐겁다.	○	○
61	주변 사람의 단점이나 잘못된 행동을 보면 지적한다.	○	○
62	미래에 대한 명확한 기준을 가지고 있다.	○	○
63	복잡한 일일수록 천천히 한다.	○	○
64	모르는 사람과는 어울리기 힘들다.	○	○
65	그룹과 단체보다는 나를 중시한다.	○	○
66	기존 방식이나 관습을 따를 필요는 없다.	○	○
67	맡은 임무에 대해서는 끝까지 책임지고 해낸다.	○	○
68	감정 조절이 힘든 편이다.	○	○
69	다양한 분야에 관심이 많다.	○	○
70	몸에 무리가 가는 일을 하지 않는다.	○	○
71	여러 사람을 만나는 것이 부담된다.	○	○
72	거짓말을 하지 못해 낭패를 본 적이 있다.	○	○
73	일을 할 때 산만한 편이다.	○	○
74	때로 죽고 싶을 때가 있다.	○	○
75	가족을 선택할 수 있다면 다른 부모를 만나고 싶다.	○	○
76	살면서 거짓말을 해본 적이 거의 없다.	○	○
77	남의 물건을 슬쩍 가져온 경험이 있다.	○	○
78	이유 없이 불안한 생각이 들 때가 있다.	○	○
79	어떤 사안을 결정할 때에는 다수결 원칙을 따른다.	○	○
80	질서와 준칙을 지키는 것이 좋다.	○	○

02 ● 동의 척도 표시형

[01~49] 다음 질문을 읽고 ①~⑤ 중 자신에게 가장 가까운 것 하나에 체크하시오.

01 부정적인 생각을 자주 한다.

① 전혀 그렇지 않다.　② 그렇지 않다.　③ 보통이다.　④ 그렇다.　⑤ 매우 그렇다.

02 일보다 사람의 관계가 우선이다.

① 전혀 그렇지 않다.　② 그렇지 않다.　③ 보통이다.　④ 그렇다.　⑤ 매우 그렇다.

03 남이 나를 어떻게 생각하는지는 중요하지 않다.

① 전혀 그렇지 않다.　② 그렇지 않다.　③ 보통이다.　④ 그렇다.　⑤ 매우 그렇다.

04 타인의 마음을 꿰뚫어 볼 수 있다.

① 전혀 그렇지 않다.　② 그렇지 않다.　③ 보통이다.　④ 그렇다.　⑤ 매우 그렇다.

05 혼자 있는 것을 좋아하지 않는다.

① 전혀 그렇지 않다.　② 그렇지 않다.　③ 보통이다.　④ 그렇다.　⑤ 매우 그렇다.

06 느림보라는 말을 종종 듣는다.

① 전혀 그렇지 않다.　② 그렇지 않다.　③ 보통이다.　④ 그렇다.　⑤ 매우 그렇다.

07 생각에서 끝나는 경우가 많다.

① 전혀 그렇지 않다.　② 그렇지 않다.　③ 보통이다.　④ 그렇다.　⑤ 매우 그렇다.

08 권력에 대한 욕구가 있다.

① 전혀 그렇지 않다.　② 그렇지 않다.　③ 보통이다.　④ 그렇다.　⑤ 매우 그렇다.

09 도전하지 않으면 얻을 수 없는 것이 많다.

① 전혀 그렇지 않다.　② 그렇지 않다.　③ 보통이다.　④ 그렇다.　⑤ 매우 그렇다.

10 외향적 성격이라고 생각한다.

① 전혀 그렇지 않다.　② 그렇지 않다.　③ 보통이다.　④ 그렇다.　⑤ 매우 그렇다.

11 준비 없는 일에는 뛰어들지 않는다.

① 전혀 그렇지 않다.　② 그렇지 않다.　③ 보통이다.　④ 그렇다.　⑤ 매우 그렇다.

12 성격이 온순하고 다감한 편이다.

① 전혀 그렇지 않다.　② 그렇지 않다.　③ 보통이다.　④ 그렇다.　⑤ 매우 그렇다.

13 나에게 필요한 것은 결정력이다.

① 전혀 그렇지 않다.　② 그렇지 않다.　③ 보통이다.　④ 그렇다.　⑤ 매우 그렇다.

14 항상 결과를 생각하며 행동한다.

① 전혀 그렇지 않다.　② 그렇지 않다.　③ 보통이다.　④ 그렇다.　⑤ 매우 그렇다.

15 타인의 실수와 잘못에 관대하다.

① 전혀 그렇지 않다.　② 그렇지 않다.　③ 보통이다.　④ 그렇다.　⑤ 매우 그렇다.

16 누구와도 잘 어울릴 자신이 있다.

① 전혀 그렇지 않다.　② 그렇지 않다.　③ 보통이다.　④ 그렇다.　⑤ 매우 그렇다.

17 매사에 조용한 편이라고 생각한다.

① 전혀 그렇지 않다.　② 그렇지 않다.　③ 보통이다.　④ 그렇다.　⑤ 매우 그렇다.

18 시간약속을 잘 지킨다.

① 전혀 그렇지 않다.　② 그렇지 않다.　③ 보통이다.　④ 그렇다.　⑤ 매우 그렇다.

19 낯선 곳을 여행하는 일은 즐겁다.

① 전혀 그렇지 않다.　② 그렇지 않다.　③ 보통이다.　④ 그렇다.　⑤ 매우 그렇다.

20 매사에 조심하는 성격이다.

① 전혀 그렇지 않다.　　② 그렇지 않다.　　③ 보통이다.　　④ 그렇다.　　⑤ 매우 그렇다.

21 활달하고 외향적인 성격이다.

① 전혀 그렇지 않다.　　② 그렇지 않다.　　③ 보통이다.　　④ 그렇다.　　⑤ 매우 그렇다.

22 행동과 동작이 빠른 편이다.

① 전혀 그렇지 않다.　　② 그렇지 않다.　　③ 보통이다.　　④ 그렇다.　　⑤ 매우 그렇다.

23 노력은 절대 배신하지 않는다고 생각한다.

① 전혀 그렇지 않다.　　② 그렇지 않다.　　③ 보통이다.　　④ 그렇다.　　⑤ 매우 그렇다.

24 시간 계획을 세우는 것을 좋아한다.

① 전혀 그렇지 않다.　　② 그렇지 않다.　　③ 보통이다.　　④ 그렇다.　　⑤ 매우 그렇다.

25 다른 사람과 공유한 비밀은 절대 누설하지 않는다.

① 전혀 그렇지 않다.　　② 그렇지 않다.　　③ 보통이다.　　④ 그렇다.　　⑤ 매우 그렇다.

26 남에게 지는 것을 싫어한다.

① 전혀 그렇지 않다.　　② 그렇지 않다.　　③ 보통이다.　　④ 그렇다.　　⑤ 매우 그렇다.

27 내 의견을 피력하는 데 주저함이 없다.

① 전혀 그렇지 않다.　　② 그렇지 않다.　　③ 보통이다.　　④ 그렇다.　　⑤ 매우 그렇다.

28 결정하는 데 시간이 오래 걸린다.

① 전혀 그렇지 않다.　　② 그렇지 않다.　　③ 보통이다.　　④ 그렇다.　　⑤ 매우 그렇다.

29 하나 이상의 취미를 가지고 있다.

① 전혀 그렇지 않다.　　② 그렇지 않다.　　③ 보통이다.　　④ 그렇다.　　⑤ 매우 그렇다.

인성검사 · 면접

30 내가 책임질 수 없는 일은 하지 않는다.

① 전혀 그렇지 않다.   ② 그렇지 않다.   ③ 보통이다.   ④ 그렇다.   ⑤ 매우 그렇다.

31 말과 행동이 일치하지 않는다.

① 전혀 그렇지 않다.   ② 그렇지 않다.   ③ 보통이다.   ④ 그렇다.   ⑤ 매우 그렇다.

32 남들과는 차별성을 두고 싶다.

① 전혀 그렇지 않다.   ② 그렇지 않다.   ③ 보통이다.   ④ 그렇다.   ⑤ 매우 그렇다.

33 오늘 할 일은 오늘 한다.

① 전혀 그렇지 않다.   ② 그렇지 않다.   ③ 보통이다.   ④ 그렇다.   ⑤ 매우 그렇다.

34 처음 만나는 사람과도 잘 어울린다.

① 전혀 그렇지 않다.   ② 그렇지 않다.   ③ 보통이다.   ④ 그렇다.   ⑤ 매우 그렇다.

35 생각을 깊게 오래 한다.

① 전혀 그렇지 않다.   ② 그렇지 않다.   ③ 보통이다.   ④ 그렇다.   ⑤ 매우 그렇다.

36 무엇이든 행동을 우선한다.

① 전혀 그렇지 않다.   ② 그렇지 않다.   ③ 보통이다.   ④ 그렇다.   ⑤ 매우 그렇다.

37 인간관계가 복잡하다.

① 전혀 그렇지 않다.   ② 그렇지 않다.   ③ 보통이다.   ④ 그렇다.   ⑤ 매우 그렇다.

38 자신이 없는 것은 도전하지 않는다.

① 전혀 그렇지 않다.   ② 그렇지 않다.   ③ 보통이다.   ④ 그렇다.   ⑤ 매우 그렇다.

39 주변 사람을 세심하게 살피고 배려한다.

① 전혀 그렇지 않다.   ② 그렇지 않다.   ③ 보통이다.   ④ 그렇다.   ⑤ 매우 그렇다.

40 부당한 일은 그냥 넘기지 않는다.

① 전혀 그렇지 않다.　② 그렇지 않다.　③ 보통이다.　④ 그렇다.　⑤ 매우 그렇다.

41 교통신호는 반드시 지킨다.

① 전혀 그렇지 않다.　② 그렇지 않다.　③ 보통이다.　④ 그렇다.　⑤ 매우 그렇다.

42 나태함과 무력감에 잘 빠진다.

① 전혀 그렇지 않다.　② 그렇지 않다.　③ 보통이다.　④ 그렇다.　⑤ 매우 그렇다.

43 활동적이기보다는 조용한 편이다.

① 전혀 그렇지 않다.　② 그렇지 않다.　③ 보통이다.　④ 그렇다.　⑤ 매우 그렇다.

44 여럿이 다니는 것보다 혼자 자유롭게 다니는 것이 좋다.

① 전혀 그렇지 않다.　② 그렇지 않다.　③ 보통이다.　④ 그렇다.　⑤ 매우 그렇다.

45 정치적인 발언을 하는 것은 국민으로서 자연스러운 일이다.

① 전혀 그렇지 않다.　② 그렇지 않다.　③ 보통이다.　④ 그렇다.　⑤ 매우 그렇다.

46 나와 뜻이 맞지 않는 사람과는 대화를 나누지 않는다.

① 전혀 그렇지 않다.　② 그렇지 않다.　③ 보통이다.　④ 그렇다.　⑤ 매우 그렇다.

47 내가 속한 팀에서 인정받기 위해 늘 노력한다.

① 전혀 그렇지 않다.　② 그렇지 않다.　③ 보통이다.　④ 그렇다.　⑤ 매우 그렇다.

48 회사 동료와 개인적인 친분을 오래 유지할 수 있다.

① 전혀 그렇지 않다.　② 그렇지 않다.　③ 보통이다.　④ 그렇다.　⑤ 매우 그렇다.

49 상사에게 업무와 복지에 대한 고충을 이야기할 수 있다.

① 전혀 그렇지 않다.　② 그렇지 않다.　③ 보통이다.　④ 그렇다.　⑤ 매우 그렇다.

03 • Most / Least 정도 선택형

[01~34] 다음 각 질문의 ①~④ 중 자신과 가장 가까운 것은 M을 선택하고, 가장 먼 것은 L을 선택하시오.

01
① 나는 어른에 대한 예의를 중시한다.
② 나는 형식보다는 편안함을 추구한다.
③ 나는 다른 사람의 잘못을 솔직하게 지적한다.
④ 나는 개방적이고 자유로운 사고를 가지고 있다.

| M | ① ② ③ ④ |
| L | ① ② ③ ④ |

02
① 나는 공과를 겉으로 드러내지 않는다.
② 나는 개인의 장점에 따라 업무를 배분해야 한다고 생각한다.
③ 나는 상사의 부당한 지시에 대해 정중하게 거부할 수 있다.
④ 나는 업무에 대해 대화보다는 메신저로 소통하는 것이 편하다.

| M | ① ② ③ ④ |
| L | ① ② ③ ④ |

03
① 나는 독서보다는 영화 감상을 즐긴다.
② 나는 직접 운동하는 것보다 관람하는 것이 좋다.
③ 나는 꾸준히 하는 한 가지 이상의 취미가 있다.
④ 나는 호기심이 많아 취미를 자주 바꾼다.

| M | ① ② ③ ④ |
| L | ① ② ③ ④ |

04
① 나는 타인의 지적에 불편하게 대응한다.
② 나는 경쟁을 통해 발전할 수 있다고 생각한다.
③ 나는 혼자 하는 일보다는 협력하는 일이 좋다.
④ 나는 다른 사람에게 불편한 말을 못 한다.

| M | ① ② ③ ④ |
| L | ① ② ③ ④ |

05
① 나는 데이터를 찾아보며 일하는 것이 좋다.
② 나는 직접 경험하며 체득하는 일이 좋다.
③ 나는 겪어보지 않은 지식은 믿지 않는다.
④ 나는 통계자료를 분석하는 일이 어렵다.

| M | ① ② ③ ④ |
| L | ① ② ③ ④ |

06
① 나는 조급함보다는 느긋함을 추구한다.
② 나는 세부적인 계획을 세우고 일을 시작한다.
③ 나는 상황에 따라 계획을 유동적으로 수정한다.
④ 나는 타이트하게 기한을 정하는 것이 익숙하다.

| M | ① ② ③ ④ |
| L | ① ② ③ ④ |

07　① 나는 이성보다 감성에 따른다.
　　② 나는 논리적으로 사고한다.
　　③ 나는 메모하는 습관이 있다.
　　④ 나는 금전관리를 철저히 한다.

M	① ② ③ ④
L	① ② ③ ④

08　① 나는 주변의 반응에 둔감하다.
　　② 나는 타인의 말에 쉽게 반응한다.
　　③ 나는 반대 의견을 잘 설득한다.
　　④ 나는 내 주장을 끝까지 관철한다.

M	① ② ③ ④
L	① ② ③ ④

09　① 나는 동성인 동료가 더 많은 것이 좋다.
　　② 나는 동갑인 동료와 친구로 지낼 수 있다.
　　③ 나는 나보다 나이가 적은 상사를 깍듯이 대한다.
　　④ 나는 나이와 성별 관계 없이 편하게 일할 수 있다.

M	① ② ③ ④
L	① ② ③ ④

10　① 나는 정기적으로 기부하는 기관이 있다.
　　② 나는 재난 및 참사 시 기부 또는 봉사활동을 한다.
　　③ 나는 난민의 수용을 거부한다.
　　④ 나는 사회적 약자를 위해 희생할 수 있다.

M	① ② ③ ④
L	① ② ③ ④

11　① 나는 동성애자인 동료를 편하게 대할 수 있다.
　　② 나는 개성이 강한 사람과 지내는 것이 불편하다.
　　③ 나는 사내 연애에 대해 부정적이다.
　　④ 나는 부서 이동이 활발한 회사가 좋다.

M	① ② ③ ④
L	① ② ③ ④

12　① 나는 우리나라는 외모지상주의가 심하다고 생각한다.
　　② 나는 계획보다는 행동이 우선한다.
　　③ 나는 정해진 계획을 벗어나면 불안하다.
　　④ 나는 상황에 따라 기한을 유동적으로 수정한다.

M	① ② ③ ④
L	① ② ③ ④

13　① 나는 공동의 성과를 위해 내 이익을 양보할 수 있다.
　　② 나는 업무 시간 내 마치지 못할 일은 하지 않는다.
　　③ 나는 형식적인 회의는 하지 않는 것이 낫다고 생각한다.
　　④ 나는 자유로운 분위기가 업무능력 향상에 도움이 된다고 생각한다.

M	① ② ③ ④
L	① ② ③ ④

인성검사 · 면접

14
① 나는 스트레스를 푸는 나만의 방법이 있다.
② 나는 평소 술을 즐겨 마시지 않는다.
③ 나는 친구들과 모일 때는 식사보다 술을 마신다.
④ 나는 직장 내 회식 문화는 사라져야 한다고 생각한다.

M	① ② ③ ④
L	① ② ③ ④

15
① 나는 성공한 삶을 위해 남들보다 노력한다.
② 나는 매너리즘에 빠질 때가 많다.
③ 나는 익숙함이 나태함의 지름길이라고 생각한다.
④ 나는 스스로 게을러지지 않기 위해 항상 단련한다.

M	① ② ③ ④
L	① ② ③ ④

16
① 나는 시간이 오래 걸려도 매사 꼼꼼하게 일한다.
② 나는 업무 기한을 위해 일정 부분은 포기하고 넘어간다.
③ 나는 후배 직원의 실수를 일일이 지적한다.
④ 나는 상사라도 잘못된 언행은 바로잡는다.

M	① ② ③ ④
L	① ② ③ ④

17
① 나는 내 기분을 겉으로 잘 드러내지 않는다.
② 나는 기분이 상하면 표정으로 나타난다.
③ 나는 공사를 구분하면서 감정을 표출한다.
④ 나는 내 기분보다 타인의 기분을 맞추려고 애쓴다.

M	① ② ③ ④
L	① ② ③ ④

18
① 나는 타인과의 갈등 해결 뒤에는 뒤끝이 없다.
② 나는 서운한 일은 마음에 담아두는 편이다.
③ 나는 불만을 참았다가 한번에 터뜨리는 편이다.
④ 나는 나와 맞지 않는 사람과 거리를 둔다.

M	① ② ③ ④
L	① ② ③ ④

19
① 나는 타인의 행동과 기분을 잘 분석한다.
② 나는 다른 사람의 말을 잘 신경 쓰지 않는다.
③ 나는 주변에 휘둘리지 않고 신념을 지킨다.
④ 나는 의사결정을 빨리하는 편이다.

M	① ② ③ ④
L	① ② ③ ④

20
① 나는 정치 성향이 다른 사람과도 친하게 지낸다.
② 나는 변화보다는 안정을 추구한다.
③ 나는 직장을 위해 거주지를 옮길 수 있다.
④ 나는 프로젝트를 위해 주말을 포기할 수 있다.

M	① ② ③ ④
L	① ② ③ ④

21
① 나는 여러 사람과 함께하는 일에서는 불만을 표현하지 않는다.
② 나는 내가 앞서서 해야 하는 일은 별로 하고 싶지 않다.
③ 나는 동료나 리더의 의견에 전적으로 따르는 편이다.
④ 나는 리더라면 팀원의 성향대로 일을 배분해야 한다고 생각한다.

| M | ① ② ③ ④ |
| L | ① ② ③ ④ |

22
① 나는 평소 존경하는 인물이나 롤모델이 있다.
② 나는 자기계발 서적을 즐겨 읽는다.
③ 나는 베스트셀러보다는 작가 위주로 찾아 읽는다.
④ 나는 대형서점에서 시간을 보내는 것이 좋다.

| M | ① ② ③ ④ |
| L | ① ② ③ ④ |

23
① 나는 돌려 말하지 않고 직설적으로 말한다.
② 나는 선의의 거짓말이 가끔은 필요하다고 생각한다.
③ 나는 조직 내 규율과 준칙은 반드시 지키는 편이다.
④ 나는 혼자 하는 일보다 협력하는 일이 더 좋다.

| M | ① ② ③ ④ |
| L | ① ② ③ ④ |

24
① 나는 새로운 장소에 가보는 것이 좋다.
② 나는 손으로 조립하고 만드는 일을 좋아한다.
③ 나는 레시피를 찾아 요리하는 것보다 외식이 편하다.
④ 나는 유명한 장소보다는 숨겨진 오지가 좋다.

| M | ① ② ③ ④ |
| L | ① ② ③ ④ |

25
① 나는 합리적인 성격이라고 생각한다.
② 나는 감정이 격해지면 폭언하는 경향이 있다.
③ 나는 기분이 나빠도 속으로 삭이려고 한다.
④ 나는 막연한 불안으로 잠을 설칠 때가 있다.

| M | ① ② ③ ④ |
| L | ① ② ③ ④ |

26
① 나는 시계 초침 소리에 예민한 편이다.
② 나는 잠잘 때 이어플러그나 안대를 종종 사용한다.
③ 나는 전화 응대가 많은 업무는 피하고 싶다.
④ 나는 조용히 몰두하는 일이 적성에 맞는다.

| M | ① ② ③ ④ |
| L | ① ② ③ ④ |

27
① 나는 많은 사람들 앞에서 이야기하는 것을 즐긴다.
② 나는 주로 모임을 주최하는 역할을 맡는다.
③ 나는 민원인을 친절하게 응대할 수 있다.
④ 나는 곤란한 상황에 처한 동료를 외면할 수 없다.

| M | ① ② ③ ④ |
| L | ① ② ③ ④ |

28
① 나는 쓸데없이 고민이 많다는 말을 듣는다.
② 나는 걱정 없이 편하게 산다는 말을 듣는다.
③ 나는 부모님 말씀은 틀리지 않다고 생각한다.
④ 나는 주관대로 행동하는 것이 옳다고 생각한다.

M	① ② ③ ④
L	① ② ③ ④

29
① 나는 두루두루 무난하고 원만한 성격이다.
② 나는 성격이 까다롭고 모난 구석이 있다.
③ 나는 학창시절 왕따를 당하거나 친구를 따돌렸던 적이 있다.
④ 나는 필요한 경우 집회 등에 참가해서 사회적으로 목소리를 낸다.

M	① ② ③ ④
L	① ② ③ ④

30
① 나는 날씨에 따라 신체 리듬이 달라진다.
② 나는 여행지에서는 쉽게 잠들지 못하는 편이다.
③ 나는 한번 잠들면 업어가도 모를 만큼 깊이 잔다.
④ 나는 새벽에 잠을 자주 깨고 꿈도 많이 꾼다.

M	① ② ③ ④
L	① ② ③ ④

31
① 나는 빈부격차는 해소할 수 없다고 생각한다.
② 나는 재벌은 없어져야 한다고 생각한다.
③ 나는 투명한 사회를 위해 내부고발이 필요하다고 생각한다.
④ 나는 경영능력이 없는 사람은 기업을 운영해서는 안 된다고 생각한다.

M	① ② ③ ④
L	① ② ③ ④

32
① 나는 직장 내 성차별을 목격하면 고발할 수 있다.
② 나는 상사의 부당한 언행에 대해 대응할 수 있다.
③ 나는 동료의 험담이나 수군거림에 반응하지 않는다.
④ 나는 상사에게 일을 게을리하는 동료를 말할 수 있다.

M	① ② ③ ④
L	① ② ③ ④

33
① 나는 한번 맡은 일은 끝까지 책임진다.
② 나는 내가 해결할 수 없는 일은 아예 수락하지 않는다.
③ 나는 적성에 맞지 않으면 바로 이직을 알아본다.
④ 나는 회사에 말하지 않고 야간에 다른 일을 겸할 수 있다.

M	① ② ③ ④
L	① ② ③ ④

34
① 나는 다른 사람이 나와 같은 물건을 쓰는 것이 싫다.
② 나는 혼자 쇼핑하는 것이 편하다.
③ 나는 번화가보다 한적한 길을 거니는 것이 좋다.
④ 나는 휴양지에서 편히 쉬는 것보다 관광지를 돌아다니는 것이 좋다.

M	① ② ③ ④
L	① ② ③ ④

03 Chapter 면접 안내

1 면접전형 개요

경기도 공공기관은 해당 기관의 특성에 따라 면접 구성 및 진행 절차가 상이하다. PT면접과 그룹 면접을 함께 진행하는 기관도 있고, 토론면접과 인성면접을 바로 이어서 진행하는 기관도 있으니, 필기시험 합격 발표 후 해당 기관의 면접 안내에 따라 기민하게 대응하는 것이 중요하다. 경기신용보증재단, 경기복지재단과 같이 금융과 회계에 관련한 업무를 보는 기관에서는 금융 및 경제상식을 묻기도 하므로 관련 상식을 함께 알아두는 것도 필요하다.

2 면접 준비 전략

1) 호감 가는 첫인상 만들기

호감을 주는 첫인상을 만들기 위해서는 단정한 차림새뿐만 아니라 시선·목소리·표정·태도 또한 중요하다.

시선	지원자의 자신감은 시선을 통해 드러난다. 질문을 한 면접관을 정면으로 응시하고 답변해야 하고, 짧게 마주치는 면접관과의 눈빛 교환 속에서 본인이 가진 열정 또한 어필할 수 있어야 한다. 시선을 회피하지 말고, 눈을 맞추는 것이 어려울 경우 면접관의 인중 또는 미간을 보도록 한다.
목소리	면접전형은 지원자의 답변을 목소리를 통해 전달받기 때문에 목소리의 중요성은 여러 번 강조되어야 하는 부분이다. 자신감 있고 신뢰를 주는 목소리는 면접장 분위기를 밝게 만들고, 지원자에 대한 긍정적인 이미지를 심어줄 수 있는 중요한 요소이다. 평상시 차분하고 조용한 성격 때문에 작고 자신감 없는 목소리가 나올 경우 부끄럽다는 생각을 버리고 명확하고 자신감 있는 목소리를 내뱉도록 연습해야 한다.
표정	면접은 일종의 대화이기 때문에 밝은 표정을 유지하는 것이 좋다. 처음부터 끝까지 억지스럽게 웃는 표정이나 상황에 맞지 않는 표정을 짓기보다는 자연스럽게 살짝 미소를 머금고 전체적으로 밝고 건강한 분위기를 지니는 것이 좋다. 단, 지원 동기나 입사 후 포부와 같은 질문에 답변을 할 때에는 상황에 맞춰 진중한 표정을 지음으로써 면접관에게 신뢰와 진정성을 전달하도록 해야 한다.
태도	지원자는 진지하고 침착한 자세로 면접관의 질문을 경청하는 태도가 필요하다. 면접관이 질문을 하였을 때 다른 생각을 하고 있다는 인상을 심어줄 경우 좋지 않은 평가를 받을 수 있으므로 특히 시선이나 손동작 등을 조심하여야 한다. 면접장에서만의 태도에 신경 쓰기보다는 부지불식간 누군가 지원자를 평가하고 있을지도 모른다는 생각을 가지고 정해진 면접 시간에 맞춰 여유 있게 도착하고, 면접 대기 장소에서도 바른 자세를 유지하도록 한다.

2) 답변은 두괄식으로 핵심만 요약하여 간단히!

질문에 대한 답변은 두괄식으로 핵심 내용을 먼저 이야기하고, 이후 부연 설명을 통해 이유를 덧붙여야 한다. 길고 지루한 답변은 피하고, 핵심만 간결하게 정리하여 대략 20~40초 내에 답변을 마치는 것이 좋다. 또한, 길어질 수 있는 답변의 경우 '첫째, 둘째, 셋째'와 같은 표현을 활용하여 체계적으로 답변하는 것이 좋다. 이는 정확한 내용을 전달하고 면접관이 내용을 쉽게 파악하는 데 도움을 줄 수 있다. 즉, 전달력을 높여 면접관을 설득하는 데 유리할 수 있다.

3) 솔직한 답변만큼 진정성 있는 답변 또한 중요!

기본적으로 솔직한 자세로 면접에 임하는 것은 중요하지만, 항상 모든 상황에서 솔직함이 통하는 것은 아니다. 지원자가 하고 싶은 말을 하는 것도 중요하지만 면접관이 듣고 싶은 말을 하는 것 또한 중요하다. 면접관이 듣고 싶은 내용과 지원자의 솔직한 답변이 일치하지 않을 경우 좋은 평가를 받기 어려울 수 있으므로 무조건적인 솔직함보다는 상황에 맞게 진정성 있는 답변을 하는 것이 중요하다.

4) 압박질문에는 인정(Yes)-반론(But) 화법 활용!

지원자가 면접에서 당황하는 대표적인 질문으로는 압박질문이 있다. 압박질문을 받게 될 경우 대부분의 지원자는 질문 자체를 부정하거나 변명을 늘어놓게 된다. 압박질문의 경우 지원자를 떨어뜨릴 목적이 아니라 당황스러운 상황에서 어떤 방식으로 대처하는지를 평가하기 위한 질문이다. 따라서 먼저 면접관이 질문한 내용에 대해 인정하고 이에 대한 반론을 덧붙여 이야기하는 '인정-반론 화법'을 활용해야 한다. 본인의 약점 또는 단점을 감추기 보다는 먼저 인정을 하고 이에 대한 보완 방법을 언급하며 반론을 하는 방식인 것이다.

5) 직관적인 답변과 뜸을 들일 필요가 있는 답변은 구분!

면접관의 질문에 대한 답변을 바로 해야 하는 경우가 있고, 약간의 생각할 시간을 가진 후 답변을 해야 하는 경우가 있다. 충분한 생각이 필요한 질문임에도 불구하고 바로 답변을 하게 되면 면접관은 지원자가 미리 외워온 답변을 그대로 말한다고 생각하고 진정성까지 의심할 수 있다. 그러므로 미리 준비한 답변이라 할지라도 어느 정도의 시간을 가진 후 답변을 하는 것이 좋다.

6) 입 밖으로 소리를 내어 연습!

면접 예상 질문에 대한 답변을 미리 작성해 놓고 외우는 경우가 있다. 질문에 대한 답변을 머릿속으로만 생각하기보다 직접 글로 작성해 보면서 구조화하는 것이다. 약 100여 개의 예상 질문에 대한 답변을 정리해두었다면, 답변을 있는 그대로 외우려 하지 말고, 키워드 위주로 직접 말로 해보는 연습을 통해 자연스러운 답변을 완성하여야 한다.

③ 면접 시 유용한 조언

● **면접 일정과 안내받은 공지를 꼼꼼히 확인하자.**

면접 일정에 대한 알림은 수시로 확인할 수 있지만, 채용 시즌에 여러 기업에 지원하다 보면 일정이 겹쳐 구체적인 시간과 장소를 혼동할 수도 있다. 마지막 관문까지 긴장을 놓지 말고 면접 당일 준비해 가야 할 특이한 사항이 없는지 꼭 확인해보자.

- **면접 당일, 주요 뉴스와 실시간 검색어를 확인하자.**

  하루에도 수십 개의 검색어가 오르내리는 오늘날, 네트워크로 연결된 세상은 새로운 뉴스들로 북적거린다. 최근 화제가 되고 있는 주요 사건, 국내외 정세, 시사 토픽 등을 점검하고, 면접일 아침 올라온 주요 신문의 사설 내용도 체크하여 만일의 질문에 대비하자.

- **면접 대기 장소부터 차분하게 행동하자.**

  면접 예정 시간보다 조금 여유롭게 도착하여 휴대폰은 진동으로 하고, 불필요한 알람이나 메시지 설정 등을 확인한다. 화장실은 미리 다녀오고 입안의 청결도 확인하여 불쾌감을 주는 부분은 없는지 복장 및 화장까지 점검해둔다. 누군가와 대화를 하게 될 경우에는 튀는 언행을 삼가고 면접장으로 이동할 때까지 차분히 대기하자.

- **자세는 당당하고 목소리는 자신 있게!**

  면접장으로 이동할 때에는 될 수 있으면 말을 삼가고 차분하고 당당한 자세로 이동한다. 구두 소리를 내거나 팔을 크게 흔들거나 휴대폰을 보는 등 부산한 인상을 줄 수 있는 행동은 보이지 않도록 조심하고, 면접장에 들어갈 때는 밝은 얼굴, 자신감 있는 목소리로 인사하자.

- **면접관과 다른 지원자의 말을 귀담아 듣자.**

  자신이 준비한 대답을 순발력 있게 말하는 것도 중요하지만 타인의 말을 경청하는 자세도 면접관은 눈여겨본다. 같은 질문이 나에게 올 수도 있으므로 다른 지원자의 질문과 대답을 잘 듣고, 특수한 경우가 아니라면 다른 지원자가 말하는 도중에 끼어드는 일이 없도록 한다.

- **과장된 말투와 몸짓을 보이지 않도록 주의하자.**

  면접관과 대화할 때 고개를 크게 끄덕이거나 과장된 말투로 말하면 진실성이 떨어져 보인다. 부드럽고 편안한 눈빛으로 면접관의 시선을 피하지 말고, 자신도 모르게 다리를 떨거나 손을 자주 만지거나 눈을 자주 깜박이는 등의 부자연스러운 모습을 보이지 않도록 주의해야 한다.

- **직무와 관련한 경험을 살려 답하고, 기업과 관련된 활동을 드러내자.**

  지원한 기업에 입사하기 위해 준비했던 활동을 토대로 대답하고, 경험에서 느꼈던 자신의 직무역량 향상, 보완해야 할 점, 입사 후 발전 의지 등을 함께 이야기하자. 특히 중견기업 이상인 기업은 자체 동아리나 대외활동 프로그램이 있는 경우가 많으므로, 지원한 기업이 자체적으로 운영하는 활동을 미리 찾아보고 이를 자신의 취미, 특기, 능력과 연결하여 답하면 면접관에게 적극적인 인상을 심어줄 수 있다.

- **솔직하게 답해야 할 질문을 슬기롭게 판단하자.**

  이직을 위한 면접 시, 이전 회사에서 상사나 동료와 마찰이 있었거나 회사의 업무량, 대우, 복지 등 안 좋은 이유로 퇴사했을 경우 이유를 있는 그대로 말하지 않도록 주의하자. 솔직함은 모두에게 필요한 덕목이지만 굳이 밝히지 않아도 되는 시시콜콜한 면을 모두 말하는 것은 본인에게 득보다 실이 될 확률이 높다. 면접관이 꼭 알지 않아도 되는 부정적인 내용은 가급적 피하고, 진솔함을 드러낼 수 있는 질문과 그렇지 않은 질문을 현명하게 잘 판단하여 대처하도록 하자.

● **면접 일기를 써서 스스로 피드백하자.**

공채가 몰리는 채용 시즌에는 같은 시기 여러 면접을 준비해야 하는 경우가 생긴다. 면접 후 면접관의 질문과 자신의 대답, 느낀 점과 다른 면접 시 개선해야 할 점 등을 정리하여 기록해두면 이후 활용할 부분이 꼭 생길 것이다. 마지막까지 자신을 믿고 힘을 내자.

면접에서 당황하지 않는 법

'아는 만큼 보인다.'라는 말이 있듯이 면접 평가 문항에 대한 이해가 우선된다면, 실제 면접상황에서 당황하지 않고 적절하게 대응할 수 있다. 면접평가의 경우 'STAR 기법'에 따라 구체적으로 질문을 하는 경향이 강해졌는데, 이때의 'STAR'이란 '상황(Situation), 목표(Task), 행동(Action), 결과(Result)'를 의미한다. 지원자의 경력이나 경험을 이 네 가지 항목으로 구분하는 것이다. 따라서 STAR 기법을 충분히 이해한다면 면접 질문을 어느 정도 선까지 예상할 수 있고, 면접관의 추가 질문에 대해 당황하지 않고 답변을 할 수 있는 여유로움을 가질 수 있다.

STAR 기법 예시
Q : 목표를 정하고 성취했던 경험이 있나요?

상황 Situation	• 언제, 어디서 경험한 일인가요? • 당시의 상황은 어떠했나요?
목표 Task	• 당시 과제 및 업무의 목표는 무엇이었나요? • 그러한 목표를 정하게 된 이유는 무엇인가요?
행동 Action	• 목표 달성을 위해 노력한 사항은 무엇인가요? • 목표 달성 과정에 어려움은 없었나요? • 어려움이 있었다면 어떻게 극복할 수 있었나요?
결과 Result	• 결과는 어떠하였고 당시의 경험을 통해 배운 점은 무엇인가요? • 직무를 수행하는 데 그 경험이 어떻게 활용될 수 있나요?

면접 답변 TIP

1) '나'에 대해 묻는 질문

Q1 본인의 장점과 단점은 무엇인가?

A1) 본인이 가지고 있는 장점이 무엇인지에 대해 먼저 언급하고 장점을 뒷받침해줄 수 있는 관련 사례를 제시하도록 한다. 그 다음 단점을 언급하고, 그러한 단점을 극복하기 위해 본인이 하고 있는 노력에 대해 이야기하도록 한다.

Q2 본인의 강점은 무엇인가?

A2) 먼저 강점과 장점에 대한 이해가 필요하다. 강점은 직무에서 활용되는 능력과 관련된 것을 가리키고, 장점은 강점이 생기게 된 성격적인 배경을 뜻한다. 예를 들어 꼼꼼한 성격이 장점에 해당된다면, 강점은 분석력으로 볼 수 있는 것이다. 강점과 장점에 대한 차이를 이해하고 구별하여 답하는 것이 가장 중요하다.

Q3 본인만의 스트레스 해소법이 있는가?

A3) 건전하고 적당히 활동적이며, 무언가를 배움으로써 성장할 수 있는 스트레스 해소법이라면 모두 가능하다. 하지만 흡연, 음주와 같은 해소법은 답변으로 적절하지 않다.

Q4 본인의 가치관은 어떠한가?

A4) 주로 '좌우명이 무엇인지, 존경하는 인물은 누구인지, 감명 깊었던 책 또는 영화가 무엇인지' 등에 대하여 질문하기 때문에 면접자는 정확한 근거를 들어 답변을 해야 신뢰도를 높일 수 있다.

2) 대인관계를 묻는 질문

Q1 동료 또는 상사와의 갈등이 생긴다면 어떻게 대처할 것인가?

A1) 자기 자신의 행동을 먼저 돌아본 다음 적극적인 대화를 통해 관계 유지를 위한 노력을 할 것임을 언급하는 것이 좋다.

Q2 과거에 대인관계 갈등 경험이 있는가?

A2) 구체적인 상황을 제시하고 갈등의 원인을 파악하여 극복 방법과 근거를 제시하도록 한다. 여기서 더 나아가 그 경험으로부터 느낀 점에 대해 이야기하며 마무리를 짓는 것이 좋다.

3) 업무 중의 상황 질문

Q1 상사가 부당한 일을 시킬 경우 어떻게 대처할 것인가?

A1) 먼저 상사가 시킨 일이 진짜 부당한 것인지 아닌지부터 구분을 한 다음 법적으로 어긋난 행위라면 절대 해서는 안 되고, 업무적인 부분·부탁 등은 수용한다는 방향으로 답변을 하는 것이 좋다.

Q2 채용 후 다른 업무를 시킨다면 어떻게 할 것인가?

 A2) 상황 수용 의지와 근거를 들어 답변을 해야 한다. 즉, 주어진 업무를 최선을 다해 처리하면서 여러 가지 상황에 대처할 수 있는 능력을 키울 수 있고, 나아가 자신이 하고 싶은 업무를 잘 처리하는 데에도 도움이 될 수 있으므로 상황을 긍정적으로 받아들이겠음을 강조하는 것이 좋다.

Q3 올바른 전화 응대법은 무엇인가?

 A3) 벨은 3초 이내 또는 3번 울리기 전에 받아야 하고, 기관명과 수신자를 밝히는 것이 적절하다. 혹시 담당자가 아닐 경우에는 담당자에게 연결해준다는 안내를 하고, 전화가 끊길 상황을 대비하여 담당자 연락처를 따로 알려주는 것이 좋다. 담당자가 부재중일 경우에는 부재 사유와 통화 가능 시간을 간단히 알리고 메모를 원하는지 여부를 물어보도록 한다. 마지막에는 더 궁금한 것은 없는지 묻고 끝맺음 인사를 하도록 한다. 그리고 상대가 전화를 끊은 다음 수화기를 내려놓도록 한다.

Q4 불만이 가득한 채로 찾아온 고객을 어떻게 대할 것인가?

 A4) 가장 먼저 고객이 느꼈을 불편에 대해 공감하는 말을 건네도록 하고, 고객의 불만을 해결해줄 수 있는 방법을 찾는다. 만약 고객의 요구를 들어줄 수 없는 경우에는 관련 제도와 법령 등을 자세히 설명하며 요구를 들어줄 수 없어 안타까움을 표현하는 것이 좋다.

Q5 고객이 폭언을 할 경우 어떻게 대응할 것인가?

 A5) 먼저 폭언을 중단해줄 것을 요청하고 함께 대화할 수 있도록 유도한다. 폭언 중지를 3회 이상 요청했음에도 불구하고 폭언이 지속될 경우 민원 응대가 불가함을 알리고 사무실에서 나가줄 것을 요청하거나 녹음을 사전 고지한 후 녹음을 진행하도록 한다.

4) 난감한 질문

Q1 본인이 모르는 내용에 대해 상대방이 질문할 경우 어떻게 답할 것인가?

 A1) 준비가 부족했음을 빠르게 인정하고 몰랐던 점을 보완할 것이라는 의지를 드러내는 것이 좋다.

Q2 약점이 될 만한 부분에 대해 질문을 할 경우 어떻게 답할 것인가?

 A2) 반박하려 하지 말고 약점을 솔직하게 인정하는 것이 좋으며, 약점이 오히려 강점이 될 수 있음을 말하는 것이 좋다.

04 Chapter 경기도 공공기관 면접 기출 문항

※ 2019~2022년 면접 기출 일부를 수록하였습니다.

 경기교통공사

1. 1분 자기소개
2. 지원 동기
3. 경기교통공사의 강점과 홍보방안
4. 공공기관에 지원한 이유
5. 하고 있는 SNS 활동
6. 경기교통공사의 사업이 어느 방향으로 나아가야 할지
7. 살면서 힘들었던 일, 보람찼던 일

② 경기도평생교육진흥원

2022 기출

1. 자기소개 1분
2. 평생교육과 관련하여 가장 중요한 것은? (경기도민에게 평생교육을 설계할 때 필요한 것은?)
3. 평생교육진흥원에 대해서 아는 대로 말하고, 자신이 잘할 수 있는 이유에 대해 말하시오.
4. 직접 교육을 기획해본 경험이 있는지?
5. 현재 다니고 있는 직장을 이직하려는 이유는?
6. 경기도평생교육진흥원을 지원한 이유는?
7. (자소서 기반) 공동체 의식을 강조했는데, 개인의 가치를 희생하고 공동체를 위했던 사례

③ 경기문화재단

2022 기출

1. 자기소개
2. 소통에 필요한 역량은 무엇인가?

3. 타인에게 피드백 받은 본인의 긍정/부정적인 면?

4. 학예가 무엇이라 생각하고, 필요한 게 무엇인가?

5. 경기문화재단 뮤지엄의 인상 깊은 전시나 사업

6. 열등감 느꼈던 적 있는지?

7. 최후 발언

토의 주제 : 학예연구직무에서의 메타버스 활용방안

2021 기출

(1) 1차 면접

1. 자기소개

2. 직무기술서와 연관된 강점과 단점, 그리고 단점을 극복할 수 있는 계획

3. 최근 기억에 남는 일

4. 전공과 직무의 관련성, 행정과 문화행정의 차이

5. 직무가 생각했던 것과 다를 때 어떻게 할 것인지

6. 마지막 발언 1분

(2) 2차 면접

1) 토의식 면접

– 문화 현장의 문제 진단과 경기문화재단의 구체적인 대응 방향과 향후 계획

2) 일반 면접

1. 자기소개

2. 문제해결을 해낸 경험이 있다면?

3. 시련을 해결한 경험이 있다면?

4. 본인 직무와 관계없는 직무를 한 적이 있다면?

5. 마지막 발언 30초

2019 기출

1. 자기소개를 해보시오.

2. 살아오면서 겪은 도전적인 일은 무엇인가? 도전 시 생긴 문제는 어떻게 해결했는가?

토의 주제 : 경기도 문화를 활성화하기 위한 방안

④ 경기도경제과학진흥원

2021 기출

1. 자기소개, 지원동기
2. 회사 관련 질문 (이슈, 사업 등)
3. 갈등, 소통 등 인성 질문 (같이 일하기 힘든 동료, 리더형 or 팔로워형 등)
4. 자기소개서에 작성한 인재상 관련 질문
5. 직무수행계획서에 작성한 내용과 관련된 질문
6. 자기소개서 기반 질문
7. 마지막 할 말

⑤ 경기도의료원

2020 기출

1. 이직 이유는 무엇이고, 다른 의료기관이 아닌 이곳에 지원한 이유는 무엇인지?
2. 어르신 고객이 많은데, 어떻게 응대할 것인지?
3. 병원에서 일하면서 가장 중요한 역량은 무엇인지?
4. 친구나 동료와 어떤 상황에서 갈등이 발생하고 어떻게 해결하는지?
5. 본인의 스트레스 해소 방법은?

⑥ 경기신용보증재단

2020 기출

(1) 집단 토론

1. 재단의 일이 많이 밀린 상태인데, 본인이 너무 아프다. 어떻게 할 것인가? (출근할 것인가?)
2. 업무 마감 후 방문한 고객을 받아줄 것인가?

(2) 다대다 면접

1. 1분 자기소개를 해보시오.
2. 자소서에 기반한 내용에 대한 질문
3. 스트레스 해소법은 무엇인가?
4. 소상공인 지원 등 업무가 산적해 있는데, 노조가 근로환경 등을 이유로 파업을 하고자 한다. 당신은 참여할 것인가?

(3) 일대일 면접

– 경기신용보증재단 최근 이슈

인성검사 · 면접

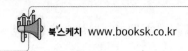

(1) 1차 면접

1) 토론면접

- 금리 인하, 1인 방송 규제, 노키즈존 등 다양한 주제
- 현재 경제 상황에서 금리 인하 정책이 옳은지 정책 방향에 대한 토론

2) 인성면접 : 소상공인, 중소기업과 관련된 질문

(2) 2차 면접

1. 최저임금이 오른 상황에서 우리 재단이 앞으로 나아가야 할 방향에 대해 말해보시오.
2. 소득주도성장론에 대한 의견을 말해보시오.
3. 일본의 수출 규제 상황에서 우리 재단이 소상공인을 위해 마련할 수 있는 방안을 말해보시오.

7 경기복지재단

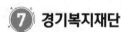

1. 자기소개를 해보시오.
2. 팀장과 부서장의 의견 대립이 있을 경우, 어떻게 파악하여 대응할 것인가?
3. 꼭 지출해야 하는 비용이 있는데 지출하지 못하고 연도가 끝났다면 어떻게 할 것인가?
4. 경기복지재단의 장점과 단점에 대해 말해보시오.
5. 지원한 부서가 아닌 타 부서로 배정을 받아 다른 업무를 맡게 된다면 어떤 업무를 잘 할 수 있겠는가?
6. 예산 회계와 관련해서 직원들에게 내용을 설명해야 하는데 어떻게 할 것인가?
   (개인별로 설명, 단체로 모아서 설명, 기타 의견 중 고르기)
7. 어떤 역량을 발휘하여 경기복지재단에 기여할 수 있겠는가?
8. 마지막으로 하고 싶은 말은?

8 경기콘텐츠진흥원

2019 기출

1. 간단한 자기소개와 지원동기를 말해보시오.
2. 콘텐츠 마케팅에 대해 설명해보시오.
3. 거주지와 교육지까지 거리가 먼데 괜찮은지 말해보시오.
4. 자신의 강점 2가지, 약점 1가지를 설명해보시오.
5. 10년 안에 이루고 싶은 것을 말해보시오.
6. 좋아하거나 관심이 있는 콘텐츠를 말해보시오.

NCS 직업기초능력평가 제1회 실전모의고사

성명

감독확인란

수험번호(6자리)

번호	답란	번호	답란	번호	답란	번호	답란
1	① ② ③ ④	21	① ② ③ ④	41	① ② ③ ④		
2	① ② ③ ④	22	① ② ③ ④	42	① ② ③ ④		
3	① ② ③ ④	23	① ② ③ ④	43	① ② ③ ④		
4	① ② ③ ④	24	① ② ③ ④	44	① ② ③ ④		
5	① ② ③ ④	25	① ② ③ ④	45	① ② ③ ④		
6	① ② ③ ④	26	① ② ③ ④	46	① ② ③ ④		
7	① ② ③ ④	27	① ② ③ ④	47	① ② ③ ④		
8	① ② ③ ④	28	① ② ③ ④	48	① ② ③ ④		
9	① ② ③ ④	29	① ② ③ ④	49	① ② ③ ④		
10	① ② ③ ④	30	① ② ③ ④	50	① ② ③ ④		
11	① ② ③ ④	31	① ② ③ ④				
12	① ② ③ ④	32	① ② ③ ④				
13	① ② ③ ④	33	① ② ③ ④				
14	① ② ③ ④	34	① ② ③ ④				
15	① ② ③ ④	35	① ② ③ ④				
16	① ② ③ ④	36	① ② ③ ④				
17	① ② ③ ④	37	① ② ③ ④				
18	① ② ③ ④	38	① ② ③ ④				
19	① ② ③ ④	39	① ② ③ ④				
20	① ② ③ ④	40	① ② ③ ④				

NCS 직업기초능력평가 제2회 실전모의고사

성명

감독확인란

수험번호(6자리)

⓪	⓪	⓪	⓪	⓪	⓪
①	①	①	①	①	①
②	②	②	②	②	②
③	③	③	③	③	③
④	④	④	④	④	④
⑤	⑤	⑤	⑤	⑤	⑤
⑥	⑥	⑥	⑥	⑥	⑥
⑦	⑦	⑦	⑦	⑦	⑦
⑧	⑧	⑧	⑧	⑧	⑧
⑨	⑨	⑨	⑨	⑨	⑨

번호	답란	번호	답란	번호	답란
1	① ② ③ ④	21	① ② ③ ④	41	① ② ③ ④
2	① ② ③ ④	22	① ② ③ ④	42	① ② ③ ④
3	① ② ③ ④	23	① ② ③ ④	43	① ② ③ ④
4	① ② ③ ④	24	① ② ③ ④	44	① ② ③ ④
5	① ② ③ ④	25	① ② ③ ④	45	① ② ③ ④
6	① ② ③ ④	26	① ② ③ ④	46	① ② ③ ④
7	① ② ③ ④	27	① ② ③ ④	47	① ② ③ ④
8	① ② ③ ④	28	① ② ③ ④	48	① ② ③ ④
9	① ② ③ ④	29	① ② ③ ④	49	① ② ③ ④
10	① ② ③ ④	30	① ② ③ ④	50	① ② ③ ④
11	① ② ③ ④	31	① ② ③ ④		
12	① ② ③ ④	32	① ② ③ ④		
13	① ② ③ ④	33	① ② ③ ④		
14	① ② ③ ④	34	① ② ③ ④		
15	① ② ③ ④	35	① ② ③ ④		
16	① ② ③ ④	36	① ② ③ ④		
17	① ② ③ ④	37	① ② ③ ④		
18	① ② ③ ④	38	① ② ③ ④		
19	① ② ③ ④	39	① ② ③ ④		
20	① ② ③ ④	40	① ② ③ ④		

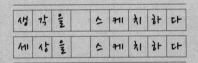

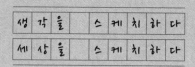

북스케치

www.booksk.co.kr